Droit de la famille

En France, la collection « Paradigme » accompagne l'étudiant en droit du début de ses études jusqu'à l'accès à sa profession.

Paradigme – Manuels

Rédigés dans un langage accessible, les « Manuels Paradigme » couvrent les différents concepts juridiques enseignés de la Licence 1 au Master 1 en France. Ils sont systématiquement mis à jour chaque année.

Conformes aux programmes de licence et de master, ils fournissent également une excellente préparation aux concours administratifs (catégories A et B) et aux examens professionnels (ENM, CRFPA, ENSP, EOGN, PJJ, SPIP...).

Sous la direction de François Fourment, *professeur de droit privé à l'Université de Tours* et Gilles Dumont, *professeur de droit public à l'Université de Nantes, directeur de l'Université numérique juridique francophone.*

Déjà parus :

Christophe Albiges, *Introduction au droit*, 3e éd., 2016

Christian Beaudet, *Introduction générale et historique à l'étude du Droit*, 2000

Christian Beaudet, *Institutions, vie politique et faits sociaux de 1789 à 1958*, 2000

Anne-Sophie Brun-Wauthier, *Régimes matrimoniaux et régimes patrimoniaux des couples non mariés*, 6e éd., 2016

Marjorie Brusorio-Aillaud, *Droit des obligations*, 7e éd., 2016

Marjorie Brusorio-Aillaud, *Droit des personnes et de la famille*, 7e éd., 2016

Olivier Cachard, *Droit international privé*, 5e éd., 2016

Michel Drain, *Relations internationales*, 21e éd., 2016

François Duquesne, *Droit des sociétés commerciales*, 3e éd., 2016

Philippe Foillard, *Finances publiques*, 14e éd., 2014

Philippe Foillard, *Droit administratif*, 4e éd., 2015

Philippe Foillard, *Droit constitutionnel et institutions politiques*, 22e éd., 2016

Thierry Fossier, *Droit pénal spécial – Affaires, entreprises et institutions publiques*, 3e éd., 2015

François Fourment, *Procédure pénale*, 14e éd., 2013

Thierry Garé, *Droit pénal spécial – Personnes et biens*, 4e éd., 2015

Franck Héas, *Droit du travail*, 5e éd., 2016

Philippe Hoonakker, *Procédures civiles d'exécution. Voies d'exécution, procédures de distribution*, 5e éd., 2016

Dimitri Houtcieff, *Droit des contrats*, 2e éd., 2016

Olivier Le Bot, *Contentieux administratif*, 3e éd., 2016

Christophe Lescot, *Organisations européennes : Union européenne, Conseil de l'Europe et autres organisations*, 18e éd., 2016

Gérard Mémeteau, *Droit des biens*, 9e éd., 2016

Harold Renout, *Droit pénal général*, 18e éd., 2013

Florent Roemer, *Contentieux fiscal*, 2e éd., 2014

Marie-Christine Rouault, *Droit administratif et institutions administratives*, 3e éd., 2015

Philippe Strickler, *Procédure civile*, 6e éd., 2015

Béatrice Thomas-Tual, *Droit de la fonction publique*, 2015

Droit de la famille

Vincent Bonnet

6e édition

larcier

Collection
Paradigme

Pour toute information sur nos fonds et nos nouveautés dans votre domaine de spécialisation, consultez nos sites web via www.larciergroup.com.

6e édition
Éditions Larcier
Rue Haute, 139 - Loft 6 - 1000 Bruxelles

Imprimé en Belgique

Dépôt légal :
Bibliothèque nationale, Paris : novembre 2016
Bibliothèque royale de Belgique, Bruxelles : 2017/0031/038

ISSN 2294-3323
ISBN : 978-2-39013-089-5

LISTE DES PRINCIPALES ABRÉVIATIONS

AJ fam.	*Actualité juridique famille*
AJDA	*Actualité juridique de droit administratif*
al.	alinéa
anc.	ancien
art.	article
ASE	Aide sociale à l'enfance
Bull. civ.	*Bulletin des arrêts de la Cour de cassation, chambres civile (I, II ou III), commerciale (IV) ou sociale (V)*
Bull. crim.	*Bulletin des arrêts de la Cour de cassation, chambre criminelle*
C. civ.	Code civil
C. pén.	Code pénal
C. sécu. soc.	Code de la sécurité sociale
C.E.	(arrêt du) Conseil d'État
CA	(arrêt de) Cour d'appel
CADA	Commission d'accès aux documents administratifs
CASF	Code de l'action sociale et des familles
Cass. Ass. plén.	Cour de cassation, Assemblée plénière
Cass. ch. mixte	Cour de cassation, chambre mixte
Cass. civ.	Cour de cassation, chambre civile
Cass. com.	Cour de cassation, chambre commerciale
Cass. crim.	Cour de cassation, chambre criminelle
Cass. req.	Cour de cassation, chambre des requêtes
Cass. soc.	Cour de cassation, chambre sociale
CEDH	Cour européenne des droits de l'homme
CGI	Code général des impôts
chron.	chronique
CIDE	Convention internationale des droits de l'enfant
Circ.	Circulaire
CJCE	Cour de justice des Communautés européennes
CN	Code de la nationalité
CNAOP	Conseil national pour l'accès aux origines
COJ	Code de l'organisation judiciaire
comm.	commentaire
comp.	comparer
concl.	conclusions
Cons. const.	Conseil constitutionnel
Conv. EDH	Convention européenne des droits de l'homme
CPC	Code de procédure civile

C. pens. mil.	Code des pensions militaires d'invalidité et des victimes de la guerre
CSP	Code de la santé publique
D.	Décret
D.	*Recueil Dalloz (Dalloz-Sirey depuis 1965)*
DC	Décision du Conseil constitutionnel
DH	*Recueil hebdomadaire Dalloz (années antérieures à 1941)*
DP	*Recueil périodique Dalloz (années antérieures à 1941)*
Dr. fam.	*Droit de la famille*
GA	*Grands arrêts de la jurisprudence civile*
GACEDH	*Grands arrêts de la Cour européenne des droits de l'homme*
Gaz. Pal.	*Gazette du Palais*
IAD	Insémination artificielle avec donneur
ibid.	*ibidem*, au même endroit
infra	ci-dessous
IR	Informations rapides
JAF	Juge aux affaires familiales
JCP-G	*Semaine juridique, édition générale*
JCP-N	*Semaine juridique, édition notariale*
JDI	*Journal du droit international*
JORF	*Journal officiel de la République française*
L.	Loi
nouv.	nouveau
obs.	observations
op. cit.	ouvrage précité
PACS	Pacte civil de solidarité
pan.	panorama
Petites Aff.	*Les Petites Affiches*
PMA	Procréation médicalement assistée
préc.	précité
QPC	Question prioritaire de constitutionnalité
rapp.	rapport
RD sanit. soc.	*Revue de droit sanitaire et social*
RDP	*Revue de droit public et de la science politique*
Rép. civ.	*Répertoire civil*
Rép. min.	Réponse ministérielle
Resp. civ. assur.	Responsabilité civile et assurances
Rev. crit. DIP	*Revue critique de droit international privé*
RFDA	*Revue française de droit administratif*
RIDC	*Revue internationale de droit comparé*
RJPF	*Revue juridique personnes famille*
RLDC	*Revue Lamy de droit civil*
RRJ	*Revue de recherche juridique. Droit prospectif*
RSC	*Revue de science criminelle*
RTD civ.	*Revue trimestrielle de droit civil*
RTDH	*Revue trimestrielle des droits de l'homme*
S.	*Recueil Sirey*
s.	suivants
somm.	sommaire
supra	ci-dessus

TGI	tribunal de grande instance
TI	tribunal d'instance
voy.	voyez

SOMMAIRE

INTRODUCTION

1 **La famille, phénomène social.** Chacun semble savoir ce qu'est une famille, pourtant il paraît bien difficile d'en donner une définition. Les juristes l'envisagent comme l'ensemble des personnes qui sont unies par un lien de parenté ou d'alliance. Ces concepts juridiques font penser que c'est le droit de la famille qui définit la famille. Or, d'une part, ils sont inaptes à appréhender les relations familiales nouvelles que sont, par exemple, le concubinage ou les recompositions familiales, d'autre part, la famille est un phénomène social avant de constituer un phénomène juridique. La famille existe avant la loi et souvent en dehors d'elle. Les liens juridiques ne sont au fond que les habillages nécessaires d'une réalité préexistante.

Cette réalité apparaît à l'époque contemporaine comme extrêmement diverse. Se côtoient ainsi des familles traditionnelles fondées sur le mariage et qui unissent sous un même toit les parents et leurs enfants, des familles dites, naguère, naturelles reposant sur un simple lien de fait (un concubinage) et un lien de droit (la filiation), des familles monoparentales constituées d'un parent et de son ou ses enfants (l'autre parent étant inconnu ou ne vivant pas au foyer), des familles recomposées réunissant sous un même toit un couple, les enfants de chacun de ses membres issus d'une précédente union et les enfants communs. Il faut enfin ajouter les familles homoparentales construites autour d'un couple homosexuel et d'un enfant.

Dans la description de cette diversité, deux points communs semblent se dégager : l'enfant et la communauté de vie. Il ne faut pourtant pas réduire la définition de la famille à ces deux éléments. La question se posera longtemps de savoir si un couple sans enfant constitue une famille. Le Code civil répond affirmativement pour les époux. Qu'en est-il pour les couples non mariés ? La loi du 12 mai 2009 donnant compétence au juge aux affaires familiales en matière de Pacte civil de solidarité (ci-après « PACS ») et de concubinage semble répondre affirmativement[1]. Quant à la vie commune, elle ne prend en compte que la famille au sens étroit, la famille conjugale ou nucléaire. Selon l'image des cercles concentriques[2], il existe une famille plus large, celle qui unit les parents et les enfants, bien qu'ils ne cohabitent plus sous le même toit. Et puis la famille

---

1. L. n° 2009-526 du 12 mai 2009 de simplification et de clarification du droit et d'allégement des procédures, *JORF*, 13 mai 2009, p. 7920.

2. J. Carbonnier, *Droit civil*, t. 1, *La famille, L'enfant, Le couple*, coll. Quadrige, Paris, PUF, 2004, n° 386, p. 758. Cet ouvrage est la réédition de la 22e et dernière édition du manuel de l'auteur, parue en 2002.

lignagère qui regroupe toutes les personnes qui sont unies par un lien de sang, auxquelles on peut ajouter les alliés. Un troisième élément a longtemps été considéré comme allant de soi : l'altérité sexuelle. La famille ne pouvait être fondée que sur la différence des sexes des époux et des parents. Après qu'une première atteinte a été portée à ce principe par la loi du 15 novembre 1999 qui a institué le pacte civil de solidarité ouvert aux couples homosexuels[3], la loi du 17 mai 2013 l'a complètement écarté en ouvrant le mariage et l'adoption aux couples de même sexe[4].

2 **La famille, phénomène juridique.** Le Code civil ne définit pas la famille. Mieux, aucune partie ne lui est spécifiquement consacrée, le terme même de famille apparaît dans relativement peu de textes, si ce n'est à travers les notions d'intérêt de la famille, de conseil de famille ou de nom de famille qui ne touchent pas directement à l'organisation de la famille. C'est que les rédacteurs du Code civil n'ont pas abordé la famille comme un groupement, encore moins comme une personne distincte de ses membres, mais à travers un ensemble de relations bilatérales entre les différents membres de la famille : entre parents et enfants, entre membres d'un couple, et l'évolution récente du droit n'a fait qu'accentuer cette approche. Ce que l'on désigne par droit de la famille représente donc l'ensemble des règles qui organisent ces relations bilatérales.

3 **Structure de la famille.** Les relations de famille sont, au plan juridique, de deux ordres. Le droit civil distingue en effet la parenté et l'alliance.

- La parenté est le lien juridique qui unit les personnes entre lesquelles il existe un lien de sang. Il faut cependant remarquer que cette parenté n'existe elle-même que par le truchement du lien de filiation. C'est en effet par une addition de liens de filiation qu'un enfant est juridiquement parent avec son grand-père : lien de filiation entre l'enfant et son père, lien de filiation entre son père et le père de celui-ci. La parenté se divise en deux lignes. La première, dite ligne directe, unit les personnes qui descendent les unes des autres : le fils (ou la fille), le père (ou la mère), le grand-père (ou la grand-mère), l'arrière-grand-père (ou l'arrière-grand-mère), ainsi de suite à l'infini. La seconde ligne est dite collatérale : elle lie les personnes qui ont un ancêtre commun : les frères et sœurs, les cousins et cousines, les oncles et tantes et les neveux et nièces. La plus ou moins grande proximité entre deux personnes d'une même parenté se compte en degrés. Dans la ligne directe, il y a un degré par génération. Ainsi, entre la mère et la fille, on compte un degré, entre la fille et son grand-père, on en compte deux, etc. Dans la ligne collatérale, il faut compter le nombre de degrés qui séparent chacun des intéressés de leur ancêtre commun et faire l'addition. Ainsi, entre un frère et une sœur, il y a deux degrés ; entre cousins germains, quatre degrés (leur ancêtre commun est leur grand-père ou leur grand-mère dont ils sont séparés chacun par deux degrés) ; entre un oncle et sa nièce, trois degrés (l'ancêtre commun est la personne qui est à la fois le père de l'oncle et le grand-père de la nièce), etc.
- L'alliance est le lien de famille qui unit un époux avec les parents de son conjoint : son beau-père et sa belle-mère (père et mère du conjoint), ses

3. L. n° 99-944 relative au pacte civil de solidarité, *JORF*, 16 novembre 1999, p. 16959.
4. L. n° 2013-404 du 17 mai 2013 ouvrant le mariage aux couples de personnes de même sexe, *JORF*, 18 mai 2013, p. 8253.

beaux-frères et belles-sœurs (frères et sœurs du conjoint). Le lien d'alliance ne va pas au-delà de ce cercle restreint, il ne lie pas les époux avec les autres membres de la famille du conjoint, ni les membres des deux familles entre eux. En revanche, il y a également un lien d'alliance entre un enfant et le conjoint de son parent : l'enfant est alors appelé beau-fils ou belle-fille de ce conjoint.

L'alliance naît forcément d'un mariage. Les époux, quant à eux, sont liés par un lien conjugal qu'on hésite à qualifier d'alliance, qui leur est particulier et qui n'existe d'ailleurs ni entre concubins ni entre partenaires d'un pacte civil de solidarité.

Ce sont le lien de parenté et le lien conjugal qui produisent les effets les plus importants et les plus nombreux. Le lien d'alliance ne crée guère que des empêchements à mariage ainsi qu'une obligation alimentaire réciproque.

4 **Contenu du droit de la famille.** Le droit de la famille est un ensemble très vaste qui dépasse les frontières du droit civil. Il existe en effet de nombreuses règles concernant la famille qui relèvent du droit fiscal, du droit social ou du droit administratif[5]. Sauf exception, il n'en sera pas fait état dans cet ouvrage, qui a pour objet le droit civil de la famille.

Le droit civil apparaît comme le cœur du droit de la famille, car c'est lui qui détermine les modes de constitution des liens familiaux et leurs effets principaux. Cependant, le droit civil de la famille constitue lui-même un corps de règles très important qui englobe les rapports d'ordre personnel et ceux d'ordre patrimonial. Par tradition, mais aussi pour des raisons pratiques, les deux types de relations sont étudiés séparément.

On peut distinguer deux sortes de rapports patrimoniaux. D'une part, les régimes matrimoniaux qui fixent le statut des biens des époux. Cette matière est aujourd'hui souvent élargie en un droit patrimonial du couple pour prendre en compte le régime des biens des partenaires d'un PACS et les rapports patrimoniaux des concubins. D'autre part, les successions qui concernent la transmission des biens d'une personne, le plus souvent au sein de sa famille, à la suite de son décès.

Quant aux rapports d'ordre personnel, ils concernent le statut de l'enfant, les modes d'établissement de sa filiation, l'autorité parentale, les obligations alimentaires, mais aussi le statut des couples, les conditions de leur reconnaissance juridique et les obligations personnelles qui s'imposent à leurs membres. On réserve généralement l'expression de droit de la famille à ces rapports personnels ; cet ouvrage leur est consacré. Pour autant, il faut bien comprendre la part d'artifice qui entre dans ces divisions et cette répartition. Il est souvent bien difficile de traiter des rapports personnels en faisant totalement abstraction des rapports patrimoniaux, ce qui explique que cet ouvrage contiendra certains développements à leur sujet.

5 **Sources internes du droit de la famille.** Le droit de la famille apparaît comme le fruit de l'histoire et des mentalités d'une société et repose sur des valeurs qui lui sont propres. L'idée prédomine par conséquent que chaque État sécrète un droit de la famille qui lui est spécifique et qui n'est pas le même que celui de l'État voisin. Il en résulte que les sources du droit de la famille restent

---

5. Voy. le Code de l'action sociale et des familles, remplaçant, depuis une ordonnance du 21 décembre 2000, le Code de la famille et de l'aide sociale.

encore essentiellement internes. C'est évidemment la loi qui fixe les règles en la matière. Cependant, la jurisprudence joue également un certain rôle dans son évolution (elle a, par exemple, accentué la place de la vérité biologique dans la filiation au-delà de ce qu'avait prévu le législateur), même si ce rôle n'est sans doute pas aussi important que dans d'autres domaines et apparaît parfois au contraire comme un rôle de frein (ainsi, elle a longtemps refusé de considérer qu'un couple homosexuel constitue un concubinage ou d'admettre qu'un transsexuel puisse changer de sexe). Le droit constitutionnel contribue également assez fortement à l'évolution actuelle du droit de la famille[6]. Ainsi, le préambule de la Constitution de 1946, auquel renvoie la Constitution de 1958 et qui appartient donc au bloc de constitutionnalité, affirme que « la nation assure à l'individu et à la famille les conditions nécessaires à leur développement » (al. 10). Par ailleurs, le Conseil constitutionnel a reconnu au droit de se marier la nature d'un droit de valeur constitutionnelle[7]. Il a également rendu une décision remarquée relative à la loi du 15 novembre 1999 qui a instauré le pacte civil de solidarité : il l'a en effet validée tout en imposant son interprétation concernant certaines dispositions trop imprécises[8], prenant – pour ne pas dire usurpant – ici en quelque sorte la place du législateur.

Depuis l'entrée en vigueur, le 1er mars 2010, de la loi organique du 10 décembre 2009[9] instituant la question prioritaire de constitutionnalité (art. 61-1, Const.), dite QPC, qui permet à un particulier de déclencher le contrôle de constitutionnalité d'une loi après son entrée en vigueur, le Conseil constitutionnel trouve des occasions supplémentaires pour se prononcer sur la constitutionnalité du droit de la famille, comme il l'avait fait, par exemple, à propos de l'interdiction du mariage aux couples homosexuels[10] avant que le législateur n'intervienne pour le reconnaître.

6 **Sources internationales du droit de la famille.** Cependant, l'une des grandes caractéristiques du droit de la famille contemporain réside dans l'importance croissante des sources externes. Il faut citer la Convention universelle des droits de l'homme du 10 décembre 1948 et surtout la Convention internationale des droits de l'enfant (CIDE), adoptée à New York le 20 novembre 1989, qui considère la famille comme « unité fondamentale de la société et milieu naturel pour la croissance et le bien-être de tous ses membres et en particulier des enfants » et reconnaît à l'enfant un certain nombre de droits relatifs à la famille, tel celui de connaître ses parents et d'être élevés par eux (art. 7). Or, la Cour de cassation a reconnu à certaines stipulations de la CIDE un caractère directement

---

6. N. Molfessis, *Le Conseil constitutionnel et le droit privé*, thèse, Paris II, 1994.
7. Cons. const., 13 août 1993, n° 93-325, *JORF*, 18 août 1993, à propos de la loi relative à l'immigration et aux conditions d'entrée, d'accueil et de séjour des étrangers en France. Le législateur voulant lutter contre les mariages fictifs, conclus à seule fin d'obtenir la nationalité française ou un titre de séjour, a tendance à adopter des mesures portant parfois atteinte au droit de se marier.
8. Cons. const., 9 novembre 1999, n° 99-419, *JORF*, 16 novembre 1999, p. 1692 ; N. Molfessis, « Pacte civil de solidarité – La réécriture de la loi relative au PACS par le Conseil constitutionnel », *JCP-G*, 2000, I, p. 210.
9. L. org. n° 2009-1523, 10 décembre 2009, *JORF*, 11 décembre 2009, p. 21379 ; V. Larribau-Terneyre, « À propos de la question prioritaire de constitutionnalité », *Dr. fam.*, 2010, étude n° 13.
10. Voy. *infra*, n° 401.

applicable, c'est-à-dire que les particuliers ont le droit de se fonder sur ces textes pour obtenir satisfaction en justice[11]. Ce texte international a déjà joué et sera sans doute appelé à jouer encore un rôle déterminant dans l'évolution du droit de la famille.

7 **Sources européennes du droit de la famille.** Le droit européen tient la part la plus grande dans cette évolution[12]. La Convention européenne de sauvegarde des droits de l'homme et des libertés fondamentales du 4 novembre 1950, tout particulièrement, consacre un certain nombre de droits liés, directement ou non, au droit de la famille. Ainsi, l'article 12 reconnaît à l'homme et à la femme le droit de se marier à partir de l'âge nubile, tandis que l'article 8 déclare que « toute personne a droit au respect de sa vie privée et familiale, de son domicile et de sa correspondance ». La jurisprudence de la Cour européenne des droits de l'homme, chargée de veiller au respect par les États signataires des droits ainsi reconnus, exerce une influence certaine sur les droits internes, parfois jugée excessive. C'est ainsi qu'à la suite d'une condamnation de la France pour discrimination à l'égard des enfants adultérins, le législateur français a modifié le Code civil pour établir une égalité sans faille entre tous les enfants, nés en ou hors mariage[13].

Ce qui se révèle encore plus nouveau, et plus surprenant, c'est l'intervention grandissante des institutions communautaires dans le droit de la famille, alors que leurs compétences étaient à l'origine limitées au domaine économique. Guidé par le principe de libre circulation des biens, mais aussi des personnes, le droit communautaire a en effet tendance à vouloir supprimer toutes les entraves qui peuvent s'y opposer, et la diversité des droits nationaux, ainsi que leurs interdits, sont considérés comme autant d'obstacles à cette liberté. L'œuvre du droit de l'Union européenne s'est jusqu'à présent concentrée sur la manière de coordonner au mieux les divers systèmes nationaux pour faciliter le règlement des conflits au sein des familles dites « transfrontières ». On a d'abord assisté à l'unification des règles de conflits de juridictions (voy. les règlements dits « Bruxelles I », « Bruxelles II », « Bruxelles II*bis* » en matière de divorce). Puis est venu le temps de l'unification des règles de conflits de lois[14]. Il est fort possible que, dans un avenir plus ou moins proche, seront

11. Cass. 1re civ., 18 mai 2005, *Dr. fam.*, 2005, comm. n° 156 ; *JCP-G*, 2005, II, p. 10081, note F. Granet-Lambrechts et Y. Strickler ; *JCP-G*, 2005, II, 10115, concl. C. Petit, note C. Chabert ; *D.*, 2005, p. 1909, note V. Egéa. *Adde* P. Courbe, « L'application directe de la Convention des Nations unies sur les droits de l'enfant », *D.*, 2006, chron., p. 1487.

12. Sur les interactions entre le droit de la famille interne et les droits européens, voy. A. Thurillet-Bersolle, *Droits européens et droit de la famille : contribution à l'étude de la dynamique des rapprochements*, thèse, Dijon, 2012.

13. Voy. F. Vasseur-Lambry, *La famille et la Convention européenne des droits de l'homme*, Paris, L'Harmattan, 2000. *Adde* A. Debet, *L'influence de la Convention européenne des droits de l'homme sur le droit civil*, Paris, Dalloz, 2002.

14. Voy. le règlement « Rome III » n° 1259/2010 du 20 décembre 2010 sur la loi applicable au divorce, entré en vigueur le 21 juin 2012. Lire : « Choisir la loi du divorce », dossier, *AJ fam.*, 2012, pp. 369 et s. Voy. égal. le règlement communautaire adopté par le Cons. UE le 19 décembre 2008, relatif à la compétence, la loi applicable, la reconnaissance et l'exécution des décisions et la coopération en matière d'obligations alimentaires. Lire : « Union européenne et droit de la famille », *Informations sociales*, janvier 2006, n° 129. *Adde* H. Fulchiron et C. Nourissat (dir.), *Le nouveau droit communautaire du divorce et de l'autorité parentale*, Paris, Dalloz, 2005.

adoptés des textes ayant pour objet d'harmoniser le droit matériel. Il faut également relever le rôle joué par la Cour de justice des communautés européennes (CJCE), devenue Cour de justice de l'Union européenne (CJUE), gardienne de l'ordre communautaire, qui n'hésite pas à rendre des décisions, fondées sur le principe de la libre circulation des personnes, en droit de la famille[15]. Enfin, les membres de l'Union européenne ont adopté à Nice, en 2000, la Charte européenne des droits fondamentaux, sorte d'équivalent communautaire de la Convention européenne des droits de l'homme, qui consacre elle aussi des droits fondamentaux, dont certains sont relatifs à la famille, comme le droit de se marier et le droit de fonder une famille (art. 9).

Le traité de Lisbonne, signé le 13 décembre 2007 et entré en vigueur le 1er décembre 2009, a donné la même valeur juridique à la Charte des droits fondamentaux, la rendant ainsi contraignante.

8 **Évolution du droit de la famille.** Depuis l'adoption du Code civil, le droit de la famille a connu une évolution si radicale qu'il semble ne plus rester grand-chose de commun entre le droit de 1804 et le droit contemporain. Pendant tout le XIXe siècle et la première moitié du XXe, l'évolution s'est révélée assez lente quoiqu'indéniable. C'est dans les années 1960-1970 que se sont produites les plus grandes réformes du droit de la famille, confiées au doyen Carbonnier, avec notamment la loi du 4 juin 1970 sur l'autorité parentale, celle du 3 janvier 1972 relative à la filiation et la loi du 11 juillet 1975 relative au divorce[16]. Ces réformes sont toutes allées dans le même sens : on est passé d'un droit inégalitaire, hiérarchisé et dominé par l'ordre public à un droit fondé sur l'égalité et la liberté, où les volontés individuelles avaient une place plus grande. On est passé d'un droit où dominait le modèle de la famille légitime, où le divorce n'était pas libre, où sévissait une inégalité entre l'homme et la femme, mais aussi entre les enfants légitimes et les enfants naturels, à un droit qui a fait une place à la diversité des choix familiaux, où l'égalité entre l'homme et la femme a été consacrée, la hiérarchie entre familles légitime et naturelle sinon abolie du moins fortement atténuée, et qui s'est centré sur l'intérêt de l'enfant.

On est également passé d'un droit qui reposait en partie sur des secrets, des incertitudes et des fictions à un droit où la science domine et où la recherche de la vérité est devenue une priorité.

À partir de 1999, un nouveau train de profondes réformes a été mis en route, poursuivant l'œuvre antérieure. Depuis la loi du 15 novembre 1999 instaurant un statut du couple non marié à l'usage notamment des homosexuels jusqu'à la loi du 23 juin 2006 réformant – déjà – ce même statut, ou la loi du 17 mai 2013 permettant aux couples homosexuels de se marier et recourir à l'adoption, en passant par la loi du 4 mars 2002 relative à l'autorité parentale, la loi du 26 mai 2004 réformant le divorce et l'ordonnance du 4 juillet 2005 refondant la filiation, on compte en moyenne une loi par an en notre matière.

---

15. C.J.C.E., 2 octobre 2003, *Garcia Avello c/ État belge*, *D.*, 2004, p. 1476, note B. AUDIT ; *Rev. crit. DIP*, 2004, p. 184, note P. LAGARDE, qui condamne la Belgique pour avoir refusé d'enregistrer un enfant de double nationalité espagnole et belge sous le nom de sa mère conformément à la loi espagnole et avoir imposé son enregistrement sous le nom de son père, conformément à la loi belge. Voy. *infra*, n° 402.

16. P. MALAURIE et H. FULCHIRON, *La famille*, 5e éd., Paris, Defrénois, 2016, nos 78 et s.

La liberté, source de diversité[17], et l'égalité, source de liberté, sont les traits dominants du nouveau droit de la famille et ce sont ces caractéristiques qui ont conduit au choix du plan de cet ouvrage.

9 **Plan de l'ouvrage.** Le choix d'un plan en la matière n'est pas anodin, car le plan ne présente pas que des vertus pédagogiques. Il reflète nécessairement la vision que l'on a du droit de la famille. Traditionnellement, deux types de plan sont envisageables.

L'un repose sur une chronologie entre le statut du couple et celui de l'enfant : on étudie d'abord le couple et son statut pour en déduire ensuite le statut de l'enfant.

Un autre plan consiste à présenter la constitution des liens de famille, puis les effets de ces liens au titre de la vie familiale. Mais ce second plan conserve au sein de ses parties l'ordre traditionnel : le couple, l'enfant. Il semble d'ailleurs qu'il y ait une logique non seulement juridique, mais aussi naturelle dans cette présentation : avant qu'un enfant ne soit conçu, il faut bien qu'un couple ait été formé.

Une telle présentation se comprend parfaitement lorsque le droit réserve à l'enfant un sort différent en fonction de la situation conjugale de ses parents. Cependant, l'une des grandes évolutions de ces dernières décennies a précisément consisté à établir une égalité presque parfaite entre les enfants, qu'ils naissent en mariage ou hors mariage. Autrement dit, le statut de l'enfant ne dépend plus de celui de ses parents, il en est complètement dissocié : que les parents soient mariés, partenaires d'un pacte civil de solidarité ou concubins, qu'ils soient unis ou séparés, ou qu'ils n'aient même jamais constitué un couple, les règles relatives à la filiation, à l'autorité parentale sont en principe les mêmes[18]. Il n'y a donc plus de nécessité à étudier le couple avant l'enfant.

Au contraire, une présentation inversée s'impose, car il semble bien que c'est l'enfant qui est devenu le centre du droit de la famille, c'est lui qui constitue l'élément fédérateur, voire fondateur, de la famille. Et puis, une autre logique de la nature n'est-elle pas pour une personne de naître, de croître, puis de fonder son propre couple et sa propre famille – avant de divorcer et de mourir ? Par ailleurs, il devient difficile de consacrer une partie à la vie familiale, car cette vie familiale n'est pas soumise à un régime global. Il en a sans doute toujours été ainsi, mais aujourd'hui, il y a encore moins de globalité qu'auparavant dans les relations familiales. Les relations de parents à enfant et celles de couple sont chacune soumises à une logique propre : unité pour les premières, diversité pour les secondes.

Ces réflexions conduisent à étudier dans une première partie le statut de l'enfant, dans une seconde partie le statut du couple[19].

---

17. C. Philippe, « Un droit de la famille résolument tourné vers la diversité », *Dr. fam.*, 2007, étude n° 3.
18. C'est également le cas des règles relatives au nom ou aux successions. Elles relèvent d'ouvrages spécialisés.
19. Le doyen Carbonnier est le premier à avoir opéré cette inversion dans la dernière édition de son manuel de droit de la famille.

PARTIE 1

L'enfant

10 **Polysémie du mot enfant.** Il y a une polysémie du mot « enfant » dont il est difficile de se départir et qui peut entraîner parfois certaines confusions[20]. L'enfant, c'est d'abord la personne qui n'est pas encore un adulte, le petit homme, l'être qui, n'ayant pas encore acquis la maturité physique et intellectuelle, mérite une attention particulière, auquel le droit contemporain accorde toute sa protection. En ce sens, le droit civil considère comme enfant tout individu mineur, c'est-à-dire qui n'a pas atteint l'âge de dix-huit ans (art. 488, C. civ.). L'enfant, c'est également, sans distinction d'âge, la personne qui s'inscrit dans une généalogie, le petit d'homme[21], la fille ou le fils de, celui qui a un lien de filiation avec un parent. De ce point de vue, chacun reste jusqu'à sa mort un enfant.

Les deux sens du mot semblent bien distincts. Pourtant, on ne peut ignorer qu'une même personne est pendant un temps de sa vie à la fois un petit homme et un petit d'homme. Ce qui peut entraîner parfois un doute sur le sens des textes : ainsi, les droits protégés par la Convention internationale des droits de l'enfant signée à New York en 1989 sont-ils ceux du mineur ou ceux du fils et de la fille[22] ? La confusion est souvent volontaire. Il sera vu que la mission de protection du petit homme est confiée prioritairement à ses parents, ceux qui ont établi leur filiation à l'égard de l'enfant.

Le statut de l'enfant, à l'égard de sa famille, se détermine avant tout par sa filiation. La filiation constitue un élément de l'état des personnes, le plus important sans doute, car il produit des effets considérables. Seront donc étudiés successivement la filiation, puis les effets de la filiation.

20. J. Carbonnier, *Droit civil, op. cit.*, n° 406.

21. Ces expressions sont empruntées à J. Hauser, « Des petits hommes ou des petits d'homme ? », in J. Rubellin-Devichi et R. Frank (dir.), *L'enfant et les conventions internationales*, Lyon, PUL, 1996, p. 471.

22. La Cour de cassation a eu à le rappeler, malgré la clarté du texte : l'enfant au sens de la convention est l'être humain qui n'a pas atteint la majorité. Cass. 1re civ., 25 juin 1996, *RTD civ.*, 1996, p. 873, obs. J. Hauser ; *Dr. fam.*, 1996, comm. n° 26, note B. Beignier ; *JCP-G*, 1997, II, p. 22834, note P. Malaurie ; *D.*, 1998, p. 453, note L. Brunet.

CHAPITRE 1

La filiation

11 **Définition.** La filiation est le lien juridique qui unit un enfant à sa mère ou à son père. Elle est dite maternelle dans le premier cas et paternelle dans le second. La filiation est fondatrice de la parenté[23]. Il est difficile de donner plus de précision sur cette définition. Il est vrai que l'on parle souvent de filiation biologique, de filiation vécue, de filiation juridique. Pourtant, ces formules sont trompeuses, car elles laissent penser qu'il existe plusieurs sortes de filiations en fonction de leur nature, la filiation biologique et la filiation vécue (ou affective) s'opposant entre elles et à la filiation juridique. En réalité, la filiation est toujours juridique et pour plus de rigueur le mot doit toujours être employé dans ce sens.

Quant aux notions de filiation biologique ou de filiation vécue, elles renvoient à une autre idée qui est celle du fondement de la filiation. La question, complexe, se pose en effet de savoir ce qui justifie qu'un lien de filiation peut être établi entre un enfant et une autre personne désignée ainsi comme sa mère ou son père. Plusieurs réponses sont possibles, parmi lesquelles figurent le lien de sang, la relation vécue, mais aussi la volonté, des parents ou de l'enfant.

12 **Systèmes de filiation.** Schématiquement, deux systèmes de filiation sont envisageables avec chacun son fondement. L'un repose sur le constat d'une donnée naturelle, la procréation. Le lien de filiation est alors censé traduire sur le plan juridique un lien de sang qui résulte de la conjonction des sexes des parents. L'autre système repose au contraire sur la volonté : une personne choisit son enfant (plus rarement l'inverse) et l'intègre ainsi dans sa famille, sans égard au lien biologique. Le modèle en est l'adoption. Le choix en faveur de l'un ou l'autre système dépend de données culturelles, qu'elles soient d'ordre technique, sociologique ou moral. Pour que la filiation repose sur le lien de sang, il faut encore que l'on puisse désigner en toute certitude la mère et le père biologiques. Si la maternité apparaît aisée à établir, parce que la grossesse et l'accouchement sont des faits visibles, il n'en est rien de la paternité, qui est un fait invisible. Il faut que les connaissances scientifiques soient suffisamment avancées pour que l'on puisse lever le voile. Divers palliatifs peuvent alors être mis en place : un système de présomptions qui permettent de déduire une probabilité de paternité ou bien alors un système qui tourne le dos au fondement biologique et qui repose sur le choix de ses enfants par le père (ou par la mère). D'autres considérations peuvent interférer : la volonté de ne pas révéler des

23. J. Hauser et D. Huet-Weiller, *La famille*, t. 1, 2e éd., Paris, LGDJ, 1993, n° 431.

secrets d'alcôve ou de favoriser la stabilité de l'état de l'enfant peut inciter à ne pas autoriser trop facilement l'accès à la vérité biologique ; la volonté de remédier à l'infertilité ou à l'impossibilité de procréer (pour les couples de même sexe) conduit à mettre en place un système de filiation élective, de même que la volonté de pallier l'absence de parents qui sont restés inconnus ou qui sont décédés.

Notre droit n'a pas opté intégralement pour l'un ou l'autre système. D'abord, il n'existe pas, en droit positif, de filiation qui repose sur le seul fait de la procréation. La filiation par procréation laisse une place très importante à la volonté. En effet, en principe, un parent est libre de ne pas établir la filiation à l'égard de l'enfant dont il est l'auteur. Il doit toujours en manifester d'une manière ou d'une autre le désir. Ensuite, à côté de la filiation par procréation, il existe une forme de filiation élective, la filiation adoptive, qui repose sur la seule volonté (mais une volonté encadrée et contrôlée) des personnes de devenir parents d'un enfant dont elles ne sont pas les auteurs, mais qui a pour finalité de donner une famille à un enfant qui n'en a pas. Enfin, le législateur contemporain, prenant acte de l'évolution sans précédent des sciences médicales, a consacré des techniques qui rendent possibles des procréations qui ne résultent pas du rapprochement charnel des parents. La filiation de l'enfant conçu par procréation médicalement assistée (ci-après « PMA ») ne repose même pas toujours sur un lien de sang, mais se fonde parfois principalement, voire exclusivement, sur la volonté d'un couple. La filiation par procréation artificielle constitue ainsi une sorte d'intermédiaire entre la filiation par procréation naturelle et la filiation adoptive, empruntant à la première ses modes d'établissement et à la seconde son fondement. Finalement, cette question des fondements de la filiation se résume à une dualité : biologie et volonté, qui se combinent tant bien que mal, et entrent même en conflit l'une avec l'autre[24].

Il n'est pas certain que ce système où coexistent trois systèmes de filiation, reposant sur deux fondements opposés, soit appelé à perdurer indéfiniment. En effet, un rapport a été demandé à une commission présidée par Madame Irène Théry en vue d'éclairer le gouvernement sur une future grande loi relative à la famille qui ne semble toutefois pas près de voir le jour[25]. Les auteurs

24. En ce sens, voy. A. Dionisi-Peyrusse, « Les fondements de la filiation – Tentative de synthèse du colloque des 10 et 11 mars 2016 à l'Université du Havre », *Dr. fam.*, 2016, étude n° 13.

25. I. Théry et A.-M. Leroyer, *Filiation, origines, parentalité – Le droit face aux nouvelles valeurs de responsabilité générationnelle*, Paris, Odile Jacob, 2014. *Adde* une rapide présentation de ce rapport par I. Théry et A.-M. Leroyer, « Filiation, origines, parentalité – Le droit face aux nouvelles valeurs de responsabilité générationnelle », *Dr. fam.*, 2014, dossier n° 2. Trois autres rapports furent commandés simultanément par le même gouvernement et rendus début 2014 : A. Gouttenoire, *Quarante propositions pour adapter la protection de l'enfance et de l'adoption aux réalités d'aujourd'hui*, Paris, La Documentation française, 2014. *Adde* A. Gouttenoire, « Quarante propositions pour adapter la protection de l'enfance et de l'adoption aux réalités d'aujourd'hui », *Dr. fam.*, 2014, dossier n° 5 ; M. Juston, « Rapport "Médiation familiale et contrat de coparentalité" », *Dr. fam.*, 2014, dossier n° 8. *Adde* C. Lienhard, « Médiation familiale et contrat de coparentalité : l'histoire s'accélère », *AJ fam.*, 2014, p. 360 ; J.-P. Rosenczveig, « Le rapport "De nouveaux droits pour les enfants" : un rapport pour rien ? », *Dr. fam.*, 2014, dossier n° 11 ; P. Salvage-Gerest, F. Eudier, A. Gouttenoire et V. Avena-Robardet, « Réforme du droit de la famille : les rapports », *AJ fam.*, 2014, p. 293.

du rapport envisagent, à partir des évolutions récentes du droit de la famille, une évolution future qui irait vers une seule filiation avec trois modalités d'établissement, traduisant ainsi tout à la fois un besoin d'égalité et un besoin de pluralité.

En attendant, qu'elles se concrétisent, il faut examiner successivement la filiation par procréation naturelle (section 1), la filiation par procréation médicalement assistée (section 2) et la filiation adoptive (section 3).

SECTION I

La filiation par procréation naturelle

13 **Code civil.** Le droit de la filiation, sous ses apparences techniques, est loin d'être un droit neutre. Tout comme le droit du couple, il traduit les valeurs que la société partage et la conception qu'elle se fait de la famille. Comme le reste du droit de la famille, il a été marqué par l'évolution des mœurs. À l'origine, le Code civil avait établi un système hiérarchisé entre la filiation légitime et la filiation naturelle. Il était justifié par l'idée que seule la famille fondée sur le mariage méritait la considération et la protection du droit. Il en résultait une différence de statut entre les enfants légitimes et les enfants naturels : la filiation des uns et des autres ne produisait pas les mêmes effets, en particulier en matière successorale puisque les droits successoraux de l'enfant naturel étaient très inférieurs à ceux de l'enfant légitime[26]. Cette inégalité avait des incidences également sur le plan de l'établissement de la filiation. Alors que leur objet semblait identique, la filiation légitime et la filiation naturelle s'établissaient selon des modes différents. La filiation à l'égard de la femme mariée s'établissait par l'indication de son nom dans l'acte de naissance de l'enfant, celle du père légitime par la présomption de paternité. Celle-ci s'appliquait d'ailleurs parfois à des hypothèses où la paternité du mari était peu vraisemblable. Pour établir la filiation naturelle, au contraire, le parent (père ou mère) devait accomplir une démarche particulière, souscrire une reconnaissance. Autrement dit, l'établissement de la filiation légitime était plus facile que celui de la filiation naturelle.

E1 **Filiation et genre**

Le Code civil ne l'exprimait pas clairement, sans doute parce que c'était une évidence, jusqu'à présent, que la filiation complète d'un enfant comporte un lien à l'égard de son père et un autre à l'égard de sa mère. Autrement dit, un enfant ne peut avoir deux liens de filiation établis à l'égard de deux personnes du même sexe. Cette évidence a été remise en cause par la loi du 17 mai 2013, qui permet désormais à un couple homosexuel de recourir à l'adoption. Celle-ci a pour objet de créer un lien de filiation entre l'adopté et le ou les adoptants. Jusqu'à présent, seul un couple marié, c'est-à-dire composé d'un homme et d'une femme, pouvait adopter un enfant. Depuis l'entrée en vigueur de la loi, l'enfant peut être adopté par deux hommes ou par deux femmes, pourvu qu'ils soient mariés ensemble. Un enfant peut donc avoir désormais deux filiations paternelles ou deux filiations maternelles. Le Conseil constitutionnel a refusé

26. M. Grimaldi, *Droit civil, Successions*, 6e éd., Paris, Litec, 2001, nos 139 et s. Quant aux enfants adultérins, leur filiation ne pouvant être établie à l'égard du parent adultère (du moins si c'était le père), ils ne pouvaient évidemment pas participer à sa succession.

de considérer que l'altérité de la filiation constitue un principe fondamental reconnu par les lois de la République[27].

Toutefois, cette possibilité n'a pas été étendue à la filiation par procréation, comme c'est le cas dans certains pays étrangers[28], laquelle reste toujours fondée sur la différence de sexe. C'est ce qui ressort du nouvel article 6-1 du Code civil selon lequel le mariage et la filiation adoptive emportent les mêmes effets, droits et obligations reconnus par les lois, *à l'exclusion de ceux prévus au titre VII du livre Ier du présent Code*, que les époux ou les parents soient de sexe différent ou de même sexe. Et les père et mère n'ont pas disparu du Code civil comme le projet de loi sur le mariage pour tous le prévoyait initialement, sauf aux articles 34 et 371-1.

Il convient d'ajouter que, dans l'hypothèse où l'enfant serait adopté par l'épouse de sa mère, il est impossible d'imaginer que l'éventuel géniteur de l'enfant puisse établir en plus une filiation paternelle. L'enfant ne saurait avoir trois liens de filiation !

Au-delà, la question du genre de la filiation se pose en cas de transsexualisme. De longue lutte, les transsexuels ont obtenu le droit d'obtenir le changement de la mention du sexe sur les actes de l'état civil (voy. *infra*, n° 402). Par conséquent, pour apprécier la condition de la différence de genre, seul le sexe juridique doit être pris en compte. Pourtant, tout n'est pas résolu. Un couple comprenant un transsexuel peut-il recourir à l'adoption ? S'il est marié, la réponse est sans doute affirmative, *a fortiori* depuis la loi du 17 mai 2013. Peut-il recourir à une PMA ? La réponse semble plus délicate. En réalité, la condition d'hétérosexualité est remplie, puisque, encore une fois, ce qui compte c'est le sexe juridique (d'ailleurs, il semble admis que les transsexuels qui ont eu recours à des traitements et des opérations chirurgicales ont changé effectivement de sexe). Et, bien que ce soit discuté, il semble bien que, le transsexualisme étant considéré comme une pathologie, le couple réponde à la condition d'infertilité pathologique. Mais qu'en est-il lorsqu'un parent change de sexe après avoir établi sa filiation à l'égard de son enfant ? Doit-on considérer que désormais l'enfant a deux parents du même sexe ? La jurisprudence admet que le jugement qui prononce le changement de sexe juridique est constitutif et ne produit donc d'effet que pour l'avenir. Il en résulte que la filiation établie à l'égard de l'enfant ne s'en trouve pas modifiée.

Biblio

À lire : D. Vigneau, « Transsexualisme et filiation », *Dr. fam.*, 2013, dossier n° 15 ; F. Millet, « La paternité : chronique d'une mort annoncée », *D.*, 2013, p. 782 ; A. Batteur, L. Mauger-Vielpeau, G. Raoul-Cormeil et L Frossard, « À propos du mariage pour tous : le maintien dans le Code civil du double sens du mot parent est un impératif juridique ! », *Dr. fam.*, 2013, dossier n° 3 ; S. Paricard, « Mariage homosexuel et filiation – Quelques éléments de droit comparé », *Dr. fam.*, 2013, dossier n° 8.

14 **Loi du 3 janvier 1972.** La première grande réforme du droit de la filiation a été accomplie par la loi n° 72-3 du 3 janvier 1972, due à la plume du doyen Carbonnier. Cette loi poursuivait deux objectifs, l'un d'égalité, l'autre de vérité.

Le principe d'égalité fut inscrit à l'article 334, ancien, du Code civil qui affirmait que « l'enfant naturel a en général les mêmes droits et les mêmes devoirs que l'enfant légitime dans ses rapports avec ses père et mère ». L'alinéa 2 ajoutait : « il entre dans la famille de son auteur ». Le principe d'égalité n'était cependant pas absolu. Sa formulation (« en général ») laissait la place à des exceptions. L'une d'elles était expressément prévue par l'alinéa 3 : l'enfant adultérin continuait à être soumis à un statut d'infériorité. Ces règles ont d'ailleurs

27. Cons. const., 17 mai 2013, n° 2013-669, consid. 56.

28. C'est ainsi qu'une loi belge du 5 mai 2014 entrée en vigueur le 1er janvier 2015 prévoit une présomption de comaternité très semblable à la présomption de paternité au profit de l'épouse d'une femme qui a bénéficié d'une PMA avec tiers donneur. Voy. C. Neirinck, « De la comatermité », *Dr. fam.*, 2015, repère n° 3.

par la suite valu une condamnation de la France par la Cour européenne des droits de l'homme[29].

Quant au second objectif, la vérité, sans être inscrit dans la loi, il ressortait des travaux préparatoires et de l'ensemble des nouveaux textes : le législateur voulait que chaque enfant puisse avoir, dans la mesure du possible, une filiation qui corresponde à la réalité biologique. La loi de 1972 avait par conséquent réduit le champ d'application de la présomption de paternité en l'écartant dans des hypothèses où la paternité était peu probable. Elle avait également ouvert plus largement la possibilité de contester la filiation paternelle légitime. En cas de conflit de filiations, le juge devait trancher en faveur de la filiation la plus vraisemblable.

Le principe de vérité biologique n'était cependant pas non plus absolu. D'abord, le législateur n'a jamais envisagé de faire procéder à une vérification systématique de la réalité biologique. Il s'agissait plutôt de ce point de vue d'un principe de vraisemblance. Par ailleurs, la loi de 1972, parallèlement à la mise en œuvre du principe, a accordé une place importante à la possession d'état[30] qui, selon certains, exprime une vérité concurrente de la vérité biologique[31], la vérité du cœur, ou vérité sociologique ou encore vérité affective, voire socio-affective.

15 **Évolution postérieure à la loi de 1972.** L'évolution du droit postérieure à la loi de 1972 s'est opérée dans trois directions, sous l'impulsion tant de la loi que de la jurisprudence. D'abord, la loi n° 82-536 du 25 juin 1982 a permis l'établissement de la filiation naturelle par la possession d'état, ce qui était jusqu'alors réservé à la filiation légitime. Cette modification accentuant le rôle de la vérité sociologique apparaissait également comme un pas vers l'égalité des filiations au stade des modes d'établissement.

Ce sont surtout les deux principes exprimés par la loi du 3 janvier 1972 qui ont été renforcés. La jurisprudence a en effet porté le principe de vérité sans doute au-delà de ce qu'avait souhaité le législateur, au risque de réduire la filiation à une seule de ses composantes et d'instaurer une certaine instabilité de l'état de l'enfant[32]. En ce sens, elle a ainsi affirmé le principe selon lequel l'expertise biologique est de droit dès lors qu'elle est demandée, permettant ainsi aux plaideurs d'accéder facilement aux modes de preuve les plus performants de la réalité biologique[33].

Quant au principe d'égalité, il subissait encore des atteintes qui, au fil du temps, étaient apparues de moins en moins supportables. À la suite de l'arrêt *Mazurek*, la loi n° 2001-1135 du 3 décembre 2001 relative aux droits du conjoint survivant et des enfants adultérins et modernisant diverses dispositions

29. Cour eur. D.H., 1er février 2000, *Mazurek c/ France, JCP-G*, 2000, II, p. 10286, note A. Gouttenoire-Cornut et F. Sudre ; *D.*, 2000, p. 332, note J. Thierry ; *RTD civ.*, 2000, p. 311, obs. J. Hauser, et p. 429, obs. J.-P. Marguénaud.

30. Voy. *infra*, nos 28 et s.

31. En ce sens, J. Vidal, « La place de la vérité biologique dans le droit de la filiation », in *Mélanges Marty*, Toulouse, Université des Sciences sociales, 1978, p. 113. *Adde* J. Hauser et D. Huet-Weiller, *La famille*, t. 1, *op. cit.*, n° 449 ; F. Granet, in P. Murat (dir.), *Droit de la famille,* coll. Dalloz Action, Paris, Dalloz, 2014-2015, n° 211.101.

32. Voy. *infra*, n° 113.

33. Voy. *infra*, nos 87 et s.

de droit successoral[34] a aligné le statut successoral des enfants adultérins sur celui des enfants légitimes et naturels simples. Surtout, la loi n° 2002-305 du 4 mars 2002 relative à l'autorité parentale[35] a commencé à opérer une fusion entre les filiations légitime et naturelle en supprimant toute référence à ces notions sur le plan des effets de la filiation. Le principe d'égalité fut déplacé à l'article 310-1 du Code civil et réécrit en tenant compte de l'effacement de cette distinction traditionnelle : « tous les enfants dont la filiation est légalement établie ont les mêmes droits et les mêmes devoirs dans leurs rapports avec leur père et mère. Ils entrent dans la famille de chacun d'eux »[36]. L'égalité ne supporte donc plus d'exception, le statut des enfants est indifférent à la situation conjugale des parents.

16 **Ordonnance du 4 juillet 2005.** Au début du XXIe siècle, le droit de la filiation avait donc déjà connu une évolution très importante, mais il n'en présentait pas moins un certain nombre d'imperfections. Les initiatives de la jurisprudence l'avaient rendu encore plus complexe qu'il ne l'est naturellement. La mise en exergue de la vérité biologique, bien que répondant par ailleurs à une aspiration de la population, présentait l'inconvénient de fragiliser la filiation. Enfin et surtout, à une époque où près d'un enfant sur deux naît hors mariage, il ne correspondait plus à l'état des mœurs dans la mesure où il reposait toujours sur la distinction entre filiation légitime et naturelle qui, malgré l'égalité récemment affirmée, marquait encore une différenciation que plus rien ne justifiait.

Une nouvelle réforme s'imposait. Elle fut le fruit de l'ordonnance du 4 juillet 2005[37]. Pour des raisons de célérité, elle prit le chemin d'une ordonnance élaborée par le Gouvernement et non d'une loi votée par le Parlement, ce qui eut pour inconvénient d'interdire tout débat public sur une question qui concerne pourtant des valeurs fondamentales et intéresse donc forcément tous les citoyens. La méthode a toutefois présenté l'avantage d'aboutir à la rédaction d'un texte cohérent, clair et de bonne qualité, qui n'a pas été affecté par les amendements qui n'auraient pas manqué de se multiplier devant les assemblées législatives. Et les objectifs poursuivis par le législateur semblent avoir été atteints : simplification du droit, stabilité de la filiation et surtout égalité entre les enfants. En effet, l'apport essentiel, le plus visible, de l'ordonnance a consisté à supprimer totalement la distinction entre filiation légitime et filiation naturelle, consacrant ainsi l'idée que le sort des enfants est complètement dissocié de la situation conjugale de leurs parents. Il en est résulté notamment

34. *JORF*, 4 décembre 2001, p. 13279. La France a cependant encore été condamnée en raison du droit transitoire de la loi qui ne s'appliquait qu'aux successions ouvertes après son entrée en vigueur. Cour eur. D.H. (gr. ch.), 7 février 2013, *Fabris c/ France*, *D.*, 2013, pan., p 1436, obs. F. Granet-Lambrechts ; *AJ fam.*, 2013, p. 189, obs. N. Levillain, prenant le contrepied de Cour eur. D.H., 21 juillet 2011, *Fabris c/ France*, *RTD civ.*, 2011, p. 732, obs. J.-P. Marguénaud.

35. *JORF*, 5 mars 2002, p. 4161.

36. Depuis l'ordonnance du 4 juillet 2005, ce principe figure désormais à l'article 310 du Code civil.

37. Ord. n° 2005-759 du 4 juillet 2005 portant réforme de la filiation, *JORF*, 6 juillet 2005, p. 11155. Parmi les nombreux commentaires, voy. « Dossier spécial filiation », *Dr. fam.*, janvier 2006 ; J. Massip, « Le nouveau droit de la filiation », *Rép. Defrénois*, 2006, pp. 6, 91 et 209 ; F. Granet-Lambrechts et J. Hauser, « Le nouveau droit de la filiation », *D.*, 2006, p. 17. *Adde* V. Bonnet, *Le droit de la filiation*, Paris, L'Harmattan, 2006.

un réaménagement important des modes d'établissement de la filiation et des actions la concernant, ainsi que la disparition de la légitimation qui consistait à transformer une filiation naturelle en filiation légitime[38].

17 **Droit transitoire.** L'ordonnance est entrée en vigueur le 1er juillet 2006 (art. 21, ord. du 4 juillet 2005). Selon son article 20-I, elle s'applique aux enfants nés avant comme après cette date. Qu'elle s'applique aux enfants nés après va de soi : leur filiation doit être établie conformément aux nouvelles règles. Le texte s'applique également aux enfants nés antérieurement. La filiation est une situation légale qui se prolonge dans le temps, la règle est conforme au principe de l'application immédiate des lois. Il semble en résulter que si l'enfant remplissait des conditions insuffisantes pour l'établissement de la filiation sous l'empire de l'ancien droit, mais désormais suffisantes, sa filiation s'en trouve *ipso facto* établie. Ainsi, l'indication du nom de la mère dans l'acte de naissance d'un enfant naturel ne permettait pas l'établissement de la filiation maternelle, contrairement au droit nouveau. L'enfant qui n'aurait pas été reconnu par sa mère, mais qui avait un acte de naissance contenant l'indication de son nom, devrait avoir sa filiation établie par la seule entrée en vigueur de l'ordonnance[39]. De même, un homme marié ne pouvait pas reconnaître l'enfant né de son épouse. Seule la présomption de paternité établissait la filiation légitime. Depuis l'ordonnance, la reconnaissance par un homme marié est possible. Un enfant né avant le 1er juillet 2006 qui n'était pas couvert par la présomption de paternité du mari de sa mère pourrait aujourd'hui être reconnu par ce dernier.

Le texte prévoit l'application immédiate de l'ordonnance sous réserve des décisions de justice passées en force de chose jugée. Cette disposition semble signifier que, si une décision de justice qui n'est plus susceptible de recours a déjà statué sur la filiation d'un prétendu parent, les nouvelles règles ne permettront pas de donner une solution différente.

L'ordonnance prévoit des exceptions à l'application immédiate. Ainsi, la loi ancienne survit lorsqu'une instance avait été introduite avant l'entrée en vigueur de l'ordonnance : l'action est poursuivie et jugée conformément aux règles antérieures[40].

L'action en recherche de paternité hors mariage (art. 327, nouv., C. civ.) et l'action en rétablissement de la présomption de paternité (art. 329, nouv.), telles qu'elles résultent de l'ordonnance, peuvent être exercées par ou pour un enfant déjà né, alors même que les délais anciens seraient déjà écoulés. Il faut toutefois que le délai de prescription (de dix ans) résultant du nouveau texte (plus long que les anciens pour ces actions) ne soit pas écoulé (art. 20-IV, ord. du 4 juillet 2005). L'action peut alors être intentée dans le délai restant à courir à la date d'entrée en vigueur. Ce délai ne peut être inférieur à un an. Ainsi, pour l'action en recherche de paternité, le délai ancien permettait à la mère d'agir pendant deux ans à compter de la naissance et à l'enfant pendant deux ans à compter de sa majorité. Si l'enfant avait 22 ans au moment de l'entrée en vigueur de l'ordonnance, il est forclos selon le droit ancien. Il peut pourtant agir selon le droit nouveau pendant le temps qui reste à courir

38. Sur la légitimation, voy. P. MALAURIE et H. FULCHIRON, *La famille*, *op. cit.*, nos 1380 et s.
39. Cass. 1re civ., 20 février 2008, *Dr. fam.*, 2008, comm. n° 71, note P. MURAT.
40. Cass. 1re civ., 18 novembre 2015, n° 14-23.411, *AJ fam.*, 2016, p. 54, obs. A. DIONISI-PEYRUSSE.

depuis l'entrée en vigueur jusqu'à l'accomplissement du nouveau délai, c'est-à-dire encore pendant six ans. En effet, pour l'enfant, le point de départ du délai est non pas sa naissance, mais sa majorité : les délais de prescription sont toujours suspendus pendant la minorité. L'enfant peut donc agir jusqu'à l'âge de 28 ans. S'il a eu 28 ans au mois d'août 2006, pour achever le délai nouveau de 10 ans, il ne restait plus qu'un mois. Le texte toutefois prévoit que dans ce cas, le délai pendant lequel il peut agir est d'un an à partir de l'entrée en vigueur.

E2

Difficultés de droit transitoire

Il faut reconnaître que les règles de droit transitoire ne constituent pas la plus grande réussite de l'ordonnance du 4 juillet 2005. Elles apparaissent en réalité très parcellaires et il faudra recourir aux principes du droit commun pour les compléter.

L'ordonnance est silencieuse sur certains cas de figure. Il en est ainsi des délais de prescription des autres actions qui ont commencé à courir avant l'entrée en vigueur de l'ordonnance. Selon les principes de droit commun (art. 2 et 2222, C. civ.), on combine l'ancien et le nouveau délai. Il faut distinguer plusieurs situations. Si le délai ancien, non encore écoulé, était de 30 ans, on applique le délai nouveau, de 10 ans, immédiatement, c'est-à-dire à partir de l'entrée en vigueur de l'ordonnance, en veillant toutefois à ce que le total du temps écoulé ne dépasse pas le délai antérieur. Ainsi, si au moment de l'entrée en vigueur, 25 ans s'étaient déjà écoulés, l'application immédiate du nouveau délai aboutirait à un délai total de 35 ans. Dans ce cas, on en reste à 30 ans : il reste au titulaire 5 ans pour agir à partir de l'entrée en vigueur. Si, au contraire, 10 ans seulement s'étaient écoulés, on applique immédiatement le nouveau délai, ce qui fait au total un temps pour agir de 20 ans – délai intermédiaire entre l'ancien et le nouveau délai. C'est ainsi que raisonne la Cour de cassation[41]. Il en va de même pour le délai de contestation de la filiation établie par un titre corroboré par une possession d'état de moins de cinq ans [42].

Sous l'ancien droit, certaines actions bénéficiaient de délais très courts, tels que le désaveu de paternité qui se prescrivait par un délai de 6 mois. Il se trouve que ces actions ont disparu pour être remplacées par une action unique en contestation de paternité. Il semble alors que l'on puisse raisonner de la manière suivante : l'action en contestation de paternité issue de l'ordonnance est une action nouvelle. Dès lors, la prescription ne peut pas avoir commencé avant l'entrée en vigueur du texte. On en déduit que la possibilité d'agir s'applique immédiatement avec son délai : le titulaire de l'action a 10 ans pour agir à partir de cette date.

Quant au délai de possession d'état prévu par l'article 333, alinéa 2, qui fait obstacle à toute action en contestation de filiation, la Cour de cassation a eu l'occasion de préciser qu'il court à partir de l'entrée en vigueur de l'ordonnance, soit le 1er juillet 2006, alors même que l'enfant est né avant et que la possession d'état existait déjà depuis longtemps à cette date[43].

C'est donc à la jurisprudence que revient le soin de compléter les solutions en la matière, ce qu'elle fait progressivement.

---

41. Cass. 1re civ., 6 mars 2013, n° 11-28.780, *AJ fam.*, 2013, p. 238, obs. E. Viganotti ; *RTD civ.*, 2013, p. 359, obs. J. Hauser ; 25 septembre 2013, n° 12-25.062, *Dr. fam.*, 2013, comm. n° 160, note C. Neirinck. Pour une application à l'action en constatation de possession d'état, voy. Cass. 1re civ., 16 mars 2016, n° 14-21.457, *AJ fam.*, 2016, p. 262, obs. F. Viney.

42. Cass. 1re civ., 28 novembre 2012, nos 11-27.108 et 11-24.361, *D.*, 2013, pan., p. 1440, obs. F. Granet-Lambrechts ; *RTD civ.*, 2013, p. 102, obs. J. Hauser.

43. Cass. 1re civ., 27 février 2013 (2 arrêts), nos 12-15.017 et 12-13.326, *AJ fam.*, 2013, p. 238, obs. E. Viganotti ; *RTD civ.*, 2013, p. 359, obs. J. Hauser ; 14 janvier 2015, n° 13-27.975, *Dr. fam.*, 2015, comm. n° 49, note C. Neirinck ; *D.*, 2015, pan., p. 704, obs. F. Granet-Lambrechts.

Biblio

À lire : F. Granet-Lambrechts et J. Hauser, « Le nouveau droit de la filiation », *D.*, 2006, p. 17, spéc. pp. 24 et s. ; M. Douchy-Oudot, *D.*, 2006, pan., pp. 2433 et s. ; J. Massip, *Le nouveau droit de la filiation (suite et fin)*, Paris, Defrénois, 2006, p. 209, n°s 80 et s. ; M.-P. Baudin-Maurin, « Délai de l'article 333, alinéa 2, du Code civil prolongé par un point de départ transitoire », *Dr. fam.*, 2014, étude n° 3.

18 **Plan.** On ne peut plus aujourd'hui présenter le droit de la filiation en distinguant la filiation légitime et la filiation naturelle, ni même en distinguant filiation en mariage et hors mariage[44]. Il est préférable de s'en tenir au plan du Code civil. Seront donc examinés les dispositions générales, l'établissement extrajudiciaire de la filiation, les actions relatives à la filiation et l'action à fins de subsides.

§ 1. – Les dispositions générales

19 **Présentation.** La loi de 1972 avait créé un chapitre intitulé « dispositions communes à la filiation légitime et à la filiation naturelle ». Un tel ensemble de règles qui devaient s'appliquer sans distinction selon la nature de la filiation constituait en soi un progrès immense, puisqu'il s'analysait comme une sorte de socle commun de la filiation, prélude à l'égalité. L'ordonnance a transformé ces dispositions communes en dispositions générales, conséquence logique de la fusion des deux filiations en une seule. On y trouve des dispositions qui relèvent en réalité d'autres disciplines, telles que les conflits de loi étudiés en droit international privé, le nom de l'enfant qui constitue un effet de la filiation et qui est examiné en droit des personnes. Figurent également les dispositions relatives à l'assistance médicale à la procréation qui seront vues plus loin, car elles constituent plutôt des dispositions spécifiques en raison du mode de procréation[45].

Il reste à évoquer ici trois sortes de dispositions générales. Elles concernent les conditions d'établissement de la filiation, la présomption relative à la période légale de conception et la possession d'état.

A. Les conditions d'établissement de la filiation

1. Les conditions relatives à l'enfant

20 **Principe.** En principe, la filiation paternelle et la filiation maternelle peuvent être établies à l'égard de tout enfant sans restrictions. Il est loin le temps où la filiation d'un enfant adultérin ne pouvait pas être établie à l'égard du parent adultère. De même, il n'existe aucune condition liée à l'âge de l'enfant : même majeur, un enfant peut être reconnu par ses parents. Il est possible également d'établir la filiation à l'égard d'un enfant décédé. Il faut cependant que l'enfant soit né vivant et viable. Si l'enfant est né sans vie, sans qu'il soit attesté par un certificat médical qu'il est né vivant et viable, l'officier de l'état civil dresse un

---

44. *Contra* : G. Cornu, *La famille*, 9e éd., Paris, Montchrestien, 2006, n° 198, qui explique son choix de conserver ce plan.

45. Voy. *infra*, n°s 134 et s.

inceste.

acte d'enfant sa … fant n'ayant
pas acquis la p … [47].

Il existe c … ation. Elles
concernent l'er …

E 3

La notion d'enfa … les critères de
d'une définition p … 2008 opère une
du 30 novembre … l'accouchement
fant, né vivant, ma … raison médicale
à l'état civil, mais … blir un certificat
après un terme c … ns d'interruption
ou mort-né en ay … esse (autrement
mière chambre c … ou d'interruption
dans trois arrêts … ne donnent pas
déclaré ces critères illégaux : « l'article 79-1, alinéa 2, du Code civil ne subordonne pas l'établissement d'un acte d'enfant sans vie, ni au poids du fœtus, ni à la durée de la grossesse ». Désormais, le décret n° 2008-800 du 20 août 2008 (*JORF*, 22 août 2008, p. 13145) et un arrêté de la même date prévoient que l'acte d'enfant sans vie est dressé sur production d'un certificat médical attestant que l'enfant est né lors d'un accouchement, toute la difficulté consistant à déterminer quand il y a accouchement.

La circulaire interministérielle du 19 juin 2009[49] tente de résoudre cette nouvelle difficulté[50]. Si les parents peuvent produire un certificat d'accouchement, et si l'enfant n'est pas né vivant et viable, ils peuvent demander à ce que soit dressé un acte d'enfant sans vie. En l'absence de ce certificat, un tel acte leur est refusé. Il restait … ificat. Cette distinction paraissant par trop subtile, la circulaire précise que « les situations d'interruption de grossesse et les situations d'interruption spontanée de grossesse, communément désignées par les praticiens comme des "interruptions du premier trimestre de grossesse", survenant en deçà de la quinzième semaine d'aménorrhée, ne répondent pas, en principe, aux conditions permettant l'établissement d'un certificat médical d'accouchement ». Il est également précisé que la déclaration d'enfant sans vie relève d'une démarche volontaire et n'est soumise à aucun délai. De plus, les nouvelles règles sont applicables aux enfants sans vie nés depuis l'entrée en vigueur de la loi du 8 janvier 1993 qui avait instauré l'acte d'enfant sans vie à l'article 79-1 du Code civil.

Biblio

À lire : J. Massip, « Actes d'enfant sans vie : les deux décrets du 20 août 2008 », *Rép. Defrénois*, 2008, p. 2148.

---

46. H. Bosse-Platière, « Actes de l'état civil », *Rép. civ. D.*, 2010, n°s 106 et s.
47. *Contra* : P. Murat, « Inscription à l'état civil des enfants sans vie : la régression », note sous *Instruction générale,* 11 mai 1999, *Dr. fam.*, 1999, comm. n° 112. *Adde* N. Baillon-Wirtz, « La condition juridique de l'enfant sans vie : retour sur les incohérences du droit français », *Dr. fam.*, 2007, étude n° 13.
48. *Dr. fam.* 2008, comm. n° 4, note P. Murat ; *Rép. Defrénois*, 2008, p. 866, note J. Massip ; *Petites Aff.*, 1er avril 2008, note M. Latina.
49. Circ. intermin. n° DGCL/DACS/DHOS/DGS/DGS/2009/182 du 19 juin 2009, *Dr. fam.*, 2009, comm. n° 123, note P. Murat ; D. Dutrieux, « Enfants sans vie –Publication d'une nouvelle circulaire », *JCP-N*, 2009, actu. 583.
50. Arrêt du 20 août 2008, *JORF*, 22 août 2008, p. 13165.

a. L'enfant incestueux

21 **Tabou de l'inceste.** L'inceste est l'un des derniers grands tabous de notre société. L'interdit de l'inceste se traduit par l'impossibilité pour des personnes appartenant à la même famille de se marier ensemble[51]. Il se traduit également par l'interdiction de faire apparaître une filiation incestueuse, solution qui n'est pas exempte d'injustice[52], mais qui est justifiée par la volonté de protéger à la fois l'enfant et la société[53]. L'article 310-2 du Code civil énonce en effet : « s'il existe entre les père et mère de l'enfant l'un des empêchements à mariage prévus par les articles 161 et 162 pour cause de parenté, la filiation étant déjà établie à l'égard de l'un, il est interdit d'établir la filiation à l'égard de l'autre par quelque moyen que ce soit ». Ne sont visés que les enfants nés de parents entre lesquels il existait un empêchement absolu à mariage en raison de la parenté, c'est-à-dire soit d'un ascendant et d'un descendant, soit d'un frère et d'une sœur. Toutefois, l'interdiction n'est pas absolue : l'enfant peut avoir sa filiation établie à l'égard de l'un des parents.

Le second parent ne peut donc établir sa filiation « par quelque moyen que ce soit ». Cette précision, ajoutée par l'ordonnance de 2005, a été suscitée par une affaire qui a défrayé la chronique. Une femme avait reconnu l'enfant qu'elle avait eu des œuvres de son frère. Celui-ci, pensant pouvoir contourner la prohibition, avait déposé une requête en adoption simple de l'enfant. La Cour de cassation décida que la requête contrevenait aux dispositions d'ordre public édictées par l'ancien article 334-10 du Code civil[54]. L'ordonnance consacre donc cette solution.

E4 **La répression de l'inceste**

Rompant avec la tradition – et la crainte ? – qui empêchait le législateur de parler directement de l'inceste et même de le réprimer directement, la loi du 8 février 2010[55] avait introduit aux articles 222-31-1 et 222-31-2 du Code pénal un paragraphe intitulé « De l'inceste commis sur les mineurs ». Désormais, l'inceste faisait l'objet d'une incrimination autonome. Il était défini par l'article 222-31-1 comme un acte de viol ou d'agression « commis au sein de la famille sur la personne d'un mineur par un ascendant, un frère, une sœur ou par toute autre personne, y compris s'il s'agit d'un concubin d'un membre de la famille, ayant sur la victime une autorité de droit

---

51. Voy. *infra*, n°s 410 et s.
52. On peut se demander si cette interdiction est bien conforme à la CEDH. Voy. P. Bonfils et A. Gouttenoire, *Droit des mineurs*, Paris, Dalloz, 2014, n° 263. *Adde* S. Perrin, « La filiation de l'enfant issu d'un inceste absolu : vers la fin d'une discrimination ? », *Dr. fam.*, 2010, étude n° 16.
53. A. Batteur, « L'interdit de l'inceste – Principe fondateur du droit de la famille », *RTD civ.*, 2000, p. 759.
54. Cass. 1re civ., 6 janvier 2004, *Bull. civ.*, I, n° 2 ; *D.*, 2004, p. 362, concl. J. Sainte-Rose, note D. Vigneau, et somm., p. 1419, obs. F. Granet-Lambrechts ; *JCP-G*, 2004, II, p. 10064, note C. Labrusse-Riou, et I, p. 109, obs. J. Rubellin-Devichi ; *Dr. fam.*, 2004, comm. n° 16, note D. Fenouillet ; *Rép. Defrénois*, 2004, p. 594, obs. J. Massip ; *RTD civ.*, 2004, p. 75, obs. J. Hauser.
55. L. n° 2010-121 du 8 février 2010 tendant à inscrire l'inceste commis sur les mineurs dans le Code pénal et à améliorer la détection et la prise en charge des victimes d'actes incestueux, *JORF*, 9 février 2010, p. 2265. A. Bourrat-Gueguen, « Commentaire de la loi du 8 février 2010 tendant à inscrire l'inceste commis sur les mineurs dans le Code pénal », *Dr. fam.*, 2010, étude n° 15.

ou de fait ». On remarque d'abord que la définition de l'inceste retenue était beaucoup plus large que celle d'inceste absolu en droit de la famille. On remarque ensuite que l'inceste n'était réprimé en tant que tel que dans la mesure où il était commis sur un mineur. Enfin, ce qui caractérisait l'inceste, ce n'était pas tant l'acte lui-même que l'auteur de l'acte. Quant à l'acte lui-même, il consistait en des comportements déjà réprimés par le Code pénal : viol et autres agressions sexuelles. On se demande donc s'il y avait un réel intérêt à créer ces incriminations, d'autant plus que les textes ne prévoyaient pas de sanctions spécifiques ! Surtout, elles firent l'objet d'une QPC, et le Conseil constitutionnel, se fondant sur le principe de la légalité des délits et des peines, considérant l'imprécision du texte relative à la notion de membre de la famille, a déclaré l'article 222-31-1 inconstitutionnel et l'a abrogé[56]. Dans le même sens, le nouvel article 227-27-2 qui prévoyait que les simples atteintes sexuelles pouvaient également être qualifiées d'incestueuses, sans prévoir là non plus de sanction particulière, fut abrogé à la suite d'une autre QPC par le Conseil constitutionnel pour les mêmes motifs[57].
Le législateur a cependant remis son ouvrage sur le métier, tenant absolument à ce que la répression, toujours sans autre intérêt que symbolique, de l'inceste soit inscrite dans les textes. La loi du 14 mars 2016 relative à la protection de l'enfant[58] a réécrit l'article 222-31-1 du Code pénal pour qualifier d'incestueux les viols et agressions sexuelles lorsqu'ils sont commis sur la personne d'un mineur. Retenant la leçon des QPC précédentes, il a déterminé avec précision la liste des personnes qui peuvent être poursuivies pour inceste : un ascendant ; un frère, une sœur, un oncle, une tante, un neveu ou une nièce ; le conjoint, le concubin ou le partenaire de l'une de ces personnes, mais seulement s'il a sur le mineur une autorité de droit ou de fait. Mais toujours rien de nouveau sur le plan de la répression puisque ni les articles 222-23 et suivants relatifs au viol, ni les articles 222-27 et suivants relatifs aux autres agressions sexuelles n'envisagent d'aggravation de la peine en cas d'inceste.
De la même manière, la loi de 2016 rétablit la qualification d'incestueuses des simples atteintes sexuelles (art. 227-27-2-1, C. pén.) lorsqu'elles sont commises sur les mineurs de quinze ans par les mêmes personnes.
Quant à l'article 222-31-2, il continue de prévoir que, lorsque le viol ou l'agression sexuelle a été commis par une personne titulaire de l'autorité parentale, la juridiction de jugement doit se prononcer sur le retrait total ou partiel de cette autorité. Précision, d'une part, là encore sans guère d'intérêt, puisque l'article 378 du Code civil prévoit déjà que les parents qui sont condamnés pour un crime ou un délit commis sur l'enfant peuvent se voir retirer l'autorité parentale, d'autre part, devenue sans objet, puisque l'infraction concernée n'existe plus.

---

b. Le principe chronologique

22 **Contenu.** Dans un texte inséré dans le chapitre concernant les actions relatives à la filiation, l'ordonnance a énoncé un principe qui appartient en réalité aux conditions générales d'établissement de la filiation. Selon l'article 320 du Code civil, « tant qu'elle n'a pas été contestée en justice, la filiation légalement établie fait obstacle à l'établissement d'une autre filiation qui la contredirait ». Il s'agit ici d'éviter les conflits de filiations. Si l'enfant a déjà une filiation paternelle, un autre homme ne peut établir une filiation concurrente. La règle est bien sûr la même pour la filiation maternelle. L'ordonnance a ainsi généralisé des solutions qui n'étaient que parcellaires sous l'empire de la loi de 1972.

Désormais, le principe chronologique est général. Il n'en résulte pas pour autant qu'une filiation établie est incontestable. Le principe signifie que pour

56. Cons. const., 16 septembre 2011, n° 2011-163 QPC, *J.O.*, 17 septembre 2011, p. 15600.
57. Cons. const., 17 février 2012, n° 2011-222 QPC, *JORF*, 18 février 2012, p. 2846.
58. L. n° 2015-297 du 14 mars 2016 relative à la protection de l'enfant, *J.O.*, 15 mars 2016. Pour une présentation générale, voy. F. Capelier, *AJ fam.*, 2016, p. 195 ; I. Corpart, « Le renforcement du dispositif de protection de l'enfant par la loi du 14 mars 2016 : de nouvelles perspectives dans la continuité », *Dr. fam.*, 2016, étude n° 14.

établir une filiation contraire il faut d'abord contester la première, ce qui est possible dans des conditions qui seront vues plus tard.

23 **Mise en œuvre.** Le critère pour mettre en œuvre le principe chronologique est la date d'établissement de la filiation. Cette date est celle de l'acte de naissance ou de la reconnaissance, ou encore celle où la possession d'état s'est constituée. Ainsi, si deux hommes se prévalent d'une reconnaissance, la filiation est établie à l'égard de celui qui a souscrit l'acte le premier. Si un homme marié se prévaut de la présomption de paternité et un homme non marié d'une reconnaissance, il faut comparer la date respective de l'acte de naissance (qui conditionne le jeu de la présomption de paternité) et celle de la reconnaissance.

Pour autant, il n'est pas certain que tout risque de conflit de filiations ait véritablement disparu. D'abord, la loi du 26 mai 2004 relative au divorce a supprimé le délai de viduité qui imposait à la femme divorcée et à la veuve de respecter un délai de 300 jours avant de se remarier (art. 228, anc.), afin d'éviter que l'enfant qui naîtrait pendant le second mariage puisse également être rattaché au premier[59]. Cette abrogation est justifiée par les progrès médicaux qui permettent à une femme de savoir si elle est enceinte en cas de remariage. L'argument est curieux, car cette connaissance n'empêche pas la femme enceinte de se remarier avant l'écoulement des 300 jours. Il y a donc un nouveau risque de conflit entre la filiation du mari précédent et celle du mari actuel, sans que l'on puisse dire que l'une a été établie avant l'autre.

De manière plus générale, il n'est pas absolument inenvisageable que deux hommes établissent le même jour la filiation, chacun par reconnaissance, ou bien l'un par reconnaissance, l'autre par possession d'état[60].

Enfin, et surtout, se pose le problème des modes d'établissement utilisés avant la naissance de l'enfant. Il semble que l'on pourrait utiliser le même critère, la date de l'acte ou du début de la possession d'état. Si la reconnaissance est prénatale, elle mettrait ainsi en échec la présomption de paternité[61]. La solution n'est cependant pas certaine, on peut en effet objecter qu'un mode d'établissement est sans effet tant que l'enfant n'est pas encore né. Dans ce cas, il faudrait en déduire que la reconnaissance ou la possession d'état prénatales établissent la filiation toujours à la même date, celle de la naissance de l'enfant. Apparaîtrait ainsi encore un conflit de filiations[62]. Afin de résoudre cette dernière difficulté, semble-t-il, la loi portant ratification de l'ordonnance du 4 juillet 2005[63] a introduit dans le Code civil un nouvel article 336-1, selon lequel l'officier de l'état civil, qui reçoit une déclaration de naissance indiquant comme père un autre homme que celui qui a souscrit une reconnaissance prénatale de l'enfant qu'il détient, dresse l'acte de naissance en tenant compte des

---

59. Voy. *infra*, n° 398.
60. Sur ces problèmes, voy. A. Dionisi-Peyrusse, « La sécurisation de la filiation paternelle par l'ordonnance n° 2005-759 du 4 juillet 2005 », *D.*, 2006, p. 612.
61. En ce sens, J. Massip, obs. sous Cass. 1re civ., 1er février 2006, *Rép. Defrénois*, 2006, p. 1325.
62. Comp. P. Bonfils et A. Gouttenoire, *Droit des mineurs, op. cit.*, n° 290 ; F. Granet, in P. Murat (dir.), *Droit de la famille, op. cit.*, n° 213.72.
63. L. n° 2009-61 du 16 janvier 2009 ratifiant l'ordonnance n° 2005-759 du 4 juillet 2005 portant réforme de la filiation et modifiant ou abrogeant diverses dispositions relatives à la filiation, *JORF*, 18 janvier 2009, p. 1062.

informations données par le déclarant, mais en avise sans délai le procureur de la République qui devra élever le conflit de paternité sur le fondement de l'article 336[61].

Le législateur était tellement certain d'avoir supprimé les risques de conflit qu'il a abrogé l'ancien article 311-12 qui imposait au juge de se prononcer en faveur de la filiation la plus vraisemblable. Il n'existe donc plus de texte qui puisse fonder une action en vue de trancher le conflit. Il n'existe plus non plus de directive pour guider le juge. De ce point de vue, on ne peut douter que, au regard de la faveur accordée à la vérité biologique, c'est cet élément qui permettrait de donner la solution au litige.

2. Les modes d'établissement de la filiation

24 **Énumération.** L'article 310-1 du Code civil dresse une liste des modes d'établissement de la filiation : « la filiation est légalement établie, dans les conditions prévues au chapitre II du présent titre, par l'effet de la loi, par la reconnaissance volontaire ou par la possession d'état constatée par un acte de notoriété ». L'alinéa 2 ajoute : « Elle peut aussi l'être par jugement [...] ». De manière apparemment redondante, l'article 310-3 précise que « la filiation se prouve par l'acte de naissance de l'enfant, par l'acte de reconnaissance ou par l'acte de notoriété constatant la possession d'état ». Il résulte de l'ensemble de ces textes qu'il existe deux sortes d'établissement de la filiation : l'établissement extrajudiciaire et l'établissement judiciaire.

La situation normale est celle où la filiation est établie en dehors de toute procédure judiciaire. Les différents modes en sont énumérés maladroitement par les articles 310-1 et 310-3. L'établissement par l'effet de la loi, selon la nouvelle terminologie de l'ordonnance de 2005, désigne la présomption de paternité et l'acte de naissance. L'établissement peut également résulter de la reconnaissance ou encore de la possession d'état. Tous ces modes présentent le point commun de constituer des preuves indirectes du lien de sang que le lien de filiation est censé traduire. Tout comme les auteurs de la loi de 1972, les rédacteurs de l'ordonnance de 2005 n'ont pas souhaité que le principe de vérité biologique conduise à une vérification systématique des liens de sang. Les modes d'établissement fonctionnent ainsi tous comme des présomptions qu'il est possible de renverser par la voie judiciaire en prouvant que le lien de filiation établi ne correspond pas à la réalité biologique.

Ces modes d'établissement appartiennent aux parents qui veulent établir la filiation[65]. En cas de carence de leur part, il est toutefois possible pour l'enfant d'établir la filiation. Dans ce cas, il se doit d'emprunter la voie judiciaire et de faire la démonstration qu'il existe un lien de sang entre le défendeur et lui-même. L'article 310-3, alinéa 2, précise que la filiation se prouve alors par tout moyen, la preuve la plus fiable consistant dans la preuve biologique et plus particulièrement la technique de l'empreinte génétique.

---

64. Voy. *infra*, n° 123.

65. La possession d'état appartient cependant aussi à l'enfant et c'est d'ailleurs lui qui a le plus intérêt à l'utiliser, en particulier lorsque le parent prétendu est décédé.

E 5 **Établissement et preuve de la filiation**

Dans les articles 310-1 et 310-3, nouveaux, du Code civil, le législateur emploie deux expressions différentes : établissement de la filiation et preuve de la filiation, sans que l'on sache si elles doivent être tenues ou non pour équivalentes. Bien que l'emploi de ces deux termes se justifie, il semble ressortir ici d'une certaine confusion qui touche en réalité à la notion de filiation.

La filiation est le lien de droit qui traduit le lien de sang unissant un enfant à ses parents. Quand l'enfant naît, ce lien de filiation n'existe pas encore. Les parents, en principe, doivent accomplir une démarche qui fait venir le lien de sang à la vie juridique. La démarche consiste soit en une déclaration de naissance, soit en une reconnaissance, soit encore en la constatation de la possession d'état. C'est ce qu'on appelle l'établissement de la filiation. Ces techniques permettent l'établissement de la filiation parce qu'elles font présumer que celui qui les accomplit est effectivement le parent biologique de l'enfant.

Cependant, on peut également dire qu'elles prouvent la filiation une fois que celle-ci a été établie. En effet, si, en dehors d'une procédure judiciaire, l'enfant a besoin de prouver que sa filiation a été établie à l'égard de son père ou de sa mère, il peut alors produire son acte de naissance, l'acte de reconnaissance ou encore l'acte de notoriété qui constate la possession d'état. La déclaration de naissance, la reconnaissance et la possession d'état sont donc tout à la fois des modes d'établissement de la filiation et des preuves de la filiation, deux notions qu'il convient toutefois de dissocier.

En revanche, l'article 310-3, alinéa 2, du Code civil commet une erreur lorsqu'il évoque la preuve de la filiation dans le cadre d'une action en justice. Celle-ci a en effet pour objet d'établir la filiation d'un enfant qui n'en a pas. C'est le jugement du tribunal de grande instance qui constitue en réalité le mode d'établissement de la filiation. Ce jugement n'est cependant rendu que sur la preuve, non pas de la filiation qui par hypothèse n'est pas encore établie, mais du lien de sang qui unit l'enfant et le parent prétendu. Ici, le législateur a employé le mot « filiation » non pas dans le sens de lien juridique, mais dans le sens de lien biologique.

B. Les présomptions relatives à la conception

25 **Période légale de conception.** La naissance est un événement qu'il est normalement facile de situer dans le temps. En revanche, la date de conception de l'enfant, fait généralement secret, est impossible à déterminer directement. Or, des effets juridiques importants sont attachés à la conception de l'enfant. Elle conditionne l'application de la maxime *Infans conceptus pro natur habetur quoties de commodis ejus agitur*, selon laquelle l'enfant conçu doit être considéré comme né chaque fois qu'il y va de son intérêt. Elle permet également de déclencher la présomption de paternité, puisque le Code civil décide que l'enfant conçu pendant le mariage a pour père le mari (art. 312, C. civ.)[66].

Face au mystère que constitue la date de conception (même si aujourd'hui il est possible de la déterminer scientifiquement), le Code civil a établi une présomption. S'appuyant sur le constat que, la plupart du temps, les grossesses ne durent ni moins de six mois, ni plus de dix, l'article 311 énonce : « la loi présume que l'enfant a été conçu pendant la période qui s'étend du trois centième au cent quatre vingtième jour, inclusivement, avant la date de naissance ». C'est donc à partir d'un fait connu, la date de naissance, que l'on déduit le fait inconnu, la période légale de conception. Afin de déterminer cette période, il faut compter en jours et non en mois, et il faut comptabiliser le premier jour (*dies a quo*) et le dernier (*dies ad quem*). La période légale de conception comprend donc au total 121 jours.

66. Voy. *infra*, n°s 47 et s.

26 **Date de la conception.** L'article 311, alinéa 2, édicte une seconde présomption : « la conception est présumée avoir lieu à un moment quelconque de cette période, suivant ce qui est demandé dans l'intérêt de l'enfant ». On l'appelle la présomption *omni meliore momento*. Elle permet de choisir, en fonction de l'intérêt de l'enfant, la date de conception[67].

27 **Présomptions simples.** L'article 311, alinéa 3, du Code civil, issu de la loi du 3 janvier 1972, énonce que « la preuve contraire est recevable pour combattre ces présomptions ». Il est donc possible de démontrer que la conception a eu lieu avant le trois centième jour ou après le cent quatre-vingtième jour précédant la naissance, donc que la grossesse a duré plus de 300 jours ou moins de 180 jours. Il est également possible de démontrer qu'elle a eu lieu à une autre date que celle choisie par l'enfant.

C. La possession d'état

28 **Présentation.** L'état d'une personne représente son statut civil et concerne notamment son statut familial. Posséder un état consiste à adopter en fait un comportement qui correspond à celui qu'implique l'état considéré. Ainsi, la possession d'état d'époux consiste pour un couple à se comporter comme des époux. La possession d'état d'enfant et de parent consiste pour deux personnes à se comporter comme enfant et parent l'une de l'autre. Alors que la possession d'état d'époux ne joue pratiquement aucun rôle en droit positif, la possession d'état d'enfant constitue au contraire une technique clé du droit de la filiation. Il faut toutefois comprendre qu'avoir une possession d'état ne signifie pas forcément que l'on n'est pas titulaire de cet état. Elle traduit au contraire le plus souvent en fait la filiation qui a déjà été établie par ailleurs (par reconnaissance, par exemple). Elle correspond alors à la filiation vécue. Parfois, elle lie deux personnes entre lesquelles il n'y a pas de filiation préétablie ; elle permet alors l'établissement de ce lien de filiation qui fait défaut parce qu'elle permet de présumer un lien de sang. Examinons la notion (point 1), puis les fonctions de la possession d'état (point 2).

1. La notion de possession d'état

a. La définition de la possession d'état

29 **Faisceau d'indices.** L'article 311-1 du Code civil donne une définition de la possession d'état, à peine retouchée par l'ordonnance de 2005 : « la possession d'état s'établit par une réunion suffisante de faits qui révèlent le lien de filiation et de parenté entre une personne et la famille à laquelle elle est dite appartenir ». La référence à une réunion suffisante de faits indique clairement qu'elle s'analyse comme une présomption. Traditionnellement, les faits en question sont présentés sous la forme d'une trilogie : le *nomen* (le nom), le *tractatus* (le traitement) et la *fama* (la renommée). Judicieusement, les auteurs de l'ordonnance ont modifié cet ordre pour reléguer en fin de liste le nom et pour placer en tête le traitement qui constitue le cœur de la possession d'état.

---

67. Sur les divers intérêts de choisir la date, voy. J. Hauser et D. Huet-Weiller, *La famille*, t. 1, *op. cit.*, n° 479.

30 **Tractatus.** Le premier de ces faits est qu'une personne « a été traitée par celui ou ceux dont on la dit issue comme leur enfant » et que réciproquement cette personne « les a traités comme son ou ses parents ». On reconnaît au fond dans la définition du *tractatus* celle de la possession d'état elle-même : deux personnes se comportent comme enfant et parent l'une de l'autre. Il s'agit bien d'une filiation ou d'une parenté vécue. À quoi s'ajoute le fait que ceux qui se comportent comme des parents « ont, en cette qualité, pourvu à son éducation, à son entretien ou à son installation ».

31 **Fama.** Un autre fait constitutif de la possession d'état est que « cette personne est reconnue comme leur enfant, dans la société et par la famille ». « Elle est reconnue comme telle par l'autorité publique ». La *fama* se présente comme la face extérieure de la possession d'état, ce que les tiers, famille, société, pouvoirs publics, en perçoivent.

32 **Nomen.** Le fait que l'enfant a porté le nom du parent prétendu constitue le dernier élément de la trilogie constitutive de la possession d'état. Sa nouvelle place dans la liste indique combien cet élément est peu fiable. La raison en est qu'il est difficile de déduire du nom de famille de l'enfant sa filiation, et la loi du 4 mars 2002 relative au nom de famille, qui permet désormais aux parents de choisir le nom de la mère ou celui du père comme nom de l'enfant, n'a fait qu'accentuer l'incertitude. Le fait que l'enfant ne porte pas le nom du parent prétendu ne peut évidemment disqualifier ce dernier[68].

33 **Caractère non nécessaire des trois éléments.** Il a toujours été reconnu qu'il n'est pas nécessaire que les trois éléments, *tractatus*, *fama* et *nomen*, soient réunis pour que la possession d'état existe. Il est vrai cependant que le *tractatus* apparaît comme l'élément intangible de la possession d'état, même s'il peut être plus ou moins caractérisé[69]. À l'inverse, d'autres faits peuvent être pris en considération pour établir la possession d'état, tels que la déclaration de naissance effectuée par le père[70].

34 **Possession d'état prénatale et post mortem.** Le nouvel article 317 du Code civil reconnaît implicitement la possibilité d'établir une possession d'état prénatale, solution discutée auparavant en doctrine, mais admise par certaines juridictions du fond[71]. L'alinéa 2 évoque en effet la possibilité d'établir un acte de notoriété constatant la possession d'état à l'égard d'un parent décédé avant la déclaration de naissance de l'enfant[72]. Il va sans dire que le *nomen* n'aura aucun rôle à jouer dans cette hypothèse, puisque l'enfant à naître ne porte pas de nom. La *fama* joue un rôle réduit. Tout repose sur un *tractatus* diminué et amputé de sa réciprocité, puisque l'enfant à naître ne peut avoir aucun comportement. Il n'en reste pas moins que le prétendu père peut adopter une attitude qui témoigne de son intention de se comporter comme le parent de l'enfant.

---

68. F. Granet, in P. Murat (dir.), *Droit de la famille, op. cit.*, n° 211.141.
69. P. Malaurie et H. Fulchiron, *La famille, op. cit.*, n° 997 ; Cass. 1re civ., 16 mars 1999, *Dr. fam.*, 1999, comm. n° 122, note P. Murat.
70. TGI Béthune, 23 avril 1974, *D.*, 1974, p. 635, note D. Huet-Weiller.
71. Par ex., TGI Nanterre, 8 juin 1988, *aff. Pironi*, *D.*, 1988, somm., p. 400, obs. D. Huet-Weiller ; *RTD civ.*, 1988, p. 720, obs. J. Rubellin-Devichi.
72. P. Murat, « L'action de l'ordonnance du 4 juillet 2005 sur la possession d'état », *Dr. fam.*, 2006, études nos 5 et 6.

La question se pose également de savoir si la possession d'état peut continuer après la mort de l'un des protagonistes, en particulier du parent. La question a de l'importance, comme il sera vu, pour la mise en œuvre de l'article 317. À vrai dire, il n'y a guère de raison pour qu'on n'admette pas une possession d'état posthume alors qu'on accepte une possession d'état prénatale. Il est vrai qu'il n'y a plus de comportement réciproque en cas de décès, mais le survivant peut bien continuer à traiter le défunt – ou sa mémoire – comme son parent. En outre, le *nomen* et la *fama* peuvent continuer à jouer un rôle. Alors que l'ordonnance était restée ambiguë sur cette question, la loi de 2009 de ratification a au contraire clairement consacré l'idée d'une possession d'état *post mortem*[73].

b. Les caractères de la possession d'état

35 **Qualités de la possession d'état.** La possession d'état doit revêtir certaines qualités pour produire ses effets. L'ancien article 311-1, alinéa 2, du Code civil ne visait que le caractère de continuité. La jurisprudence avait cependant complété cette exigence par d'autres qualités, les mêmes que celles qui rendent la possession utile en matière de propriété. L'ordonnance de 2005 a entériné cette solution : la possession d'état doit être continue, paisible, publique et non équivoque (art. 311-2, nouv.).

36 **Continuité.** La possession d'état est continue lorsqu'elle est régulière. La continuité n'implique certes pas que le parent et l'enfant prétendus accomplissent des actes relevant du *tractus* en permanence, elle n'impose pas ainsi une communauté de vie entre eux. Il faut cependant qu'ils agissent en tant que parent et enfant chaque fois qu'il est normal pour un parent et un enfant d'avoir un tel comportement.

La continuité n'impose pas en principe que la possession d'état ait existé un temps déterminé, mais un comportement passager ou intermittent n'est pas suffisant.

La question se pose de savoir si la possession d'état doit exister depuis la naissance de l'enfant et perdurer au jour où elle est invoquée. Contrairement à ce qu'affirmait Demolombe au XIXe siècle[74], il ne semble pas que l'on puisse déduire d'une constitution tardive ou d'une interruption de la possession d'état qu'elle ne correspond pas à la réalité biologique. En effet, un parent, resté contre sa volonté dans l'ignorance de l'existence de l'enfant ou, en tout cas, dans l'impossibilité d'établir des relations avec lui, ne peut établir de possession d'état[75]. Inversement, un parent, particulièrement un père, peut fort bien être privé de sa possession d'état après la naissance, par les agissements de l'autre parent[76].

Le problème trouve un prolongement dans l'hypothèse où plusieurs possessions d'état se succèdent à l'égard du même enfant : faut-il retenir la plus ancienne ou la plus récente ? Il n'y a aucune raison de donner une solution systématique en faveur de l'une ou de l'autre. Tout doit dépendre des circonstances.

---

73. Voy. *infra*, n° 77.
74. P. Malaurie et H. Fulchiron, *La famille*, *op. cit.*, n° 1001.
75. TGI Paris, 7 mars 2000, *Dr. fam.*, 2000, comm. n° 66, note C. Desnoyer. Les juges ont retenu une possession d'état qui n'avait été établie que 64 ans après la naissance.
76. La possession d'état ne doit donc pas être forcément actuelle. Versailles, 12 avril 1983, *D.*, 1983, p. 544, note D. Huet-Weiller.

Il serait possible d'avancer qu'elles sont l'une et l'autre affectées du même vice, celui d'équivoque, ou bien de considérer que l'une est affectée du vice de violence.

37 **Autres caractères.** La possession d'état doit être paisible, c'est-à-dire que son établissement ne doit pas résulter d'un acte de violence, tel qu'un enlèvement, ou de déloyauté. Le fait pour l'amant de la mère d'établir une possession d'état à l'égard de l'enfant afin d'empêcher celle du mari ou du compagnon précédent de se constituer ou de se maintenir serait constitutif d'une violence[77]. Elle doit également être publique, ce qui signifie qu'elle ne doit pas être occulte. Enfin, elle ne doit pas être équivoque. L'équivoque peut résulter d'un conflit de possessions d'état successives ou simultanées. Elle apparaît également lorsque le comportement réciproque de l'enfant et du parent prétendu peut s'expliquer autrement que par l'existence d'un lien de parenté entre eux, comme l'affection du parent prétendu pour l'enfant[78].

2. Les fonctions de la possession d'état[79]

a. Le rôle de preuve

38 **Présomption de lien de sang.** La possession d'état constitue avant tout une présomption de lien de sang. Il est en effet probable que si deux personnes se comportent l'une avec l'autre comme parent et enfant, c'est qu'elles le sont effectivement. Plus précisément, si un homme ou une femme traite un enfant comme le sien, c'est probablement qu'il ou elle en est effectivement le père ou la mère biologique. C'est pour cette raison que le législateur a fait de la possession d'état un mode d'établissement de la filiation : ici, elle n'est plus seulement le reflet du lien de filiation, elle apparaît comme le relais entre le lien biologique et le lien juridique. Par conséquent, si un enfant ne dispose d'aucun titre, il peut encore se prévaloir de sa possession d'état pour établir sa filiation. Sa fonction est donc équivalente à celle d'un titre. Toutefois, la présomption de lien de sang n'est pas irréfragable : par une action en justice, si les conditions en sont réunies, il est possible de démontrer que la filiation établie par la possession d'état ne correspond pas à la réalité biologique.

Dans le même sens, la possession d'état permet de rétablir une présomption de paternité qui a été écartée[80].

b. Le rôle de fond

39 **Consolidation du titre.** La plupart du temps, la filiation d'un enfant est établie par un titre (acte de naissance ou reconnaissance) correspondant à une possession d'état désignant le même parent. Il en résulte une très forte probabilité que le lien de filiation correspond effectivement à la réalité biologique. Dans ce cas, la filiation peut devenir inattaquable, c'est-à-dire qu'une action en

---

77. Cass. 1re civ., 30 juin 1992, *Bull. civ.*, I, n° 207 ; *RTD civ.*, 1993, p. 108, note J. Hauser.
78. P. Courbe et A. Gouttenoire, *Droit de la famille*, 6e éd., Paris, Armand Colin, 2013, n° 935.
79. S. Mirabail, « Les différents rôles de la possession d'état en matière de filiation », *Dr. fam.*, 2014, étude n° 2.
80. Voy. *infra*, n° 55.

contestation de la filiation est irrecevable. Depuis l'ordonnance de 2005, pour que cet effet se produise il faut que la possession d'état ait duré au moins cinq ans. On attribue généralement cette consolidation de la filiation à la possession d'état ; inversement, on en déduit parfois qu'elle joue un rôle de fragilisation de la filiation, puisqu'en son absence la filiation peut être remise en cause. Cette présentation est discutable. D'abord, il est difficile d'attribuer à la possession d'état un rôle qu'elle est censée jouer lorsqu'elle est absente. Si elle n'existe pas, elle ne joue aucun rôle ! Par ailleurs, cette présentation s'explique sans doute par la volonté de mettre en exergue la vérité sociologique : il s'agit de montrer que la vérité sociologique, représentée par la possession d'état, est un élément tout aussi fondamental dans la filiation que la vérité biologique, représentée par le titre. Pour avoir une filiation complète, il faudrait que soient réunies les deux vérités. C'est oublier que la possession d'état est, comme le titre, avant tout au service de la vérité biologique. Si la filiation est inattaquable en cas de concordance entre le titre et la possession d'état, c'est parce le législateur a fait le choix de la stabilité d'une filiation qui n'est apparemment pas douteuse. Quoi qu'il en soit, la possession d'état joue bien ici un rôle de fond puisque la preuve contraire ne peut être apportée.

40 **Acquisition de l'état.** La possession d'état constitue en elle-même un mode d'établissement de la filiation. Si elle n'est pas confortée par un titre, cette filiation est fragile, puisqu'elle peut être remise en cause par la démonstration qu'elle ne correspond pas à la réalité biologique. Toutefois, si personne n'agit en contestation pendant un certain temps, la filiation devient incontestable[81]. La Cour de cassation avait décidé que la présomption de filiation attachée à une possession d'état trentenaire était irréfragable[82]. L'arrêt est ambigu, car il laisse penser que la filiation était acquise par une sorte de prescription acquisitive de trente ans[83]. En réalité, si la filiation devient inattaquable, ce n'est pas parce que la possession d'état a duré trente ans ; c'est parce que l'action en contestation n'a pas été intentée pendant ce délai. Peu importe en réalité la durée de la possession d'état. L'acquisition de l'état n'est qu'indirecte, elle est une conséquence de l'extinction de l'action en contestation. Il ne s'agit pas d'un mécanisme d'acquisition de la filiation par prescription acquisitive.

§ 2. – L'établissement extrajudiciaire de la filiation

41 **Redéploiement des modes d'établissement de la filiation.** La distinction entre la filiation légitime et la filiation naturelle avait conduit les auteurs du Code civil à prévoir des modes d'établissement différents pour chacune d'elle. La loi du 3 janvier 1972 n'avait pas modifié cet état de choses : la filiation légitime s'établissait exclusivement par l'acte de naissance et la présomption de paternité, tandis que la filiation naturelle ne pouvait être établie que par reconnaissance. Seule la possession d'état jouait un rôle dans les deux filiations, mais dans des conditions différentes. L'ordonnance du 4 juillet 2005 a mis fin à cette distinction ancestrale. Désormais, les modes d'établissement ne

81. Voy. *infra*, n°s 121 et 122.

82. Cass. 1re civ., 16 mai 2000, *D.*, 2001, p. 416, note J. Massip.

83. En ce sens, A. Bénabent, *La famille*, 11e éd., Paris, Litec, 2003, n° 580.

se répartissent plus selon que la filiation est en mariage ou hors mariage, sous certaines exceptions, mais plutôt selon le genre de la filiation (maternelle ou paternelle). La présomption de paternité reste réservée à la filiation paternelle en mariage, tandis que l'acte de naissance ne permet d'établir que la filiation maternelle, pas la filiation paternelle. Quoi qu'il en soit, selon la présentation du Code civil, il faut distinguer l'établissement de la filiation par l'effet de la loi, par la reconnaissance et par la possession d'état.

A. L'établissement de la filiation par l'effet de la loi

42 **Notion.** Bien qu'elle vise des techniques traditionnelles, la notion d'établissement de la filiation par l'effet de la loi est nouvelle. Elle laisse entendre que certains modes établissent la filiation automatiquement. Pourtant, chacun d'eux laisse une certaine place à la volonté des parents, qu'il s'agisse de l'acte de naissance (point 1) ou de la présomption de paternité (point 2).

1. L'acte de naissance

43 **Droit antérieur.** L'acte de naissance a toujours constitué le mode normal d'établissement de la filiation maternelle légitime : la seule indication du nom de la mère dans l'acte de naissance suffit à établir sa filiation. La mère naturelle, en revanche, devait accomplir une démarche supplémentaire, elle devait souscrire une reconnaissance d'enfant naturel. La raison en était que, à cause de l'opprobre social attaché à la maternité hors mariage, la mère devait manifester expressément sa volonté d'admettre l'enfant dont elle avait accouché comme le sien, dans son propre intérêt comme dans celui de l'enfant[84]. Depuis longtemps, il était apparu que de telles considérations, d'ordre moral, étaient dépassées, les naissances hors mariage étant devenues une pratique extrêmement courante. Dès lors, seul l'aspect probatoire devait être pris en considération. Or, si l'on admet que l'acte de naissance est suffisant pour présumer que la femme mariée indiquée dans l'acte de naissance est effectivement la mère, il doit en être de même pour la femme non mariée[85]. La Cour européenne des droits de l'homme avait d'ailleurs condamné la Belgique, qui exigeait également la souscription d'une reconnaissance comme mode d'établissement de la filiation naturelle[86]. Certaines juridictions françaises avaient déjà décidé d'écarter cette exigence[87].

44 **Nouveau droit.** Selon le nouvel article 311-25 du Code civil, « la filiation est établie, à l'égard de la mère, par la désignation de celle-ci dans l'acte de naissance de l'enfant ». Il s'agit de l'un des grands apports de l'ordonnance

84. F. Terré et D. Fenouillet, *La famille,* 8e éd., Paris, Dalloz, 2011, n° 432.

85. D'ailleurs, la femme mariée qui accouchait d'un enfant adultérin, donc naturel, n'avait pas besoin de le reconnaître, l'acte de naissance suffisait.

86. Cour eur. D.H., 13 juin 1979, *Marckx c/ Belgique*, série A, n° 31, *JDI*, 1982, p. 183, note P. Rolland ; *GACEDH*, n° 49.

87. TGI Brive, 30 juin 2000, *D.*, 2001, p. 27, note I. Ardeef, et somm., p. 972, obs. F. Granet ; *Rép. Defrénois*, 2000, p. 1310, obs. J. Massip ; *RTD civ.*, 2000, p. 815, obs. J. Hauser, et p. 930, obs. J.-P. Marguénaud ; *RTD civ.*, 2001, p. 344, obs. J. Hauser. *Adde* Cass. 1re civ., 14 février 2006, *D.*, 2006, p. 1029, note G. Kessler ; *Dr. fam.*, 2006, comm. n° 107, note P. Murat ; *D.*, 2007, pan., p. 1461, obs. F. Granet-Lambrechts ; *Rép. Defrénois*, 2006, p. 1058, obs. J. Massip.

du 4 juillet 2005 : la lecture du texte, qui ne fait aucune distinction, montre clairement que l'acte de naissance est devenu le mode normal et commun de l'établissement de la filiation maternelle en mariage ou hors mariage.

45 **Portée de l'acte de naissance.** Deux éléments doivent être démontrés pour que la preuve de la maternité soit apportée : l'accouchement de la femme concernée et l'identité entre l'enfant dont elle a accouché et l'enfant dont elle se prétend la mère. On reconnaît généralement que l'acte de naissance prouve avec une force assez grande l'accouchement, et de manière moins fiable l'identité[88]. La filiation établie par l'acte de naissance peut être contestée par voie judiciaire. La preuve à apporter est très précise : il s'agit de démontrer que la mère n'a pas accouché de l'enfant prétendu (art. 325, nouv., C. civ.)[89].

46 **Rôle de la volonté.** Il est parfois affirmé que l'établissement de la filiation par le seul acte de naissance traduit l'adage *mater semper certa est* (la mère est toujours certaine) qui signifie que la mère est la femme qui accouche et que c'est donc l'accouchement qui fait la maternité[90]. À vrai dire, cette règle implique que l'accouchement est seul pris en compte pour l'établissement de la filiation. Or l'établissement de la filiation maternelle dépend encore de la volonté de la mère : celle-ci peut en effet refuser que son nom soit indiqué dans l'acte de naissance de l'enfant, elle a même le droit d'accoucher anonymement, c'est-à-dire sans donner aucune indication relative à son identité au personnel de l'établissement de santé où elle accouche (art. 326, C. civ.)[91].

2. La présomption de paternité

47 **Présentation.** La présomption de paternité est une règle qui existe depuis fort longtemps. Empruntée au jurisconsulte romain Paul, on l'exprime traditionnellement en latin : *pater is est quem nuptiae demonstrant* (« le père est celui que le mariage désigne »). Cependant, sans remonter jusqu'à son origine, depuis l'adoption du Code civil, sa nature a évolué. Elle était en effet initialement destinée à asseoir la prééminence de la famille légitime, elle constituait ainsi une règle de faveur pour les enfants nés d'une femme mariée et une prérogative pour le mari de les admettre ou de les rejeter puisque lui seul avait la possibilité de combattre la présomption par une action en désaveu soumise à des conditions strictes[92]. La loi du 3 janvier 1972 a transformé cette règle de fond en règle de preuve : en réduisant le champ d'application de la présomption aux hypothèses où la paternité est la plus vraisemblable et en ouvrant la contestation de la filiation à d'autres personnes que le mari, elle en a fait une présomption simple, une simple technique très utile facilitant la preuve d'un fait invisible[93]. L'ordonnance l'a bien évidemment conservée, tout en en modifiant

88. P. Malaurie et H. Fulchiron, *La famille*, *op. cit.*, n°s 1107 et s.
89. Voy. *infra*, n° 114.
90. En ce sens, P. Bonfils et A. Gouttenoire, *Droit des mineurs, op. cit.*, n° 283.
91. En ce sens, C. Neirinck, « La maternité », in « Dossier spécial filiation », *Dr. fam.*, 2006, étude n° 2. Voy. *infra*, n° 98.
92. J. Hauser et D. Huet-Weiller, *La famille*, t. 1, *op. cit.*, n° 575.
93. G. Champenois, « La loi du 3 janvier 1972 a-t-elle supprimé la présomption *pater is es quem nuptiae demonstrant* ? », *JCP-G*, 1975, I, 2686.

légèrement la rédaction : « l'enfant conçu ou né pendant le mariage a pour père le mari » (art. 312, nouv., C. civ.).

48 **Indivisibilité.** La présomption de paternité donnait à la filiation légitime un caractère que la filiation naturelle n'avait pas : elle était indivisible, c'est-à-dire qu'elle unissait l'enfant forcément à la fois à sa mère et à son père. La filiation naturelle, au contraire, pouvait n'être établie qu'à l'égard de la mère ou qu'à l'égard du père. Cette différence subsiste entre les filiations en et hors mariage, puisque la présomption de paternité continue de rattacher l'enfant au mari de sa mère. Toutefois, la réforme permet d'envisager l'établissement de la filiation de l'épouse et du mari par d'autres moyens que l'acte de naissance et la présomption de paternité, en particulier par reconnaissance[94], ce qui rend nécessairement la filiation divisible.

E6 **Présomption de paternité et égalité des filiations**

La présomption de paternité reste le seul mode d'établissement de la filiation spécifique à la filiation en mariage. Certains auteurs, comme le doyen Cornu dans la dernière édition de son manuel *La famille*, en ont tiré argument pour conserver une présentation classique de la matière en maintenant la distinction entre filiation légitime et filiation naturelle. On a l'impression, il est vrai, que, malgré sa volonté d'effacer la différence entre les deux filiations, le législateur n'a pas pu effacer les réalités, à savoir que, pour un enfant, naître en ou hors mariage, ce n'est toujours pas la même chose. Certains en tireront un motif de satisfaction, d'autres s'indigneront d'une trace persistante de discrimination entre les enfants.

La vérité réside sans doute entre les deux opinions. Malgré la réforme de 2005, l'enfant conçu ou né en mariage n'est toujours pas tout à fait dans la même situation que celui qui est né hors mariage, mais si l'on en déduit une différence de traitement, c'est pour des raisons d'ordre technique, non par idéologie : la présomption de paternité ne constitue plus la manifestation d'une prétendue supériorité de la filiation en mariage sur la filiation hors mariage. Qu'aurait-il fallu faire pour que le législateur ne soit pas soupçonné de discrimination ? Il y avait deux possibilités.

La première aurait consisté dans la suppression de la présomption de paternité. Se serait alors ouverte une option. La filiation paternelle du mari aurait pu s'établir par la reconnaissance tout comme la filiation paternelle hors mariage – l'ordonnance de 2005 le permet déjà. Il n'est toutefois pas certain que l'on puisse considérer comme un progrès l'obligation faite au mari d'accomplir une démarche dont on dispense par ailleurs la femme non mariée. L'égalité par le bas n'est pas une bonne solution. On aurait également pu envisager d'admettre que la filiation paternelle, en ou hors mariage, s'établit suffisamment par la seule indication du nom du père dans l'acte de mariage, tout comme la filiation maternelle. Ici, c'est une différence de situation entre la mère et le père qui justifie une différence de traitement entre eux. La maternité est un fait suffisamment visible pour que l'on puisse le déclarer à l'officier de l'état civil et par conséquent que l'indication du nom de la mère dans l'acte de naissance la rende fortement probable. Un tel raisonnement peut difficilement être mené pour le père. Le maintien d'une technique probatoire très utile était une sage solution.

Une seconde possibilité aurait consisté à étendre la présomption de paternité aux enfants nés hors mariage. Pour que cette solution soit retenue, il faudrait que les fondements de la présomption de paternité en mariage se retrouvent en dehors du mariage. Plusieurs fondements ont été avancés, notamment les devoirs de cohabitation et de fidélité qui s'imposent aux époux. En concubinage, ces obligations n'existeront jamais tant il est de son essence de n'imposer aucun devoir aux concubins. Dans le PACS, seule l'obligation de communauté est édictée, à l'exclusion de l'obligation de fidélité. Cependant, il semble que la présomption de paternité puisse s'appuyer sur un autre fondement, la probabilité de la paternité. Si le mari est présumé père de l'enfant, c'est parce qu'en toute probabilité il l'est. Et cette probabilité vient non

94. Voy. *infra*, n°s 61 et s.

pas du devoir de communauté de vie, mais de l'existence effective de cette cohabitation. On pourrait dès lors admettre que la présomption de paternité soit étendue en dehors du mariage aux situations de couple où une telle communauté de vie peut être constatée, que ce soit dans le PACS ou même dans le concubinage. Il est vrai que, depuis l'origine, le législateur, pour des raisons d'ordre politique, a souhaité que le PACS n'ait aucune incidence sur le statut des enfants, en raison notamment de son ouverture aux couples homosexuels. L'ouverture du mariage à ces couples par la loi du 17 mai 2013 pourrait laisser entrevoir une évolution du droit sur ce point.

Biblio

À lire : V. Bonnet, « Réflexions sur la présomption de paternité du XXIe siècle dans ses rapports avec le mariage », *D.*, 2013, p. 107.

a. Les fondements de la présomption de paternité

49 **Plerumque fit.** La doctrine a proposé de nombreuses justifications de la présomption de paternité. Il n'est pas certain que l'on doive en retenir une seule : le fondement combine une pluralité d'explications. D'abord, l'existence d'une communauté de vie (et de lit) entre les époux, même s'il est vrai que la présomption s'applique à l'enfant qui a été conçu avant le mariage, donc à une époque où la communauté de vie ne s'imposait pas à eux. Il faut cependant reconnaître que cette explication rejoint la pratique sociale : la plupart du temps les époux vivent déjà ensemble avant le mariage. Autre argument, le devoir de fidélité, même s'il est vrai que la démonstration de l'adultère de la femme ne suffit pas à renverser la présomption de paternité. Enfin, et peut-être surtout, le *plerumque fit*, la probabilité : le plus souvent l'enfant d'une femme mariée est effectivement né des œuvres de son mari.

b. Le domaine d'application de la présomption de paternité

50 **Vraisemblance biologique.** À l'origine, le Code civil avait donné un champ d'application extrêmement large à la présomption de paternité, dans la mesure où sa fonction consistait moins à révéler un lien biologique supposé qu'à assurer la prééminence de la famille légitime. La loi de 1972 a transformé sa nature en en réduisant le champ d'application aux hypothèses les plus vraisemblables. Ainsi, pour que la présomption s'applique, il faut que certaines conditions soient réunies. Cependant, même si c'est le cas, elle peut être évincée dans certaines circonstances.

1) *Les conditions d'application de la présomption de paternité*

51 **Conception de l'enfant en mariage.** Dès lors que l'enfant est conçu pendant le mariage, il se trouve couvert par la présomption de paternité. Afin de s'assurer de la date de conception, il faut recourir à la période légale de conception : l'enfant est présumé conçu pendant le mariage de sa mère, s'il est né au plus tôt le 180e jour après sa célébration ou au plus tard le 300e jour après sa dissolution. Avant la loi de 1972, l'enfant né plus de 300 jours après la dissolution du mariage était également considéré comme légitime ; mais la légitimité de l'enfant pouvait être contestée par tout intéressé sur la simple preuve de la date de la naissance[95]. La loi de 1972 avait écarté expressément cette solution

95. J. Hauser et D. Huet-Weiller, *La famille*, t. 1, *op. cit.*, n° 547.

(art. 315, anc., C. civ.). L'ordonnance du 4 juillet 2005 a supprimé ce texte en réalité inutile.

Il convient de rappeler que la période légale de conception n'est qu'une présomption simple pouvant être combattue par la preuve contraire. Par exemple, s'il est prouvé que l'enfant, né dans les 300 jours suivant la dissolution du mariage, a en réalité été conçu après la dissolution, la présomption de paternité ne s'applique pas. Inversement, s'il est démontré que l'enfant né plus de 300 jours après la dissolution a tout de même été conçu pendant l'union, la présomption de paternité s'applique.

52 **Naissance de l'enfant pendant le mariage.** Le nouvel article 312 met sur un même plan que l'enfant conçu en mariage, celui qui est né pendant l'union. Il ne s'agit pas d'une redondance inutile : la présomption de paternité couvre en effet l'enfant né après la célébration, mais qui aurait été conçu avant, autrement dit l'enfant né dans les 179 premiers jours du mariage. La règle n'est pas nouvelle : elle existe, au moins implicitement, depuis l'origine du Code civil et la loi de 1972 l'avait affirmée expressément (art. 314, al. 1er, anc.) Toutefois, la réécriture de l'article 312 par l'ordonnance de 2005 n'est pas anodine[96]. Auparavant la filiation paternelle de l'enfant seulement né pendant le mariage s'avérait très fragile, puisque le mari pouvait le désavouer sur simple dénégation (art. 314, al. 3, anc.). Désormais, la présomption de paternité a autant de force pour cet enfant que pour celui qui a été conçu pendant le mariage. Le désaveu sur simple dénégation a été abrogé. La solution se justifie sans doute : la probabilité pour que cet enfant conçu juste avant le mariage soit celui du mari est très grande.

2) *L'éviction de la présomption de paternité*

53 **Paternité invraisemblable.** Depuis la loi du 3 janvier 1972, le Code civil écarte la présomption de paternité dans des hypothèses où la paternité n'est pas vraisemblable, alors même que les conditions de son application sont réunies. Ce sont des situations de séparation des époux, qu'il s'agisse d'une séparation judiciaire ou d'une séparation de fait. Dans les deux cas, il faut préciser que la présomption de paternité peut être rétablie par une action en justice, ce qui sera envisagé avec les actions relatives à la filiation[97], mais aussi, selon la loi ratifiant l'ordonnance de 2005[98], par reconnaissance (art. 315, nouv.)[99].

– a. Séparation judiciaire

54 **Éviction.** L'article 313 du Code civil, dans sa nouvelle rédaction, prévoit que la présomption de paternité est écartée lorsque les époux sont en instance de divorce ou de séparation de corps. Malgré la rédaction peu claire du texte, il convient de distinguer en fonction du cas de divorce ou de séparation de corps envisagé.

---

96. F. GRANET-LAMBRECHTS, « La présomption de paternité », *Dr. fam.*, 2006, étude n° 3.

97. Voy. *infra*, nos 107 et 108.

98. L. n° 2009-61 du 16 janvier 2009 ratifiant l'ordonnance n° 2005-759 du 4 juillet 2005 portant réforme de la filiation et modifiant ou abrogeant diverses dispositions relatives à la filiation, *JORF*, 18 janvier 2009, p. 1062.

99. Voy. *infra*, n° 63.

Lorsque les époux ont entrepris une procédure de séparation de corps ou de divorce par consentement mutuel, la présomption de paternité est écartée si l'enfant naît plus de 300 jours après l'homologation de la convention réglant l'ensemble des conséquences du divorce. Cette décision d'homologation contient également le prononcé du divorce. En réalité, ici, la présomption de paternité n'est pas réellement écartée : l'enfant a été conçu en dehors du champ d'application de la présomption, c'est-à-dire après la dissolution du mariage. Cependant, le juge a pu refuser d'homologuer et de prononcer le divorce. Dans ce cas, la présomption de paternité est écartée si l'enfant naît plus de 300 jours après l'homologation des mesures provisoires dont les parties ont convenu pour la suite de la procédure, et moins de 180 jours depuis le rejet définitif de la demande (dans l'hypothèse où, finalement, le juge refuse définitivement de prononcer le divorce par consentement mutuel, ce qui est rarissime). Ainsi, la période légale de conception est située tout entière dans une période où les époux sont censés ne plus vivre ensemble.

Lorsque les époux ont entamé une procédure de divorce contentieux, la présomption de paternité est écartée si l'enfant naît plus de 300 jours depuis l'ordonnance de non-conciliation qui constate la résidence séparée des époux, et moins de 180 jours depuis le rejet définitif du divorce ou depuis la réconciliation. Là encore, on est certain que la période légale de conception se situe dans une période où les époux ne sont plus censés cohabiter. Avant et après cette période, les époux sont censés vivre ensemble.

– b. Séparation de fait

55 **Hypothèse masquée.** Avant 1972, la présomption de paternité était si forte que la filiation du mari était établie dès lors que le nom de la femme était indiqué dans l'acte de naissance de l'enfant. Les circonstances de la naissance de l'enfant ainsi que les termes contenus dans l'acte de naissance étaient indifférents : même si l'enfant avait été conçu dans une période de séparation de fait, même si l'acte de naissance ne faisait aucune allusion au mari ou désignait au contraire un autre homme, l'enfant était rattaché au mari de sa mère. La loi de 1972 a supprimé cette invraisemblance (art. 313-1, anc.) : l'enfant né d'une femme séparée de son mari n'a de filiation établie qu'à son égard. Toutefois, le Code civil ne vise pas expressément la situation de fait. On la devine à travers les conditions de l'éviction de la présomption de paternité. Elles étaient traditionnellement au nombre de deux, légèrement modifiées par l'ordonnance du 4 juillet 2005 : « La présomption de paternité est écartée lorsque l'acte de naissance de l'enfant ne désigne pas le mari en qualité de père et que l'enfant n'a pas de possession d'état à son égard » (art. 314, anc.). La loi portant ratification de l'ordonnance du 4 juillet 2005 a encore modifié la règle. Celle-ci, d'une part, a été intégrée dans l'article 313 du Code civil, d'autre part, ne prévoit plus qu'une seule condition : « la présomption de paternité est écartée lorsque l'acte de naissance de l'enfant ne désigne pas le mari en qualité de père ».

56 **Absence de l'indication du mari en qualité de père.** Cette condition n'a pas été modifiée par la loi ratifiant l'ordonnance de 2005. Si l'acte de naissance de l'enfant ne fait pas mention du mari de la mère, la présomption est écartée, car il est vraisemblable que le mari n'est pas son père. L'ordonnance a ajouté une précision qui avait déjà été apportée par la jurisprudence antérieure : la présomption de paternité est écartée lorsque le mari n'est pas désigné en tant

que père[100]. La seule mention du nom du mari est insuffisante pour maintenir la présomption de paternité. Cette condition ôte à la présomption de paternité une grande partie de son automaticité : tout comme elle peut refuser que son nom soit indiqué dans l'acte de naissance, la mère peut également refuser la mention du nom de son mari. Si c'est le mari qui déclare la naissance, c'est lui qui détient la clé de la filiation paternelle[101].

57 **Absence de possession d'état à l'égard du mari.** Avant la loi de ratification, pour que la présomption de paternité soit évincée, il fallait en outre que l'enfant n'ait pas de possession d'état à l'égard du mari. Que le mari ne traite pas l'enfant comme le sien renforce en effet la probabilité selon laquelle ce n'est pas son enfant et confirme l'idée d'une séparation des parents au moment de la conception. Il faut toutefois reconnaître que celle-ci est seulement supposée, car il n'est pas impossible que la séparation soit postérieure à la conception. La portée de cette condition avait évolué avec l'ordonnance de 2005[102].

La loi ratifiant l'ordonnance l'a supprimée en tant que telle. Toutefois, selon le nouvel article 314, la présomption se trouve rétablie de plein droit si l'enfant a la possession d'état à l'égard du mari. On peut en déduire que, pour que la présomption de paternité soit évincée, il faut que l'enfant n'ait pas de possession d'état à l'égard de son père. La nouvelle règle n'est cependant pas tout à fait équivalente à la précédente. Désormais, il semble que la présomption est écartée dès que l'acte n'indique pas le mari en qualité de père – même s'il y a possession d'état. Dans ce cas, il faut prouver (sans doute par acte de notoriété, en application de l'art. 317) que la possession d'état existait pour que la présomption de paternité soit rétablie de plein droit. Comme pour le cas de la séparation judiciaire, il faut toutefois qu'une filiation paternelle ne soit pas établie à l'égard d'un tiers.

– c. Rétablissement de la présomption de paternité

58 **Conditions.** Il n'est pas impossible d'imaginer que les époux séparés conçoivent un enfant. Le législateur, guidé là encore par un souci de réalisme, a tenu compte d'une telle hypothèse (art. 314, nouv., C. civ.). Lorsqu'elle a été écartée par application de l'article 313, la présomption de paternité est rétablie de plein droit si deux conditions sont réunies. Il faut d'abord que l'enfant ait une possession d'état à l'égard du mari. La possession d'état joue alors son rôle probatoire : elle rend vraisemblable la paternité. Mais on peut douter du coup que la filiation à l'égard du mari soit vraiment établie par la présomption paternité, puisque la possession d'état est en soi un mode d'établissement de la paternité.

Pour que la présomption de paternité soit rétablie, il faut également qu'une filiation paternelle ne soit pas déjà établie à l'égard d'un tiers. Cette seconde

---

100. Cass. 1re civ., 3 juin 1980, *D.*, 1981, p. 119, note J. Massip ; *Rép. Defrénois*, 1981, p. 365, même note ; *RTD civ.*, 1981, p. 370, obs. R. Nerson et J. Rubellin-Devichi.

101. En pratique, ce sont souvent les maternités qui déclarent les naissances au vu du livret de famille fourni par la mère. Elles doivent cependant obéir au souhait de cette dernière de ne pas déclarer son nom ou celui de son mari. J. Massip, *Le nouveau droit de la filiation*, 1re éd., Paris, Defrénois, 2006, p. 6, n° 22.

102. J. Hauser et D. Huet-Weiller, *La famille*, *op. cit.*, n° 565, pour le droit antérieur à l'ordonnance de 2005 ; P. Malaurie et H. Fulchiron, *La famille*, *op. cit.*, n° 1153, pour le droit issu de l'ordonnance de 2005.

condition a été ajoutée par l'ordonnance du 4 juillet 2005. Auparavant, le rétablissement de la présomption de paternité excluait la filiation naturelle ainsi établie, en raison de la supériorité de la filiation légitime. Désormais, cette hiérarchie ayant été supprimée, seul compte l'ordre d'établissement des filiations : c'est le principe chronologique qui justifie cette nouvelle condition. Si le mari souhaite que sa filiation soit établie, il doit d'abord contester la filiation établie par reconnaissance.

Le mari peut également choisir de reconnaître l'enfant, ce qui constitue une grande nouveauté issue de la loi de ratification de 2009[103].

c. La portée de la présomption de paternité

59 **Présomption simple.** La présomption de paternité, depuis la loi du 3 janvier 1972, est devenue une présomption simple : il est donc possible de démontrer par voie de justice que la filiation paternelle du mari ne correspond pas à la réalité biologique. L'ordonnance de 2005 a complètement modifié le régime des actions en contestation de paternité, pour les unifier et pour les ouvrir plus largement qu'auparavant. Il n'en reste pas moins que l'impératif de stabilité de l'état de l'enfant a conduit à conserver certaines limites, en particulier lorsque la présomption est corroborée par la possession d'état[104].

B. L'établissement de la filiation par la reconnaissance

60 **Définition.** La reconnaissance peut se définir comme l'acte juridique unilatéral par lequel une personne atteste qu'un enfant est le sien et affirme ainsi sa paternité ou sa maternité. Cet acte a une double dimension, celle d'un aveu et celle d'un engagement, elle est preuve de la maternité ou de la paternité et entraîne l'obligation souscrite volontairement pour le parent de nourrir l'enfant et d'assurer son éducation. Jusqu'à présent, elle était le mode d'établissement réservé à la filiation naturelle ; les époux n'avaient pas la possibilité de reconnaître leur enfant. Depuis la disparition de la distinction entre les filiations, la reconnaissance est devenue un mode d'établissement commun aux filiations en et hors mariage[105]. Après avoir précisé le domaine d'application de la reconnaissance (point 1), il conviendra d'en déterminer les conditions de validité (point 2) et le régime (point 3).

1. Le domaine d'application de la reconnaissance

61 **Subsidiarité de la reconnaissance ?** Le nouvel article 316 du Code civil énonce : « lorsque la filiation n'est pas établie [par l'effet de la loi], elle peut

---

103. Voy. *infra*, n° 63.

104. Voy. *infra*, n°s 117 et s.

105. La plupart des auteurs ont admis cette interprétation. Voy., p. ex., P. Salvage-Gerest, « La reconnaissance d'enfant, ou de quelques surprises réservées par l'ordonnance du 4 juillet 2005 », *Dr. fam.*, 2006, étude n° 4. *Contra* : G. Cornu, *La famille*, *op. cit.*, n° 245, note 6. La circulaire d'application du 30 juin 2006 (*Bull. off. min. Just.*, n° 103 [1er juillet au 30 septembre 2006], www.textes.justice.gouv.fr/index.php?rubrique=10085&article=10121) ainsi que la loi de ratification de l'ordonnance ont, depuis, confirmé la solution que nous retenons.

l'être par une reconnaissance de paternité ou de maternité, faite avant ou après la naissance ». Le texte est susceptible de plusieurs interprétations qui déterminent le domaine d'application de la reconnaissance. Il peut tout d'abord signifier que la reconnaissance ne peut être utilisée que dans les hypothèses où la filiation ne peut jamais être établie par d'autres modes d'établissement. Dans ce sens, seule la paternité hors mariage se trouve dans cette situation, puisqu'elle ne peut jamais être établie ni par acte de naissance ni par présomption de paternité. Cette interprétation doit toutefois être écartée : le texte permet la reconnaissance de maternité qui est normalement établie par le seul acte de naissance. Il faut au contraire lui donner l'interprétation la plus large : la reconnaissance peut être utilisée chaque fois qu'un parent ne peut pas, parce que la loi ne l'y autorise pas ou pour des raisons qui lui sont propres, utiliser l'acte de naissance ou la présomption de paternité. Il en ressort que la reconnaissance est le mode exclusif d'établissement de la filiation paternelle hors mariage, mais constitue également un mode subsidiaire d'établissement de la filiation maternelle ou de la filiation paternelle en mariage. Reste à déterminer quel peut être l'intérêt de souscrire une reconnaissance pour la mère ou pour le mari.

62 **Intérêt pour la mère.** Dans de rares hypothèses, la mère peut avoir un intérêt à souscrire une reconnaissance. C'est en particulier le cas lorsqu'elle a décidé d'accoucher anonymement. Dans une telle situation, l'acte de naissance de l'enfant est dressé sans indication du nom de la femme qui a accouché, puisqu'elle est censée ne pas être sa mère. L'enfant est immédiatement remis aux services de l'Aide sociale à l'enfance (ASE) où il est admis à titre provisoire comme pupille de l'État[106]. La femme peut toutefois demander la restitution de l'enfant dans un délai de deux mois (art. L. 224-6 du Code de l'action sociale et des familles, ci-après « CASF »). La restitution de l'enfant est de droit, à condition cependant que la femme prouve qu'elle est bien sa mère. Il faut donc qu'elle établisse sa filiation. Il est cependant trop tard pour indiquer son nom dans l'acte de naissance : une telle modification substantielle de l'acte exigerait une action en justice. La seule possibilité, du moins la plus pratique, consiste alors à reconnaître l'enfant. La réforme apparaît comme un grand progrès de ce point de vue, si la femme qui a accouché sous X est mariée : avant la réforme, étant mariée elle ne pouvait pas reconnaître l'enfant, puisque la reconnaissance était réservée à la filiation naturelle. La mère devait donc agir en justice pour faire établir sa filiation et obtenir la restitution de l'enfant. Désormais, une telle démarche est inutile. Dans ce cas, la présomption de paternité ne semble pas pouvoir s'appliquer, puisque celle-ci implique que le nom du père figure dans l'acte de naissance, ce qui n'est pas le cas dans cette hypothèse[107].

63 **Intérêt pour le mari.** Pour le mari, l'intérêt peut être double. L'accouchement sous X de la mère a une incidence sur lui, plus généralement l'absence d'indication de son nom dans l'acte de naissance : la présomption de paternité ne peut évidemment pas s'appliquer, puisque son point d'accroche, la filiation maternelle, fait défaut. S'il retrouve la trace de l'enfant en temps voulu, avant

106. Voy. *infra*, n° 180.

107. En ce sens, P. Bonfils et A. Gouttenoire, *Droit des mineurs, op. cit.*, n° 289.

qu'il ne soit placé en vue de l'adoption, seule la reconnaissance lui permettra d'établir sa filiation. De manière générale, il semble que le mari peut reconnaître l'enfant chaque fois que ce dernier n'a pas de filiation établie à l'égard de l'épouse. Par ailleurs, la présomption de paternité peut être écartée en raison d'une séparation des époux. Afin d'établir sa filiation, le mari pourra fort bien reconnaître son enfant plutôt que de recourir au rétablissement judiciaire de la présomption de paternité[108]. C'est d'ailleurs ce que prévoit la loi de ratification de l'ordonnance qui complète l'article 315 du Code civil, relatif au rétablissement de la présomption de paternité, par la phrase suivante : « le mari a également la possibilité de reconnaître l'enfant dans les conditions prévues aux articles 316 et 320 »[109]. Il doit donc évidemment respecter le principe chronologique.

Il reste à se demander si le mari pourrait souscrire une reconnaissance prénatale de l'enfant de sa femme. D'une part, on ne peut dire que l'on est dans une hypothèse où la filiation maternelle n'est pas établie, car à la naissance, date d'effet de la reconnaissance prénatale, le nom de la mère sera probablement indiqué. D'autre part, l'article 315 qui autorise un mari à reconnaître l'enfant de sa femme semble limiter cette possibilité au cas qu'il envisage, à savoir celui où la présomption de paternité est évincée. Or, tant que l'enfant n'est pas né, on ne peut dire si la présomption de paternité sera évincée. La reconnaissance prénatale semble donc interdite au mari, ce qui paraît injuste, car un autre homme, l'amant de la femme, risque de consentir une telle reconnaissance qui pourrait ainsi évincer le mari par application du principe chronologique. C'est notamment pour cette raison que la loi de 2009 a introduit le nouvel article 336-1 dans le Code civil[110].

2. Les conditions de validité de la reconnaissance

a. Les conditions de fond

1) *L'auteur de la reconnaissance*

64 **Caractère personnel.** La reconnaissance n'est pas un acte juridique comme les autres, il a pour objet d'établir un lien de filiation avec un enfant, ce qui en fait un acte éminemment personnel.

En premier lieu, le parent n'a pas besoin de l'autorisation de qui que ce soit pour souscrire la reconnaissance, ni de l'enfant lui-même, ni de l'autre parent, ni de son conjoint, ni de ses héritiers ou de ceux de l'enfant. L'autre parent doit seulement en être informé à l'initiative de l'officier de l'état civil qui porte mention de la reconnaissance en marge de l'acte de naissance (art. 57-1, C. civ.).

En second lieu, la reconnaissance peut être souscrite par une personne placée sous un régime de protection, qu'elle soit mineure, majeure sous curatelle ou sous tutelle. La loi du 5 mars 2007 portant réforme de la protection

108. En ce sens, F. Granet-Lambrechts, *D.*, 2007, pan., p. 1461. *Contra* : S. Pellé, « La "reconnaissance" du père marié », *RLDC*, janvier 2007, p. 70.

109. I. Corpart, « Reconnaissances maritales », *AJ fam.*, 2012, p. 17.

110. Voy. *supra*, n° 23.

juridique des majeurs[111] confirme cette solution en qualifiant la reconnaissance d'acte réputé strictement personnel, qui ne peut jamais donner lieu à assistance ou représentation du majeur (art. 458, nouv., C. civ.). Pour qu'elle soit valable, il suffit que l'intéressé ait agi dans un intervalle de lucidité.

65 **Caractère facultatif.** Le parent n'est pas tenu de reconnaître son enfant, autrement dit, il n'est pas tenu d'établir sa filiation. La solution correspond à l'esprit d'origine de la reconnaissance qui se justifiait par l'exigence d'une démarche volontaire manifestant la volonté du parent d'assumer l'enfant, mais aussi à l'esprit général du droit français de la filiation, selon lequel un parent n'est jamais tenu d'établir sa filiation à l'égard de l'enfant qu'il a conçu. Il en résulte que le parent qui ne reconnaît pas son enfant n'engage pas sa responsabilité à son égard[112].

La portée de cette liberté du parent doit cependant être nuancée : l'enfant peut en effet faire déclarer sa filiation paternelle ou maternelle par voie judiciaire. Contre la volonté du parent, la filiation peut donc être établie par la volonté de l'enfant (ou de son représentant légal tant qu'il est mineur). Seule la mère peut placer un obstacle définitif à une action contre elle en accouchement sous X. On verra par ailleurs que dans le cas où l'enfant est issu d'une PMA, la reconnaissance est obligatoire[113].

66 **Consentement de l'auteur.** La reconnaissance ne s'analyse pas comme un contrat, elle n'en constitue pas moins un acte juridique. Dès lors, l'auteur de la reconnaissance doit avoir eu un consentement libre et éclairé. La reconnaissance pourrait être annulée si son auteur était victime d'une erreur, d'un dol, d'une violence ou d'un trouble mental, même s'il s'avérait que l'enfant est bien le sien.

2) *L'enfant*

67 **Conditions de validité.** Les seules conditions de validité relatives à l'enfant sont celles qui sont tirées du principe chronologique et de l'interdit de l'inceste[114]. En dehors de ces deux limites, tout enfant peut être valablement reconnu.

68 **Moment de la reconnaissance.** Le Code civil n'édicte aucune condition relative au moment de la reconnaissance : elle n'est soumise à aucun délai. Ainsi, l'enfant peut être reconnu quel que soit son âge, même s'il est majeur, et même s'il est décédé, à condition qu'il soit né vivant et viable.

À l'inverse, la reconnaissance peut être souscrite avant la naissance de l'enfant. La jurisprudence admet depuis longtemps la validité de la reconnaissance prénatale[115] et l'ordonnance du 4 juillet 2005 a consacré cette solution (art. 316, al. 1er, C. civ.). C'est à partir de la naissance de l'enfant qu'elle produit effet[116]. Elle n'en présente pas moins des intérêts importants. Pour le père, elle

---

111. L. n° 2007-308 du 5 mars 2007, *JORF*, 7 mars 2007, p. 4325.

112. Cass. civ., 28 octobre 1935, *JCP-G*, 1936, p. 325 ; *Gaz. Pal.*, 1936, 2, p. 623. Les juridictions du fond ne respectent pas toujours ce principe. Par ex., Caen, 29 mars 2012, *Dr. fam.*, 2012, comm. n° 168, note C. NEIRINCK. *Adde* Cass. 1re civ., 2 avril 2008, *Dr. fam.*, 2008, comm. n° 87, note P. MURAT.

113. Voy. *infra*, n° 148.

114. Voy. *supra*, nos 21 et s.

115. Cass. req., 13 juillet 1886, *DP*, 1887, 1, p. 119.

116. Et non de la transcription si l'on en croit Cass. 1re civ., 7 avril 2006 (voy. *infra*, encadré E9).

permet de parer à l'éventualité de son décès avant la naissance de l'enfant et d'éviter que celui-ci naisse sans filiation paternelle. Pour la mère, le risque est celui de son décès lors de l'accouchement, mais cet intérêt a pratiquement disparu puisque son nom dans l'acte de naissance est suffisant pour établir sa filiation. Par ailleurs, l'ordre de l'établissement des filiations désigne le nom de l'enfant : si les parents ne s'entendent pas pour choisir son nom de famille, l'enfant porte le nom du parent qui a établi sa filiation en premier (art. 311-21, al. 1er, dern. phr.)[117].

E7 **Reconnaissance et réalité biologique**

La question se pose de savoir si la réalité biologique est une condition de validité de la reconnaissance : a-t-on le droit de reconnaître volontairement un enfant qui n'est pas le sien ? Si l'auteur de la reconnaissance a été victime d'une erreur ou d'un dol, il peut en demander la nullité ou bien encore agir en contestation de la filiation. La question est plus difficile lorsqu'une personne (un homme, en pratique) souscrit une reconnaissance mensongère afin de complaire à sa compagne du moment.

Il ne semble pas qu'une reconnaissance de complaisance soit nulle pour défaut de réalité biologique. En ce sens, on peut d'abord faire valoir qu'aucun texte ne le prévoit. Ensuite, l'esprit du droit semble s'y opposer : ni le Code civil à l'origine, ni la loi du 3 janvier 1972, ni l'ordonnance du 4 juillet 2005 n'ont mis en place un système permettant de vérifier, avant ou après la reconnaissance, la réalité du lien biologique. L'officier de l'état civil qui reçoit la reconnaissance n'a pas à en apprécier la réalité et l'auteur n'a pas à faire la preuve de sa paternité ou de sa maternité. Le Code pénal enfin n'érige pas en infraction le fait, pour un homme, de souscrire une reconnaissance mensongère. En revanche, il incrimine des atteintes à la filiation commises par la femme, comme la substitution d'enfant (le fait d'attribuer à une femme qui a accouché l'enfant d'une autre) ou la simulation d'enfant (le fait d'attribuer un enfant à une femme qui n'a pas accouché), punies de 3 ans d'emprisonnement et de 45 000 euros d'amende (art. 227-13, C. pén.). La jurisprudence a eu par ailleurs l'occasion de décider que les peines du faux ne sont pas applicables à la reconnaissance mensongère[118].

Pour autant, on ne peut pas en déduire que la reconnaissance mensongère souscrite par un homme est acceptée par le droit positif qui donnerait un blanc-seing aux individus pour s'attribuer un enfant qu'ils savent ne pas être le leur. Même si la volonté joue un rôle dans l'établissement de la filiation, celle-ci n'en repose pas moins sur un lien de sang supposé. Une filiation établie par une reconnaissance de complaisance peut ainsi être contestée, y compris par son auteur. L'action en justice consiste non pas à demander la nullité de l'acte, mais à démontrer que la filiation ne correspond pas à la réalité biologique. Il ne s'agit pas de sanctionner un acte affecté d'un vice, mais de rétablir la vérité. Il est vrai que cette vérité ne semble pas elle-même ressortir de l'ordre public puisque le procureur de la République ne peut pas en principe agir en contestation. Néanmoins, si l'acte porte en lui-même des indices qui rendent la filiation invraisemblable, le ministère public peut alors exercer l'action (art. 336, C. civ.).

Par ailleurs, on peut se demander si une reconnaissance mensongère ne s'analyse pas en une sorte de fraude à la loi ou de détournement d'institution. La reconnaissance peut en effet être au centre de deux types de fraudes. La reconnaissance peut d'abord être l'instrument d'une fraude, par exemple lorsqu'elle est utilisée pour permettre à la mère en situation irrégulière de rester sur le territoire français. Dans ce cas, elle peut être annulée sur le fondement de l'article 336[119]. Elle peut ensuite être l'objectif d'une fraude, comme lorsque des français vont à l'étranger pour recourir aux services d'une mère porteuse ou bénéficier d'une PMA interdite en France. Ici, la Cour de cassation ne semble pas

117. Comp. P. Bonfils et A. Gouttenoire, *Droit des mineurs*, *op. cit.*, n° 304.

118. Cass. crim., 8 mars 1988, *D.*, 1989, p. 528, note E.S. de La Marnierre ; *JCP-G*, 1989, II, 21161, note W. Jeandidier.

119. Douai, 12 février 2015, *Dr. fam.*, 2015, comm. n° 94, note C. Neirinck.

avoir de position fixe et statue au cas par cas : dans la première hypothèse, la reconnaissance est annulable, mais pas dans la seconde[120]. Quoi qu'il en soit, la reconnaissance mensongère ou de complaisance semble relever du cas où elle est l'objectif d'une fraude. Le Code civil prévoit en effet un mécanisme permettant à des personnes de s'attribuer un enfant qui n'est pas le leur : c'est l'adoption. Or, cette institution exige qu'un certain nombre de conditions, vérifiées par le tribunal de grande instance, soient réunies, en particulier l'intérêt de l'enfant. Reconnaître un enfant qui n'est pas le sien revient à tenter d'échapper aux règles contraignantes de l'adoption. Dans ce cas aussi, le ministère public pourrait agir en contestation (art. 336, C. civ.). Enfin, l'auteur de l'acte mensonger n'échappe pas à toute sanction. La jurisprudence admet ainsi qu'il engage sa responsabilité, s'il agit ensuite lui-même en contestation de sa filiation.

b. Les conditions de forme

69 **Acte solennel.** En raison de sa gravité, la reconnaissance doit prendre la forme d'un acte authentique, à peine de nullité. L'article 316, alinéa 3, du Code civil reproduit ainsi la règle déjà énoncée par l'ancien article 335. Malgré ce formalisme protecteur, le parent bénéficie d'une certaine liberté puisque tout acte authentique peut être utilisé.

Le plus souvent, la reconnaissance est déclarée à l'état civil, soit dans l'acte de naissance de l'enfant, soit dans un acte à part. L'article 62 du Code civil édicte les mentions qu'elle doit contenir. Tout officier de l'état civil est territorialement compétent : il n'est pas nécessaire de reconnaître l'enfant devant l'officier de l'état civil qui a reçu la déclaration de naissance. Il est possible pour les deux parents de souscrire une reconnaissance commune. Enfin, elle peut encore être réalisée à l'occasion du mariage des parents. Lorsqu'elle n'est pas faite dans l'acte de naissance, elle doit être mentionnée en marge de cet acte.

Il est possible de souscrire la reconnaissance dans un autre acte authentique, en particulier dans un acte notarié, soit dans un acte spécifique, soit dans un contrat de mariage, soit dans un testament. L'avantage en est la discrétion, puisque les minutes des actes notariés ne sont pas publiées. L'inconvénient tient à ce que la reconnaissance ne peut produire effet tant qu'elle n'a pas été transcrite dans l'acte de naissance. C'est donc à l'enfant, s'il souhaite se prévaloir de sa filiation, qu'il reviendra d'accomplir cette formalité.

Enfin, la reconnaissance peut être déclarée devant un juge, à l'occasion d'une action en justice, y compris d'une action en recherche de paternité ou de maternité. La reconnaissance met alors fin à cette action.

70 **Lecture solennelle.** Le législateur a voulu rendre solennel le moment de la reconnaissance, lorsqu'elle est souscrite devant l'officier de l'état civil. À cette fin, depuis la loi du 4 mars 2002, il est prévu que « lors de l'établissement de l'acte de reconnaissance, il est fait lecture à son auteur des articles 371-1 et 371-2 ». Le premier de ces textes définit l'autorité parentale, le second édicte le devoir d'entretien qui incombe aux parents.

3. Les effets de la reconnaissance

71 **Établissement de la filiation.** L'effet essentiel de la reconnaissance consiste en l'établissement de la filiation : elle est l'aveu, la confession d'une paternité ou d'une maternité. Un effet corrélatif l'accompagne : le souscripteur doit prendre

120. Voy. *infra*, n°s 140 et s.

en charge l'enfant, sur un plan éducatif et pécuniaire, il s'y est engagé. Pour comprendre la portée de ce double effet, il faut préciser les caractères de la reconnaissance.

72 **Caractère déclaratif.** La reconnaissance est censée révéler un fait qui lui préexiste, la paternité ou la maternité de son auteur, le lien de sang. Elle produit donc un effet déclaratif et non pas constitutif, contrairement à l'adoption. Il en résulte que le lien de filiation est lui-même censé exister depuis la naissance de l'enfant[121]. Quel que soit le moment auquel elle est réalisée, elle produit donc, comme tous les actes déclaratifs, un effet rétroactif. Il peut en découler des conséquences pratiques très importantes et notamment la remise en cause de situations que l'on croyait acquises. Il en va ainsi d'une succession qui serait ouverte entre la naissance de l'enfant et sa reconnaissance : le partage devra être refait en tenant compte de sa présence. Mieux, si c'est l'enfant qui est décédé, l'auteur de la reconnaissance pourra participer à sa succession même si elle a déjà été partagée.

73 **Caractère divisible.** L'une des grandes différences entre la filiation légitime et la filiation naturelle tenait à ce que la première était indivisible et la seconde au contraire divisible. La filiation légitime liait forcément l'enfant à ses deux parents, la filiation naturelle était au contraire établie à l'égard de chaque parent indépendamment de l'autre. La réforme de 2005 n'a pas modifié ces solutions : elles s'expliquent par la présomption de paternité. En son absence, il n'existe aucun lien automatique entre la filiation maternelle et la filiation paternelle. La filiation hors mariage reste donc divisible. Il faut toutefois remarquer que la filiation en mariage peut parfois aussi être divise. C'est le cas si la femme mariée établit sa filiation par reconnaissance et non par acte de naissance. C'est également le cas si c'est le mari qui établit sa filiation à l'égard de l'enfant de sa femme par reconnaissance[122]. La filiation en mariage d'aujourd'hui ne peut pas être ramenée à la filiation légitime d'hier.

74 **Caractère irrévocable.** Une fois la reconnaissance souscrite, son auteur ne peut pas se rétracter, il ne peut pas changer d'avis[123]. Ce caractère n'interdit toutefois pas à l'auteur de la reconnaissance d'agir en nullité, si les conditions de validité ne sont pas toutes réunies, ou en contestation de filiation, s'il se rend compte que l'enfant n'est pas le sien.

C. L'établissement de la filiation par la possession d'état

75 **Paradoxe.** La possession d'état constitue un mode autonome d'établissement de la filiation (art. 317, C. civ.). Ce rôle n'est pas nouveau. Il lui était déjà dévolu en matière de filiation légitime dès l'origine par le Code civil ; il a fallu attendre le début des années 1980 pour qu'il en soit de même pour la filiation naturelle[124]. Ce rôle a été conservé à la possession d'état par l'ordonnance de 2005. Dans l'ordre de présentation des modes d'établissement extrajudiciaire,

---

121. Cass. 1re civ., 29 juin 1977, *Bull. civ.*, I, n° 305 ; *D.*, 1977, IR, p. 436, obs. D. Huet-Weiller.
122. Voy. *supra*, nos 62 et 63, les hypothèses.
123. Cass. 1re civ., 4 juillet 1995, *Bull. civ.*, I, n° 292 ; *RTD civ.*, 1995, p. 872, obs. J. Hauser.
124. D'abord, la loi du 25 juin 1982 (art. 334-8, anc.) et, dans la foulée la Cour de cassation, se prononçant sur le fondement du droit antérieur à la loi de 1982 (Cass. Ass. plén.,

elle arrive en fin de liste, ce qui traduit son caractère subsidiaire traditionnel. Il est vrai qu'en pratique la filiation est établie le plus souvent par titre, acte de naissance ou reconnaissance. La possession d'état n'a besoin d'intervenir que dans des situations anormales où l'enfant n'a pas été reconnu par l'un de ses parents ou n'a pas bénéficié de la présomption de paternité, le plus souvent d'ailleurs après le décès de ce dernier. Au vrai, seul l'enfant peut éprouver un intérêt à utiliser la possession d'état, le parent pouvant le reconnaître à tout moment. Pourtant, c'est sans doute elle qui prouve le mieux la paternité ou la maternité : elle est la paternité ou la maternité incarnée, l'expression la plus directe et la plus vivante du lien de sang qui unit le parent et son enfant. Dans les meilleures conditions, elle permet de rattacher l'enfant à son parent depuis le jour où elle est invoquée jusqu'à sa naissance et même au-delà. Elle présente cependant des inconvénients : elle met du temps à se constituer, son existence peut s'avérer incertaine, ses qualités insuffisantes, elle est d'une utilisation délicate par le juge et trop aisément manipulable par un parent malintentionné.

Pour autant, elle reste un mode d'établissement de la filiation. Encore doit-elle être elle-même constatée. De ce point de vue, l'ordonnance a modifié l'état du droit : hors procédure judiciaire, la possession d'état ne peut être établie que par un acte de notoriété. On verra plus loin qu'elle peut également être constatée au moyen d'une action en constatation d'état.

76 **Titrisation de la possession d'état.** L'article 310-1 du Code civil énonce que la filiation est légalement établie « par la possession d'état constatée par un acte de notoriété » et l'article 310-3 que « la filiation se prouve par l'acte de notoriété constatant la possession d'état ». L'acte de notoriété apparaît clairement comme le mode de preuve exclusif de la possession d'état. Cette volonté de ramasser une situation de fait qui se prolonge dans le temps, qui peut présenter des visages si différents, qui est si malléable, dans un acte écrit instantané a été dénoncée par la doctrine comme une méconnaissance de la nature de la possession d'état[125]. Auparavant, l'acte de notoriété, organisé par la loi du 3 janvier 1972, ne constituait qu'un mode de preuve parmi d'autres de la possession d'état : s'analysant comme un fait juridique, il était normal qu'elle puisse être prouvée par tout moyen.

77 **Délivrance de l'acte de notoriété.** Depuis une loi du 28 mars 2011, l'article 317, alinéa 2, prévoit que l'acte de notoriété est établi sur la foi des déclarations d'au moins trois témoins qui attestent de la possession d'état. Auparavant, le texte opérait un renvoi aux articles 71 et 72 du Code civil, qui donnaient ces précisions et indiquaient que le juge compétent est le juge du tribunal d'instance. La loi de 2011, cependant, a donné une compétence générale au notaire, et non plus au juge, pour délivrer des actes de notoriété. Dès lors, l'article 317, alinéa 2, qui maintient le recours au juge, ne contient plus de renvoi aux articles 71 et 72 (ce dernier ayant par ailleurs été abrogé). Il en résultait qu'on ne savait plus qui était le juge compétent, car l'article 317 ne le précisait pas. Une loi du 13 décembre 2011 est venue rapidement combler cette lacune pour confirmer que c'est toujours le juge du tribunal d'instance

9 juillet 1982, *aff. Law King*, *JCP-G*, 1982, II, p. 19993, concl. CABANNES ; *Rép. Defrénois*, 1982, p. 1265, note J. MASSIP ; *GA*, n°s 45-46).

125. J. MASSIP, *Le nouveau droit de la filiation*, t. I, *op. cit.*, n° 27.

qui reste compétent. Enfin, si le juge l'estime nécessaire, il peut réclamer la production de tout autre document.

L'ordonnance a introduit une autre innovation. La délivrance de l'acte ne peut être demandée que dans un délai de cinq ans. Cette condition a pour objet de répondre à une nécessité pratique. Il pouvait arriver que, plusieurs années après le partage d'une succession, un enfant prétendu surgisse muni pour seule preuve de sa filiation d'une possession d'état, éventuellement constatée par acte de notoriété. En imposant le respect d'un délai, le législateur limite de tels risques. Néanmoins, la difficulté tient à la détermination du point de départ du délai. À l'origine, l'ordonnance de 2005 avait prévu que ce serait la cessation de la possession d'état. Il restait à savoir si le décès du parent prétendu met fin à la possession d'état, ce qui n'était pas certain[126]. Tenant compte de cette difficulté, la loi portant ratification de l'ordonnance de 2005 prévoit que le point de départ sera soit le jour où la possession d'état a cessé, soit le jour du décès du parent prétendu ou du parent dont la filiation est contestée, ce qui signifie que la possession d'état peut se prolonger au-delà du décès. La loi du 28 mars 2011 a ajouté que le point de départ est le décès du parent prétendu, y compris lorsque celui-ci est décédé avant la déclaration de naissance.

78 **Valeur de l'acte de notoriété.** Bien qu'il soit délivré par un juge, l'acte de notoriété n'est pas revêtu de l'autorité de la chose jugée. La délivrance n'est pas un jugement. Il en résulte, d'une part, qu'en raison de son peu de fiabilité, l'acte de notoriété ne fait foi que jusqu'à preuve contraire (art. 317, al. 1er). Les juridictions en ont si bien conscience qu'il arrive que les tribunaux refusent de constater une possession d'état attestée par un acte de notoriété[127]. D'autre part, la délivrance de l'acte n'est susceptible d'aucun recours, puisqu'il ne s'agit pas d'une décision juridictionnelle (art. 317, *in fine*).

79 **Effet de la possession d'état.** La possession d'état, une fois constatée par l'acte de notoriété, établit la filiation. Afin que cet effet se produise, l'article 317, alinéa 4, du Code civil rappelle qu'elle doit être mentionnée en marge de l'acte de naissance.

Le système mis au point par l'ordonnance du 4 juillet 2005 consiste en une superposition de présomptions. L'acte de notoriété présume l'existence de la possession d'état. La possession d'état à son tour présume l'existence d'un lien de sang, ce qui en fait un mode d'établissement de la filiation. Malgré les apparences, ce n'est donc pas l'acte de notoriété qui établit directement la filiation, il ne constitue pas une autre forme de reconnaissance. Cette précision peut avoir une importance pour résoudre un éventuel conflit de filiations. Selon le principe chronologique, c'est la filiation établie en premier lieu qui prévaut. Il est donc primordial de connaître la date d'établissement. Pour la reconnaissance, c'est la date où celle-ci est souscrite. Pour la possession d'état, c'est la date non pas de l'acte de notoriété qui la constate, mais de sa constitution.

Puisque le lien de filiation repose ici sur une double présomption, il est possible de remettre en cause la filiation de deux manières différentes : ou bien

126. P. Murat, « L'action de l'ordonnance du 4 juillet 2005 sur la possession d'état », *op. cit.*, n° 13.

127. Cass. 1re civ., 6 décembre 2005, *Dr. fam.*, 2006, comm. n° 26, note P. Murat.

en prouvant que la possession d'état n'existe pas, ou bien en démontrant qu'elle ne correspond pas au lien de sang[128].

§ 3. – Les actions relatives à la filiation

80 **Grand ménage.** Les actions relatives à la filiation ont pour objet de réduire le décalage qui peut exister entre le lien juridique et le lien biologique. Alors qu'à l'origine, le Code civil n'avait prévu que très peu d'actions relatives à la filiation[129], à partir de la loi du 3 janvier 1972 on a assisté à une éclosion d'actions d'état, soit par la volonté du législateur, soit par l'imagination de la jurisprudence. Le système était devenu d'une grande complexité, avec toutes ces actions qui répondaient à des délais différents, appartenaient à des titulaires différents, produisaient des effets parfois surprenants et qui, plus généralement, étaient différentes pour la filiation légitime et la filiation naturelle. L'ordonnance du 4 juillet 2005 a totalement reconstruit l'édifice du droit de la filiation. Les actions en justice sont désormais plus ouvertes et l'accès à la vérité biologique en est ainsi facilité. Avant d'examiner les actions en établissement de la filiation (point B), puis les actions en contestation de la filiation (point C), il convient d'évoquer les dispositions générales (point A).

A. Les dispositions générales

1. Le droit d'agir

81 **Titulaires de l'action.** Sur ce point, l'ordonnance de 2005 n'a pas prévu de disposition générale expresse. On peut seulement remarquer que, pour ce qui concerne les actions visant à établir la filiation maternelle ou paternelle, l'action n'appartient qu'à l'enfant. Il en va autrement de l'action en rétablissement de la présomption de paternité, ouverte également aux époux, et de l'action en constatation de possession d'état ouverte à tout intéressé[130]. Pour ce qui concerne les actions en contestation de filiation, les solutions sont plus complexes et diverses. Il faut se reporter à ce qui sera dit pour chacune d'elle. Il reste à préciser que ces actions sont exercées tant contre le parent dont la filiation est contestée que contre l'enfant, représenté par ce même parent s'il est mineur[131].

82 **Caractère personnel de l'action.** L'action d'état, en raison de son objet très particulier, a un caractère éminemment personnel : elle ne peut être exercée que par celui qui en a le droit en vertu de la loi. L'affirmation conduit à exclure la possibilité pour les créanciers d'exercer une action d'état appartenant à leur débiteur par la voie de l'action oblique.

---

128. Voy. *infra*, n° 121.

129. V. Bonnet, *Le droit de la filiation*, *op. cit.*, pp. 65-66.

130. Voy. *supra*, n° 110.

131. Cass. 1re civ., 19 mars 2008, *Dr. fam.*, 2008, comm. n° 85, note P. Murat ; *D.*, 2008, actu. jurispr., p. 988 ; pan., p. 1857, obs. A. Gouttenoire ; *AJ fam.*, 2008, p. 210, obs. F. Chénedé.

Du caractère personnel découle également l'intransmissibilité de l'action. À vrai dire, cette solution mérite d'être fortement nuancée. Quant à l'intransmissibilité à cause de mort, le nouvel article 322 du Code civil en a réduit sérieusement la portée, pour ne pas dire qu'il l'a supprimée. D'abord, l'action peut être exercée par les héritiers du défunt si le délai n'est pas encore expiré. Avant l'ordonnance, cette solution existait déjà. Cependant, l'action appartenant à l'enfant ne pouvait être exercée par les héritiers que s'il était décédé mineur ou dans les cinq ans suivant sa majorité ou son émancipation (art. 311-8, anc.). L'ordonnance a supprimé cette limite. Par ailleurs, les héritiers peuvent également continuer l'action commencée par le défunt de son vivant – à moins qu'il n'y ait eu désistement ou péremption d'instance (art. 322, al. 2). Il est à préciser qu'il faut entendre par héritiers les héritiers légaux et non les légataires, en tout cas en ce qui concerne l'action en contestation de filiation lorsque le titre est conforté par une possession d'état de moins de cinq ans[132]. Il semble en revanche que le légataire puisse agir en tant que « tout intéressé » lorsque le titre n'est pas corroboré par une possession d'état.

Quant à l'intransmissibilité entre vifs, le principe subsiste. Il s'explique par le principe plus général de l'indisponibilité des actions.

83 **Indisponibilité.** L'article 323 du Code civil, reprenant l'ancien article 311-9, énonce : « les actions relatives à la filiation ne peuvent faire l'objet d'une renonciation ». Cette interdiction traduit le principe d'indisponibilité des actions relatives à la filiation qui ne constitue lui-même qu'un aspect du principe de l'indisponibilité de la filiation et de l'état des personnes[133]. Toute convention, tout acte ayant pour objet d'influer sur la filiation sont interdits. Le principe vaut en dehors même de tout contexte judiciaire. C'est ainsi que la pratique des mères porteuses avait été déclarée nulle par la jurisprudence avant que le législateur n'intervienne[134]. Sur un plan procédural[135], le principe interdit évidemment de céder l'action à un tiers, mais aussi de renoncer par avance à l'exercice du droit d'agir ou de renoncer à une action déjà entamée[136]. Toutefois, si le désistement d'action est nul, le désistement d'instance reste valable, car il ne remet pas en cause le droit d'agir (art. 322, al. 2)[137]. De même, il n'est pas interdit au défendeur d'acquiescer au jugement ayant déclaré sa paternité, « cet acquiescement revenant à reconnaître l'enfant »[138].

---

132. Au sens de l'article 333 du Code civil, voy. *infra*, n° 119. Cass. 1re civ., 2 avril 2014, n° 13-12.480, *JCP-G*, 2014, doctr. 953, n° 10, obs. P. Murat ; *Dr. fam.*, 2014, comm. n° 97, note C. Neirinck ; *AJ fam.*, 2014, p. 309, obs. V. Georget.

133. P. Murat, « Indisponibilité de la filiation et perspectives d'avenir (variations libres sur un thème controversé) », in *Mélanges Huet-Weiller*, Strasbourg-Paris, PUS-LGDJ, 1994, p. 341.

134. Voy. *infra*, encadré E11.

135. D. Huet-Weiller, « Réflexions sur l'indisponibilité des actions relatives à la filiation », *D.*, 1978, chron., p. 234.

136. Ainsi, une transaction entre la mère et le père prétendu, relative à une action à fins de subsides, ne peut contenir renonciation de la part de la mère à exercer ultérieurement une action en recherche de paternité. Cass. 1re civ., 25 septembre 2013, n° 12-24.588, *Dr. fam.*, 2013, comm. n° 161, note C. Neirinck.

137. Cass. 1re civ., 20 janvier 1981, *Bull. civ.*, I, n° 22 ; *D.*, 1981, IR, p. 297, 1re esp., obs. D. Huet-Weiller.

138. Cass. 1re civ., 7 mars 2000, *Rép. Defrénois*, 2000, p. 1058, obs. J. Massip.

2. L'exercice de l'action

84 **Délai pour agir.** Avant la loi du 3 janvier 1972, il était admis que les actions d'état étaient imprescriptibles pour la raison que la filiation l'est elle-même, étant indisponible : elle ne pouvait ni s'acquérir ni se perdre par le seul écoulement du temps. Peu à peu, la jurisprudence avait réduit le domaine du principe aux seules actions en réclamation d'état intentées par les enfants. En 1972, le législateur l'a supprimé complètement, car il lui semblait « inutile de vouloir reconstruire une filiation qui est restée vide pendant plus de trente ans de toute relation affective »[139]. L'article 311-7 du Code civil avait établi un délai de prescription de droit commun de trente ans, mais il était accompagné d'une multitude de délais spécifiques pour diverses actions.

L'un des mérites de l'ordonnance du 4 juillet 2005 est d'avoir réduit le délai de prescription des actions relative à la filiation à dix ans, conformément à l'objectif de stabilité de l'état de l'enfant, même si la simplicité apparente est fortement atténuée par le régime particulier des différentes actions[140]. Le point de départ du délai diffère selon la nature de l'action. Pour les actions en établissement de la filiation, c'est le jour où la personne a été privée de l'état qu'elle réclame, c'est-à-dire le jour de la naissance si elle n'a jamais eu de possession d'état, le jour où la possession d'état a cessé dans le cas contraire. Pour les actions en contestation de la filiation, le point de départ du délai est le jour où la personne a commencé à jouir de l'état qui lui est contesté. Il s'agit sans doute du jour où la filiation a été établie, c'est-à-dire du jour de l'acte de naissance ou de la reconnaissance. Mais, là encore, il existe des exceptions pour certaines actions[141]. Par ailleurs, à l'égard de l'enfant, le point de départ du délai est suspendu jusqu'à sa majorité (art. 321, *in fine*). Autrement dit, l'enfant peut agir jusqu'à l'âge de 28 ans.

85 **Irrecevabilité de l'article 318.** Outre l'expiration du délai de prescription et le principe chronologique, il existe un obstacle général à l'exercice des actions d'état. Selon l'article 318 du Code civil, « aucune action n'est reçue quant à la filiation d'un enfant qui n'est pas né viable ». La solution n'est pas surprenante : l'enfant qui n'est pas né viable n'a pas la personnalité juridique, il ne peut donc avoir de filiation[142].

86 **Juridiction compétente.** Le tribunal de grande instance (TGI), statuant en matière civile, est exclusivement compétent pour connaître des actions relatives à la filiation (art. 318-1). La solution s'impose, la filiation relevant de l'état des personnes.

L'exclusivité de la compétence entraîne des conséquences importantes. D'abord, c'est le TGI en formation collégiale qui doit être saisi et non le juge aux affaires familiales, juridiction à juge unique, comme en matière d'autorité parentale ou de divorce.

Ensuite, il faut relever que le principe d'exclusivité interdit à toute autre juridiction, civile, administrative ou pénale de statuer sur une question de filiation qui lui serait posée de manière incidente ; il s'agit d'une question

139. Exposé des motifs, cité par J. Hauser et D. Huet-Weiller, *La famille*, *op. cit.*, n° 520.
140. Sur l'ensemble de la question, J. Hauser, « Filiation et prescription », *AJ fam.*, 2012, p. 29.
141. Voy. *infra*, n°s 119 et 121.
142. Comp. G. Cornu, *La famille*, *op. cit.*, n° 209.

préjudicielle qui impose à la juridiction de surseoir à statuer jusqu'à ce que le TGI se soit prononcé. L'article 319 du Code civil prévoit en particulier qu'« en cas d'infraction portant atteinte à la filiation d'une personne, il ne peut être statué sur l'action pénale qu'après le jugement passé en force de chose jugée sur la question de la filiation ». La règle constitue une exception au principe de plénitude de juridiction du juge pénal. Elle a cependant une portée limitée : elle s'applique au jugement des infractions portant atteinte à la filiation comme la substitution d'enfant, la simulation d'enfant (dite en droit civil supposition d'enfant), le faux en écriture publique. En revanche, la question de la filiation n'est pas préjudicielle pour des infractions qui supposent que la question de la filiation soit tranchée, mais qui ne portent pas atteinte à la filiation, comme une agression ou une atteinte sexuelle commise par un ascendant[143], ou une privation d'aliment commise par un ascendant sur un mineur de quinze ans (art. 227-15, C. pén.).

3. La preuve

87 **Liberté de la preuve.** Le droit de la famille a longtemps opposé des obstacles à l'exercice des actions relatives à la filiation, notamment à l'action en recherche de paternité qui, avant la loi du 8 janvier 1993, était soumise à la démonstration préalable de l'existence d'un cas d'ouverture. L'une des raisons en était la difficulté de faire la preuve de la réalité biologique. Étant un simple fait juridique, il est vrai que le lien de sang peut être prouvé par tout moyen, c'est-à-dire essentiellement par des présomptions, voire des témoignages (la preuve préconstituée ne se conçoit guère). Les parties et les juges en ont longtemps été réduits à se contenter d'indices qui peuvent s'avérer plus ou moins probants : l'éloignement ou l'inaptitude du mari au moment de la conception de l'enfant, la ressemblance entre l'enfant et le parent prétendus, des papiers domestiques, des lettres, des registres, etc.

88 **Preuve scientifique.** En la matière, une véritable révolution a été accomplie grâce aux progrès scientifiques et la mise au point de techniques, l'examen comparé des sangs et surtout l'empreinte génétique, qui permettent d'aboutir à des certitudes proches de 100 %[144]. La révolution réside, d'une part, en ce que les mystères de la procréation, plus particulièrement de la paternité, sont désormais dévoilés. Mais elle réside également en ce que l'on a aujourd'hui l'impression que c'est l'expertise biologique, et non pas le juge, qui donne la solution au litige. C'est qu'en effet, pour être juridiquement une simple présomption, l'expertise aboutit à un tel degré de certitude qu'elle apparaît comme une preuve directe de la réalité biologique qui ne laisse aucune place à l'intime conviction du juge[145].

143. Sur ces questions, voy. B. Thellier de Poncheville, *La condition préalable de l'infraction*, thèse, Lyon 3, n°s 306, 319 et 330. Sur l'incrimination d'inceste, voy. *supra*, encadré E4.

144. A. Bottiau, « Empreintes génétiques et droit de la filiation », *D.*, 1989, chron., p. 271 ; G. Taormina, « Le droit de la famille à l'épreuve du progrès scientifique », *D.*, 2006, p. 1071.

145. Sur l'évolution du rôle du juge en la matière, voy. A. Fautré-Robin, *Le juge et l'évolution contemporaine du droit de la famille*, thèse, Dijon, 2012.

E8 L'expertise génétique « pour voir »

En principe, en matière civile, l'expertise génétique ne peut être ordonnée que dans des cas précis, énumérés par l'article 16-11 du Code civil, notamment dans le cadre d'une action relative à la filiation. Il en résulte par exemple qu'un legs ne peut être subordonné à un test génétique[146]. Il en résulte surtout qu'une expertise génétique « pour voir », pour vérifier la réalité du lien biologique, serait irrecevable. C'est pourtant bien ce que semble avoir admis la Cour de cassation dans un arrêt du 13 novembre 2014[147]. En effet, un enfant avait saisi le tribunal de grande instance d'une requête afin de faire exhumer le corps d'un homme qu'il pensait être son véritable père biologique et de faire pratiquer une expertise génétique. Le demandeur ne souhaitait pas remettre en cause sa filiation paternelle ni faire établir sa filiation à l'égard du défunt. C'est pour cette raison que la Cour d'appel d'Aix-en-Provence avait rejeté la demande, sur le fondement de l'article 16-11.

Assez curieusement, se plaçant sur un terrain procédural, la Cour de cassation casse la décision, reprochant à la Cour d'appel de s'être prononcée sur le fond de la demande alors qu'elle aurait dû soulever d'office le moyen tiré de l'irrecevabilité de la demande. En effet, la haute juridiction affirme que « la recevabilité d'une action tendant à la reconnaissance d'une ascendance génétique par voie d'expertise, lorsque celle-ci nécessite une exhumation, est subordonnée à la mise en cause des ayants droit du défunt ; qu'en matière d'état des personnes, les fins de non-recevoir ont un caractère d'ordre public ».

La Cour de cassation semble donc considérer qu'une telle action serait possible si les ayants droit du défunt étaient mis en cause. Il est vrai que la Cour européenne des droits de l'homme, dans ses arrêts *Jäggi c/ Suisse*[148] et *Pascaud c/ France*[149], semble avoir admis le principe d'une telle action sur le fondement du droit à la vie privé garanti par l'article 8 de la CEDH. Mais, dans ce cas, l'admission, sans doute mal venue d'ailleurs, d'une telle action aurait mérité au moins, dans l'attente de l'intervention du législateur, un arrêt de principe qui ne se place par sur le plan procédural mais sur le fond du droit et en des termes beaucoup plus explicites.

D'ailleurs, la Cour de cassation ne fait aucune allusion à une autre difficulté qui est celle de la volonté exprimée de son vivant par le défunt, qui n'existait évidemment pas en l'espèce, et qui est pourtant exigée par l'article 16-11, 3°.

À moins qu'au contraire ce soit pour éviter de se prononcer sur le fondement de l'article 8 de la CEDH, invoqué par le pourvoi, et donc de rendre une décision qui irait dans le sens de la demande, que la Cour de cassation se place sur le terrain procédural (en ce sens, C. Neirinck, note préc.) ? Dans ce cas, ce serait en quelque sorte reculer pour mieux sauter car si, en l'espèce la demande est ainsi rejetée, quelle sera la solution lorsque dans une autre affaire les ayants-droit auront bien été mis en cause ?

On reste perplexe, au regard de cette décision, à la lecture d'un autre arrêt de la Cour de cassation qui se prononce sur la demande en référé d'une expertise *in futurum* formulée par un homme qui souhaitait être sûr de sa paternité avant de reconnaître l'enfant. Nous sommes toujours dans l'hypothèse d'une expertise « pour voir », mais avec ici à la clé l'établissement d'un lien de filiation. Sur le fondement de l'article 16-11, la Cour de cassation rejette, cette fois, le pourvoi contre la décision qui avait rejeté la demande[150]. Cependant, le pourvoi posait une question très intéressante, faisant valoir que le refus de l'expertise obligerait le père à reconnaître l'enfant puis à contester sa propre paternité pour avoir accès à l'expertise biologique. Là encore, fondé sur l'article 8 de la CEDH et le respect dû à la vie privée, l'argument est rejeté. Il n'est pas certain que cette décision serait approuvée par la Cour européenne des droits de l'homme si l'on s'en

146. TGI Limoges, 23 mai 2014, *AJ fam.*, 2014, p. 434, obs. S. Gasnier.

147. Cass. 1re civ., 13 novembre 2014, n° 13-21.018, *Dr. fam.*, 2015, chron. n° 1, obs. V. Egéa ; comm. n° 9, note C. Neirinck ; *AJ fam.*, 2015, p. 54, obs. F. Chénedé ; *D.*, 2015, pan., p. 649, obs. M. Douchy-Oudot, et pan., p. 704, obs. F. Granet-Lambrechts.

148. Cour eur. D.H., 13 juillet 2006, *Jäggi c/ Suisse*, *RTD civ.*, 2006, p. 727, obs. J.-P. Marguénaud, et 2007, p. 99, obs. J. Hauser.

149. Cour eur. D.H., 16 juin 2011, *Pascaud c/ France*, *AJ fam.*, 2011, p. 429, obs. F. Chénedé ; *D.*, 2012, pan., p. 1433, obs. F. Granet-Lambrechts ; *RTD civ.*, 2011, p. 526, obs. J. Hauser.

150. Cass. 1re civ., 8 juin 2016, *AJ fam.*, 2016, p. 388, obs. M. Saulier.

tient à sa position plutôt favorable à la vérité biologique. Cette solution conforte toutefois une autre décision de la Cour qui a refusé de renvoyer une QPC par laquelle le demandeur mettait en cause la constitutionnalité de la nécessité d'agir en contestation ou en établissement de la filiation pour prétendre à une expertise biologique, au motif que l'article 16-11 n'empêchait pas une personne d'établir ou de contester sa filiation, ce qui n'était pourtant pas la question posée[151].

On peut s'interroger sur notre système de filiation qui ne repose en principe que sur une présomption de vérité biologique et qui n'a jamais voulu instauré un système de vérification de la vérité préalablement à l'établissement de la filiation, mais ne pourrait-on pas un jour y songer[152] ? ; on peut aussi s'interroger sur la finalité des actions relatives à la filiation : leur objet n'est pas en principe de vérifier la vérité d'une filiation, mais de la contester lorsque l'on a de véritable doute sur sa paternité.

Mais les deux affaires le montrent, on a beau dire, l'empire du biologique dans l'esprit des parents comme des enfants est une réalité qu'il faudra peut-être un jour prendre en compte pour consacrer le droit de savoir.

---

89 **Office du juge et droit à la preuve scientifique.** La seule liberté qui reste au juge est celle d'ordonner ou non l'expertise. En effet, l'article 16-11, alinéa 2, du Code civil, issu de la loi du 29 juillet 1994, prévoit qu'en matière civile, l'identification d'une personne par ses empreintes génétiques ne peut être recherchée qu'en exécution d'une mesure d'instruction ordonnée par le juge saisi d'une action relative à la filiation (ou d'une action à fins de subsides). Autrement dit, une expertise génétique qui aurait été faite en dehors d'une décision judiciaire n'aurait aucune valeur ; elle serait d'ailleurs illicite[153], de même que serait refusée une demande d'expertise génétique à seule fin d'établir un lien purement biologique entre un étranger et un français pour obtenir la nationalité française[154]. La règle ne concerne toutefois pas l'examen comparé des sangs.

Cependant, la Cour de cassation a consacré un droit à la preuve scientifique en décidant, dans le cadre d'une action en contestation de reconnaissance, que « l'expertise est de droit en matière de filiation, sauf s'il existe un motif légitime de ne pas y procéder »[155]. Elle a d'ailleurs donné la portée la plus large à ce nouveau principe en l'étendant à toutes les actions relatives à la filiation[156], hormis l'action en constatation de possession d'état[157].

151. Cass. 1re civ., 16 décembre 2015, n° 15-16.696 QPC, *AJ fam.*, 2016, p. 213, obs. F. Chénedé.

152. Voy. en ce sens X. Labbée, « Épouser sa sœur », *AJ fam.*, 2015, p. 427, qui fait cette proposition afin d'éviter que l'interdit de l'inceste n'empêche, dans le cadre d'une famille recomposée, deux faux frère et sœur de se marier ensemble.

153. Sur la pratique des expertises illégales, M. Lamarche, « Tests de paternité "sauvages" : le droit et l'internationalisation des pratiques », *Dr. fam.*, 2007, focus n° 22.

154. Cass. 1re civ., 23 septembre 2015, n° 14-14.539, *Dr. fam.*, 2016, comm. n° 5, note J.-R. Binet. Le demandeur, majeur, ne pouvait pas en l'espèce obtenir la nationalité française par la filiation (art. 20-1, C. civ.).

155. Cass. 1re civ., 28 mars 2000, *Bull. civ.*, I, n° 103 ; *D.*, 2000, p. 731, note T. Garé ; *JCP-G*, 2000, II, 10409, concl. C. Petit, note M.-C. Monsallier-Saint Mleux ; *Rép. Defrénois*, 2000, p. 769, note J. Massip ; *Dr. fam.*, 2000, comm. n° 72, note P. Murat ; *RJPF*, 2000, 5/38, note J. Hauser ; *RTD civ.*, 2000, p. 304, obs. J. Hauser ; *D.*, 2001, somm., p. 976, obs. F. Granet, p. 1427, obs. H. Gaumont-Prat et p. 2868, obs. C. Desnoyer. Sur la portée de cette jurisprudence, voy. M. Mignot, « L'accès à la preuve scientifique dans le droit de la filiation », *RRJ*, 2003, p. 667.

156. V. Bonnet, *Le droit de la filiation*, *op. cit.*, pp. 74 et s.

157. Voy. *supra*, n° 111.

90 **Première limite : les motifs légitimes de ne pas y procéder.** Le droit à l'expertise connaît une première limite : les juges du fond peuvent la refuser en cas de motifs légitimes. La Cour de cassation a décidé que ne constitue pas un motif légitime l'argument tiré de la carence des parties[158], ou de la vraisemblance de la paternité et de l'existence d'une possession d'état[159], ou encore pour le défendeur le fait d'être le frère du mari de la mère, ce qui créait une communauté de patrimoine génétique[160]. En revanche, il y a un motif légitime de ne pas procéder à l'expertise chaque fois que d'autres éléments ont déjà permis d'aboutir à une certitude. Il en est ainsi si les présomptions sont suffisantes pour déclarer le défendeur père de l'enfant[161], ou lorsqu'une précédente expertise a déjà démontré avec une très grande probabilité la paternité du défendeur[162], ou lorsque la reconnaissance a été corroborée par l'entretien de l'enfant assuré par le père pendant plus de vingt ans, alors qu'aucun fait ne permettait de douter de la vraisemblance de la paternité[163], ou encore si l'action intentée par celui qui se prétend père véritable est tardive ou qu'il n'existe pas de preuve de relations intimes de celui-ci avec la mère[164], de même si le but de l'expertise a pour seul but d'obtenir la nationalité française ce qui est impossible sans faire établir la filiation[165]. Il y a encore motif légitime de refus chaque fois que l'action est irrecevable, ainsi lorsque la filiation légitime est établie par un titre et la possession d'état, ce qui rendait irrecevable l'action selon l'ancien article 322, alinéa 2, du Code civil[166].

La jurisprudence a de plus en plus tendance à retenir comme légitimes des motifs qui n'ont rien à voir avec les questions de preuve, qui ne sont pas liés à l'impossibilité ou l'inutilité de recourir à une expertise biologique, mais à des raisons d'opportunité, notamment d'intérêt de l'enfant, de remettre en cause la filiation, donc à des questions de fond[167]. C'est ainsi que la Cour de

---

158. Cass. 1re civ., 9 décembre 2003, 17 février 2004 et 30 mars 2004, *Dr. fam.*, 2004, comm. n° 96, note P. Murat ; *D.*, 2005, pan., p. 1823, obs. M. Douchy-Oudot. *Adde* Cass. 1re civ., 7 juin, 25 avril et 4 juillet 2006 (3 arrêts), *Dr. fam.*, 2006, comm. n° 185, note P. Murat.
159. Cass. 1re civ., 28 mai 2008, *Dr. fam.*, 2008, comm. n° 100, note P. Murat ; *Rép. Defrénois*, 2008, p. 2425, obs. J. Massip ; *D.*, 2009, pan., p. 53, obs. M. Douchy-Oudot.
160. Cass. 1re civ., 8 juillet 2009, n° 08-18223, *Bull. civ.*, I, n° 159 ; *Dr. fam.*, 2009, comm. n° 127, note P. Murat ; *Petites Aff.*, 16 septembre 2009, n° 185, p. 6, note M. Burgard ; *Petites Aff.*, 19 mars 2010, n° 56, p. 11, note J. Massip, à propos d'une action à fins de subsides.
161. Cass. 1re civ., 24 septembre 2002, *JCP-G*, 2003, II, 10053, note T. Garé ; *D.*, 2003, p. 1793, note D. Cocteau-Senn, somm., p. 2117, obs. F. Granet ; *Dr. fam.*, 2003, comm n° 23, note P. Murat ; *JCP-G*, 2003, I, 148, n° 1, obs. Y. Favier ; *Rép. Defrénois*, 2003, p. 124, obs. J. Massip ; *RTD civ.*, 2003, p. 71, obs. J. Hauser.
162. Cass. 1re civ., 12 juin 2001, *Dr. fam.*, 2001, comm. n° 2, note P. Murat. *Adde* Cass. 1re civ., 5 novembre 2014, n° 13-26.208, *Dr. fam.*, 2015, comm. n° 12, obs. A.-C. R.
163. Cass. 1re civ., 3 novembre 2004, *RJPF*, 2005, 3-29, obs. T. Garé ; *RTD civ.*, 2005, p. 376, obs. J. Hauser.
164. Cass. 1re civ., 14 janvier 2015, n° 13-28.256, *Dr. fam.*, 2015, comm. n° 51, note C. Neirinck ; *D.*, 2015, pan., p. 704, obs. F. Granet-Lambrechts.
165. Voy. *supra*, n° 89.
166. Cass. 1re civ., 20 février 2007, *D.*, 2007, pan., p. 1463, obs. F. Granet-Lambrechts.
167. A. Gouëzel, « Les actions en contestation de filiation, nouveau champ d'intervention pour l'intérêt supérieur de l'enfant ? », *Dr. fam.*, 2014, étude n° 6.

cassation, dans un arrêt du 30 septembre 2009[168], a admis que la Cour d'appel avait bien caractérisé un motif légitime de ne pas ordonner l'expertise au motif que la contestation d'une reconnaissance par le demi-frère de l'enfant reconnu n'était causée que par un intérêt strictement financier et avait un caractère déstabilisateur sur une personne actuellement âgée de soixante-deux ans. On voit ici que la Cour de cassation, à travers un problème de preuve, se fait en réalité juge de l'opportunité d'agir en contestation d'une filiation dans un domaine où l'opportunité n'a pourtant jamais été un critère du bien-fondé d'une action. Les actions relatives à la filiation ont pour objet d'établir ou de contester l'existence d'un lien de sang, critère purement objectif de la filiation. La Cour de cassation et les juges du fond outrepassent certainement leurs pouvoirs en ajoutant à la loi des critères qu'elle ne contient pas. Cependant, la Cour européenne des droits de l'homme, pourtant habituellement favorable à la vérité biologique, admet que la filiation puisse être maintenue malgré les preuves biologiques[169].

91 **Deuxième limite : le refus de l'intéressé.** L'article 16-11, alinéa 2, du Code civil énonce très clairement que « le consentement de l'intéressé doit préalablement et expressément être recueilli ». Le texte ne concerne que l'empreinte génétique, mais on ne voit pas pourquoi la règle serait différente pour l'examen comparé des sangs : le prélèvement du sang constitue certainement une atteinte à l'intégrité corporelle plus grande que le simple prélèvement de tissus comme la salive.

Le refus de se prêter à l'expertise peut sembler suspect aux juges qui peuvent y voir la crainte de son auteur que soit révélée la vérité. C'est pourquoi la jurisprudence admet qu'il constitue un indice défavorable s'il est injustifié, que son auteur soit le père prétendu[170], ou l'enfant[171]. Mais il est insuffisant en lui-même pour démontrer le lien de parenté ou l'existence de relations intimes du défendeur avec la mère pendant la période légale de conception dans le cadre d'une action à fins de subsides[172], il doit être complété par d'autres éléments[173]. La Cour européenne des droits de l'homme a jugé que l'établissement de la filiation fondée, notamment, sur le refus de l'intéressé de se prêter à une expertise, s'il constitue bien une ingérence dans le droit à la vie privée du parent prétendu, est proportionnel au regard du

---

168. Cass. 1re civ., 30 septembre 2009, n° 08-18.398, *Bull. civ.*, I, n° 197 ; *Dr. fam.*, 2009, comm. n° 142, note P. Murat. Dans le même sens, Cass. 1re civ., 25 avril 2007, n° 06-13.872, *AJ fam.*, 2007, p. 273, obs. F. Chénedé ; *Dr. fam.*, 2007, comm. n° 170, note P. Murat ; *JCP-G*, 2008, I, 102, obs. Y. Favier ; 14 janvier 2015, préc. (mais l'intérêt de l'enfant n'était pas ici caractérisé) ; TGI Lyon, 5 juillet 2007, *D.*, 2007, p. 3052, note A. Gouttenoire ; *RTD civ.*, 2008, p. 93, obs. J. Hauser.

169. Cour eur. D.H., 18 février 2014, *A. L. c/ Pologne*, *AJ fam.*, 2014, p. 186, obs. M. Rouillard.

170. Cass. 1re civ., 6 mars 1996, *D.*, 1996, p. 529, note J.-J. Lemouland ; *RTD civ.*, 1996, p. 373 ; Cass. 1re civ., 9 février 2011, n° 10-14.144, *Dr. fam.*, 2011, comm. n° 56, note C. Neirinck.

171. Cass. 1re civ., 24 octobre 2012, n° 11-22.202, *D.*, 2013, pan., p. 672, obs. H. G.-P. et p. 798, obs. M. Douchy-Oudot ; *Dr. fam.*, 2013, chron. n° 1, n° 13, obs. V. Egéa.

172. Cass. 1re civ., 17 septembre 2003, *D.*, 2004, p. 659, note J. Massip.

173. Il peut s'agir, p. ex., de l'audition de l'enfant : Rouen, 10 mars 2011, *Dr. fam.*, 2011, comm. n° 168, note C. Neirinck. Ou encore d'attestations de proches, Cass. 1re civ., 12 juin 2013, n° 12-19.569, *AJ fam.*, 2013, p. 442, note G. Vial.

respect à la vie privée de l'enfant qui comprend le droit de connaître son ascendance ainsi que d'établir sa filiation[174].

92 **Troisième limite : le décès de l'intéressé.** À l'occasion de l'affaire *Yves Montand*, une vive polémique s'est installée sur la question de savoir si une expertise pouvait être ordonnée sur le cadavre d'une personne qui s'y était toujours opposée de son vivant. La Cour d'appel de Paris avait répondu par l'affirmative[175]. La loi du 6 août 2004 a pris le contre-pied de cette décision en modifiant l'article 16-11, alinéa 2 : « sauf accord de la personne manifesté de son vivant, aucune identification par empreintes génétiques ne peut être réalisée après sa mort »[176]. Comme l'examen comparé des sangs est impossible après le décès, le défunt emporte le secret dans sa tombe, ce qui est une solution curieuse à une époque de revendication et même de reconnaissance du droit de connaître ses origines. Il est fort possible que la France soit un jour condamnée par la Cour européenne des droits de l'homme qui semble reconnaître l'existence d'un droit à l'expertise génétique *post mortem*[177]. En revanche, le Conseil constitutionnel, à la suite d'une QPC, a déclaré le texte conforme à la Constitution, faisant valoir qu'il repose sur le respect dû aux morts et qu'il ne lui appartient pas de substituer son appréciation à celle du législateur, et que par suite les griefs tirés de l'atteinte à la vie privée et au droit de mener une vie familiale normale des demandeurs doivent être écartés[178]. Ce refus de se prononcer de la part du Conseil peut surprendre. Néanmoins, il implique que la juridiction estime que le respect dû aux morts et le droit à la vie privée et la vie familiale des vivants sont d'une égale valeur. On comprend cependant mal ce qui donne une telle valeur au premier, et encore moins au nom de quoi le législateur a estimé qu'il devait l'emporter sur le second.

4. L'autorité du jugement

93 **Opposabilité à l'égard de tous.** En principe, les jugements produisent un effet relatif (art. 1351, C. civ.), c'est-à-dire uniquement entre les parties : la solution rendue par la juridiction ne s'impose pas aux tiers. On comprend qu'en matière de filiation ce principe soit inapproprié : il serait curieux qu'une

---

174. Cour eur. D.H., 25 juin 2015, *Caannone c. France*, *AJ fam.*, 2015, p. 499, obs., S. Le Gac-Pech.

175. Paris, 6 novembre 1997, *D.*, 1998, p. 122, note P. Malaurie ; *Rép. Defrénois*, 1998, p. 314, obs. J. Massip ; *JCP-G*, 1998, I, p. 101, n° 3, obs. J. Rubellin-Devichi ; *RTD civ.*, 1998, p. 87, obs. J. Hauser ; *Dr. fam.*, 1997, chron. n° 12 par P. Catala. L'expertise a d'ailleurs permis de démontrer qu'Yves Montand n'était pas le père de la jeune fille qui avait agi en recherche de paternité contre lui.

176. Sur l'application dans le temps de ce texte, Cass. 1re civ., 2 avril 2008, *D.*, 2008, p. 2121, note V. Bonnet ; actu. jurispr., p. 1145, obs. I. Gallmeister ; pan., p. 2363, obs. P. Chauvin ; *Dr. fam.*, 2008, comm. n° 86, note P. Murat ; *JCP-G*, 2008, II, 10132, note J.-R. Binet.

177. Cour eur. D.H., 13 juillet 2006, *Jäggi c/ Suisse*, *RTD civ.*, 2006, p. 727, obs. J.-P. Marguénaud ; et 2007, p. 99, obs. J. Hauser ; 16 juin 2011, *Pascaud c/ France*, *AJ fam.*, 2011, p. 429, obs. F. Chénedé ; *D.*, 2012, pan., p. 1433, obs. F. Granet-Lambrechts ; *RTD civ.*, 2011, p. 526, obs. J. Hauser.

178. Cons. const., 30 septembre 2011, n° 2011-173 QPC, *AJ fam.*, 2011, p. 549, obs. F. Chénedé ; *D.*, 2012, pan., p. 1038, obs. M. Douchy-Oudot et p. 1434, obs. F. Granet-Lambrechts.

personne bénéficie d'une filiation au regard de ses parents, mais pas aux yeux des tiers, qu'un enfant soit le fils de son père, mais pas le petit-fils de son grand-père ! C'est pourquoi la loi du 3 janvier 1972 (art. 311-10, anc.) a introduit le principe de l'opposabilité absolue (ou *erga omnes*). L'ordonnance de 2005 l'a repris : « les jugements sont opposables aux personnes qui n'y ont point été parties ». Les jugements déclaratifs de filiation établissent un lien de filiation qui s'impose donc à tous ; inversement les jugements qui accueillent une action en contestation détruisent le lien de filiation aux yeux de tous.

94 **Tierce opposition.** Les tiers peuvent toutefois attaquer la décision par la voie de la tierce opposition. Cette action se trouve limitée à deux égards. D'abord, seules les personnes auxquelles l'action était ouverte peuvent exercer la tierce opposition. Lorsque l'action était attitrée (comme l'action en recherche de paternité ou de maternité), la tierce opposition n'est donc pas possible. Ensuite, elle doit être intentée dans le délai de droit commun des actions relatives à filiation, c'est-à-dire dix ans au lieu de trente ans avant l'ordonnance de 2005.

Une nouvelle difficulté surgit, celle de la portée de la décision prononcée sur tierce opposition. La doctrine estime généralement qu'elle doit elle-même bénéficier de l'opposabilité absolue[179]. C'est donc le nouveau jugement qui indique la filiation de l'enfant à l'égard de tous. La Cour de cassation a pourtant adopté une solution différente en décidant que le seul effet de la tierce opposition consiste à rendre le jugement attaqué inopposable au tiers opposant[180]. Fort heureusement, le juge peut ordonner d'office que soient mis en cause tous les intéressés auxquels il estime que le jugement doit être rendu commun (art. 324, al. 2). Ainsi, d'emblée, la décision est opposable à tous ceux qui risqueraient par la suite de l'attaquer par la tierce opposition.

B. Les actions aux fins d'établissement de la filiation

95 **Simplification.** Il n'est pas certain que ce soit dans le domaine des actions aux fins d'établissement de la filiation que l'ordonnance ait le mieux atteint son objectif de simplification du droit. Il est vrai que certaines actions ont été supprimées, celles qui avaient pour objet d'établir la filiation légitime. Ainsi, l'action en revendication d'enfant légitime (art. 328, anc., C. civ.) qui appartenait à un couple marié n'avait plus d'utilité, puisque les époux peuvent désormais reconnaître leur enfant. Quant à l'action symétrique, l'action en réclamation d'état appartenant à l'enfant contre un couple marié (art. 323, anc.), il semble qu'elle a été fondue dans une action unique en recherche de maternité : si la femme est mariée, la paternité du mari devrait en découler. Le Code civil envisage désormais quatre actions aux fins d'établissement de la filiation : une action en recherche de maternité, une action en recherche de paternité, une action en rétablissement de la présomption de paternité et l'action en constatation de possession d'état, nouvelle venue dans la catégorie.

179. J. Hauser et D. Huet-Weiller, *La famille*, *op. cit.*, n° 537.

180. Cass. 1re civ., 9 octobre 1991, *Bull. civ.*, I, n° 264 ; *D.*, 1993, p. 134, note C. Philippe ; *JCP-G*, 1992, II, 21880, note G. Sutton ; *RTD civ.*, 1992, p. 372, obs. D. Huet-Weiller ; *Rép. Defrénois*, 1992, p. 307, obs. J. Massip.

1. L'action en recherche de maternité

a. Les conditions de l'action

1) *La recevabilité*

96 **Suppression de l'adminicule.** Avant l'ordonnance du 4 juillet 2005, l'action en réclamation d'état (art. 223, anc.) et l'action en recherche de maternité naturelle (art. 341, anc.) étaient soumises à une même condition de recevabilité : le demandeur devait démontrer qu'il existait des présomptions ou indices graves rendant la filiation alléguée vraisemblable (ce que l'on appelle un adminicule). Ce n'était qu'une fois cette preuve faite que le demandeur pouvait essayer de prouver la réalité biologique. Il s'agissait d'un filtre qui avait pour objet de repousser les actions les plus fantaisistes. Compte tenu de la possibilité de prouver directement la maternité par une éventuelle preuve scientifique, ce filtre était devenu anachronique. L'ordonnance de 2005 l'a aboli, ce qui a pour conséquence d'ouvrir plus largement l'action et de faciliter l'accès à la preuve biologique.

97 **Absence de titre et de possession d'état.** L'action en recherche de maternité n'est recevable que dans l'hypothèse où l'enfant n'a ni titre ni possession d'état (art. 325). La formule est ambiguë, car le texte ne précise pas à l'égard de qui. La solution semble aller de soi si le texte vise implicitement la femme contre laquelle l'enfant voudrait agir, car il bénéficie déjà d'une filiation à l'égard de la femme. Pourtant, une action en recherche de maternité pourrait présenter une certaine utilité en ce qu'elle permettrait de connaître la vérité biologique avec certitude et de renforcer le lien de filiation et de le rendre inattaquable[181]. Mais c'est justement cet usage de l'action que le législateur veut écarter. Si le texte veut dire que l'action n'est possible que si l'enfant n'a ni titre ni possession d'état à l'égard d'une autre femme, il ne fait qu'exprimer le principe chronologique et n'apporte rien.

98 **Accouchement sous X.** L'action en recherche de maternité est largement ouverte, sous réserve toutefois de l'application de l'article 326 du Code civil, c'est-à-dire de la possibilité pour la mère d'accoucher sous X.

L'accouchement sous X est une pratique qui découle d'une longue tradition historique. Son origine remonte aux « tours » instaurés par saint Vincent de Paul qui permettaient à une femme d'abandonner son enfant dans le secret en le déposant dans une sorte de tourniquet disposé à l'entrée des hôpitaux[182]. Le système s'est amélioré au fil du temps : désormais la femme qui souhaite abandonner son enfant peut accoucher anonymement dans un établissement hospitalier en demandant que le secret de son identité soit préservé. Les frais de l'accouchement sont pris en charge par

---

181. En ce sens, F. Terré et D. Fenouillet, *La famille*, *op. cit.*, n° 622. Du coup, on comprend mal pourquoi la même réserve n'est pas édictée par l'art. 327 pour la recherche de paternité. Il s'agit sans doute d'un oubli. M. Terré et Mme Fenouillet précisent que la circulaire du 30 juin 2006 indique que cette même condition va de soi pour l'action en recherche de paternité.

182. La littérature sur la question est extrêmement vaste. Voy. not. B. Trillat, « L'accouchement anonyme : de l'opprobre à la consécration », in *Mélanges Huet-Weiller*, *op. cit.*, p. 513 ; F. Dreifuss-Netter, « L'accouchement sous X », in *Mélanges Huet-Weiller*, *op. cit.*, p. 99.

le service de l'aide sociale à l'enfance. La loi du 8 janvier 1993 a transformé ce qui n'était qu'une simple possibilité en véritable droit de la femme (art. 311-1, anc., C. civ.) et l'ordonnance de 2005 a conservé cette solution : « lors de l'accouchement, la mère peut demander que le secret de son admission et de son identité soit préservé »[183]. C'est un droit discrétionnaire dont la femme peut se prévaloir sans avoir à justifier d'un quelconque motif. Le droit à l'anonymat de la mère est souvent expliqué par l'idée – qui reste pourtant à démontrer – qu'il permet d'éviter des infanticides et des avortements. Mais sa meilleure justification réside sans doute dans la faculté offerte à la femme de mettre au monde son enfant dans les meilleures conditions sanitaires possibles.

Ce droit suscite de multiples difficultés. En premier lieu, il mettait jusqu'à présent un obstacle juridique à l'action en recherche de maternité, ce qui interdisait donc, de manière définitive, à l'enfant d'avoir une filiation maternelle. Cette conséquence constituait une protection excessive de la femme, créait une inégalité avec le père qui, lui, ne peut s'opposer à l'action en recherche de paternité, et portait atteinte au principe d'indisponibilité de la filiation. C'est sans doute pourquoi la loi portant ratification de l'ordonnance de 2005 a abrogé cette fin de non-recevoir à l'action en recherche de maternité. Dans l'article 325 du Code civil, les mots « sous réserve de l'application de l'article 326 » sont supprimés. L'accouchement sous X n'élève donc plus qu'un obstacle de fait à l'action en recherche de maternité. En second lieu, ce droit, qui est maintenu, oppose également un obstacle de fait à l'établissement de sa filiation par le père. Enfin, il constitue un obstacle à la connaissance par l'enfant de ses origines. Sur ce dernier point, le droit français a été mis en cause devant la Cour européenne des droits de l'homme comme portant atteinte au droit de connaître ses origines. La Cour de Strasbourg, cependant, tout en reconnaissant l'existence de ce droit n'a pas condamné la France, estimant que le droit français préserve suffisamment l'intérêt de la mère et celui de l'enfant[184]. Il est vrai qu'entre-temps, le législateur avait adopté la loi du 22 janvier 2002 relative à l'accès aux origines des personnes adoptées et

---

183. Ce droit est également reconnu à l'art. L. 222-6, CASF qui détaille les modalités selon lesquelles la femme qui accouche peut néanmoins laisser des éléments identifiants ou non la concernant.

184. Dans cette affaire, il s'agissait en réalité d'une remise de l'enfant avec demande de secret – ce qui pose les mêmes difficultés. Cour eur. D.H., 13 février 2003, *Odièvre c/ France, JCP-G*, 2003, II, 10049, note F. Sudre et A. Gouttenoire-Cornut ; *Dr. fam.*, 2003, comm. n° 58, note P. Murat ; *RTD civ.*, 2003, p. 375, obs. J.-P. Marguénaud. *Adde* B. Mallet-Bricout, « Droit d'accès aux origines personnelles : l'embarras de la Cour européenne des droits de l'homme », *D.*, 2003, p. 1240 ; F. Monéger, « L'accouchement sous X devant la Cour européenne des droits de l'homme – L'affaire *Odièvre c/ France* », *RD sanit. soc.*, 2003, p. 219 ; V. Bonnet, « L'accouchement sous X et la Cour européenne des droits de l'homme (à propos de l'arrêt *Odièvre c/ France* du 13 février 2003) », *RTDH*, 2004, p. 405. Voy. *infra*, n°s 182 et 184. *Adde* Cour eur. D.H., 25 septembre 2012, *Godelli c/ Italie*, qui semble valider le système français par comparaison avec le système italien, *AJ fam.*, 2012, p. 554, obs. F. Chénedé ; *D.*, 2013, pan., p. 1437, obs. F. Granet-Lambrechts et p. 804, obs. M. Douchy-Oudot ; *RTD civ.*, 2012, p. 104, obs. J. Hauser ; A. Gouttenoire, « La famille dans la jurisprudence de la Cour européenne des droits de l'homme », *Dr. fam.*, 2013, étude n° 3 ; V. Bonnet, « L'accouchement sous X et la Cour européenne des droits de l'homme : une histoire sans fin ? », *RTDH*, 2014, p. 153.

pupilles de l'État[185]. Cette loi a en effet institué le Conseil national pour l'accès aux origines personnelles (CNAOP) qui a reçu pour mission de faciliter le rapprochement entre les enfants qui recherchent leurs origines personnelles et les femmes qui, après coup, acceptent de révéler leur identité (art. L. 147-1 et s., CASF)[186]. Il a posé également la présomption selon laquelle la femme qui décède avant d'avoir répondu à une demande de révélation de son identité est présumée avoir donné son accord (art. L. 147-6, al. 5). Dans les autres cas, elle reste libre de répondre à une telle demande par un refus[187]. Quoi qu'en dise la Cour européenne des droits de l'homme, il faut malgré tout constater que le droit de connaître ses origines par l'enfant né sous X est, sinon bafoué, extrêmement limité. Des propositions récentes ont été faites pour garantir ce droit. C'est ainsi que le rapport Théry et Leroyer préconise la reconnaissance d'un véritable droit d'accès à ses origines qui permettrait à l'enfant d'obtenir l'identité de se mère[188], tandis que, plus modestement, le rapport Gouttenoire, envisage d'imposer à la femme qui accouche sous X de donner son identité, tout en lui garantissant qu'elle ne sera pas communiquée à l'enfant sans son accord[189]. Cette solution améliorerait sans doute le système actuel, mais resterait cependant encore extrêmement protectrice de la mère au détriment de l'enfant qui n'aurait toujours aucune garantie de connaître ses origines.

On peut terminer en précisant que si le droit positif se préoccupe de concilier le droit pour la mère d'accoucher sous X avec le droit de l'enfant de connaître ses origines, le droit pour la mère de connaître ses descendants ne semble pas du tout envisagé. Au contraire, les services sociaux, tenus au secret professionnel (art. L. 133-4, CASF) engagent leur responsabilité s'ils révèlent à la mère qui a accouché sous X des informations relatives à la nouvelle identité de l'enfant et à sa famille adoptive[190].

185. L. n° 2002-93 du 22 janvier 2002 relative à l'accès aux origines des personnes adoptées et pupilles de l'État, *JORF*, 23 janvier 2002, p. 1519. Lire C. Neirinck, « La loi relative à l'accès aux origines des personnes adoptées et pupilles de l'État : la découverte de la face cachée de la lune ? », *RD sanit. soc.*, 2002, p. 189 ; J. Rubellin-Devichi, « La recherche des origines personnelles et le droit à l'accouchement sous X dans la loi du 22 janvier 2002 », *Dr. fam.*, 2002, étude n° 11 ; M.-C. Le Boursicot, « Du secret absolu au secret relatif », *AJ fam.*, mars 2003, p. 86.

186. À condition qu'elles aient laissé leur identité (sous pli fermé), ce qu'elles ne sont pas obligées de faire.

187. Le Conseil constitutionnel, de son côté, a reconnu la conformité de ce système à la Constitution : Cons. const., 16 mai 2012, n° 2012-248 QPC, *Dr. fam.*, 2012, étude n° 120, note C. Neirinck ; *AJ fam.*, 2012, p. 406, obs. F. Chénedé ; *D.*, 2013, pan., p. 1437, obs. F. Granet-Lambrechts ; *RTD civ.*, 2012, p. 520, obs. J. Hauser.

188. I. Théry et A.-M. Leroyer, « Filiation, origines, parentalité, Le droit face aux nouvelles valeurs de responsabilité générationnelle », *op. cit.*, n° 7.

189. A. Gouttenoire, « Quarante propositions pour adapter la protection de l'enfance et l'adoption aux réalités d'aujourd'hui », *op. cit.*

190. C.E., 17 octobre 2012, *AJ fam.*, 2012, p. 616, obs. A. Dionisi-Peyrusse ; *D.*, 2013, pan., p. 1438, obs. F. Granet-Lambrechts. La faute du département est même présumée.

L'affaire *Benjamin*

Le petit Benjamin est né sous X en mai 2000. Admis en qualité de pupille de l'État, il fut placé en septembre 2000 en vue de son adoption auprès d'un couple de médecins. Le père, qui avait souscrit une reconnaissance prénatale de l'enfant, avait entamé des démarches pour le retrouver dès le mois de juin et avait fait appel à l'aide du procureur de la République. La reconnaissance ne pouvait produire d'effet tant qu'elle ne serait pas transcrite sur l'acte de naissance de l'enfant. L'enfant fut retrouvé, mais le préfet de la Moselle, en tant que tuteur de l'enfant, en refusa la restitution au père en invoquant l'article 352 du Code civil selon lequel le placement en vue de l'adoption met obstacle à la restitution et fait échec à toute reconnaissance. Les démarches avaient malheureusement pris trop de temps.

Le père saisit alors le TGI de Nancy qui rendit le même jour deux décisions[191]. Dans la première, il refusa de prononcer l'adoption aux motifs qu'elle ne serait pas conforme à l'intérêt de l'enfant, puisque son père par le sang avait manifesté dès la conception la volonté d'assumer sa paternité. Dans la seconde décision, s'appuyant sur l'article 352, alinéa 2, du Code civil qui prévoit que les effets de placement sont rétroactivement résolus en cas d'échec de l'adoption, le tribunal ordonna la restitution du petit Benjamin à son père.

L'affaire n'en resta cependant pas là, car les décisions du tribunal furent frappées d'appel par le couple candidat à l'adoption. La Cour d'appel de Nancy rendit à son tour deux décisions infirmant celles de première instance[192]. Dans la première, par un raisonnement absurde, elle décide que « l'identification de l'enfant résultant de la seule désignation de la mère, qui est censée n'avoir jamais accouché, en application des dispositions de l'article 341-1 du Code civil, est inopérante ». Elle reprenait ainsi la solution qu'avait déjà adoptée la Cour d'appel de Riom dans une affaire identique[193] : « la reconnaissance [prénatale] effectuée devant notaire est sans effet direct, puisqu'elle concerne l'enfant d'une femme qui, selon la loi, n'a jamais accouché, qu'elle est donc privée de toute valeur, l'enfant objet de la reconnaissance n'étant pas né, puisque l'effet juridique ne prend corps qu'au jour de la naissance » ! L'erreur de ces juridictions est d'interpréter le droit d'accoucher sous X de la femme comme créant une fiction par laquelle la mère n'existant pas, l'enfant n'existe pas non plus. L'enfant pourtant existe bien, il y a bien une femme qui l'a mis au monde ; le Code civil dit seulement que son identité est secrète. Dans la seconde décision, la cour de Nancy a prononcé l'adoption plénière.

Le père de l'enfant forma alors un pourvoi en cassation et la première chambre civile a rendu sa décision le 7 avril 2006[194] : elle a cassé les deux arrêts de la Cour d'appel. La Cour de cassation se fonde sur trois principes. D'abord, l'article 7.1 de la Convention internationale des droits de l'enfant garantit à l'enfant le droit de connaître ses parents et d'être élevé par eux. Ensuite, la filiation naturelle est divisible : si l'accouchement sous X constitue une fin de non-recevoir à l'action en recherche de maternité, il est sans incidence sur la filiation paternelle. Enfin, le consentement à l'adoption ne peut être donné que par le parent à l'égard duquel la filiation est établie ; or, en l'espèce, le consentement avait été donné par le conseil de famille des pupilles de l'État alors qu'il était informé de la reconnaissance souscrite par le père et que cette reconnaissance avait produit effet au jour de la naissance.

191. TGI Nancy, 16 mai 2003, *D.*, 2003, p. 2910, note E. Poisson-Drocourt, somm., p. 2117, obs. F. Granet-Lambrechts ; *Dr. fam.*, 2003, comm. n° 88, note P. Murat ; *JCP-G*, 2003, I, p. 148, n° 2, obs. J. Rubellin-Devichi ; *JCP-G*, 2004, II, p. 10036, note J. Massip.

192. Nancy, 23 février 2004, *D.*, 2004, p. 2249, note E. Poisson-Drocourt, somm., p. 1422, obs. F. Granet-Lambrechts ; *JCP-G*, 2004, II, 10073, note Garnier ; *JCP-G*, 2004, I, 167, n° 10, obs. J. Rubellin-Devichi et Y. Favier ; *Dr. fam.*, 2004, comm. n° 48, obs. P. Murat ; *RTD civ.*, 2004, p. 275, obs. J. Hauser.

193. Riom, 16 décembre 1997, *JCP-G*, 1998, II, 10147, note T. Garé ; *Dr. fam.*, 1998, comm. n° 150, obs. P. Murat ; *D.*, 1998, somm., p. 301, obs. D. Bourault-Coudevylle ; *RTD civ.*, 1998, p. 891, obs. J. Hauser.

194. *D.*, 2006, p. 2293, note E. Poisson-Drocourt ; *Dr. fam.*, 2006, comm. n° 124, note P. Murat ; *AJ fam.*, 2006, p. 249, note F. Chénedé ; *Rép. Defrénois*, 2006, p. 1127, note J. Massip ; *RJPF*, 2006, 6/38, note M.-C. Le Boursicot ; *JCP-G*, 2006, I, 199, n° 1, obs. J. Rubellin-Devichi ; *RTD civ.*, 2006, p. 292, obs. J. Hauser ; *RD sanit. soc.*, 2006, p. 576, obs. C. Neirinck.

Depuis, l'affaire a connu un rebondissement. À la suite d'un accord entre le père et les candidats à l'adoption, le premier s'est désisté de l'action en restitution de l'enfant, les seconds se sont contentés d'une adoption simple et ont accepté que l'enfant entretienne des relations avec son père. La Cour d'appel de renvoi a effectivement prononcé l'adoption simple[195].

La solution de la Cour de cassation méritait d'être approuvée. Mais elle mettait en lumière les difficultés cruelles que crée l'accouchement sous X : il aboutit en fait à empêcher le père d'établir sa filiation. L'établissement de la filiation paternelle est incompatible avec le secret de l'identité de la femme, car si l'on connaît le père d'un enfant, on connaît forcément celle de la mère. Il est heureux que les protagonistes aient fini par s'entendre en vue d'une solution qui donne satisfaction à l'ensemble des parties, tout particulièrement au petit Benjamin.

Biblio

À lire : P. SALVAGE-GEREST, « Un autre regard sur l'affaire « Benjamin" », *D.*, 2007, p. 879 ; P. MURAT, note sous l'arrêt, préc. *Adde* J. REVEL, « Une nouvelle famille unilinéaire : l'enfant né sous X et son père », *D.*, 2006, chron., p. 1707.

2) *Le régime de l'action*

99 **Règles particulières.** L'action est soumise au régime général des actions relatives à la filiation. Quelques règles lui sont cependant particulières. Il s'agit d'abord d'une action attitrée qui n'appartient qu'à l'enfant (art. 325, al. 2, C. civ.). À partir de sa majorité, il a dix ans pour l'exercer. Cependant, pendant sa minorité elle peut être exercée en son nom par son représentant légal, c'est-à-dire par son père ou son tuteur si l'enfant n'a pas de filiation établie (art. 328). Enfin, elle est exercée contre la mère prétendue, les héritiers de celle-ci (art. 328, al. 3) ou, à défaut, contre l'État.

3) *Les conditions de fond*

100 **Preuve de l'accouchement.** Pour que son action aboutisse, l'enfant doit démontrer que la défenderesse est sa mère. La preuve peut en être apportée par tout moyen, y compris par la preuve scientifique dans les conditions qui ont déjà été vues[196]. Il faut toutefois remarquer que selon l'article 328, l'enfant doit prouver qu'il est celui dont la femme a accouché. Cette précision affirme avec force que c'est l'accouchement qui fait la maternité et donc la filiation maternelle (même si celle-ci n'est pas établie automatiquement). *A priori*, l'examen comparé des sangs ou les empreintes génétiques doivent constituer une démonstration suffisante. Pourtant, dans certains cas, la preuve scientifique risque de s'avérer illusoire. En effet, la technique des maternités de substitution permet de dissocier la gestation de la procréation et donc de distinguer la mère gestatrice et la mère génitrice. Autrement dit, il est possible qu'une femme porte un enfant qui n'est pas le sien. Cette pratique est interdite par la loi française, mais il existe des États où elle est autorisée (États-Unis)[197]. Aux yeux de la loi française, il n'y a qu'une seule mère, celle qui a accouché. La reconnaissance souscrite par la mère génétique peut donc être contestée alors même que les

195. Reims, 12 décembre 2006, *Rép. Defrénois*, 2007, p. 795, obs. J. MASSIP.
196. Voy. *supra*, n°s 88 et s.
197. Voy. *infra*, n° 140.

tests génétiques démontreraient que c'est elle qui a conçu l'enfant[198] ! La solution devrait dissuader les couples qui auraient la tentation de braver l'interdit.

b. Les effets de l'action

101 **Établissement de la filiation maternelle.** Si la preuve de la maternité est apportée, l'action aboutit à établir la filiation maternelle. Il s'agit d'un jugement déclaratif et non constitutif. La filiation est censée être établie depuis la naissance. Quelques effets rétroactifs en découlent : ainsi, des sommes peuvent être réclamées à la mère, au titre de l'obligation d'entretien, pour la période qui précède l'action. De même, si une succession a été ouverte, l'enfant peut y participer et le partage doit éventuellement être refait. Par ailleurs, le tribunal statue s'il y a lieu sur l'exercice de l'autorité parentale, la contribution à l'entretien et à l'éducation de l'enfant ainsi que sur son nom (art. 331).

102 **Incidence sur la filiation paternelle.** Lorsque la femme contre laquelle l'action était dirigée est mariée, la question se pose de savoir si la déclaration de maternité entraîne, par le jeu de la présomption de paternité, l'établissement de la filiation à l'égard de son mari. Si les conditions de la présomption de paternité sont réunies sans aucune cause d'éviction, la réponse est sans doute positive. À l'inverse, si l'enfant n'est pas né ou n'a pas été conçu pendant le mariage de sa mère, la réponse est certainement négative. Il en va de même si les époux étaient judiciairement séparés au moment de la conception de l'enfant et en l'absence de possession d'état pour rétablir la présomption. La question est plus délicate dans la situation de séparation de fait (l'acte ne contient pas le nom du mari) et en l'absence de possession d'état pour rétablir la présomption. Avant la loi de 1972, la présomption de paternité s'appliquait de plein droit. Après, la question était plus discutée[199], même si une juridiction l'avait admis[200]. Depuis l'ordonnance, les auteurs semblent admettre au contraire que la divisibilité de la filiation doit l'emporter[201] : l'action en recherche de maternité n'est pas tout à fait l'équivalent de l'ancienne action en réclamation d'état qui avait pour objet d'établir la filiation légitime dans sa globalité ; elle a seulement pour objet de déclarer la filiation maternelle. La filiation paternelle du mari doit être établie séparément.

2. L'action en recherche de paternité

103 **Paternité hors mariage.** L'action en recherche de paternité, depuis qu'elle existe, a toujours été entendue comme une action aux fins d'établissement d'une filiation paternelle naturelle, hors mariage. Le droit antérieur à l'ordonnance de 2005 ne permettait pas d'exercer une action en recherche de paternité légitime, ce qui s'expliquait par l'indivisibilité de la filiation légitime. Le nouvel

---

198. Rennes, 4 juillet 2002, *D.*, 2002, p. 2902, note F. GRANET ; *JCP-G*, 2003, I, 101, n° 4, obs. J. RUBELLIN-DEVICHI ; *Dr. fam.*, 2002, comm. n° 142, note P. MURAT.

199. J. HAUSER et D. HUET-WEILLER, *La famille*, *op. cit.*, n° 616.

200. TGI Paris, 18 novembre 1981, *D.*, 1981, p. 80, note P. RAYMOND ; *JCP-G*, 1981, II, 19540, note D. HUET-WEILLER.

201. J. MASSIP, *Le nouveau droit de la filiation*, t. II, *op. cit.*, n° 40 ; P. MALAURIE et H. FULCHIRON, *La famille*, *op. cit.*, n° 1263 ; P. BONFILS et A. GOUTTENOIRE, *Droit des mineurs*, *op. cit.*, n° 289.

article 327 du Code civil respecte cette idée : « la paternité hors mariage peut être judiciairement déclarée ». Il ne faut toutefois pas en déduire que l'action en recherche de paternité ne peut être exercée que contre un homme non marié. Au contraire, un homme marié peut être père d'un enfant qui n'est pas celui de son épouse, d'un enfant adultérin qui est donc né hors mariage. Si l'enfant a déjà une filiation établie à l'égard d'une femme mariée, à la suite d'une action en recherche de maternité, par exemple, pour faire établir sa filiation à l'égard du mari, il doit exercer l'action en rétablissement de la présomption de paternité et non l'action en recherche de paternité.

a. Les conditions de l'action

104 **Large ouverture de l'action.** L'ordonnance de 2005 a complètement libéré l'action en recherche de paternité, ce qui apparaît comme le fruit d'une longue évolution. À l'origine, en effet, le Code civil n'avait pas admis la recherche de paternité naturelle, tant pour des raisons de preuve que par crainte des scandales[202]. Il fallut attendre une loi du 16 novembre 1912 pour que l'action en recherche de paternité naturelle fût introduite dans le Code civil. Encore était-elle soumise à des conditions drastiques. L'enfant devait d'abord prouver l'existence d'un des cas d'ouverture limitativement énumérés (par exemple, enlèvement ou viol de la mère à l'époque de la période légale de conception, séduction dolosive, concubinage entre la mère et le père prétendu, etc.). Il ne fallait pas, en outre, que l'action se heurte à l'une des fins de non-recevoir prévues par les textes (ainsi, l'inconduite notoire de la mère pendant la période légale de conception, l'impossibilité pour l'homme d'être le père). Enfin, l'action devait être exercée dans un délai très bref : la mère pouvait agir dans les deux ans de la naissance de l'enfant et l'enfant pouvait à nouveau agir pendant les deux ans suivant sa majorité.

La loi du 8 janvier 1993 a aligné le régime de l'action en recherche de paternité sur celui de l'action en recherche de maternité en supprimant les cas d'ouverture et les fins de non-recevoir. Néanmoins, avant de pouvoir prouver la paternité du défendeur, l'enfant devait là aussi démontrer l'existence d'un adminicule[203].

L'ordonnance de 2005 a supprimé ce dernier filtre. L'action est ouverte sans limites autres que celles de droit commun et la preuve de la paternité peut être apportée directement par tout moyen et notamment par la preuve scientifique.

105 **Régime de l'action.** L'action en recherche de paternité ne connaît pas de particularité du point de vue de son régime. Notamment, le père prétendu ne peut pas y faire obstacle, au contraire de la mère, en invoquant le droit au secret de son identité. Jusqu'à la loi du 22 janvier 2002, il pouvait, tout comme la mère d'ailleurs, abandonner son enfant, âgé de moins d'un an, à un service de l'ASE en conservant le secret de son identité (alors même qu'il avait établi sa filiation). Cette possibilité a été abrogée par la loi de 2002.

---

202. Qu'une fille mère attribue faussement la paternité de son enfant à un homme issu d'une famille fortunée – ou bien qu'elle révèle l'inconduite d'un fils de famille.

203. Voy. *supra*, n° 96. Toutefois, statuant sous l'empire du droit antérieur à l'ordonnance, la Cour de cassation a décidé que l'expertise biologique était de droit au stade de l'adminicule, ce qui rendait sans intérêt la distinction entre les deux étapes de l'action. Cass. Ass. plén., 23 novembre 2007, *Dr. fam.*, 2008, comm. n° 5, note P. Murat.

Pour le reste, il faut préciser simplement que l'objet de l'action est dénué d'ambiguïté : l'enfant doit prouver que le défendeur est son père biologique. Précisons en outre que l'action appartient exclusivement à l'enfant (art. 327, al. 2), mais que pendant sa minorité elle peut être exercée par ses représentants légaux (art. 328).

b. Les effets de l'action

106 **Établissement rétroactif de la filiation.** En cas de succès de l'action, le jugement établit la filiation de l'enfant à l'égard du défendeur, désormais reconnu comme père. Il s'agit d'un jugement déclaratif qui produit donc des effets rétroactifs, les mêmes que pour la mère. Le père peut notamment être condamné à verser des subsides pour l'entretien et l'éducation de l'enfant, non seulement pour l'avenir, mais aussi pour le passé[204]. Plus généralement, l'enfant bénéficie de tous les droits éventuellement attachés à sa filiation depuis la naissance, tels que des droits successoraux. Par ailleurs, le juge statue s'il y a lieu sur l'exercice de l'autorité parentale et le nom de l'enfant.

Enfin, il va sans dire que si le père est marié, l'établissement de son lien de filiation n'a aucune incidence à l'égard de son épouse. C'est la filiation du mari qui se greffe éventuellement sur la filiation maternelle, jamais l'inverse.

3. L'action en rétablissement de la présomption de paternité

107 **Régime.** L'article 315 du Code civil prévoit que la présomption de paternité qui a été écartée en raison d'une séparation judiciaire ou de fait des époux, à l'époque de la conception, peut être rétablie dans les conditions prévues par l'article 329. Ce texte détermine le régime de l'action en rétablissement de la présomption de paternité. Elle est ouverte à chacun des époux (mais ils peuvent sans doute agir ensemble) pendant la minorité de l'enfant. Elle est également ouverte à l'enfant pendant les dix années qui suivent sa majorité.

Le demandeur doit apporter la preuve que le mari est le père. Avant l'ordonnance de 2005, il fallait prouver une réunion de fait des parents pendant la période de conception rendant la paternité vraisemblable[205]. La jurisprudence avait admis que la réunion de fait était suffisamment établie par la preuve du lien biologique. L'ordonnance a simplifié l'action en exigeant directement la preuve du lien biologique.

108 **Intérêt de l'action.** L'action s'apparente à l'action en recherche de paternité. La seule différence réside dans ses titulaires qui sont chacun des époux et l'enfant. Encore, pour le mari, l'action ne présente-t-elle que peu d'intérêt puisqu'il a la possibilité de reconnaître l'enfant de son épouse[206]. Par ailleurs, on voit bien que le rétablissement de la présomption de paternité n'est qu'une illusion : c'est la preuve directe de la paternité qui établit la filiation paternelle et non la présomption de paternité. Il va ainsi de soi que, la filiation une fois établie, il ne sera pas possible de la contester en prouvant qu'elle ne correspond pas à la réalité biologique puisque par hypothèse cette réalité aura été démontrée.

---

204. Cass. 1re civ., 11 juillet 2006, *Dr. fam.*, 2006, comm. n° 203, note P. MURAT.

205. Cass. 1re civ., 20 novembre 1990, *Rép. Defrénois*, 1991, p. 292, obs. J. MASSIP ; *RTD civ.*, 1991, p. 307, obs. J. HAUSER.

206. Voy. *supra*, n° 63.

Enfin, il semble que l'action, tout comme l'action en recherche de paternité, est soumise au principe chronologique, si l'enfant a été reconnu par un autre homme, il conviendra de contester cette filiation. Les textes ne le disent pas expressément mais, d'une part, il s'agit d'une action relative à la filiation soumise aux règles générales de la filiation, parmi lesquelles figure le principe chronologique. D'autre part, l'article 313, alinéa 2, prévoit expressément que le rétablissement de la présomption de paternité par la possession d'état n'est possible que si l'enfant n'a pas de filiation paternelle déjà établie à l'égard d'un tiers. Pourquoi en irait-il autrement du rétablissement judiciaire ? Encore l'action en contestation de la filiation doit-elle être possible[207].

4. L'action en constatation de possession d'état

109 **Avertissement.** L'action en constatation de possession d'état a été créée par la jurisprudence au lendemain de la loi du 25 juin 1982 qui a fait de la possession d'état un mode d'établissement autonome de la filiation naturelle[208]. Il ne s'agissait pas véritablement d'une action d'état, c'est-à-dire d'une action relative à la filiation : son objet n'était pas de rechercher la filiation, mais seulement de faire constater l'existence d'une possession d'état[209]. L'ordonnance de 2005 a consacré cette action prétorienne au chapitre des actions relatives à la filiation. On peut en déduire que l'action a changé de nature, qu'elle est devenue une véritable action d'état ayant directement pour objet l'établissement de la filiation[210].

110 **Régime de l'action.** L'article 330 du Code civil énonce : « la possession d'état peut être constatée à la demande de toute personne qui y a intérêt dans le délai mentionné à l'article 321 ». L'action en constatation de possession d'état est devenue une action aux fins d'établissement de la filiation, selon la nouvelle terminologie du Code civil. À ce titre, son régime est soumis aux dispositions générales qui gouvernent les actions relatives à la filiation. L'article 330 indique notamment qu'elle se prescrit par le nouveau délai de dix ans édicté à l'article 321. De la sorte, si le délai de cinq ans dans lequel est enfermée la demande de délivrance d'un acte de notoriété est expiré, celui qui veut se prévaloir de la possession d'état pourra encore agir.

Certaines règles dérogent cependant au régime général des actions relatives à la filiation. D'abord, le point de départ du délai de prescription diffère : c'est le jour de la cessation de la possession d'état ou le jour du décès du parent prétendu, selon la loi portant ratification de l'ordonnance[211], alors que pour les autres actions c'est la naissance de l'enfant ou sa majorité si c'est lui qui agit. Ensuite, l'action est largement ouverte à tout intéressé, alors que les autres actions relatives à l'établissement de la filiation sont attitrées, réservées à l'enfant, voire aux parents.

---

207. *Contra* : P. Malaurie et H. Fulchiron, *La famille*, *op. cit.*, n° 1156.
208. Voy., p. ex., Pau, 18 mai 1994, *RTD civ.*, 1995, p. 341, obs. J. Hauser.
209. F. Terré et D. Fenouillet, *La famille*, *op. cit.*, n° 640.
210. Voy., en part., P. Murat, « L'action de l'ordonnance du 4 juillet 2005 sur la possession d'état », *op. cit.*, n°s 14 et s.
211. Cass. 1re civ., 23 novembre 2011, n° 10-26.993, *Dr. fam.*, 2012, comm. n° 68, note C. Neirinck.

111 **Objet de l'action.** L'objet de l'action est l'établissement de la possession d'état. Devant le juge, la preuve de la possession d'état peut être apportée par tout moyen, et non seulement par acte de notoriété, sans quoi l'action n'aurait aucun sens. De sa nouvelle nature d'action relative à la filiation, certains auteurs déduisent que le débat judiciaire pourrait porter sur la réalité biologique : le défendeur à l'action pourrait ainsi se défendre en démontrant que la filiation qui résultera du constat judiciaire de la possession d'état ne correspond pas à la réalité biologique[212]. Cela économiserait en outre un contentieux ultérieur pour contester la filiation.

Cette conséquence, sans être complètement rejetée, mérite sans doute d'être nuancée. Si l'on admet que la décision du juge est déclarative de filiation, il est vrai que l'objet de l'action est double, ou plutôt à double détente. Le demandeur agit pour faire établir la possession *et par conséquent* la filiation. Quelle place attribuer à la vérité biologique et à l'expertise biologique dans ce contexte ? Il ne semble pas possible d'admettre que le demandeur puisse lui-même porter la discussion sur ce terrain, car l'action en perdrait toute sa spécificité et se ramènerait à une action en recherche de filiation. Or le législateur a bien distingué les deux actions. En revanche, on pourrait admettre que le défendeur puisse placer sa défense sur deux terrains différents : contester l'existence de la possession d'état ; contester la réalité biologique que cette dernière présume[213].

La Cour de cassation, dans un premier temps, a décidé que, dans le cadre de cette action, l'expertise biologique n'est pas de droit[214]. La portée de la solution était incertaine. D'abord, elle avait été rendue en application du droit antérieure à l'ordonnance. Surtout, si l'expertise n'était pas de droit, cela ne signifiait pas qu'elle était interdite. Mais, dans un second temps, la haute juridiction a décidé clairement, toujours sur le fondement du droit antérieur, « qu'en matière de constatation de possession d'état, il ne peut y avoir lieu à prescription d'une expertise biologique »[215]. La solution devra être confirmée pour le droit issu de l'ordonnance de 2005, mais il y a tout lieu de penser qu'elle le sera.

112 **Effet du jugement.** Si le tribunal constate la possession d'état, la filiation se trouve établie. Conformément au régime commun des actions en établissement de la filiation, le jugement peut contenir des mesures relatives à l'autorité parentale, au nom de l'enfant et au devoir d'entretien (art. 331). Il doit être mentionné en marge de l'acte de naissance. Puisqu'il s'agit d'une véritable décision judiciaire, elle revêt l'autorité de la chose jugée. Il ne devrait donc pas être possible, par la suite, de contester la filiation en démontrant que la possession d'état n'existait pas ou qu'elle n'avait pas les qualités requises, sauf par la voie de la tierce opposition (art. 324). En revanche, il devrait être possible de contester la filiation en démontrant qu'elle ne correspond pas à la réalité

212. P. Murat, « L'action de l'ordonnance du 4 juillet 2005 sur la possession d'état », *op. cit.*, n° 16.

213. Telle n'est pas la position de la circulaire, qui indique assez clairement que le jugement pourra être critiqué par la voie de la tierce opposition pendant dix ans, le tiers opposant pouvant prouver que la filiation n'est pas conforme à la vérité biologique.

214. Cass. 1re civ., 6 décembre 2005, préc.

215. Cass. 1re civ., 16 juin 2011, n° 08-20.475, *Dr. fam.*, 2011, comm. n° 150, note C. Neirinck ; *Rép. Defrénois*, 2012, p. 139, note N. Coudoing ; *RTD civ.*, 2011, p. 524, obs. J. Hauser.

biologique, à condition que le jugement ne se soit pas prononcé sur ce point[216]. L'action serait ainsi ouverte non seulement au défendeur à l'action en constatation d'état, mais également à tout intéressé.

C. Les actions en contestation de la filiation

113 **Unification.** C'est en ce domaine que l'ordonnance de 2005 a le plus œuvré dans le sens de la simplicité. Le droit antérieur était complexe en raison tant de la loi de 1972 que de la jurisprudence postérieure, au point qu'il existait à la veille de la réforme un grand nombre d'actions permettant de contester la filiation naturelle ou légitime, soumise chacune à un régime propre.

Pour ce qui concernait la filiation naturelle, deux actions permettaient de contester la filiation tant maternelle que paternelle : l'action en contestation de reconnaissance (art. 339, anc.), à laquelle on pouvait ajouter l'action en nullité de la reconnaissance, et l'action en contestation de possession d'état, création prétorienne, dont l'objet était de démontrer que la filiation établie par possession d'état ne correspondait pas à la réalité biologique ou que la possession d'état n'existait pas[217].

Pour ce qui concernait la filiation légitime, il était d'abord possible de la contester dans sa globalité en faisant tomber la filiation maternelle ; par ricochet la filiation paternelle tombait. Il s'agissait d'une action en contestation d'état. Mais d'autres actions avaient pour objet de contester uniquement la filiation du mari. Les actions prévues par le Code civil étaient attitrées : différents désaveux de paternité réservés au mari lui-même ; la contestation de paternité réservée à la mère qui se remariait avec le père véritable. Surtout, la jurisprudence avait créé deux actions qui n'étaient pas envisagées par le Code civil, qui n'étaient donc pas réglementées et se révélaient du coup largement ouvertes : tout intéressé pouvait agir pendant le délai de droit commun de trente ans. Cette jurisprudence a marqué une étape considérable dans l'évolution du droit de la famille vers la prééminence de la vérité biologique. D'abord, la Cour de cassation avait procédé à une interprétation *a contrario* de l'ancien article 334-9 du Code civil. Selon ce texte, nul ne pouvait établir un lien de filiation naturelle à l'égard d'un enfant qui avait déjà un lien de filiation légitime établi par possession d'état. *A contrario*, la Cour en avait déduit qu'il était possible d'établir la filiation naturelle d'un enfant qui avait une filiation légitime établie par titre, mais sans possession d'état[218]. La situation aboutissait généralement à un conflit de filiations, résolu au profit de la filiation la plus vraisemblable (art. 311-12, anc.). Ensuite, la Cour de cassation avait également interprété *a contrario* l'ancien article 322, alinéa 2, du Code civil. Lu à l'endroit, le texte énonçait que nul ne pouvait contester la filiation légitime d'un enfant établie par titre et possession d'état. *A contrario*, il était possible de contester la

216. En ce sens, J. Massip, *Le nouveau droit de la filiation*, t. II, *op. cit.*, p. 91, n° 49 et voy. *infra*, n° 122.

217. Cass. 1re civ., 4 décembre 1990, *Bull. civ.*, I, n° 277 ; *Rép. Defrénois*, 1991, p. 672, note J. Massip ; *RTD civ.*, 1991, p. 510, obs. D. Huet-Weiller.

218. Cass. 1re civ., 9 juin 1976, *D.*, 1976, p. 593, note P. Raynaud ; *JCP-G*, 1976, II, 18494, note G. Cornu ; *RTD civ.*, 1976, p. 340, obs. R. Nerson ; *Rép. Defrénois*, 1976, p. 1124, obs. J. Massip, et p. 1416, obs. H. Souleau.

filiation légitime d'un enfant lorsqu'elle n'était établie que par titre ou que par possession d'état, ou encore lorsque le titre et la possession d'état désignaient des parents différents. Cette interprétation avait toujours permis de contester la filiation légitime dans sa globalité. La nouveauté consistait à permettre la contestation de la seule filiation paternelle légitime[219].

L'ordonnance du 4 juillet 2005 a mis fin à cette trop grande diversité d'actions qui contribuait à rendre opaque le droit de la filiation. Désormais, il n'y a plus qu'une action en contestation de maternité et une action en contestation de paternité, dont l'objet, le régime et les effets sont si proches qu'il convient de les étudier ensemble.

1. L'objet des actions

114 **Contestation de maternité.** L'article 332, alinéa 1er, du Code civil énonce sobrement : « la maternité peut être contestée en rapportant la preuve que la mère n'a pas accouché de l'enfant ». L'action a pour objet de démontrer que la filiation maternelle établie ne correspond pas à la réalité biologique. Les hypothèses sont celle de la substitution d'enfant (les enfants de deux femmes ayant accouché sont échangés, volontairement ou non) et celle de la supposition d'enfant (un enfant est attribué à une femme qui n'a pas accouché).

On observe dans le texte la même précision que celle déjà vue à propos de l'action en recherche de maternité : c'est l'accouchement qui est la clé du succès de l'action. Ce que le demandeur doit démontrer, par tout moyen, ce n'est pas tant que l'enfant n'est pas biologiquement celui de la femme, mais que cette femme n'a pas accouché. Autrement dit, s'il s'avérait que l'enfant n'est pas lié par le sang à la femme, alors qu'elle aurait accouché de lui, l'action ne pourrait pas aboutir (cas de maternité de substitution ou de PMA autorisée)[220]. Inversement, pourrait aboutir l'action dirigée contre la femme qui serait biologiquement la mère de l'enfant qui ne l'aurait pas porté.

115 **Contestation de paternité.** L'alinéa 2 du même texte dispose que « la paternité peut être contestée en rapportant la preuve que le mari ou l'auteur de la reconnaissance n'est pas le père ». Ici, l'objet de l'action ne fait pas de doute : il s'agit de démontrer que la filiation paternelle ne correspond pas à la réalité biologique. La preuve peut en être apportée par tout moyen.

2. Le régime des actions

116 **Complications.** L'unification des actions en contestation de la filiation constitue une simplification indéniable du droit. En revanche, le législateur a maintenu ou introduit d'autres complications liées aux modalités de l'établissement de la filiation. Le régime de l'action n'est en effet pas le même selon que la filiation a été établie par un titre conforté par une possession d'état, par un titre sans possession d'état ou par la seule possession d'état.

219. Cass. 1re civ., 27 février 1985, *D.*, 1985, p. 265, note G. CORNU ; *JCP-G*, 1985, II, 10460, note E. FORTIS-MONJAL et G. PAIRE ; *Rép. Defrénois*, 1985, p. 1283, note M. GRIMALDI.

220. Voy. *infra*, nos 136 et s.

a. La filiation établie par un titre conforté par une possession d'état

117 **Idée directrice.** Les modes d'établissement de la filiation sont des présomptions de lien de sang. Le législateur en déduit que, lorsque la filiation est établie par deux modes d'établissement de la filiation qui se corroborent, la présomption de vérité biologique est renforcée. Dès lors, par faveur à la stabilité de l'état de l'enfant, la filiation est plus difficilement attaquable, voire inattaquable. Tout dépend de la durée de la possession d'état. L'ordonnance de 2006 a sensiblement ouvert l'accès à la vérité biologique, tout en cherchant à garantir à l'enfant une certaine stabilité de son état. C'est ce qui explique que le délai de prescription ait été raccourci[221] et que la contestation soit fermée dans certains cas. Mais il n'est pas impossible que cette politique se heurte un jour à la jurisprudence de la Cour européenne des droits de l'homme qui se montre généralement très favorable à la vérité biologique, comme le montre encore un arrêt rendu contre la Roumanie[222].

Il faut ajouter qu'ici la possession d'état ne doit pas avoir été constatée par un acte de notoriété au sens de l'article 317, ni même par un jugement à la suite d'une action en constatation de possession d'état. Ce n'est pas elle qui établit la filiation à titre principal, c'est le titre.

118 **Titre et possession d'état de plus de cinq ans.** L'article 333, alinéa 2, du Code civil énonce que la filiation ne peut pas être contestée lorsque la possession d'état conforme au titre a duré plus de cinq ans. Il faut que la possession d'état ait existé depuis la naissance ou la reconnaissance, si elle a été souscrite ultérieurement. Deux remarques peuvent être apportées[223].

Il serait hâtif, tout d'abord, de considérer que l'ordonnance assure le triomphe de la possession d'état dans ces textes[224]. Il est vrai qu'auparavant, la possession d'état ne jouait un rôle de consolidation de la filiation naturelle que si elle avait duré 10 ans (art. 339, anc.). Encore ne fermait-elle jamais l'action complètement. La possession d'état joue donc actuellement un rôle plus important pour la filiation hors mariage. En revanche, pour la filiation légitime, elle jouait son rôle consolidateur sans condition de délai. La solution nouvelle constitue donc un affaiblissement de la fonction confortatoire de la possession d'état pour la filiation en mariage.

On peut se demander ensuite s'il n'est pas excessif d'accorder un tel rôle à la possession d'état dès qu'elle a duré cinq ans. Il faut bien comprendre en effet que l'action reste fermée même si la possession d'état ne dure *que* cinq ans. Ainsi, au bout des cinq ans révolus, si le père déclaré se rend compte que l'enfant n'est pas le sien et s'en désintéresse alors complètement, même s'il parvient à prouver scientifiquement l'absence de lien biologique, la filiation reste incontestable. On peut se demander qui a à gagner d'une telle filiation !

221. Voy. *supra*, n° 84.

222. Cour. eur. D.H., 25 février 2014, *Ostace c/ Roumanie*, qui condamne la Roumanie pour interdire la remise en cause d'un jugement établissant un lien de filiation datant de 1981.

223. La Cour de cassation a rejeté une QPC, prétendant que ce texte portait atteinte au principe d'égalité, au droit à un recours effectif et au droit au respect de la vie privée et familiale. Cass. 1re civ., 24 février 2011, n° 10-40.068, *D.*, 2011, pan., p. 1586, obs. F. Granet-Lambrechts.

224. Voy., sur la question, F. Millet, « La vérité affective ou le nouveau dogme de la filiation », *JCP-G*, 2006, I, 112.

Que représente la stabilité de l'état de l'enfant au regard d'une filiation vide de sang et de sens[225] ? On pourrait cependant reconnaître à la règle une vertu : ce délai constitue en effet « un piège à reconnaissance de complaisance »[226], la connaissance de l'existence de ce piège pourrait avoir un effet dissuasif (d'autant qu'une contestation dans les délais vaut à son auteur une mise en jeu de sa responsabilité).

119 **Titre et possession d'état de moins de cinq ans.** Lorsque la possession d'état a duré moins de cinq ans, l'article 333, alinéa 1er, prévoit que la filiation peut être contestée, mais par un nombre de personnes limité. Seuls peuvent agir : l'enfant, son père ou sa mère, celui qui se prétend parent véritable. En outre, le délai de prescription est dérogatoire au droit commun, puisqu'il est de cinq ans au lieu de dix ans. Son point de départ est la date à laquelle la possession d'état a pris fin ou le décès du parent dont la filiation est contestée, selon la loi de ratification de l'ordonnance, et non celle où l'enfant a commencé à jouir de l'état qu'on lui conteste. Pour l'enfant, le délai est suspendu pendant sa minorité. Il peut donc agir jusqu'à l'âge de vingt-trois ans. Il faut terminer en précisant qu'il n'est pas nécessaire de constater que la possession d'état n'a pas duré cinq ans : la filiation peut être attaquée *tant qu*'elle n'a pas duré cinq ans. Ainsi, même si la possession d'état est parfaitement caractérisée, si rien ne laisse présager qu'à l'avenir elle pourrait prendre fin, la filiation peut être contestée dans les cinq premières années de l'enfant.

b. La filiation établie par un titre non conforté par une possession d'état

120 **Titre nu, titre fragile.** Selon l'article 334, « à défaut de possession d'état conforme au titre, l'action en contestation peut être engagée par toute personne qui y a intérêt dans le délai prévu à l'article 321 ». Une telle filiation apparaît plus fragile, plus douteuse. L'action en contestation est donc largement ouverte. D'abord, tout intéressé peut agir : l'enfant, le père ou la mère, le parent prétendu, mais aussi les héritiers de celui qui a établi sa filiation. Elle se prescrit par le délai de droit commun, donc dix ans à partir du jour où l'enfant a commencé à jouir de l'état qu'on lui conteste. Selon certains auteurs, il n'est sans doute pas nécessaire que la possession d'état soit totalement inexistante ; un embryon de possession d'état ne devrait pas suffire à s'opposer à l'action[227].

c. La filiation établie par possession d'état

121 **Possession d'état constatée par un acte de notoriété.** L'article 335 du Code civil envisage l'hypothèse où la filiation a été établie uniquement par une possession d'état constatée dans un acte de notoriété. Elle « peut être contestée par toute personne qui y a intérêt en rapportant la preuve contraire ». Là encore, en l'absence de titre, la filiation apparaît plus douteuse et peut donc

---

225. Voy. un cas où, en raison de l'écoulement du délai de cinq ans, l'action en contestation a pu être exercée contre un enfant, mais pas contre son frère, alors qu'il était vraisemblable que ni l'un ni l'autre n'étaient les enfants du père : Aix-en-Provence, 24 septembre 2009, *Dr. fam.*, 2010, comm. n° 59, note P. Murat.

226. H. Fulchiron, « Pot-pourri autour de la contestation de la filiation », *Dr. fam.*, 2016, étude n° 4, n° 4.

227. P. Malaurie et H. Fulchiron, *La famille*, *op. cit.*, n° 1325.

être remise en cause[228]. L'action est largement ouverte, puisque tout intéressé peut l'exercer.

La formule du texte suscite cependant des interrogations quant à l'objet de la preuve qui doit être apportée : la preuve contraire de quoi ? S'agit-il de démontrer que l'acte de notoriété atteste d'une possession d'état qui n'existe pas en réalité ou bien de prouver que la filiation ne correspond pas à la réalité biologique ? Il semble en définitive que le demandeur peut se placer sur les deux terrains. On sait en effet que l'acte de notoriété ne fait foi de la possession d'état que jusqu'à preuve contraire (art. 317)[229] : en faisant tomber la possession d'état le demandeur fait tomber la filiation. Par ailleurs, dans un système qui est fondé sur la vérité biologique, il paraît normal que la présomption de lien de sang établie par la possession d'état puisse être renversée, d'autant plus que le juge d'instance qui a dressé l'acte de notoriété n'a aucunement vérifié cette réalité[230].

L'ordonnance avait prévu un délai spécial de cinq ans pour l'exercice de cette action. On comprenait mal pourquoi le délai pour contester une filiation établie uniquement par possession d'état était de la même durée que celui pour contester une filiation établie par titre conforté par la possession d'état. La loi de ratification de l'ordonnance de 2005 ramène ce délai à dix ans, conformément au délai de droit commun.

122 **Possession d'état constatée par un jugement.** Aucun texte ne prévoit expressément la possibilité de contester la filiation établie par une possession d'état à la suite d'une action en justice. Il va de soi qu'une telle action ne saurait avoir pour objet de démontrer que la possession d'état n'existait pas ou ne présentait pas les qualités requises : le jugement bénéficie de l'autorité de la chose jugée et ne pourrait donc être attaqué que par la voie de la tierce opposition. Autrement dit, celui des adversaires qui succombe à l'instance ne peut agir à nouveau sur le même terrain.

La question se pose en revanche de savoir si la filiation peut être contestée en démontrant qu'elle ne correspond pas à la réalité biologique. La réponse dépend en partie de l'objet de l'action en constatation de possession d'état[231]. Si l'on admet que, dans cette action, le débat peut porter directement sur la réalité biologique et si le défendeur a effectivement soulevé ce moyen de défense, l'autorité de la chose jugée interdira l'exercice d'une nouvelle action ayant le même objet – sauf tierce opposition. Si, au contraire, tout comme la Cour de cassation l'a décidé, on rejette cette idée, et que le débat n'a donc pas porté sur cette question, l'autorité de la chose jugée ne constitue plus un obstacle.

Le problème tient à ce qu'aucun texte ne prévoit cette action expressément. Faut-il en déduire que le législateur a souhaité la supprimer, alors que la jurisprudence antérieure l'avait autorisée[232] ? On peut en douter, car il s'agirait d'une modification majeure de notre conception du droit de la filiation : cela signifierait que la possession d'état n'est pas une présomption de lien de sang,

228. Cass. 1re civ., 6 janvier 2004, *D.*, 2004, somm., p. 1423, obs. F. Granet-Lambrechts ; *D.*, 2005, pan., p. 1750, obs. préc.

229. Cass. 1re civ., 9 juin 2010, *Dr. fam.*, 2010, comm. n° 149, note C. Neirinck.

230. C'est l'interprétation retenue par la circulaire d'application, voy. *supra*, n° 60.

231. Voy. *supra*, n° 111.

232. Cass. 1re civ., 4 décembre 1990, préc.

mais constitue, en tant que vérité sociologique, un fondement autonome de la filiation, concurrent du lien biologique. À elle seule, la possession d'état, sans considération de délai de prescription, justifierait l'établissement de la filiation. Or rien ne laisse penser que le législateur ait voulu un tel bouleversement. On ne voit pas en outre pourquoi seule la possession d'état constatée par jugement présenterait une telle force.

Si l'on part du principe que tel n'a pas été le choix du législateur, on peut éventuellement trouver un fondement dans l'article 334 du Code civil : à défaut de possession d'état conforme au titre, la filiation peut être contestée. La formule peut aussi bien viser le cas où la filiation n'est établie que par titre que celui où elle n'est établie que par possession d'état. Dans ce cas, l'action serait soumise au délai de droit commun de dix ans. Resterait à en déterminer le point de départ : la jouissance de l'état contesté, c'est-à-dire la naissance de l'enfant, au risque que l'action soit prescrite avant même que le jugement la constatant ait été rendu[233] ? Ou bien la date du jugement attaqué, par analogie avec l'article 335[234] ? Cette solution semble la plus logique, mais présente l'inconvénient de constituer une dérogation à l'article 321 non prévue par la loi.

d. Le rôle du ministère public

123 **Droit d'agir.** L'article 336 du Code civil donne au ministère public la possibilité d'agir en contestation de la filiation, « si des indices tirés des actes eux-mêmes la rendent invraisemblable ou en cas de fraude à la loi »[235]. Le texte reprend la règle contenue auparavant à l'article 339. Son domaine d'application s'en trouve cependant élargi, puisque l'ancien texte réservait l'action du ministère public à la contestation de reconnaissance. Désormais, elle est généralisée à tous les cas de contestation de la filiation.

Toutefois, le ministère public ne peut agir que dans deux hypothèses. Il peut d'abord agir lorsque les actes contiennent en eux-mêmes la preuve de l'invraisemblance de la filiation. C'est l'exemple de la trop faible différence d'âge entre l'auteur de la reconnaissance et l'enfant, ou encore celui des reconnaissances multiples par le même auteur[236], ou du transsexuel reconnaissant un enfant dont il ne peut manifestement pas être le parent[237].

Il peut également agir en cas de fraude à la loi. L'ancien article 339 ne visait que le cas de « fraude aux règles régissant l'adoption ». On pourrait considérer que le ministère public pourrait agir contre les reconnaissances mensongères, puisque celles-ci, au fond, sont souscrites en fraude à l'adoption, seul mécanisme permettant de se rattacher un enfant qui n'est pas le sien[238]. Les exemples sont désormais aussi ceux des mères porteuses[239], ceux des fraudes commises

---

233. En ce sens, P. Malaurie et H. Fulchiron, *La famille*, *op. cit.*, n° 1335.
234. F. Terré et D. Fenouillet, *La famille*, *op. cit.*, n° 681.
235. G. Vial, « Rôle du ministère public en matière de filiation », *AJ fam.*, 2012, p. 34.
236. Cass. civ., 17 décembre 1913, *DP*, 1914, p. 261, note P. Binet ; *S.*, 1914, 1, p. 153, note J. Ruben de Couder.
237. Cass. 1re civ., 18 mai 2005, *Bull. civ.*, I, n° 218 ; *Rép. Defrénois*, 2005, p. 1493, note J. Massip.
238. Pour une illustration, Cass. 1re civ., 16 juin 2011, n° 08-21.864.
239. Voy. *infra*, encadré E11 et n° 140.

pour obtenir la nationalité française ou un avantage en matière d'entrée et de séjour des étrangers en France[240].

La question se posait de savoir si le ministère public était soumis aux règles de recevabilité de l'article 333 du Code civil[241]. Il semble que l'action du ministère public, gardien de l'ordre public, ne devait pas être entravée par la conjonction des modes d'établissement de la filiation, en particulier en cas de fraude à la loi. La loi du 12 mai 2009 portant ratification de l'ordonnance de 2005 a modifié l'article 333, alinéa 2, pour exclure le ministère public du champ d'application de ce texte. Autrement dit, le ministère public peut agir en contestation de la filiation, même lorsque la possession d'état conforme au titre a duré au moins cinq ans. Mais si l'on comprend bien les textes, s'il peut agir malgré la conjonction d'un titre et de la possession d'état, c'est sur le fondement de l'article 336, c'est-à-dire pour invoquer des indices tirés des actes eux-mêmes ou la fraude à la loi.

Or la Cour de cassation a admis la recevabilité d'une action du ministère public fondée directement sur l'article 333, alinéa 2. Ce qui semblait signifier d'après l'arrêt qu'il peut agir tout simplement pour faire la démonstration de l'absence de vérité biologique, sans indices tirés des actes ni fraude[242]. La solution est manifestement contraire aux textes, et permet finalement aux intéressés de contourner l'interdiction de remettre la filiation en cause dans certaines conditions. D'un autre côté, elle tend à faire de la vérité biologique un élément de l'ordre public ce qui constituerait une évolution intéressante du droit de la filiation.

3. Les effets des actions

124 **Effet principal.** L'effet principal de l'action en contestation, si elle aboutit, réside dans l'anéantissement rétroactif de la filiation attaquée. Le jugement est en effet déclaratif et non constitutif : il constate un fait préexistant, c'est-à-dire l'absence de lien biologique (ou éventuellement de possession d'état). Si c'est la filiation paternelle qui était contestée, le jugement ne produit aucun effet à l'égard de la filiation maternelle. Si c'est la filiation maternelle hors mariage qui faisait l'objet de l'action, de la même manière, le jugement n'a aucune incidence sur la filiation paternelle, en raison de la divisibilité de cette filiation. En revanche, si la mère était mariée et que la filiation du mari avait été établie par la présomption de paternité, la disparition de la filiation maternelle entraîne celle de la filiation paternelle. Celle-ci pourra néanmoins être rétablie par une reconnaissance. Enfin, la filiation anéantie peut être remplacée par une autre établie par un prétendu parent véritable.

125 **Effets secondaires.** L'effet rétroactif du jugement entraîne des conséquences sur l'ensemble du statut de l'enfant. Il perd le nom de celui dont la filiation a été contestée, sauf s'il est majeur auquel cas il faut son accord (art. 61-3, al. 2, C. civ.). L'autorité parentale disparaît, avec toutefois la possibilité pour le juge de fixer les modalités des relations de l'enfant avec celui qui l'élevait

240. Voy. P. Malaurie et H. Fulchiron, *La famille*, *op. cit.*, n° 1340.

241. Voy. A. Gouttenoire, « Les actions relatives à la filiation après la réforme du 4 juillet 2005 », *Dr. fam.*, 2006, études n°s 6 et 17.

242. Cass. 1re civ., 10 juin 2015, n° 14-20.270, *Dr. fam.*, 2015, comm. n° 163, note C. Neirinck.

(art. 337). Les droits successoraux sont également perdus. Et l'ex-parent peut obtenir répétition des sommes qu'il avait engagées par erreur pour l'entretien et l'éducation de l'enfant, à moins qu'il ait souscrit sciemment une reconnaissance mensongère et qu'il ait lui-même agi en contestation[243].

Le parent évincé peut agir en responsabilité contre l'autre pour obtenir réparation du préjudice moral ou matériel qu'il a subi du fait de la dissimulation de sa non-paternité[244]. Mais c'est surtout sa propre responsabilité qui peut être engagée lorsqu'il a lui-même obtenu l'anéantissement d'une reconnaissance de complaisance. Le fondement en est le manquement à l'engagement que représente la reconnaissance[245]. Il faut bien sûr que l'enfant ait subi un préjudice à cause de cette contestation[246].

E 10 L'action en nullité de la reconnaissance

La reconnaissance d'enfant constitue un véritable acte juridique qui doit répondre à certaines conditions de validité, de fond comme de forme. Si l'une de ces conditions fait défaut, il est donc possible d'agir, non en contestation de la filiation, mais en nullité de la reconnaissance. La nullité est relative lorsque son auteur a été trompé par un dol ou par une erreur spontanée. La reconnaissance peut aussi être entachée d'une cause de nullité absolue. C'est le cas si elle est affectée d'un vice de forme, si elle ne respecte pas le principe chronologique, ou si elle fait apparaître une filiation incestueuse. Certaines décisions ont retenu la nullité dans le cas où la reconnaissance avait été souscrite frauduleusement. Ainsi, d'une reconnaissance souscrite par une femme ayant eu recours aux services d'une mère porteuse[247]. La solution est discutable, car, selon l'article 336 (ou art. 339, anc.), c'est plutôt une action en contestation que le ministère public devrait exercer. Or le régime de l'action en contestation n'est pas le même que celui de l'action en nullité.

Le Code civil n'envisage d'ailleurs pas du tout le régime de cette action en nullité. En ce qui concerne les titulaires, il faut certainement appliquer le droit commun : tout intéressé, y compris le ministère public, peut agir en nullité absolue ; seul l'auteur de la reconnaissance (ou ses héritiers) peut demander la nullité relative.

Les délais des actions sont différents. En effet, le délai de droit commun des actions relatives à la filiation est de dix ans alors que le délai de droit commun des actions en nullité est, depuis la loi du 17 juin 2008, de cinq ans, tant pour la nullité relative que pour la nullité absolue (avant la loi, cette dernière était soumise au délai de trente ans, ce qui présentait un intérêt particulier pour celui qui voulait agir au-delà du délai de dix ans des actions relatives à la filiation). Le point de départ de ces actions n'est pas non plus le même : pour l'action en nullité, c'est le jour où la partie protégée a découvert le vice, pour l'action en contestation de la filiation, c'est en principe le jour où l'enfant a commencé à jouir de l'état contesté. On peut cependant se demander si l'action en nullité (relative ou absolue) de la reconnaissance ne devrait pas être soumise au régime des actions relatives à la filiation, donc à ses délais particuliers, dans la mesure où elle aura nécessairement une incidence sur la filiation elle-même. On peut toutefois faire valoir que le contentieux de la nullité n'est pas un contentieux de l'exactitude de la filiation et qu'il tend à défendre d'autres valeurs que la vérité biologique, telles que l'interdit de l'inceste, l'impossibilité d'avoir deux filiations de même sexe, la prohibition des maternités de substitution, elle-même fondée sur l'indisponibilité de la filiation et du corps humain, etc.

---

243. Cass. 1re civ., 21 juillet 1987, *Bull. civ.*, I, n° 246 ; *D.*, 1988, p. 225, note J. Massip ; *Rép. Defrénois*, 1988, p. 313, note J. Massip.
244. Rennes, 17 janvier 1992, *D.*, 1993, somm., p. 166, obs. F. Granet.
245. Cass. 1re civ., 21 juillet 1987, préc.
246. Cass. 1re civ., 5 novembre 1996, *D.*, 1997, somm., p. 157, obs. F. Granet ; *RTD civ.*, 1997, p. 111, obs. J. Hauser.
247. Rennes, 4 juillet 2002, *D.*, 2002, p. 2902, note F. Granet ; *JCP-G*, 2003, I, p. 101, n° 4, obs. J. Rubellin-Devichi ; *Dr. fam.*, 2002, comm. n° 142, note P. Murat.

Il n'est donc pas aberrant que le régime de cette action soit différent de celui des actions relatives à la filiation.
Le même raisonnement conduit logiquement à écarter les obstacles liés à la consolidation du titre par la possession d'état. Ces obstacles sont justifiés par la grande vraisemblance qui résulte de la conjonction des deux modes d'établissement. Or, ici, ce n'est pas la réalité biologique qui est en cause. Les articles 333 et 334 du Code civil sont donc inapplicables.
Quant aux effets de l'action, ils sont sensiblement les mêmes que ceux qui résultent de l'action en contestation. La nullité de la reconnaissance entraîne l'anéantissement rétroactif de la filiation et remet donc en cause le statut de l'enfant. Quelques différences importantes surgissent toutefois. D'abord, la filiation disparaît alors même que la paternité ou la maternité de l'auteur de la reconnaissance serait certaine. Ensuite, justement parce que le débat ne porte pas sur la réalité biologique, il est possible pour l'auteur de la reconnaissance annulée d'en souscrire une nouvelle répondant cette fois aux conditions de validité. Il en va notamment ainsi dans l'hypothèse où la nullité était absolue. Il faudra que la nouvelle reconnaissance soit passée en la forme authentique ou qu'elle soit souscrite après l'anéantissement de celle qui y faisait obstacle. Subsistent certaines limites : une filiation incestueuse ne pourra jamais être établie.

§ 4. – L'action à fins de subsides

126 **Nature de l'action.** L'action à fins de subsides est issue de la loi du 3 janvier 1972. Elle n'est pas à proprement parler une action relative à la filiation et l'ordonnance de 2005, qui l'a conservée, l'a laissée hors du chapitre concernant ces actions. Pour autant, elle n'est pas totalement étrangère à la filiation et le législateur la traite dans le chapitre IV du titre VII. Il s'agit en effet pour un enfant dénué de filiation paternelle d'obtenir des subsides (des aliments) de la part d'un homme qui est *peut-être* son père. Mais l'action n'a pas pour objet d'établir un lien de filiation à son égard. Elle remplace une action alimentaire qui avait été instituée par une loi du 15 juillet 1955 au profit des enfants adultérins ou incestueux dont la filiation ne pouvait, à l'époque, pas être établie. Le fondement de cette action est pratiquement introuvable. Il ne peut résider dans la faute, car le défendeur n'a pas forcément commis de faute, il a simplement eu des relations sexuelles avec la mère au temps de la conception, ce qui n'a rien d'illicite. Ce n'est pas non plus la filiation de fait puisqu'il n'est pas nécessaire de prouver la paternité du défendeur. Peut-être faut-il y voir, comme le suggérait le doyen Carbonnier, une application de la théorie du risque[248].

Il convient d'examiner les conditions de l'action, ainsi que ses effets.

A. Les conditions de l'action

127 **Titulaire de l'action.** Selon l'article 342 du Code civil, « tout enfant dont la filiation paternelle n'est pas légalement établie peut réclamer des subsides... ». Avant la réforme de 2005, le texte précisait : « tout enfant naturel ». L'ordonnance du 4 juillet a supprimé le qualificatif. Il n'en résulte pas pour autant une modification du domaine de l'action : avant comme après l'ordonnance, bénéficie de l'action tout enfant qui n'a pas de filiation paternelle établie. Il peut s'agir d'un enfant né hors mariage, mais aussi d'un enfant né d'une femme mariée dont le mari n'est pas désigné par la présomption de paternité,

248. J. Carbonnier, *Droit civil*, *op. cit.*, n°s 642 et 645.

c'est-à-dire probablement un enfant adultérin (art. 342, al. 3). Avant la réforme, l'article 342-1, désormais abrogé, étendait l'action à l'enfant légitime dont le titre (c'est-à-dire le nom du mari dans l'acte de naissance) n'était pas corroboré par la possession d'état. Une telle possibilité a désormais disparu. Il est précisé que l'enfant incestueux peut agir (art. 342, al. 3).

128 **Défendeur à l'action.** L'enfant peut agir contre celui qui a eu des relations avec la mère pendant la période légale de conception (art. 342, al. 1er, *in fine*). L'ancien article 342-3 prévoyait la possibilité pour l'enfant d'agir éventuellement contre plusieurs pères possibles dans l'hypothèse où la mère avait eu plusieurs amants pendant la période légale de conception, ou bien avait été victime d'un viol collectif. Il fallait alors que fût démontré que les défendeurs avaient commis une faute ou qu'ils avaient pris antérieurement des engagements. Le texte a été abrogé. Il ne faut sans doute pas en déduire qu'une action contre plusieurs hommes est impossible, mais qu'elle n'est plus soumise à la démonstration de la faute ou de l'engagement.

129 **Exercice de l'action.** La juridiction compétente est le TGI. L'action est réservée à l'enfant (art. 342-6, opérant renvoi à l'art. 327, al. 2). Pendant sa minorité, c'est sa mère qui exerce l'action ou, à défaut, son tuteur autorisé par le conseil de famille (art. 342-6, opérant renvoi à l'art. 328). Elle est exercée contre le père possible ou ses héritiers ou l'État (art. 328, al. 3).

Quant à son délai, l'article 342, alinéa 2, prévoyait que l'action pouvait être exercée pendant toute la minorité de l'enfant et encore deux ans après sa majorité si elle n'avait pas été exercée pendant la minorité. La loi portant ratification de l'ordonnance de 2005 a remplacé le délai de deux ans par un délai de dix ans. Au-delà, il a été admis que le père possible peut encore être obligé de verser des subsides s'il s'y était engagé ; il s'agit de l'application de la notion d'obligation naturelle[249].

130 **Preuve.** L'objet de l'action n'est pas la démonstration d'un lien de parenté entre l'enfant et le défendeur, mais seulement celle d'une paternité possible. Plus exactement, l'article 342 exige seulement la preuve des relations de la mère avec le défendeur pendant la période légale de conception, relations qui rendent évidemment la paternité du défendeur possible. Il s'agit d'un fait juridique qui peut donc être rapporté par tout moyen. Là encore, la meilleure preuve se révèle la preuve biologique : si on prouve que le défendeur est le père de l'enfant, on en déduit très logiquement l'existence de relations avec la mère lors de la conception[250]. La Cour de cassation a décidé que, pour cette action aussi, l'expertise est de droit[251].

131 **Défense.** Si la preuve des relations n'a pas été apportée par la preuve de la paternité, le défendeur peut précisément se défendre en démontrant qu'il n'est pas le père de l'enfant (art. 342-4) – là encore par tout moyen, y compris l'expertise biologique.

---

249. Cass. 1re civ., 3 octobre 2006, *Dr. fam.*, 2007, comm. n° 3, note P. Murat ; *D.*, 2007, pan., p. 1465, obs. F. Granet-Lambrechts ; *Rép. Defrénois*, 2007, p. 306, obs. J. Massip ; *RTD civ.*, 2007, p. 98, obs. J. Hauser.

250. Cass. 1re civ., 14 février 1995, *Bull. civ.*, I, n° 81 ; *D.*, 1995, somm., p. 225, obs. F. Granet ; *D.*, 1996, p. 111, note J. Massip, et somm., p. 111, obs. F. Dekeuwer-Défossez ; *JCP-G*, 1996, II, 22569, note C. Puigelier.

251. Cass. 1re civ., 14 janvier 2005, *Dr. fam.*, 2005, comm. n° 182, 1re et 2e esp., note P. Murat.

B. Les effets de l'action

132 **Effet alimentaire.** L'effet essentiel, sinon exclusif, de l'action est de condamner le défendeur à verser à l'enfant des subsides. Il s'agit en réalité d'aliments qui sont évalués en fonction des besoins de l'enfant, des ressources du débiteur et de sa situation familiale (art. 342-2, C. civ.). L'action produit un effet constitutif et non déclaratif, ce qui la rapproche d'une action alimentaire et la distingue d'une action relative à la filiation. Autrement dit, les subsides ne sont alloués que pour les besoins futurs de l'enfant, non les besoins passés. En revanche, ils peuvent être dus au-delà de la majorité, à condition que l'enfant se trouve encore dans le besoin et que cet état ne lui soit pas imputable (art. 342-2, al. 2).

Si la filiation de l'enfant vient à être établie par la suite à l'égard d'un autre homme que le débiteur, l'allocation des subsides cesse d'avoir effet (art. 242-8, al. 2).

133 **Absence de lien de filiation.** L'action à fins de subsides n'établit aucun lien de filiation entre l'enfant et le défendeur et n'entraîne donc aucun des effets attachés à la filiation (nom, autorité parentale, droits successoraux, etc.). Sauf un pourtant : afin d'éviter tout risque d'inceste, le jugement crée un empêchement à mariage entre l'enfant et le débiteur, ainsi qu'entre chacun d'eux et les parents ou le conjoint de l'autre (art. 342-7). Il en résulte d'ailleurs assez curieusement que le débiteur ne pourrait pas se marier avec la mère de l'enfant, ce qui est évidemment absurde[252] !

Par ailleurs, l'action à fins de subsides n'empêche pas l'enfant d'agir par la suite contre le débiteur en recherche de paternité (art. 342-8, al. 1er). Au contraire, la preuve des relations avec la mère ne pourra plus être discutée au cours de cette nouvelle instance[253].

SECTION II
La filiation par procréation médicalement assistée

134 **Paradoxe de la science.** À peu près dans le même temps où il est devenu possible de prouver l'existence ou l'absence d'un lien de sang entre un parent et un enfant, donc où la science a permis de faire jaillir la vérité biologique, les techniques médicales ont rendu possibles des procréations artificielles, contraires aux lois de la nature, et même des procréations qui ne reposent pas toujours sur les forces reproductrices d'un couple, et par conséquent l'établissement de filiations qui reposent parfois sur un mensonge biologique. Il est effectivement devenu courant que des couples qui ne peuvent procréer par voie naturelle aient recours à des techniques médicales variées, répondant aux déficiences naturelles de l'homme ou de la femme. La science médicale parvient ainsi depuis de nombreuses années à pallier l'infertilité des couples qui désirent un enfant. Ces techniques sont tellement éprouvées que les couples stériles préfèrent se tourner d'abord vers elles avant d'envisager une adoption. Ce n'est qu'en cas d'échec que l'adoption est tentée.

252. F. Terré et D. Fenouillet, *La famille*, *op. cit.*, n° 713.

253. Cass. 1re civ., 4 janvier 1995, *Bull. civ.*, I, n° 7 ; *D.*, 1995, somm., p. 225, obs. F. Granet ; *D.*, 1996, p. 49, note J. Massip.

135 **Interventions législatives.** Lorsque ces techniques sont apparues, elles ont suscité de nombreuses interrogations d'ordre à la fois éthique et juridique. Certaines questions concernaient leur licéité. Touchant à la fois à la nature et à la filiation, mais se présentant comme un remède à la situation douloureuse de parents frustrés, on pouvait se demander s'il fallait les interdire ou les autoriser. D'autres interrogations relevaient d'un ordre plus technique : selon quelles règles la filiation des enfants devait-elle être établie, en particulier lorsque les parents avaient eu recours à un don de gamètes et que l'enfant n'était pas biologiquement issu de l'un des membres du couple ? Et sur l'ensemble de ces questions, fallait-il légiférer, au risque de figer les choses dans un domaine susceptible d'évolution, ou bien devait-on chercher les réponses dans les ressources du droit existant ? Il a été finalement décidé de légiférer pour encadrer ces techniques et déterminer les règles relatives à la filiation. Ce sont les lois dites « bioéthiques » du 29 juillet 1994 qui ont réglementé les procréations médicalement assistées, tant dans le Code civil que dans le Code de la santé publique (CSP)[254]. La loi du 6 août 2004 a apporté quelques modifications à ces règles[255] ; celles apportées par la loi bioéthique du 7 juillet 2011[256] sont minimes, alors qu'on les attendait beaucoup plus importantes. Elles déterminent les conditions relatives aux PMA et la filiation des enfants qui en sont issus.

§ 1. – Les conditions relatives aux PMA

A. Les techniques de procréation

1. Les techniques autorisées

136 **Principe de licéité.** Le législateur édicte un certain nombre de techniques de PMA qui sont considérées comme licites, comme la fécondation *in vitro*, le transfert d'embryon ou l'insémination artificielle (art. L. 2141-1, CSP). Cette liste n'est toutefois pas limitative : est autorisée « toute technique d'effet équivalent permettant la procréation en dehors du processus naturel, dont la liste est fixée par arrêté du ministre chargé de la Santé, après avis de l'Agence de la biomédecine ». Il s'agissait de prendre en considération le fait que de nouvelles techniques peuvent apparaître : elles seront autorisées par arrêté après avis de l'Agence de la biomédecine.

137 **Techniques endogènes.** Il faut distinguer deux sortes de PMA. Les PMA endogènes sont celles qui permettent la procréation d'un enfant avec les gamètes (c'est-à-dire les cellules reproductrices) du couple demandeur. On peut citer : l'insémination artificielle qui consiste à introduire artificiellement des spermatozoïdes dans l'utérus de la femme ; la fécondation *in vitro* et transfert d'embryon (FIVETE) qui consiste à féconder en laboratoire un embryon avec les

254. L. n° 94-653 relative au respect du corps humain et L. n° 94-654 relative au don et à l'utilisation des éléments et produits du corps humain, à l'assistance médicale à la procréation et au diagnostic prénatal, *JORF*, 30 juillet 1994, pp. 11056 et 11059.
255. L. n° 2004-800, *JORF*, 7 août 2004, p. 14040.
256. L. n° 2011-814 du 7 juillet 2011 relative à la bioéthique, *JORF*, 8 juillet 2011, p. 11826. Voy. J.-M. Binet, « La loi du 7 juillet 2011 : une révision mesurée du droit de la bioéthique », *Dr. fam.*, 2011, étude n° 21.

gamètes mâles (spermatozoïdes) et femelles (ovocytes) du couple et à implanter ensuite l'embryon dans l'utérus de la femme.

138 **Techniques exogènes.** Les techniques de PMA sont dites exogènes lorsqu'elles font appel à des gamètes n'appartenant pas à l'un des membres du couple. On retrouve les mêmes techniques. La différence tient à ce que l'insémination artificielle est faite avec les spermatozoïdes d'un tiers donneur (IAD) ou bien l'embryon est conçu grâce à un don de sperme ou d'ovocytes. Il est même possible de recourir à un don d'embryon. Les techniques précédentes imposent en effet de féconder plusieurs embryons pour augmenter la probabilité de réussite. Il reste donc souvent des embryons, dits surnuméraires, qui n'ont pas été utilisés par le couple. Ils peuvent alors faire l'objet d'un don au profit d'un couple complètement stérile.

Il reste à préciser que le double don est interdit. Autrement dit, le couple fertile ne peut pas faire appel à la fois à un don de sperme et à un don d'ovocyte, l'enfant doit être fécondé à l'aide des gamètes d'au moins un membre du couple (art. L. 2141-3, CSP).

139 **Conditions du don.** Le don lui-même fait l'objet d'un encadrement strict. Outre qu'il doit respecter des conditions de sécurité sanitaire (par exemple de dépistage des maladies transmissibles), il doit revêtir certaines qualités. D'abord, il doit avoir fait l'objet d'un consentement libre et éclairé de la part d'un majeur capable et faisant partie d'un couple ayant déjà procréé. Le don doit être gratuit (art. 16-1, C. civ.). Surtout, il doit être anonyme. Plus précisément, le receveur ne doit pas connaître l'identité du donneur ni le donneur celle du receveur (art. 16-8, C. civ.). Il en résulte pour l'enfant une impossibilité absolue de -connaître ses origines. En effet, contrairement à l'accouchement sous X, l'anonymat ne peut ici jamais être levé. Alors que des voix s'étaient élevées en faveur de la possibilité de lever l'anonymat, au moins dans les mêmes conditions que celles qui sont prévues pour les enfants nés sous X, la loi bioéthique du 7 juillet 2011 maintient cet anonymat absolu. Le Conseil d'État a estimé que cette disposition ne porte pas atteinte au droit au respect de la vie privée au sens de l'article 8 de la Convention européenne des droits de l'homme[257] et ne constitue pas une discrimination à l'égard des enfants nés d'une PMA avec donneur par rapport aux enfants du donneur ou à ceux du couple receveur car ils ne sont pas dans la même situation[258].

Quant au don d'embryon, il doit répondre à ces différentes conditions et le consentement doit en être donné par les deux membres du couple qui l'a conçu. Une autre condition s'ajoute : l'accueil de l'embryon par le couple demandeur ne peut être qu'exceptionnel. Il n'est possible que dans la mesure où il s'avère qu'une autre technique ne peut aboutir (art. L. 2141-6, CSP). Mais depuis la loi de 2011, il est également possible lorsque le couple, dûment informé, y a renoncé, ce qui atténue sensiblement le caractère exceptionnel de cette technique : celle-ci n'est plus l'ultime recours du couple, mais une possibilité qu'il peut choisir parmi d'autres.

---

257. C.E., avis, 13 juin 2013, n° 362981, *Dr. fam.*, 2013, comm. n° 113, note J.-R. Binet.

258. C.E., 12 novembre 2015, n° 372121 ; annexe *in* J.-R. Binet, « Insémination avec tiers donneur et droit à la connaissance de ses origines : l'enfant impensé du droit de la bioéthiqueétude », *Dr. fam.*, 2016, étude n° 1.

2. Les techniques interdites

140 **Mères porteuses.** On distingue deux techniques différentes de maternité de substitution ou gestation pour autrui. La première consiste à concevoir un embryon *in vitro* avec les gamètes mâles et femelles du couple. L'embryon est ensuite implanté dans l'utérus d'une autre femme qui assure la gestation et s'engage à abandonner l'enfant à sa naissance. Il s'agit d'un cas de vraie mère porteuse. La seconde technique consiste à concevoir un embryon (peu importe la technique) avec les gamètes de l'homme du couple et ceux d'une femme étrangère au couple. Celle-ci assure la gestation et abandonne l'enfant à sa naissance. Il s'agit cette fois d'un cas de fausse mère porteuse. En effet, alors que dans le premier cas la mère porteuse porte un enfant qui n'est pas le sien biologiquement, dans le second cas, elle en est bien la mère génétique.

Ces deux techniques ont été prohibées par la loi du 29 juillet 1994, après l'avoir été par la jurisprudence[259] : « toute convention portant sur la procréation ou la gestation pour le compte d'autrui est nulle » (art. 16-7, C. civ.). Cette interdiction légale ne peut empêcher totalement de telles pratiques, notamment parce qu'elles sont autorisées dans certains pays, comme les États-Unis, l'Angleterre[260] ou la Grèce[261]. Le seul recours des pouvoirs publics consiste alors à demander la nullité de la reconnaissance souscrite par la femme du couple, ou bien à contester la filiation établie par la femme qui n'a effectivement pas accouché de l'enfant[262]. Mais qu'en est-il lorsque le couple français a eu recours à une telle technique à l'étranger et a obtenu l'établissement de la filiation à l'égard de l'enfant en conformité avec la loi de l'État ?

L'affaire *Mennesson*, largement diffusée dans les médias, a permis à la Cour de cassation de se prononcer sur cette question. Un couple français était parti en Californie pour recourir aux services d'une mère porteuse. Un embryon avait été conçu *in vitro* avec le sperme du mari et les ovocytes d'une troisième femme. Les juges californiens avaient déclaré que les enfants à naître de la mère porteuse seraient reconnus comme enfants du couple demandeur. La Cour d'appel de Paris[263] avait rejeté, comme étant irrecevable, l'action exercée par le ministère public en nullité des actes de naissance des enfants ainsi conçus. La Cour de cassation[264] avait cassé cette décision, sans se prononcer au fond, en déclarant que l'action était recevable.

---

259. Cass. Ass. plén., 31 mai 1991, *Bull. civ.*, n° 4 ; *D.*, 1991, p. 417, rapp. Y. Chartier, note D. Thouvenin ; *JCP-G*, 1991, II, 21752, concl. H. Dontenwille, comm. J. Bernard, note F. Terré ; *Rép. Defrénois*, 1991, p. 947, obs. J. Massip ; *RTD civ.*, 1991, p. 517, obs. D. Huet-Weiller. *Adde* Cass. 1re civ., 9 décembre 2003, *Dr. fam.*, 2004, comm. n° 17, note P. Murat.

260. J. Flauss-Diem, « Maternité de substitution et transfert de parenté en Angleterre », *RIDC,* 1996, p. 855.

261. P. Agallopoulou, « La loi hellénique concernant les procréations médicalement assistées », *Dr. fam.*, 2004, chron. n° 11.

262. Voy. *supra*, n° 123 et encadré E9.

263. Paris, 25 octobre 2007, *D.*, 2007, actu. jurispr., p. 2953, obs. F. Luxembourg ; *AJ fam.*, 2007, p. 478, obs. F. Chénedé ; *D.*, 2008, pan., p. 1376, obs. F. Granet-Lambrechts. *Adde* M. Bandrac, G. Delaisi de Parseval et V. Depadt-Sebag, « Mère porteuse : transcription de l'acte de naissance étranger sur les registres français », *D.*, 2008, p. 434 ; A. Mirkovic, « À propos de la maternité pour autrui », *Dr. fam.*, 2008, étude n° 15.

264. Cass. 1re civ., 17 décembre 2008, n° 07-20.468, *Dr. fam.*, 2009, comm. n° 15, note P. Murat ; *JCP-G*, 2009, II, 10020, note A. Mirkovic ; *D.*, 2009, p. 166, obs. V. Egéa,

La Cour d'appel de Paris[265], autrement composée, sur renvoi, a admis à son tour la recevabilité de l'action du ministère public et sur le fond, de manière assez sévère, a prononcé la nullité de la transcription des actes de naissances des enfants, aussi bien pour ce qui concernait la mère que le père, celui-ci étant pourtant le père biologique véritable. Le 6 avril 2011, la Cour de cassation a rendu une décision très attendue, mais tout aussi sévère, en rejetant le pourvoi formé par le couple qui avait eu recours à la technique prohibée : « est justifié le refus de transcription d'un acte de naissance établi en exécution d'une décision étrangère, fondé sur la contrariété à l'ordre public international français de cette décision, lorsque celle-ci comporte des dispositions qui heurtent des principes essentiels du droit français ; [...] en l'état du droit positif, il est contraire au principe de l'indisponibilité de l'état des personnes, principe essentiel du droit français, de faire produire effet, au regard de la filiation, à une convention portant sur la gestation pour le compte d'autrui, qui, fût-elle licite à l'étranger, est nulle d'une nullité d'ordre public aux termes des articles 16-7 et 16-9 du Code civil »[266]. Le même jour, la Cour de cassation a rendu deux autres arrêts, avec la même solution, dans des affaires légèrement différentes[267]. Dans l'une, seule la nullité de la mention relative à la filiation maternelle avait été demandée et prononcée. Dans l'autre, le couple avait cru pouvoir échapper à l'impossibilité de faire transcrire les actes américains en obtenant un acte de notoriété constatant la possession d'état d'enfant à son égard, et établir ainsi leur filiation.

En définitive, la position de la jurisprudence reste à la sévérité, conformément d'ailleurs aux prescriptions du Code civil[268]. La loi bioéthique du 7 juillet 2011 n'est pas revenue sur cette solution, la pratique des maternités de substitution reste illicite[269].

---

p. 332, avis D. SARCELET, note L. BRUNET ; *RTD civ.*, 2009, p. 106, obs. J. HAUSER ; *AJ fam.*, 2009, p. 81, obs. F. CHÉNEDÉ ; *JDI*, 2009, p. 9, note S. BOLLÉE ; *JCP-G*, 2009, II, 10021 ; *Rev. crit. DIP*, 2009, p. 320, note P. LAGARDE.

265. Paris, 18 mars 2010, *RTD civ.*, 2010, p. 317, obs. J. HAUSER ; *D.*, 2010, p. 1683, note G. DE GEOUFFRE DE LA PRADELLE ; *JCP-G*, 2010, actu. 498, note A. MIRKOVIC. *Adde* M. FARGE, « Les jumelles Mennesson issues d'une gestation pour autrui : quand la promotion internationale de l'ordre public français aboutit à une situation boiteuse inadmissible », *Dr. fam.*, 2010, étude n° 23.

266. Cass. 1re civ., 6 avril 2011, n° 10-19.053, *D.*, 2011, p. 1522, note D. BERTHIAU et L. BRUNET ; pan., p. 1587, obs. F. GRANET-LAMBRECHTS ; p. 1995, obs. A. GOUTTENOIRE. Voy. C. NEIRINCK, « La gestation pour autrui pratiquée à l'étranger et l'état civil français de l'enfant qui en est né », *Dr. fam.*, 2011, étude n° 14.

267. Pourvois nos 09-66486 et 09-17130, mêmes réf.

268. Voy. sur cette question : F. CHÉNEDÉ, « ... Et demain, la gestion pour autrui ? », *Dr. fam.*, 2013, dossier n° 27 ; J. BONNARD, « La révision des lois bioéthiques », *D.*, 2010, p. 846 ; A. SÉRIAUX, « Maternités pour le compte d'autrui : la mainlevée de l'interdit ? », *D.*, 2009, p. 1215 ; A. MIRKOVIC, « Mère porteuse : maternité indéterminée », *Dr. fam.*, 2009, étude n° 24 ; M. LAMARCHE, « Bioéthique, premiers bilans sur l'*iter legis* », *Dr. fam.*, 2009, focus n° 54.

269. Contrairement peut-être à ce que laisse penser la « circulaire Taubira » du 25 janvier 2013 qui vise à faciliter la délivrance de certificats de nationalité pour les enfants nés de gestation pour autrui à l'étranger en supprimant le délai de cinq de résidence en France de l'article 21-12, 1°, du Code civil, et qui a été validée par C.E., 12 décembre 2014, n° 365779, *Dr. fam.*, 2015, comm. n° 30, note C. NEIRINCK ; *AJ fam.*, 2015, p. 53, obs. A. DIONISI-PEYRUSSE ; *D.*, 2015, p. 352, concl. X. DOMINO, note H. FULCHIRON et C. BIDAUD-GARON, et pan., p. 650, obs. M. DOUCHY-OUDOT. *Adde* Rép. min. n° 0978S du Sénat, *J.O.*, 18 février 2015, p. 1827.

Dans l'affaire *Mennesson*, la Cour de cassation a fait montre d'une grande sévérité à l'égard du couple qui avait eu recours aux services d'une mère porteuse, en décidant notamment que les actes étrangers établissant la filiation à l'égard tant de la mère que du père ne pouvaient être transcrits en France. Si on peut admettre aisément que la filiation maternelle ne puisse produire effet en France, puisque celle que l'on appelle parfois « mère d'intention » n'a pas accouché de l'enfant et ne peut donc pas être considérée comme la mère au sens du droit français, on s'aperçoit que le rejet de cette technique rejaillit également sur la filiation paternelle, pourtant conforme à la vérité biologique.

C'est ce qu'ont confirmé plusieurs décisions rendues par la Cour de cassation[270] dans des affaires où un homme avait eu recours, en Inde cette fois, seul, aux services d'une mère porteuse (la femme étant biologiquement mère de l'enfant) et avait reconnu l'enfant issu de l'insémination artificielle. Dans ces arrêts, la Cour de cassation refuse la transcription sur les registres de l'état civil des actes de naissance et admet que le ministère public agisse en nullité des reconnaissances prénatales, alors même que les hommes étaient bien les pères biologiques des enfants. La haute juridiction modifie le fondement de ces solutions par rapport à l'arrêt *Mennesson*, en substituant la fraude à la loi à la contrariété à l'ordre public international. Ce changement de fondement peut avoir des effets dévastateurs, en raison de l'adage *fraus omnia corrumpit*, la fraude corrompt tout. D'abord, il permet de faire annuler une reconnaissance souscrite par un homme pourtant père biologique de l'enfant, ce qui est du jamais vu. Ensuite, il aboutit à dénier à l'enfant le droit de se prévaloir des droits fondamentaux que les instruments internationaux lui reconnaissent, que ce soit l'intérêt supérieur de l'enfant (art. 3.1, CIDE) ou le droit à une vie privée et familiale (art. 8, CEDH). Là encore, même si on ne peut qu'approuver la volonté de la cour de dissuader les personnes d'avoir recours à une pratique inacceptable, on est frappé d'incompréhension face à une telle sévérité, approuvée pourtant par la plupart des commentateurs, qui ne justifie pas de faire de l'enfant une sorte de citoyen de seconde zone et de nier jusqu'à l'absurde la vérité biologique.

C'est d'ailleurs ce que semble avoir retenu la Cour européenne des droits de l'homme qui a condamné par deux fois la France, dans ses arrêts *Mennesson* et *Labassée*[271], qui estime que la France a violé le droit à la vie privée (mais pas le droit à la vie familiale) des enfants nés d'une GPA à l'étranger en les privant de la nationalité française et de leur filiation à l'égard de leurs pères biologiques. Si elle était saisie des affaires indiennes, malgré le changement de fondement au profit de la fraude à la loi, il y a quand même fort à parier que la Cour européenne des droits de l'homme statuerait dans le même sens.

On ne le saura peut-être jamais, car en effet, l'Assemblée plénière de la Cour de cassation, saisie d'une question de principe à la suite de nombreuses décisions du fond contraires à la solution de la première chambre civile[272] a rendu le 3 juillet 2015 deux arrêts très attendus. Dans les deux affaires, des enfants étaient nés en Russie, dont l'acte de naissance désignait comme père un ressortissant français et comme mère une ressortissantes russe – la mère porteuse. Dans les deux cas, les pères avaient demandé la transcription des actes de naissance sur les registres de l'état civil français, ce qui avait été accepté dans une affaire et refusé dans l'autre.

270. Cass. 1re civ., 13 septembre 2013 (2 arrêts), nos 12-18.315 et 12-30.138, *AJ fam.*, 2013, p. 579, obs. F. Chénedé ; *D.*, 2013, p. 2170, obs. I. Gallmeister ; p. 2377, avis C. Petit, note M. Fabre-Magnan ; *Dr. fam.* 2013, comm. n° 151, note C. Neirinck ; *AJ fam.*, 2013, p. 579, obs. F. Chénedé ; *RTD civ.*, 2013, p. 916, obs. J. Hauser ; 19 mars 2014, n° 13-50.005, *AJ fam.*, 2014, p. 244, obs. F. Chénedé ; *D.*, 2014, p. 901, avis J.-P. Jean, note H. Fulchiron et C. Bidaud-Garon.

271. Cour eur. D.H., 26 juin 2014 (2 arrêts), *Mennesson c/ France* et *Labassée c/ France*, *Dr. fam.*, 2014, comm. n° 128, note C. Neirinck ; *Dr. fam.*, 2015, chron. n° 2, obs. A. Gouttenoire ; *AJ fam.*, 2014, p. 499, obs. B. Haftel ; *D.*, 2014, p. 1797, note F. Chénedé, p. 1806, note L. D'Avout, et *D.*, 2015, pan., p. 704, obs. F. Granet-Lambrechts ; *RTD civ.*, 2014, p. 616, obs. J. Hauser, et p. 835, obs. J.-L. Marguénaud. *Adde* H. Fulchiron, « GPA : une nouvelle lecture a minima des arrêts Labassée et Mennesson », *Dr. fam.*, 2016, étude n° 9.

272. Voy. par ex., TGI Nantes, 13 mai 2015, *Dr. fam.*, 2015, comm. n° 145, note C. Neirinck.

Dans les deux arrêts, l'Assemblée plénière donne la même réponse : elle admet la transcription des actes de naissance qui n'étaient ni irréguliers ni falsifiés et qui correspondaient à la réalité biologique[273]. On assiste ainsi à un véritable revirement de jurisprudence dont il faudra mesurer la portée. En effet, dans ces affaires, il n'était nulle part fait mention d'une mère d'intention. Qu'aurait décidé la haute assemblée si c'était une mère d'intention qui avait été désignée dans les actes de naissance ? Tout porte à croire que la Cour de cassation s'appuie dans les arrêts du 3 juillet, d'une part, sur la validité des actes de naissance, d'autre part, sur la vérité biologique, comme l'y incitait une certaine interprétation des arrêts *Mennesson* et *Labassée* de la Cour européenne des droits de l'homme. Il est donc vraisemblable que la filiation maternelle ne pourrait être transcrite. Mais il reste alors à se demander si les actes de naissance pourraient n'être transcrits que pour partie ou si la transcription serait rejetée pour l'intégralité de l'acte.

C'est une solution plus radicale que semble avoir admis la Cour d'appel de Rennes dans deux arrêts du 28 septembre 2015, concernant des enfants nés d'une GPA, l'un en Inde, l'autre aux États-Unis (n°s 14/05537 et 14/07321), puisqu'elle a prononcé, en application de l'article 47 C. civ., la nullité des actes de naissance des deux enfants, pour la raison qu'ils ne reflétaient pas la vérité quant à la filiation maternelle des enfants[274]. Ils ne faisaient donc pas foi. Il n'est pas certain que la solution soit conforme ni à l'esprit du texte, ni à celui de l'arrêt du 3 juillet. Il faut donc certainement s'attendre à un prochain arrêt de la Cour de cassation !

Enfin, dernier rebondissement, on peut imaginer que le couple qui a recours aux services d'une mère porteuse, soit un couple d'hommes. Se rendant à l'étranger où la GPA est autorisée, l'un des membres du couple conçoit avec la mère porteuse un enfant reconnu par chacun de ses parents biologiques. Puis, le couple homosexuel s'étant marié, le conjoint du père fait une demande d'adoption de l'enfant, comme la loi de 2013 l'y autorise. Il faut logiquement s'attendre à ce que l'adoption soit refusée, comme cela avait été le cas dans les tous premiers temps de la jurisprudence sur les mères porteuses. Que le conjoint adoptant soit le mari au lieu de l'épouse du père n'y change évidemment rien. C'est ce que décide la Cour d'appel de Dijon en se fondant, non pas sur la fraude à la loi, mais sur les principes d'indisponibilité du corps humain et de l'état des personnes[275].

Biblio

À lire : H. Fulchiron et C. Bidaud-Garon, « Dans les limbes du droit, À propos de la situation des enfants nés à l'étranger avec l'assistance d'une mère porteuse », *D.*, 2013, p. 2349 ; « Ne punissez pas les enfants des fautes de leurs pères », *D.*, 2014, p. 1773 ; M.-A. Frison-Roche, « L'impossibilité de réguler l'illicite : la convention de maternité de substitution », *D.*, 2014, p. 2184 ; J. Mouly, « La "délocalisation procréative" : fraude à la loi ou habileté permise ? », *D.*, 2014, p. 2419 ; F. Chénedé, « L'établissement de la filiation des enfants nés de GPA à l'étranger », *D.*, 2015, p. 1172. ; I. Corpart, « La gestation pour autrui de l'ombre à la lumière, Entre droit français et réalités étrangères », *Dr. fam.*, 2015, étude n° 14.

141 **Clonage.** Le clonage consiste en « la reproduction d'un individu à partir de l'une de ses cellules insérée dans un ovule dont le noyau a été supprimé »[276]. L'enfant ainsi conçu présentera les caractéristiques d'un seul parent, autrement dit il lui sera identique. On comprend les problèmes d'ordre éthique qu'une

---

273. Cass. Ass. plén., 3 juillet 2015, n°s 15-50.002 et 14-21.323, *D.*, 2015, p. 1438, obs. I. Gallmeister ; *D.*, 2015, p. 1819, note H. Fulchiron et C. Bidaud-Garaon. *Adde* D. Sindres, « Brèves remarques sur les arrêts d'assemblée plénière du 3 juillet 2015 ouvrant la voie à la reconnaissance en France de la GPA », *D.*, 2015, p. 1773 ; 2e esp., *AJ fam.*, 2015, p. 496, obs. F. Chénedé.

274. Rennes, 28 septembre 2015, *Dr. fam.*, 2015, comm. n° 201, note J.-R. Binet.

275. CA Dijon, 16 mars 2016, *Dr. fam.*, 2016, comm. n° 137, note H. Fulchiron ; *AJ fam.*, 2016, p. 339, note L. Sorisole, L. Vagnetti et C. Ventaja.

276. F. Terré et D. Fenouillet, *La famille, op. cit.*, n° 828. Voy., sur la question, G. Raoul-Cormeil, « Clonage reproductif et filiation, la chaîne des interdits », *JCP-G*, 2008, I, 128.

telle pratique peut poser. Après de vifs débats, la loi du 6 août 2004 a prohibé totalement le clonage. « Est interdite toute intervention ayant pour but de faire naître un enfant génétiquement identique à une personne vivante ou décédée » (art. 16-4, al. 2, C. civ.). Se trouvent donc prohibés, non seulement le clonage reproductif, mais également le clonage d'embryon humain à fins de recherche ou à fins thérapeutiques (art. L. 2151-2 et 2151-4, CSP). La nouvelle loi bioéthique du 7 juillet 2011 ajoute un alinéa à l'article L. 2151-2 qui énonce que « la création d'embryons transgéniques ou chimériques est interdite ».

B. Les conditions d'accès aux techniques de PMA

142 **Finalités des PMA.** Avant la nouvelle loi bioéthique, l'article L. 2141-2, alinéa premier, du Code de la santé publique prévoyait que les PMA devaient « répondre à la demande parentale d'un couple ». Cette directive a disparu, ce qui ne changera sans doute rien. En effet, il est toujours prévu que ces techniques doivent avoir pour but soit de remédier à l'infertilité d'un couple, soit d'éviter la transmission à l'enfant ou à un membre du couple d'une maladie d'une particulière gravité. Il est ajouté que le caractère pathologique de l'infertilité doit être médicalement diagnostiqué.

143 **Bénéficiaires de la PMA.** Les textes sont très clairs (art. L. 2141-2, al. 3) : seul un couple, marié ou non, peut demander à bénéficier d'une technique de PMA, les célibataires n'y ont pas droit. Il est vrai que cette limite peut susciter l'étonnement dans la mesure où une personne seule peut adopter un enfant[277]. La différence peut s'expliquer par l'intérêt de l'enfant. Celui-ci consiste sans doute à être élevé par deux parents, un père et une mère. Il est donc préférable qu'un enfant que l'on conçoit artificiellement soit accueilli par un couple homme femme. En revanche, l'adoption concernant des enfants déjà nés et abandonnés, l'adoption par une personne seule paraît préférable à une situation d'abandon. Toutefois, on comprend mal qu'un couple de concubins puisse recourir à une PMA, mais pas à une adoption[278].

Le couple doit être formé d'un homme et d'une femme. Les PMA sont donc fermées aux couples homosexuels. La loi du 17 mai 2013 ouvrant l'adoption à des couples homosexuels mariés n'a pas autorisé ces mêmes couples à recourir aux PMA. Il n'est pas certain que cette différence entre l'adoption et les PMA soit justifiée logiquement, car, s'il n'existe pas de corrélation entre mariage et PMA[279], il pourrait y en avoir une entre adoption et PMA. Mais il est vrai que cette reconnaissance, d'une part, aurait modifié complètement la finalité des PMA qui est de remédier à une infertilité pathologique, d'autre part, aurait entraîné des débats très complexes concernant l'établissement de la filiation, dans la mesure où ce sont les règles de la filiation par procréation naturelle qui s'appliquent[280].

277. Voy. *infra*, n° 161.

278. Voy. *infra*, n° 162.

279. B. de Boysson, « L'assistance médicale à la procréation pour les couples homosexuels : quelles perspectives ? », *Dr. fam.*, 2013, dossier n° 25.

280. Par ailleurs, seuls les couples de femmes pourraient en bénéficier ce qui créerait une inégalité à l'égard des couples masculins, sauf à reconnaître le recours aux maternités de substitution.

La question se pose inévitablement du cas d'un couple marié de femmes qui aurait valablement recours à l'étranger à une IAD, à la suite de quoi l'épouse de la mère demanderait l'adoption de son enfant, hypothèse que la loi de 2013 sur le mariage homosexuel rend possible. La Cour de cassation a décidé dans deux avis marquants que « le recours à l'assistance médicale à la procréation, sous la forme d'une insémination artificielle avec donneur anonyme à l'étranger, ne fait pas obstacle au prononcé de l'adoption, par l'épouse de la mère, de l'enfant né de cette procréation, dès lors que les conditions légales de l'adoption sont réunies et qu'elle est conforme à l'intérêt de l'enfant »[281]. On est surpris et on regrette que la Cour de cassation ne fasse aucune allusion à la question de la fraude à la loi alors, d'une part, qu'elle lui était expressément posée par la juridiction du fond et, d'autre part, que c'est cet argument qu'elle retenait jusqu'à l'arrêt de 2015 pour refuser de faire produire effet aux conventions de gestation pour autrui pratiquée à l'étranger, et que les conditions d'une telle fraude sont dans ces affaires sans doute réunies autant que dans les affaires de GPA[282].

Par ailleurs, le recours aux PMA est interdit aux personnes seules. Cependant, l'effectivité de l'interdiction peut être douteuse dans la mesure où certains États voisins de la France (comme la Belgique) autorisent les PMA pour des femmes seules. En revanche, la nouvelle formulation de l'article 2141-2, dernier alinéa, consacre une solution qui s'imposait d'évidence. Les PMA sont ouvertes aux partenaires d'un Pacte civil de solidarité, et non seulement aux époux et aux concubins.

Le couple doit être en âge de procréer. Les demandeurs ne doivent pas être trop jeunes, surtout ils ne doivent pas être trop âgés.

Enfin, le couple doit être uni. D'abord, les PMA *post mortem* sont prohibées. Ensuite, il doit exister une communauté de vie entre l'homme et la femme. Jusqu'à la loi du 7 juillet 2011, l'article L. 2141-2 du Code de la santé publique énonçait expressément cette condition pour les concubins qui devaient justifier d'une communauté de vie de deux ans. Cette exigence particulière est supprimée par la nouvelle loi, ce qui entraîne une égalité de traitement entre les couples mariés et ceux, concubins ou partenaires, qui ne le sont pas. Néanmoins, la condition de communauté de vie reste implicitement exigée pour tous les couples, puisque l'article 311-20 du Code civil, qui n'est pas touché par la nouvelle loi bioéthique, prévoit toujours que la rupture de la vie commune avant la mise en œuvre de la PMA rend caduc le consentement.

---

281. Cass., avis, 22 septembre 2014, n°s 14-70.006 et 14-70.007, *Dr. fam.*, 2014, comm. n° 160, C. Neirinck ; *AJ fam.*, 2014, p. 555, obs. F. Chénedé ; *D.*, 2014, p. 2031, note A.-M. Leroyer, et *D.*, 2015, pan., p. 651, obs. M. Douchy-Oudot, et pan., p. 704, obs. F. Granet-Lambrechts.

282. Voy. *supra*, encadré E12. Voy., comme ayant retenu l'existence d'une fraude, TGI Versailles, 29 avril 2014 (3 jugements), *Dr. fam.*, 2014, comm. n° 113, note P. Reigné. *Adde* C. Neirinck, « L'adoption plénière par l'épouse de la mère : la marée noire de l'appel », *Dr. fam.*, 2015, étude n° 12.

E12 Les PMA *post mortem*

Il arrive que l'un des membres du couple décède avant même qu'une procédure de procréation assistée ait pu être commencée. Le président du TGI de Rennes, statuant en référé, a rappelé une limite importante à la validité de ces techniques[283]. En effet, le Code de la santé publique ne permet de recourir à une technique de procréation médicalement assistée qu'à un couple vivant (art. L. 2141-2, CSP). C'est la raison pour laquelle le juge des référés a rejeté la demande formée par une veuve en restitution du sperme de son mari défunt conservé par le CECOS de Rennes. Le juge relève que la demanderesse pourrait ensuite se rendre en Belgique ou en Espagne « afin de bénéficier d'une réglementation conforme à ses souhaits ». La demande de restitution n'avait donc pour autre but que de contourner la loi française.

Il ne faut pas confondre l'insémination *post mortem*, qui est interdite, car elle aurait pour effet la conception d'un enfant après le décès de son père, avec le transfert d'embryon *post mortem*, qui consisterait à permettre à une femme d'assurer *après* le décès du père la gestation d'un enfant qui aurait été conçu *avant* le décès. Pourtant, alors qu'une telle situation semble moins heurter de front la conception que la société se fait de la procréation, l'article L. 2141-2, alinéa 2, du Code de la santé publique s'y oppose également. Et le Conseil d'État a rendu un avis défavorable à une évolution libérale de la loi sur ce point. D'ailleurs, la loi bioéthique du 7 juillet 2011 n'a pas modifié l'état du droit.

Biblio

À lire : A. MIRKOVIC, « Le transfert d'embryon *post mortem* : comment sortir de l'impasse ? », *Dr. fam.*, 2009, étude n° 23.

144 **Consentement.** Les demandeurs doivent donner un consentement préalable à toute intervention (art. L. 2141-2, al. 3, CSP), en toute connaissance de cause. C'est pourquoi il doit être précédé de divers entretiens avec « les membres de l'équipe médicale clinicobiologique pluridisciplinaire du centre » (art. L. 2141-10). Ils vérifient que les conditions d'accès sont réalisées, contrôlent la motivation de l'homme et de la femme, les informent des possibilités de réussite et d'échec des techniques, et leur rappellent les règles relatives à l'adoption. Il semble qu'il leur a été confié une mission qui va bien au-delà de leurs compétences[284].

En cas de recours à une PMA exogène, le consentement des demandeurs doit être exprimé devant un juge (le président du TGI de leur choix, art. 1157-2, CPC) ou un notaire (art. L. 2141-10, CSP *in fine* et art. 311-20, C. civ.).

Si le couple souhaite recourir à un don d'embryon, celui-ci doit être autorisé par le TGI qui recueille le consentement du couple et procède à un contrôle des conditions d'accueil que le couple compte offrir à l'enfant à naître « sur les plans familial, éducatif et psychologique » (art. L. 2141-6, al. 2, CSP). La procédure est ici très proche de la procédure d'adoption qui implique un agrément préalable et un contrôle de l'intérêt de l'enfant par le tribunal[285].

Le consentement peut être révoqué par l'un ou l'autre des membres du couple tant que la PMA n'a pas été mise en œuvre. De même, il est caduc si le couple se sépare avant la mise en œuvre de la procédure. Dans tous les cas, la PMA ne peut être pratiquée.

283. TGI Rennes, ord. réf., 15 octobre 2009, *Dr. fam.*, 2009, focus n° 158, obs. M. LAMARCHE ; *JCP-G*, 2009, ap. rapp. n° 377, J.-R. BINET.
284. F. TERRÉ et D. FENOUILLET, *La famille*, *op. cit.*, n° 846.
285. Voy. *infra*, n°s 191 et s., et n° 198.

§ 2. – La filiation des enfants issus d'une PMA

145 **Fondement de la filiation.** Du point de vue de la filiation, la condition de consentement s'avère la plus importante. En effet, que la technique de PMA employée soit endogène ou exogène, la filiation repose avant tout sur la volonté des parents, plus que sur un lien biologique. Il en résulte une certaine indifférence à l'égard de la vérité biologique, ce qui explique que la filiation est imposée à l'égard du couple demandeur et interdite à l'égard de l'éventuel donneur.

A. La filiation imposée à l'égard du couple demandeur

146 **Établissement et contestation.** La filiation est imposée au couple demandeur dès lors qu'il remplit les conditions d'accès à la PMA et qu'il a donné son consentement pour y procéder. Il en résulte que l'établissement de la filiation peut être forcé et que, en principe, la filiation une fois établie ne peut pas être contestée.

1. L'établissement de la filiation

147 **Techniques d'établissement de la filiation.** Le législateur n'a pas envisagé de mode particulier d'établissement de la filiation, même pour l'hypothèse du don d'embryon, bien que celui-ci nécessite une autorisation judiciaire. Du silence de la loi, on déduit que la filiation du couple à l'égard de l'enfant est établie selon les modes d'établissement de la filiation par procréation naturelle. Si le couple est marié, la filiation est établie par l'acte de naissance et la présomption de paternité. Si le couple n'est pas marié, la filiation est établie à l'égard de la mère par l'acte de naissance et à l'égard du père par reconnaissance. Le recours à la possession d'état semble plus douteux, car c'est un mode d'établissement utilisé par l'enfant lui-même lorsque le parent n'a justement pas établi sa filiation.

Si l'enfant est issu d'une technique de PMA endogène, l'application de ces règles est pleinement justifiée. En revanche, si la PMA était exogène, on se rend compte que ces modes d'établissement sont utilisés à contre-emploi : sortes de présomption de liens de sang, ils servent ici à établir une filiation à l'égard d'un homme ou d'une femme qui ne sont pas biologiquement les parents de l'enfant. Encore, la filiation maternelle repose toujours sur une vérité naturelle, puisque c'est forcément la femme qui accouche et que c'est l'accouchement qui fait la maternité. En revanche, pour le père, la filiation repose sur un mensonge organisé par la loi. Malgré les apparences, la filiation ne repose pas sur la vérité biologique.

148 **Établissement forcé pour le père non marié.** L'originalité du système apparaît également dans l'obligation qui est faite au couple d'établir sa filiation. C'est du moins ce qui est prévu pour le père non marié : « celui qui, après avoir consenti à l'assistance médicale à la procréation, ne reconnaît pas l'enfant qui en est issu engage sa responsabilité envers la mère et envers l'enfant » (art. 311-20, al. 4, C. civ.). L'absence de souscription de la reconnaissance de l'enfant constitue donc une faute qui oblige celui qui l'a commise à réparer le préjudice qui en résulte. Le texte va cependant plus loin puisque, « en outre, sa paternité est judiciairement déclarée » (al. 5). Le renvoi du texte aux articles 328 et 331

place le régime de cette action sous l'empire du droit commun des actions relatives à la filiation.

Il ne s'agit toutefois pas d'une action en recherche de paternité ordinaire, sinon il aurait été fait un simple renvoi à l'article 327. Il n'est en effet pas nécessaire de démontrer que le défendeur est le père biologique de l'enfant. Cela n'aurait d'ailleurs aucun sens si l'enfant est issu d'une IAD. Il suffit de démontrer que le défendeur avait consenti à la PMA.

Ces sanctions peuvent surprendre. On sait en effet que les modes d'établissement laissent tous une place à la volonté et qu'il est normalement possible pour un parent de choisir de ne pas établir sa filiation. Pourquoi en est-il autrement ici ? C'est que la filiation repose non sur un lien de sang, mais sur une volonté. La volonté qui a été exprimée avant la mise en œuvre du processus, sans avoir été rétractée, est devenue un fait objectif qui interdit de changer d'avis après coup : il est possible de forcer l'établissement de la filiation d'un homme qui a consenti à l'IAD comme l'établissement de la filiation de celui qui a engendré. La volonté et le sang sont deux vérités aussi intangibles l'une que l'autre.

149 **Autres parents.** On s'étonne alors que le Code civil n'envisage expressément que la filiation du concubin. Pourquoi le mari échapperait-il à cette obligation ? Il s'agit peut-être d'une erreur du législateur qui a cru que la filiation d'un homme marié s'établit automatiquement, ce qui n'est pas le cas[286]. Quant à la femme, là encore, qu'elle soit mariée ou non, elle n'est pas visée. Or sa filiation non plus n'est pas automatique, même depuis la réforme de 2005 : l'acte de naissance n'établit la filiation que si le nom de la mère y est indiqué, ce qu'elle peut refuser. Il faut rappeler que la femme peut toujours décider d'accoucher sous X ! Il semble en réalité possible de considérer que l'obligation d'établir la filiation concerne tous les parents.

2. La contestation de la filiation

150 **Contestation interdite.** Logiquement, le Code civil prévoit que le consentement donné à une PMA interdit toute action en contestation de filiation (art. 311-20, al. 2). Cette solution se comprend aisément : puisque la filiation repose sur la volonté du couple, notamment en cas de PMA exogène, il serait absurde d'admettre une action visant à démontrer que la filiation n'est pas conforme à la réalité biologique. Il est cependant prévu une double exception : la filiation peut être contestée s'il est prouvé que l'enfant n'est pas issu de la PMA ou que le consentement a été privé de son effet. Si l'un de ces faits est démontré, l'action est alors soumise aux règles ordinaires des actions en contestation. Ainsi, elle est fermée si la filiation est établie par un titre et une possession d'état de plus de cinq ans.

286. Voy. *supra*, n°s 56 et s.

E13 Spécificité de la filiation d'un enfant issu d'une PMA avec donneur ?

Les articles du Code civil relatifs à la filiation par PMA sont ambigus, en particlulier l'article 311-20 qui énonce le principe du caractère obligatoire de l'établissement de la filiation par les parents qui ont eu recours à une PMA, ainsi que l'interdiction de contester par la suite cette filiation. En effet, deux interprétations se font jour. Pour certains, ce texte ne serait applicable qu'aux enfants issus d'une PMA avec donneur, la filiation des enfants issus d'une PMA endogène ne posant aucune difficulté d'ordre juridique, et étant soumise aux règles de droit commun de la filiation. Donc, il n'y aurait aucune caractère obligatoire à l'établissement de la filiation, ni interdiction de la remettre en cause – sauf s'il est démontré que l'enfant est né d'un tiers. En revanche, lorsque l'enfant a été conçu à la suite d'un don de gamètes, voire d'embryon, sa filiation serait soumise à des règles spécifiques[287]. C'est d'ailleurs ce que la Cour de cassation a affirmé avec force dans un arrêt récent qui déclare que les articles 311-19 et 311-20 du Code civil ne régissent que les procréations médicalement assistées avec tiers donneur[288]. À l'appui de cette analyse, on peut avancer que le texte qui contient ces principes vise dans son premier alinéa « une assistance nécessitant l'intervention d'un tiers ». En outre, cette filiation ne correspondant pas à la réalité biologique, il est normal que les règles qui lui sont applicables soient spécifiques.

Une autre interprétation retenue est que la filiation d'un enfant est soumise aux mêmes règles, que la PMA soit avec ou sans tiers donneur[289] – sauf l'article 311-19 évidemment qui interdit l'établissement de la filiation à l'égard du tiers donneur. En effet, lorsqu'on examine l'article 311-20, composé de six alinéas, on se rend compte d'abord que seul le premier fait référence aux PMA exogènes. Cela semble bien insuffisant pour en déduire que les cinq suivants, qui contiennent notemment les principes rappelés plus hauts, ont une portée aussi réduite. Ensuite, parmi les alinéas qui suivent, le troisième contient une règle qui manifestement est commune à toutes les PMA : le consentement est privé d'effet dans un certain nombre de situations telles que le décès de l'un des membres du couple, la cessation de la communauté de vie, etc. Il ne fait guère de doute que ce dernier cas entraîne la caducité du consentement, puisque l'existence d'une communauté de vie est une condition exigée pour toute PMA. De même, pourra-t-on prétendre que l'exception à l'interdiction de la contestation liée au fait que l'enfant n'est pas issu de la PMA ne s'applique pas aux PMA endogènes ?

Enfin, et peut-être surtout, que la filiation d'un enfant né d'une PMA exogène mérite un traitement différencié est extrêmement discutable. Ainsi, tous les auteurs reconnaissent que la filiation est établie selon les règles de droit commun (acte de naissance, présomption de paternité, reconnaissance) que les enfants soient nés d'une PMA exogène ou endogène. Il n'y a donc rien ici de spécifique. Du coup, seule l'obligation d'établir la filiation et l'interdiction de la contester seraient spécifiques. Mais quelles seraient les raisons d'un tel particularisme ? C'est que la conception de l'enfant et sa filiation repose non pas sur un lien biologique, mais sur la volonté du couple. Si cette volonté fonde le lien de filiation, il est normal qu'après avoir émis cette volonté, le couple (et pas seulement le père) ne puisse revenir en arrière. Mais est-ce si différent lorsque l'enfant a été conçu par PMA endogène ? La réponse est positive en apparence puisque l'enfant se rattache biologiquement à ses deux parents. Pourtant, sans la PMA, l'enfant n'aurait pas pu être conçu. Or, s'il apparaît une différence de degrés entre les deux sortes de PMA, ce n'est pas une différence de fond : dans les deux cas, tant la conception que la filiation transgressent la nature. La science permet d'avoir des enfants dans des hypothèses où la nature le refuse aux couples. Dans les deux cas, on peut estimer que la filiation, tant maternelle que paternelle, repose avant tout sur la volonté.

---

287. En ce sens, voy par ex. P. Malaurie et H. Fulchiron, *La famille, op. cit.*, n°s 1046 et s. ; C. Bernard-Xémard, *Droit civil, Les personnes, La famille*, 2e éd., Paris, Gualino, 2014-2015, n°s 1924 et s.

288. Cass. 1re civ., 16 mars 2016, n° 15-13.427, *Dr. fam.*, 2016, comm. n° 104, note approbative H. Fulchiron ; *AJ fam.*, 2016, p. 212, obs. M. Saulier.

289. En ce sens, semble-t-il, P. Courbe et A. Gouttenoire, *Droit de la famille*, 6e éd., Paris, Sirey, 2013, n°s 1166 et s. ; J. Garrigue, *Droit de la famille*, coll. HyperCours, Paris, Dalloz,, 2015, n°s 1105 et s.

Par conséquent, les raisons qui justifient les principes d'obligation et d'interdiction pour les PMA exogènes se retrouvent avec la même force pour les PMA endogènes. Il devrait donc en résulter que le père non marié (mais pas seulement), dans tous les cas, doit établir sa filiation sauf à encourir sa responsabilité ; et en cas de refus, l'action en établissement forcé peut être exercée sur le fondement de l'article 311-20 et aboutir sur la seule démonstration du consentement à la PMA.

B. La filiation interdite à l'égard du tiers donneur

151 **Établissement interdit.** Le don de gamètes, tout comme le don d'embryon, est anonyme, notamment afin de ne pas décourager les donneurs éventuels. Le Code civil en déduit une conséquence drastique sur le plan de la filiation, pour le cas où l'identité du donneur et celle de l'enfant seraient révélées : « en cas de procréation médicalement assistée avec tiers donneur, aucun lien de filiation ne peut être établi entre l'auteur du don et l'enfant issu de la procréation » (art. 311-19). Tout comme l'accouchement sous X naguère, le don de gamètes constitue une fin de non-recevoir à une action en recherche de filiation. D'ailleurs, l'auteur du don ne pourrait pas non plus reconnaître l'enfant.

152 **Absence de responsabilité.** L'auteur du don n'a évidemment commis aucune faute, ni à faire le don, ni à conserver l'anonymat. L'article 311-9, alinéa 2, énonce ainsi : « aucune action en responsabilité ne peut être exercée à l'encontre du donneur ». De la sorte, le donneur est à l'abri, y compris si l'enfant naît affecté d'une maladie qu'il lui a transmise.

SECTION III
La filiation adoptive

153 **Filiation élective.** Résultat de la conjonction d'un ou plusieurs actes de volonté et d'un acte de l'autorité publique, le jugement d'adoption crée un lien de filiation purement artificiel qui ne repose pas sur une donnée préalable biologique : l'adoption lie des parents et un enfant qui sont en principe étrangers l'un à l'autre. Et même si elle intervient parfois entre membres d'une même famille par le sang, ce n'est pas cet élément qui fonde le lien de filiation adoptive. C'est à cet égard que l'on parle de filiation élective. Mais en droit positif, l'adoption n'est plus purement contractuelle : elle implique un jugement rendu par le tribunal de grande instance dont le rôle est de vérifier si elle est conforme à l'intérêt de l'enfant.

154 **Finalités de l'adoption.** Au cours de l'histoire, l'adoption a poursuivi des finalités très diverses[290]. À l'origine, la finalité de l'adoption du Code civil consistait seulement à donner un héritier (adulte) à une personne qui n'en avait pas, non à faire entrer l'enfant dans la famille de l'adoptant. Il en est résulté un faible recours à cette institution tout au long du XIXe siècle[291]. La Première Guerre mondiale a constitué un tournant décisif. En raison du grand nombre d'orphelins

---

290. H. FULCHIRON et P. MURAT, « Splendeur et misères de l'adoption », *Rev. Autrement,* février 1988, n° 96, p. 92.

291. 139 en 1910, selon J.-L. HALPÉRIN, *Histoire du droit privé français depuis 1804*, Paris, PUF, 1996, n° 155.

que la Grande Guerre avait laissés, la finalité de l'adoption fut inversée : il s'agissait désormais de donner une famille à des enfants qui n'en avaient pas. Cette aspiration nouvelle se traduisit par la loi du 19 juin 1923 qui autorisa l'adoption des enfants mineurs.

Depuis lors, l'adoption a connu de nombreuses réformes. L'une des principales résulte du décret-loi du 29 juillet 1939 qui créa le Code de la famille (devenu Code de l'action sociale et des familles) et instaura deux sortes d'adoption. À côté de l'adoption ordinaire, de caractère contractuel, figurait également une légitimation adoptive, de nature judiciaire, réservée à des couples mariés. Le régime actuel de l'adoption est issu de la grande réforme opérée par la loi du 11 juillet 1966 qui, notamment, a modifié la terminologie : l'adoption ordinaire est devenue adoption simple et la légitimation adoptive adoption plénière ; et les deux types d'adoption nécessitent désormais l'intervention du juge. Par la suite, seules des modifications ponctuelles ont été apportées par plusieurs lois, telles que la loi « Mattéi » du 5 juillet 1996[292] ou la loi du 4 juillet 2005[293].

Mais la réforme récente la plus extraordinaire est issue d'une loi qui n'a pourtant pas modifié le droit de l'adoption (sauf sur des points mineurs) : c'est celle qui résulte de la loi du 17 mai 2013 qui, en ouvrant le mariage aux couples homosexuels, permet aux couples homosexuels mariés de recourir à l'adoption, sans qu'il ait été nécessaire de toucher aux règles la concernant directement ! Cette réforme témoigne d'un infléchissement de la finalité de l'adoption, non seulement dans la pratique, mais aussi dans l'esprit de la loi. Si, au plan individuel, l'intérêt de l'enfant reste le critère essentiel pour le prononcé de l'adoption par le juge, il n'en reste pas moins qu'aujourd'hui, au plan général, le législateur, par cette réforme, a visé l'intérêt des couples homosexuels, non l'intérêt de l'enfant. Quoi qu'il en soit, pour mieux affermir l'ancrage dans notre droit positif de la création d'une double filiation de même genre, la loi a inséré dans le Code civil un article 6-1 qui prévoit que la filiation adoptive emporte les mêmes effets, droits et obligations reconnus par les lois, que les parents soient de sexe différent ou de même sexe. Il faut ajouter que le Conseil constitutionnel a déclaré que la réforme n'était pas contraire à la Constitution, donnant quand même au passage valeur constitutionnelle au principe selon lequel l'adoption doit être conforme à l'intérêt de l'enfant[294].

---

292. J. Rubellin-Devichi, « Permanence et modernité de l'adoption après la loi du 5 juillet 1996 », *JCP-G*, 1996, I, 3979 ; F. Boulanger, « Le bilan mitigé d'une réforme : la loi n° 96-604 du 5 juillet 1996 modificatrice du droit de l'adoption », *D.*, 1996, chron., p. 307.

293. L. n° 2005-744 du 4 juillet 2005 portant réforme de l'adoption, *JORF*, 5 juillet 2005. Lire P. Salvage-Gerest, « L'article 350, alinéa 1er, du Code civil, cinquième version », *Dr. fam.*, juillet-août 2006, p. 4 ; F. Monéger, « La loi du 4 juillet 2005 portant réforme de l'adoption », *RD sanit. soc.*, 2005, p. 821. Pour une évolution plus précise de l'adoption, voy. F. Terré et D. Fenouillet, *La famille, op. cit.*, n° 731. *Adde* L. n° 2007-293 du 5 mars 2007, qui a modifié l'art. 367 C. civ.

294. Cons. const., 17 mai 2013, n° 2013-669, *Dr. fam.*, 2013, comm. n° 98, note J.-R. Binet ; F. Chénedé, « La nouvelle leçon de démocratie du Conseil constitutionnel », *AJ fam.*, 2013, p. 332.

E14 Les détournements de l'adoption

Un détournement d'institution consiste à utiliser une institution à des fins qui lui sont étrangères. Une première sorte de détournement de l'adoption consiste à l'utiliser afin de créer un lien de filiation qui ne correspond pas à une relation de nature parentale. Il en allait ainsi de l'adoption simple entre concubins demandée pour pallier l'absence de statut juridique à une époque où ni le PACS ni le mariage homosexuel n'existaient encore[295], même si on rencontre encore parfois le cas[296]. De même de l'adoption plénière de l'enfant de son conjoint demandée par un mari afin de couper les liens de l'enfant avec sa famille paternelle d'origine[297], ou celle demandée par le grand-père pour empêcher le père véritable de l'enfant de le reconnaître[298]. Ou encore l'adoption de son apprenti par un agriculteur afin de lui transmettre un bail rural, incessible hors cadre familial[299]. L'adoption simple de ses petits-enfants, ayant tous dépassé la quarantaine, par une grand-mère à des fins purement successorale a été refusée comme poursuivant un but « étranger à l'esprit de la loi »[300]. Ce dernier argument soulève des interrogations dans la mesure où la succession est un effet normal de la filiation. C'est pourquoi on ne peut qu'approuver la Cour de cassation d'avoir retenu qu'il n'y a pas de détournement lorsque l'adoption n'a pas une visée exclusivement successorale, mais poursuit également la consécration d'une relation filiale de fait[301]. On peut imaginer le cas inverse de l'adoption simple qui aurait pour but de priver un enfant de l'adoptant d'une partie de la succession[302].

Une autre sorte de détournement de l'adoption est liée à la pratique des mères porteuses. Lorsqu'un couple ne peut pas procréer en raison d'un dysfonctionnement physiologique de l'épouse, il peut être tenté de recourir aux services d'une femme qui accepte de porter un enfant fécondé soit avec les gamètes du couple, soit avec ceux de l'homme du couple et ceux d'une autre femme, soit encore avec ceux de la mère porteuse. Dans tous les cas, celle-ci s'engage à abandonner l'enfant à sa naissance. L'homme reconnaît l'enfant et sa femme en demande l'adoption. Avant que la loi du 29 juillet 1994 ne déclare de telles pratiques illicites (art. 16-7, C. civ.), la jurisprudence s'était déjà prononcée dans ce sens. La Cour de cassation s'était fondée tout à la fois sur le principe de l'indisponibilité du corps humain et de l'état des personnes et sur le détournement de l'adoption que constituait l'opération[303]. L'adoption n'avait pas en effet pour but de donner une famille à un enfant, mais de créer de toutes pièces un enfant pour le donner en adoption à une femme. Il arrive parfois en outre que le mari ne soit pas lui-même le père de l'enfant et souscrive une reconnaissance mensongère. Les juges, lors de la demande d'adoption de l'épouse, n'hésitent pas à ordonner un examen comparé des sangs du mari et de l'enfant, pour déjouer l'éventuelle fraude[304]. Il pourrait en résulter non seulement le refus de l'adoption, mais aussi l'annulation de la reconnaissance.

295. Riom, 9 juillet 1981, *JCP-G*, 1982, II, 19799, note G. Almairac ; Versailles, 4 novembre 1999, *RTD civ.*, 2000, p. 309, obs. J. Hauser ; Cass. 1re civ., 22 juin 2004, *Dr. fam.*, 2004, comm. n° 30, note P. Murat ; *RJPF*, octobre 2004, p. 47 ; *RTD civ.*, 2005, p. 114, obs. J. Hauser. Voy. toutefois un arrêt de la Cour de cassation qui consacre une adoption entre deux hommes qui avaient eu des relations sexuelles dans le passé : Cass. 1re civ., 8 juin 1999, *Bull. civ.*, I, n° 145 ; *D.*, 2000, p. 716, note T. Garé ; *Dr. fam.*, 1999, comm. n° 124, note P. Murat ; *RTD civ.*, 1999, p. 610, obs. J. Hauser.

296. Cass. 1re civ., 4 mai 2011, n° 10-13.996, *Dr. fam.*, 2011, comm. n° 110, note C. Neirinck.

297. Cass. 1re civ., 7 mars 1989, *Bull. civ.*, n° 112 ; *D.*, 1989, p. 477, note J. Hauser ; *Rép. Defrénois*, 1989, p. 690, note J. Massip.

298. Bordeaux, 21 janvier 1988, *D.*, 1988, p. 453, note J. Hauser.

299. Cass. 1re civ., 19 janvier 1991, *JCP-N*, 1993, prat. n° 2658, n° 33.

300. Cass. 1re civ., 16 octobre 2001, *Bull. civ.*, I, n° 256 ; *D.*, 2002, p. 1097, note F. Boulanger.

301. Cass. 1re civ., 10 février 2016, n° 14-23.326, *Dr. fam.*, 2016, comm. n° 77, note S. Tetard.

302. Versailles, 1er octobre 2015, *Dr. fam.*, 2016, comm. n° 16, note A. Molière.

303. Voy. jurispr. citée *supra*.

304. Cass. 1re civ., 16 février 1999, *D.*, 1999, somm., p. 201, obs. F. Granet ; *D.*, 2000, p. 692, note J. Massip, somm., p. 170, obs. F. Vasseur-Lambry ; *JCP-G*, 1999, II, 10117, note I. Ardeef.

Biblio

À lire : D. Fenouillet, « Le détournement d'institution familiale », in *Mélanges Malaurie*, Paris, Defrénois, 2005, p. 237 ; J. Hauser, « L'adoption à tout faire », *D.*, 1987, chron., p. 205 ; P. Raynaud, « Un abus de l'adoption simple : les couples adoptifs », *D.*, 1983, chron., p. 39 ; J. Hauser, « L'adoption simple, joker de la crise de la parenté », *Dr. fam.*, 2010, focus n° 55.

155 **Pénurie d'enfants adoptables.** Institution réglementée au cours du XXe siècle pour remédier à des situations de crise liées aux deux guerres qui ont décimé l'Europe, l'adoption est devenue un recours pour les personnes qui ne peuvent pas avoir d'enfants. On en veut pour preuve que la demande d'adoption fait le plus souvent suite à l'échec d'une technique de PMA. À ce titre, on a pu dire qu'elle était victime de son succès. C'est qu'en effet, la demande d'enfants est devenue plus importante que l'offre. Au point que, depuis 1923, toutes les réformes subséquentes ont eu pour objet ou pour effet d'alléger les conditions d'accès à l'adoption et d'augmenter le nombre d'enfants adoptables[305].

Quoi qu'il en soit, on peut dire qu'il y a en France une pénurie d'enfants adoptables, du moins si l'on ne compte que les enfants en très bas âge qui ont la préférence des candidats, parce que ceux-ci peuvent mieux s'approprier un enfant, faire comme s'il était réellement le leur, lorsqu'il n'a pas de passé. Il ne faut toutefois pas oublier qu'il existe un grand nombre d'enfants adoptables, dits à particularité (enfants âgés, malades, lourdement handicapés), qui n'intéressent pas, la plupart du temps, ceux qui expriment un désir de parenté. Les raisons de cette pénurie sont de deux ordres. Tout d'abord, l'augmentation de la demande. Ainsi, en 1991, on comptait 4 460 requêtes en adoption plénière et 4 061 en adoption simple ; en 1996, 4 489 requêtes en adoption plénière et 6 610 en adoption simple ; en 2000, 3 632 requêtes en adoption plénière et 6 394 en adoption simple ; en 2008, 3 203 en adoption plénière et 7 167 en adoption simple, même si on constate une légère diminution en 2010, avec 3 297 demandes en adoption plénière et 6 661 en adoption simple.

Inversement, le nombre d'enfants abandonnés tend à diminuer. Il faut sans doute imputer ce phénomène à la grande maîtrise de la procréation à laquelle les techniques médicales permettent aujourd'hui d'aboutir, tout comme à la légalisation de l'interruption volontaire de grossesse. Il en résulte que la plupart des enfants naissent désirés et ne font donc pas l'objet d'un abandon. La pénurie d'enfants adoptables conduit les candidats à l'adoption à se tourner de plus en plus vers l'étranger. En 2007, 71 % des enfants relevaient de l'adoption internationale[306]. Il est vrai que l'on constate également une baisse très importante du nombre d'adoptions internationales : on en comptait 3 504 en 2010, contre 1 569 en 2012 et 1069 en 2014 ! Il ne faut cependant pas croire que cette chute s'explique par une baisse de la demande, mais plutôt par une diminution d'enfants adoptables dans les pays d'origine traditionnels des enfants adoptés, au point que l'on peut parler de pénurie d'enfants adoptables. Cette pénurie tient elle-même à plusieurs facteurs : diffusion de la contraception et

---

305. Voy., dans le même sens, le *Rapport Colombani*, remis au président de la République le 19 mars 2008 ; P. Salvage-Gerest, « Adoption : le rapport de la "mission Colombani" », *Dr. fam.*, 2008, étude n° 13.

306. Z. Belmokhtar, « L'adoption simple et plénière en 2007 : des projets différents », *Infostat Justice*, septembre 2009, n° 106.

de l'interruption volontaire de grossesse ; meilleure prise en charge des enfants abandonnés et mise en place de l'adoption nationale dues à une augmentation du niveau de vie ; refus également de l'adoption homosexuelle ou unilatérale par certains États, comme la Russie ; évolution du profil des enfants adoptables de plus en plus vers des enfants à besoin spécifiques (enfants de plus de 5 ans, fratries, enfants présentant une pathologie) dont l'adoption est plus difficile[307].

156 **Adoption plénière et adoption simple.** Depuis la loi du 11 juillet 1966, deux types d'adoption coexistent, l'adoption plénière et l'adoption simple. Elles se distinguent par leurs conditions et surtout par leur effet principal : l'adoption plénière coupe les liens de l'enfant avec sa famille d'origine pour l'intégrer totalement dans sa famille adoptive, tandis que l'adoption simple, au contraire, maintient les liens de l'enfant avec sa famille biologique. Il convient de les étudier successivement.

§ 1. – L'adoption plénière

157 **Division.** L'adoption plénière, contrairement à la légitimation adoptive qu'elle remplace, a été considérée par la loi de 1966 comme l'adoption de droit commun, celle qui assimile l'enfant adopté à un enfant issu des adoptants, qui crée donc un véritable lien de filiation. Des règles strictes sont édictées tant en ce qui concerne les conditions que la procédure et les effets de l'adoption.

A. Les conditions de l'adoption plénière

158 **Plan.** Les conditions de l'adoption plénière sont relatives à l'adoptant, à l'adopté et aux rapports entre l'adoptant et l'adopté. Il faudra terminer en examinant le cas particulier de l'adoption de l'enfant du conjoint.

1. Les conditions relatives à l'adoptant

159 **Double condition de nature familiale.** La requête en adoption constitue une manifestation de volonté. Le requérant doit donc être sain d'esprit. La requête peut ainsi être rejetée par le juge, lorsque l'adoptant est placé quelques mois plus tard sous tutelle[308].

Deux sortes de conditions principales concernent le candidat à l'adoption, liées l'une et l'autre à sa situation familiale. Il s'agit d'abord d'une condition relative à sa situation conjugale, ensuite de l'incidence de la présence d'enfants dans son foyer.

307. *L'adoption internationale en France, Rapport annuel 2011*, www.diplomatie.gouv.fr. *Adde* « L'adoption internationale dans le monde : les raisons du déclin », *Populations & Sociétés*, février 2015, n° 519 (librement accessible sur le site de l'INED).

308. Cass. civ., 10 juin 1981, *Bull. civ.*, n° 202 ; *Rép. Defrénois*, 1982, p. 993, obs. J. Massip ; *RTD civ.*, 1984, p. 303, obs. J. Rubellin-Devichi. L'affaire concernait une adoption simple, mais la solution est transposable à l'adoption plénière.

a. La situation conjugale de l'adoptant

160 **Adoption par un couple marié.** L'adoption plénière peut tout d'abord être demandée par un couple marié et non séparé de corps (art. 343, C. civ.). Avant la loi de 1966, la légitimation adoptive était même exclusivement réservée aux couples mariés. Il faut sans doute expliquer cette faveur du Code civil à l'égard des époux par la volonté de faire de la filiation adoptive une copie – presque – conforme de la filiation légitime.

Les époux doivent répondre à des conditions objectives qui ont évolué avec le temps. Une condition d'âge était exigée avant 1966. Elle a été supprimée par la loi du 22 décembre 1976, ce qui favorise l'adoption par des couples jeunes. En revanche subsiste une condition de durée minimum du mariage. Depuis la loi du 5 juillet 1996, elle est de deux ans ; auparavant elle était de cinq ans. Il s'agit de s'assurer de la stabilité de l'union, dans l'intérêt de l'enfant. Cette condition de durée disparaît toutefois lorsque chacun des époux est âgé de 28 ans. Dans ce cas, en effet, chacun d'eux aurait la possibilité de faire une demande individuelle d'adoption. La loi de 1996 n'a fait que consacrer la jurisprudence antérieure[309].

La possibilité pour les seuls couples mariés de se porter candidats à l'adoption impliquait implicitement, mais nécessairement, que seuls des couples hétérosexuels pouvaient y recourir, puisque le mariage était considéré par le droit français comme l'union d'un homme et d'une femme. La loi du 17 mai 2013[310] a ouvert le mariage aux couples homosexuels[311]. Il en résulte nécessairement que les couples homosexuels peuvent désormais recourir à l'adoption à condition d'être mariés. Cette réforme renforce l'idée, pourtant discutable, que l'adoption est un effet normal du mariage, et seulement du mariage.

161 **Adoption individuelle.** La loi de 1966 a ouvert la possibilité de l'adoption individuelle, c'est-à-dire au profit d'un demandeur agissant seul. Une personne seule peut adopter à condition d'être âgée de 28 ans (art. 343-1, C. civ.). Il ne s'agit pas forcément d'un célibataire : l'adoptant peut vivre en couple et même être marié. Dans ce cas, si les époux ne sont pas séparés de corps, le consentement du conjoint du candidat à l'adoption est nécessaire (art. 343-1, al. 2), à moins qu'il ne soit dans l'impossibilité de manifester sa volonté. La jurisprudence a décidé que le consentement une fois donné ne peut pas être rétracté[312]. La condition d'âge n'est pas exigée en cas d'adoption de l'enfant du conjoint[313].

162 **Interdiction d'une adoption par plusieurs personnes.** L'article 346 du Code civil énonce : « nul ne peut être adopté par plusieurs personnes si ce n'est par deux époux ». Le second alinéa prévoit toutefois qu'une nouvelle adoption est possible :
- en cas de décès de l'adoptant ;

309. Cass. 1re civ., 5 mai 1982, *JCP-G*, 1983, II, 20084 ; *D.*, 1983, p. 227, note J. Massip ; *Rép. Defrénois*, 1983, p. 328, obs. J. Massip ; *RD sanit. soc.*, 1983, p. 161, obs. P. Raynaud ; *RTD civ.*, 1984, p. 301, obs. J. Rubellin-Devichi.

310. L. n° 2013-404 du 17 mai 2013 ouvrant le mariage aux couples de personnes de même sexe, *JORF*, 18 mai 2013, p. 8253. *Adde D.*, 24 mai 2013, n° 2013-429, *JORF*, 28 mai 2013, p. 8733 ; *Dr. fam.*, 2013, comm. n° 99, note J.-R. Binet.

311. Voy. *infra*, n° 401.

312. Cass. 1re civ., 2 décembre 1997, *Bull. civ.*, I, n° 333 ; *JCP-G*, 1998, II, 10028, concl. J. Sainte-Rose ; II, 10038, note F. Dreifuss-Netter.

313. Voy. *infra*, n° 188.

- en cas de décès des deux adoptants ;
- en cas de décès de l'un des deux adoptants, si la demande est présentée par le nouveau conjoint de l'adoptant survivant.

De ce texte, on déduit sans ambiguïté qu'un couple non marié ne peut pas former de requête en adoption. Il faut comprendre que les concubins ne peuvent adopter en tant que couple. En revanche, rien n'interdit à l'un des concubins de tenter une adoption individuelle. Le fait qu'il vive avec une autre personne de sexe opposé pourra même lui être favorable dans le cadre de la procédure administrative d'agrément. L'article 346 interdit cependant l'adoption individuelle du même enfant par l'autre concubin. Si le couple non marié est lié par un pacte civil de solidarité, la solution est la même : la conclusion d'un PACS n'a aucune incidence en matière de filiation, d'adoption ou d'autorité parentale. Cette solution paraît difficilement compréhensible, à une époque où les couples non mariés sont réputés connaître une stabilité souvent aussi grande que les couples mariés, où les concubins peuvent recourir aux techniques de PMA[314], et où les couples homosexuels mariés peuvent se porter candidats à l'adoption.

E15 **Adoption et homosexualité**

L'une des revendications des homosexuels, outre la possibilité de contracter mariage avec une personne du même sexe, réside dans la possibilité d'adopter. Il faut cependant bien cerner le problème en la matière qui, en réalité, se dédouble. Les difficultés ne sont pas les mêmes selon que l'adoption est voulue par une personne seule ou par un couple. L'interdiction ne concernait que l'adoption par un couple homosexuel (sur l'adoption par une personne seule, voy. *infra*, encadré E16) et l'adoption de l'enfant du concubin ou du partenaire. Elle n'était pas affirmée expressément, mais résultait de ce que seul un couple marié peut adopter.

Certains couples de femmes avaient alors tenté de faire reconnaître la constitution d'une famille juridique en recourant à l'adoption simple. Mais ce stratagème ne pouvait fonctionner que si l'une des femmes était mère biologique d'un enfant. Il s'agissait alors pour sa compagne d'adopter simplement l'enfant de sa concubine ou de sa partenaire. Il ne restait plus à la mère adoptive, devenue titulaire de l'autorité parentale, qu'à procéder à une délégation-partage de l'autorité parentale au profit de la mère biologique. La Cour de cassation, dans deux arrêts du 20 février 2007[315], avait cependant condamné ce montage, estimant que l'adoption simple n'a pas pour finalité de constituer pour l'enfant une famille composée de son parent biologique et de son parent adoptif. Il y avait une contradiction entre l'effet translatif de l'autorité parentale attaché à l'adoption simple et l'opération consistant à retransférer cette autorité au parent d'origine. En revanche, la Cour de cassation avait admis la légitimité d'une délégation-partage au sein d'un couple homosexuel au profit de la compagne de

314. *Contra* : J. Rubellin-Devichi, « Permanence et modernité de l'adoption depuis la loi du 5 juillet 1996 », *op. cit.*, n° 14, pour qui « un enfant vaut bien un mariage ».

315. Cass. 1re civ., 20 février 2007, *D.*, 2007, p. 1047, note D. Vigneau ; actu. jurispr., p. 721, obs. C. Delaporte-Carre ; pan., p. 1467, obs. F. Granet-Lambrechts ; *JCP-G*, 2007, II, 10068, note C. Neirinck ; *Dr. fam.*, 2007, comm. n° 80, note P. Murat ; *Rép. Defrénois*, 2007, p. 792, obs. J. Massip. Voy. aussi Cass. 1re civ., 19 décembre 2007, *Dr. fam.*, 2008, comm. n° 28, note P. Murat ; *JCP-G*, 2008, II, p. 10046, note Y. Favier ; 6 février 2008, *Dr. fam.*, 2008, comm. n° 30, note P. Murat. *Adde* Cass. 1re civ., 9 mars 2011, n° 10-10.385, *Dr. fam.*, 2011, comm. n° 74, note C. Neirinck ; *D.*, 2011, actu., p. 876, obs. C. Siffrein-Blanc, où chacune des concubines était mère d'un enfant et souhaitait adopter celui de sa compagne.

la mère[316]. Il peut en effet s'avérer dans l'intérêt de l'enfant que celle-ci bénéficie de certains droits d'autorité parentale, pour des raisons pratiques, lorsqu'il s'agit de prendre des décisions relatives à l'enfant en l'absence de la mère, par exemple. On peut être en revanche assez circonspect à l'égard d'une délégation-partage prononcée après la séparation du couple[317].

La loi du 17 mai 2013 devrait éviter cette utilisation, à la limite de la fraude, de l'adoption simple, puisque désormais un couple homosexuel marié peut adopter un enfant. Le couple pourra par ailleurs avoir recours à l'adoption de l'enfant du conjoint si l'un des époux est déjà parent, soit par procréation, soit par adoption.

Ce faisant, on comprend que le législateur a changé la nature de l'adoption. L'adoption a toujours été conçue elle-même en imitation, certes imparfaite, de la filiation par procréation. Désormais, tel n'est plus le sens de cette institution. Car si celle-ci n'a plus pour modèle la filiation par procréation naturelle, le maintien de certaines conditions ne se justifie plus, comme la différence d'âge entre les adoptants et l'adopté. N'aurait-il pas fallu dès lors inscrire cette réforme, qui est en réalité une révolution, dans une réflexion d'ensemble du droit de l'adoption, peut-être de la filiation en général ? Mais la politique a des raisons que la raison ne connaît pas.

Biblio

Sur le projet de réforme : parmi de très nombreuses publications, voy. H. Fulchiron, « La reconnaissance de la famille homosexuelle : étude d'impact », *D.*, 2013, p. 100. Sur la réforme de 2013, voy. P. Murat, « L'ouverture de l'adoption aux couples de même sexe... ou l'art de se mettre au milieu du guet », *Dr. fam.*, 2013, dossier n° 24 ; F. Millet, « La paternité : chronique d'une mort annoncée », *D.*, 2013, p. 782 ; I. Corpart, « Le mariage pour tous et ses incidences sur le sort des enfants », *AJ fam.*, 2013, p. 340 ; G. Champenois, « L'adoption et la loi du 17 mai 2013 », *Rép. Defrénois*, 2013, p. 731 ; A.-M. Leroyer, « La loi n° 2013-403 du 17 mai 2013 ouvrant le mariage aux couples de même sexe. Au passé, présent et futur », *D.*, 2013, p. 1697. *Adde* B. Beignier, « Note sur l'homoparentalité – Hommage à madame le professeur Claire Neirinck », *Dr. fam.*, 2015, étude n° 17.

b. La situation parentale de l'adoptant

163 **Présence de descendants de l'adoptant.** La loi de 1966 avait interdit l'adoption en présence de descendants légitimes de l'adoptant. Il s'agissait d'éviter, d'une part, les litiges d'ordre successoral entre enfants légitimes et adoptés, d'autre part, la fraude consistant pour l'adoptant à écarter les règles d'ordre public relatives à la réserve successorale. La loi du 22 décembre 1976 a supprimé cette interdiction. La seule trace qu'il en reste se trouve à l'article 353, alinéa 2, du Code civil qui prévoit que « le tribunal vérifie en outre si l'adoption n'est pas de nature à compromettre la vie familiale ».

316. Cass. 1re civ., 24 février 2006, *D.*, 2006, p. 897, note D. Vigneau ; pan., p. 1148, obs. F. Granet-Lambrechts ; *Dr. fam.*, 2006, comm. n° 89, note P. Murat ; *RTD civ.*, 2006, p. 297, obs. J. Hauser. *Adde* Cass. 1re civ., 16 avril 2008, *Dr. fam.*, 2008, comm. n° 101, note P. Murat ; *AJ fam.*, 2008, p. 2850, obs. F. Chénedé. À condition cependant qu'il soit démontré que les circonstances l'exigent et que la mesure soit conforme à l'intérêt supérieur de l'enfant : Cass. 1re civ., 8 juillet 2010, n° 09-12623, *D.*, 2010, p. 1786 ; *Rép. Defrénois*, 2010, p. 2028, obs. J. Massip.

317. Paris, 1er décembre 2011, *Dr. fam.*, 2013, p. 146, obs. C. Siffrein-Blanc.

2. Les conditions relatives à l'adopté

a. L'âge de l'adopté

164 **Âge maximum de l'adopté.** L'adoption plénière, compte tenu sans doute des effets radicaux qu'elle produit, est réservée aux jeunes mineurs. À la veille de la loi de 1966, la légitimation adoptive était réservée aux enfants de moins de cinq ans. La loi du 11 juillet 1966 a sensiblement relevé ce maximum. L'article 345 dispose en effet : « l'adoption [plénière] n'est permise qu'en faveur des enfants âgés de moins de quinze ans… ».

Le second alinéa du texte prévoit toutefois une double exception :

- lorsque l'enfant a été accueilli avant d'avoir 15 ans par des personnes qui ne remplissaient pas les conditions légales pour l'adopter : on pense aux personnes qui n'avaient pas atteint l'âge requis ou aux époux dont le mariage n'avait pas encore la durée suffisante ;
- lorsque l'enfant a fait l'objet d'une adoption simple avant l'âge de 15 ans : l'adoption simple se présente alors comme une sorte de période de transition vers l'adoption plénière.

Dans ces deux cas, l'enfant peut être adopté plénièrement pendant toute sa minorité et même deux ans encore suivant sa majorité.

b. Le consentement de l'adopté

165 **Prise en compte de la volonté de l'enfant.** L'article 345, alinéa 3, du Code civil prévoit que « s'il a plus de 13 ans, l'adopté doit personnellement consentir à son adoption plénière ». Depuis une loi du 22 décembre 2010, il est précisé que ce consentement est donné dans les mêmes formes que le consentement des parents à l'adoption de leur enfant[318], ce que la doctrine préconisait déjà[319]. Lorsque le mineur se trouve dans l'impossibilité de consentir à son adoption, en raison notamment de troubles mentaux, on estime généralement qu'un administrateur *ad hoc* pourrait être désigné à cette fin sur le fondement de l'article 388-2 du Code civil[320]. Depuis la loi de 2010, il est énoncé que le consentement de l'enfant peut être rétracté jusqu'au prononcé de l'adoption.

Lorsque le mineur a moins de 13 ans, il ne se trouve pas totalement exclu de la procédure. En effet, depuis la loi du 8 janvier 1993, l'article 388-1 du Code civil permet à tout mineur d'être entendu, y compris à sa demande, dans les procédures qui le concernent, quel que soit son âge[321].

Il faut ajouter, bien que cela relève de la phase administrative de la procédure, que le mineur capable de discernement est entendu pour l'élaboration du projet d'adoption (art. L. 225-1, CASF). Cette règle ne concerne cependant que

318. Voy. *infra*, n° 169.

319. P. Courbe et A. Gouttenoire, *Droit de la famille*, *op. cit.*, n° 1201.

320. P. Bonfils et A. Gouttenoire, *Droit des mineurs*, *op. cit.*, n° 408. Un juge des tutelles l'avait admis pour un mineur de moins de treize ans. TI Châlons-sur-Marne (J. Tutelles), 1er juin 1977, *Gaz. Pal.*, 1978, 1, p. 175, note P. Decheix. Comp. avec le majeur sous tutelle, voy. *infra*, n° 210.

321. La loi n° 2007-293 du 5 mars 2007 portant réforme de la protection de l'enfance (*JORF*, 6 mars 2007, p. 4215) a modifié l'article 388-1 du Code civil. Désormais l'audition est de droit pour le mineur lorsqu'il en fait la demande.

les pupilles de l'É[…]optables parmi d'autres – n[…]

c. La situ[…]

166 **Trois catégories […]** […]ries d'enfants adoptables. […]don dans laquelle les enfan[…]e 347 du Code civil en dres[…]ésentants légaux ont conse[…] dans les conditions prévu[…]at.

1) *Les en[…]lement conse[…]*

167 **Droit de consen[…]** […] générale-ment que la filiati[…]ès impor-tante à ce princi[…]établi leur filiation à l'égard de leur enfant d'y renoncer en consentant à son adoption. En effet, une fois que l'enfant est adopté plénièrement, sa filiation d'origine disparaît, par la volonté des parents. Le consentement à l'adoption s'analyse bien comme un acte de disposition de la filiation de l'enfant. Il s'agit d'ailleurs d'un acte si grave que ce consentement ne doit pas être vicié[323], que ce droit ne peut être délégué (art. 377-3, C. civ.) et qu'il est conservé par le parent qui n'a pas l'exercice de l'autorité parentale.

168 **Titulaires du droit de consentir à l'adoption.** Peuvent consentir à l'adoption les titulaires de l'autorité parentale, donc en principe les père et mère. Lorsque la filiation est établie à l'égard des deux parents, l'enfant ne peut être donné en adoption qu'avec le consentement des deux parents (art. 348, C. civ.). Il n'en va autrement que dans les cas où l'un des parents est décédé, hors d'état de manifester sa volonté ou a perdu l'autorité parentale à la suite d'une décision de retrait total. Le consentement de l'autre parent est alors suffisant.

Si l'enfant n'a de filiation établie qu'à l'égard de l'un de ses parents, seul ce dernier donne son consentement (art. 348-1, C. civ.).

Lorsque les deux parents sont décédés, hors d'état de manifester leur volonté ou ont perdu tous deux l'autorité parentale, le consentement est éventuellement donné par le conseil de famille, après avis de la personne qui en fait prend soin de l'enfant (art. 348-2).

169 **Formes du consentement.** Le consentement à l'adoption est donné, depuis la loi du 22 décembre 2010, soit devant un notaire français ou étranger, soit devant un agent diplomatique ou consulaire français (art. 348-3). L'une de ces formes de consentement doit être utilisée lorsque les parents décident de

---

322. Voy. *supra*, n° 83.

323. Certaines décisions ont admis l'annulation pour vice du consentement (Pau, 30 mai 1990, *D.*, 1991, p. 20). Cependant, si l'adoption a déjà été prononcée, la Cour de cassation considère que le consentement et le jugement sont indivisibles et que le premier ne peut être remis en cause que par les voies de recours ordinaires, notamment l'appel, contre le second. Cass. 1re civ., 27 novembre 2001, *Bull. civ.*, I, n° 292 ; *Dr. fam.*, 2002, comm. n° 52, note P. MURAT ; *JCP-G*, 2002, I, 165, n° 7, obs. J. RUBELLIN-DEVICHI ; *RTD civ.*, 2002, p. 82, obs. J. HAUSER.

confier l'enfant à un organisme autorisé pour l'adoption (OAA) ou bien directement à l'adoptant. La forme authentique ainsi imposée garantit l'intégrité du consentement : le notaire, en particulier, peut attirer l'attention des parents sur la gravité de leur décision. Elle est sanctionnée par la nullité du consentement. Les parents peuvent également choisir de remettre l'enfant à l'Aide sociale à l'enfance ; il est alors adm [illegible] e de la forme authentique [illegible] r l'aide sociale à l'enfance e [illegible]

170 **Choix de l'adoptant.** Selc [illegible] t choisir l'adoptant de l'enf [illegible] E ou à un OAA lorsqu'il est [illegible] u consentement à l'adoptior [illegible], le « marché noir » des je [illegible] t pour des parents à vendr [illegible] s peu scrupuleux. Ce risque [illegible] e administratif ou privé qui [illegible] - lution est toutefois dénon [illegible] t à des fraudes et à des dé [illegible] t choisir les adoptants et q [illegible] mère qui a pourtant celui [illegible] dans l'anonymat[324].

L'interdiction est levée [illegible] existe un lien de parenté [illegible] l'adopté et l'adoptant, le ri [illegible] familial.

171 **Rétractation du consentement.** La gravité d'un acte qui peut avoir été consenti dans un moment de détresse est telle que le législateur a donné la possibilité aux parents de revenir sur leur consentement (art. 348-3, al. 2, C. civ.). Le délai de rétractation qui était autrefois de trois mois a été abaissé par la loi de 1996 à deux mois, ce qui peut paraître très court. La raison en est que l'intérêt de l'enfant serait d'être adopté le plus rapidement possible. Or, il va de soi qu'on ne peut déclencher une procédure en vue de l'adoption sans être certain que les parents ne vont pas changer d'avis. Pendant ce délai, l'enfant ne peut faire l'objet d'un placement en vue de l'adoption. Lorsque le consentement a été donné par les deux parents, la rétraction d'un seul est suffisante pour le priver d'effet. Dans tous les cas, la restitution de l'enfant est de droit.

Au-delà de deux mois, les parents peuvent encore demander la restitution de l'enfant. Toutefois, s'il a fait l'objet d'un placement en vue de l'adoption, la restitution est interdite (art. 352). Dans le cas contraire, la restitution peut être obtenue, mais elle n'est pas de droit. C'est alors le tribunal de grande instance qui est compétent pour statuer dans l'intérêt de l'enfant.

172 **Refus de consentement.** Le droit de consentir à l'adoption de son enfant n'est pas discrétionnaire. Le tribunal peut prononcer l'adoption malgré le refus des parents ou de l'un d'entre eux, s'il l'estime abusif (art. 348-6, C. civ.). Il faut que les parents se soient désintéressés de l'enfant au risque d'en compromettre la

324. J. RUBELLIN-DEVICHI, « Permanence et modernité de l'adoption après la loi du 5 juillet 1996 », *op. cit.*, n° 10.

santé ou la moralité. Il s'agit bien de deux conditions cumulatives : le désintérêt des parents et le caractère abusif du refus. Et le désintérêt doit avoir été volontaire[325]. La jurisprudence a tendance à apprécier assez largement la condition de refus abusif et à admettre qu'elle est réalisée dès lors que le parent n'avait aucun intérêt à refuser. Le tribunal peut également passer outre le refus du conseil de famille, ainsi que celui du conseil de famille des pupilles de l'État[326].

2) *Les enfants déclarés délaissés*

173 **Ancien article 350 du Code civil.** Pour éviter ce qu'on appelle les abandons tardifs, qui ne sont pas dans l'intérêt de l'enfant, la loi de 1966 avait introduit à l'article 350 du Code civil une procédure de déclaration judiciaire d'abandon, afin qu'à un abandon de fait par les parents corresponde assez rapidement un abandon de droit. Le texte a permis par ailleurs de résoudre – plus ou moins efficacement – de graves conflits, liés à l'incertitude antérieure relative à la notion d'abandon, entre parents biologiques et parents adoptifs[327]. Depuis 1966, l'article 350 a fait l'objet de nombreuses retouches, y compris par la loi du 4 juillet 2005, ayant pour objet de préciser la notion d'abandon tout en tentant d'augmenter le nombre d'enfants adoptables. Une fois l'abandon déclaré, l'enfant, s'il était confié à l'ASE, devenait en principe adoptable.

La loi du 14 mars 2016 relative à la protection de l'enfant[328] a supprimé la déclaration judiciaire d'abandon, et a donc abrogé l'article 350, pour la remplacer par la déclaration judiciaire de délaissement parental aux articles 381-1 et 382-2 du Code civil. On peut s'interroger sur l'intérêt d'une telle substitution tant les conditions de cette nouvelle mesure semblent pratiquement identiques à celles de l'ancienne. Le déplacement du système dans le Code civil révèle, il est vrai, un changement de perspective : la nouvelle déclaration ne relève plus des règles de l'adoption, mais de celles de l'autorité parentale. Mais l'on se trouve sans doute plus dans l'ordre du symbolique que du pratique car, d'une part, la déclaration de délaissement peut, parmi d'autres possibilités, aboutir à une mise en adoption puisque l'enfant qui en est l'objet est admis en qualité de pupille de l'État (art. L. 224-4, 6°, CASF)[329], d'autre part, la déclaration judiciaire d'abandon ne conduisait pas non plus systématiquement à une adoption.

174 **Enfant délaissé.** L'article 380-1, nouveau, du Code civil commence par définir la notion d'enfant délaissé : « Un enfant est considéré comme délaissé lorsque

---

325. Cass. 1re civ., 19 juillet 1989, *JCP-G*, 1990, II, 21443, note P. SALVAGE-GEREST ; *Rép. Defrénois*, 1989, p. 1344, note J. MASSIP. Ici, le couple à qui l'enfant avait été confié, dans le cadre d'une mesure d'assistance éducative, avait empêché la mère de voir l'enfant alors qu'un droit de visite lui avait été attribué.

326. Cass. 1re civ., 27 novembre 2001, *Gaz. Pal.*, 2002, somm., p. 1518, obs. J. MASSIP.

327. Cette incertitude a été illustrée par la tragique affaire *Novack*, qui a précisément suscité la loi de 1966. Cass. 1re civ., 6 juillet 1960, *D.*, 1960, p. 510, note G. HOLLEAUX ; *JCP-G*, 1960, II, 11815, note A. ROUAST. Cass. 1re civ., 20 juin 1963, *D.*, 1964, p. 1, note P. HÉBRAUD. Cass. Ass. plén., 10 juin 1966, *D.*, 1966, p. 604. Avant 1966, pouvaient faire l'objet d'une légitimation adoptive les enfants abandonnés par leurs parents. Dans cette affaire, toute la contestation portait justement sur cette question.

328. I. CORPART, « Le renforcement du dispositif de protection de l'enfant par la loi du 14 mars 2016 : de nouvelles perspectives dans la continuité », *Dr. fam.*, 2016, étude n° 14 ; L. GEBLER, « Réforme de la protection de l'enfant : sélection d'articles », *AJ fam.*, 2016, p. 202.

329. Voy. *infra*, nos 179 et s.

ses parents n'ont pas entretenu avec lui les relations nécessaires à son éducation ou à son développement pendant l'année qui précède l'introduction de la requête... ». Cette définition rejoint celle que l'article 350 donnait du désintérêt manifeste des parents. Le texte prévoyait en effet que : « sont considérés comme s'étant manifestement désintéressés de leur enfant les parents qui n'ont pas entretenu avec lui les relations nécessaires au maintien des liens affectifs ». Le désintérêt devait également avoir duré pendant l'année qui précédait la demande.

La déclaration de délaissement parental, tout comme la déclaration judiciaire d'abandon, ne semble concerner qu'un enfant qui a été au préalable recueilli par une personne, un établissement ou un service départemental de l'aide sociale à l'enfance. Le recueil préalable à la procédure pourra avoir été ordonné dans le cadre d'une mesure d'assistance éducative prise par le juge des enfants ou à la suite d'une décision du juge aux affaires familiales, dans le cadre d'une procédure de divorce, par exemple. Il pourra également résulter d'une décision des parents eux-mêmes. Selon la jurisprudence relative à l'article 350, il faut et il suffit que l'établissement, l'aide sociale ou le particulier « ait la charge » de l'enfant[330], peu importent les modalités du recueil.

175 **Désintérêt volontaire des parents.** Il était admis, sous l'empire de l'article 350, que le désintérêt des parents devait avoir été volontaire de leur part[331]. Il aurait pu être intéressant que la nouvelle procédure supprime cette condition dans le but d'assurer une protection plus grande des enfants abandonnés. Tel n'a pas été le choix du législateur puisque l'article 380-1 prévoit que l'enfant ne peut être déclaré délaissé que si les parents n'ont pas été empêchés par quelque cause que ce soit d'entretenir des relations avec l'enfant. Il faut donc bien que le désintérêt ait été volontaire.

L'article 380-2, alinéa 2, précise, comme auparavant, que ne sont pas des marques d'intérêt suffisantes permettant de rejeter de plein droit une demande en déclaration : la simple rétractation du consentement à l'adoption, la demande de nouvelles, l'intention exprimée, mais non suivie d'effet, de reprendre l'enfant. Ces faits n'interrompent pas non plus le délai d'un an.

176 **Intervention d'un membre de la famille.** Le nouvel article 380-2, alinéa 3, tout comme avant lui l'ancien article 350, alinéa 4, énonce que le délaissement parental n'est pas déclaré si, au cours du délai d'un an, un membre de la famille a demandé à assumer la charge de l'enfant, à condition que cette demande soit jugée conforme à l'intérêt de l'enfant par le tribunal.

177 **Décision du tribunal.** Tout un débat s'était développé sous l'empire de l'article 350 concernant les pouvoirs du tribunal de grande instance, juridiction compétente en la matière. Il s'agissait de savoir si le tribunal avait le pouvoir d'apprécier l'opportunité de déclarer ou non l'abandon judiciaire ; les défenseurs de l'adoption militant en faveur d'un élargissement du nombre d'enfants

330. Cass. 1re civ., 4 janvier 1978, *Bull. civ.*, I, n° 1 ; *RD sanit. soc.*, 1978, p. 283, obs. P. Raynaud.

331. Cass. 1re civ., 23 novembre 2011, n° 10-30.741, *Dr. fam.*, 2012, comm. n° 29, note C. Neirinck, à propos d'une femme présentant des anomalies mentales atteignant les sphères intellectuelles, affectives et de la volonté. Cass. 1re civ., 16 mars 2016, n° 15-10.780, *Dr. fam.*, 2016, comm. n° 107, note A. Molière, à propos d'un parent incarcéré qui écrivait avec difficultés, et éprouvait des carences psychologiques.

adoptables prônaient l'absence d'un tel pouvoir. Dans son dernier état résultant d'une loi du 4 juillet 2005, le texte semblait imposer au juge de prononcer la mesure dès lors que les conditions objectives en étaient réunies. Cependant, la Cour de cassation avait admis quand même que le tribunal refuse la déclaration judiciaire d'abandon lorsqu'elle apparaissait contraire à l'intérêt de l'enfant, par exemple lorsque la décision conduirait à faire de l'enfant, confié à l'ASE, un pupille de l'État et à le rendre par conséquent adoptable[332].

Le nouvel article 380-2 énonce que le tribunal « déclare délaissé l'enfant » qui réunit les conditions déjà vues. Le style impératif employé par le législateur semble reconduire la solution antérieure. Mais il ne fait guère de doute que, conformément aux principes généraux, le tribunal pourra toujours se prévaloir de l'intérêt de l'enfant pour refuser de prononcer la mesure.

L'article 380-2 *in fine*, envisage la possibilité d'une tierce opposition contre la décision, mais uniquement en cas de dol, de fraude ou d'erreur sur l'identité de l'enfant. L'appel et le pourvoi en cassation devraient également être ouverts.

Il est enfin précisé que le délaissement parental peut être prononcé « à l'endroit »[333] des deux parents ou d'un seul.

178 **Conséquences de la déclaration judiciaire de délaissement parental.** Tout comme le faisait l'article 350, l'article 380-2, alinéa 5, énonce que la décision qui prononce la déclaration de délaissement délègue obligatoirement l'autorité parentale à la personne ou à l'établissement qui accueille l'enfant. Cette solution se comprend dans la mesure où le tiers doit pouvoir prendre valablement et légitimement les décisions relatives à l'enfant. Néanmoins, la délégation ne porte que sur l'exercice de l'autorité parentale, les parents en restent donc titulaires et conservent par conséquent certains pouvoirs sur l'enfant, comme celui de consentir à son adoption[334].

La déclaration de délaissement peut emporter une autre conséquence extrêmement importante pour l'enfant. En effet, si celui-ci est confié à l'ASE (ce qui n'est cependant pas obligatoire), il est admis comme pupille de l'État (art. L. 224-4, 6°, CASF). À ce titre, il peut donc faire l'objet d'un projet d'adoption. Toutefois, cette admission apparaît moins radicale qu'auparavant en raison des nouvelles perspectives données à l'institution des pupilles de l'État par la loi de 2016. Le projet d'adoption n'est plus une priorité obligatoire.

3) *Les pupilles de l'État*

179 **Présentation.** La catégorie des pupilles de l'État est considérée comme « le vivier de principe » des enfants adoptables, selon l'expression du doyen Carbonnier[335], la catégorie la plus importante, la plus nombreuse – hormis celle des enfants étrangers. La raison en est qu'elle est composée de toutes les sortes d'enfants abandonnés, y compris celles que nous avons déjà évoquées. La liste

---

332. Cass. 1re civ., 3 décembre 2014, n° 13-24.268, *Dr. fam.*, 2015, comm. n° 32, note C. Neirinck. L'adoption de l'enfant n'est pas reconnue en France comme une panacée pour les enfants abandonnés. En l'espèce, l'enfant aurait été confronté à une séparation douloureuse avec sa famille d'accueil.

333. On appréciera l'euphémisme qui consiste à éviter d'employer la formule : « à l'encontre », comme si la mesure était une faveur pour les parents !

334. Voy. *infra*, nos 293 et s.

335. J. Carbonnier, *Droit civil*, *op. cit.*, n° 513, p. 1113.

en est donnée par l'article L. 224-4 du Code de l'action sociale et des familles (CASF). Or, on se rend compte que cette liste contient les enfants déclarés judiciairement abandonnés, ainsi que les enfants dont la filiation est établie et qui sont remis par leurs parents en vue d'être admis comme pupille de l'État, donc pour lesquels les parents ont déjà éventuellement consenti à l'adoption. On comprend mal du coup l'article 347 du Code civil qui fait de tous ces enfants trois catégories autonomes, alors qu'il semble ressortir de l'article L. 224-4 qu'il n'existe finalement qu'une seule et même catégorie, les pupilles de l'État, englobant les deux autres. C'est qu'en réalité, les enfants pour lesquels les parents ont consenti à l'adoption et les enfants déclarés délaissés ne sont pas forcément remis à un service de l'ASE ; ils peuvent également être recueillis par un organisme privé ou un particulier et ne sont alors pas admis en qualité de pupille de l'État[336]. La catégorie des pupilles de l'État n'englobe les autres que lorsque les enfants ont été remis à un service de l'ASE.

180 **Liste des pupilles de l'État.** L'article L. 224-4 du Code de l'action sociale et des familles dresse une liste de six catégories d'enfants qui peuvent être admis comme pupille de l'État :

1° les enfants sans filiation ou dont la filiation est inconnue et qui ont été recueillis par le service de l'aide sociale à l'enfance depuis plus de deux mois. Il s'agit principalement des enfants dont la mère a accouché sous X et des enfants trouvés. Le délai de deux mois est, dans ce cas et dans les trois cas suivants, le délai qui est accordé aux parents pour changer d'avis et reprendre l'enfant de droit ; l'enfant ne peut être placé en vue de l'adoption pendant ce délai. Au-delà, les parents peuvent encore demander la restitution de l'enfant, à moins qu'il n'ait été placé, mais la restitution ne leur est pas nécessairement accordée ;

2° les enfants dont la filiation est établie et connue et qui ont expressément été remis au service en vue de leur admission comme pupille de l'État par les personnes qui ont qualité pour consentir à leur adoption depuis plus de deux mois ;

3° les enfants dont la filiation est établie et connue et qui ont expressément été remis au service en vue de leur admission comme pupille par un seul des deux parents. Ce dernier bénéficie là encore d'un délai de rétractation de deux mois, mais l'autre, qui n'est peut-être pas au courant de la démarche du premier, bénéficie d'un délai de six mois pour réclamer l'enfant. Pendant ce délai, le service doit faire en sorte de connaître les intentions de cet autre parent ;

4° les enfants orphelins de père et de mère, pour lesquels une tutelle n'a pas été organisée et qui ont été confiés au service depuis plus de deux mois ;

5° les enfants dont les parents ont fait l'objet d'une mesure de retrait total de l'autorité parentale, c'est-à-dire qui ont perdu non seulement l'exercice, mais aussi la titularité de l'autorité parentale ;

6° les enfants qui ont fait l'objet d'une déclaration judiciaire de délaissement parental et sont confiés au service de l'aide sociale à l'enfance.

Il ressort de ce texte, le seul à viser les enfants sans filiation, que seuls les enfants sans filiation confiés à l'ASE et admis comme pupilles de l'état sont adoptables. Il semble pourtant qu'un enfant sans filiation puisse être confié

336. Il en va d'ailleurs de même des enfants dont les parents ont fait l'objet d'un retrait total de l'autorité parentale.

par la mère de naissan [illegible] alors
adoptable. En effet, la [illegible] avoir
consenti à l'adoption, [illegible] sens
de l'article 347-1° pou [illegible] que
l'hypothèse où la mèr [illegible] fants
sans filiation. Par aill [illegible] squ'il
n'est pas confié à l'AS [illegible] nc en
principe devenir ado [illegible]
Le délai de deux [illegible] caté-
gories de pupille de [illegible] s'agit
donc en quelque sor [illegible] nants.
La loi du 14 mars 20 [illegible] 224-6
du Code de l'action s [illegible] le pré-
sident du conseil dé [illegible] ant un
accompagnement m [illegible] s trois
années suivant la re [illegible] sement
des relations nécessa [illegible] de l'en-
fant, ainsi que sa stabilité affective ».

181 **Procédure d'admission en qualité de pupille de l'État.** On parlait autrefois d'immatriculation des enfants en tant que pupille de l'État. Il faut reconnaître que la formule avait une connotation péjorative. Le terme d'immatriculation a été remplacé par celui d'admission. Celle-ci est le résultat d'une procédure administrative. C'est en effet le président du Conseil général qui prend cette décision par arrêté. Cependant, pour certains enfants, l'admission se déroule en deux étapes. Il s'agit des enfants qui relèvent des quatre premières catégories définies à l'article L. 224-4 du Code de l'action sociale et des familles. Pour ceux-ci, l'article L. 224-5 du même Code prévoit qu'un procès-verbal est établi lors de leur recueil (procès-verbal d'admission). À la date de ce procès-verbal, l'enfant est déclaré pupille de l'État à titre provisoire (art. L. 224-6, CASF). Le délai de deux mois ou de six mois pendant lequel les parents peuvent obtenir restitution de l'enfant de plein droit court également à partir de cette date. Et ce n'est qu'à son issue que l'admission de l'enfant en qualité de pupille de l'État devient définitive.

182 **Recours contre l'arrêté d'admission en qualité de pupille de l'État.** L'ancien article L. 224-8 du Code de l'action sociale et des familles disposait : « l'admission en qualité de pupille de l'État peut faire l'objet d'un recours, formé dans le délai de trente jours suivant la date de l'arrêté du président du conseil général ». Ce texte suscitait cependant un certain nombre de difficultés qui avait conduit le Conseil constitutionnel, à la suite d'une QPC, à le déclarer abrogé à compter du 1er janvier 2014[338]. En effet, d'une part, il existait en doctrine une

---

337. Sur cette question difficile, voy. C. NEIRINCK, *Dr. fam.*, 2011, comm. n° 127 ; et E. CADOU, *D.*, 2011, p. 2093, notes sous Cass. 1re civ., 1er juin 2011 (2 arrêts), n°s 10-20.554 et 10-19.028, à propos de décisions qui ont au contraire décidé que ces enfants peuvent être rendus adoptables par la décision d'un conseil de famille organisé par l'OAA.

338. Cons. const., 27 juillet 2012, n° 2012-268 QPC, *Dr. fam.*, 2012, comm. n° 143, note C. NEIRINCK ; *AJ fam.*, 2012, p. 454, obs. F. EUDIER ; *D.*, 2013, pan., p. 1442, obs. F. GRANET-LAMBRECHTS. Et appliquant la décision dans la même affaire, Cass. 1re civ., 9 avril 2013, n° 11-27.071, *D.*, 2013, note M. DOUCHY-OUDOT ; *AJ fam.*, 2013, p. 308,

incertitude quant au point de départ du délai de trente jours. Il semblait bien qu'il s'agissait de la date de l'arrêté d'admission définitive de l'enfant en tant que pupille de l'État, mais certains estimaient qu'il s'agissait de la date de l'arrêté d'admission à titre provisoire[339]. Le Conseil constitutionnel a tranché en faveur de la première solution. Surtout, le texte ne prévoyait aucune notification de l'arrêté d'admission, ce qui rendait tout recours illusoire dans un délai aussi court, car les intéressés n'avaient guère le moyen de connaître l'existence et la date de l'arrêté. Le texte violant ainsi le droit à un recours effectif (art. 16, DDHC), le Conseil l'a déclaré inconstitutionnel. Le législateur avait jusqu'au 1er janvier 2014 pour le modifier.

Ce fut l'objet de la loi du 26 juillet 2013[340]. Celle-ci a complètement réécrit l'article L. 224-8. Il est d'abord précisé que l'enfant est admis en qualité de pupille de l'État (à titre définitif faut-il comprendre) par arrêté du président du Conseil général, soit à l'expiration des délais prévus aux 1° à 4° de l'article L. 224-4, soit une fois le jugement passé en force jugé lorsque l'enfant est admis dans les conditions du 5° et du 6°. C'est une précision très utile, car la nécessité d'un tel arrêté avait parfois été mise en doute.

Le nouveau texte dresse ensuite la liste des personnes pouvant contester cet arrêté. Il s'agit : 1° des parents de l'enfant qui avaient établi leur filiation (sauf cas de retrait de l'autorité parentale ou de déclaration judiciaire d'abandon ; la loi du 14 mars 2016 a manifestement oublié de modifier le texte pour remplacer la déclaration judiciaire d'abandon par la déclaration judiciaire de délaissement parental) ; 2° des membres de la famille de l'enfant ; 3° du père de naissance, des membre de la famille de la mère de naissance ou du père de naissance de l'enfant né sous X ou de l'enfant trouvé (art. L. 224-4, 1°) ; 4° de toute personne ayant assuré la garde de droit ou de fait de l'enfant. Auparavant, les titulaires de ce recours en étaient les parents, sauf en cas de retrait total de l'autorité parentale ou de déclaration judiciaire d'abandon, les alliés de l'enfant ou toute personne justifiant d'un lien avec lui – par exemple les personnes qui en avait assuré la garde de droit ou de fait et qui demandaient à en assumer la charge. Dans une affaire qui avait défrayé la chronique, la Cour d'appel d'Angers avait fait droit à la demande de grands-parents dont la fille avait accouché sous X, mais avait levé le secret immédiatement auprès de sa famille, invitant ses parents à lui rendre visite à la maternité. La Cour d'appel avait estimé que le lien biologique, que personne ne contestait, mais aussi les liens d'affection que les grands-parents avaient commencé à nouer avec l'enfant caractérisaient le lien exigé par l'article L. 224-8 pour la recevabilité du recours. Sur le fond, les juges ont estimé que les grands-parents auraient toutes les aptitudes

note P. Salvage-Gerest ; *RTD civ.*, 2013, p. 589, obs. J. Hauser ; *JCP-G*, 2013, 700, note Y. Favier ; *RJPF*, 2013-5/36, note Cheynet de Beauprès.

339. En faveur de la première solution, P. Salvage-Gerest, note préc. ; A. Ton Nu Lan, « Le délai de recours contre l'arrêté d'admission d'un enfant en qualité de pupille de l'État », *RJPF*, février 2004, p. 6. *Contra* : H. Bosse-Platière, « La nécessité de rendre plus clair le processus d'adoption des pupilles de l'État », *Information sociale*, mars 2008, p. 50, spéc. pp. 55 et s.

340. L. n° 2013-673 du 26 juillet 2013 relative à l'arrêté d'admission en qualité de pupille de l'État, *JORF*, 27 juillet 2013, p. 12556 ; *Dr. fam.*, 2013, comm. n° 137, note C. Neirinck ; *D.*, 2014, pan., p. 692, obs. M. Douchy-Oudot.

nécessaires pour élever l'enfant et que l'intérêt de celui-ci consistait à être élevé par des membres de sa famille biologique[341]. Il n'est pas sûr qu'une telle décision pourrait être rendue sous l'empire du nouveau texte.

Celui-ci précise ensuite qu'une notification de l'arrêté doit être adressée à certaines des personnes seulement qui peuvent exercer le recours. Il s'agit des père et mère qui relèvent du 1°, ainsi que des personnes qui relèvent du 2° à 4° qui, avant la date de l'arrêté, avaient manifesté un intérêt pour l'enfant auprès de l'ASE. Il est précisé que l'action n'est recevable que si le requérant demande à assumer la charge de l'enfant[342]. Enfin, le recours peut être exercé devant le Tribunal de grande instance, dans un délai de trente jours à compter de la date de réception de la notification. En revanche, les autres titulaires de l'action (ceux qui ne se sont pas manifestés à temps auprès de l'ASE) ne bénéficient pas de la notification. Il semble en résulter que ces derniers peuvent agir sans avoir à respecter le délai de 3 mois, donc très tardivement[343].

Le tribunal statue au regard de l'intérêt de l'enfant, et prononce donc éventuellement la nullité de l'arrêté, à charge, le cas échéant, pour le demandeur de requérir l'organisation de la tutelle, ou lui délègue les droits de l'autorité parentale. S'il rejette la demande, le tribunal peut accorder un droit de visite au demandeur, toujours dans l'intérêt de l'enfant.

183 **Conséquences de l'admission en qualité de pupille de l'État.** L'admission en qualité de pupille de l'État donne un statut particulier à l'enfant, dès l'arrêté du président du Conseil général. L'enfant est soumis à un régime spécifique de tutelle organisé aux articles L. 224-1 et suivants du Code de l'action sociale et des familles. Les organes en sont le tuteur, dont la charge revient au préfet, et le conseil de famille des pupilles de l'État, composé de représentants du conseil général, de membres d'associations à caractère familial, de personnalités qualifiées nommées par le préfet. Ces organes prennent les décisions concernant l'enfant conformément au droit commun.

Par ailleurs, l'enfant devient adoptable. Mais sur ce point, la loi du 14 mars 2016 a quelque peu modifié les textes et l'esprit de l'institution. L'ancien article L. 225-1 du Code de l'action sociale et des familles prévoyait en effet que l'enfant admis en tant que pupille de l'État devait faire l'objet d'un projet d'adoption dans les meilleurs délais – à moins que l'adoption fût considérée comme inadaptée à l'enfant. Il en résultait donc que le statut de pupille de l'État avait pour objectif principal et prioritaire l'adoption de l'enfant.

Le nouvel article L. 225-1 prévoit désormais que le pupille de l'État doit faire l'objet, dans les meilleurs délais, « d'un projet de vie ». Et ce projet de vie peut consister en une adoption si tel est l'intérêt de l'enfant, mais ce n'est qu'une possibilité parmi d'autres. On comprend que dans l'esprit du législateur

---

341. Angers, 26 janvier 2011, *Dr. fam.*, 2011, comm. n° 37, note fav. C. Neirinck ; *JCP-G*, 2011, n° 161, note crit. A. Gouttenoire ; *D.*, 2011, p. 1053, note T. Garé ; pan., p. 1038, obs. M. Douchy-Oudot, statuant sur appel contre TGI Angers, 26 avril 2010, *Dr. fam*,. 2010, comm. n° 114, note P. Salvage-Gerest. *Adde* TGI Angers, 8 octobre 2009, *Dr. fam.*, 2009, comm. n° 152, note P. Murat.

342. Pour une illustration, Versailles, 28 janvier 2016, *Dr. fam.*, 2016, comm. n° 76, note H. Fulchiron.

343. En ce sens, P. Salvage-Gerest, « Pupilles de l'État : on ne pourra pas dire qu'on ne savait pas – À propos de l'article L. 224-8 CASF », *AJ fam.*, 2016, p. 379.

l'adoption n'est plus une fin nécessaire pour les enfants abandonnés, ce qui s'apparente à une véritable petite révolution[344].

E16 **Adoption et intérêt de l'enfant**

En matière d'adoption, l'intérêt de l'enfant, tant objectif que subjectif, joue un rôle évidemment primordial. Toute l'organisation de l'adoption, depuis les conditions pour être candidat à l'adoption, ou pour être adopté, jusqu'au prononcé de la décision en passant par les procédures administrative et judiciaire, a été en principe pensée dans l'intérêt objectif de l'enfant. On peut émettre une réserve à l'égard de la loi du 17 mai 2013 qui a ouvert le mariage et l'adoption aux couples homosexuels et qui a manifestement été élaborée dans l'intérêt des couples homosexuels. Au-delà des grands principes et des débats sur l'égalité, c'était une loi éminemment politique (dans le meilleur sens du terme ?) destinée à satisfaire la revendication d'une catégorie sociale aspirant à la consécration d'une forme de droit à l'enfant.

L'intérêt subjectif de l'enfant est évidemment lui aussi très présent puisque la décision d'adoption doit être prononcée par le tribunal en fonction de ce critère exclusif (art. 353 C. civ.), au point que la Cour de cassation a considéré que l'adoption de l'enfant conçu à l'étranger à l'issue d'une PMA interdite en France peut être prononcée dès lors qu'elle est conforme à son intérêt[345]. La Cour de cassation en a déduit une autre conséquence jusque-là inédite : l'intérêt de l'enfant n'est pas un intérêt collectif et une association ne présente aucun intérêt légitime à intervenir dans une procédure d'adoption pour faire valoir qu'il est contraire à l'intérêt d'un enfant issu d'une PMA avec tiers donneur pratiquée à l'étranger d'être adopté par la compagne de sa mère[346].

La loi du 14 mars 2016 ouvre une porte nouvelle à l'intérêt subjectif de l'enfant, cette fois non pas au stade de la décision, mais au stade du projet, donc en amont de la procédure. Ce qui est désormais apprécié, c'est non pas seulement si l'adoption de l'enfant par tel candidat est ou non dans son intérêt, mais avant tout s'il est dans l'intérêt de l'enfant pupille de l'État de faire l'objet d'une adoption. Il est vrai que l'ancien article L. 225-1 prévoyait déjà qu'il était possible de ne pas élaborer un projet d'adoption de l'enfant si tel était son intérêt. Mais c'était à titre d'exception. Autrement dit, il était présumé que l'intérêt de l'enfant abandonné était d'être adopté. Tel n'est plus le cas aujourd'hui et il faut s'en féliciter. D'abord, parce que la loi remet au goût du jour l'idée qu'on avait peut-être perdue de vue que l'adoption est une institution tournée vers l'enfant et non vers les adoptants. Ensuite, parce que l'adoption, qui établit un lien de filiation artificiel et en principe définitif, n'est pas toujours adaptée à la situation de l'enfant. Que celui-ci ait besoin d'être élevé par des personnes qui s'intéressent à lui relève de l'évidence, mais que cette fonction parentale soit consacrée par un lien de parenté qui fait entrer l'enfant dans une généalogie à laquelle il est en réalité étranger est loin d'être une panacée. L'échec de nombreuses adoptions en témoigne.

184 **Consentement à l'adoption.** L'article 349 du Code civil énonce : « pour les pupilles de l'État dont les parents n'ont pas consenti à l'adoption, le consentement est donné par le conseil de famille de ces pupilles ». Il existe en effet deux sortes de pupilles de l'État de ce point de vue.

En premier lieu, les enfants dont la filiation est établie et connue et que les parents remettent expressément au service de l'aide sociale à l'enfance en vue de

344. P. Salvage-Gerest, « Réforme de la protection de l'enfant : sélection d'articles », *AJ fam.*, 2016, p. 204. Selon l'auteur, le législateur organise progressivement la « désuétude » de l'adoption.

345. Cass., avis, 22 septembre 2014, nos 14-70.006 et 14-70.007, *Dr. fam.*, 2014, comm. n° 160, C. Neirinck ; *AJ fam.*, 2014, p. 555, obs. F. Chénedé ; *D.*, 2014, p. 2031, note A.-M. Leroyer, et *D.*, 2015, pan., p. 651, obs. M. Douchy-Oudot, et pan., p. 704, obs. F. Granet-Lambrechts.

346. Cass. 1re civ., 16 mars 2016, n° 15-10.577, n° 15-10.576, n° 15-10.733 et n° 15-10. 579. *Adde* A. Gouttenoire, « L'intérêt de l'enfant n'est pas un intérêt collectif », *Dr. fam.*, 2016, étude n° 11.

leur admission comme pupille. Il est possible (mais rarissime en pratique) que les parents aient déjà consenti à leur adoption (devant un notaire ou un agent diplomatique ou consulaire français), les enfants sont immédiatement adoptables, une fois les délais de l'article L. 224-4 écoulés. Si tel n'est pas le cas, les parents doivent être invités à consentir à l'adoption de l'enfant (art. L. 224-5, CASF, *in fine*). Mention en sera faite dans le procès-verbal de remise qui indique également que les parents ont été informés des délais et des conditions dans lesquels ils peuvent se rétracter.

En second lieu, tous les autres pupilles de l'État. C'est le conseil de famille des pupilles de l'État qui donne le consentement à l'adoption. C'est le cas notamment pour les enfants dont la mère a accouché sous X. Certains services, croyant sans doute bien faire, demandent à la femme de consentir à l'adoption de l'enfant. Un tel consentement n'a aucune valeur puisque, ayant accouché anonymement, la femme n'a pas établi de lien de filiation à l'égard de l'enfant et n'est donc pas juridiquement sa mère[347].

Il existe cependant une différence entre le consentement donné par les parents et celui donné par le conseil de famille des pupilles de l'État : le consentement de ce dernier est spécial, c'est-à-dire qu'il est donné en vue d'adoptants déterminés, alors que le consentement des parents est donné en blanc, les adoptants étant choisis par les organes tutélaires.

d. L'accueil de l'enfant au foyer du ou des adoptants

185 **Accueil de six mois.** L'article 345 du Code civil prévoit que l'adoption de l'enfant n'est possible que s'il a été accueilli au foyer du ou des adoptants depuis au moins six mois. Il s'agit donc de remettre matériellement l'enfant aux candidats à l'adoption qui ont été choisis par le conseil de famille des pupilles de l'État ou par les parents dans le cas d'une adoption directe. Cette situation de pur fait se présente comm une sorte de « stage, un temps d'épreuve »[348] qui permet de vérifier que l'a des chances de réussir. L'accueil de l'enfant permet son adoption de procédure (art. 353, C. civ.).

Il faut bi qui constitue la première phase de la p l'enfant à ses parents[349].

347. Ca Murat ; *AJ fam.*, 2004, p. ; *RD sanit. soc.*, 2004, p Granet-Lambrechts. Il la femme, de nationa- e. Saisie de cette affaire, bref délai de deux ans est de bénéficier de relations te avait reçu une information H., 10 janvier 2008, *Kearns c/ France*, D., 20

348. J Carbonnier, *Droit civil*, op.

349. Voy. *infra*, n°s 194 et s.

3. Les conditions relatives aux rapports entre adoptant et adopté

a. La différence d'âge

186 **Principe et exception.** L'article 344 du Code civil impose une différence d'âge minimum entre l'adoptant et l'adopté : l'adoptant doit avoir quinze ans de plus que l'adopté. La raison en est le souci du législateur de donner un air de vraisemblance à la filiation qui en résultera. Depuis la loi de 1976, lorsque la différence d'âge est inférieure, le tribunal peut quand même prononcer l'adoption s'il y a de justes motifs. Il a ainsi été décidé qu'il y avait de justes motifs à l'adoption d'un frère par sa sœur, de treize ans seulement son aînée, dans un contexte familial difficile[350]. Il n'y a pas à l'inverse de différence d'âge maximum entre l'enfant et l'adoptant. On pourrait cependant imaginer qu'un tribunal se fonde sur une trop grande différence d'âge pour refuser de prononcer l'adoption. La Cour européenne des droits de l'homme a estimé qu'un tel refus n'est pas discriminatoire au regard du droit à la vie familiale (art. 8, CEDH)[351]

b. Les liens familiaux

187 **Adoption intrafamiliale.** L'existence de liens familiaux, parenté ou alliance, entre l'adoptant et l'adopté ne constitue pas un obstacle à l'adoption. Non seulement le Code civil ne l'interdit pas, mais, au contraire, il en prévoit expressément l'éventualité. Il en va ainsi de l'adoption de l'enfant du conjoint, comme il sera vu ultérieurement. De même, l'article 348-5 impose de remettre l'enfant au service de l'aide sociale à l'enfance lorsqu'il a moins de deux ans – sauf s'il existe un lien de parenté ou d'alliance jusqu'au sixième degré inclus entre l'adoptant et l'adopté. Et l'on peut comprendre que la création d'un lien de filiation puisse paraître conforme à l'intérêt de l'enfant, à l'égard d'un oncle ou d'une tante, d'un frère ou d'une sœur, d'un grand-parent ou d'un cousin ou d'une cousine. On parle alors d'adoption intrafamiliale.

Les tribunaux acceptent depuis longtemps une telle adoption[352], mais ils jugent parfois qu'elle est contraire à l'intérêt de l'enfant en raison de la perturbation qu'elle entraîne dans l'ordre des générations[353]. Par ailleurs, la doctrine est unanime pour dire que l'adoption d'un époux par son conjoint est impossible : le lien de filiation est incompatible avec le lien conjugal[354] – de même d'ailleurs qu'avec un concubinage. En revanche, l'adoption de son propre enfant, naguère admise par la jurisprudence, ne présenterait aucun intérêt compte tenu de l'égalité des enfants.

---

350. Paris, 10 février 1998, *JCP-G*, 1998, II, 10130, note C. PHILIPPE ; *Dr. fam.*, 1998, comm. n° 83, note P. MURAT. Il s'agissait d'une adoption simple pour laquelle la condition est identique.

351. Cour eur. D.H., 10 juin 2010, *Schwitzgebel c/ Suisse*, *D.*, 2010, p. 2269, note C. BRIÈRE.

352. Cass. civ., 1er avril 1846, *D.*, 1846, 1, p. 81.

353. Cass. 1re civ., 16 octobre 2001, *Bull. civ.*, I, n° 256 ; *D.*, 2002, p. 1097, note F. BOULANGER, qui évoque à propos d'une demande d'adoption par des grands-parents une confusion des générations. Dans le même sens, Cass. 1re civ., 6 mars 2013, n° 12-17.183, *AJ fam.*, 2013, p. 229, obs. P. SALVAGE-GEREST ; *D.*, 2013, pan., p. 1441, obs. F. GRANET-LAMBRECHTS.

354. En ce sens, Cass. 1re civ., 23 juin 2010, n° 09-66.782, *Dr. fam.*, 2011, comm. n° 150, note C. NEIRINCK ; *Rép. Defrénois*, 2010, p. 2026, obs. J. MASSIP.

4. L'adoption de l'enfant du conjoint

188 **Régime allégé.** L'adoption de l'enfant du conjoint a toujours été admise et même encouragée. On peut en effet considérer qu'elle participe d'une meilleure intégration de l'enfant dans la nouvelle famille que constitue le parent avec lequel il vit. En raison de la situation particulière dans laquelle les protagonistes se trouvent, le législateur en a modifié, pour les alléger, certaines conditions. Ainsi, il n'y a pas de condition d'âge minimum pour l'adoptant (art. 343-2, C. civ.), la différence d'âge exigée entre l'adoptant et l'adopté n'est que de dix ans au lieu de quinze (art. 344) et le tribunal peut prononcer l'adoption même si la différence est inférieure, le lien d'alliance que crée le mariage entre l'adoptant et l'adopté dispense de remettre l'enfant à un intermédiaire lorsqu'il a moins de deux ans (art. 348-5).

189 **Relations de l'enfant avec sa famille d'origine.** Avant 1976, l'adoption de l'enfant du conjoint supprimait le lien de filiation à l'égard de ce conjoint. Celui-ci se trouvait alors dans la nécessité de se joindre à la demande d'adoption de son propre enfant. L'article 356, alinéa 2, du Code civil prévoit, depuis la loi du 22 décembre 1976, que « l'adoption de l'enfant du conjoint laisse subsister sa filiation d'origine à l'égard de ce conjoint et de sa famille ». Cependant, l'adoption plénière supprime le lien de filiation d'origine à l'égard de l'autre parent, ainsi qu'avec la famille de ce dernier, en particulier avec les grands-parents de l'enfant. Ceux-ci n'avaient d'autre ressource que de demander au juge, en tant qu'étrangers, un droit exceptionnel de correspondance et de visite (art. 371-4, anc., C. civ.)[355]. Le législateur est alors intervenu pour interdire l'adoption de l'enfant du conjoint dans certains cas de figure. La loi du 8 janvier 1993, d'abord, a énoncé une prohibition très large : selon l'article 345-1 du Code civil, l'adoption plénière du conjoint n'était possible que si l'enfant n'avait de filiation établie qu'à l'égard de ce conjoint. Ce texte a semblé excessif à une partie de la doctrine, car il rendait l'adoption impossible dès que la filiation à l'égard de l'autre parent était établie, même si ce dernier était décédé sans laisser d'autres membres de sa famille ou même si la rupture des liens avec cette famille se révélait conforme à l'intérêt de l'enfant.

Le texte a été remanié par la loi Mattéi, en tenant compte de ces critiques. Le nouvel article 345-1 énumère de manière limitative les cas où l'adoption du conjoint est possible :

- lorsque l'enfant n'a de filiation établie qu'à l'égard de ce conjoint ;
- lorsque l'enfant a fait l'objet d'une adoption plénière par ce seul conjoint et n'a de filiation établie qu'à son égard ;
- lorsque l'autre parent s'est vu retirer totalement l'autorité parentale ;
- lorsque l'autre parent est décédé sans laisser d'ascendants au premier degré (ses propres parents) ou lorsque ceux-ci se sont manifestement désintéressés de l'enfant.

Le deuxième cas a été ajouté par la loi du 17 mai 2013 relative au mariage pour tous. Il s'agit de l'hypothèse où une personne adopte seule un enfant, soit qu'elle n'était pas encore mariée, soit que son conjoint ne pouvait pas, à

---

355. Cass. 1re civ., 5 mai 1986, *Bull. civ.*, I, n° 112 ; *D.*, 1986, p. 496, note J. Massip ; *RTD civ.*, 1986, p. 736, obs. J. Rubellin-Devichi ; Cass. 1re civ., 21 juillet 1987, *Bull. civ.*, I, n° 235 ; *RTD civ.*, 1988, p. 319, obs. J. Rubellin-Devichi ; Cass. 1re civ., 7 mars 1989, *Bull. civ.*, I, n° 112.

l'époque, se joindre à la procédure, et où ce dernier adopte à son tour l'enfant. Ce cas d'ouverture est dans l'esprit du texte, puisque l'adoption par le conjoint du parent adoptif ne nuit pas au second parent d'origine ou à sa famille, dans la mesure où ce second parent, par hypothèse, n'existe pas. Il ne déroge pas non plus au principe selon lequel un enfant ne peut être adopté par deux personnes si ce n'est deux époux. L'enfant est bien adopté ici par deux époux, mais successivement et non simultanément. Il est vrai qu'il sera sans doute utilisé majoritairement par des couples homosexuels, mais il ne leur est pas réservé[356].

B. La procédure de l'adoption plénière

190 **Complexité de la procédure.** L'adoption, surtout plénière, est envisagée comme une décision grave par le législateur, en ce sens qu'elle aboutit à couper les relations d'un enfant avec sa famille d'origine, à supprimer ses éventuels liens de filiation avec ses parents biologiques et à le placer dans une nouvelle famille qui aura la charge désormais de l'élever. Il est, en outre, fréquent que l'adoption intervienne pour l'enfant après une longue période au cours de laquelle il a pu être déplacé de famille d'accueil en famille d'accueil. C'est pourquoi l'insertion de l'enfant dans sa nouvelle famille doit être soigneusement préparée, c'est pourquoi également la procédure est relativement longue et complexe. Elle se divise en une phase administrative, représentée par l'agrément que certains adoptants doivent obtenir, et en une phase judiciaire qui est celle du jugement. Entre les deux s'intercale une phase mixte qui consiste dans le placement. Il convient d'examiner ces trois étapes.

1. L'agrément préalable

191 **Nécessité d'un agrément administratif.** L'article 353-1 du Code civil énonce que dans le cas de l'adoption d'un pupille de l'État ou d'un enfant remis à un OAA ou d'un enfant étranger qui n'est pas l'enfant du conjoint, le tribunal vérifie que les candidats à l'adoption ont obtenu l'agrément pour adopter ou qu'ils en ont été dispensés. Finalement, n'échappe à la nécessité de l'agrément que l'adoption des enfants qui font l'objet d'une remise directe aux adoptants – hypothèse qui reste rare. Ce texte implique donc l'obligation pour les adoptants de se soumettre à la procédure d'agrément. Celle-ci est réglementée aux articles L. 225-1 et suivants, et R. 225-1 et suivants du Code de l'action sociale et des familles.

192 **Régime de l'agrément.** L'agrément est délivré, dans un délai de neuf mois, pour cinq ans, après avis de la commission d'agrément, par le président du conseil général (art. L. 225-2, al. 2, CASF) qui doit s'assurer au préalable « que les conditions d'accueil offertes par le demandeur sur les plans familial, éducatif et psychologique correspondent aux besoins et à l'intérêt d'un enfant adopté » (art. R. 225-4, CASF).

193 **Refus d'agrément.** L'article L. 225-4 du Code de l'action sociale et des familles dispose que tout refus ou retrait d'agrément doit être motivé. C'est sur ce point

356. P. Murat, « L'ouverture de l'adoption aux couples de même sexe… ou l'art de se mettre au milieu du guet », *op. cit.*, n° 24.

qu'achoppe la procédure d'agrément et que se manifeste le plus clairement la disparité des pratiques entre les départements. C'est ainsi que certains refusent systématiquement l'agrément aux demandeurs célibataires. Au-delà se pose la question de savoir quels motifs peuvent être légitimement invoqués.

La décision de refus peut faire l'objet d'un recours devant les juridictions administratives qui contrôlent les motivations. De manière générale, il ressort de la jurisprudence que des motifs abstraits, liés à l'âge, la situation matrimoniale, l'orientation sexuelle, la religion des demandeurs sont insuffisants[357]. La décision doit être fondée sur des motifs concrets. Ce qui compte, c'est l'aptitude du demandeur à élever un enfant, les conditions matérielles et sanitaires de son accueil, etc. Il est vrai que l'appartenance du demandeur aux Témoins de Jéhovah a pu motiver un refus, non pas en tant que telle, mais en raison de la position de cette religion sur les transfusions sanguines[358]. Quant à l'homosexualité du demandeur, le Conseil d'État a approuvé la décision de refus fondée sur une telle appréciation faite *in concreto* ; dans un premier temps, la Cour européenne des droits de l'homme n'a pas sanctionné la France, mais elle l'a condamnée à la suite d'un autre recours.

Le tribunal saisi de la demande d'adoption n'est pas lié par la décision de l'administration et peut, même si ce n'est guère probable, prononcer l'adoption en dépit d'un refus ou d'une absence de délivrance de l'agrément dans le délai de neuf mois (art. 353-1, al. 2, C. civ.), ou bien, ce qui est plus fréquent, refuser de prononcer l'adoption malgré l'obtention d'un agrément.

E 17 **Agrément et homosexualité**

En ce qui concerne la problématique de l'adoption par des personnes homosexuelles, il faut bien retenir que rien dans la loi n'a jamais interdit à une personne homosexuelle de déposer une requête en vue d'une adoption individuelle. Les difficultés apparaissent toutefois au stade de la procédure d'agrément. Celle-ci a pour objet de contrôler les aptitudes parentales et éducatives des demandeurs. Si l'agrément est refusé, le TGI peut passer outre, même s'il le fait rarement. Or, de nombreux agréments sont refusés en raison de l'homosexualité de l'intéressé. Cette attitude de l'Administration a conduit des plaideurs à saisir la Cour européenne des droits de l'homme. Celle-ci, à quelques années d'intervalle, a rendu deux décisions en sens inverse. Dans l'arrêt *Fretté c/ France*[359], tout d'abord, elle a refusé de condamner la France sur le fondement des articles 8 (droit à la vie familiale) et 14 (interdiction de la discrimination) de la CEDH D'une part, elle rappelle à juste titre qu'il n'existe pas un droit à l'adoption, mais un droit de demander l'adoption. Or, le refus fondé sur l'homosexualité du candidat ne constitue pas une discrimination, dans la mesure où il est justifié par l'intérêt de l'enfant. Cet arrêt était très critiquable en ce sens qu'il semblait faire de l'homosexualité un élément *a priori* contraire à l'intérêt de l'enfant.

Dans l'arrêt *E.B. c/ France*[360], la Cour a rendu une décision radicalement opposée en affirmant

357. F. Terré et D. Fenouillet, *La famille, op. cit.*, n° 769. Voy. aussi H. Rihal, « L'intérêt de l'enfant et la jurisprudence du Conseil d'État concernant les agréments en matière d'adoption », *RD sanit. soc.*, 1997, p. 511.

358. C.E., 9 décembre 1992, *RD sanit. soc.*, 1992, p. 712, concl. P. Hubert ; *D.*, 1993, p. 234, note I. Rouvière-Perrier.

359. Cour eur. D.H., 26 février 2002, *Fretté c/ France*, *JCP-G*, 2002, II, 10074, note A. Gouttenoire-Cornut et F. Sudre ; *D.*, 2002, p. 814, note A. Debet ; *RTD civ.*, 2002, p. 280, obs. J. Hauser, p. 389, obs. J.-P. Marguénaud.

360. Cour eur. D.H., 22 janvier 2008, *JCP-G*, 2008, II, 10071, note A. Gouttenoire et F. Sudre. En guise d'épilogue, voy. TA Besançon, 10 novembre 2009, *Dr. fam.*, 2010, comm. n° 5, note P. Murat, qui a finalement accordé l'agrément à la demanderesse.

qu'un refus fondé sur l'homosexualité est discriminatoire et en condamnant par conséquent la France. Toutefois, d'une part, il apparaît qu'en réalité les autorités françaises s'étaient fondées, non pas sur l'homosexualité de la demanderesse, mais sur l'absence de référent masculin dans l'entourage de celle-ci ; d'ailleurs, le refus d'agrément était fondé sur un argument supplémentaire, l'absence d'implication dans le projet d'adoption manifesté par la compagne de la requérante, ce que la Cour juge recevable. D'autre part, celle-ci semble, cette fois, affirmer que l'orientation sexuelle d'un candidat à l'adoption ne doit jamais être prise en considération. Pourtant, l'orientation sexuelle, quelle qu'elle soit, d'un candidat à l'adoption risque parfois de se révéler contraire à l'intérêt d'un enfant. Les autorités doivent prendre leur décision, sans *a priori*, au cas par cas, en fonction de tous les éléments pour évaluer l'aptitude d'un demandeur à assurer à un enfant son épanouissement.

Désormais, les couples homosexuels mariés ont le droit d'être candidats à l'adoption. On peut se demander comment réagiront les services sociaux face à de telles demandes. Il est à craindre que certains confondent leur opinion relative, non seulement à l'homosexualité des demandeurs, mais encore à l'adoption par un couple homosexuel, avec les seuls critères qui doivent les guider, à savoir l'aptitude parentale et éducative des demandeurs. De même que certains estiment préférable qu'un enfant soit adopté par un couple plutôt que par une personne seule, il n'est pas impossible que d'autres pensent qu'il vaut mieux que l'enfant soit adopté par un couple hétérosexuel que par un couple homosexuel.

À l'inverse, en présence d'un refus bien fondé, les couples homosexuels risquent d'avoir des déconvenues. La loi de 2013, qui est une loi pour les homosexuels et non pour les enfants, laisse croire qu'il existerait un droit à l'enfant. Or, tel n'est pas le cas. En ce sens, la Cour européenne des droits de l'homme l'a affirmé clairement : s'il existe un droit à demander l'adoption, il n'en existe pas un à adopter. À la fin, c'est quand même l'intérêt de l'enfant qui doit primer.

2. Le placement en vue de l'adoption

194 **Notion de placement.** On sait que l'enfant, pour être adopté, doit avoir été accueilli au foyer des futurs adoptants pendant au moins six mois (art. 345, C. civ.). Cette situation purement matérielle constitue une sorte de stage pendant lequel on peut évaluer les chances de réussite de l'adoption. Il s'agit néanmoins d'une pure situation de fait qui n'est pas protégée en tant que telle et pendant laquelle pour une raison ou un autre l'enfant pourrait être retiré du foyer.

Le placement diffère du simple accueil en ce qu'il constitue une situation de droit, conçue comme définitive et protégée, puisque l'enfant ne peut plus faire l'objet d'une restitution au profit de ses parents. Il ne s'agit pas seulement d'une condition de l'adoption, mais d'une étape nécessaire de la procédure.

Les deux notions d'accueil et de placement ne doivent donc pas être confondues, même si en pratique elles peuvent coïncider. L'article 351 du Code civil, en effet, énonce : « le placement en vue de l'adoption est réalisé par la remise effective aux futurs adoptants d'un enfant ». Il peut donc fort bien arriver que le placement et l'accueil soient effectués en même temps. Dans ce cas, le placement devra durer au moins six mois, comme l'accueil. Mais le placement peut se prolonger au-delà ou au contraire intervenir après le commencement de l'accueil. Les services de l'ASE choisissent parfois de remettre l'enfant assez rapidement à la famille pressentie pour l'adoption, avant même que le placement soit possible.

195 **Cas où le placement est nécessaire.** L'article 351 du Code civil exige le placement pour tous les enfants adoptables, tels qu'ils sont définis à l'article 347 : les enfants pour lesquels il a été consenti à l'adoption, les pupilles de l'État, les enfants déclarés judiciairement abandonnés.

Cependant, il n'est exigé que pour les cas où l'enfant a été remis à un intermédiaire, un service de l'ASE ou un organisme agréé pour l'adoption. En revanche, lorsque l'enfant est remis directement aux adoptants, le placement n'a pas lieu.

196 **Délais dans lesquels le placement peut avoir lieu.** Pour que le placement puisse être réalisé, il ne suffit pas que l'enfant soit adoptable. Encore faut-il que cette situation soit définitive, qu'il n'y ait pas de possibilité de revenir dessus. Il faut donc qu'un certain délai se soit écoulé. Il faut distinguer :

- pour les enfants dont la filiation n'est pas établie (enfant dont la mère a accouché sous X, enfants trouvés), l'article 351, alinéa 2, du Code civil énonce que le placement ne peut avoir lieu avant un délai de deux mois à compter de leur recueil ; ce délai correspond à celui pendant lequel cet enfant remis à l'ASE reste pupille à titre provisoire (art. L. 224-4-1, CASF) ; il permet aux parents d'établir leur filiation ;
- pour les enfants dont les représentants légaux ont consenti à l'adoption, le placement ne pourra avoir lieu avant que leur délai de rétractation soit écoulé, soit deux mois à partir du consentement (art. 348-3, al. 2, C. civ.) ; si les parents avaient remis l'enfant à l'ASE en consentant à son adoption, l'article L. 224-4-2° prévoit un délai identique pendant lequel l'enfant reste pupille de l'État à titre provisoire ; à l'issue de ce délai, si les parents n'ont pas repris l'enfant, celui-ci devient pupille de l'État à titre définitif et peut être placé immédiatement ; pour les enfants dont un seul des parents a remis l'enfant en vue de son admission comme pupille de l'État, ce délai est de six mois ;
- pour les orphelins admis en qualité de pupille de l'État, on retrouve le délai de deux mois (art. L. 224-4-4°, CASF) ;
- pour les enfants déclarés judiciairement abandonnés ainsi que pour ceux dont les parents ont fait l'objet d'un retrait total de l'autorité parentale, aucun délai n'est prévu, l'enfant peut donc être placé dès le jugement déclaratif d'abandon ou de retrait de l'autorité parentale.

Dans tous ces cas, y compris lorsque les délais prévus sont expirés, tant que l'enfant n'a pas été placé en vue de l'adoption, les parents peuvent en demander la restitution. L'article 351, alinéa 3, du Code civil prévoit que le placement est impossible tant qu'il n'a pas été statué sur le bien-fondé de cette demande.

197 **Effets du placement.** Ce sont les effets du placement qui en font toute l'originalité et l'intérêt. La loi de 1966 a introduit cette innovation à la suite d'affaires dramatiques où les parents se manifestaient tardivement pour récupérer l'enfant, alors que l'adoption était sur le point d'être prononcée. Il s'agit de garantir aux candidats à l'adoption qui ont accueilli l'enfant une sécurité juridique face aux velléités des parents biologiques.

Le placement produit deux effets dans ce sens : il met obstacle à toute restitution de l'enfant à sa famille d'origine ; il fait échec à toute déclaration de filiation et à toute reconnaissance (art. 352, C. civ.). La loi accorde un délai aux parents qui ont abandonné l'enfant ou qui n'ont pas établi leur filiation pour se repentir ; une fois le délai écoulé, c'est trop tard. Il va de l'intérêt non seulement de la famille adoptive, mais aussi de l'enfant que sa situation soit le plus rapidement stabilisée.

S'il s'avère toutefois que le placement n'a pas eu lieu dans le respect des conditions légales, il doit prendre fin et la restitution de l'enfant doit être ordonnée au parent qui le réclame. Par ailleurs, si le placement prend fin (si la famille d'accueil le restitue volontairement à ses parents ou à l'Aide sociale, p. ex.) ou si le tribunal refuse de prononcer l'adoption, ses effets sont rétroactivement résolus (art. 352, al. 2, C. civ.).

3. Le jugement

198 **Procédure et décision du tribunal.** L'adoption n'est pas contractuelle, comme elle a pu l'être un temps. C'est une décision qui intéresse non seulement l'enfant, l'adoptant ou la famille d'origine, mais aussi l'État, comme tous les problèmes de filiation. Elle est donc soumise à un contrôle de l'autorité publique. La juridiction compétente est le tribunal de grande instance.

La procédure judiciaire est gracieuse. Elle commence donc par une requête, adressée en principe au tribunal du lieu où demeure le demandeur (art. 1166, CPC), qui doit préciser si la demande tend à une adoption plénière ou à une adoption simple.

L'article 353, alinéa 3, du Code civil prévoit que si l'adoptant décède après avoir recueilli l'enfant, la requête peut être présentée par son conjoint survivant ou ses héritiers. Le décès de l'adoptant postérieurement au dépôt de la requête n'a aucune incidence sur le déroulement de la procédure qui peut se poursuivre normalement[361]. Quant au décès de l'adopté, la loi du 5 juillet 1996 a comblé une lacune des textes en ajoutant un alinéa à l'article 353 : la requête peut être présentée si l'enfant prédécédé avait été recueilli par l'adoptant. Le jugement prend effet la veille du décès et emporte uniquement la modification de l'état civil de l'enfant. Il s'agit donc dans ces hypothèses d'une adoption posthume.

Le tribunal doit opérer un double contrôle (art. 353, al. 1er, C. civ. ; art. 1171, CPC). Il doit en effet d'abord vérifier que les conditions légales de l'adoption sont réunies, et que les requérants ont obtenu l'agrément ou en étaient dispensés (art. 353-1, C. civ.). Il doit ensuite s'assurer que l'adoption est conforme à l'intérêt de l'enfant. L'intérêt des adoptants ou des parents d'origine n'a pas à être pris en considération. Cependant, dans le cas où l'adoptant a déjà des descendants, le tribunal doit vérifier si l'adoption n'est pas de nature à compromettre la vie familiale. C'est le seul cas où l'on tient compte d'un intérêt autre que celui de l'adopté. La Cour de cassation[362] a précisé que les grands-parents maternels par le sang d'un enfant né sous X ne peuvent pas s'opposer à l'adoption, puisque la filiation à l'égard de leur fille n'est pas établie ; les grands-parents ne sont alors que des tiers vis-à-vis de l'enfant et ne peuvent prétendre avoir qualité pour agir. Leur seul recours

361. En effet, selon l'article 355 du Code civil, l'adoption produit ses effets à compter du jour du dépôt de la requête. Cass. 1re civ., 11 juillet 2006, *Dr. fam.*, 2006, comm. n° 205, 2e esp., note P. Murat.

362. Cass. 1re civ., 8 juillet 2009, n° 08-20.153, *Bull. civ.*, I, n° 158 ; *Dr. fam.*, 2009, comm. n° 108, note P. Murat ; *D.*, 2010, pan., p. 1443, obs. F. Granet-Lambrechts ; pan., p. 991, obs. M. Douchy-Oudot ; *RTD civ.*, 2009, p. 708, obs. J. Hauser. *Adde* P. Salvage-Gerest, « Les grands-parents et l'adoption de leurs petits-enfants », *Dr. fam.*, 2009, étude n° 32.

est de demander beaucoup plus tôt l'annulation du décret d'admission de l'enfant en tant que pupille de l'État[363].

Le tribunal a le choix entre prononcer l'adoption et rejeter la requête. Il peut aussi prononcer l'adoption simple à la place de l'adoption plénière (art. 1173, CPC), avec l'accord toutefois du ou des adoptants. Il est dispensé de motiver sa décision lorsqu'il prononce l'adoption ; en revanche, il doit la motiver lorsqu'il rejette la requête ou prononce l'adoption simple.

199 **Recours contre la décision du tribunal.** Comme toute décision judiciaire, la décision du tribunal peut faire l'objet de voies de recours ordinaire, appel et pourvoi en cassation. La haute juridiction ne peut toutefois contrôler l'appréciation souveraine que les juges du fond ont faite de l'intérêt de l'enfant. La tierce opposition est en revanche soumise à un régime plus restrictif. En effet, pour éviter que des parents par le sang viennent remettre en cause abusivement le jugement d'adoption, l'article 353-2 du Code civil prévoit que « la tierce opposition à l'encontre du jugement d'adoption n'est recevable qu'en cas de dol ou de fraude imputable aux adoptants ». Ainsi, il a été jugé que le fait pour l'adoptant de cacher l'adoption aux grands-parents de l'autre ligne constitue une fraude[364]. En revanche, a été déclarée irrecevable la tierce opposition du père par le sang qui avait pourtant reconnu son enfant né sous X[365]. La loi du 17 mai 2013 a ajouté un alinéa à l'article 353-2, qui prévoit que constitue un dol la dissimulation au tribunal du maintien des liens entre l'enfant adopté et un tiers, décidé par le juge aux affaires familiales sur le fondement de l'article 371-4, lequel permet à l'enfant d'entretenir des relations avec d'autres personnes que ses parents[366].

200 **Publicité du jugement.** Le jugement fait l'objet, dans les quinze jours suivant la date à laquelle il est devenu définitif, d'une transcription sur les registres de l'état civil du lieu de naissance de l'enfant (art. 354, C. civ.). C'est cette transcription qui tient désormais lieu d'acte de naissance à l'adopté. Il contient toutes les mentions qu'un acte de naissance doit normalement contenir : le jour, l'heure et le lieu de naissance, le sexe de l'enfant, ses nom et prénoms tels qu'ils résultent du jugement. Sont également indiqués les éléments d'identification des adoptants. Mais, c'est là un point crucial, la transcription ne contient aucune référence à la « filiation réelle » de l'enfant – la formule maladroite désignant la filiation d'origine. Corrélativement, l'acte de naissance originaire, ou l'acte de naissance de l'enfant trouvé dressé en vertu de l'article 58 du Code civil[367], sont, non pas détruits, mais conservés et considérés comme nuls. Ils ne pourront plus jamais être produits. Le secret semble bien gardé.

---

363. Voy. *supra*, n° 182.
364. Cass. 1re civ., 7 mars 1989, *D.*, 1989, p. 477, note J. Hauser ; *Rép. Defrénois*, 1989, p. 690, obs. J. Massip.
365. Riom, 16 décembre 2003, *Dr. fam.*, 2004, comm. n° 18, note P. Murat.
366. Voy *infra*, nos 238 et s.
367. Sur cet acte, voy. H. Bosse-Platière, « Actes de l'état civil », *op. cit.*, n° 99.

Le système de publicité qui s'applique au jugement d'adoption plénière et l'annulation de l'acte de naissance d'origine qui en découle organisent un certain secret entourant l'adoption. En effet, d'une part, la transcription du jugement d'adoption, qui tient lieu désormais d'acte de naissance à l'enfant, ne contient aucune indication relative à la filiation d'origine. D'autre part, la délivrance d'un extrait de ce nouvel acte de naissance contenait jusqu'à il y a peu uniquement comme indication, comme pour tous les enfants, que l'enfant « est né ou née de » telle personne, sans faire mention de l'adoption. De la sorte, les tiers – qui ne peuvent pas en principe obtenir la copie intégrale de l'acte de naissance d'une personne – n'auront jamais connaissance de l'adoption de l'intéressé, ce qui constitue une mesure protectrice indispensable de sa vie privée. Ce secret risque cependant de toucher l'enfant lui-même : tant qu'il n'a pas besoin d'une copie intégrale de l'acte de naissance et que son adoption ne lui est pas révélée par sa famille, il reste lui aussi dans l'ignorance.

Cependant, contrairement à ce qui est souvent dit ou cru, le secret ne s'impose pas à l'enfant, il n'y a pas de secret absolu pour l'enfant du fait de son adoption. La copie intégrale de son acte de naissance, qu'il a le droit d'obtenir, fait en effet mention du jugement d'adoption, ainsi éventuellement que de sa filiation d'origine, comme la Cour de cassation l'a récemment rappelé[368] ; à partir de là, l'enfant peut reconstituer toute l'histoire de ses origines. D'ailleurs, depuis la circulaire relative à l'état civil du 29 mai 2013, les extraits d'acte de naissance sous forme littéraire indiquent désormais que l'enfant adopté est « fils ou fille de » et non plus « né ou née de »[369]. Possédant la référence du jugement d'adoption, il peut accéder à son dossier, tant judiciaire qu'administratif. En ce qui concerne le dossier judiciaire, l'article 29 du Code de procédure civile permet à un tiers (l'enfant est un tiers à la procédure) de s'en faire délivrer une copie s'il justifie d'un intérêt légitime (ce qui semble être son cas). En ce qui concerne le dossier administratif, l'enfant peut se faire délivrer par le service de l'ASE copie de toutes les pièces le concernant. En effet, la loi du 17 juillet 1978 portant diverses mesures d'amélioration des relations entre l'administration et le public et diverses dispositions d'ordre administratif, social et fiscal, intégrée dans le nouveau Code des relations entre le public et l'administration (CRPA) par l'ordonnance n° 2015-1341 du 23 octobre 2015, a consacré le droit pour toute personne d'obtenir communication de tout document administratif (art. 2, anc. ; nouv. art. L. 311-1 et L. 311-2, CRPA). Lorsque de tels documents contiennent des informations concernant une personne, seule cette dernière peut en demander l'accès (art. L. 311-6).

En cas de difficulté opposée par l'administration, la loi de 1978 a institué une autorité indépendante, la Commission d'accès aux documents administratifs (CADA), chargée de veiller au respect des droits reconnus par la loi. L'enfant qui se heurterait à un refus ou une absence de réponse de la part de l'ASE peut alors saisir la CADA qui émet un avis. Muni de cet avis, s'il lui est favorable, il peut alors exercer un recours contentieux devant les juridictions administratives contre la décision de refus émise par l'administration.

Toutefois, si la demande de l'enfant porte sur l'identité de ses parents d'origine, c'est le Conseil national pour l'accès aux origines personnelles (CNAOP) instauré par la loi du 22 janvier 2002 (art. L. 147-1 et s., CASF) qui est compétent. Lorsque les parents n'avaient pas demandé le secret de leur identité, la communication ne pose pas de difficultés.

En revanche, il est possible que la mère ait accouché sous X ou bien que les parents aient remis l'enfant à l'ASE en demandant le secret de leur identité, comme ils en avaient la possibilité avant la loi de 2002 pour les enfants âgés de moins d'un an. Dans ces hypothèses, la mission du CNAOP consiste précisément à faciliter la

368. Cass. 1re civ., 31 mars 2016, n° 15-13.147, *AJ fam.*, 2016, p. 257, note P. SALVAGE-GEREST. *Adde* M. LAMARCHE, « L'adoption n'est pas un secret – De la difficulté de concilier le "droit au secret" et le "droit de connaître" ses origines », *Dr. fam.*, 2016, focus n° 39. Dans cette affaire, il faut remarquer que c'est l'enfant (déjà âgé) qui agissait en responsabilité contre l'agent judiciaire de l'État qui lui avait fourni la copie intégrale de son acte de naissance contenant ces informations.

369. L'officier de l'état civil ne commet pas de faute à délivrer à l'enfant des copies intégrales de l'acte de naissance révélant une légitimation adoptive (ancêtre de l'adoption plénière). Versailles, 18 décembre 2014, *Dr. fam.*, 2015, comm. n° 48, note C. NEIRINCK.

recherche par l'enfant de ses origines. Lorsque l'identité des parents ou de la mère a été conservée – la mère qui accouche sous X étant invitée à laisser des informations sur sa santé et celle du père, les origines et les circonstances de la naissance, ainsi que son identité sous pli fermé (art. L. 222-6, CASF) – le CNAOP doit contacter les intéressés pour vérifier s'ils acceptent de révéler leur identité à l'enfant (art. L. 147-6, CASF). Si la mère ou le père décèdent sans avoir exprimé leur refus, leur identité est communiquée.

Il faut donc retenir que l'adoption ne crée pas par elle-même de secret des origines. Le seul obstacle auquel l'enfant peut se heurter l'empêchant d'avoir accès à ses origines est la demande de secret que les parents biologiques avaient faite lors de l'abandon de l'enfant.

Biblio

À lire : L. Leveneur, « Le secret des origines », *Dr. et patrimoine*, mars 2002, p. 42 ; C. Neirinck, « Comprendre le secret de la filiation », *RJPF*, mars 2003, p. 6. Pour une approche juridique, psychologique et pratique du problème de l'accès aux origines, voy. P. Verdier et M. Duboc, *Retrouver ses origines, L'accès au dossier des enfants abandonnés*, 2e éd., Paris, Dunod, 2002.

C. Les effets de l'adoption plénière

1. La substitution de la filiation adoptive à la filiation d'origine

201 **Substitution pour l'avenir.** Le jugement d'adoption, contrairement au principe en matière de filiation, est constitutif et non déclaratif ; il crée en effet une situation nouvelle et ne se contente pas de constater une situation préexistante. Il ne produit donc pas d'effet rétroactif, ses effets ne remontent pas à la naissance de l'enfant. L'article 355 du Code civil énonce toutefois que l'adoption produit ses effets à compter du jour du dépôt de la requête et non de la décision elle-même. La substitution consiste en la destruction du lien d'origine et la création de la filiation adoptive.

a. La destruction de la filiation d'origine

202 **Caractère absolu.** Selon l'article 356 du Code civil, « l'adopté cesse d'appartenir à sa famille par le sang ». Autrement dit, sa filiation est anéantie. Il en résulte que l'enfant ne porte plus le nom de son ou ses parents d'origine, toute vocation héréditaire disparaît entre eux et l'enfant, de même que toute obligation alimentaire. Cependant, cet effet se produit sans rétroactivité. Par conséquent, si la succession de l'un des membres de sa famille d'origine s'est ouverte avant le dépôt de la requête, l'enfant hérite normalement.

203 **Atténuations et exceptions.** Cet effet destructeur du jugement d'adoption peut paraître d'une extrême rigueur et entraîner certains inconvénients. C'est pourquoi la loi y a apporté des exceptions.

Tout d'abord, l'article 356 émet la réserve des empêchements à mariage liés à l'existence d'un lien de parenté (art. 161 à 164, C. civ.). Autrement dit, l'enfant adopté ne pourrait pas se marier avec l'un de ses parents d'origine, ni avec un frère ou une sœur de sang, etc. Cependant, lorsque la famille d'origine est inconnue, ces empêchements ne peuvent évidemment pas s'appliquer.

L'article 356, alinéa 2, réserve également un sort à part au cas de l'adoption de l'enfant du conjoint. Il prévoit que l'adoption laisse subsister la filiation d'origine à l'égard du conjoint. Il ajoute, dans une formule curieuse, que l'adoption

« produit, pour le surplus, les effets d'une adoption par deux époux »[370]. Au jourd'hui, la règle signifie tout au plus que l'autorité parentale sera exercée en commun par les deux époux. Il faut rappeler qu'en raison de ses effets radicaux à l'égard de la famille d'origine, l'adoption plénière de l'enfant du conjoint n'est possible que dans certains cas limités[371].

b. La création de la filiation adoptive

204 **Effets d'un lien de filiation fondé sur le sang.** Depuis la loi de 1966, l'article 358 du Code civil énonçait : « l'adopté a, dans la famille de l'adoptant, les mêmes droits et les mêmes obligations qu'un enfant légitime ». La loi du 4 mars 2002 relative à l'autorité parentale, qui a supprimé la distinction entre filiations légitime et naturelle quant aux effets de la filiation, a modifié le texte : désormais, le texte énonce que l'adopté a le même statut « qu'un enfant dont la filiation est établie en application du titre VII du présent livre ».

205 **Statut de l'adopté.** L'adopté change de nom. Les règles applicables sont issues de la loi du 4 mars 2002 relative au nom de famille entrée en vigueur le 1er janvier 2005, pour tenir compte du nouveau principe d'égalité de la dévolution du nom de famille entre les parents. La loi du 17 mai 2013 a modifié le texte pour l'adapter à la nouvelle possibilité que l'adoption soit prononcée au profit d'un couple de même sexe, sans grande modification des règles qui sont d'ailleurs à peu près les mêmes que pour les enfants nés par procréation[372]. L'enfant porte le nom de l'adoptant. En cas d'adoption par un couple marié, ou de l'enfant du conjoint, les époux choisissent par déclaration conjointe le nom de l'enfant : soit le nom de l'un d'eux, soit leurs deux noms associés dans l'ordre qu'ils choisissent, dans la limite d'un seul nom chacun. En l'absence de déclaration, l'enfant porte en principe le nom de chacun d'eux, dans l'ordre alphabétique. La règle est désormais sensiblement la même d'ailleurs pour les enfants nés par procréation. La loi de 2013 a par ailleurs supprimé la solution qui permettait au tribunal, l'adoptant étant marié, de décider, à sa demande et avec le consentement de son conjoint, que l'enfant porterait le nom de ce dernier, ou bien le nom des deux époux accolés, dans l'ordre qu'ils choisissaient.

Le ou les adoptants deviennent titulaires de l'autorité parentale ; les époux l'exercent ensemble. Les règles de droit commun s'appliquent avec leurs droits, leurs obligations et leurs sanctions. Il existe toutefois une limite : les adoptants ne sont pas, en principe, investis du pouvoir de consentir à l'adoption de l'adopté, l'adoption étant irrévocable.

C'est en matière successorale que l'intégration de l'enfant dans la famille des adoptants se manifeste le plus clairement : l'enfant peut hériter non seulement de son ou ses adoptants, s'ils décèdent, mais encore de tout autre membre de la famille, selon les règles de droit commun de la dévolution successorale. Réciproquement, en cas de décès de l'adopté, tout membre de la famille est susceptible de lui succéder, non seulement le ou les adoptants.

---

370. P. Salvage-Gerest, « L'adoption plénière de l'enfant du conjoint après la loi du 22 décembre 1976 », *JCP-G*, 1982, I, 3071, n° 16.

371. Voy. *supra*, n° 189.

372. J. Massip, « Les incidences de la loi sur le mariage en matière de nom de famille », *Rép. Defrénois*, 2013, p. 737 ; C. Doublein, « Le nom de famille : les modifications apportées par la loi du 17 mai 2013 », *AJ fam.*, 2013, p. 349.

Enfin, l'adoption plénière fait naître une obligation alimentaire réciproque entre l'adopté et le ou les adoptants.

2. Le caractère irrévocable de l'adoption plénière

206 **Principe.** L'article 359 du Code civil énonce de manière catégorique que « l'adoption est irrévocable ». La règle ne concerne que l'adoption plénière et ne s'applique que sous réserve que le jugement soit passé en force de chose jugée[373]. Il en résulte que les adoptants ne pourraient pas changer d'avis en demandant à un tribunal d'anéantir la filiation adoptive constituée.

Du principe d'irrévocabilité, on a déduit des conséquences contestables[374]. Il est en effet généralement retenu que l'enfant adopté plénièrement ne peut être donné en adoption par ses parents adoptifs. Cette solution prive les adoptants d'une prérogative qui appartient pourtant à tout titulaire de l'autorité parentale et donne à la filiation adoptive une force que même la filiation légitime n'a jamais eue. En outre, elle n'apparaît pas conforme à l'intérêt de l'enfant. On sait bien qu'il y a de nombreux cas où l'adoption rate, en particulier lorsque l'enfant est étranger[375]. Il ne reste alors plus qu'à envisager des solutions de substitution : recours éventuel à la déclaration judiciaire d'abandon (rien ne l'interdit), retrait de l'autorité parentale ou, sans aller jusque-là, mesures d'assistance éducative. Le législateur a cependant fort heureusement prévu certaines exceptions.

207 **Exceptions.** Il existe d'abord une exception déjà ancienne. Depuis la loi de 1976, l'article 346, alinéa 2, du Code civil prévoit la possibilité d'une nouvelle adoption lorsque le ou les adoptants sont décédés. Il ne s'agit pas d'une véritable révocation, puisque la seconde adoption ne fait que répondre à une situation particulière objective, le décès de l'adoptant, non voulue par les intéressés. Une seconde exception a été apportée par la loi de 1996 en réponse aux critiques formulées par certains auteurs. L'article 360, alinéa 2, énonce : « s'il est justifié de motifs graves, l'adoption simple d'un enfant ayant fait l'objet d'une adoption plénière est permise », solution approuvée par la doctrine[376]. Ainsi, l'enfant conserve son lien de filiation adoptive à l'égard des premiers adoptants, mais entre dans une nouvelle famille à laquelle il sera désormais confié.

§ 2. – L'adoption simple

208 **Présentation.** L'adoption simple est l'héritière de l'adoption instituée par le Code civil en 1804 : comme celle-ci, et contrairement à l'adoption plénière, elle ne coupe pas les liens de l'enfant avec sa famille d'origine. On pourrait penser qu'elle est moins recherchée que l'adoption plénière. Pourtant, le nombre de requêtes en adoption simple est devenu supérieur à celui des requêtes en

373. Cass. 1re civ., 7 mars 1989, *Bull. civ.*, I, n° 111 ; *Rép. Defrénois*, 1989, p. 694, obs. J. Massip.

374. Voy. P. Salvage-Gerest, in P. Murat (dir.), *Droit de la famille, op. cit.*, n° 221.431.

375. J. Rubellin-Devichi, « Réflexions pour d'indispensables réformes en matière d'adoption », *D.*, 1991, chron., p. 209, n° 24.

376. J. Rubellin-Devichi, « Permanence et modernité de l'adoption après la loi du 5 juillet 1996 », *op. cit.*, n° 12.

adoption plénière[377]. En 2007, 70 % des adoptions prononcées l'ont été en forme simple[378]. L'une des explications tient sans doute au développement du phénomène des familles recomposées, dans lesquelles il arrive fréquemment que l'un des époux souhaite adopter l'enfant de son conjoint. Or, soit que l'enfant ait déjà atteint un âge tardif (plus de 15 ans, voire plus de 18 ans), soit que l'article 345-1 oppose un obstacle à cette adoption en présence du second parent, c'est souvent une adoption simple qui est alors demandée. Depuis 1996, l'adoption simple peut également être prononcée à la suite de l'échec d'une adoption plénière.

Présentée comme une sorte de diminutif de l'adoption plénière, l'adoption simple produit donc des effets moins radicaux que l'adoption plénière. Il s'ensuit que ses conditions sont plus larges et qu'il peut y être mis fin.

A. Les conditions de l'adoption simple

209 **Identité de principe des conditions avec l'adoption plénière.** L'article 361 du Code civil opère un renvoi général à la plupart des dispositions relatives à l'adoption plénière. Il s'agit des conditions relatives à l'âge du ou des adoptants, à la durée du mariage, à la différence d'âge entre l'adopté et l'adoptant et au consentement de l'adopté âgé de plus de 13 ans. Il en est de même pour ce qui concerne les catégories d'enfants adoptables, lorsqu'ils sont mineurs, ainsi que la procédure, et notamment le rôle du tribunal de grande instance dans l'appréciation de l'intérêt de l'enfant.

210 **Règles particulières de fond.** La différence la plus importante avec l'adoption plénière concerne sans aucun doute l'âge de l'adopté. En tête de chapitre, l'article 360 du Code civil énonce d'emblée que « l'adoption simple est permise quel que soit l'âge de l'adopté ». Il est donc possible d'adopter un mineur jusqu'à sa majorité, et dans ce cas il doit appartenir à l'une des catégories d'enfants adoptables. Au-dessus de 13 ans, l'enfant doit consentir personnellement à son adoption (art. 360, al. 4, C. civ.). Mais l'adopté peut également être majeur – possibilité qui se révèle sources de nombreux détournements[379]. Dans ce cas, on ne se réfère plus à la notion de catégorie d'enfant adoptable, qui n'aurait pas de sens.

L'adoption d'un majeur n'a pas tout à fait la même finalité que l'adoption d'un mineur privé d'une famille, elle n'a que peu de raison éducative. C'est pourquoi on peut s'étonner de la décision de la Cour de cassation qui a décidé que l'adoption de ses petits-enfants demandée par une grand-mère pour des raisons exclusivement successorales et non éducatives n'était pas conforme à la finalité de l'adoption[380]. Elle n'en doit pas moins consacrer un rapport filial. La seule condition relative à l'adopté tient en définitive à son propre consentement, nécessaire et suffisant (celui des parents en particulier est indifférent). Il faut cependant que ce consentement soit éclairé et que l'intéressé n'agisse pas sous l'empire d'un trouble mental. Dans l'hypothèse où il a été placé sous tutelle, la Cour de cassation a décidé qu'en raison de son caractère « strictement

377. Voy. *supra*, n° 155.

378. *Infostat Justice*, septembre 2009, n° 106.

379. Voy. *supra*, encadré E13.

380. Cass. 1re civ., 16 octobre 2001, *Bull. civ.*, I, n° 256 ; *D.*, 2002, p. 1097, note F. Boulanger.

personnel », ce consentement ne peut être donné à sa place par le tuteur[381], solution confirmée par l'article 458 du Code civil, issu de la loi du 5 mars 2007 portant réforme de la protection juridique des majeurs. En revanche, il faut au majeur l'autorisation du juge des tutelles ou du conseil de famille. Et bien sûr, il faut que l'adoption soit conforme à l'intérêt de l'enfant, même majeur[382].

Les conditions de fond de l'adoption de l'enfant du conjoint sont également différentes. Ainsi, l'article 345-1 du Code civil qui limite les possibilités d'une adoption plénière en présence du second parent ou de sa famille n'est pas applicable à l'adoption simple. La raison en est que celle-ci ne coupera pas les relations de l'enfant à l'égard de ce second parent ou de sa famille. L'adoption simple est donc ici libre. Il convient de préciser que c'est l'adoption simple de l'enfant du conjoint qui est très souvent utilisée au sein des familles recomposées, plus sans doute que l'adoption plénière. Cependant, la jurisprudence a dû montrer les limites de cette technique dans une affaire où un enfant majeur, dont les parents avaient divorcé et s'étaient remariés chacun de son côté, avait d'abord fait l'objet d'une adoption simple par le second mari de sa mère. Par la suite, la seconde épouse de son père avait également souhaité l'adopter. La Cour de cassation refuse une telle possibilité en rappelant sur le fondement de l'article 346 du Code civil que « nul ne peut être adopté par plusieurs personnes si ce n'est par deux époux » et que « le droit au respect de la vie privée et familiale n'interdit pas de limiter le nombre d'adoptions successives dont une même personne peut faire l'objet, ni ne commande de consacrer par une adoption tous les liens d'affection, fussent-ils anciens et bien établis »[383]. Depuis la loi du 17 mai 2013, l'article 360, alinéa 2, prévoit que l'enfant déjà adopté, plénièrement ou simplement, par une personne seule peut l'être une seconde fois par le conjoint de cette dernière en la forme simple. Mais il ne semble pas que cette règle contredise la solution de la Cour de cassation.

Enfin, il n'est pas nécessaire que l'enfant ait fait l'objet d'un accueil au foyer du ou des adoptants, comme si cette période d'essai n'était pas utile. Il est vrai qu'en cas d'échec de l'adoption simple, celle-ci peut être révoquée[384].

211 **Règles particulières de forme.** L'absence de renvoi de l'article 361 du Code civil à l'article 351 permet de comprendre que le placement de l'enfant avant son adoption n'est pas non plus nécessaire. Sans doute le placement, dont l'intérêt principal consiste à empêcher toute restitution de l'enfant ainsi que tout établissement d'un lien de filiation à son égard, a-t-il été jugé de peu d'intérêt dans le cadre d'une adoption qui maintient la filiation de l'enfant à l'égard de sa famille d'origine. Pourtant, le risque d'une demande des parents n'est pas nul, car s'ils conservent leur lien de filiation, ils perdent tous leurs droits d'autorité parentale. De la même manière, l'absence de renvoi à l'article 345, al. 1er implique que l'enfant n'a pas à être accueilli préalablement à la procédure au foyer des adoptants. En revanche, l'article 361 opérant un renvoi à l'article 353-1, les

381. Cass. 1re civ., 4 octobre 2008, *JCP-N*, 2008, actu. 699, obs. Y. Favier.

382. Cass. 1re civ., 6 mars 2013 (2 arrêts), nos 12-17.183 et 12-16.401, *Dr. fam.*, 2013, comm. n° 67, note C. Neirinck.

383. Cass. 1re civ., 12 janvier 2011, n° 09-16.527, *Dr. fam.*, 2011, comm. n° 20, note C. Neirinck ; *JCP-G*, 2011, 415, note H. Bosse-Platière et A. Gouttenoire.

384. Voy. *infra*, nos 219 et 220.

candidats à l'adoption simple d'un enfant pupille de l'État ou remis à un OAA, ou d'un enfant étranger, doivent faire l'objet de la procédure administrative d'agrément.

Quant au jugement d'adoption, sa publicité est assurée soit par une transcription, soit par une simple mention sur les registres de l'état civil (art. 362). On comprend que l'adoption n'entraîne pas les mêmes conséquences sur l'état civil que l'adoption plénière : l'acte de naissance originaire de l'adopté n'est pas annulé.

B. Les effets de l'adoption simple

212 **Addition d'un second lien de filiation.** Alors que l'adoption plénière opère substitution de la filiation adoptive à la filiation d'origine, l'adoption simple opère addition d'une filiation adoptive à la filiation d'origine. En effet, l'adoption simple crée un lien de filiation à l'égard de l'adoptant qui s'étend aux enfants de l'adopté (art. 366, C. civ.). Dans le même temps, l'adopté conserve son lien de filiation d'origine : « l'adopté reste dans sa famille d'origine et y conserve tous ses droits, notamment ses droits héréditaires » (art. 364). Inversement, l'adoption simple conserve tous ses effets malgré l'établissement ultérieur de la filiation d'origine (art. 369). Cette dualité de filiations entraîne des conséquences sur le statut tant extrapatrimonial que patrimonial de l'enfant.

1. Le statut extrapatrimonial de l'adopté simple

213 **Empêchements à mariage.** De la dualité de filiations découle une double série d'empêchements à mariage. Il est vrai que l'on trouve la même solution pour l'adoption plénière, comme il a été vu, mais dans le cadre de l'adoption simple, les empêchements à mariage à l'égard de la famille d'origine ne constituent pas un vœu pieux, dans la mesure où cette famille est généralement connue.

L'article 364, alinéa 2, du Code civil dispose donc logiquement que les prohibitions au mariage prévues aux articles 161 à 164 s'appliquent entre l'adopté et sa famille d'origine. L'article 366 ajoute cependant une deuxième série de prohibitions, plus limitée :

- entre l'adoptant, l'adopté et ses descendants ;
- entre l'adopté et le conjoint de l'adoptant ; mais aussi entre l'adoptant et le conjoint de l'adopté ;
- entre les enfants adoptifs du même individu ;
- entre l'adopté et les enfants de l'adoptant.

Dans les deux derniers cas, les prohibitions peuvent cependant être levées par le président de la République pour motifs graves. Il en va de même dans le deuxième cas, lorsque la personne qui crée l'alliance est décédée.

Si l'on compare cette liste avec celle des articles 161 à 164, on se rend compte que de nombreux empêchements n'y figurent pas. Par exemple, entre l'adopté et les petits-enfants de l'adoptant, ou encore entre l'adopté et les ascendants de l'adoptant, entre l'adopté et les frères et sœurs de l'adoptant.

214 **Le nom de l'adopté.** Il n'est sans doute pas de règles qui montrent avec plus d'évidence – y compris aux yeux des tiers – l'appartenance de l'enfant à ses

deux familles[385]. L'article 363 du Code civil énonce en effet que « l'adoption simple confère le nom de l'adopté à l'adoptant en l'ajoutant au nom de ce dernier ». Sauf décision du tribunal prononcée à la demande de l'adoptant (art. 363, *in fine*)[386], l'enfant porte deux noms : celui que ses parents d'origine lui ont transmis (ou s'il s'agissait d'un enfant trouvé celui qui lui a été attribué par l'officier de l'état civil) et celui de l'adoptant. Jusqu'à la loi du 4 mars 2002, c'était le seul cas où une personne pouvait porter deux noms. Cette loi a d'ailleurs adapté la règle au nouveau principe d'égalité entre les parents. Et la loi du 17 mai 2013 a, comme pour l'adoption plénière, adapté le texte afin qu'il tienne compte de la possibilité d'une adoption par un couple de même sexe. Ainsi, si l'adoptant et l'adopté portent chacun un double nom, l'adjonction se fait dans la limite d'un nom chacun. Si l'enfant est adopté par un couple marié, les époux doivent se mettre d'accord pour savoir lequel d'entre eux transmet un seul de ses noms. En cas de désaccord ou en l'absence de choix, l'enfant porte, ajouté au sien, non plus le nom du mari, mais le premier nom des adoptants selon l'ordre alphabétique[387].

215 **L'autorité parentale.** L'article 365 dispose que « l'adoptant est seul investi à l'égard de l'adopté de tous les droits d'autorité parentale, inclus celui de consentir au mariage ». Il faut comprendre que le ou les adoptants deviennent titulaires de l'autorité parentale à la place des parents. En outre, selon le deuxième alinéa du texte, les droits d'autorité parentale sont exercés par le ou les adoptant(s) selon les règles de droit commun applicables à tous les enfants. Par conséquent, les époux adoptants exercent conjointement l'autorité parentale. Il en résulte que les parents par le sang ne peuvent nullement intervenir dans les choix opérés par les adoptants concernant la personne de l'enfant. Une dérogation est apportée à ce système dans le cas de l'adoption de l'enfant du conjoint : les deux époux sont titulaires de l'autorité parentale, mais seul le parent d'origine en a l'exercice, sauf déclaration conjointe adressée au greffier en chef du tribunal de grande instance[388]. C'est ce texte qui a conduit la jurisprudence a refusé la possibilité de l'adoption au sein d'un couple non marié[389].

Ce texte a fait l'objet de recours par des couples de partenaires homosexuels lui reprochant d'être discriminatoire puisqu'il ne vise que l'adoption du conjoint et ne permet donc pas à des couples de partenaires d'en bénéficier. La Cour de cassation a cependant estimé qu'il n'est pas contraire aux articles 8 (droit à la vie familiale) et 14 (prohibition des discriminations) de

385. Sur l'ensemble de la question, voy. A. Lapoyade-Deschamps, « Le nom de famille(s) de l'adopté simple », *Dr. fam.*, 1998, chron. n° 11. *Adde* P. Salvage-Gerest, in *Droit de la famille*, *op. cit.*, n°s 222.90 et s. *Adde* M. Brusorio-Aillaud et L. Stasi, *Personnes, Incapacités, Famille*, coll. Paradigme, Bruxelles, Larcier, p. 135. *Adde* M. Brusorio-Aillaud, *Droit des personnes et de la famille*, coll. Paradigme, Bruxelles, Larcier, 2015.

386. Le tribunal peut décider que l'enfant ne portera que le nom de l'adoptant, avec l'accord de l'adopté s'il a plus de treize ans ; il ne peut en revanche décider qu'il ne conservera que son nom d'origine. Cass. 1re civ., 22 février 2005, *Dr. fam.*, 2005, comm. n° 72, note P. Murat ; *AJ fam.*, 2005, p. 153.

387. J. Massip, « Les incidences de la loi sur le mariage en matière de nom », *op. cit.*, n°s 5 et s.

388. Depuis la loi n° 2011-1862 du 13 décembre 2011, les parents ne doivent plus comparaître pour faire la déclaration conjointe, ils peuvent l'adresser par courrier selon des modalités fixées à l'article 1180-1 du Code pénal.

389. Voy. *supra*, encadré E14.

la CEDH[390]. Par ailleurs, saisi d'une QPC, le Conseil constitutionnel a décidé que l'article 365 du Code civil, ainsi que l'interdiction de l'adoption simple de l'enfant mineur du concubin ou de la concubine que la Cour de cassation en déduit, ne sont contraires ni au principe d'égalité (art. 6, DDHC), ni au droit de mener une vie familiale normale (Const. 1946, préamb., al. 10)[391]. Par ailleurs, la Cour européenne des droits de l'homme a estimé que ce texte n'est pas discriminatoire du point de vue du droit à la vie privée et familiale[392]. La possibilité pour les couples homosexuels de se marier devrait apaiser ces sentiments d'injustice.

2. Le statut patrimonial de l'adopté simple

216 **Les obligations alimentaires.** La loi a institué une obligation alimentaire réciproque entre l'adopté et l'adoptant (art. 367, C. civ.), qui, selon la doctrine, s'étend aux descendants de l'adopté[393]. En revanche, il n'existe pas d'obligation alimentaire entre l'adopté et les ascendants de l'adoptant, ni entre ceux-ci et les descendants de l'adopté.

Une obligation alimentaire subsiste également entre l'adopté et ses père et mère d'origine. Cependant, l'article 367 lui confère un caractère subsidiaire : l'adopté ne peut demander aliment à ses parents biologiques que s'il ne peut en obtenir de la part de l'adoptant[394].

217 **Les droits successoraux.** Les droits successoraux de l'adopté ainsi que ceux de ses familles dans sa propre succession illustrent parfaitement la dualité des liens de filiation et même des liens de famille.

L'article 368 du Code civil énonce que l'adopté et ses descendants ont, dans la famille de l'adoptant, les droits successoraux de droit commun. Une limite subsiste cependant à cette assimilation : l'adopté n'est pas réservataire dans la succession des ascendants de l'adoptant. Cependant, selon l'article 364,

390. Cass. 1re civ., 19 décembre 2007, préc. *Adde* Cass. 2e civ., 5 mars 2008 (5 arrêts), *Dr. fam.*, 2008, comm. n° 51, note V. Larribau-Terneyre ; *D.*, 2008, pan., p. 1794, obs. J.-J. Lemouland et D. Vigneau qui a affirmé, dans un tout autre contentieux (contentieux électoral), que le mot « conjoint » désigne forcément un époux et non un partenaire.

391. Cons. const., 6 octobre 2010, n° 2010-39 QPC, *D.*, 2010, p. 2744, note F. Chénedé ; actu p. 2293, obs. I. Gallmeister ; *JCP-G*, 2010, p. 1145, note A. Gouttenoire et C. Radé ; *AJ fam.*, 2010, p. 489, obs. Mécary ; *RTD civ.*, 2010, p. 776, obs. J. Hauser ; *D.*, 2011, pan., p. 1590, obs. F. Granet-Lambrechts. *Adde* V. Larribau-Terneyre, « L'article 365 du Code civil constitutionnel… mais inconventionnel ? », *Dr. fam.*, 2010, rep. 10.

392. Cour eur. D.H., 15 mars 2012, *Gas et Dubois c/ France*, *Dr. fam.*, 2012, comm. n° 82, note C. Neirinck ; *JCP-G*, 2012, p. 961, note A. Gouttenoire et F. Sudre ; *D.*, 2012, p. 1241, note A. Dionisi-Peyrusse ; *AJ fam.*, 2012, p. 220, obs. C. Siffrein-Blanc. Comp. Cour eur. D.H., 19 février 2013, *X et al. c/ Autriche*, *Dr. fam.*, 2013, comm. n° 53, note C. Neirinck ; *AJ fam.*, 2013, p. 227, obs. F. Chénedé ; *RTD civ.*, 2013, p. 363, obs. J. Hauser, où la Cour condamne l'Autriche qui autorise l'adoption au sein d'un couple non marié hétérosexuel, mais pas homosexuel.

393. M. Rebourg, *Les pensions alimentaires*, Paris, L'Harmattan, 2004, p. 19.

394. La subsidiarité n'exclut pas une contribution partielle du parent par le sang. Cass. 1re civ., 14 avril 2010, *Dr. fam.*, 2010, comm. n° 115, note P. Murat ; *JCP-G*, 2010, I, 469, obs. H. Bosse-Platière. L'adopté doit aussi des aliments à ses père et mère biologiques, à moins qu'il ait été admis en qualité de pupille de l'État ou qu'il ait été retiré de son milieu familial par décision judiciaire pendant 36 mois (L. n° 2007-293 du 5 mars 2007).

l'adopté conserve ses droits héréditaires dans sa famille d'origine. Il se trouve donc investi d'une double vocation successorale.

À l'inverse, la succession de l'adopté est soumise à un régime dérogatoire. Lorsqu'il ne laisse pas de descendants, deux particularités apparaissent. Tout d'abord, le Code civil a créé un droit de retour légal : les biens que l'adopté avait reçus par libéralité ou succession de ses adoptants ou de ses parents biologiques retournent dans leur famille respective (art. 368-1, C. civ.). Ensuite, les autres biens de l'adopté font l'objet d'une fente : ils sont partagés en deux et chaque famille en reçoit une moitié. La répartition des biens au sein de chaque famille se fait alors selon le droit commun des successions. La succession de l'adopté simple est appelée succession anomale.

C. La fin de l'adoption simple

1. La transformation de l'adoption simple en adoption plénière

218 **Adoption à l'essai.** L'article 345, alinéa 2, du Code civil envisage cette hypothèse à propos de la condition d'âge de l'adopté dans le cadre de l'adoption plénière. Si l'enfant a plus de 15 ans et qu'il a fait l'objet d'une adoption simple avant d'avoir atteint cet âge, l'adoption plénière peut être demandée. L'adoption simple peut ainsi être conçue par les adoptants (ou le tribunal de grande instance d'ailleurs) comme une adoption à l'essai puisqu'elle est révocable.

2. La révocation de l'adoption simple

219 **Conditions.** Contrairement à l'adoption plénière, l'adoption simple peut être révoquée. Le Code civil offre cette possibilité tant à l'adoptant qu'à l'adopté. Mais la révocation ne peut résulter d'un accord amiable entre les intéressés. Elle ne peut être prononcée que par un jugement. Par ailleurs, la loi du 14 mars 2016 relative à la protection de l'enfant a restreint les possibilités de révocation afin de stabiliser la filiation de l'enfant. Il résulte du nouvel article 370 qu'il faut distinguer selon que l'enfant adopté est majeur ou mineur. Dans le premier cas, s'il est justifié d'un motif grave, la révocation peut être demandée par l'enfant lui-même ou par l'adoptant. S'il est mineur, la révocation ne peut être prononcée qu'à la demande du ministère public. Il s'en déduit que la révocation ne peut plus être demandée, comme auparavant, par l'adoptant lorsque le mineur a plus de quinze ans. Enfin, la révocation ne peut plus être demandée par d'autres personnes que l'adoptant, l'adopté ou le ministère public : par conséquent ni les père et mère par le sang ni un membre de la famille d'origine jusqu'au degré de cousin germain ne peuvent plus faire cette demande.

220 **Effets.** La révocation ne produit effet que pour l'avenir. Elle n'est donc pas rétroactive ; la jurisprudence a seulement précisé qu'elle prend effet à la date de la demande et non du jugement[395]. Elle fait cesser tous les effets de l'adoption, mais ne remet pas en cause les avantages reçus par l'adopté avant la révocation, tels que des libéralités ou une succession.

395 Cass. 1re civ., 21 juin 1989, *Bull. civ.*, I, n° 249 ; *D.*, 1990, p. 182, note C. Lesca ; *JCP-G*, 1990, II, 21547, note M.-N. Charles.

CHAPITRE 2

Les effets de la filiation

221 **Importance et diversité des effets de la filiation.** La filiation permet l'intégration juridique de l'enfant dans sa famille. Outre le sentiment d'identification personnelle et psychologique qu'elle procure à l'enfant, la filiation constitue un élément fondamental de l'état de la personne, c'est-à-dire de son statut juridique. La loi y attache un certain nombre d'effets, tant extrapatrimoniaux que patrimoniaux. Ainsi, la nationalité de l'enfant dépend en grande partie de sa filiation : selon l'article 18 du Code civil, « est français l'enfant dont l'un des parents au moins est français ». La filiation commande également en grande partie l'attribution du nom à l'enfant puisque celui-ci porte le nom de son père, de sa mère ou des deux selon le choix de ces derniers (art. 311-21, C. civ.). La vocation successorale est avant tout également une affaire de famille, et ce sont en principe les enfants du défunt qui héritent (avec le conjoint survivant), les autres membres de la famille ne venant à la succession qu'en l'absence d'enfants. La nationalité et les droits successoraux font partie chacun d'un ensemble de règles vastes et complexes qu'il serait impossible de développer dans ce manuel. Il faut ici renvoyer aux ouvrages spécialisés. Quant au nom, il est traditionnellement traité avec le statut de la personne, au même titre que le domicile ou les droits de la personnalité dans les ouvrages relatifs au droit des personnes.

Restent deux effets de la filiation qui font la substance des relations de l'enfant avec ses parents : l'autorité parentale et le devoir d'entretien des enfants à la charge des parents. Il convient d'y ajouter les obligations alimentaires, bien qu'elles existent aussi en raison d'un lien d'alliance.

E19 **Le problème des familles recomposées**

L'un des phénomènes majeurs de l'époque contemporaine en droit de la famille réside dans le développement des familles dites recomposées. À la dissolution d'une famille préexistante, l'un des membres de l'ancien couple forme un nouveau couple, soit par mariage, soit par concubinage ou PACS. Au sein du nouveau foyer vivent les enfants de l'un et l'autre membre du nouveau couple, issus de leurs anciennes unions, et éventuellement des enfants communs. On peut donc y trouver des demi-frères et sœurs et des enfants qui n'ont aucun lien de parenté entre eux. Les difficultés juridiques sont multiples. Certaines consistent à savoir comment l'un des beaux-parents peut transmettre des biens aux enfants de son conjoint. En l'absence de tout lien de famille entre le beau-parent et son beau-fils ou sa belle-fille, ceux-ci n'hériteront pas de lui et s'il leur consent des libéralités, elles seront soumises aux droits de mutation les plus élevés, c'est-à-dire 60 %. Ce sont les notaires qui essaient de résoudre ces difficultés en proposant des montages juridiques qui ne sont jamais totalement satisfaisants. L'une des solutions souvent proposées réside dans l'adoption simple de l'enfant du conjoint par son beau-parent, ce qui n'est envisageable que si ce dernier s'est remarié avec le parent de l'enfant.

Une autre difficulté concerne les droits du beau-parent sur la personne de l'enfant mineur de son nouveau compagnon (conjoint, partenaire ou concubin). Là encore, en l'absence de tout lien de filiation (sauf hypothèse de l'adoption simple), le beau-parent n'a aucun droit d'autorité parentale sur son beau-fils ou sa belle-fille. Il n'a même pas le droit d'accomplir les actes usuels d'autorité parentale. La seule possibilité serait que le parent de l'enfant consente à son compagnon une délégation-partage de l'autorité parentale (voy. *infra*, n° 300). Mais il s'agit d'une technique lourde à mettre en place, soumise au contrôle du juge, et qui risque de se heurter aux droits du second parent de l'enfant. Pour remédier à ces inconvénients, plusieurs solutions ont été envisagées. Il a ainsi été proposé de créer un statut du beau-parent, voire un statut des tiers, qui accomplirait les modalités du partage de l'autorité parentale et consacrerait le droit pour l'enfant d'entretenir des relations avec le tiers qui avait résidé avec lui, en cas de séparation. Par la crainte que ne soit consacrée indirectement la famille homosexuelle, mais aussi parce qu'il dissociait parenté et parentalité, cet avant-projet de loi a été abandonné. Plus récemment, à la suite du rapport d'I. Théry et A.-M. Leroyer, un projet de loi qui n'a pas encore été adopté définitivement propose de créer un « mandat d'éducation quotidienne » qui pourrait être consenti par le parent à son conjoint, son partenaire ou son concubin, avec toutefois l'accord de l'autre parent, par acte authentique ou sous seing privé, et lui permettant d'accomplir les actes usuels. La consécration d'une coparentalité à trois – voire quatre en cas de résidence alternée ?

Biblio

À lire : P. Malaurie et H. Fulchiron, *Droit de la famille*, *op. cit.*, n°s 1630 et s. ; A. Mirkovic, « Statut du beau-parent : vivement le retrait d'un texte inutile et nuisible », *Dr. fam.*, 2009, étude n° 28 ; S. Moracchini-Zeidenberg, « L'autorité parentale et les tiers », *Dr. fam.*, 2010, étude n° 7 ; I. Théry et A.-M. Leroyer, « Les suites du rapport "Filiation, origines, parentalité" », *Dr. fam.*, 2014, dossier n° 3.

SECTION I
L'autorité parentale

222 **Protection et droits de l'enfant.** Le législateur moderne s'est fait une mission prioritaire de la protection de l'enfant, considéré tout à la fois comme un être faible et un adulte en devenir. C'est en principe à ses parents que cette mission est confiée.

La protection de l'enfant est également prise en charge par l'État directement dans certaines situations graves de maltraitance, d'abandon, de prostitution, par la mise en place d'institutions spécialisées, telle que l'Aide sociale à l'enfance ou la Protection judiciaire de la jeunesse, par la mise en œuvre de mécanismes juridiques, comme l'assistance éducative, le retrait de l'autorité parentale, l'adoption, ou encore par la répression de certains comportements érigés en infractions et spécifiquement punis lorsqu'ils ont pour victime un enfant[396].

La protection constitue cependant une approche défensive du statut de l'enfant. À la fin du XXe siècle, s'est développé un nouveau concept, celui des droits de l'enfant, dont le point d'orgue réside sans aucun doute dans la -Convention internationale des droits de l'enfant, adoptée à New York à l'unanimité

396. Les délinquants mineurs font aussi l'objet d'un traitement différencié qui concilie tant bien que mal répression et rééducation.

des membres des Nations unies le 20 novembre 1989. Ce texte a reconnu un certain nombre de droits à l'enfant, comme le droit à la vie (art. 6), à un nom, à une nationalité, le droit de connaître ses parents et d'être élevés par eux (art. 7), le droit d'exprimer ses opinions sur toute question l'intéressant, le droit d'être entendu dans toute procédure judiciaire ou administrative l'intéressant (art. 12), la liberté d'expression (art. 13), la liberté d'association et de réunion pacifique (art. 14), etc. Plusieurs articles élèvent également la protection de l'enfant au rang de droit. Même si le droit français était déjà très protecteur des enfants, sous l'influence de la convention, certaines lacunes ont été comblées, par exemple la reconnaissance par la loi du 5 mars 2007 portant réforme de la protection de l'enfance d'un droit de l'enfant à être entendu dans les procédures judiciaires le concernant (art. 388-1, al. 2, C. civ.)[397].

223 **Autorité parentale et statut juridique du mineur.** L'autorité parentale n'est que l'un des éléments du statut juridique du mineur, mais sans doute le principal. Elle vient suppléer l'incapacité du mineur, tant juridique que naturelle, en confiant à ses parents la mission de prendre pour lui les décisions qui concernent sa personne, son éducation, ou son patrimoine. L'aspect patrimonial de l'autorité parentale est désigné par le Code civil sous l'expression d'administration légale. Il s'agit de l'ensemble des règles de représentation du mineur dans la gestion de ses biens. En situation de crise, lorsque les parents disparaissent, d'autres mécanismes sont mis en place. L'enfant est en principe pris en charge par sa famille, une tutelle est alors ouverte. L'administration légale et la tutelle des mineurs sont étudiées au titre des incapacités dans les ouvrages consacrés aux personnes. Il ne sera donc envisagé ici que l'aspect personnel de l'autorité parentale.

224 **Évolution de l'autorité parentale.** Le Code civil, rompant avec le laxisme du droit intermédiaire, c'est-à-dire le droit élaboré sous la Révolution, avait investi les parents de la puissance paternelle, dont le père avait en principe l'exercice exclusif et qui lui donnait un droit de correction sur ses enfants. Tout au long du XIXe siècle et des deux premiers tiers du XXe siècle, les pouvoirs attachés à la puissance paternelle (elle-même confiée depuis une loi de 1938 au « chef de famille », le mari en principe, la femme à défaut) ont été entamés par la loi. Son esprit a changé, elle est devenue un droit relatif, susceptible d'abus et contrôlé par l'État[398]. Néanmoins, son principe subsistait.

La loi du 4 juin 1970 a voulu trancher avec le passé. La substitution des termes d'autorité parentale à ceux de puissance paternelle traduit parfaitement le changement de conception des pouvoirs des parents sur la personne de leur enfant. Il s'agit en effet d'une *autorité* qui, tout en marquant une hiérarchie entre les parents et les enfants, apparaît « comme un ensemble de pouvoirs conditionnés par des devoirs, en vue d'une certaine finalité »[399], c'est-à-dire l'intérêt de l'enfant. Les propositions récentes de remplacer la notion d'autorité

397. La loi du 8 janvier 1993 lui avait seulement reconnu le droit de demander à être entendu : le juge pouvait le lui refuser. Lire A. Gouttenoire, « La loi n° 2007-293 du 5 mars 2007 réformant la protection de l'enfance : à la recherche de nouveaux équilibres », *D.*, 2007, chron., p. 1090.

398. Voy., à la veille de la réforme, M. de Juglart, « Famille, Incapacités », in H., L. et J. Mazeaud, *Leçons de droit civil*, t. I, vol. 2, 4e éd., Paris, Montchrestien, 1967, n° 1133.

399. J. Carbonnier, *Droit civil*, *op. cit.*, n° 414.

parentale par celle de « responsabilité parentale » n'ont pas prospéré. Comme on l'a écrit à propos de la loi du 4 mars 2002, « au fond, l'un des principaux apports du texte pourrait bien être… ce qu'il n'a pas changé »[400]. La notion de responsabilité est en effet jugée trop restrictive en laissant entendre que les parents n'ont que des devoirs, alors qu'ils ont aussi des pouvoirs dont la responsabilité constitue la contrepartie. Il s'agit par ailleurs d'une autorité *parentale*, ce qui signifie qu'elle appartient aux deux parents et surtout qu'elle est exercée par les deux parents.

À vrai dire, c'est toute l'évolution du droit postérieur à 1970 que d'avoir généralisé ce principe d'exercice commun, bataille qui fut menée de front avec celle de l'égalité entre les filiations. Depuis 1970, les lois successives qui sont intervenues en la matière ont opéré un rapprochement des statuts familiaux vers le modèle de la famille légitime unie, jusqu'à édifier un droit commun de l'autorité parentale. Cette entreprise s'est construite, curieusement et paradoxalement, sur le constat d'un matriarcat légal, dans la famille naturelle, et judiciaire, dans le cadre du divorce des parents. Dans la famille naturelle, la loi de 1970 prévoyait que, sauf décision contraire du tribunal, l'autorité parentale était exercée par la mère, même lorsque l'enfant avait été reconnu par ses deux parents. Dans la famille légitime désunie, les tribunaux, qui confiaient systématiquement la garde de l'enfant à la mère, avaient pris l'habitude d'assimiler la notion de garde avec celle d'autorité parentale, de telle sorte que confier la garde à la mère était devenu synonyme de lui confier tous les attributs de l'autorité parentale[401]. La loi Malhuret du 22 juillet 1987 a tenté une expérience. En cas de divorce, il était désormais possible pour le juge de prononcer, dans l'intérêt de l'enfant, un exercice commun de l'autorité parentale. Il s'agissait de permettre au « couple parental » de survivre au « couple conjugal ». Dans la famille naturelle, l'autorité parentale était en principe exercée par la mère, mais l'exercice conjoint devenait possible sur simple déclaration des parents.

La loi du 8 janvier 1993 a franchi une étape décisive. L'exercice en commun de l'autorité parentale est devenu le principe, aussi bien à la suite du divorce que dans la famille naturelle. L'évolution législative n'était d'ailleurs pas seule en cause, celle des mentalités l'était tout autant. Il fallut reconnaître l'existence des droits des pères (on était loin de la puissance paternelle !) et admettre que des parents désunis puissent s'entendre à propos de l'enfant. La loi a pu jouer ici un rôle pédagogique, voire contraignant. Quant à la famille naturelle, compte tenu de l'évolution des mœurs, de l'augmentation croissante du nombre des naissances hors mariage, de la stabilité et de la longévité des couples de concubins, il a fallu également admettre qu'elle constitue une famille à part entière.

La loi du 4 mars 2002, parachevant l'évolution antérieure, a consacré ce qu'il est convenu d'appeler la coparentalité. Il ne s'agissait plus d'assimiler les familles naturelles et les familles désunies à la famille légitime unie. Il s'agissait de reconsidérer la construction familiale, non plus à partir des liens qui unissent le couple ou des circonstances de la naissance de l'enfant, mais « tout simplement, sur la relation entre l'enfant et les parents »[402]. Un véritable droit

---

400. H. Fulchiron, « L'autorité parentale rénovée », *Rép. Defrénois*, 2002, p. 264.

401. Sur ces différents points, voy. C. Bernard, *La paternité en droit français*, thèse, Paris II, 2000, n°s 629 et s., et n°s 646 et s.

402. H. Fulchiron, « L'autorité parentale rénovée », *op. cit.*, p. 959.

commun de l'autorité parentale a été élaboré, en ce sens que désormais tous les textes qui la gouvernent sont réunis dans un même titre (Tit. 9, Liv. 1er, C. civ.), alors qu'auparavant une partie d'entre eux figurait au sein du titre consacré au divorce. Un véritable droit commun également en ce que la loi de 2002 a énoncé des principes qui s'appliquent à tous les enfants, que leurs parents soient mariés ou non, qu'ils soient unis ou séparés. Toute référence aux notions de filiation légitime et naturelle a été gommée, comme une anticipation de la réforme de l'ordonnance de 2005[403].

Mais, comme même les principes les mieux affirmés et les textes les mieux pensés ne sont jamais parfaits, à la suite d'un rapport sur la coparentalité rendu public le 8 janvier 2014[404], une nouvelle réforme a été entreprise[405]. Si elle aboutit, ce ne sera pas une réforme de grande ampleur, comme les lois de 1970 et de 2002, mais de simple confirmation, de clarification, voire de renforcement du principe de coparentalité, sans changement de l'architecture générale.

225 **Division.** Vont être étudiés successivement le contenu de l'autorité parentale, l'exercice de l'autorité parentale et le contrôle de l'autorité parentale.

§ 1. – Le contenu de l'autorité parentale

226 **Finalité de l'autorité parentale.** L'autorité parentale est définie par l'article 371-1 du Code civil, issu de la loi de 2002. Il est d'abord énoncé clairement, ce que tout le monde admettait déjà, que l'autorité parentale s'analyse comme un ensemble de droits-fonction[406], c'est-à-dire des droits qui sont autant de devoirs et qui sont tournés vers l'intérêt d'autrui (l'enfant en l'occurrence) et non pas octroyés pour la seule satisfaction de leur titulaire. L'autorité parentale est en effet « un ensemble de droits et de devoirs ayant pour finalité l'intérêt de l'enfant ». Par ailleurs, l'alinéa 2 rappelle que l'autorité parentale a pour but de protéger l'enfant « dans sa sécurité, sa santé et sa moralité », mais aussi d'« assurer son éducation et permettre son développement dans le respect dû à sa personne ». L'éducation n'est plus conçue, comme auparavant, comme un moyen parmi d'autres de protéger l'enfant, mais comme une finalité de l'autorité parentale, à côté de la protection. Les parents doivent préparer l'enfant à devenir un adulte et à acquérir son autonomie.

227 **Respect réciproque.** Un autre changement de perspective s'est manifesté dans les textes. Depuis l'origine du Code civil, l'article 371 énonce : « l'enfant, à tout âge, doit honneur et respect à ses père et mère ». Il inscrit d'emblée les relations entre parents et enfants dans un rapport de hiérarchie. Le respect dû par l'enfant à l'égard de ses parents est le respect que l'on doit à ses aînés et en particulier à ceux qui nous ont donné la vie. C'est une formule qui exprime

403. Sur les grandes évolutions qui ont marqué l'autorité parentale, voy. P. Malaurie et H. Fulchiron, *La famille*, *op. cit.*, nos 1523 et s.

404. « Coparentalité – Le rapport », *AJ fam.*, 2014, p. 78.

405. Prop. de loi n° 1856 de l'AN du 1er avril 2014 et n° 664 du Sénat du 27 juin 2014. Voy. V. Egéa, *Dr. fam.*, 2014, veille nos 20 et 37.

406. Sur cette analyse, voy. J. Rochfeld, « Droits-fonctions versus droits subjectifs : quel modèle pour la famille ? », *RTD civ.*, 2002, pp. 377 et s.

d'ailleurs un devoir d'ordre moral[407] – même si la jurisprudence récente a eu tendance à lui donner un véritable contenu juridique[408]. Cependant, les parents aussi doivent désormais respecter leur enfant. Ils doivent en effet exercer leur ministère « dans le respect dû à sa personne », toute la question étant de savoir quelles sont la signification et la portée de cette exigence. Est-ce là une simple formule symbolique ou une véritable obligation juridique ?[409]

Dans le même sens, l'article 371-1, alinéa 3, du Code civil annonce de manière impérative : « les parents associent l'enfant aux décisions qui le concernent, selon son âge et son degré de maturité ». Cette directive permet de tenir compte du fait que l'enfance n'est pas une période homogène et que le mineur acquiert sa maturité progressivement. Ainsi, selon ses aptitudes personnelles, il peut participer aux choix qui le concernent. Il est néanmoins difficile d'y voir une véritable obligation, dont l'objet et la sanction seraient bien incertains[410], ni une règle de démocratie au sein de la famille : il ne faut pas s'y tromper, les parents et les enfants ne sont pas sur un pied d'égalité.

228 **Responsabilité parentale.** Le Code civil édicte une responsabilité spéciale du fait d'autrui, celle des parents du fait de leurs enfants mineurs. « Le père et la mère, en tant qu'ils exercent l'autorité parentale, sont solidairement responsables du dommage causé par leurs enfants mineurs habitant avec eux ». Pour que la responsabilité des parents puisse être engagée, il faut que l'enfant soit mineur, qu'il habite avec ses parents, et que ceux-ci aient l'exercice de l'autorité parentale[411]. Un parent qui serait seulement titulaire de l'autorité parentale ne pourrait donc pas être poursuivi[412].

La responsabilité des parents était fondée sur une faute qu'ils étaient présumés avoir commise dans l'éducation ou la surveillance de l'enfant. Ils pouvaient donc se défendre en démontrant qu'ils n'avaient commis aucune faute. Or la Cour de cassation, dans son célèbre arrêt *Bertrand*, a opéré un revirement de jurisprudence spectaculaire sur ce point[413] en décidant que « seule la force majeure ou la faute de la victime peut exonérer le père de la responsabilité de

---

407. A. Sériaux, « Tes père et mère honoreras, Réflexions sur l'autorité parentale en droit français contemporain », *RTD civ.*, 1986, p. 265.

408. Le texte a ainsi permis aux tribunaux de fonder l'octroi d'une indemnité à un enfant qui avait subvenu aux besoins de ses parents dans les dernières années de leur vie (Cass. 1re civ., 12 juillet 1994, *Bull. civ.*, I, n° 250 ; *D.*, 1995, p. 623, note M. Tchendjou ; *JCP-G*, 1995, II, 22425, note A. Sériaux ; *Rép. Defrénois*, 1994, p. 151, note X. Savatier ; *RTD civ.*, 1995, p. 373, note J. Mestre, et p. 408, note J. Patarin), ou encore l'obligation pour l'enfant d'assumer les frais d'obsèques de ses parents, malgré l'insuffisance de l'actif successoral (Cass. 1re civ., 14 mai 1992, *D.*, 1993, p. 247, note J.-F. Eschylle ; *JCP-G*, 1993, II, 22097, note F. Testu ; *JCP-N*, 1993, II, 137, note P. Salvage ; *Rép. Defrénois*, 1992 p. 1435, obs. J. Massip ; *RTD civ.*, 1993, p. 171, obs. J. Patarin).

409. Sur la question, voy. G. Cornu, *La famille*, *op. cit.*, n° 72.

410. Sur les différentes analyses possibles du texte, F. Terré et D. Fenouillet, *La famille*, *op. cit.*, n° 891.

411. Sur le régime de cette responsabilité, P. Brun, *Responsabilité extra-contractuelle*, Paris, Litec, 2009, nos 413 et s.

412. Voy. *infra*, n° 249, la différence entre titularité et exercice de l'autorité parentale.

413. Cass. 2e civ., 19 février 1997, *Bull. civ.*, II, n° 56 ; *JCP-G*, 1997, II, 22848, concl. R. Kessous, note G. Viney ; *D.*, 1997, p. 265, note P. Jourdain, somm., p. 290, obs. D. Mazeaud ; *Gaz. Pal.*, 1997, 2, p. 572, note F. Chabas. *Adde* C. Radé, « Le renouveau de la responsabilité du fait d'autrui (apologie de l'arrêt *Bertrand*) », *D.*, 1997, chron., p. 279.

plein droit encourue du fait des dommages causés par son fils mineur habitant avec lui ». Depuis l'arrêt *Bertrand*, on est donc passé d'une responsabilité subjective, fondée sur la faute, à une responsabilité objective, fondée sur le risque. On peut se demander quel rapport il existe encore entre cette responsabilité et l'exercice de l'autorité parentale puisque le débat judiciaire ne peut plus consister à apprécier le comportement des parents à l'égard de l'enfant, et on peut se demander s'il ne faudrait pas étendre cette responsabilité à tous les parents, ayant ou non l'exercice de l'autorité parentale.

229 **Domaine de l'autorité parentale.** L'autorité parentale appartient aux parents afin qu'ils protègent et assurent l'éducation de l'enfant. C'est en tant que mineur que celui-ci est ainsi pris en charge par sa famille. Lorsqu'il devient majeur, c'est-à-dire à partir de l'âge de 18 ans révolus (art. 388, C. civ.), il est censé devenir autonome et ne plus avoir besoin ni de protection, ni d'éducation, ni d'être représenté (art. 371-1, al. 2, C. civ.). L'autorité parentale n'existe donc que pendant la minorité de l'enfant. Il est vrai que bien souvent ce dernier continue à habiter avec ses parents et à être assumé financièrement par eux au-delà de cette limite. D'ailleurs, le Code civil, depuis la loi de 2002, prévoit que le devoir d'entretien des parents ne cesse pas à la majorité de l'enfant (art. 371-2, al. 2), mais le lien du devoir d'entretien avec l'autorité parentale est discuté[414]. En dehors de cet aspect, l'autorité parentale ne survit pas à la majorité de l'enfant. Elle peut même cesser avant, dans l'hypothèse de son émancipation.

A. La protection de l'enfant

230 **Généralités.** La première mission qui incombe aux parents consiste à protéger l'enfant. Ils doivent protéger l'enfant « dans sa sécurité, sa santé et sa moralité ». La formule est suffisamment large pour englober tous les besoins quotidiens de l'enfant, mais aussi des besoins plus ponctuels comme en matière médicale. Elle impose aux parents de surveiller les agissements de l'enfant, ses relations, mais aussi de veiller à ce que les tiers ne portent pas atteinte à son intégrité physique ou morale (on pense en particulier à la protection de sa vie privée). Pour remplir leur mission, ils doivent accomplir des actes matériels, mais aussi juridiques, comme consentir à l'admission de l'enfant dans un établissement hospitalier ou intenter une action en justice.

E 20 Santé et autonomie du mineur

La protection de la santé du mineur fait partie de la mission des parents. À ce titre, ils se doivent de prendre des décisions plus ou moins graves, pouvant aller jusqu'à l'hospitalisation de l'enfant (art. R. 1112-34, CSP) ou une intervention chirurgicale (art. R. 1112-35, CSP). Il faut toutefois relever qu'au-delà de la plus ou moins grande diligence de leur part, entrent parfois en jeu des convictions religieuses qui peuvent avoir une incidence directe sur la santé de l'enfant. On pense plus précisément à l'appartenance des parents aux Témoins de Jéhovah, dont on sait qu'ils refusent par principe toute transfusion sanguine.

Les prérogatives des parents se trouvent fortement limitées par le respect d'autres exigences, en particulier par le principe d'autonomie des patients. En effet, la loi du 4 mars 2002 relative aux droits des malades et à la qualité du système de santé a fixé un certain nombre de règles

414. Voy. *infra*, encadré E24.

intégrées dans le Code de la santé publique. La loi a cherché à promouvoir les droits des malades dans le système de santé et a organisé une forme de coopération entre le médecin et le patient. Selon l'article L. 1111-4, alinéa 1er, du Code de la santé publique, « toute personne prend, avec le professionnel de santé et compte tenu des informations et des préconisations qu'il lui fournit, les décisions concernant sa santé ». L'enfant bénéficie de cette nouvelle démocratie médicale, conformément au mouvement de libération du mineur inscrit dans la loi relative à l'autorité parentale. Plusieurs dispositions en témoignent.

Ainsi l'article L. 1111-4, alinéa 6, énonce-t-il que « le consentement du mineur ou du majeur sous tutelle doit être systématiquement recherché s'il est apte à exprimer sa volonté et à participer à la décision ». On voit ainsi que, si les titulaires de l'autorité parentale continuent à prendre les décisions en matière médicale, l'enfant doit être sollicité pour participer à la décision. Le texte permet de passer outre le refus des titulaires de l'autorité parentale, si cette décision risque d'entraîner des conséquences graves pour la santé du mineur.

Autre mesure encore plus significative, du point de vue de la limitation des pouvoirs des parents, l'article L. 1111-5 prévoit, « par dérogation à l'article 371-2 du Code civil » (référence erronée à un texte qui dans sa version issue de la loi de 2002 concerne le devoir d'entretien ; l'ancien article 371-2 a été déplacé, modifié, au nouvel article 371-1), qu'il est possible pour le médecin de se dispenser de consulter les parents, lorsque le mineur s'y oppose expressément afin de garder le secret de son état de santé. Cependant, le mineur doit se faire accompagner d'une personne majeure de son choix.

Ces dispositions ne font que généraliser des solutions qui avaient été admises par la loi du 7 juillet 2001 à propos de l'interruption volontaire de grossesse pratiquée sur une mineure (art. L. 2212-7, CSP). Si l'autorisation des titulaires de l'autorité parentale est en principe requise, la mineure peut souhaiter conserver le secret de son état et refuser par conséquent que ses parents soient même consultés. Il faut cependant que la mineure soit accompagnée d'une personne majeure de son choix – membre de sa famille ou ami(e). Auparavant, l'IVG nécessitait l'autorisation d'au moins un parent. La solution nouvelle présente le mérite de remédier au risque d'un refus parental qui n'est pas toujours dicté par l'intérêt de l'enfant et qui est parfois jugé abusif par les tribunaux[415]. Au traumatisme d'un avortement, on évite ainsi d'ajouter celui d'un conflit entre la jeune fille et sa famille.

Enfin, en ce qui concerne la contraception, l'autonomie du mineur est totale. L'article L. 5134-1 prévoit en effet que le consentement des titulaires de l'autorité parentale – ou, le cas échéant, du représentant légal – n'est pas requis pour la prescription, la délivrance ou l'administration de contraceptifs aux personnes mineures.

Biblio

À lire not. : Y. Lambert-Faivre, « La loi n° 2002-303 du 4 mars 2002 relative aux droits des malades et à la qualité du système de santé, II – Les droits des malades, usagers du système de santé », *D.*, 2002, chron., p. 1291 ; F. Bellivier et J. Rochfeld, obs. sous la loi, *RTD civ.*, 2002, p. 575 ; M. Redon, « L'interruption volontaire de la grossesse de la mineure ou l'exercice interposé du droit parental », *D.*, 2001, p. 1194.

231 **Division.** Deux points méritent particulièrement l'attention : la résidence de l'enfant et ses relations avec les tiers.

1. La résidence de l'enfant

232 **Garde de l'enfant.** Jusqu'à la réforme de 2002, l'article 371-1, alinéa 2, du Code civil attribuait droit et devoir de garde aux parents. Cependant, cette notion était devenue très ambiguë en raison de l'assimilation par les tribunaux des notions de garde et d'autorité parentale. Lorsque les parents divorçaient, notamment, les juges attribuaient à l'un d'eux (la mère en général) tout à la fois la garde et le reste des prérogatives de l'autorité parentale. Dès la loi Malhuret

415. Bordeaux, 4 décembre 1991, *D.*, 1993, p. 129, note T. Dubaele.

de 1987, le rôle de la garde a été réduit à l'extrême, la notion elle-même ne figurant plus guère qu'à l'article 371-1, ainsi qu'à l'article 1384, alinéa 4, relatif à la responsabilité des parents du fait de leurs enfants. La loi du 4 mars 2002 l'a supprimée dans les deux textes. La garde n'est donc plus une notion juridique en droit de la famille, même si elle survit dans le langage courant.

233 **Droit de fixer la résidence de l'enfant.** Bien que le droit de garde n'existe plus dans les textes, il est certain que les parents ont le droit de fixer la résidence de l'enfant. On peut le déduire indirectement de l'article 215, alinéa 2, du Code civil selon lequel « la résidence de la famille est au lieu qu'ils [les époux] choisissent d'un commun accord ». On peut aussi le déduire de leur mission de protection de l'enfant : celle-ci s'accomplit d'autant plus facilement que l'enfant cohabite avec les parents. Enfin, il apparaît sous forme d'une interdiction faite à l'enfant : « l'enfant ne peut, sans permission des père et mère, quitter la maison familiale » (art. 371-3, C. civ.). La résidence de l'enfant détermine par ailleurs son domicile (art. 108-2).

234 **Devoir de fixer la résidence de l'enfant.** La fixation de la résidence de l'enfant n'est pas seulement un droit, c'est aussi un devoir pour les parents qui doivent accueillir l'enfant chez eux. À défaut, des mesures d'assistance éducative pourraient être prononcées, ou même des mesures plus sévères, telles que la délégation forcée ou le retrait de l'autorité parentale. Des poursuites pénales peuvent également être exercées. L'article 227-1 du Code pénal prévoit que le délaissement de mineur est puni de sept ans d'emprisonnement et de 100 000 euros d'amende, à moins que les circonstances du délaissement aient permis d'assurer la santé et la sécurité de l'enfant. On pense au cas où l'enfant aurait été abandonné auprès d'un service de l'Aide sociale à l'enfance dans les conditions des articles L. 224-4 et suivants du Code de l'action sociale et des familles[416].

235 **Séparation des parents.** Le pouvoir de fixer la résidence de l'enfant est attaché dans une certaine mesure à l'exercice de l'autorité parentale. Lorsque, à la suite d'une séparation, l'un des parents est exceptionnellement privé de cet exercice, non seulement l'enfant ne réside pas avec lui, mais il n'a en outre aucun pouvoir pour déterminer sa résidence.

En principe, cependant, malgré la séparation des parents, l'exercice de l'autorité parentale reste conjoint[417]. Les parents peuvent sans doute décider avec lequel d'entre eux l'enfant résidera. Ils peuvent éventuellement faire ce choix par convention soumise à homologation ; en cas de désaccord, c'est le juge qui décide. Il prend en compte, notamment l'aptitude de chaque parent à respecter les droits de l'autre (art. 373-2-11-3°, C. civ.)[418]. Une fois le parent désigné, lui seul peut fixer le lieu de résidence de l'enfant. On comprend toutefois que, dans une telle situation, l'exercice conjoint de l'autorité parentale risque de se révéler difficile. La loi du 4 mars 2002 a introduit deux mesures permettant de rendre effectif l'exercice commun de l'autorité parentale malgré la séparation.

416. Voy. *supra*, n° 184.

417. Voy *infra*, n° 253.

418. Cass. 1re civ., 4 juillet 2006, *Dr. fam.*, 2006, comm. n° 188, note P. Murat.

236 **Résidence alternée.** La Cour de cassation avait condamné l'idée d'une garde alternée[419] et la loi de 1987 avait exigé expressément que soit fixée la résidence *habituelle* de l'enfant – chez un seul parent. Certains juges du fond contournaient cependant l'interdiction en attribuant au parent qui n'avait pas la résidence de l'enfant un droit d'hébergement extrêmement large[420]. Le débat opposait ceux qui pensent que la résidence alternée est le meilleur moyen d'assurer à l'enfant des rapports équilibrés avec ses deux parents et ceux qui considèrent au contraire que la résidence alternée de l'enfant crée, dans son mode de vie, une instabilité qui lui est préjudiciable. Il semble en réalité qu'en la matière, on ne puisse avoir de position tranchée pour ou contre la résidence alternée, car tout est affaire de circonstances. La résidence alternée peut ainsi être envisagée lorsque les parents entretiennent des rapports non conflictuels et qu'ils vivent proches l'un de l'autre, de telle sorte que l'enfant puisse aller facilement à l'école depuis ses deux résidences[421].

Le législateur l'a bien compris : dans la loi de 2002, il a offert aux parents la possibilité de fixer par convention soumise à homologation du juge la résidence de l'enfant en alternance au domicile de chacun d'eux (art. 373-2-9 et 373-2-7, C. civ.)[422]. Même en l'absence de convention, le juge peut ordonner, à la demande de l'un d'eux ou en cas de désaccord des parents sur le mode de résidence de l'enfant, une résidence alternée à titre provisoire, pour une période déterminée. Il s'agit d'une résidence alternée à l'essai qui peut s'ouvrir, à la fin de la période définie, sur une résidence alternée définitive ou au contraire sur une résidence habituelle unique[423]. La résidence entraîne également des conséquences sur le plan social. Selon l'article L. 521-2 du Code de la sécurité sociale, issu de la loi du 21 décembre 2006, les allocations familiales sont partagées entre les deux parents, à moins qu'ils expriment un autre souhait. Par ailleurs, selon l'article 194 du Code général des impôts, en cas de résidence alternée, les enfants sont réputés à charge égale des deux parents, sauf convention contraire, ce qui entraîne une application partagée du quotient familial.

Sans doute fausse bonne idée, plus favorable à la volonté des parents qu'à l'intérêt de l'enfant, l'une des mesures les plus importantes de la proposition de loi relative à l'autorité parentale, en son état actuel, consiste à prévoir que la

---

419. Cass. 2e civ., 2 mai 1984, *Bull. civ.*, II, n° 78 ; *JCP-G*, 1985, II, 20412, note A. Dekeuwer ; *Rép. Defrénois*, 1985, p. 328, obs. J. Massip ; *RTD civ.*, 1984, p. 691, obs. J. Rubellin-Devichi.

420. Paris, 10 février 1999, *JCP-G*, 1999, II, 10170, note T. Garé ; A. Gouttenoire-Cornut, « La consécration de la coparentalité par la loi du 4 mars 2002 », *op. cit.*

421. Sur les débats actuels relatifs à la résidence alternée, lire « Résidence alternée », *AJ fam.*, 2013, p. 569. *Adde* I. Corpart, « Quel avenir pour l'alternance des résidences des enfants de parents séparés ? », *Dr. fam.*, 2014, étude n° 19, qui s'interroge notamment sur la systématisation de la résidence alternée qui deviendrait le principe. Voy. pour une étude de droit comparé, B. Ancel, « La résidence alternée : panacée ou pis-aller ? », *AJ fam.*, 2015, p. 213.

422. Sur la question dans son ensemble, P. Bonfils et A. Gouttenoire, *Droit des mineurs*, *op. cit.*, nos 614 et s. La résidence alternée connaît un succès grandissant, puisqu'elle était prononcée dans 9,9 % des procédures, y compris de divorce, en 2004, et dans 15,8 % des procédures en 2010. Voy. *AJ fam.*, 2013, p. 169. Elle a atteint, en 2012, 21 % des divorces et 11 % des séparations de parents non mariés (*AJ fam.*, 2015, p. 74).

423. Voy. *infra*, n° 262. Voy. M. Chopin, « La résidence alternée : état du droit, bilan et jurisprudence », *AJ fam.*, 2010, p. 21.

résidence alternée sera le principe, et que le juge pourra seulement à titre exceptionnel fixer la résidence de l'enfant au domicile d'un seul des parents (futur art. 373-2-9). Il avait toujours été admis que la résidence alternée ne devait être mise en place qu'en fonction des circonstances, la rendre systématique paraît quelque peu présomptueux, voire dangereux.

237 **Information du parent en cas de changement de résidence.** L'article 373-2, alinéa 3, du Code civil exige que tout changement de résidence de l'un des parents, qui aurait une incidence sur les modalités de l'autorité parentale, fasse l'objet d'une « information préalable et en temps utile » de l'autre parent[424]. Il ne s'agit pas d'une demande d'autorisation, mais bien d'une information. Le but en est de faire en sorte que les parents se mettent d'accord sur l'organisation des relations de chacun avec l'enfant. En cas de désaccord, le plus diligent peut saisir le juge qui statue toujours en fonction de l'intérêt de l'enfant, du seul intérêt de l'enfant peut-on même ajouter[425]. Il peut, entre autres solutions, modifier les modalités du droit de visite et d'hébergement, passer d'une résidence alternée à une résidence unique.

E 21 Résidence de l'enfant et responsabilité civile des parents

L'article 1384, alinéa 4, du Code civil prévoit que les parents sont responsables du fait de leurs enfants mineurs. Une condition liée à la résidence de l'enfant est cependant exigée par l'article 1384, alinéa 4, la cohabitation entre l'enfant et le ou les parents. Cette condition se comprenait dans un système fondé sur la faute, mais perd de son intérêt dans un régime fondé sur le risque. Elle conduisait, en cas de séparation des père et mère, à ne retenir que la responsabilité du parent chez lequel l'enfant a sa résidence, ou encore à exclure la responsabilité des parents lorsque l'enfant était éloigné de manière prolongée de chez eux (séjour de vacances chez des grands-parents, p. ex.). La Cour de cassation a fait subir une importante évolution à la notion de cohabitation. Au fil d'une jurisprudence constante, elle est passée d'une notion concrète à une notion abstraite. En effet, dans un arrêt *Samda*, la Cour de cassation a décidé que « l'exercice du droit de visite et d'hébergement [par le parent qui n'avait pas la résidence de l'enfant] ne fait pas cesser la condition de cohabitation du mineur avec celui du parent qui exerce le droit de garde »[426]. Dans un arrêt ultérieur, elle a précisé que « la cohabitation de l'enfant avec les père et mère visée à l'article 1384, alinéa 4, du Code civil résulte de la *résidence habituelle* de l'enfant au domicile de ses parents ou de l'un d'eux »[427]. C'est donc désormais à la notion de résidence habituelle qu'il faut se référer.

Cette solution permet d'éviter certains vides de responsabilité. La solution traditionnelle, en effet, ne permettait à la victime d'un fait du mineur, commis alors qu'il n'habitait pas avec ses parents, d'obtenir réparation qu'en agissant sur le fondement de l'article 1382 du Code civil et donc en prouvant la faute de la personne chez laquelle l'enfant résidait occasionnellement (grand-parent, parent exerçant son droit d'hébergement), faute qui n'existe pas forcément. Désormais, même dans ces situations, la responsabilité du parent chez lequel l'enfant a sa résidence habituelle pourra être engagée, assez facilement. Lui seul d'ailleurs engage sa

424. Sur cette question, voy. « Déménagement d'un parent », *Dr. fam.*, 2016, dossiers n°s 10 à 13.

425. Cass. 1re civ., 13 avril 2016, n° 14-24.841, *Dr. fam.*, 2016, comm. n° 122, note H. Fulchiron.

426. Cass. 2e civ., 19 février 1997, *Bull. civ.*, II, n° 55 ; *Gaz. Pal.*, 1997, 2, p. 575, note F. Chabas ; *RTD civ.*, 1997, p. 670, obs. P. Jourdain ; *Dr. fam.*, 1997, comm. n° 97, obs. P. Murat.

427. Cass. 2e civ., 20 janvier 2000, *Bull. civ.*, II, n° 14 ; *JCP-G*, 2000, II, 10374, note A. Gouttenoire-Cornut, I, p. 241, obs. G. Viney ; *Resp. civ. assur.*, 2000, comm. n° 146, obs. H. Groutel ; *RTD civ.*, 2000, p. 340, obs. P. Jourdain.

responsabilité même lorsque les parents séparés exercent en commun l'autorité parentale[428]. Il en va de même, lorsque l'enfant se trouve dans un centre de vacances, en pension, lorsqu'il a été confié à sa grand-mère depuis douze ans[429] ! Se pose alors la question de savoir ce qui se passe lorsqu'une résidence alternée a été prononcée à la suite de la séparation des parents, comment doit être appréciée la condition de cohabitation, y compris dans sa conception moderne. On peut tout d'abord estimer que l'enfant a dans ce cas deux résidences habituelles, ce qui conduirait à condamner solidairement les deux parents, peu important où se trouvait l'enfant lorsqu'il avait causé le dommage. Cette analyse serait en contradiction avec les notions du droit de la famille, qui oppose traditionnellement la résidence habituelle et la résidence alternée. Pour autant, résidence habituelle ne signifie pas résidence unique et par ailleurs les concepts du droit de la responsabilité ne sont pas forcément calqués sur ceux du droit de la famille. En outre, la tendance actuelle de la matière à favoriser les victimes se trouverait ainsi satisfaite. Inversement, on peut considérer que l'essentiel étant de trouver un parent que l'on puisse déclarer aisément responsable, on pourrait en revenir à une notion plus matérielle et classique de la cohabitation pour retenir la responsabilité de celui chez lequel l'enfant résidait au moment des faits.

---

2. Les relations de l'enfant avec les tiers

238 **Droit et devoir de surveillance.** Naguère, les parents bénéficiaient d'un droit et devoir de surveillance. Cette surveillance concernait tout particulièrement les relations de l'enfant avec les tiers. Il permettait aux parents de surveiller ses allées et venues, sa correspondance[430]. Cette prérogative n'est plus visée par le Code civil, mais on voit mal comment les parents pourraient en être privés. La difficulté de leur mission se trouve cependant accrue avec le développement des modes de communication modernes, comme Internet ou les téléphones portables. Par ailleurs, il semble plus difficile d'admettre aujourd'hui que les parents lisent le courrier de leurs enfants. Ils sont les garants de leur vie privée, ils ne doivent pas y porter atteinte. C'est une question de dosage. Il va de soi également que le degré de surveillance et d'immixtion acceptable dans les relations de l'enfant avec les tiers varie en fonction de son âge et de sa maturité. Il faut rappeler que la Convention internationale des droits de l'enfant reconnaît à celui-ci un certain nombre de droits qui doivent être conciliés avec les pouvoirs parentaux (liberté d'opinion, d'expression, droit à la vie privée, droit à l'information, etc.)[431].

Quoi qu'il en soit, la mission de protection dont se trouvent investis les parents peut les conduire à interdire à un tiers d'entretenir des relations avec l'enfant. Le législateur a toutefois limité les pouvoirs parentaux en réglementant de manière plus précise les relations de l'enfant avec les ascendants ou avec certains autres tiers, en particulier ses frères et sœurs.

---

428. Cass. crim., 6 novembre 2012, n° 11-86.857, *AJ fam.*, 2012, p. 613, obs. F. Chénedé ; 29 avril 2014, n° 13-84.207, *AJ fam.*, 2014, p. 370, obs. A. Zelcevic-Duhamel ; *D.*, 2014, p. 1620, note L. Perdrix.

429. Cass. 2e civ., 8 février 2005 ; *JCP-G*, 2005, II, 10049, note M.-F. Steinlé-Feuerbach.

430. Paris, 4 octobre 1990, *D.*, 1990, IR, p. 252.

431. Sur la question, P. Bonfils et A. Gouttenoire, *Droit des mineurs, op. cit.*, nos 692 et s.

a. Les relations de l'enfant avec ses ascendants

239 **Droit aux relations personnelles.** Depuis fort longtemps, la jurisprudence avait admis que l'enfant et ses grands-parents puissent entretenir des relations, en l'absence même de texte explicite dans le Code civil[432]. Cet oubli commis par les rédacteurs du Code civil fut réparé tardivement par la loi du 4 juin 1970. L'article 371-4 du Code civil énonçait en effet que « les père et mère ne peuvent, sauf motifs graves, faire obstacle aux relations personnelles de l'enfant avec ses grands-parents ». La plupart du temps, ces relations ne posent pas de difficultés et se nouent naturellement. Mais pour peu qu'il existe un différend entre les parents et les grands-parents, elles peuvent se trouver fortement altérées, voire disparaître. Sur la proposition de la commission Dekeuwer-Défossez, le législateur a procédé à une réécriture de l'article 371-4, alinéa 1er : « l'enfant a le droit d'entretenir des relations personnelles avec ses ascendants ».

240 **Nature du droit aux relations personnelles.** La question se posait de savoir qui était titulaire de ce droit. La plupart des auteurs le présentaient comme un droit des grands-parents[433], mais l'analyse ne s'imposait pas et le texte pouvait fort bien s'interpréter comme attribuant le droit à l'enfant lui-même[434], ce qui semblait plus logique dans un système fondé sur l'intérêt de l'enfant. La question n'était pas purement théorique, elle permettait de savoir qui, en cas de difficulté, pouvait saisir le juge pour organiser les relations. La Cour de cassation avait résolu partiellement le problème en décidant que la mère divorcée n'avait pas qualité pour demander l'organisation d'un tel droit ; en cas de difficultés il appartenait aux grands-parents d'agir[435]. L'arrêt accréditait donc la thèse du droit des grands-parents.

Coupant court aux débats et à la solution précédemment retenue, la loi du 4 mars 2002 fait des relations avec les ascendants (et non seulement des grands-parents, consécration de la jurisprudence antérieure) un droit de l'enfant. Cette nouvelle position n'est pas sans susciter de nouvelles difficultés d'ordre technique. Puisqu'il s'agit d'un droit de l'enfant, il faut supposer que lui seul a le droit de saisir le juge pour le cas où il souhaiterait le faire valoir en justice (contre qui ? ses parents, ses grands-parents ?). Or, l'enfant – en tant que mineur – n'a pas la capacité pour agir en justice lui-même. Les parents se trouvant disqualifiés pour le représenter lorsqu'ils sont en litige avec lui, la seule solution envisageable semble la nomination d'un administrateur *ad hoc* fondée sur l'article 388-2 du Code civil[436].

241 **Motifs graves et intérêt de l'enfant.** Le texte prévoyait que seuls des motifs graves pouvaient s'opposer à ce que des liens se nouent ou se perpétuent entre l'enfant et ses ascendants. Il est vrai que les litiges surgissent le plus souvent à la suite de la séparation des parents ou du décès de l'un d'entre eux, circonstances

432. Cass. civ., 8 juillet 1857, *S.*, 1857, 1, p. 721.

433. Voy. ainsi, J. Hauser et D. Huet-Weiller, *La famille*, *op. cit.*, n° 1199.

434. En ce sens, H. Bosse-Platière, « La présence des grands-parents dans le contentieux familial », *JCP-G*, 1997, I, 4030 ; F. Dekeuwer-Défossez, *Rénover le droit de la famille : Rapport au garde des sceaux*, Paris, La Documentation française, 1999, p. 97.

435. Cass. 1re civ., 20 juillet 1983, *Bull. civ.*, II, n° 154.

436. En ce sens, voy. A. Gouttenoire-Cornut, « La loi du 4 mars 2002 relative à l'autorité parentale », *AJ fam.*, avril 2002, p. 124 ; *adde* G. Cornu, *La famille*, *op. cit.*, n° 74, qui considère que les grands-parents ont toujours qualité pour agir.

qui font parfois apparaître de forts antagonismes entre la belle-fille ou le gendre et ses beaux-parents. Le refus des relations peut être justifié lorsque l'entourage des grands-parents s'avère dangereux pour l'enfant[437], lorsque les grands-parents dénigrent systématiquement le parent survivant ou lorsqu'ils nuisent à l'exercice normal de l'autorité parentale, dont ils ne sont d'ailleurs nullement titulaires[438], ou lorsque la mésentente entre les parents d'une part et la grand-mère paternelle et son compagnon d'autre part prend un tour violent[439]. Toute relation ne se trouve pas forcément interdite. Le droit d'hébergement peut être suspendu alors que le droit de visite subsiste. Quoi qu'il en soit, les motifs graves relevaient de l'appréciation souveraine des juges du fond[440]. La loi du 5 mars 2007 a modifié cette limite. Désormais, l'article 371-4, alinéa 1er, énonce : « seul l'intérêt de l'enfant peut faire obstacle à l'exercice de ce droit ». Il n'est pas certain que les solutions s'en trouveront changées.

b. Les relations de l'enfant avec d'autres tiers

242 **Principes.** Il est apparu depuis longtemps que l'enfant pouvait avoir intérêt à entretenir des relations avec des tiers, autres que ses ascendants, membres de sa famille ou non. La loi du 4 juin 1970 avait légalisé cette possibilité, mais en la soumettant à la démonstration de « circonstances exceptionnelles » (art. 371-4, al. 2, C. civ.). Seul un droit de visite ou de correspondance pouvait être accordé au tiers. Mais la jurisprudence avait décidé que les deux modalités de ce droit pouvaient être cumulées, et l'avait par ailleurs élargi, comme pour les grands-parents, au droit d'hébergement.

La loi du 4 mars 2002 a également réécrit cette disposition[441]. Désormais, « si tel est l'intérêt de l'enfant, le juge aux affaires familiales fixe les modalités des relations entre l'enfant et un tiers, parent ou non ». Des circonstances exceptionnelles ne sont plus exigées, les relations avec le tiers sont possibles chaque fois qu'elles sont conformes à l'intérêt de l'enfant. Cet intérêt doit être prouvé, il n'est pas présumé, contrairement à celui qui justifie les relations avec les ascendants. Enfin, les modalités n'en sont plus limitativement énumérées.

243 **Applications.** Les situations sont diverses, dans lesquelles un droit aux relations peut être accordé à un tiers, mais elles ont généralement toutes un point commun : l'existence de rapports préalables étroits du tiers avec l'enfant. C'est ainsi le cas de parents nourriciers[442], d'une tante maternelle qui avait élevé les enfants abandonnés par leur mère[443], d'un homme dont la paternité a été

---

437. Angers, 12 juin 1992, cité par T. Garé, « Les grands-parents dans le droit de la famille à la lumière de la Convention internationale sur les droits de l'enfant », in *Mélanges Huet-Weiller*, *op. cit.*, p. 188.

438. Voy. les décisions citées par H. Bosse-Platière, « La présence des grands-parents dans le contentieux familial », *op. cit.*, n° 7.

439. Caen, 28 avril 2016, *Dr. fam.*, 2016, comm. n° 138, note A. Molière.

440. Cass. 1re civ., 13 décembre 1989, *Bull. civ.*, I, n° 389 ; *Rép. Defrénois*, 1990, p. 304, obs. J. Massip.

441. A. Gouttenoire-Cornut et P. Murat, « L'intervention d'un tiers dans la vie de l'enfant », *Dr. fam.*, 2003, chron. n° 1.

442. Cass. 1re civ., 20 mars 1979, *D.*, 1979, IR, p. 431.

443. Cass. 1re civ., 1er décembre 1982, *Bull. civ.*, I, n° 346 ; *GA*, n° 56.

détruite[444], ou encore, avant la loi du 8 janvier 1993, les grands-parents d'un enfant adopté plénièrement par le conjoint de l'un de ses parents[445]. Les couples homosexuels séparés ont utilisé également ce texte. Certaines juridictions ont en effet admis que l'ex-concubine de la mère puisse conserver des liens avec l'enfant qu'elle avait en partie élevé[446]. Certaines demandes d'ex-concubines homosexuelles ont tenté d'obtenir sur le fondement de ce texte une résidence alternée, cherchant à faire reconnaître une véritable comaternité, avec parfois un certain succès auprès des juges du fond[447]. Le mariage et l'adoption de l'enfant du conjoint devraient désormais constituer un recours plus pertinent.

Au-delà, c'est l'ex-beau-parent qui pouvait bénéficier de cette disposition. Précisément, la loi du 17 mai 2013 relative au mariage homosexuel a complété le texte en précisant que le maintien des relations d'un tiers avec l'enfant peut être obtenu « en particulier lorsque ce tiers a résidé de manière stable avec lui et l'un de ses parents, a pourvu à son éducation, à son entretien ou à son installation, et a noué avec lui des liens affectifs durables ». Le texte vise manifestement le beau-parent sans le nommer. Mais en réalité, il n'apporte pas grand-chose au droit positif, si ce n'est la timide reconnaissance symbolique de ce dernier[448].

244 **Maintien de la fratrie.** La loi du 30 décembre 1996, issue d'une revendication du Parlement des enfants, a introduit dans le Code civil une nouvelle disposition consacrant une sorte de droit de l'enfant à ne pas être séparé de ses frères et sœurs (art. 371-5, C. civ.). Essentiellement applicable aux hypothèses de dislocation de la cellule familiale, le principe est accompagné d'exceptions si larges qu'on a pu dire qu'il risquait d'être réduit à « une affirmation purement

444. Paris, 16 décembre 1976, *D.*, 1977, p. 133, note J. Massip (renversement de la présomption de paternité). Comp. le cas où le demandeur, en situation irrégulière, violent avec la mère, se prétendait père biologique de l'enfant à l'entretien duquel il n'avait cependant jamais participé (refus de la demande), Nancy, 29 avril 2016, *Dr. fam.*, 2016, comm. n° 138, note A. Molière.

445. Voy. *supra*, n° 189.

446. TGI Bressuire, 6 janvier 2000, *RTD civ.*, 2000, p. 313, obs. J. Hauser ; CA Aix-en-Provence, 12 mars 2002, *Dr. fam.*, 2003, comm. n° 100, note P. Murat ; *D.*, 2003, p. 1528, note E. Cadou, somm., p. 2121, obs. F. Granet-Lambrechts. Dans cette affaire, la mère avait mis au monde un enfant par IAD et l'ex-concubine avait changé de sexe et avait souscrit une reconnaissance de paternité. La reconnaissance fut annulée à la demande de la mère. Cassé par Cass. 1re civ., 18 mai 2005, n° 02-16336, *Bull. civ.*, I, n° 211, ; *D.*, 2005, p. 2125, obs. J.-J. Lemouland ; *RTD civ.*, 2005, p. 583, obs. J. Hauser.

447. TGI Annecy, JAF, 1er juillet 2010, *AJ fam.*, 2010, p. 435. Pour un refus fondé sur la mésentente des femmes, TGI Briey, 21 octobre 2010, *D.*, 2011, p. 1060, note V. Bonnet ; ou encore sur la franche hostilité manifestée par l'enfant au fait de devoir suivre l'ex-concubine de sa mère avec laquelle il n'avait plus aucune relation, Cass. 1re civ., 23 octobre 2013, n° 12-20.560, *Dr. fam.*, 2014, comm. n° 36, note C. Neirinck ; *AJ fam.*, 2013, p. 705, obs. G. Vial. Voy. cependant Rouen, 3 avril 2014, *Dr. fam.*, 2014, comm. n° 99, note C. Neirinck, qui refuse évidemment une demande d'exercice conjoint de l'autorité parentale de la part de l'ex-partenaire de la mère, mais qui accorde un droit de visite et d'hébergement similaire à celui qui pourrait être accordé à un parent, en se fondant sur un projet de coparentalité antérieur, alors que l'enfant âgé de trois ans ne connaît pratiquement pas l'ex-compagne de sa mère !

448. S. Tetard, « Quelle place juridique pour le beau-parent ? », *Dr. fam.*, 2013, dossier n° 28 ; F. Berdeaux-Gacogne, La discrète reconnaissance du « parent social », *AJ fam.*, 2013, p. 346.

platonique »[449]. L'enfant ne doit pas être séparé de sa fratrie, « sauf si cela n'est pas possible ou si son intérêt commande une autre solution ». Le texte a suscité un faible contentieux. La Cour de cassation a précisé que l'intérêt de l'enfant qui permet de déroger à la règle relève de l'appréciation des juges du fond[450] et les juges du fond ont étendu l'application du texte aux demi-frères et sœurs de l'enfant visé par la décision[451]. S'il y a lieu, le juge statue sur les relations personnelles entre les frères et sœurs.

B. L'éducation de l'enfant

245 **Généralités.** Avant la loi du 4 mars 2002, l'article 371-2 du Code civil faisait de l'éducation un moyen au service de la protection. Le lien ainsi établi entre éducation et protection n'était guère logique, tant leur objet diffère – même s'ils ne sont pas étrangers. La loi de 2002 a remis les choses en ordre : l'éducation constitue une autre mission des parents, à côté de la protection (art. 371-1, al. 2). Elle consiste principalement à fournir à l'enfant les outils qui lui permettront d'atteindre l'âge adulte et de s'intégrer alors dans la vie sociale. La loi a ajouté à la mission d'éducation, celle de permettre le développement de l'enfant. C'est sans doute un peu redondant, mais au moins plus explicite. La loi de 1970 avait fait de l'éducation un droit et un devoir. Même si la formule n'a pas été conservée, l'analyse de l'autorité parentale en un ensemble de droits-fonctions conduit à raisonner comme auparavant. Éduquer reste un droit et un devoir.

246 **Droit d'éduquer l'enfant.** Le droit d'éduquer l'enfant consiste avant tout dans le droit de choisir librement son éducation, dans tous ses aspects : éducation sportive, artistique, politique, religieuse, morale, professionnelle. Les choix doivent être faits par les parents ensemble dès lors qu'ils exercent en commun l'autorité parentale. Dans le cas contraire, celui qui n'a pas l'exercice conserve le droit de surveiller l'éducation choisie par l'autre. En fonction de leurs vertus et talents personnels, l'éducation peut être assurée par les parents eux-mêmes, mais elle implique souvent qu'ils accomplissent des actes juridiques : inscription de l'enfant à un club ou un cours, paiement de droits d'inscription, etc.

247 **Droit de correction.** Pour appuyer leur mission d'éducation, un droit de correction a toujours été reconnu aux parents. À la grande époque de la puissance paternelle, le père en était expressément investi, ce qui lui permettait de faire enfermer son enfant.

Le droit de correction n'existe plus aujourd'hui que sous la forme des châtiments corporels dont la mesure et les modalités sont gouvernées par la coutume. Au plan pénal, lorsque ces violences sont justifiées par les besoins de la discipline et de l'éducation, elles relèvent de l'autorisation de la loi (de la coutume plus précisément) et constituent à ce titre un fait justificatif des

---

449. Selon le mot de P. Murat, « La loi du 30 décembre 1996 relative au maintien des liens entre frères et sœurs, ou comment resurgit la question des droits de l'enfant », *Dr. fam.*, 1997, chron. n° 4, p. 6. L'auteur souligne les insuffisances et excès que recèle le texte.

450. Cass. 1re civ., 19 novembre 1998, *Dr. fam.*, 1999, comm. n° 29, note P. Murat ; *Rép. Defrénois*, 1999, p. 684, obs. J. Massip.

451. Paris, 7 mai 2003 (2 arrêts), *Dr. fam.*, 2004, comm. n° 144, obs. A. Gouttenoire ; Cass. 1re civ., 19 novembre 2009, *Dr. fam.*, 2010, comm. n° 24, note P. Murat.

infractions de violence sur mineur[452]. Les châtiments doivent toutefois rester légers[453], même si la frontière entre le châtiment corporel (une gifle ou une fessée) et la maltraitance est difficile à tracer. Toutefois, l'évolution des mentalités et des droits de l'enfant est telle que ce pouvoir apparaît en réalité de plus en plus limité et pourrait bien être supprimé sous la pression des instances internationales[454].

248 **Devoir d'éduquer l'enfant.** Le devoir d'éduquer l'enfant semble beaucoup plus difficile à définir, et même à concevoir. Il est vrai que la loi (art. L. 111-1, al. 5, C. éduc.) et la Convention internationale des droits de l'enfant (art. 28) reconnaissent à celui-ci un droit à l'éducation et que corrélativement l'instruction scolaire s'impose aux parents pour les enfants entre 6 et 16 ans (art. L. 131-1, C. éduc.). Mais il s'agit plutôt d'une atteinte à la liberté des parents de ne pas éduquer l'enfant sous la forme d'une prise en charge par l'État de cette mission.

Que reste-t-il aux parents ? Dans les domaines déjà évoqués, ils peuvent intervenir librement, mais on conçoit mal que cette intervention prenne la forme d'une obligation. Rien n'oblige ainsi les parents à donner une éducation religieuse, artistique ou politique à leur enfant. Et s'ils décident de le faire, aucun contenu ne leur est imposé. Le principe de neutralité et de laïcité de l'État empêche ce dernier, par exemple, d'imposer ou d'interdire une religion. Quant à la morale, chacun sait qu'elle est personnelle, évolutive dans le temps et selon les milieux. Au vrai, l'éducation relève du non-droit.

§ 2. – L'exercice de l'autorité parentale

249 **Titularité et exercice de l'autorité parentale.** L'autorité parentale appartient aux parents et à eux seuls. Il faut cependant bien distinguer deux notions : celle de titularité et celle d'exercice de l'autorité parentale. Les deux parents, dès lors qu'ils ont établi leur lien de filiation à l'égard de l'enfant, sont titulaires de l'autorité parentale, ils en sont investis tous les deux immédiatement en tant que parents (art. 371-1, al. 2, C. civ.). Seul le retrait de l'autorité parentale peut les priver de la titularité. La titularité n'est cependant pas suffisante pour permettre aux parents de prendre les décisions relatives à l'enfant. Il faut encore qu'ils bénéficient de l'exercice de l'autorité parentale. Or il peut arriver, même si de telles hypothèses sont devenues plus rares depuis la loi du 4 mars 2002, que l'un des parents en soit privé. Dans ce cas, il ne peut prendre aucune

452. F. Desportes et F. Le Gunehec, *Droit pénal général*, 13e éd., Paris, Economica, 2006, n° 712.

453. Cass. crim., 21 février 1990, *Dr. pén.*, 1990, comm. n° 216 ; *Rev.sc. crim. et dr. pén. comp.*, 1990, p. 785, obs. G. Levasseur. Le concubin de la mère avait donné une forte gifle à l'enfant, âgé de 6 ans, lui avait plongé la tête dans la cuvette des W.C. et avait tiré la chasse. Ces faits dépassaient « les limites d'un droit de correction ».

454. M. Lamarche, « L'éducation des enfants avec ou sans fessée ? », *Dr. fam.*, 2015, focus n° 29, à propos de l'avis du Comité européen des droits sociaux du Conseil de l'Europe selon lequel le droit français qui n'établit pas d'interdiction claire, contraignante et précise est en contradiction avec l'article 17 de la Charte sociale européenne. Le *Rapport Rosenczveig* remis à la ministre de la Famille en janvier 2014 préconise de recourir à la conviction plutôt qu'à la punition des parents. Sur la valeur supranationale de l'interdiction des châtiments corporels, P. Bonfils et A. Gouttenoire, *Droit des mineurs, op. cit.*, n° 690.

décision ; il conserve seulement certaines prérogatives[455]. Quant aux tiers, s'ils ne sont jamais titulaires de l'autorité parentale, l'exercice peut parfois leur en être confié, ne serait-ce que de manière partielle[456].

250 **Division.** La loi du 4 mars 2002 a consacré le principe de coparentalité qui signifie que l'autorité parentale est exercée en commun par les deux parents. Malgré sa généralité, cette solution connaît des exceptions. Après avoir examiné les règles de dévolution de l'exercice de l'autorité parentale, il conviendra d'évoquer ses modalités de fonctionnement, puis le rôle qui est réservé au juge en la matière.

A. La dévolution de l'exercice de l'autorité parentale

1. L'exercice en commun

251 **Principe.** La loi du 4 mars 2002 a inscrit à l'article 372 du Code civil un principe général, applicable à toutes les situations de l'enfant. Que celui-ci soit né en ou hors mariage, que ses parents aient été unis au moment de sa naissance et qu'ils se soient séparés par la suite ou qu'ils aient été désunis dès la naissance, le principe est le même : « les père et mère exercent en commun l'autorité parentale ». Le sort de l'enfant est donc déterminé indépendamment de la situation conjugale des parents. Il va de soi que ce principe ne s'applique que dans la mesure où la filiation est établie à l'égard des deux parents. Dans le cas contraire, seul le parent qui a établi sa filiation a le titre et l'exercice de l'autorité parentale.

252 **Exceptions.** Le législateur a tenu compte des circonstances, non pas de la naissance de l'enfant, mais de l'établissement de sa filiation. Lorsque la filiation est établie à l'égard de l'un des parents plus d'un an après la naissance de l'enfant, alors qu'elle est déjà établie à l'égard de l'autre, seul ce dernier exerce l'autorité parentale (art. 372, al. 2). Le parent tardif est titulaire de l'autorité parentale, mais n'en a pas l'exercice. Toutefois, l'exercice commun peut être rétabli par déclaration conjointe des père et mère adressée au greffier en chef du tribunal de grande instance ou – si les parents ne s'entendent pas – sur décision du juge aux affaires familiales. Cette restriction à l'égard du parent tardif vise principalement l'hypothèse de l'enfant né hors mariage, puisque dans ce cas la filiation est divisible et peut effectivement être établie par chacun des parents séparément et successivement.

Les solutions sont identiques lorsque la filiation est judiciairement déclarée à l'égard du second parent – quelle qu'en soit la date. Cette situation, comme la précédente, montre que le second parent ne s'est pas spontanément préoccupé de son enfant et qu'il n'est donc pas dans l'intérêt de ce dernier de lui confier le pouvoir de décision.

253 **Incidence de la séparation.** Le principe de l'exercice en commun est réaffirmé avec force pour l'hypothèse de la séparation des parents : « la séparation n'a aucune incidence sur les règles de dévolution de l'exercice de l'autorité parentale » (art. 373-2, al. 1er, C. civ.). Et comme pour s'assurer qu'il ne s'agit pas d'un vain mot, l'alinéa 2 du texte impose un devoir aux parents : chacun d'eux

455. Voy. *infra*, nos 263 et s.

456. En ce qui concerne l'enfant adopté, voy. *supra*, nos 205 et 215.

doit maintenir des relations personnelles avec l'enfant et respecter les liens de l'enfant avec l'autre parent. Ce devoir n'est pas théorique puisque le cas échéant le juge pourra en tenir compte pour statuer sur les modalités de l'exercice de l'autorité parentale (art. 372-2-11, 3°).

Il est cependant nécessaire de tenir compte de la nouvelle situation matérielle qui implique des aménagements dans l'exercice en commun. Tout d'abord, l'enfant ne peut résider chez ses deux parents à la fois. Il est désormais possible d'organiser une résidence alternée[457]. Mais en dehors de cette solution, qui n'est pas la plus fréquente, l'enfant réside chez un seul de ses parents. Il est intéressant de relever que le concept de résidence habituelle a disparu avec la loi du 4 mars 2002[458]. On peut sans doute y lire la volonté du législateur de ne pas faire du parent qui a la résidence le parent principal. Il faut aussi relever qu'il n'existe plus aucune mesure spécifique à l'autorité parentale en cas de divorce. Or, parmi les dispositions issues de la loi de 2002, il n'en existe aucune qui impose au juge de statuer sur les relations de l'enfant avec ses parents divorcés. Est-ce un oubli maladroit ou le fruit d'une volonté hasardeuse ?

2. L'exercice unilatéral

a. Exercice unilatéral d'origine

254 **Renvoi.** Il s'agit des cas déjà vus dans lesquels l'un des parents n'a pas établi spontanément et immédiatement sa filiation à l'égard de l'enfant. Son désintérêt apparent justifie qu'il n'exerce pas l'autorité parentale, sauf choix contraire des parents ou décision du juge[459].

b. Perte de l'exercice de l'autorité parentale

255 **Parent hors d'état de manifester sa volonté.** L'article 373 du Code civil envisage une série d'hypothèses où l'un des parents « est privé de l'exercice de l'autorité parentale ». Il s'agit des cas où le père ou la mère est hors d'état de manifester sa volonté. Le texte en donne deux exemples. D'abord, celui de l'incapacité du parent. Si le majeur est placé sous tutelle, on imagine mal qu'étant inapte à s'occuper de lui-même, il puisse décider de l'éducation de son enfant. Mais une telle conséquence n'a rien d'automatique, car, pour être sous tutelle, le parent n'en est peut-être pas moins capable d'exprimer sa volonté. D'ailleurs, l'article 458 du Code civil issu de la loi du 5 mars 2007 portant réforme de la protection juridique des majeurs mentionne les actes d'autorité parentale dans la liste des actes strictement personnels, c'est-à-dire que seul le majeur protégé peut faire, sans être ni assisté ni représenté. Le texte vise également le cas de l'absent – au sens de l'article 112 du Code civil – qui par définition ne peut évidemment pas manifester sa volonté. Mais toute autre cause pourrait être retenue, telle que l'emprisonnement ou la captivité en tant qu'otage.

Si l'un des parents perd l'exercice de l'autorité parentale, l'autre exerce seul les pouvoirs parentaux (art. 373-1). Il en va de même lorsque l'un des

---

457. Voy. *supra*, n° 236.

458. F. Boulanger, « Modernisation ou utopie ? : la réforme de l'autorité parentale par la loi du 4 mars 2002 », *D.*, 2002, p. 1575.

459. Voy. *supra*, n° 252.

parents décède – y compris si le survivant n'avait pas jusque-là l'exercice de l'autorité parentale.

c. Séparation des parents

256 **Incidence par exception.** La situation des parents ne reste pas totalement sans incidence sur la dévolution de l'exercice de l'autorité parentale. Alors que dans le cas où les parents vivent ensemble, seules les causes précédemment examinées peuvent entraîner la perte de l'exercice de l'autorité parentale, en situation de séparation s'en ajoute une nouvelle. L'article 373-2-1 du Code civil prévoit en effet que « si l'intérêt de l'enfant le commande, le juge peut confier l'exercice de l'autorité parentale à l'un des deux parents ». Mais encore faut-il que cet intérêt de l'enfant soit effectivement caractérisé par le juge[460]. Le texte ne distingue pas selon la nature de la séparation : il s'applique à la séparation de droit (divorce, séparation de corps) comme de fait, aux époux comme aux concubins ou aux partenaires d'un pacte civil de solidarité.

257 **Intérêt de l'enfant.** Comme le texte l'indique expressément, c'est l'intérêt de l'enfant qui guide la décision du juge. Les motifs qui justifient la privation de l'exercice de l'autorité parentale doivent être graves. Ont été retenus un environnement dangereux[461], l'appartenance à une secte qui prône une discipline pouvant s'avérer nuisible pour l'enfant[462] ou qui a pour but d'atténuer le libre arbitre des mineurs et d'empêcher l'éclosion de leur personnalité[463], des méthodes d'éducation pouvant aller jusqu'aux corrections physiques au point de créer un déséquilibre psychologique chez l'enfant[464].

En revanche, ni l'appartenance à une secte[465], ni le transsexualisme, ni l'homosexualité du parent, ni le fait qu'il ait basculé dans l'islamisme radical[466] ne peuvent constituer en soi un motif suffisant de privation de l'exercice de l'autorité parentale[467]. La Cour européenne des droits de l'homme y veille (art. 8, CEDH)[468], qui impose aux juridictions nationales de se prononcer *in concreto*.

3. L'intervention d'un tiers

258 **Mesures exceptionnelles.** L'article 373-3 du Code civil permet au JAF, « à titre exceptionnel et si l'intérêt de l'enfant l'exige, notamment lorsqu'un des parents

---

460. Cass. 1re civ., 4 décembre 2013, n° 13-10.618, *Dr. fam.*, 2014, comm. n° 34, note C. Neirinck.

461. Pau, 22 juin 1999, *JCP-G*, 1999, IV, 2274, dans une affaire où le père possédait un pitbull, alors que sa fille n'avait que 4 ans, sans se rendre compte de la dangerosité de l'animal.

462. Cass. 1re civ., 25 juin 1998, *JCP-G*, 1999, I, 101, n° 5, obs. Y. Favier.

463. Nîmes, 23 octobre 1996, *JCP-G*, 1997, IV, 2165.

464. Même arrêt.

465. Versailles, 19 novembre 2015, *Dr. fam.*, 2016, comm. n° 51, note C. Delmas.

466. Versailles, 11 décembre 2014, *Dr. fam.*, 2015, comm. n° 96, note C. Neirinck.

467. Voy. T. Fossier, « Homosexualité et divorce », *JCP-G*, 1998, I, 151.

468. Cour eur. D.H., 16 décembre 2003, *Palau-Martinez c/ France*, *RTD civ.*, 2004, p. 78, obs. J. Hauser, à propos de l'appartenance de la mère aux Témoins de Jéhovah ; Cour. eur. D.H, 21 décembre 1999, *Salgueiro Da Silva Mouta c/ Portugal*, *Dr. fam.*, 2000, comm. n° 45, note A. Gouttenoire-Cornut ; *RTD civ.*, 2000, p. 313, obs. J. Hauser ; p. 433, obs. J.-P. Marguénaud, à propos de l'homosexualité du père.

est privé de l'exercice de l'autorité parentale », de décider de confier l'enfant à un tiers. Celui-ci doit être choisi de préférence dans la famille de l'enfant. Le ou les parents continuent alors d'exercer l'autorité parentale, mais le tiers accomplit tous les actes usuels relatifs à la surveillance de l'enfant et à son éducation (art. 373-4).

Le juge, qui statue après séparation des parents, peut, « dans des circonstances exceptionnelles », décider du vivant même des parents qu'au décès de celui qui exerce l'autorité parentale l'enfant sera confié à un tiers – alors que dans ce cas c'est l'autre parent qui devrait normalement retrouver l'exercice de l'autorité parentale (art. 373-1). C'est le cas, par exemple, lorsque l'autre parent (le père en l'occurrence) purge une peine de réclusion criminelle et que l'enfant refuse de le voir[469].

B. Les modalités de l'exercice de l'autorité parentale

1. L'exercice en commun

259 **Principe de décision en commun.** La coparentalité signifie que les deux parents sont égaux dans la prise des décisions relatives à la personne de l'enfant. Il s'agit d'une conséquence de l'égalité entre le père et la mère qui a été introduite par la loi du 4 juin 1970 et dont le champ d'application n'a depuis cessé de s'étendre. Bien que les textes soient silencieux, la solution ressort clairement du fondement même de la coparentalité : toutes les décisions, quelle que soit leur gravité, doivent être prises par les deux parents ensemble – qu'ils soient unis ou séparés.

260 **Actes usuels.** Afin d'atténuer la lourdeur de ce système, le législateur a édicté une présomption d'accord concernant les actes usuels. « À l'égard des tiers de bonne foi, chacun des parents est réputé agir avec l'accord de l'autre, quand il fait seul un acte usuel de l'autorité parentale relativement à la personne de l'enfant » (art. 372-2, C. civ.). La règle a pour objectif de faciliter les relations des parents avec les tiers. Ces derniers, lorsqu'ils se trouvent face à un parent seul, n'ont donc pas besoin de vérifier qu'il agit avec l'accord de l'autre parent. Ils n'engagent donc pas leur responsabilité civile en l'absence d'un tel accord – à condition cependant qu'ils soient de bonne foi.

La difficulté consiste alors à définir ce qu'est un acte usuel, le législateur n'en ayant ni donné de définition, ni dressé de liste. On admet qu'il s'agit d'un acte qui n'engage pas l'avenir de l'enfant, tel que la réinscription de l'enfant dans le même établissement scolaire, l'inscription à un club de sport, l'achat de matériel scolaire, l'autorisation pour un acte médical peu grave, comme une vaccination[470]. Plus généralement, il est admis qu'un acte qui s'insère dans la pratique habituelle des parents s'analyse comme un acte usuel. À l'inverse, un acte qui rompt avec cette habitude ne constitue pas un acte usuel. Par exemple, l'inscription dans un établissement confessionnel d'un enfant qui suivait jusque-là une scolarité laïque. Les parents peuvent ainsi créer leur propre

469. Nancy, 28 septembre 2012, *Dr. fam.*, 2013, comm. n° 40, note C. Neirinck.
470. Voy., de manière contestable, pour une circoncision, acte de nature à la fois médicale et religieuse, TGI Paris, 6 novembre 1973, *Gaz. Pal.*, 1974, 1, 299, note Barbier. *Contra* : Cass. 1re civ., 26 janvier 1994, *Bull. civ.*, n° 31 ; *D.*, 1995, p. 226, note C. Choain.

coutume, qui donne la mesure d'un acte licite ou illicite. La Cour de cassation a par ailleurs précisé, dans un arrêt du 3 mars 2009[471], que « lorsque les parents sont investis conjointement de l'autorité parentale sur leur enfant mineur, l'un d'eux ne peut adjoindre, seul, à titre d'usage, son nom à celui de l'autre, sans recueillir au préalable l'accord de ce dernier ».

Le parent qui agit sans l'accord de l'autre, que ce dernier ait été tenu dans l'ignorance ou qu'il ait opposé un refus, engage sa responsabilité civile dans le cas où l'enfant en subirait un préjudice – y compris s'il s'agissait d'un acte usuel, la présomption ne jouant qu'en faveur des tiers. Il en irait de même d'un tiers qui accepterait l'accomplissement d'un acte non usuel ou qui accepterait un acte usuel en sachant que le parent agit sans l'accord de l'autre. Le parent fautif pourrait en outre faire l'objet d'une mesure remettant en cause son exercice de l'autorité parentale.

261 **Désaccord des parents.** La loi de 2002 a supprimé l'ancien article 372-1-1 du Code civil qui permettait aux époux en désaccord de saisir le juge, mais il ne faut sans doute pas en déduire que tout recours au juge aux affaires familiales s'avère désormais impossible[472]. Le nouvel article 373-2-6 du Code civil donne une compétence générale au juge aux affaires familiales pour régler les questions qui lui sont soumises. Ce texte peut certainement fonder une action pour résoudre un désaccord parental. Le juge pourra statuer en prenant en compte, notamment, « la pratique que les parents avaient précédemment suivie ou les accords qu'ils avaient pu antérieurement conclure » (art. 373-2-11, 1°).

262 **Droit de visite et d'hébergement.** Jusqu'à la loi du 5 mars 2007 relative à la protection de l'enfance, il n'était pas prévu, en cas de séparation des parents, de droit de visite et d'hébergement au profit du parent avec lequel ne réside pas l'enfant. Il ne fallait pas en déduire que ce parent n'avait pas le droit de visiter ou de recevoir son enfant. Simplement, les modalités de ces relations étaient censées être fixées par les parents eux-mêmes – même si le juge les déterminait lorsque les parents ne parvenaient pas à s'entendre sur ce point. La loi de 2007 a en quelque sorte consacré cette pratique puisque le nouvel article 373-2-9, alinéa 3, énonce désormais que « lorsque la résidence de l'enfant est fixée au domicile de l'un des parents, le juge aux affaires familiales statue sur les modalités du droit de visite de l'autre parent »[473]. Il n'est pas fait allusion à un droit d'hébergement, mais il serait paradoxal qu'un droit reconnu au parent qui n'a pas l'exercice de l'autorité parentale[474] soit refusé à celui qui en bénéficie. Le juge est donc désormais tenu de statuer sur les modalités du droit de visite[475]

---

471. Cass. 1re civ., 3 mars 2009, *D.*, 2009, p. 803, obs. V. Egéa.

472. *Contra* :Paris, 11 septembre 2002, *D.*, 2002, IR, p. 3241, duquel il semble ressortir qu'en cas de désaccord, les parents sont censés recourir à la médiation familiale. *Adde* P. Salvage-Gerest, « Le juge des affaires familiales (De l'homme-orchestre du divorce à l'homme-orchestre de l'autorité parentale) », *Dr. fam.*, 2003, chron. n° 12, n° 8. Un décret du 3 décembre 2002 a utilisé l'appellation juge *des* affaires familiales au lieu de *aux* affaires familiales. Un seul texte du CPC (art. 1209) emploie cette nouvelle formule, aucun dans le Code civil ni dans le COJ. Tout le monde continue d'utiliser l'expression habituelle.

473. A. Gouttenoire, « La loi du 5 mars 2007 réformant la protection de l'enfance : à la recherche de nouveaux équilibres », *D.*, 2007, p. 1096.

474. Voy. *infra*, n° 264.

475. Cass. 1re civ., 23 novembre 2011, n° 10-23.391, *Dr. fam.*, 2012, comm. n° 9, notes C. Neirinck et E. Bazin.

et, ne pouvant déléguer son pouvoir de statuer sur les modalités de l'autorité parentale, il ne peut décider que le droit de visite et d'hébergement s'exercera au gré de l'enfant[476].

Par ailleurs, le texte ne prévoit pas la possibilité que le droit de visite soit retiré au parent, mais la Cour de cassation avait déjà décidé qu'il ne peut être refusé au parent qui exerce conjointement l'autorité parentale « que pour des motifs graves tenant à l'intérêt supérieur de l'enfant »[477]. En cas de besoin, le droit de visite peut être exercé « dans un espace de rencontre désigné par le juge », ce par une décision spécialement motivée, précise la loi du 14 mars 2016 relative à la protection de l'enfant[478]. La loi du 9 juillet 2010[479] a ajouté un alinéa à l'article 373-2-9. Le texte prévoit que « lorsque l'intérêt de l'enfant le commande ou lorsque la remise directe de l'enfant à l'autre parent présente un danger pour l'un d'eux, le juge organise les modalités pour qu'elle présente toutes les garanties nécessaires ». L'une de ces garanties peut consister à organiser la remise de l'enfant dans un espace de rencontre, ou avec l'assistance d'un tiers de confiance ou du représentant d'une personne morale qualifiée.

2. L'exercice unilatéral

263 **Pouvoir de décision.** L'exercice unilatéral de l'autorité parentale écarte l'égalité inhérente au principe de la coparentalité. Il établit une hiérarchie entre les parents qui se traduit par une concentration de tous les pouvoirs de décision entre les mains d'un seul. Seul celui qui exerce l'autorité parentale a le droit de prendre les décisions relativement à l'enfant, quelle qu'en soit la nature, des simples actes usuels aux actes les plus graves, tels que l'intégration dans une nouvelle religion ou une intervention chirurgicale. Toutefois, le parent qui n'a pas l'exercice de l'autorité parentale, mais qui en reste titulaire conserve certains pouvoirs de décision. Il peut consentir à l'adoption de l'enfant (art. 348, C. civ.), à son émancipation (art. 413-2) ainsi qu'à son mariage (art. 148).

264 **Droit de visite et d'hébergement.** Le parent qui n'a pas l'exercice de l'autorité parentale n'en demeure pas moins un parent. Il reste donc titulaire de l'autorité parentale et conserve le droit d'avoir des relations avec son enfant. Celles-ci prennent traditionnellement la forme d'un droit de visite et d'hébergement. L'article 373-2-1, alinéa 2, du Code civil déclare : « l'exercice du droit de

---

476. Cass. 1re civ., 6 mars 2013, n° 11-22.770, *Dr. fam.*, 2013, comm. n° 68, note C. Neirinck. Cass. 1re civ., 28 mai 2015, n° 14-16.511, *Dr. fam.*, 2015, comm. n° 165, note C. Neirinck.

477. Cass. 1re civ., 14 mars 2006, *Bull. civ.*, n° 147 ; *Dr. fam.*, 2006, comm. n° 157, note P. Murat.

478. Cette pratique dite des « visites médiatisées » est diversement appréciée, certains souhaitant son développement, d'autres au contraire mettant en avant l'atteinte à l'intimité des familles. C. Neirinck, « L'ambiguïté des visites médiatisées », *Dr. fam.*, 2012, étude n° 18. Voy. « Les espaces de rencontre », dossier, *AJ fam.*, 2015, pp. 517 et s.

479. L. n° 2010-769 du 9 juillet 2010 relative aux violences faites spécifiquement aux femmes, aux violences au sein des couples et aux incidences de ces dernières sur les enfants, *JORF*, 10 juillet 2010, p. 12762. *Adde* D. n° 2012-1153 du 15 octobre 2012, *J.O.*, 17 octobre 2012, p. 16174 ; *Dr. fam.* 2012, étude n° 20, et D. n° 2012-1312 du 27 novembre 2012, *J.O.*, 29 novembre 2012, p. 18744. L'article 1180-5 CPC issu de ce dernier texte prévoit que le JAF qui décide que le droit de visite s'exercera dans un espace de rencontre doit fixer la durée de cette mesure. Cass. 1re civ., 28 janvier 2015, n° 13-27.983, *Dr. fam.*, 2015, comm. n° 71, note C. Neirinck ; *AJ fam.*, 2015, p. 162, obs. S. Thouret.

visite et d'hébergement ne peut être refusé à l'autre parent que pour des motifs graves ». Ce droit est donc automatique et c'est seulement sa privation que la loi envisage. Il doit être fixé par le juge qui ne peut le soumettre au bon vouloir de l'enfant[480].

Seuls des motifs particulièrement graves peuvent justifier que le parent soit privé du droit de visite et d'hébergement. Les motifs de refus pouvant être retenus résident dans la violence du parent, l'environnement dangereux, le risque d'enlèvement de l'enfant, des pressions psychologiques insupportables sur l'enfant liées aux convictions religieuses du parent[481]. Les juges montrent parfois une certaine réticence à refuser toute possibilité de contact avec l'enfant. Le parent peut éventuellement conserver un droit de correspondance, ou un droit de visite sans droit d'hébergement. Les rencontres peuvent être organisées en un endroit neutre, sans danger pour l'enfant, tel un « point de rencontre »[482]. Cette pratique a été consacrée par la loi du 5 mars 2007 : « lorsque la continuité et l'effectivité des liens de l'enfant avec ce parent l'exigent, le juge aux affaires familiales peut organiser le droit de visite dans un espace de rencontre désigné à cet effet » (art. 373-2-1, al. 3). La loi du 9 juillet 2010 a ajouté un alinéa similaire à la règle ajoutée à l'article 373-2-9 : le quatrième alinéa nouveau de l'article 373-2-1 prévoit que « lorsque l'intérêt de l'enfant le commande ou lorsque la remise directe de l'enfant à l'autre parent présente un danger pour l'un d'eux, le juge en organise les modalités pour qu'elle présente toutes les garanties nécessaires ». Là encore, il peut s'agir d'organiser la remise dans un espace de rencontre, ou avec l'assistance d'un tiers ou du représentant d'une personne morale qualifiée.

265 **Droit et devoir de surveillance.** Selon l'article 373-2-1, alinéa 5, le parent qui n'a pas l'exercice de l'autorité parentale conserve le droit et le devoir de surveiller l'entretien et l'éducation de l'enfant. Il doit être informé des choix importants relatifs à la vie de ce dernier. Ce droit permet au parent de surveiller le bon déroulement de l'éducation de l'enfant. Il ne lui permet toutefois pas d'intervenir directement dans l'exercice de l'autorité parentale[483]. Le cas échéant, il lui faut saisir le juge aux affaires familiales et démontrer que les choix ou les carences de l'autre parent nuisent à l'intérêt de l'enfant. Le juge peut statuer en interdisant ou en autorisant l'acte projeté.

C. L'intervention du juge

266 **Compétence générale du juge aux affaires familiales.** Lorsque les parents divorcent, il va de soi que le JAF, en tant que juge du divorce, est compétent pour se prononcer sur l'autorité parentale. Mais il est également compétent en la matière en dehors de toute procédure de divorce (art. 286, C. civ.). L'une des nouveautés formelles de la loi du 4 mars 2002 a résidé dans la création de tout un paragraphe dédié à l'intervention du juge qui regroupe à peu près toutes les mesures relatives aux différentes interventions qui lui sont possibles.

---

480. Voy. *supra*, n° 262.

481. Cass. 1re civ., 24 octobre 2000, *Bull. civ.*, I, n° 262 ; *RTD civ.*, 2001, p. 126, obs. J. Hauser.

482. P. Murat, « Quelle indépendance pour les points de rencontre ? », note sous Grenoble, 2 février 1999, *Dr. fam.*, n° 2000, comm. n° 36.

483. Cass. 2e civ., 16 mars 1973, *Bull. civ.*, II, n° 166 ; *RTD civ.*, 1974, p. 139, obs. R. Nerson.

D'emblée, l'article 373-2-6 du Code civil désigne le JAF comme bénéficiant d'une compétence générale en la matière, pouvant aller jusqu'à trancher les litiges entre les parents sur les choix éducatifs de l'enfant[484]. Sa compétence n'est limitée que par celle qui est attribuée à d'autres juridictions. Ainsi, les situations de danger suscitant une mesure d'assistance éducative relèvent du juge des enfants ; le retrait de l'autorité parentale appartient au tribunal de grande instance.

Le juge aux affaires familiales doit se conformer à une prescription générale dans toutes ses décisions : il doit veiller à la sauvegarde des intérêts des enfants mineurs (art. 373-2-6, al. 1er, *in fine*), conformément à la finalité de l'autorité parentale (art. 371-1).

La nouveauté tient également à ce que, désormais, le juge peut être amené à prononcer deux sortes de décisions : des décisions homologuant un accord préalable des parents ou des décisions contentieuses prises sur saisine par un parent ou le ministère public.

1. Les décisions d'homologation

267 **Faveur à l'égard des accords parentaux.** La loi de 2002 semble avoir cherché à « dédramatiser » l'autorité parentale, de la même manière que la loi du 11 juillet 1975 avait tenté de dédramatiser le divorce. Le législateur a fait en sorte que les accords parentaux soient le plus souvent possible favorisés. La démonstration la plus flagrante en est la généralisation du recours à la technique des conventions homologuées. Jusqu'à présent, on la trouvait pour le changement de régime matrimonial et surtout dans le cadre du divorce sur requête conjointe. Désormais, elle peut être utilisée à tout moment pour régler les problèmes d'autorité parentale.

268 **Domaine des conventions homologuées.** Selon l'article 373-2-7 du Code civil, « les parents peuvent saisir le juge aux affaires familiales afin de faire homologuer la convention par laquelle ils organisent les modalités d'exercice de l'autorité parentale ». La technique semble *a priori* réservée aux parents qui se séparent et qui souhaitent organiser les modalités de leurs relations avec l'enfant. De ce point de vue, le champ d'application du texte est très large, car le recours à la convention homologuée est possible, tant à l'occasion ou à la suite d'un divorce que d'une séparation de fait entre époux ou entre concubins. La question se pose par ailleurs de savoir si les parents unis, qui vivent ensemble, peuvent avoir recours au procédé de la convention homologuée. La réponse à cette question dépend en partie d'une autre question : savoir quel peut être le contenu de la convention.

269 **Contenu de la convention.** L'article 373-2-7 envisage l'organisation des modalités de l'exercice de l'autorité parentale[485]. Cette notion de « modalité » peut être entendue plus ou moins largement. Généralement, on l'emploie pour

484. Par exemple, le JAF peut décider que l'enfant sera inscrit à l'école publique, alors que la mère souhaitait qu'il le soit dans une école privée catholique et que le père, de confession juive, s'y opposait. Douai, 28 août 2014, *AJ fam.*, 2014, p. 556, obs. E. Bazin.

485. La convention peut porter également sur le devoir d'entretien de l'enfant, ce qui sera vu plus loin. Voy. *infra*, n° 320.

désigner la répartition des pouvoirs entre les parents[486] : il s'agit essentiellement de décider qui a la résidence de l'enfant et d'organiser les modalités du droit de visite et d'hébergement. Certains auteurs estiment que les parents pourraient également modifier la dévolution de l'exercice de l'autorité parentale, par exemple, décider d'un exercice unilatéral de l'autorité parentale là où la loi édicte un exercice en commun[487]. Ils pourraient également fixer le contenu de l'éducation de l'enfant, par exemple, le choix d'une religion[488]. Il semble cependant que l'on s'écarte ici de la notion de « modalité de l'exercice de l'autorité parentale ».

270 **Conditions de l'homologation.** Il s'agit de conditions plutôt négatives. En principe, le juge homologue – doit homologuer – la convention (art. 373-2-7, al. 2), sous deux réserves : celle de l'intérêt de l'enfant, d'une part, celle de l'intégrité du consentement des parties, d'autre part.

271 **Portée de la convention homologuée.** L'homologation confère à la convention une force obligatoire qu'elle n'aurait pas autrement. Les parents doivent donc en respecter le contenu, sauf à exercer éventuellement les voies de recours habituelles. La convention n'en est pas pour autant intangible. La situation des parents de l'enfant peut évoluer dans le temps, il apparaît donc nécessaire de pouvoir modifier son contenu. L'article 373-2-13 envisage cette éventualité. Les décisions contenues dans la convention homologuée peuvent être modifiées ou complétées à tout moment par le juge. De deux choses l'une. Ou bien les parents se sont à nouveau mis d'accord pour apporter une modification à leur première convention, ils doivent alors en présenter une nouvelle à l'homologation du juge. Ou bien les parents sont en désaccord et celui qui veut obtenir la modification doit saisir le JAF qui rendra une décision contentieuse.

2. Les décisions contentieuses

272 **Compétence du juge.** Selon l'article 373-2-8 du Code civil, le juge peut statuer sur les modalités de l'exercice de l'autorité parentale (ou sur le devoir d'entretien). Cette notion devrait être interprétée dans le même sens que dans le cadre des conventions homologuées. Le juge est compétent pour se prononcer sur la dévolution de l'exercice de l'autorité parentale (exercice commun ou unilatéral), sur la résidence de l'enfant, sur un éventuel droit de visite et d'hébergement. Il peut également trancher un litige entre les parents relatif au contenu même de la décision (même si, dans ce cas, le pouvoir du juge trouverait un meilleur fondement dans l'art. 373-2-6 qui donne une compétence générale au JAF). Certains JAF prononcent par ailleurs parfois une délégation de l'autorité parentale[489] même lorsque les conditions de l'article 377 ne sont pas réunies[490].

273 **Saisine du juge.** Le juge aux affaires familiales peut être saisi par l'un des parents ou le ministère public – ce qui montre que l'on se trouve toujours dans un domaine où l'ordre public est en cause. Le ministère public peut être lui-même

486. En ce sens, M. Rebourg, « Les conventions homologuées en matière d'autorité parentale et de contribution à l'entretien de l'enfant », *Dr. fam.*, 2004, étude n° 17, n°s 8 et s.

487. G. Cornu, *La famille*, *op. cit.*, n° 83.

488. F. Terré et D. Fenouillet, *La famille, op. cit.*, n° 961.

489. Agen, 11 avril 2013, *Dr. fam.*, 2013, comm. n° 103, note C. Neirinck.

490. Voy. *infra*, n°s 295 et s.

saisi par des tiers, parents ou non. Ceux-ci peuvent donc saisir indirectement le juge, alors qu'ils n'ont pas qualité pour agir contre les parents parce qu'ils ne sont pas directement en cause.

274 **Conciliation des parents.** L'article 373-2-10 du Code civil énonce : « en cas de désaccord, le juge s'efforce de concilier les parties ». Dans l'hypothèse d'un conflit entre les parents, le juge doit jouer un rôle de conciliateur, un peu de la même manière que dans la procédure de divorce. Une solution concertée sera sans doute mieux respectée par les deux parents qu'une décision imposée purement et simplement. En cas de besoin, la loi a prévu le recours à la médiation.

275 **Médiation.** La médiation, technique alternative de règlement des conflits, va dans le sens de la recherche à tout prix d'un accord entre parents. Le juge peut proposer aux parents une mesure de médiation et, s'ils en sont d'accord, désigner un médiateur familial. Il peut également leur enjoindre non pas d'accepter une mesure de médiation, ce qui s'avérerait contre-productif, mais de rencontrer un médiateur pour s'informer sur ce qu'est la médiation. Ainsi, les parents pourront en toute connaissance de cause décider ou non d'y recourir. Une expérience a cependant été tentée, dans certains TGI désignés par arrêté du Garde des Sceaux, de contraindre les parents à recourir à la médiation avant toute saisine du juge en vue d'une modification des modalités de l'autorité parentale (L. n° 2011-1862 du 13 décembre 2011, art. 15). Cette expérience devait durer jusqu'au 31 décembre 2014.

La médiation est soumise au décret du 22 juillet 1996 (art. 131-1 et s., CPC). Le juge n'est pas dessaisi par la médiation (art. 131-2, al. 2). Au contraire, si les parties parviennent à un accord, l'affaire retourne devant lui qui, à la demande des parties, homologue leur accord (art. 131-12). On en revient finalement à la technique de la convention homologuée. Le juge doit homologuer l'accord qui lui est soumis, mais les parties en revanche ne semblent pas obligées de demander l'homologation. Si aucun accord n'a été trouvé, ou si les parents ne demandent pas l'homologation, le juge se prononcera sur le terrain contentieux. On peut se demander ce qui se passe si l'un des parents souhaite l'homologation et l'autre non.

276 **Éléments d'appréciation du juge.** Lorsqu'il se prononce sur les modalités de l'exercice de l'autorité parentale, le juge peut prendre notamment en considération, depuis la loi du 9 juillet 2010, six éléments énumérés à l'article 373-2-11 du Code civil :

- la pratique que les parents avaient pu suivre antérieurement ou les accords qu'ils avaient pu antérieurement conclure (sans les soumettre à homologation) ;
- les sentiments exprimés par l'enfant dans les conditions de l'article 388-1 ; ce texte, issu de la loi du 8 janvier 1993, permet au juge d'entendre le mineur capable de discernement dans toutes les procédures le concernant ; depuis la loi du 5 mars 2007, l'audition est de droit si l'enfant en fait la demande[491] ; et la décision doit indiquer que le juge a tenu compte des

491. Art. 388-1, nouv., C. civ. Les nouvelles règles ont été complétées par D. n° 2009-572 du 20 mai 2009, *JORF*, 24 mai 2009, p. 8649 ; L. Francoz-Terminal, « Le nouveau régime de l'audition de l'enfant concerné par une procédure judiciaire », *Dr. fam.*, 2009, étude n° 29.

sentiments exprimés par l'enfant et faire expressément mention de l'audition de l'enfant ;

- l'aptitude de chacun des parents à assumer ses devoirs et respecter les droits de l'autre ;
- le résultat des expertises, notamment psychologiques, éventuellement effectuées sur la personne du mineur ;
- les renseignements qui ont pu être recueillis à la suite des éventuelles enquêtes sociales prévues à l'article 373-2-12 ;
- les pressions ou violences, à caractère physique ou psychologique, exercées par l'un des parents sur la personne de l'autre.

277 **Mesures prises par le juge.** Il a déjà été vu quelles sortes de mesures peut prendre le juge aux affaires familiales ; elles sont très diverses. L'article 373-2-6, alinéa 2, du Code civil précise que, de manière générale, « le juge peut prendre les mesures permettant de garantir la continuité et l'effectivité du maintien des liens de l'enfant avec chacun de ses deux parents ». Le juge se trouve ainsi promu au rôle de gardien de la coparentalité. Et l'alinéa 3, dans sa version issue de la loi du 9 juillet 2010, de donner un exemple : il peut ordonner l'interdiction de sortie de l'enfant du territoire français sans l'autorisation des deux parents. Cette mesure est destinée à lutter contre les enlèvements internationaux d'enfants qui sont fréquents lorsque les parents ne sont pas de la même nationalité[492]. Cette interdiction est inscrite au fichier des personnes recherchées par le procureur de la République.

§ 3. – Le contrôle de l'autorité parentale

278 **Intervention de l'État.** Compte tenu de la double finalité assignée à l'autorité parentale, protection et éducation dans l'intérêt de l'enfant, on comprend que l'État puisse intervenir pour exercer un contrôle des conditions dans lesquelles les prérogatives parentales sont exercées. Il ne s'agit pas bien sûr que l'État commette une ingérence dans la vie des familles en imposant un contenu à l'action éducative des parents et en sanctionnant ceux qui ne s'y conforment pas. L'intervention de l'État ne s'avère nécessaire que dans les cas les plus graves, ceux qui révèlent une situation de danger pour l'enfant, soit en raison des difficultés que les parents éprouvent dans l'exercice de leur mission, soit en raison de fautes graves qu'ils commettent à l'encontre de l'enfant. À cette diversité des situations répond une gradation des mesures pouvant être prises – parfois d'ailleurs avec l'accord des parents eux-mêmes.

Jusqu'à présent, le Code civil prévoyait trois sortes de sanction de l'autorité parentale. La loi du 14 mars 2016 relative à la protection de l'enfant en a ajouté une quatrième dans une nouvelle section du chapitre consacré à l'autorité parentale relativement à la personne de l'enfant : la déclaration judiciaire de délaissement parental. En effet, cette déclaration remplace la déclaration judiciaire d'abandon qui était une mesure rendant l'enfant adoptable. La déclaration de délaissement est également un cas d'abandon de l'enfant pouvant le

492. P. Bonfils et A. Gouttenoire, *Droit des mineurs*, *op. cit.*, n°s 658 et s. ; L. Talarico, « L'interdiction de sortie du territoire de l'enfant sans l'accord des deux parents : exigence légale ou pouvoir du juge ? », *Dr. fam.*, 2011, étude n° 11.

rendre adoptable mais dans l'esprit du législateur, l'adoption d'un tel enfant n'est devenue qu'une possibilité parmi d'autres. En effet, la déclaration de délaissement a pour effet automatique d'entraîner délégation de l'autorité parentale à la personne qui recueille l'enfant et de le faire admettre comme pupille de l'État. Mais comme il a déjà été vu, désormais les pupilles de l'État ne font plus systématiquement ni prioritairement l'objet d'un projet d'adoption, mais d'un « projet de vie ». Les conditions de la déclaration de délaissement ayant néanmoins déjà été examinées[493], ne seront examinées ici que les trois mesures traditionnelles que sont l'assistance éducative, la délégation de l'autorité parentale et le retrait de l'autorité parentale.

A. L'assistance éducative

279 **Présentation.** L'assistance éducative se présente d'une certaine manière comme l'héritière du droit de correction qui appartenait au père de famille et lui permettait de faire incarcérer son enfant lorsqu'il ne lui obéissait pas et commettait des actes délictueux[494]. Elle est issue d'un décret-loi du 30 octobre 1935, le législateur s'étant montré soucieux de prévenir la délinquance juvénile plutôt que d'avoir à la réprimer ainsi que de protéger les enfants contre les mauvais traitements infligés par leurs parents[495]. C'est une ordonnance du 23 décembre 1958 qui lui a donné sa physionomie actuelle et la loi du 4 juin 1970 l'a intégrée dans le Code civil. Elle n'a subi depuis que quelques retouches.

Depuis 1935, et plus encore depuis 1958, l'assistance éducative a pour objet non pas de sanctionner des parents qui élèvent mal leur enfant, mais de les aider dans leur mission d'éducation, chaque fois que l'enfant se trouve dans une situation de danger. L'assistance éducative se distingue ainsi assez clairement du retrait de l'autorité parentale qui est prononcé lorsque des parents ont commis une faute grave à l'égard de l'enfant[496]. Au contraire, il s'agit de les associer, dans la mesure du possible, à cette reprise en main de l'éducation de l'enfant.

1. Les conditions de l'assistance éducative

280 **Situation de danger.** C'est la situation de danger d'un enfant mineur qui justifie l'intervention de l'État par l'intermédiaire du juge des enfants. Cette situation de danger présente toutefois cette particularité d'être due à la carence des parents. Leur défaillance n'est pas forcément fautive et il ne s'agit pas de les stigmatiser. Ainsi, le danger peut résulter de la pauvreté. Néanmoins, quelle qu'en soit la raison, les parents exercent mal ou n'exercent pas leur autorité parentale. Par ailleurs, la jurisprudence apprécie les conditions légales de manière suffisamment souple pour pouvoir prononcer des mesures préventives. Selon l'article 375 du Code civil, le danger est caractérisé dans deux situations.

281 **Santé, sécurité ou moralité en danger.** La première situation dans laquelle l'assistance éducative peut s'avérer nécessaire est celle où « la santé, la sécurité

493. Voy. *supra*, n°s 173 et s.

494. P. Malaurie et H. Fulchiron, *La famille*, *op. cit.*, n° 1681.

495. J.-L. Halpérin, *Histoire du droit privé français depuis 1804*, *op. cit.*, n°s 149 et s.

496. Voy. *infra*, n°s 304 et s.

ou la moralité d'un mineur non émancipé sont en danger ». Les termes employés sont d'une interprétation souple. Ainsi, la santé de l'enfant est en danger lorsque la mère veut l'emmener à l'étranger où il ne pourrait pas poursuivre un traitement médical indispensable[497]. Il peut s'agir de la santé psychologique, comme de la santé mentale[498]. Sa sécurité est en danger, par exemple, dans les situations d'abus sexuel.

282 **Conditions de l'éducation compromises.** La seconde situation qui justifie une mesure d'assistance éducative est celle où « les conditions de son éducation sont gravement compromises ». La loi du 5 mars 2007 a ajouté après le mot « éducation » la formule « ou de son développement physique, affectif, intellectuel et social ». Cette extension semble permettre de prononcer des mesures d'assistance éducative dans des cas où les enfants ne sont pas à proprement parler en situation de danger, mais se trouvent dans une situation psychologique difficile, comme lorsque le mineur est soumis à des pressions parentales négatives ou lorsque ses parents sont membres d'une secte[499]. Afin d'éviter les risques d'ingérence du juge – et à travers lui de l'État – dans le choix de l'éducation de l'enfant et par conséquent d'éviter que soit imposée une éducation officielle, le texte limite les pouvoirs d'appréciation du juge : seules les conditions de l'éducation font l'objet d'un contrôle, non l'éducation elle-même, distinction dont il faut bien reconnaître qu'elle paraît délicate à mettre en œuvre.

2. La procédure de l'assistance éducative

283 **Compétence du juge des enfants.** Le juge des enfants est exclusivement compétent pour prononcer une mesure d'assistance éducative (art. 375-1, C. civ.). Lorsque les parents divorcent et que le juge aux affaires familiales s'est prononcé ou doit se prononcer, il existe cependant un risque de conflit de compétences[500]. Le conflit est résolu par l'article 375-3, alinéa 7, du Code civil. Le juge des enfants ne peut intervenir « que si un fait nouveau de nature à entraîner un danger pour le mineur s'est révélé postérieurement à la décision statuant sur les modalités de l'exercice de l'autorité parentale ou confiant l'enfant à un tiers »[501]. Depuis la loi du 5 mars 2007, il en est de même si le JAF a été saisi, en dehors d'une procédure de divorce, d'une requête relative à la résidence de l'enfant et aux droits de visite. Le texte précise toutefois que les mesures d'assistance éducative ne peuvent faire obstacle à la faculté qu'a le JAF de prendre des mesures en vertu de l'article 373-3, c'est-à-dire, en cas de séparation des parents, de décider à qui l'enfant sera confié. Autrement dit, le JAF n'est pas lié par les décisions prises par le juge des enfants. Par ailleurs, afin d'améliorer les relations entre le juge aux affaires familiales et le juge des enfants, le décret

497. Cass. 1re civ., 25 novembre 1981, *JCP-G*, 1983, II, p. 19952, note F. Boulanger.
498. Cass. 1re civ., 28 mars 1995, *Bull. civ.*, I, n° 141 ; *Rép. Defrénois*, 1995, p. 1390, obs. J. Massip, appartenance des parents à une secte.
499. En ce sens, P. Bonfils et A. Gouttenoire, *Droit des mineurs*, *op. cit.*, n° 741.
500. Sur ces difficultés, voy. J.-M. Permingeat, « Les compétences concurrentes du juges des enfants et du juge aux affaires familiales », *AJ fam.*, 2013, p. 280. Pour une illustration, Cass. 1re civ., 14 novembre 2007, *Dr. fam.*, 2008, comm. n° 7, note P. Murat.
501. Ex. : Cass. 1re civ., 14 mars 2006, *Dr. fam.*, 2006, comm. n° 144, note A. Gouttenoire ; *D.*, 2006, p. 1947, note M. Huyette ; *RTD civ.*, 2006, p. 299, obs. J. Hauser.

n° 2009-398 du 10 avril 2009 a instauré dans le Code de procédure civile un système de communication des dossiers entre les juges. L'article 1072-1 prévoit que, lorsque le juge aux affaires familiales statue sur l'autorité parentale, il vérifie si une procédure d'assistance éducative est ouverte à l'égard de l'enfant. Si c'est le cas, il peut demander au juge des enfants qu'il lui transmette le dossier en cours. Inversement, l'article 1072-2 prévoit que, dès l'instant où une procédure d'assistance éducative est ouverte à l'égard d'un enfant, la décision du juge aux affaires familiales le concernant est transmise au juge des enfants. Enfin, une fois que l'enfant est placé sous une mesure d'assistance éducative, le juge des enfants est seul compétent pour tout litige apparaissant en cours de mesure (art. 375-1, C. civ.). En particulier, c'est lui qui est compétent, à l'exclusion du JAF, pour déterminer les relations de l'enfant avec les tiers[502].

284 **Saisine du juge des enfants.** La liste des personnes qui peuvent saisir le juge des enfants est assez longue (art. 375), ce qui se comprend dans la mesure où l'action a pour objet la protection de l'enfant : les parents conjointement ou l'un d'eux seulement, la personne ou le service à qui l'enfant a été confié, le tuteur, le ministère public. Le juge peut se saisir lui-même. Enfin, l'enfant – à condition d'être discernant – peut également saisir le juge. Cette solution est remarquable en ce qu'elle déroge aux principes qui gouvernent les incapacités : le mineur n'a pas normalement la capacité pour agir en justice lui-même[503]. De la même manière, il peut interjeter appel des décisions prises par le juge des enfants.

285 **Caractère inquisitoire de la procédure.** La procédure d'assistance éducative est régie par les articles 1181 et suivants du Code de procédure civile, tels qu'ils résultent du décret du 3 décembre 2002[504]. L'article 1183 permet au juge d'ordonner toute mesure d'information concernant la personnalité de l'enfant ainsi que ses conditions de vie avec ses parents : enquête sociale, examens médicaux, expertises psychiatriques et psychologiques, mesure d'investigation et d'orientation éducative[505].

De l'ensemble de ces mesures découlent un certain nombre d'informations, de documents qui constituent un dossier. L'accès au dossier par les intéressés, en particulier les parents, paraît indispensable pour que ceux-ci puissent présenter leurs arguments au juge. Depuis la réforme de la procédure en 2002, ce dossier peut être consulté au secrétariat-greffe par l'avocat du mineur, celui des père et mère et celui de la personne qui a saisi le juge. L'avocat peut se faire délivrer des copies, mais il ne peut les transmettre à son client (art. 1187, CPC). Surtout, les personnes elles-mêmes – y compris l'enfant en présence des parents ou de son avocat – peuvent consulter le dossier, sans pouvoir toutefois en obtenir des copies. Le juge peut décider, en l'absence d'avocat, de retirer certaines pièces du dossier lorsque la consultation ferait courir un danger physique ou moral grave au mineur, à une partie ou à un tiers.

---

502. Cass. 1re civ., 9 juin 2010, n° 09-13390, *D.*, 2010, p. 2343, note M. Huyette.

503. Sur ce point, voy. A. Gouttenoire-Cornut, « L'enfant dans les procédures judiciaires : un statut en devenir », *AJ fam.*, novembre 2003, p. 368.

504. Le D. du 24 mai 2013 pris en application de la loi du 17 mai 2013 a modifié les textes pour remplacer la mention des père et mère, par celle des parents.

505. P. Malaurie et H. Fulchiron, *La famille*, *op. cit.*, n° 1685.

Le décret du 3 décembre 2002 a procédé à une réforme d'ensemble d'une procédure qui n'avait pas été modifiée depuis 1958. L'enjeu mis en avant par les juristes en était la conformité de la procédure avec les principes de la Convention européenne des droits de l'homme, en particulier le droit à un procès équitable (art. 6) et le droit à la vie familiale (art. 8). Le décret a apporté de notables améliorations : un raccourcissement des délais, une meilleure information des parties, l'audition du mineur capable de discernement, etc.

L'un des points cruciaux des débats concernait l'accès au dossier par les parties. Avant la réforme, l'article 1187, alinéa 2, CPC, permettait aux seuls avocats des parties de consulter le dossier, sans pouvoir en obtenir de copie, et à l'exclusion des intéressés eux-mêmes. Or, bien souvent, les parents ne sont pas assistés d'un avocat – ils n'y sont pas tenus. La Cour européenne des droits de l'homme[506] avait eu l'occasion de dire que le fait pour des parents de ne pas avoir accès à des rapports les concernant était constitutif d'une violation du principe du contradictoire (art. 6, § 1er, C EDH). Par la suite, elle avait mis à la charge des États l'obligation positive de mettre à la disposition des parents le dossier justifiant la mesure de protection[507]. La condamnation de la France semblait à terme inéluctable. La Cour de cassation, quant à elle, estimait que le droit français ne violait pas l'article 6, CEDH[508].

Le refus de l'accès au dossier à l'égard des parents en particulier est généralement défendu par les travailleurs sociaux qui craignent les réactions négatives et dangereuses des parents qui auraient connaissance de certains éléments les concernant, notamment en cas de diagnostic chez eux, au cours de l'enquête sociale, de troubles psychologiques. Les travailleurs sociaux indiquent en effet par écrit ce genre de constat propre à éclairer le juge – dans des termes qui par ailleurs manquent parfois de prudence et peuvent se révéler traumatisants.

La réforme de 2002 a pris en considération les critiques des juristes, mais ceux-ci ne s'en trouvent pas satisfaits pour autant, non sans raison. Le régime de l'accès au dossier tel qu'il est désormais prévu semble manquer de cohérence et d'efficacité. Pourquoi autoriser seulement une consultation aux intéressés sans leur permettre d'obtenir des copies, alors que leur avocat peut en obtenir et que, malgré l'interdiction qui lui en est faite, rien ne l'empêchera de communiquer ces pièces à son client ? Comment, lorsqu'on n'est pas représenté, préparer une réponse bien argumentée, si la seule connaissance que l'on a des griefs reprochés réside dans quelques souvenirs de lecture au greffe ? Pourquoi permettre au juge, par décision motivée, de retirer des pièces du dossier sur des éléments qui, s'ils sont décisifs, seront forcément évoqués à un moment ou à un autre ? On a le sentiment que la réforme de l'article 1187 n'est qu'une cote mal taillée, qu'il aurait fallu prévoir une communication du dossier pure et simple ou pas d'accès du tout.

La difficulté tient sans doute à la nature ambiguë de cette procédure. On évoque les grands principes du procès équitable, alors que l'on se trouve dans un procès qui n'est pas comme les autres : il ne s'agit pas de juger les parents et ceux-ci ne se trouvent pas en situation de défense face à une accusation. Il s'agit, pour le juge des enfants, d'évaluer une situation afin de prendre la meilleure décision pour l'enfant lui-même : il faut le protéger tout en préparant si possible la reconstruction d'une vie familiale normale. Si, d'après l'expérience, on sait que de graves réactions psychologiques sont à craindre de la part des intéressés, pourquoi vouloir à tout prix la transparence ? Et inversement, connaissant ces risques pourquoi ne pas discipliner la rédaction des rapports des travailleurs sociaux ? Quoi qu'il en soit, la Cour de cassation a jugé que le nouvel article 1187, CPC, ne viole ni le principe du contradictoire, ni l'article 6-1, CEDH[509]. Il n'est pas certain que la Cour européenne des droits de l'homme sera aussi indulgente.

506. Cour eur. D.H., 24 février 1995, *Mac Michael c/ Royaume-Uni*, *D.*, 1995, p. 449, note M. Huyette.

507. Cour eur. D.H., 10 mai 2001, *TP et KM*, *JCP-G*, 2002, I, 342, obs. F. Sudre.

508. Cass. 1re civ., 8 juin 1999, *JCP-G*, 1999, I, 160, obs. T. Fossier.

509. Cass. 1re civ., 28 novembre 2006, *D.*, 2007, p. 552, note M. Huyette ; *Dr. fam.*, 2007, comm. n° 34, note P. Murat.

Biblio

À lire not. : M. Huyette, « Le contradictoire en assistance éducative, l'indispensable réforme de l'article 1187 du NCPC », *D.*, 1998, chron., p. 218 ; T. Fossier, « L'accès au dossier et le rapport Deschamps », *JCP-G*, 2002, I, 101, n° 19 ; A. Gouttenoire-Cornut, « La réforme imparfaite de la procédure d'assistance éducative », *Dr. fam.*, 2002, chron. n° 14 ; M. Huyette, « La nouvelle procédure d'assistance éducative, Décret n° 2002-361 du 15 mars 2002 », *D.*, 2002, chron., p. 1433 ; T. Garé, « Réforme de la procédure d'assistance éducative : premières impressions », *RJPF*, mai 2002, p. 37.

3. La décision du juge des enfants

286 **Généralités.** Le juge des enfants n'est pas tenu d'ordonner une mesure d'assistance éducative. Il peut estimer que la situation de danger invoquée par le requérant n'est pas caractérisée, ou au contraire que l'assistance éducative ne serait ni suffisante ni adaptée à la situation du mineur. Il faudra alors s'orienter vers une autre procédure.

Quand il prend une mesure d'assistance éducative, certains principes doivent guider la décision du juge. D'abord, « il doit toujours s'efforcer de recueillir l'adhésion de la famille à la mesure envisagée » (art. 375-1, al. 1er, C. civ.). Cette injonction n'est cependant pas assortie de sanctions, et l'adhésion des parents n'est pas une condition de validité de la décision. Ensuite, la loi du 2 janvier 2004 a ajouté au texte une précision peu utile tant elle va de soi : le juge doit toujours se prononcer en stricte considération de l'intérêt de l'enfant. En outre, dans l'application des mesures, il doit être tenu compte des convictions religieuses ou philosophiques du mineur et de sa famille (art. 1200, CPC).

Enfin, l'article 375-2 du Code civil affirme que « chaque fois qu'il est possible, le mineur doit être maintenu dans son milieu actuel », c'est-à-dire le plus souvent le milieu familial de l'enfant. La prescription correspond bien à l'idée que l'on ne cherche pas à imputer une faute au parent, ni à les sanctionner, mais au contraire à résoudre avec eux les problèmes de protection ou d'éducation de l'enfant. Par ailleurs, il faut éviter que l'enfant ne soit davantage perturbé par un bouleversement complet de sa vie. Deux sortes de mesures peuvent être prononcées : l'assistance éducative en milieu ouvert (AEMO) et le retrait du mineur de son milieu avec placement auprès d'un tiers.

287 **Assistance éducative en milieu ouvert (AEMO).** L'AEMO est le nom donné par la pratique à la mesure d'assistance éducative qui maintient le mineur dans son milieu actuel, le plus souvent son milieu familial. La mesure consiste alors en la désignation d'une personne spécialisée (personne qualifiée, service d'observation, d'éducation ou de rééducation en milieu ouvert) ayant pour mission d'apporter aide et conseil à la famille afin de surmonter ses difficultés morales et matérielles (art. 375-2).

Le juge peut subordonner le maintien du mineur dans son milieu à l'accomplissement de sa part de certaines obligations (art. 375-2, al. 3) : fréquenter régulièrement un établissement sanitaire ou d'éducation, ordinaire ou spécialisé, exercer une activité professionnelle. La liste n'est pas limitative. En cas de non-respect de ses obligations, le mineur pourrait alors être retiré de son milieu et placé.

La loi du 5 mars 2007 a cependant donné la possibilité au juge des enfants d'autoriser la personne désignée à assurer un hébergement exceptionnel ou périodique à l'enfant (art. 375-2, nouv., al. 3). Le juge peut également décider d'un accueil de jour par un service ou un établissement éducatif (art. 375-3-4°). L'ensemble de ces mesures constitue ce qu'il est convenu d'appeler un placement séquentiel, mesure intermédiaire entre l'AEMO et le placement de l'enfant. Ce dispositif permet ainsi au juge de prononcer des périodes plus ou moins courtes de séparation entre l'enfant et sa famille, sans pour autant établir un éloignement permanent[510].

288 **Mesure judiciaire d'aide à la gestion du budget familial.** Les parents peuvent connaître des difficultés financières ou en tout cas de gestion de leur budget. La loi du 5 mars 2007 a donné la possibilité au président du conseil général du département, en charge de l'aide sociale à l'enfance, de décider d'une mesure d'accompagnement en économie sociale et familiale (art. L. 222-3, CASF). Une personne est alors désignée pour aider la famille dans la gestion de son budget. Il ne s'agit pas d'une mesure d'assistance éducative. Toutefois, le nouvel article 375-9-1 du Code civil permet au juge des enfants de prendre une mesure plus radicale. Lorsque les prestations familiales reçues par les parents (comme les allocations familiales) ne sont pas utilisées « pour les besoins liés au logement, à l'entretien, à la santé et à l'éducation des enfants » et que la mesure d'accompagnement n'est pas suffisante, il peut ordonner qu'elles soient versées à une personne qualifiée, appelée « délégué aux prestations familiales » qui reçoit ainsi la mission de déterminer leur utilisation. Cette mesure remplace la tutelle aux prestations familiales.

289 **Retrait et placement du mineur.** Le juge peut acquérir la conviction que la situation de danger nécessite de retirer, ne serait-ce que provisoirement, l'enfant de son milieu ; s'il prend cette décision, il doit corrélativement placer le mineur. L'article 375-3 (réd. L. 5 mars 2007) prévoit qu'il peut confier l'enfant :

- à l'autre parent, si les père et mère sont séparés, c'est-à-dire au parent qui n'a pas l'exercice de l'autorité parentale ou chez lequel l'enfant n'a pas sa résidence ou encore chez lequel l'enfant est en résidence alternée ; le risque d'une telle mesure étant que l'enfant devienne l'enjeu d'un conflit entre les parents[511] ;
- à un autre membre de la famille ou à un tiers digne de confiance, choisi dans l'entourage familial ;
- à un service départemental de l'aide sociale à l'enfance ; c'est alors l'ASE qui place l'enfant dans une institution qu'elle choisit ou chez un(e) assistant(e) maternelle ; il faut préciser que, dans ce cas, le mineur n'est pas admis en tant que pupille de l'État et n'est donc pas adoptable ;
- à un service ou à un établissement habilité pour l'accueil de mineurs à la journée ou suivant toute autre modalité de prise en charge ;
- à un service ou un établissement sanitaire ou d'éducation, ordinaire ou spécialisé.

Dans ce cas, le juge peut, sur le fondement de l'article 388-2 du Code civil désigner un administrateur *ad hoc* chargé de le représenter, comme dans toute situation qui place le représentant légal du mineur en conflit d'intérêt avec lui. La loi du 14 mars 2016 relative à protection de l'enfant a ajouté un alinéa au texte : « dans le cadre d'une procédure d'assistance éducative, l'administrateur

---

510. P. Bonfils et A. Gouttenoire, *Droit des mineurs, op. cit.*, n°s 775 et s.

511. En ce sens, T. Fossier, *L'autorité parentale*, 2e éd., Thiron, ESF éditeur, 2002, p. 70.

ad hoc [...] doit être indépendant de la personne morale ou physique à laquelle le mineur est confié, le cas échéant ». Ce qui va sans dire, va toujours mieux en le disant. Néanmoins, on peut s'interroger sur l'intérêt de désigner un administrateur *ad hoc* dans ce cas, dans la mesure où l'enfant peut agir lui-même, du moins s'il est discernant[512].

290 **Durée de la mesure.** La mesure d'assistance éducative est nécessairement provisoire. En effet, le juge est tenu d'en fixer la durée, sans que celle-ci puisse dépasser deux ans lorsque la mesure est exercée par un service ou une institution[513]. La mesure peut toutefois être renouvelée par décision motivée (art. 375, al. 3). En outre, depuis la loi de 2007, une mesure d'accueil peut être prononcée pour une durée plus longue « lorsque les parents présentent des difficultés relationnelles et éducatives graves, sévères et chroniques, évaluées comme telles dans l'état actuel des connaissances, affectant durablement leurs compétences dans l'exercice de leur *responsabilité parentale* ». Il faut remarquer ici l'emploi impropre de l'expression à la mode de *responsabilité parentale* à la place de celle d'*autorité parentale*[514] ; elle est incorrecte parce qu'elle ne correspond pas au droit positif et parce qu'elle risque d'entraîner une confusion avec la responsabilité des parents du fait de leurs enfants mineurs.

291 **Maintien de l'autorité parentale.** Les parents ne sont pas privés de l'exercice de l'autorité parentale. L'article 375-7 précise en effet que les père et mère conservent sur l'enfant leur autorité parentale et « en exercent tous les attributs... » Une limite logique toutefois est prévue : ils ne peuvent exercer les pouvoirs qui sont inconciliables avec l'application de la mesure. Par exemple, si l'enfant est placé, les parents perdent évidemment le droit d'exiger de lui qu'il réside avec eux. De même, le tiers à qui l'enfant est confié accomplit seul les actes usuels (art. 373-4). Les parents conservent un « droit de correspondance et un droit de visite », le juge en fixe les modalités, il doit veiller notamment à ce que le placement n'éloigne pas géographiquement l'enfant. Le juge peut décider que le droit de visite sera exercé en présence d'un tiers, et ce non seulement si l'enfant est confié à un service ou un établissement, mais également depuis la loi du 14 mars 2016 (qui comble ainsi un oubli de la loi du 5 mars 2007) s'il est confié à une personne (l'autre parent, un membre de sa famille ou un tiers digne de confiance).

Ces prérogatives peuvent être suspendues provisoirement si l'intérêt de l'enfant l'exige. La loi du 9 juillet 2010 a jouté un alinéa au texte permettant au juge des enfants d'ordonner une mesure d'interdiction de sortie du territoire de l'enfant, qui ne peut pas durer plus de deux ans. L'interdiction est inscrite au fichier des personnes recherchées par le procureur de la République.

Ce qu'il importe de comprendre, c'est que les parents conservent la maîtrise des décisions concernant la protection et l'éducation de l'enfant, comme le choix d'un traitement médical ou d'une intervention chirurgicale[515]. Seule l'émancipation du mineur leur est interdite. Toutefois, la loi du 5 mars 2007

512. L. GEBLER, « Autorité parentale » in « Réforme de la protection de l'enfant : sélection d'articles », *AJ fam.*, 2016, p. 200.

513. Ex. : Cass. 1re civ., 14 décembre 1999, *Bull. civ.*, I, n° 343 ; *Dr. fam.*, 2000, comm. n° 21, note P. MURAT.

514. Voy. *supra*, n° 224.

515. À moins que ces choix aient justement causé la mesure.

permet au juge des enfants d'autoriser le tiers à qui l'enfant est confié d'exercer un acte non usuel qui relève de l'autorité parentale (acte médical, autorisation d'exercer une activité), en cas de refus abusif ou injustifié ou de négligence de la part des parents (art. 375-7, nouv., al. 2).

En contrepartie, les parents continuent d'assumer la charge des frais d'entretien et d'éducation (art. 375-8).

292 **Modification de la mesure.** La mesure peut être modifiée à tout moment ou être rapportée par le juge (art. 375-6). Celui-ci peut se saisir d'office ou bien être saisi par les père et mère conjointement ou par l'un d'eux seulement, la personne ou le service à qui l'enfant a été confié, le tuteur, le mineur ou le ministère public. C'est en raison d'éléments nouveaux, de l'évolution de la situation des intéressés, que la mesure est modifiée.

La décision du juge des enfants peut également faire l'objet d'un appel. La Cour d'appel peut donc être amenée à infirmer la décision du juge des enfants si elle estime, par exemple, que celui-ci, saisi d'une demande de modification de la mesure d'assistance éducative, n'a pas pris en compte l'évolution de la situation de danger de l'enfant. La Cour de cassation a ajouté que la Cour d'appel elle-même peut modifier la mesure prise par le juge en prenant en compte l'évolution de la situation entre le jour où la mesure a été prise et celui où la Cour d'appel se prononce : celle-ci doit se placer au jour où elle statue[516].

B. La délégation de l'autorité parentale

293 **Principe de l'indisponibilité de l'autorité parentale.** Le législateur a conçu l'autorité parentale comme un ensemble de droits et de devoirs indisponibles : les parents ne peuvent pas se dérober par leur seule volonté à leur mission parentale. L'article 376 du Code civil l'énonce clairement : « aucune renonciation, aucune cession portant sur l'autorité parentale, ne peut avoir d'effet... ». Il est à préciser que cette indisponibilité touche tant la titularité que l'exercice de l'autorité parentale. Il en résulte que toute convention qui aurait pour objet le transfert de l'autorité parentale à un tiers serait nulle.

294 **Tempéraments.** Ce principe connaît néanmoins un certain nombre de tempéraments (art. 376, C. civ., *in fine*) que l'on peut justifier par différentes idées : celle, d'une part, qu'une mesure relative à l'autorité parentale sera d'autant mieux acceptée qu'elle a été consentie par les parents ; celle, d'autre part, qu'en la matière le pragmatisme vaut mieux que le dogmatisme et qu'il est des situations où il est préférable que l'autorité parentale puisse être confiée à des tiers, y compris par la volonté des parents, notamment à ceux qui ont la charge effective de l'enfant.

À la première idée correspond sans doute la règle de l'article 376-1 selon laquelle le juge peut, lorsqu'il statue en la matière, « avoir égard aux pactes que les père et mère ont pu librement conclure entre eux à ce sujet ». Ce n'est pas une obligation qui s'impose au juge et par ailleurs l'un des parents peut invoquer des motifs graves pour révoquer son consentement.

À la seconde idée, on peut rattacher les règles relatives à la délégation de l'autorité parentale. La loi du 4 mars 2002 a profondément réformé cette

516. Cass. 1re civ., 20 octobre 2010, *Dr. fam.*, 2010, comm. n° 184, note C. Neirinck.

technique de contrôle de l'autorité parentale. On va voir les cas et les effets de la délégation.

1. Les cas de délégation

295 **Droit antérieur.** Les auteurs[517] s'accordaient pour décrire le droit antérieur comme peu lisible et complexe. Trois cas de délégation étaient envisagés : la délégation volontaire, fondée sur la volonté des parents, réservée aux mineurs de moins de 16 ans remis à un tiers (art. 377, anc., al. 1er et 2) ; la délégation à la demande du délégataire, fondée sur le désintérêt des parents à l'égard de l'enfant (art. 377, anc., al. 3 ; on parlait aussi d'abandon différé) ; la délégation à l'égard de l'enfant recueilli sans intervention des parents, fondée sur une déclaration du tiers recueillant et soumise à des conditions drastiques qui la rendaient peu praticable (art. 377-1). La loi du 4 mars 2002 a simplifié les choses en maintenant seulement deux cas de délégation et en en allégeant les conditions.

296 **La délégation volontaire.** La délégation volontaire a survécu et a été plus largement ouverte par la suppression des conditions exigées auparavant (art. 377, al. 1er, C. civ.) : il n'est plus nécessaire que le mineur ait moins de 16 ans ; non plus qu'il ait été remis à un tiers. Désormais, les parents peuvent saisir le juge « en vue de voir déléguer tout ou partie de l'exercice de leur autorité parentale à un tiers, membre de la famille, proche digne de confiance, établissement agréé pour le recueil des enfants ou le service départemental de l'aide sociale à l'enfance ». La suppression de la condition de remise permet par exemple la délégation au profit du beau-parent qui s'occupe de l'enfant, mais à qui celui-ci n'est pas « remis ».

La délégation volontaire n'est pas sans condition. Il faut d'abord la volonté des parents. Si les parents exercent ensemble l'autorité parentale, ils doivent y consentir tous les deux. Par ailleurs, la délégation est prononcée « lorsque les circonstances l'exigent », étant entendu que c'est le juge qui apprécie ces circonstances.

297 **La délégation forcée.** La délégation peut également être prononcée à la demande du tiers, particulier, établissement ou service de l'ASE, qui a recueilli l'enfant ou d'un membre de la famille (art. 377, al. 2, issu de la loi du 9 juillet 2010). La demande peut intervenir dans deux hypothèses. Tout d'abord, en cas de désintérêt manifeste des parents à l'égard de l'enfant. La loi de 2002 a supprimé toute condition de délai (auparavant, le délai était d'un an). Le désintérêt manifeste est caractérisé notamment lorsque les parents n'ont pas exercé leur droit de visite ou n'ont pas versé la pension alimentaire due à l'enfant. La délégation peut également être demandée lorsque les parents sont dans l'impossibilité d'exercer tout ou partie de l'autorité parentale, soit, sans doute, en cas d'incapacité ou d'absence ou pour toute autre raison.

Dans les deux hypothèses, peu importe que l'enfant ait été remis au demandeur volontairement par les parents ou à la suite d'une décision de justice (p. ex., dans le cadre d'une assistance éducative).

517. A. Gouttenoire-Cornut et P. Murat, « L'intervention d'un tiers dans la vie de l'enfant », *op. cit.*

La loi du 14 mars 2016 relative à la protection de l'enfant a procédé à une petite innovation d'ordre procédural, très importante cependant, puisque l'alinéa 3 du texte permet désormais, dans ces hypothèses, au ministère public de saisir le juge directement et d'office afin de demander une délégation forcée. Il lui faut cependant l'accord du tiers candidat à la délégation totale ou partielle de l'autorité parentale, ce qui limite singulièrement l'intérêt de la disposition puisque le tiers en question peut lui-même saisir le juge à la même fin[518].

298 **Intervention du juge.** La délégation est toujours judiciaire. Il ne peut y avoir de transfert de l'autorité parentale en vertu d'une simple convention entre parents et tiers. Qu'elle soit volontaire ou forcée, la délégation est donc toujours prononcée par un jugement. Le juge compétent est le juge aux affaires familiales du lieu où demeure le mineur (art. 1202, al. 2, CPC). Si l'enfant concerné fait l'objet d'une mesure d'assistance éducative, la délégation ne peut avoir lieu qu'après avis du juge des enfants (art. 377, al. 3, C. civ.).

Par ailleurs, il est prévu que, dans tous les cas, les deux parents doivent être appelés à l'instance (art. 377, al. 3).

2. Les effets de la délégation

299 **Transfert de l'exercice de l'autorité parentale.** La délégation porte sur l'exercice de l'autorité parentale. En principe, la délégation consiste en un transfert au délégataire des prérogatives attachées à l'autorité parentale. Ce transfert peut être total ou partiel (art. 377-1), il peut porter sur l'ensemble des droits parentaux ou sur une partie seulement. Il est cependant précisé que « le droit de consentir à l'adoption n'est jamais délégué ». Cette restriction s'explique par l'idée que l'adoption modifie la filiation de l'enfant ; il est *a priori* normal que seuls les parents puissent exercer ce droit. C'est d'ailleurs l'un des droits qui subsistent au parent qui n'a pas l'exercice de l'autorité parentale. En revanche, il semble que le droit de consentir au mariage ou à l'émancipation est transféré. Corrélativement, les parents perdent les prérogatives qui sont transférées au délégataire. Ils restent cependant titulaires de l'autorité parentale.

300 **Partage de l'exercice de l'autorité parentale.** Le fonctionnement traditionnel de la délégation peut sembler trop rigide. Il existe en effet des hypothèses où il paraît préférable d'associer les parents à l'exercice de l'autorité parentale, plutôt que de les remplacer[519]. C'est pourquoi la loi du 4 mars 2002 a introduit ce qu'il est convenu d'appeler la délégation-partage (art. 377-1, al. 2). Il est ainsi possible d'envisager la délégation-partage lorsque l'enfant est confié à un tiers, y compris dans le cadre d'une mesure éducative, ou encore lorsqu'il vit dans une famille recomposée, ce qui permet de pallier l'absence de statut du beau-parent. Elle est également parfois sollicitée au sein d'un couple homosexuel, avec plus ou moins de succès[520].

La délégation-partage est cependant soumise à des conditions. Outre celles qui sont exigées pour toute délégation, est d'abord exigé l'accord du ou des parents qui exercent l'autorité parentale – même si l'on se trouve dans le cas

518. L. Gebler, « Autorité parentale », in « Réforme de la protection de l'enfance : sélection d'articles », *op. cit.*, p. 201.

519. En ce sens, *Rapport Dekeuwer-Défossez*, *op. cit.*

520. Voy. *supra*, encadré E14.

d'une délégation forcée. Par ailleurs, la délégation-partage est prononcée si elle correspond aux besoins d'éducation de l'enfant. Si ces besoins n'apparaissent pas, c'est une délégation-transfert qui est prononcée. Le partage peut porter sur tout ou partie de l'exercice de l'autorité parentale.

Quant au fonctionnement de l'exercice de l'autorité parentale en cas de partage, il est d'abord prévu que la présomption de pouvoir concernant les actes usuels (art. 372-1, C. civ.) est applicable aux actes accomplis aussi bien par le ou les délégant(s) que par le délégataire (art. 377-1, al. 2, *in fine*). Ensuite, en cas de difficulté, le juge peut être saisi par les parents ou l'un d'eux, le délégataire ou le ministère public (art. 377-1, al. 3). Il statue alors conformément à l'article 373-2-11 du Code civil[521].

301 **Durée de la délégation.** La délégation n'est pas une mesure forcément définitive. Elle peut prendre fin, ou être transférée sur une autre personne, par jugement, s'il est justifié de circonstances nouvelles (art. 377-2). C'est ce qui a été décidé dans une affaire où un couple de femmes, avait eu recours à une IAD en Espagne (puisque c'est interdit en France pour les couples homosexuels), la mère de l'enfant ayant consenti une délégation-partage à sa compagne. À la suite de quoi celle-ci a entamé un processus de ce qu'on appelle désormais « réassignation sexuelle » (autrement dit, un changement de sexe). La mère ayant demandé le retrait de l'autorité parentale, les juges ont prononcé la fin de la délégation-partage aux motifs que le projet parental commun initial n'existait plus[522].

C. Le retrait de l'autorité parentale

302 **Protection de l'enfant et sanction des parents.** Le retrait de l'autorité parentale trouve son origine dans la loi du 24 juillet 1889 sur la protection des enfants maltraités et abandonnés qui avait institué une déchéance de l'autorité parentale dans certains cas de fautes graves commises par les parents. Conçue à l'origine comme une sanction à l'égard des parents, la jurisprudence avait mis l'accent sur la protection de l'enfant. La loi du 4 juin 1970 a introduit la déchéance dans le Code civil (art. 378 et s.) en tenant compte de cette évolution. La loi du 5 juillet 1996 en a confirmé l'aspect protection en remplaçant la notion de déchéance par celle de retrait. Toutefois, si la protection de l'enfant constitue indéniablement le critère de mise en œuvre de la mesure, celle-ci n'en reste pas moins conditionnée par la commission d'une faute – pénale ou civile – des parents à l'égard de l'enfant ou, depuis la loi du 9 juillet 2010, de l'autre parent.

303 **Personnes concernées.** Le retrait peut tout d'abord être prononcé à l'encontre des parents dès lors qu'ils sont titulaires de l'autorité parentale, quand bien même ils n'en auraient pas l'exercice[523].

Le retrait peut être étendu aux ascendants autres que les père et mère pour leur part d'autorité parentale (art. 378, al. 2). La formulation est maladroite – et même fausse –, car les grands-parents ne sont pas titulaires de l'autorité

521. Voy. *supra*, n° 276.

522. Caen, 10 mars 2016, *Dr. fam.*, 2016, comm. n° 108, note H. Fulchiron.

523. Cass. crim., 21 octobre 1992, *Bull. crim.*, n° 333 ; *RTD civ.*, 1993, p. 340, obs. J. Hauser.

parentale. Ils n'en détiennent pas moins certaines prérogatives comme un droit de visite ou d'hébergement. Le retrait consiste alors à les en priver.

1. Les cas de retrait

a. Le retrait prononcé par une juridiction pénale

304 **Causes du retrait.** Une juridiction pénale peut être amenée à prononcer une mesure de retrait lorsque les parents ont commis une infraction en relation avec leur enfant. L'article 378, alinéa 1er, du Code civil prévoit en effet que le retrait peut être prononcé lorsque les père et mère sont condamnés en tant qu'auteurs, coauteurs ou complices d'un crime ou d'un délit commis sur la personne de l'enfant. Rappelons que la loi du 8 février 2010 a précisé à l'article 222-31-2 du Code pénal que lorsqu'un viol ou une agression sexuelle a été commis sur l'enfant par une personne titulaire de l'autorité parentale, la juridiction de jugement doit se prononcer sur le retrait total ou partiel de cette autorité[524].

La solution se comprend : l'enfant est en danger en tant que victime (cas d'infractions sexuelles ou de mauvais traitements sur l'enfant). Mais le texte prévoit également l'hypothèse où les parents sont condamnés pour avoir participé, comme coauteurs ou complices, à un crime ou un délit commis cette fois par le mineur. On comprend que, dans ce cas, les parents n'assurent pas leur mission d'autorité parentale convenablement ; ils y manquent même gravement. La loi du 4 mars 2002 a supprimé le cas où l'un des parents aurait été condamné pour abandon de famille (art. 373, anc.). Le retrait n'est pas automatique, il doit répondre à l'intérêt de l'enfant. Devant la Cour d'assises, ce n'est pas le jury qui décide de la mesure, mais la Cour elle-même[525]. Enfin, depuis la loi du 9 juillet 2010, le retrait peut également être prononcé, lorsque l'un des parents est condamné comme auteur, coauteur ou complice d'un crime sur la personne de l'autre parent. Si l'acte puni n'est pas en rapport direct avec l'autorité parentale, on peut en effet penser qu'il peut quand même causer un traumatisme à l'enfant.

b. Le retrait prononcé par une juridiction civile

305 **Compétence directe du tribunal de grande instance.** En dehors de toute procédure pénale, l'article 378-1 permet de saisir le juge pour lui demander de prononcer un retrait de l'autorité parentale. Dans ce cas, le retrait est l'objet de l'action, alors que, dans le cas précédent, il n'était qu'une mesure accessoire. La juridiction compétente est le tribunal de grande instance du lieu où demeure l'ascendant du mineur contre lequel l'action est portée (art. 1202, CPC). L'action appartient au ministère public, à un membre de la famille ou au tuteur de l'enfant.

306 **Causes du retrait.** Deux situations peuvent justifier le retrait, une situation de danger et une situation d'abandon.

L'article 378-1, alinéa 1er, du Code civil prévoit d'abord que le retrait peut être prononcé lorsque « les père et mère, soit par de mauvais traitements, soit

524. Voy. *supra*, encadré E4.

525. Signe que le retrait n'est pas une sanction. Cass. crim., 4 janvier 1985, *Gaz. Pal.*, 1986, 1, p. 19.

par une consommation habituelle et excessive de boissons alcooliques ou un usage de stupéfiant, soit par une inconduite notoire ou des comportements délictueux, soit par un défaut de soin ou un manque de direction, mettent manifestement en danger la sécurité, la santé ou la moralité de l'enfant ». La loi du 14 mars 2016 relative à la protection de l'enfant a ajouté un exemple particulier de cas où l'enfant serait témoin du comportement délictueux de l'un des parents : celui où « l'enfant est témoin de pressions ou de violences, à caractère physique ou psychologique, exercées par l'un des parents sur la personne de l'autre ». Si le lien avec l'autorité parentale et la protection de l'enfant semble ici ténu, il s'avère au contraire très fort : « les violences conjugales sont à la fois l'une des plus graves maltraitances qui puissent être infligées à un enfant et une attaque sévère du lien entre le parent victime et l'enfant »[526].

Le retrait peut aussi être prononcé lorsque, à la suite d'une mesure d'assistance éducative, les père et mère se sont volontairement abstenus pendant plus de deux ans d'exercer les droits et d'accomplir les devoirs qui leur restaient (al. 2).

2. Les effets du retrait

a. La portée du retrait

307 **Retrait total.** En principe, le retrait est total (art. 379, C. civ.), c'est-à-dire qu'il porte de plein droit sur tous les attributs de l'autorité parentale, tant patrimoniaux que personnels. Il faut comprendre l'ampleur et la gravité de la mesure : le parent faisant l'objet d'un retrait ne perd pas seulement l'exercice de l'autorité parentale, comme dans le cas de la délégation forcée, il en perd également la titularité. Non seulement l'enfant ne peut plus résider avec lui, non seulement le parent ne peut plus participer à aucune décision concernant l'enfant, mais il n'a plus le droit d'être informé des choix opérés par la personne à qui l'enfant est confié, il n'a plus le droit de surveillance, il perd tout droit de visite et d'hébergement (sauf décision contraire du jugement), il perd le droit de consentir au mariage, à l'adoption ou à l'émancipation du mineur. Le retrait porte sur tous les enfants du parent.

L'article 379, alinéa 2, précise également que l'enfant n'est plus tenu à l'obligation alimentaire à l'égard de son parent, sauf disposition contraire du jugement. Mais rien n'est indiqué relativement à l'obligation alimentaire du parent à l'égard de son enfant : les auteurs estiment qu'elle subsiste[527]. Quant à l'obligation de contribution à l'entretien de l'enfant, la loi du 4 mars 2002 l'a liée à l'autorité parentale ; elle devrait donc disparaître. Mais ce lien est justement contesté en doctrine[528].

308 **Retrait partiel.** Le tribunal peut décider de ne prononcer qu'un retrait partiel de l'autorité parentale (art. 379-1). Aucune condition particulière n'est exigée, ce qui signifie que cette solution est laissée à la libre appréciation du tribunal – en fonction toujours de l'intérêt de l'enfant.

---

526. « Trois questions à Edouard Durand », *AJ fam.*, 2016, p. 198.

527. En ce sens, M. Rebourg, « Les conventions homologuées en matière d'autorité parentale et de contribution à l'entretien de l'enfant », *op. cit.*, p. 24.

528. Voy. *infra*, encadré E21.

Le retrait porte alors seulement sur certains attributs de l'autorité parentale, les principaux *a priori*, comme la résidence de l'enfant, le pouvoir de prendre les décisions ou certaines décisions le concernant, avec le maintien du droit de surveillance et du droit de visite. Il semble que le parent conserve le droit de consentir à l'adoption, au mariage et à l'émancipation de l'enfant[529].

En outre, le retrait peut ne porter que sur certains enfants. Dans ce cas, toutes les combinaisons sont envisageables : retrait total pour les uns et partiel pour les autres, ou bien encore retrait total ou partiel pour les uns et pas de retrait pour les autres.

b. Le sort de l'enfant

309 **Enfant confié à l'autre parent.** Si le retrait n'est prononcé qu'à l'égard d'un seul des parents, l'enfant est en principe confié à l'autre, à moins que le juge ne décide de le confier à un tiers ou à un service de l'ASE (art. 380, al. 2, C. civ.).

310 **Enfant confié à un tiers.** L'article 380, alinéa 1er, prévoit que si l'autre parent est décédé ou s'il a perdu l'exercice de l'autorité parentale, le tribunal pourra confier l'enfant à un tiers. Il faut supposer que la solution est la même si le retrait est prononcé à l'encontre des deux parents. Cette situation est envisagée comme provisoire par le texte ; le tiers a en effet la charge de requérir l'ouverture d'une tutelle.

En attendant, le tiers ne se trouve pas délégataire de l'autorité parentale, il ne peut sans doute accomplir que les actes usuels, comme c'est le cas lorsque c'est le juge aux affaires familiales qui prend une telle décision (art. 373-4). La différence tient à ce qu'en cas de retrait total, les parents n'exercent plus l'autorité parentale, les décisions concernant l'enfant ne peuvent plus être prises. On se trouve donc dans une situation de *statu quo*.

311 **Enfant confié à l'ASE.** Dans les mêmes hypothèses, le tribunal a le choix de confier l'enfant à un service de l'Aide sociale à l'enfance. Cette décision se révèle beaucoup plus grave encore, car elle risque de s'avérer définitive. En effet, l'enfant dont les parents ont fait l'objet d'un retrait total et qui se trouve confié à l'ASE est admis en qualité de pupille de l'État et devient donc adoptable (art. L. 224-4-5° CASF). Or, dans ce cas, l'enfant ne peut pas être restitué aux parents, même s'il n'a pas été placé en vue de l'adoption (art. L. 224-5), sauf dans les conditions de l'article 381 du Code civil[530]. Les décisions concernant l'enfant sont prises par le conseil de famille des tutelles de l'État.

En revanche, si le retrait n'est que partiel, l'enfant n'est pas admis en qualité de pupille de l'État (art. L. 224-4-5°, CASF). Les attributs de l'autorité parentale sont partagés entre l'ASE et les parents, selon l'étendue du retrait.

c. La durée du retrait

312 **Caractère provisoire.** Le retrait n'a pas de durée déterminée par la loi, et le juge n'est pas tenu d'en fixer une. Il n'a pas non plus un caractère définitif. En effet, l'article 381 du Code civil permet aux père et mère qui ont fait l'objet d'un retrait de demander la restitution de leurs droits parentaux. Celle-ci n'est pas automatique. D'abord, elle ne peut intervenir avant le délai d'un an depuis

529. A. Gouttenoire, in P. Murat. (dir.), *Droit de la famille, op. cit.*, nos 235.52.

530. Voy. *infra*, n° 312.

que la décision de retrait est devenue irrévocable (art. 381, al. 2). Ensuite, les requérants doivent justifier de circonstances nouvelles, c'est-à-dire que la situation de danger a cessé pour l'enfant ou qu'ils sont en mesure de prendre soin de lui. En outre, en fonction de l'intérêt de l'enfant, la restitution peut n'être que partielle, les parents retrouvant toutefois leur droit de consentir à l'adoption ou à l'émancipation, ainsi que la possibilité de demander un droit de visite. La restitution, enfin, peut être accompagnée de mesures d'assistance éducative, permettant ainsi un retour progressif à une situation normale.

SECTION II
L'obligation d'entretien à la charge des parents

313 **Obligation d'entretien et filiation.** Jusqu'à la loi du 4 mars 2002, le Code civil n'imposait d'obligation d'entretien qu'à la charge des époux à l'égard de leurs enfants (art. 203). Le silence du texte concernant les parents naturels était dû à un choix idéologique des rédacteurs de Code civil qui refusaient de tenir compte de la famille hors mariage. La jurisprudence avait cependant généralisé le champ de ce devoir à tous les parents, qu'ils fussent mariés ou non. L'obligation d'entretien apparaît en effet comme la traduction de l'adage formulé par Loysel : « qui fait l'enfant doit le nourrir ». La loi du 4 mars 2002 a consacré cette évolution en instituant un devoir général d'entretien à la charge de tous les parents : « chacun des parents contribue à l'entretien et à l'éducation des enfants » (art. 371-2). La règle a été introduite dans le chapitre relatif à l'autorité parentale, dont on sait que les dispositions s'appliquent indifféremment aux enfants nés en ou hors mariage. En conséquence, dès lors que la filiation est établie, que ce soit en ou hors mariage, l'obligation d'entretien est due – y compris lorsque ce lien résulte d'une adoption.

E23 Le fondement de l'obligation d'entretien

La majorité de la doctrine rattache l'obligation d'entretien à la filiation : le fait même de la procréation suffit à justifier que les auteurs de l'enfant prennent celui-ci en charge matériellement et financièrement. On peut alors établir un parallèle avec l'autorité parentale dont la titularité est également liée à l'existence du lien de filiation. En revanche, la doctrine prend généralement soin de préciser que le devoir d'entretien n'est justement pas lié à l'autorité parentale. À l'appui de cette affirmation, on peut en effet se référer à l'article 203 du Code civil dont la rédaction semble le rattacher au seul fait de la parenté (en mariage). Il est vrai par ailleurs que l'article 373-2-1, *in fine*, énonce clairement que le parent qui n'exerce pas l'autorité parentale n'en doit pas moins respecter l'obligation qui lui incombe en vertu de l'article 371-2. On sait enfin que la loi du 4 mars 2002 a supprimé la condamnation pénale du chef d'abandon de famille (qui consiste notamment à ne pas respecter le devoir d'entretien) comme cause de perte de l'exercice de l'autorité parentale.

Pour autant, s'il ne fait aucun doute que le devoir d'entretien n'est pas lié à l'exercice de l'autorité parentale, rien ne permet d'affirmer qu'il ne dépend pas de la titularité de l'autorité parentale. Autrement dit, pour être tenu au devoir d'entretien, un parent devrait au moins être titulaire de l'autorité parentale – ce qui est le cas de presque tous les parents. Cette idée peut d'abord se prévaloir de la loi du 4 mars 2002 qui a introduit les nouvelles règles relatives à cette obligation au chapitre consacré à l'autorité parentale. Ensuite, le devoir d'entretien est intimement lié, de l'aveu même de certains auteurs, à la mission des parents qui est de protéger l'enfant dans sa sécurité, sa santé et sa moralité. « Il apparaît même en quelque sorte comme la face financière des

prérogatives traditionnellement reconnues explicitement aux parents par la loi »[531].
Le problème n'est pas seulement théorique, sa solution commande la réponse à une question que le Code civil n'envisage pas, celle de savoir si un parent qui a fait l'objet d'un retrait total de l'autorité parentale, qui n'en est donc plus titulaire, qui n'assume plus la mission d'élever l'enfant, doit continuer à le nourrir. Les auteurs répondent généralement de manière positive à cette question, mais la solution semble ressortir plus de l'ordre de la morale que de la stricte logique juridique.

314 **Obligation exclusivement parentale.** L'article 371-2 du Code civil, ainsi que l'article 203 d'ailleurs, mettent l'obligation d'entretien à la charge exclusive des père et mère. Il en ressort que les grands-parents, tout particulièrement, ne sont pas tenus au devoir d'entretien. Toutefois, en cas de carence des parents, ils pourront être sollicités, non pas au titre de l'obligation d'entretien, mais à celui de l'obligation alimentaire[532]. Le beau-parent n'est pas non plus débiteur d'entretien à l'égard de l'enfant de son conjoint.

Pour ce qui concerne les parents, encore faut-il que la filiation soit établie. Cette règle subit cependant certaines atténuations. On sait, d'une part, que le père possible d'un enfant dont la filiation paternelle n'est pas établie peut être condamné à verser des subsides à l'enfant[533]. On sait également, d'autre part, que, si en principe la disparition du lien de filiation fait cesser le devoir d'entretien rétroactivement, il n'en va pas ainsi, selon la jurisprudence, lorsque c'est l'auteur de la reconnaissance mensongère qui a agi lui-même en contestation de la filiation[534].

Enfin, il faut préciser que l'obligation d'entretien est, contrairement à l'obligation alimentaire, unilatérale et non pas réciproque, ce qui signifie que les enfants ne sont tenus à l'égard de leurs parents d'aucune obligation équivalente au devoir d'entretien.

§ 1. – L'objet de l'obligation d'entretien

315 **Nourrir, entretenir et élever les enfants.** C'est l'article 203 du Code civil qui décrit classiquement l'objet de l'obligation : il s'agit pour les parents de nourrir l'enfant, c'est-à-dire assurer sa subsistance, l'entretenir, c'est-à-dire pourvoir à tous ses besoins vitaux, mais aussi l'élever, c'est-à-dire assumer matériellement son éducation, sa formation professionnelle, etc[535]. L'article 371-2 a regroupé ces différents devoirs en deux : l'entretien (qui comprend la nourriture) et l'éducation. Tous ces termes se révèlent à vrai dire assez vagues et susceptibles d'interprétation. Ce qu'il convient de retenir, c'est que, contrairement à l'obligation alimentaire de droit commun, l'objet de l'obligation d'entretien ne se limite pas à assurer à l'enfant un minimum vital. « Il s'agit de mettre à la charge des géniteurs tout ce qui est nécessaire à la vie de l'enfant, à son épanouissement, et

531. F. Terré et D. Fenouillet, *La famille, op. cit.*, n° 897.
532. Voy. *infra*, n° 323.
533. Voy. *supra*, n° 132.
534. Voy. *supra*, n° 125.
535. Sur cette trilogie, voy. P. Courbe et A. Gouttenoire, *Droit de la famille, op. cit.*, n° 1409.

à son accession dans les meilleures conditions à la vie d'adulte autonome »[536]. L'opinion généralement partagée est que l'obligation d'entretien reste une obligation alimentaire particulière.

316 **Évaluation de l'obligation d'entretien.** De la même manière que pour l'obligation alimentaire ordinaire, l'article 371-2 du Code civil fait des moyens des débiteurs et des besoins du créancier la mesure du montant de l'obligation d'entretien : chacun des parents y contribue à proportion de ses ressources, de celles de l'autre parent, ainsi que des besoins de l'enfant, et selon la Cour de cassation la contribution du débiteur ne peut être fixée qu'en considération de ces éléments, et non sur le fondement d'une table de référence « fût-elle annexée à une circulaire »[537]. Elle précise également que l'appréciation des ressources des parties se fait au jour où le juge statue, ce qui interdit à la Cour d'appel de reprendre purement et simplement les motifs du tribunal de grande instance et l'oblige au contraire à prendre en compte l'évolution des ressources entre les deux décisions[538]. Si les parents sont mariés, elle est comprise dans la contribution aux charges du mariage et évaluée de la même manière (art. 214, C. civ.).

Les ressources doivent être évaluées non seulement en fonction des gains, mais également des charges de chaque parent. Doivent également être comptés les revenus provenant d'un second conjoint[539] et les charges dues à un concubinage. Après avoir décidé que les allocations familiales n'entrent pas dans le calcul de la contribution[540], la Cour de cassation a estimé qu'elles peuvent être prises en compte au titre des ressources dont les parents disposent[541]. En revanche, la prestation compensatoire que verse le parent à son ex-épouse ne doit pas être prise en compte pour diminuer le montant de leur contribution à l'entretien et à l'éducation de l'enfant[542].

Quant aux besoins de l'enfant, ce sont bien eux qui justifient le devoir d'entretien. Ils n'ont pas à être démontrés (contrairement à l'obligation alimentaire ordinaire), la situation de besoin est présumée[543]. S'il s'avère cependant que le mineur a des revenus, provenant d'une activité rémunérée ou de son patrimoine, qui lui permettent de subvenir à ses propres besoins, l'obligation d'entretien n'a pas lieu d'être exécutée.

536. P. BERTHET, *Les obligations alimentaires et les transformations de la famille*, Paris, L'Harmattan, 2000, n° 36.
537. Cass. 1re civ., 23 octobre 2013, n° 12-25.301, *AJ fam.*, 2013, p. 703, obs. S. THOURET. La circulaire en question est une circulaire du 12 avril 2010 (Circ. n° CIV/06/10). La table tient compte du temps d'accueil de l'enfant par le parent débiteur, ce que ne prévoit justement pas l'article 371-2 du Code civil.
538. Cass. 1re civ., 7 octobre 2015, n° 14-23.237, *AJ fam.*, 2016, p. 676, obs. S. THOURET.
539. Cass. 1re civ., 22 mars 2005, *RTD civ.*, 2005, p. 379, obs. J. HAUSER.
540. Cass. 2e civ., 3 décembre 1997, *D.*, 1998, p. 441 ; *JCP-G*, 1998, II, 10077, note T. GARÉ ; *Dr. fam.*, 1998, comm. n° 65, note H. LÉCUYER.
541. Cass. 1re civ., 17 novembre 2010, n° 09-12.621, *Bull. civ.*, I, n° 234, *AJ fam.*, 2010, p. 534, obs. L. BRIAND ; *Dr. fam.*, 2011, comm. n° 16, note A. DEVERS.
542. Cass. 1re civ., 19 novembre 2014, n° 13-23.732, *AJ fam.*, 2015, p. 47, obs. S. THOURET.
543. M. REBOURG, « Les conventions homologuées en matière d'autorité parentale et de contribution à l'entretien de l'enfant », *op. cit.*, p. 34.

Les parents peuvent fixer le montant de cette contribution dans une convention[544] ; en cas de désaccord, c'est le juge qui la détermine.

§ 2. – La durée de l'obligation d'entretien

317 **Enfant mineur.** Tant que l'enfant est mineur et qu'il n'est pas démontré qu'il perçoit lui-même des revenus, l'obligation d'entretien subsiste. Elle est d'ailleurs due dès la naissance de l'enfant et le reste tout au long de la minorité, y compris pour la période antérieure à la demande. La jurisprudence décide en effet que la règle qui régit les obligations alimentaires de droit commun et selon laquelle « aliments ne s'arréragent pas » n'est pas applicable à l'obligation d'entretien[545], et la renonciation expresse ou tacite d'un parent au versement des arriérés est sans effet[546]. En revanche, l'enfant simplement conçu ne peut être créancier d'aliments[547].

318 **Enfants majeurs.** Malgré le lien indubitable entre le devoir d'entretien et la mission d'éducation que doivent assumer les parents à l'égard de l'enfant, mais qui est censé prendre fin avec sa minorité, la jurisprudence décide depuis longtemps que l'obligation trouve un prolongement au-delà de la majorité de l'enfant lorsqu'il poursuit des études[548]. La loi du 4 mars 2002 a consacré la solution. L'article 371-2, alinéa 2, du Code civil prévoit en effet : « cette obligation ne cesse pas de plein droit lorsque l'enfant est majeur ». C'est en réalité l'entrée dans la vie active qui met un terme au devoir d'entretien[549]. En effet, même si le texte n'y fait pas référence, c'est bien l'hypothèse de la poursuite d'étude qu'il vise, même s'il peut s'en trouver d'autres. Il appartient donc aux parents de pourvoir aux besoins de l'enfant qui poursuit des études, notamment des études professionnalisantes. Mais cette obligation n'est pas sans limites. Encore faut-il que les études soient nécessaires à l'enfant et qu'il y montre une certaine aptitude. Et encore faut-il qu'il soit sans ressources[550].

§ 3. – L'exécution de l'obligation d'entretien

319 **Situation de la famille unie.** Les modalités d'exécution de l'obligation d'entretien dépendent de la situation familiale. Lorsque l'enfant cohabite avec ses parents, le devoir d'entretien s'exécute quotidiennement en nature, c'est-à-dire

544. Nullité d'une telle stipulation introduite dans une convention de concubinage, pour la raison que le montant de la contribution avait été fixé forfaitairement à la moitié des revenus du débiteur et non en proportion de ses ressources : Cass. 1re civ., 20 juin 2006, *Dr. fam.*, 2006, comm. n° 155, note V. Larribau-Terneyre ; *RTD civ.*, 2006, p. 740, obs. J. Hauser.

545. Cass. 1re civ., 12 mai 2004, *Dr. fam.*, 2004, comm. n° 143, note P. Murat.

546. Cass. 1re civ., 15 février 2012, *Dr. fam.*, 2012, comm. n° 100, note C. Neirinck.

547. TGI Lille, ord. du 6 décembre 2012, *Dr. fam.*, 2013, comm. n° 39, note X. Labbée.

548. Cass. 2e civ., 29 mai 1963, *JCP-G*, 1964, II, 13651, note R. Savatier. Voy. sur la question, J. Hauser, « L'établissement et l'entretien des enfants majeurs : une famille à titre onéreux », *Rép. Defrénois*, 1999, p. 1217.

549. F. Sauvage, « L'incidence du travail du jeune majeur sur le devoir d'entretien », *AJ fam.*, 2013, p. 220.

550. Agen, 19 avril 2012, *Dr. fam.*, 2012, comm. n° 144, note C. Neirinck.

en réalité par les dépenses que les parents assument auprès des tiers ayant pour objet les besoins de l'enfant : nourriture, vêtements, frais de scolarité, etc. Le fait même de loger l'enfant, droit et devoir attaché à l'autorité parentale, constitue l'une des modalités d'exécution du devoir d'entretien.

Si les parents sont mariés, l'exécution du devoir d'entretien est englobée dans celle du devoir de contribuer aux charges du mariage (art. 314, C. civ.) qui s'exécute pareillement en nature tant que les époux ne sont pas séparés.

320 **Situation de la famille séparée.** Lorsque les parents sont séparés, celui avec lequel ne réside pas l'enfant, qu'il ait conservé ou non l'exercice de l'autorité parentale, doit participer à l'entretien de l'enfant, sous la forme d'une contribution en valeur versée à celui qui en a la charge quotidienne. Il peut en aller de même lorsque c'est l'enfant qui a quitté le foyer familial, notamment parce qu'il a été confié à un tiers par le juge aux affaires familiales, voire par le juge des enfants dans le cadre d'une mesure d'assistance éducative.

Selon l'article 373-2-2, alinéa 2, du Code civil, lorsque les parents sont séparés c'est le juge qui fixe les modalités et les garanties de la pension alimentaire, à moins qu'elles ne soient déterminées dans une convention que les parents soumettent à son homologation. Afin de lutter contre les impayés dont les victimes sont les mères dans la majorité des cas, la loi du 4 août 2014 pour l'égalité réelle entre les hommes et les femmes[551] prévoit que le juge peut décider que la pension alimentaire s'effectuera par virement bancaire ou tout autre moyen de paiement.

L'article 373-2-2, alinéa 1er, pose le principe qu'en cas de séparation, la contribution à l'entretien de l'enfant prend la forme d'une pension alimentaire versée par l'un des parents à l'autre ou bien versée par les deux parents au tiers qui a la charge de l'enfant. Il s'agit donc d'une somme d'argent versée régulièrement. Si, toutefois, dans ce cas, le devoir d'entretien épouse la même forme que l'obligation alimentaire, il n'en a pas pour autant le même fondement. Il en résulte que les grands-parents ne peuvent y être tenus à la place de leur fils[552]. Il est cependant également prévu que la pension peut prendre en tout ou pour partie la forme d'une prise en charge directe des frais exposés au profit de l'enfant (art. 373-2-2, al. 3, C. civ.) – un peu comme dans l'hypothèse où la famille est unie. Elle peut également prendre la forme d'un droit d'usage et d'habitation (art. 373-2-2, al. 4).

Lorsque l'enfant est majeur et que l'un des parents en assume à titre principal la charge, ce dernier peut demander à l'autre de lui verser une contribution à l'entretien et à l'éducation de l'enfant, quitte pour le parent qui s'y refuse à prouver l'existence de circonstances permettant de l'en décharger[553]. Le juge peut décider que cette contribution sera versée en tout ou partie directement entre les mains de l'enfant (art. 373-2-5).

---

551. L. n° 2014-873 du 4 août 2014 pour l'égalité réelle entre les femmes et les hommes, *JORF*, 5 août 2014, p. 12949. Sur ce texte, V. Dervieux, « Loi du 4 août 2014 et droit de la famille », *AJ fam.*, 2014, p. 486.

552. Cass. 1re civ., 28 mai 2014, n° 12-29.803, *Dr. fam.*, 2014, comm. n° 162, obs. C. N. ; *AJ fam.*, 2014, p. 426, obs. V. A.-R.

553. Cass. 1re civ., 4 décembre 2013, n° 12-28.686, *Dr. fam.*, 2014, comm. n° 35, note C. Neirinck. Ce n'est donc pas au parent demandeur de justifier les charges exposées pour l'enfant majeur.

Enfin, à l'image de la prestation compensatoire en matière de divorce, la loi de 2002 a envisagé la possibilité, lorsque la consistance des biens du débiteur le permet, de remplacer la pension alimentaire en tout ou en partie par un capital, c'est-à-dire soit une somme d'argent versée entre les mains d'un organisme accrédité chargé d'accorder en contrepartie une rente indexée à l'enfant, soit l'abandon de biens en usufruit, soit l'affectation de biens productifs de revenus (art. 373-2-3). Mais, dans ce cas, un complément pourra ultérieurement être demandé, y compris sous la forme d'une pension alimentaire (art. 373-2-4).

321 **Régime de l'exécution.** S'agissant d'une obligation alimentaire particulière, sauf ce qui a déjà été dit, l'exécution du devoir d'entretien suit le régime des obligations alimentaires de droit commun, en particulier en ce qui concerne sa révision[554]. Il en va de même des sanctions.

SECTION III
Les obligations alimentaires

322 **Définition.** L'obligation alimentaire est l'obligation qui s'impose à certaines personnes de fournir des aliments à d'autres qui se trouvent dans le besoin, c'est-à-dire de leur garantir de quoi vivre. En général, la loi ne l'impose qu'entre des personnes qui appartiennent à la même famille. Il est en effet normal qu'on ne puisse être tenu de subvenir aux besoins de ceux dont on n'est pas proche. L'obligation alimentaire traduit la solidarité familiale. En dehors du cercle de la famille, la solidarité est assurée par l'État, c'est-à-dire par le corps social dans son ensemble, au moyen de diverses mesures, comme l'assurance chômage, le revenu minimum d'insertion (RMI), et autres aides sociales[555].

Au sein de la famille, il existe diverses obligations alimentaires. Ainsi, cette obligation prend la forme, entre époux, du devoir de secours[556] et, à l'égard des enfants mineurs, de l'obligation d'entretien[557]. Il s'agit cependant d'obligations particulières au régime spécifique. Le Code civil édicte une obligation alimentaire plus générale entre les membres de la famille qu'il rattache au mariage (art. 205), mais qui repose en réalité sur deux liens de famille différents : d'une part et principalement la filiation ; d'autre part le lien d'alliance. Il faut en voir les conditions, les caractères et l'exécution.

§ 1. – Les conditions de l'obligation

A. Les conditions relatives aux personnes

323 **Parenté en ligne directe.** En premier lieu, c'est la filiation et, plus largement, la parenté qui fonde l'obligation alimentaire. L'article 205 du Code civil énonce en effet : « les enfants doivent des aliments à leur père et mère

554. Voy. *supra*, n° 328.
555. P. Potentier, « Obligation alimentaire et aide sociale », *Dr. fam.*, 2006, étude n° 22.
556. Voy. *infra*, n°s 468 et s.
557. Voy. *supra*, n°s 313 et s.

ou autres ascendants qui sont dans le besoin ». L'article 207 ajoute qu'il s'agit d'une obligation réciproque.

Elle se distingue du devoir d'entretien à plusieurs égards. D'abord, elle n'est pas limitée aux relations entre l'enfant et ses parents ; elle existe également entre petits-enfants et grands-parents, et même au-delà. Il est ainsi vrai que l'obligation ne se présente pas uniquement comme un effet de la filiation (la filiation n'unit que les enfants et les parents). Pour autant, sans lien de filiation, elle n'est due à aucun degré. Ensuite, elle est réciproque : selon les cas, l'enfant en est créancier ou débiteur. Il existe cependant une exception à ce principe (art. 207, al. 2) dans l'hypothèse où le créancier aura manqué gravement à ses obligations familiales envers le débiteur. La décharge est laissée à l'appréciation du juge. En outre, si le parent a fait l'objet d'un retrait total de l'autorité parentale, l'enfant est dispensé de plein droit de l'obligation alimentaire (art. 379, al. 2). Il en va de même s'il a été retiré de son milieu par une décision judiciaire pendant au moins une période de trente-six mois cumulés pendant les douze premières années de sa vie (art. 132-6, al. 2, CASF)[558]. Enfin, elle n'est pas limitée à la période de minorité de l'enfant : l'enfant majeur, s'il se trouve dans le besoin, peut en bénéficier.

En revanche, il n'existe aucune obligation alimentaire légale en ligne collatérale, c'est-à-dire ni entre frères et sœurs, ni entre oncles ou tantes et neveux ou nièces, ni entre cousins.

324 **Alliance.** L'alliance crée également une obligation alimentaire, mais elle est plus limitée et, pour tout dire, moins courante[559].

B. Les conditions relatives à l'objet

1. L'évaluation de l'obligation alimentaire

325 **Besoins du créancier.** Celui qui réclame l'exécution d'une obligation alimentaire doit d'abord prouver qu'il se trouve dans un état de besoin (art. 208). Peu en importe la cause, peu importe que cet état résulte de sa propre faute, de ses propres vices[560]. Toutefois, si son indigence provient de son refus de travailler, il ne peut bénéficier des aliments. Comme l'ont écrit des auteurs, « la solidarité familiale ne doit pas être une prime à la paresse »[561]. De même, si le demandeur est propriétaire d'un bien qui peut s'avérer productif de revenus suffisants, il ne pourra obtenir satisfaction. En revanche, il ne semble pas que l'on puisse lui imposer de vendre un bien improductif[562].

326 **Moyens du débiteur.** Il va de soi que les aliments sont aussi évalués en fonction des ressources du créancier. S'il se trouve lui-même dans le besoin, il ne

558. Et ce, depuis la loi du 5 mars 2007 réformant la protection de l'enfance, même si le placement n'a pas été précédé d'un signalement à l'ASE. A. Gouttenoire, « La loi du 5 mars 2007 réformant la protection de l'enfance », *op. cit.*, p. 1097.

559. Voy. *infra*, n° 446.

560. Même de sa prodigalité, voire de sa débauche, selon J. Carbonnier, *Droit civil*, *op. cit.*, n° 399.

561. P. Malaurie et H. Fulchiron, *La famille*, *op. cit.*, n° 1746.

562. Cass. req., 23 février 1898, *DP*, 1898, 1, p. 30. *Contra* : J. Carbonnier, *Droit civil*, *op. cit.*, n° 399.

peut être tenu de verser des aliments au demandeur. Il faut également prendre en compte ses propres charges, notamment de famille, mais aussi, inversement, les revenus de son conjoint[563].

327 **Étendue des aliments.** Les aliments ont pour objet essentiel de couvrir le minimum vital, les frais de nourriture, de logement, d'habillement, de maladie, etc. Ce sont les frais qui concernent le demandeur, mais aussi ceux des membres de sa famille qui sont à sa charge (enfants, conjoint).

328 **Variabilité.** La pension alimentaire, en raison même de sa nature, n'est pas fixée une fois pour toutes. Si la situation du créancier ou celle du débiteur vient à se modifier, il est possible de saisir le juge pour qu'il en modifie le montant, à la baisse ou à la hausse, ou même qu'il la supprime totalement si la situation de besoin a disparu.

2. Les modalités de l'obligation alimentaire

329 **Pension alimentaire.** Les parties peuvent fixer par convention le montant et les modalités de versement des aliments, soit en argent soit en nature. À défaut, c'est le JAF qui est compétent (art. L. 312-1, 2°, COJ) : l'exécution prend alors en principe la forme d'une pension alimentaire, c'est-à-dire d'un versement périodique (mensuel) d'une somme d'argent. La pension peut être indexée par le juge (art. 208, al. 2, C. civ.), ce qui en permet une réévaluation automatique en fonction de l'évolution de l'indice.

330 **Exécution en nature.** Par exception, la pension alimentaire peut être exécutée en nature. Ainsi, le débiteur peut proposer au créancier de le recevoir chez lui. Le Code civil prévoit deux hypothèses dans lesquelles le juge peut imposer au créancier une telle modalité : lorsque le débiteur justifie ne pas pouvoir payer une pension alimentaire (art. 210) et lorsque le débiteur est le père ou la mère du créancier (art. 211).

§ 2. – Les caractères de l'obligation

A. Le caractère personnel

331 **Intransmissibilité.** L'obligation alimentaire est fondée sur des liens personnels étroits entre le créancier et le débiteur. Elle présente ainsi un fort caractère personnel. Il s'en déduit qu'elle ne se transmet pas par voie de succession. Les héritiers du créancier ne peuvent évidemment pas en bénéficier, mais ceux du débiteur ne peuvent non plus être tenus de la verser. Plus précisément, les héritiers ne sont pas tenus de continuer de payer la pension à laquelle le défunt avait été condamné. En revanche, ils doivent payer les mensualités déjà échues au moment du décès et restées impayées, à moins qu'ils renoncent à la succession[564]. Par ailleurs, il est fort possible qu'ils soient eux-mêmes débiteurs

563. Sans toutefois additionner les revenus du conjoint pour calculer les facultés contributives du débiteur : Cass. 1re civ., 11 juin 2008, *Dr. fam.*, 2008, comm. n° 125, note P. Murat.

564. P. Malaurie et H. Fulchiron, *La famille*, *op. cit.*, n° 1755 ; Cass. 1re civ., 28 janvier 2003, *Rép. Defrénois*, 2003, p. 1079, obs. J. Massip.

d'aliments à l'égard du créancier. Dans ce cas, la pension est évaluée en fonction de leur situation personnelle.

332 **Créanciers.** Les propres créanciers du créancier d'aliments ne peuvent pas saisir la pension alimentaire. Ils ne peuvent d'ailleurs pas non plus agir contre le débiteur par la voie de l'action oblique à la place du créancier d'aliments.

333 **Pluralité de débiteurs.** Le caractère fortement personnel de l'obligation alimentaire n'empêche pas que le créancier puisse s'adresser à plusieurs débiteurs d'aliments. Deux questions se posent à cet égard.

La première question consiste à se demander s'il existe une hiérarchie entre les divers débiteurs d'aliments. Le créancier doit-il respecter un ordre dans ses demandes qui serait lié à la plus ou moins grande proximité de parenté ? La jurisprudence apporte une réponse négative à cette question[565], ce qui permet au créancier de choisir celui contre lequel il agira. Il existe cependant des exceptions : un époux doit d'abord mettre en œuvre le devoir de secours à la charge de son conjoint avant de s'adresser aux autres membres de sa famille[566] ; l'enfant mineur doit d'abord mettre en œuvre le devoir d'entretien à la charge de ses parents avant de s'adresser à ses grands-parents ; en matière d'adoption simple, l'enfant doit s'adresser à ses adoptants avant ses parents par le sang.

La seconde question consiste à se demander si le créancier doit diviser ses poursuites entre les divers débiteurs ou s'il peut demander à l'un d'entre eux le paiement de tout ce dont il a besoin. La jurisprudence s'était prononcée dans le sens de la seconde solution. Cependant, le débiteur auquel le créancier s'adressait ne pouvait être condamné au-delà de ce que ses ressources lui permettaient. On disait qu'il s'agissait d'une obligation *in solidum*. Le débiteur *solvens* pouvait ensuite exercer un recours contre les autres débiteurs pour demander remboursement à chacun de sa part contributive, c'est-à-dire une somme proportionnelle à ses facultés[567]. La Cour de cassation semble avoir opéré un revirement en décidant qu'« il n'y a ni solidarité ni obligation *in solidum* entre les codébiteurs d'aliments »[568]. Le créancier devrait donc diviser ses poursuites. Mais, inversement, il peut choisir de s'adresser à un seul de ses débiteurs pour le paiement de sa créance d'aliments[569].

B. Le caractère d'ordre public

334 **Indisponibilité, incessibilité, etc.** Les obligations alimentaires sont édictées pour satisfaire l'intérêt particulier des personnes dans le besoin. L'ordre public n'en est pas moins intéressé, sans doute parce qu'il est de l'intérêt de l'État que les personnes dans le besoin ne soient pas à sa charge[570]. Il en résulte que nul ne

565. Cass. civ., 2 janvier 1929, *Époux Giraud*, *DP*, 1929, 1, p. 137, note R. Savatier.

566. M. Rebourg, « La primauté du devoir de secours entre époux sur les obligations alimentaires découlant de la parenté », *Dr. fam.*, 2011, étude n° 7. Voy. Cass. 1re civ., 4 novembre 2010, n° 09-16839, *Dr. fam.*, 2010, comm. n° 177, note V. Larribau Terneyre.

567. Cass. 1re civ., 29 mai 1974, *D.*, 1975, p. 482, note F. Magnin.

568. Cass. 1re civ., 22 novembre 2005, *Rép. Defrénois*, 2006, p. 343, obs. J. Massip ; *RTD civ.*, 2006, p. 104, obs. J. Hauser.

569. Cass. 1re civ., 25 avril 2007, n° 06-12.614, *Dr. fam.*, 2007, comm. n° 147, note P.-Y. Ardoy.

570. J. Carbonnier, *Droit civil*, *op. cit.*, n° 400, p. 806.

peut céder son droit aux aliments, pas plus qu'il ne peut y renoncer à l'avance. On peut en revanche renoncer aux arrérages échus.

§ 3. – L'exécution de l'obligation

A. L'inaction du créancier

335 **« Aliments ne s'arréragent pas ».** Les aliments ne sont dus qu'à partir du jour où ils sont demandés. Le débiteur ne peut être condamné à verser des aliments pour la période antérieure à la demande. C'est le sens de la maxime « aliments ne s'arréragent pas » consacrée par la jurisprudence[571]. On a justifié la règle par l'idée d'une renonciation tacite, mais il est toujours quelque peu divinatoire de faire appel à une volonté qui ne s'est pas exprimée. Par ailleurs, l'explication paraît contradictoire avec le principe de l'indisponibilité. Mieux vaut y voir une présomption selon laquelle le créancier était à l'abri du besoin pour cette période.

Il ne s'agit cependant que d'une présomption simple. Le créancier peut la renverser en démontrant qu'il a constamment demandé au débiteur des aliments ou qu'il s'est trouvé empêché d'agir par un cas de force majeure.

La règle ne semble s'appliquer qu'autant qu'une condamnation n'a pas été prononcée. Dès qu'un jugement a été rendu, elle ne s'applique pas aux arrérages postérieurs à la décision, sauf à démontrer une renonciation ou l'absence de besoin[572].

336 **Prescription extinctive.** Lorsqu'ils sont échus, les arrérages ne peuvent être réclamés que pendant un délai de cinq ans (art. 2224, nouv., et art. 2277, anc., al. 3, C. civ.)[573].

B. L'exécution forcée

337 **Paiement direct.** Les impayés en matière de pension alimentaire (ou de prestation compensatoire d'ailleurs) due au conjoint ou à l'enfant est un phénomène récurrent contre lequel le législateur essaye depuis longtemps de lutter. La toute récente loi du 4 août 2014 pour l'égalité réelle entre les femmes et les hommes a créé de nouvelles mesures en ce sens[574]. Elle a notamment instauré un dispositif expérimental (sur 18 mois) en faveur des personnes qui élèvent seules leurs enfants et bénéficient à ce titre de l'allocation de soutien familial (art. 25). Ce dispositif prévoit en particulier l'octroi d'une allocation de soutien familial au parent dont la créance d'aliments est inférieure au montant de l'ASF, même lorsque le débiteur s'acquitte intégralement de sa dette d'aliments, ce qui permet au créancier de demander une pension alimentaire de faible montant tout en conservant le bénéfice des allocations qui sont d'un montant supérieur.

---

571. Cass. req., 30 janvier 1933, *Couchon*, *DH*, 1933, p. 114 ; S., 1933, 1, p. 104. La règle est opposable aux recours exercés par les établissements de santé publics contre les débiteurs, Cass. 1re civ., 24 juin 2015, n° 14-15.538, *AJ fam.*, 2016, p. 540, obs. V. A.-R.

572. G. Cornu, *La famille*, *op. cit.*, n° 145.

573. Cass. 1re civ., 4 octobre 2005, *Rép. Defrénois*, 2006, p. 341, obs. J. Massip.

574. Voy. *supra*, n° 320.

Normalement, le créancier d'aliments impayé, muni d'un titre exécutoire (un jugement de condamnation) peut exercer les voies de recours de droit commun, notamment faire procéder à une saisie des biens du débiteur, même ceux qui sont normalement insaisissables. Toutefois, ces procédures se révèlent souvent peu efficaces en la matière, en raison notamment de la faible fortune des débiteurs d'aliments. Le législateur a alors créé des actions spéciales permettant aux créanciers d'obtenir paiement plus facilement.

La première a été instituée par une loi du 2 janvier 1973 qui a organisé le paiement direct[575]. La procédure consiste pour le créancier à demander directement paiement de sa pension au débiteur de son débiteur, comme un employeur. Il faut toutefois que ce tiers soit redevable au débiteur d'aliments de sommes liquides et exigibles. Il suffit au créancier d'aliments d'en faire la demande au tiers par l'intermédiaire d'un huissier de justice.

338 **Recouvrement public.** Une loi du 11 juillet 1975 fait bénéficier les créanciers d'aliments d'une procédure supplémentaire. Lorsqu'ils n'ont pu obtenir paiement par une voie de droit privé (saisie, paiement direct), ils peuvent faire procéder au recouvrement de la pension alimentaire par les comptables du Trésor public. Une demande doit être adressée au procureur de la République. Celui-ci, s'il admet la demande, établit un état exécutoire qu'il adresse au Trésor public, lequel agit contre le débiteur pour le compte du créancier, selon les procédures applicables en matière de contribution directe.

339 **Paiement par les caisses de sécurité sociale.** Une loi du 22 décembre 1984, enfin, permet au créancier de demander paiement aux caisses de sécurité sociale. Le paiement est obligatoire lorsque la pension est due à un enfant par un parent qui se soustrait à ses obligations (art. 581-1 et s., C. sécu. soc.). La caisse qui a payé se trouve alors subrogée dans les droits du créancier et peut donc se retourner contre le débiteur[576].

C. Les sanctions pénales

340 **Abandon de famille.** Les sanctions et mesures d'exécution forcée civiles sont parfois insuffisantes pour obtenir le paiement. Le législateur a créé une incrimination afin de sanctionner pénalement le non-paiement d'une obligation alimentaire. Constitue un abandon de famille le fait de ne pas exécuter une décision judiciaire ou une convention judiciairement homologuée imposant à une personne de verser au profit d'un mineur, d'un ascendant ou du conjoint une pension, une contribution, des subsides, en restant plus de deux mois sans s'acquitter intégralement de cette obligation (art. 227-3, C. pén.). L'abandon de famille est un délit puni de deux ans d'emprisonnement et de 15 000 euros d'amende.

---

575. M.-J. Gebler, « Le paiement direct des pensions alimentaires », *D.*, 1973, chron., p. 107. Sur l'ensemble de la question, voy. M. Rebourg, in *Droit de la famille,* coll. Dalloz Action, *op. cit.,* n°s 321.21 et s.

576. Sur l'ensemble de ces questions, voy. A. Gouttenoire et V. Bonnet, *Rép. dr. civ.*, v° « Aliments », Paris, Dalloz.

PARTIE 2

Le couple

341 **Apparition de la notion de couple.** Le couple est une notion juridique récente qui a fait ses premières apparitions avec les lois bioéthiques de 1994 dans le Code de la santé publique, à propos des procréations médicalement assistées[577]. Elle a été ensuite introduite dans le Code civil par la loi du 15 novembre 1999 relative au pacte civil de solidarité. Et il est vrai que dans les ouvrages de droit de la famille un peu anciens, on ne traitait que du mariage au titre de la constitution de la famille. Ce n'est pas que le phénomène sociologique de l'union libre ou du concubinage était inconnu avant 1994, certains auteurs l'avaient remarqué depuis bien longtemps[578] et avaient procédé à des études très complètes de son régime juridique[579]. C'est que le droit jusqu'alors n'avait pas besoin de cette notion dans la mesure où la seule forme juridique du couple était le mariage. Bien tardivement, sous la pression d'une certaine opinion publique, avec sans doute des arrière-pensées politiques, le législateur a fait le choix d'admettre la diversité des modes de conjugalité.

342 **Liberté, diversité, égalité.** Il n'existe plus guère de contrainte sociale qui force aujourd'hui les couples à se marier. L'évolution des mentalités est telle que ce qui pouvait encore paraître comme un phénomène marginal au lendemain de la Seconde Guerre mondiale, le concubinage, s'est fortement développé tout au long de la seconde moitié du XXe siècle. Les couples font désormais librement le choix de vivre en ou hors mariage. La loi du 15 novembre 1999 a consacré cette évolution sociale en reconnaissant trois modes de conjugalité entre lesquels les couples peuvent choisir en toute liberté – ou presque : le mariage, le pacte civil de solidarité (PACS) et le concubinage qui, s'il reste présenté comme une situation de fait non organisée par la loi, reçoit désormais une définition inscrite dans le Code civil. Le législateur n'en conserve pas moins une préférence à l'égard du mariage. Le mariage reste en effet la forme de couple la mieux et la plus organisée et les époux, en quelque sorte comme une récompense pour avoir choisi la voie la plus contraignante, continuent à bénéficier d'un certain nombre d'avantages[580], même si peu à peu le statut des partenaires d'un pacte civil de solidarité se rapproche de plus en plus de celui des époux.

Dans ce traitement différencié, certains peuvent voir une inégalité illégitime entre les couples. À vrai dire, si les couples non mariés, en particulier les partenaires d'un pacte civil de solidarité, étaient traités exactement de la même manière que les couples mariés, ce seraient tout simplement des époux ! La diversité des modes de conjugalité répond à une aspiration des couples à la liberté de ne pas se marier, mais à recevoir une certaine reconnaissance sociale ; elle s'accompagne forcément d'une différence de régime, sinon elle n'aurait pas de sens.

577. C. Brunetti-Pons, « L'émergence d'une notion de couple en droit civil », *RTD civ.*, 1999, p. 27. *Adde* C. Brunetti-Pons (dir.), *La notion juridique de couple*, Colloque de Reims, Paris, Economica, 1998 ; A.-S. Brun, *Contribution à la découverte d'un droit commun patrimonial du couple*, thèse, Grenoble II, 2003.

578. J. Carbonnier, *Flexible droit, Pour une sociologie du droit sans rigueur*, 8e éd., Paris, LGDJ, 1995. Voy. part. le chap. « Sociologie du couple » (p. 217) qui avait été publié pour la première fois dans la revue *Recherche et débats* en décembre 1971.

579. J. Rubellin-Devichi (dir.), *Les concubinages, Approche sociojuridique*, t. I et II, Paris, CNRS, 1986. *Adde* J. Rubellin-Devichi (dir.), *Les concubinages en Europe, Aspects sociojuridiques*, Paris, CNRS, 1989.

580. On peut citer en exemple la palette très large de régimes matrimoniaux parmi lesquels les époux peuvent choisir librement celui qui leur convient le mieux.

Existe-t-il un droit commun du couple ?

La diversité des modes de conjugalité reconnus par le Code civil conduit à s'interroger sur l'éventuelle existence d'un droit commun du couple. Qu'il s'agisse du mariage, du pacte civil de solidarité ou du concubinage, c'est bien le couple qui est pris en considération par la loi. L'article 515-8 du Code civil emploie d'ailleurs le terme en ce qui concerne les concubins et le Conseil constitutionnel, dans sa fameuse décision relative à la loi du 15 novembre 1999[581], l'a également utilisé pour le pacte civil de solidarité. Il n'y a en définitive que les règles relatives au mariage qui n'y fassent pas référence, mais les époux forment bien évidemment un couple.

L'hypothèse d'un droit commun du couple, qui constituerait une sorte de socle de base sur lequel viendraient ensuite se construire les différents statuts, est difficile à vérifier. Le premier élément devrait être celui de la définition du couple. Un obstacle semblait cependant résider dans un élément essentiel, l'altérité sexuelle puisque seuls les couples de sexe différent pouvaient se marier. Cette différence d'apparence irréductible peut impressionner pour réfuter la thèse d'un droit commun. Cependant, d'une part, l'essentiel n'est sans doute pas là : la différence de sexe ne définit pas nécessairement le couple (dont l'étymologie renvoie à la copula, les relations sexuelles). Que deux personnes soient ou non de même sexe ne les empêche pas d'avoir le même comportement, la même attitude dont le cœur est la communauté de vie. Ce qui fait l'essence du mariage (art. 215), du pacte civil de solidarité (art. 515-1) et du concubinage (art. 515-8), c'est bien cette vie commune qui traduit une solidarité matérielle, morale et sentimentale. D'autre part, le droit positif pouvait évoluer pour supprimer cette différence entre les couples mariés et non mariés. C'est précisément ce qu'il est advenu avec la loi du 17 mai 2013 qui a introduit dans le Code civil un nouvel article 143 selon lequel « Le mariage est contracté par deux personnes de sexe différent ou de même sexe »[582]. La notion de couple se définit donc désormais de manière unique.

Si l'on se tourne vers le régime des différents couples, les difficultés s'accroissent. La raison principale en est que le concubinage n'est pas du tout un statut. Il n'est donc soumis à aucune condition de validité, et les concubins ne sont soumis à aucune obligation particulière. En revanche, les rapprochements entre le mariage et le pacte civil de solidarité sont beaucoup plus visibles, et davantage encore depuis que le PACS a été réformé par la loi du 23 juin 2006. On le voit avec les conditions de validité qui sont pour une bonne part les mêmes que pour le mariage (empêchements liés à un lien de parenté, notamment), mais aussi avec le statut des partenaires qui impose à ces derniers un certain nombre d'obligations semblables à celles des époux, comme l'obligation de communauté de vie ou l'obligation d'assistance. Au-delà, toutefois, on remarque de plus en plus, en dehors de leur statut, l'apparition de règles communes à l'ensemble des couples, y compris le concubinage. C'est le cas, par exemple, de la loi de 1989 sur les baux d'habitation qui a été modifiée pour faire bénéficier de sa protection aussi bien les conjoints que les concubins ou les partenaires. On le voit également avec la loi du 9 juillet 2010 relative aux violences conjugales qui a créé dans le premier livre du Code civil relatif aux personnes un titre XIV, intitulé « Des mesures de protection des victimes de violences », aux articles 515-9 et suivants. Ces mesures permettent à une personne victime au sein d'un couple de violences d'obtenir une certaine protection et sont donc applicables aussi bien aux concubins et aux partenaires qu'aux époux. On rappellera à cet égard que la loi du 4 avril 2006 avait fait de la qualité de conjoint, de partenaire ou de concubin du violeur par rapport à sa victime une circonstance aggravante du crime de viol (art. 222-24-11°, C. pén.). On peut enfin ajouter que la loi bioéthique du 7 juillet 2011 assimile les différentes formes de couple pour leur donner un accès égal aux techniques de PMA. Ces différents rapprochements, qui mettent en lumière les linéaments d'un droit commun du couple, sont peut-être le signe d'une évolution future. Le progrès a semblé consister, dans l'évolution récente du droit de la famille, à offrir aux couples une palette de modes de conjugalité entre lesquels ils peuvent choisir. Mais on peut aussi y voir une simple étape nécessaire vers une réunification des modèles conjugaux en un seul – le mariage pourquoi pas –, mais

581. DC n° 99-419 du 9 novembre 1999, *JORF*, 16 novembre 1999, p. 16962, *JCP-G*, 2000, I, 261, n°s 15 et s., obs. B. Mathieu et M. Verpeau.

582. Voy. *infra*, n°s 400 et s.

plus ouvert (à l'égard des couples homosexuels, par exemple), moins contraignant dans son régime, dans ses modes de dissolution, avec peut-être des options auxquels les couples pourraient adhérer à leur volonté, une sorte de mariage à la carte.

Biblio

À lire : P. Simler et P. Hilt, « Le nouveau visage du Pacs : un quasi-mariage », *JCP-G*, 2006, I, 161 ; M.-T. Calais-Auloy, « Pour un mariage aux effets limités », *RTD civ.*, 1988, p. 255 ; J.-J. Lemouland, « Le couple en droit civil », *Dr. fam.*, 2003, chron. n° 22 ; J.-M. Brigant, « Vers un bail conjugal d'habitation ? », *Dr. fam.*, 2011, étude n° 3 ; V. Larribau-Terneyre, « Premiers éclairages sur l'application de la loi du 9 juillet 2010 dans le temps et sur le fond », *Dr. fam.*, 2011, comm. n° 51 ; « La protection civile contre les violences étendues aux couples non mariés et séparés », *Dr. fam.*, 2010, comm. n° 142.

343 **Plan.** Malgré la réforme de 1999, qui a introduit dans le droit français un nouveau statut de couple, le pacte civil de solidarité, et qui a donné pour la première fois une définition du concubinage, le mariage reste la forme de couple la mieux organisée et produit en outre un effet unique : un lien de famille entre les époux. À côté du mariage, mais un peu en retrait donc, il y a alors le couple hors mariage, c'est-à-dire le pacte civil de solidarité et le concubinage.

CHAPITRE 1

Le couple marié

344 **Définition du mariage.** Le Code civil, pas plus qu'il n'a défini la famille, n'a pas défini le mariage « et il a eu raison », si l'on en croit le doyen Carbonnier : tout le monde sait de quoi il s'agit[583]. Les juristes romains en donnaient une définition : *nuptiae sunt conjunctio maris et feminae et consortium omnis vitae, divini et humani juris communicatio*[584]. Portalis, le plus célèbre des rédacteurs du Code civil, dans son *Discours préliminaire au projet de Code civil*, présentait le mariage comme « la société de l'homme et de la femme qui s'unissent pour perpétuer leur espèce, pour s'aider par des secours mutuels à porter le poids de la vie et pour partager leur commune destinée ». Cette belle formule, cependant, ne dit pas vraiment ce qui fait juridiquement l'essence du mariage ; elle nous en livre certaines finalités, mais pas les devoirs[585]. En particulier, l'accent mis sur la procréation est mal venu, car même s'il y a toujours eu un lien presque naturel entre le mariage et la filiation grâce au mécanisme de la présomption de paternité, nul n'a jamais douté que les époux sans enfant n'en sont pas moins parfaitement mariés. En outre, cette définition ne permet guère de distinguer le mariage des autres couples, elle pourrait correspondre à la situation des partenaires ayant signé un pacte civil de solidarité ou même à celle des concubins. Quant à la différence de sexe entre les époux, si elle était sans doute une donnée universellement admise à l'époque de Portalis, elle ne permet plus de définir aujourd'hui le mariage homosexuel consacré dans notre propre droit et dans certains droits voisins[586].

Il ne fait guère de doute que le mariage est l'union de deux personnes, fondée en particulier sur les relations sexuelles et plus généralement sur une communauté de vie. Mais le seul élément qui identifie vraiment le mariage réside sans doute dans la reconnaissance sociale, assise sur le respect par les candidats au mariage de certaines conditions de validité, et prenant forme dans

583. J. CARBONNIER, *Droit civil*, *op. cit.*, n° 522.

584. MODESTIN, *Digeste*, 23, 2, 1 : « Le mariage est l'union de l'homme et de la femme, une société de toute la vie, une communauté de droit divin et humain ».

585. Pour une proposition de définition légale du mariage, fondée sur la différence des sexes, voy. A. SÉRIAUX, « Une définition civile du mariage (prière d'insérer) », *D.*, 2005, chron., p. 1966.

586. Pour une interrogation sur le sens du mariage actuel, voy. H. FULCHIRON, « La reconnaissance de la famille homosexuelle : étude d'impact », *D.*, 2013, p. 100 ; A.-M. LEROYER, « La loi n° 2013-403 du 17 mai 2013 ouvrant le mariage aux couples de personnes de même sexe. Au passé, présent et futur », *D.*, 2013, p. 1697.

la cérémonie solennelle que le droit organise. C'est ce qui distingue bien sûr le mariage du concubinage, mais aussi du pacte civil de solidarité.

345 **Nature laïque du mariage.** Depuis la Révolution, le mariage est devenu un acte purement laïc. Les règles en sont fixées par le Code civil et la célébration se déroule en principe à la mairie. Il en résulte que la cérémonie religieuse ne joue aucun rôle en droit français du mariage. Certains systèmes juridiques exigent une telle cérémonie pour la formation du mariage, d'autres lui donnent une valeur équivalente à la cérémonie civile, le droit français l'ignore. Il ne l'interdit pas, mais il ne lui confère aucune valeur. Toutefois, un ministre du culte qui procéderait à l'union religieuse avant l'union civile pourrait faire l'objet de poursuites pénales[587]. La raison de cette incrimination réside dans la volonté de s'assurer du respect du principe de laïcité par les officiants. Ce système ne semble pas contraire à la CEDH si l'on en croit le refus de la Cour européenne de condamner la Turquie qui établit une différence similaire entre les mariages civils et les mariages religieux[588].

346 **Nature juridique du mariage.** La nature juridique du mariage est un débat qui a eu cours à partir du début du XXe siècle. Il était lié à la place de la volonté des époux dans la conclusion de l'union matrimoniale. L'alternative était la suivante : contrat ou institution[589]. Le mariage apparaît comme un contrat dans la mesure où sa formation implique la volonté libre et éclairée des époux. Cependant, l'analyse contractuelle ne semble pas suffisante pour expliquer que les époux ne font qu'adhérer à un statut imposé par la loi dont ils ne peuvent modifier les termes. De ce point de vue, le mariage se présente plutôt comme une institution, c'est-à-dire « une situation juridique dont les règles, les cadres sont fixés d'avance par le législateur, en dehors de la volonté des intéressés »[590]. L'enjeu en était l'admission de la liberté de divorcer, en particulier par consentement mutuel. Or la loi du 11 juillet 1975 a instauré ce cas de divorce, ce dont on a déduit immédiatement une contractualisation du mariage. De même, la loi du 26 mai 2004 a créé une quasi-résiliation du mariage par volonté unilatérale. Et le projet de loi de modernisation de la justice du XXIe siècle définitivement adopté par l'Assemblée nationale le 12 octobre 2016 permettant aux époux de divorcer par consentement mutuel sans passer devant le juge ne fera qu'accentuer, dans l'esprit de certains, cette contractualisation du mariage[591]. Contrat ou institution ? On peut décider que les deux analyses se complètent[592]. Mais le débat semble depuis longtemps largement dépassé. « Contrat ? Institution ?

587. Art. 433-21, C. pén. Les peines encourues sont de six mois d'emprisonnement et de 7 500 euros d'amende. Il faut relever toutefois que, dans le nouveau Code pénal, l'*infraction* est devenue d'habitude, c.-à-d. qu'elle n'est consommée que par la perpétration du même fait au moins deux fois.

588. Cour eur. D.H., 2 novembre 2010, *Serife Yigit c/ Turquie*, *Dr. fam.*, 2010, comm. n° 176, note V. Larribau-Terneyre ; *AJ fam.*, 2010, p. 544, obs. W. Jean-Baptiste ; *D.*, 2011, pan., p. 1044, obs. J.-J. Lemouland et D. Vigneau.

589. C. Lefebvre, « Le mariage civil n'est-il qu'un contrat ? », *NRHD*, 1902, p. 300.

590. L. et J. Mazeaud, *Leçons de droit civil*, t. 1, vol. 3, 6e éd. (par M. de Juglart), Paris, Montchrestien, 1976, n° 711.

591. Voy. *infra*, n° 495.

592. En ce sens, P. Malaurie et H. Fulchiron, *La famille*, *op. cit.*, n° 111.

Comment avons-nous pu croire que, par le problème du divorce, l'essence du mariage tenait dans cette querelle de mots ? »[593].

347 **Nuptialité.** On parle depuis plusieurs années de crise du mariage. Dans l'esprit de certains, cette crise peut consister en une évolution du droit peu conforme à l'idée nostalgique qu'ils s'en font, notamment en raison de la libéralisation du divorce et de l'apparition de modèles concurrents. Mais la crise est en réalité moins institutionnelle que statistique. Depuis la seconde moitié du XXe siècle, on relève un indéniable déclin du mariage, une plus faible attirance à l'égard de l'engagement nuptial. Les statistiques sont fluctuantes : 319 944 mariages[594] en 1960, 393 686 en 1970, une chute à 287 099 en 1990, une légère remontée en 2000 (297 922), une nouvelle baisse depuis pour atteindre 245 930 en 2012. Il est intéressant de constater qu'en 2013, le nombre de mariage était de 238 592. Or, 2013 est l'année de l'entrée en vigueur de l'ouverture du mariage aux couples homosexuels. Ceux-ci ont conclu 7367 mariages, ce qui est un chiffre important, mais ce qui n'a pas empêché le nombre total de mariages de continuer à baisser. En 2014, le nombre total de mariages était d'environ 241 000, dont 10 000 mariages de personnes de même sexe. Au-delà de cette succession de baisses et de remontées, c'est le taux de nuptialité qui paraît plus significatif : il connaît une baisse constante depuis 1960 (7 % en 1960, 4,3 % en 2007, 3,7 % en 2012 et 3,5 % en 2014). Il n'est pas certain qu'il faille s'en inquiéter, même si l'on peut en éprouver des regrets : la baisse du nombre est peut-être corrélative d'une augmentation de la qualité. Ceux qui se marient le font peut-être avec plus de conviction et de sincérité et c'est peut-être ce qui explique que, contrairement à ce que l'on dit souvent, les mariages sont plus stables que les concubinages.

348 **Rôle de la volonté.** La volonté des époux est nécessaire pour la formation du mariage, mais s'avère impuissante à en déterminer le contenu : le statut matrimonial est unique, obligatoire et monolithique. Cette apparence qui vient de la loi[595] ne doit pas masquer la diversité de la pratique des mariages[596], selon la volonté des époux[597], qui transparaît bien souvent dans le contentieux des mariages fictifs ou du divorce pour faute. « Les fautes qui font le divorce dessinent en creux les devoirs qui font le mariage »[598]. Autrement dit, les époux se donnent des exigences qui ne correspondent pas forcément à un devoir légal du mariage, mais dont le non-respect par l'un d'entre eux peut aboutir à un divorce pour faute. Il semblerait même en résulter que le mariage est finalement susceptible de degrés[599], autre manière de parler de la contractualisation du mariage : en dehors du droit, les époux s'entendent sur la manière dont

593. J. Carbonnier, « Terre et ciel dans le droit français du mariage », in *Études G. Ripert*, t. 1, Paris, LGDJ, 1950, p. 327.
594. Ces chiffres ne prennent en compte que les mariages célébrés en métropole, www.insee.fr.
595. Elle ne concerne que le statut matrimonial et non le statut des biens, curieusement appelé régime matrimonial, qui connaît traditionnellement le principe de la liberté contractuelle.
596. J. Hauser, « Glossaire des mariages de l'an 2000 », in *Mélanges A. Colomer*, Paris, Litec, 1993, p. 189.
597. V. Bonnet, *Le mariage à l'épreuve de la volonté des époux*, thèse, Lyon 3, 1995.
598. J. Carbonnier, « La question du divorce, mémoire à consulter », *D.*, 1975, chron., p. 118.
599. M. Lamarche, *Les degrés du mariage*, thèse, Bordeaux, 1997.

ils vont vivre leur union. Mais il s'agit d'accords qui n'ont en principe aucune valeur juridique.

349 **Division.** Le mariage est, plus qu'un acte juridique, une situation juridique qui a un début, un milieu et une fin : la formation du mariage (section 1), l'état matrimonial (section 2), le démariage (section 3).

SECTION I
La formation du mariage

350 **La liberté du mariage.** La liberté du mariage[600] est un principe de valeur supérieure à la loi. Elle est garantie par la CEDH, dont l'article 12 stipule : « à partir de l'âge nubile, l'homme et la femme ont le droit de se marier et de fonder une famille selon les lois nationales régissant l'exercice de ce droit ». Il en découle, par exemple, qu'un État ne peut pas interdire à des détenus de se marier[601]. Le Conseil constitutionnel lui a par ailleurs reconnu valeur constitutionnelle, comme composante de la liberté individuelle affirmée par la Déclaration des droits de l'homme et du citoyen de 1789[602]. La jurisprudence judiciaire a également reconnu le principe de la liberté du mariage dans des affaires concernant des contrats de travail qui contenaient des clauses de célibat[603]. La Cour de cassation a admis qu'« il ne peut être porté atteinte sans abus à la liberté du mariage par l'employeur que dans des cas très exceptionnels où les nécessités des fonctions l'exigent impérieusement »[604]. Dans les actes à titre gratuit, la validité de la clause de célibat semble dépendre du fait de savoir si elle a été dictée par l'intention de nuire ou au contraire l'intérêt du gratifié[605]. En revanche, elle n'a pas estimé que portait atteinte à la liberté du mariage l'ancien article 275, alinéa 5, du Code civil, qui permettait au JAF de subordonner le prononcé du divorce au paiement effectif de la prestation compensatoire[606]. La

600. A. Bénabent, « La liberté individuelle et le mariage », *RTD civ.*, 1973, p. 440 ; J.-J. Lemouland, in P. Murat (dir.), *Droit de la famille, op. cit.*, n° 110.31.

601. Cour eur. D.H., 5 janvier 2010, *Frasik c/ Pologne et Jaremowicz c/ Pologne*, *Dr. fam.*, 2010, comm. n° 37, note V. Larribau-Terneyre ; *D.*, 2011, pan., p. 1041, obs. J.-J. Lemouland et D. Vigneau ; *RTD civ.*, 2010, p. 303, obs. J. Hauser.

602. DC n° 93-325 du 13 août 1993, *JORF*, 18 août 1993, p. 11722.

603. Paris, 30 avril 1963, aff. des *Hôtesses de l'air*, *S.*, 1963, 2, p. 179, note A. Toulemon ; *D.*, 1963, p. 428, note A. Rouast ; *RTD civ.*, 1963, p. 570, obs. G. Cornu ; *RTD civ.*, 1966, p. 68, obs. R. Nerson.

604. Cass. Ass. plén., 19 mai 1978, *D.*, 1978, p. 546, concl. R. Schmelck, note P. Ardant ; *JCP-G*, 1978, II, 19009, rapp. Sauvageot, note R. Lindon ; *RTD civ.*, 1979, p. 370, obs. R. Nerson et J. Rubellin-Devichi. Une enseignante employée par une école privée de confession catholique s'était remariée après avoir divorcé. Elle avait été licenciée et le licenciement n'a pas été considéré comme abusif, car ses convictions religieuses avaient été prises en considération lors de la conclusion du contrat de travail. Dans le même sens, Cass. soc., 17 avril 1991, *JCP-G*, 1991, II, 21724, note A. Sériaux, à propos du licenciement d'un sacristain homosexuel.

605. A. Huet, « Les atteintes à la liberté nuptiale dans les actes juridiques », *RTD civ.*, 1967, p. 45.

606. Cass. 1re civ., 13 mars 2007, *D.*, 2008, pan., p. 807, obs. G. Serra et L. Williatte-Pellitteri, p. 1786, obs. J.-J. Lemouland et D. Vigneau ; *RTD civ.*, 2007, p. 320, obs. J. Hauser.

solution est malgré tout douteuse, car la faculté de se remarier s'en trouve retardée d'autant ; la loi du 30 juin 2000 a heureusement abrogé cette disposition.

351 **Conditions d'existence et de validité du mariage.** Pour accéder à l'état d'époux, il faut répondre à des conditions qui sont imposées par la loi et dont on peut déduire, sinon une définition, du moins la conception que le droit français se fait du mariage. Ce sont des conditions de validité, d'ordre biologique ou moral, sans lesquelles le mariage peut être annulé, mais qui ne sont pas immuables : elles peuvent évoluer dans le temps avec l'évolution des mentalités. D'autres conditions, en revanche, paraissent indispensables à l'existence même du mariage : sans elles l'union ne peut même pas être qualifiée de mariage. Il convient d'exposer d'abord les conditions d'existence, puis les conditions de validité du mariage, enfin les sanctions des unes et des autres qui sont en réalité les mêmes.

E 25 Conditions de formation et liberté du mariage

Poser des conditions d'accès au statut d'époux revient forcément à refuser l'entrée du mariage à ceux qui ne les remplissent pas. Ceux qui revendiquent cet accès sans en avoir l'autorisation de la loi peuvent être tentés de prétendre que la loi porte atteinte à la liberté du mariage. Or le mariage est une liberté à valeur constitutionnelle selon le Conseil constitutionnel, un droit fondamental consacré notamment par la Charte des droits fondamentaux de l'Union européenne (art. 9) et surtout par la Convention européenne des droits de l'homme (art. 12). Faut-il alors, pour que ce droit soit respecté, supprimer toutes barrières et permettre à tous ceux qui le désirent, quels que soient leur sexe ou leur sexualité, leur âge, les relations familiales qui existent entre eux, le sérieux de leur intention, ou leur engagement antérieur, de se marier, sans aucune condition ?

Le mariage apparaît avant tout comme la reconnaissance sociale faite à l'égard de certains couples. Cette reconnaissance est nécessairement sélective, car toutes les unions ne se valent pas. Certaines sont stables, d'autres sont éphémères. Certaines risquent de porter atteinte à des valeurs sociales fortes, comme la monogamie ou la prohibition de l'inceste. La liberté de se marier ne peut donc pas être totale, car les conditions de formation représentent en réalité la conception que la société se fait de l'union matrimoniale. Cette conception peut évoluer, et les conditions d'accès se libérer ou au contraire d'ailleurs devenir plus sévères. Mais exiger des conditions sera toujours nécessaire tant que la loi attachera au mariage des effets particuliers, des avantages que selon elle tous les couples ne méritent pas.

Toute condition ne serait cependant pas forcément légitime, dans l'hypothèse où elle correspondrait à des arrière-pensées étrangères à l'essence du mariage, par exemple, à des considérations de race, de nationalité, de religion ou des conditions sociales. C'est ainsi que le Conseil constitutionnel a annulé une disposition de la loi du 26 novembre 2003 relative à la maîtrise de l'immigration, au séjour des étrangers en France et à la nationalité[607]. Dans sa lutte frénétique contre les mariages fictifs, le législateur avait décidé que constituait un indice sérieux de fraude le fait pour un étranger de ne pas justifier de la régularité de son séjour en France. Or, l'article 175-2, C. civ., prévoit que, lorsqu'il existe des indices de fraude, l'officier de l'état civil peut saisir le procureur de la République qui peut faire opposition à mariage. C'était donc lier l'autorisation du mariage à la régularité du séjour en France. Une telle condition est sans rapport avec l'essence du mariage, le Conseil constitutionnel a eu raison de considérer cette mesure comme portant atteinte à la liberté constitutionnelle du mariage. Pour une condamnation du Royaume-Uni exigeant de la part des étrangers qui souhaitent se marier un certificat d'admission et prévoyant des frais de dossiers très élevés, voy. Cour eur. D.H., 14 décembre 2010, *O'Donoghue c/ Royaume-Uni*, *D.*, 2011, pan., p. 1041, obs. J.-J. Lemouland et D. Vigneau.

Il faudra également s'interroger sur certains empêchements à mariage liés à l'existence d'un lien de famille entre les futurs époux. Encore le

607. DC n° 2003-484 du 20 novembre 2003, *JORF*, 27 novembre 2003, p. 20154.

lien de sang peut-il justifier l'interdiction du mariage, pour des raisons à la fois physiologiques et morales. Mais il devient difficile de comprendre la prohibition attachée à l'existence d'un lien d'alliance, la paix des familles... La Cour européenne des droits de l'homme a précisément condamné le Royaume-Uni, pour violation de l'article 12 de la convention, dans une affaire où un homme voulait se marier avec son ex-belle-fille, c'est-à-dire avec l'ex-femme de son fils[608]. Cet empêchement à mariage correspond-il encore à l'essence de l'union matrimoniale ?

§ 1. – Les conditions d'existence du mariage

A. Le consentement au mariage

352 **Nécessité du consentement des époux.** Le mariage est un acte juridique auquel les époux doivent consentir librement. L'article 146 du Code civil donne à cet élément indispensable à tout acte juridique une valeur particulière : « il n'y a pas de mariage lorsqu'il n'y a point de consentement ». Cette disposition, qui fait du consentement une véritable condition d'existence du mariage, s'explique par l'importance toute particulière de cet acte : il ne crée pas seulement des obligations d'ordre patrimonial comme les autres contrats, il engage toute la personne des époux qui consentent en réalité à abdiquer une partie de leur liberté[609].

353 **Étendue du consentement dans le temps.** Le consentement que le droit prend principalement en compte est celui qui est exprimé lors de la cérémonie. Pourtant, la volonté des époux s'est formée préalablement et doit nécessairement perdurer par la suite. Le consentement postérieur à la cérémonie est aujourd'hui pris en considération par le droit, puisqu'il est possible aux époux de renoncer à rester mariés et de demander le divorce. En revanche, le Code civil ignore la volonté antérieure à la cérémonie, celle qui s'est manifestée sous forme d'un projet de mariage et même de promesses, ce qu'on appelle les fiançailles. Il apparaît pourtant, à observer le droit de plus près, que ce consentement préalable n'est pas totalement dépourvu de valeur juridique. Il faut l'examiner avant de voir le consentement exprimé lors de la cérémonie[610].

1. Le consentement préalable à la cérémonie

354 **Présentation.** Malgré l'ignorance totale du Code civil à l'égard des promesses de mariage, ou fiançailles, la jurisprudence fait produire à ces dernières certaines

608. Cour eur. D.H., 13 septembre 2005, *B. et L. c/ Royaume-Uni*, *Dr. fam.*, 2005, comm. n° 234, note A. Gouttenoire et M. Lamarche ; *RTD civ.*, 2005, p. 735, obs. J.-P. Marguénaud, et p. 758, obs. J. Hauser.

609. La loi n° 2007-1163 du 1er août 2007 (*JORF*, 2 août 2007, p. 12988) a autorisé l'adhésion de la France à la Convention de New York du 10 décembre 1962 sur le consentement au mariage, l'âge minimum du mariage et l'enregistrement des mariages. Cette Convention pose notamment l'exigence d'un consentement libre exprimé en personne par les futurs époux. Le D. n° 2010-1520 du 9 décembre 2010 (*JORF*, 11 décembre 2010, p. 21682) a porté publication de cette convention qui est ainsi entrée en vigueur le 12 janvier 2011. Voy. J.-J. Lemouland et D. Vigneau, *D.*, 2011, pan., p. 1040.

610. Sur le divorce, voy. *infra*, nos 492 et s.

conséquences. Par ailleurs, le Code civil admet deux formes de mariage très particulières qui s'appuient toujours plus ou moins sur un consentement préalable : le mariage *in extremis* et le mariage posthume[611].

a. Les promesses de mariage ou fiançailles

355 **Nature juridique des fiançailles.** Ce que l'on appelle fiançailles pourrait s'analyser juridiquement comme une promesse réciproque de se marier. Il s'agirait dès lors d'un véritable contrat qui engagerait les époux à faire quelque chose, c'est-à-dire à consentir dans le futur au mariage – un peu de la même manière qu'une promesse synallagmatique de vente peut engager les promettants à réitérer leur consentement devant un notaire. Dans une vision plus édulcorée, on pourrait considérer que les fiançailles sont un contrat qui n'engage pas, dont chacune des parties pourrait se dégager jusqu'au dernier moment, parce que nul ne peut être contraint à contracter mariage. Les fiancés seraient seulement tenus de poursuivre leur chemin vers le mariage de manière loyale[612].

356 **Droit positif.** Rompant avec l'ancien droit qui leur accordait une véritable valeur juridique, et dans le silence du Code civil, la Cour de cassation a dénié très rapidement toute validité aux fiançailles, au motif de la liberté matrimoniale : « toute promesse de mariage est nulle, en soi, comme portant atteinte à la liberté illimitée qui doit exister dans les mariages »[613]. Car la liberté du mariage consiste aussi en la liberté de ne pas se marier. Il en résulte que les fiancés peuvent rompre librement jusqu'au dernier moment leur engagement, sans commettre de faute, puisque cet engagement n'a aucune valeur. Toutefois, la jurisprudence a atténué cette position de principe en reconnaissant à la rupture elle-même certaines conséquences, dans la mesure où les fiançailles constituent au moins un fait juridique.

1) *La responsabilité civile du fiancé*

357 **Principe.** La rupture de fiançailles ne constitue pas en elle-même une faute, puisque les fiançailles ne forment pas un contrat[614]. Le fiancé ne commet donc pas de manquement à un engagement contractuel. En revanche, dès 1838, la jurisprudence a admis que les circonstances de la rupture peuvent revêtir les caractères d'une faute délictuelle et, si les conditions en sont réunies, engager la responsabilité du fiancé sur le fondement de l'article 1382 du Code civil. La jurisprudence est un peu ancienne, car le contentieux des fiançailles tend à se tarir au profit du contentieux du concubinage[615].

---

611. Sur le courtage matrimonial, qui consiste à favoriser les rencontres de personnes qui souhaitent se marier, prémices d'une intention matrimoniale, voy. A. Bénabent, « La liberté individuelle et le mariage », *op. cit.*, n° 72 ; J.-J. Lemouland, in P. Murat (dir.), *Droit de la famille, op. cit.*, n°s 111.81 et s.

612. Sur ces problèmes, voy. L. Josserand, « Le problème juridique de la rupture des fiançailles », *DH*, 1927, chron., p. 21 ; J. Hémard, note sous Cass. civ., 2 décembre 1907, et Cass. req., 10 février 1909, *S.*, 1909, 1, p. 553 ; G. Wiederkher, note sous Colmar, 12 juin 1970, *D.*, 1971, p. 406.

613. Cass. civ., 30 mai et 11 juin 1838, *S.*, 1838, 1, p. 492.

614. Cass. 1re civ., 4 janvier 1995, *D.*, 1995, p. 251, note A. Bénabent.

615. Voy. *infra*, n°s 613 et 614.

358 **Preuve des fiançailles.** Avant de constater une rupture fautive, il faut que l'existence des fiançailles soit démontrée. Dans la mesure où les fiançailles s'analysent seulement en un fait juridique, la preuve peut en être apportée par tous moyens[616]. C'est à celui qui se prévaut d'une rupture abusive qu'incombe la charge de la preuve. Le fait de vivre en concubinage et d'avoir un enfant ne prouve pas que le défendeur s'était engagé à se marier[617].

359 **Conditions.** Rompre est un droit dont on ne doit pas abuser. Celui – ou bien souvent celle – qui se plaint d'un abandon abusif doit en apporter la preuve. La faute est caractérisée lorsque la rupture intervient de manière brutale, tardive et sans motif légitime. Il en va ainsi d'une rupture par simple lettre ne contenant aucune formule de courtoisie[618], ou intervenant cinq jours[619], voire une heure[620] avant la cérémonie ou encore à l'annonce de la grossesse de la jeune femme[621]. La rupture même tardive n'est pas constitutive d'une faute lorsqu'elle se trouve justifiée par un motif légitime. Mais la jurisprudence semble alors opérer un renversement de la charge de la preuve : c'est au fiancé abandonnant de se justifier[622], par exemple, par l'inconduite de la fiancée.

La victime de la rupture abusive doit justifier d'un préjudice, condition indispensable pour l'octroi de dommages et intérêts. Le préjudice peut être économique (frais de préparation du mariage, voyage de noces, frais d'installation d'un nouveau logement) ou moral (trouble affectif, dépression consécutive à la rupture, atteinte à l'honneur, déconsidération auprès de la famille ou du milieu professionnel).

Conformément à l'objet de la responsabilité civile, la sanction consiste en la réparation du préjudice subi par la victime, sous la forme en principe de dommages et intérêts. L'évaluation de ce préjudice est simple lorsqu'il est économique. Elle paraît plus difficile lorsqu'il est d'ordre moral. Les juridictions estiment parfois que le franc (l'euro aujourd'hui) symbolique constitue une réparation suffisante[623].

2) *La restitution des cadeaux*

360 **Sort des cadeaux de mariage.** Il est fréquent que, à l'occasion d'un mariage, les fiancés se fassent des cadeaux ou en reçoivent de la part de leur famille ou de leurs amis. Leur sort, en cas de rupture, dépend de leur nature. Si le cadeau s'analyse en une donation *propter nuptias*, c'est-à-dire en une libéralité consentie en vue du mariage, il faut appliquer l'article 1088 du Code civil : « toute donation faite en faveur du mariage sera caduque, si le mariage ne s'ensuit pas ». La donation est en effet affectée d'une condition résolutoire tacite.

616. Cass. 1re civ., 3 janvier 1980, *Bull. civ.*, I, n° 5 ; *RTD civ.*, 1981, p. 132, obs. R. Nerson et J. Rubellin-Devichi. *Contra* : Cass. civ., 2 décembre 1907, *DP*, 1908, 1, p. 201, note P. B., qui avait exigé la preuve par écrit.

617. Aix-en-Provence, 8 décembre 2009, *Dr. fam.*, 2010, comm. n° 110, note C. Siffrein-Blanc.

618. Cass. 2e civ., 18 janvier 1973, *Bull. civ.*, II, n° 25.

619. Cass. 2e civ., 2 juillet 1970, *D.*, 1970, p. 743, note X.

620. Paris, 8 novembre 1957, *D.*, 1958, p. 45, note E. Blanc ; *RTD civ.*, 1958, p. 232, note H. Desbois.

621. Cass. 1re civ., 3 janvier 1980, préc.

622. Cass. 1re civ., 22 février 1972, *JCP-G*, 1972, II, 17111, note R. Lindon.

623. Aix-en-Provence, 4 décembre 1975, *Gaz. Pal.*, 1976, 1, somm., p. 106.

En revanche, les présents d'usage, caractérisés par la coutume et leur valeur modique, sont conservés par chacun des ex-fiancés à qui ils ont été faits.

361 **Bague de fiançailles.** Parmi ces cadeaux, la bague de fiançailles subit un sort particulier, en raison de sa forte valeur symbolique et parfois aussi de sa forte valeur monétaire. Il est difficile de la qualifier *a priori* de simple cadeau d'usage. Elle doit donc être restituée au fiancé en application de l'article 1088, si sa valeur se trouve disproportionnée par rapport à la fortune du fiancé donateur[624]. Dans le cas contraire, elle peut être conservée.

À ces considérations s'en ajoute une autre, celle de la faute dans la rupture. Malgré la forte valeur de la bague, la fiancée peut la conserver, en guise de réparation, si le fiancé l'a abandonnée abusivement[625]. La solution est la même en cas de décès du donateur. À l'inverse, si c'est la fiancée qui est fautive ou décédée, la bague est restituée.

Enfin, ces solutions se trouvent modifiées si la bague de fiançailles constitue un bijou de famille, auquel cas elle a fait l'objet d'un simple prêt par la famille du fiancé à la jeune femme. Elle doit toujours être restituée[626].

3) *La responsabilité civile des tiers*

362 **Décès accidentel d'un fiancé.** Le décès d'un fiancé constitue un préjudice réparable pour la fiancée survivante (ou vice versa) et la Cour de cassation admet que le tiers qui l'a causé soit condamné à payer des dommages et intérêts dans les conditions de la responsabilité civile délictuelle[627]. Le préjudice peut être moral (préjudice d'affection), mais aussi matériel (frais engagés en vue du mariage, perte d'une chance des avantages liés au mariage). L'absence de lien de droit entre les fiancés est indifférente, l'existence d'un tel lien n'étant pas une condition prévue par le Code civil.

b. Le mariage *in extremis* et le mariage posthume

1) *Le mariage* in extremis

363 **Définition.** Le mariage *in extremis* est le mariage contracté par un moribond, une personne qui est sur le point de mourir[628]. Il ne faut pas confondre cette hypothèse avec celle du décès qui suit brutalement la cérémonie du mariage. Dans le cas du mariage *in extremis*, on sait que l'un des époux est sur le point de mourir. Alors que le mariage est normalement un acte tourné vers l'avenir, en particulier vers l'établissement d'une communauté de vie, curieusement, le Code civil admet la validité de telles unions et aménage même certaines règles de formation du mariage pour cette hypothèse[629]. C'est sans doute une

---

624. Douai, 17 septembre 1985, *D.*, 1986. 302, note J.-P. LANGLADE ; Paris, 25 juin 1985 et 17 juin 1986, *RTD. civ.*, 1989, p. 280, obs. J. RUBELLIN-DEVICHI.

625. Paris, 3 décembre 1976, *D.*, 1978, p. 339, note C.-I. FOULON-PIGAGNOL.

626. Cass. 1re civ., 20 juin 1961, *La Rochefoucault*, *D.*, 1961, p. 461, note R. SAVATIER. Voy., sur l'ensemble de la question, J. CARBONNIER, « Le statut des bijoux dans le régime matrimonial », *Rép. Defrénois*, 1950, art. 20885 et 26890. *Adde* Cass. 1re civ., 30 octobre 2007, *Dr. fam.*, 2008, comm. n° 23, note V. LARRIBAU-TERNEYRE.

627. Cass. crim., 5 janvier 1956, *D.*, 1956, p. 216 ; *JCP-G*, 1956, II, p. 9146.

628. M. GENDREL, *Les mariages* in extremis, thèse, Paris, LGDJ, 1958.

629. Voy. *infra*, nos 388, 390 et 391.

considération d'équité qui a conduit les rédacteurs du Code civil à conserver cette institution déjà présente dans l'ancien droit. Il s'agit de permettre à un homme qui a vécu de longues années avec une femme en union libre de régulariser l'union (aspect rédempteur du mariage *in extremis* quelque peu dépassé), mais aussi d'assurer au conjoint survivant une certaine sécurité par l'octroi de droits patrimoniaux. Cette seule intention n'est pas constitutive d'une fraude dans ce cas de figure, alors que le mariage conclu à des fins exclusivement patrimoniales est normalement considéré comme nul[630].

364 **Consentement.** Bien que les formalités en soient allégées, le mariage *in extremis* implique une cérémonie et par conséquent un consentement émis par chacun des époux à ce moment. Néanmoins, la difficulté tient à ce que, bien souvent, le moribond est incapable d'articuler ce consentement, alors même qu'il aurait la lucidité pour le faire. Ce à quoi s'ajoutent les craintes de détournements et de pressions. Les signes qu'il peut manifester (clignement d'œil, râle, souffle, larmes, regard, etc.) doivent alors être interprétés et c'est précisément la volonté exprimée avant la cérémonie qui peut servir de preuve du consentement ou de l'absence de consentement. Ainsi, il a pu être jugé que le consentement était absent dans un cas où le moribond avait toujours eu la volonté clairement exprimée, même encore la veille, de ne pas se marier[631]. À l'inverse, la validité du mariage fut reconnue dans une affaire où les époux avaient manifesté leur intention de se marier avant l'accident de travail dont avait été victime le mari[632]. Le mariage *in extremis* n'est certes pas fondé sur une volonté antérieure à la cérémonie, mais cette volonté préalable permet de déduire la volonté concomitante[633].

2) *Le mariage posthume*

365 **Définition.** L'imagination d'un législateur n'ayant pas de borne, une loi du 31 décembre 1959 a introduit dans le Code civil (art. 171) le mariage contracté par un mort – avec tout de même un vivant[634]. Cette formule aberrante est issue d'une loi de circonstance adoptée à la suite de la rupture du barrage de Malpasset qui provoqua l'inondation de Fréjus et causa plusieurs centaines de morts. Parmi ceux-ci figurait un homme qui devait se marier deux semaines plus tard et dont la fiancée était enceinte. L'enfant serait né naturel à une époque où le statut des enfants nés hors mariage était très inférieur à celui des enfants légitimes. C'est cette circonstance purement casuelle qui incita le législateur à

630. Voy. *infra*, n° 377.

631. Paris, 20 mars 1872, *S.*, 1872, 2, p. 109.

632. Cass. 1re civ., 22 janvier 1968, *Combe*, *JCP-G*, 1968, II, 15442, obs. R. L.

633. Voy. encore Cass. 1re civ., 31 janvier 2006, *Dr. fam.*, 2006, comm. n° 79, 2e esp., note V. Larribau-Terneyre ; *AJ fam.*, 2006, p. 112, obs. F. Chénedé ; *D.*, 2006, pan., p. 1416, obs. J.-J. Lemouland et D. Vigneau ; *RTD civ.*, 2006, p. 283, obs. J. Hauser.

634. Sur le mariage posthume, P. Guiho, « Réflexions sur le mariage posthume », in *Mélanges Faletti*, Annales de la Faculté de droit et des sciences économiques de Lyon, 1971, p. 321 ; I. Corpart, « Mariage à titre posthume : une prérogative présidentielle dépassée ? », *JCP-N*, 2004, 1328. Voy. cependant B. Beignier, « Mariage posthume ou mariage avec un mort ? », *Dr. fam.*, 2016, Repère n° 6, qui insiste sur la nécessité de distinguer les deux idées.

adopter une mesure générale et permanente dont il n'existe guère d'équivalent à l'étranger[635] et qui a été plutôt mal accueillie en doctrine[636].

366 **Conditions.** L'article 171 du Code civil prévoit que le président de la République peut autoriser la célébration du mariage si certaines conditions sont réunies. Seuls des motifs graves peuvent justifier une telle autorisation. Hormis, autrefois, la naissance d'un enfant naturel au statut défavorable, il n'y a guère que l'absence de filiation à l'égard du défunt qui apparaît comme un motif suffisamment grave. Quoi qu'il en soit, c'est le président de la République qui procède à l'appréciation des motifs graves ; il doit en cas de refus motiver sa décision[637].

Il doit également vérifier la volonté du défunt de se marier. Le mariage posthume repose exclusivement et expressément, cette fois, sur la volonté antérieure de l'un des époux. C'est ce qui en fait toute l'originalité. Le mariage n'est en effet possible, en cas de décès d'un époux, que si « une réunion suffisante de faits établit sans équivoque son consentement ». Ces faits peuvent consister notamment dans la publication du projet de mariage et la visite médicale nécessaire pour l'obtention du certificat prénuptial[638]. C'est donc ici la volonté passée qui fonde essentiellement le mariage posthume. Toutefois, une décision récente modifie cette analyse. La Cour de cassation a en effet décidé qu'« il appartient au juge, saisi d'une demande d'annulation du mariage posthume, de vérifier si ce consentement a persisté jusqu'au jour du décès »[639]. Si le mariage est sans doute célébré sans le défunt et sans l'expression de sa volonté présente, il n'en reste pas moins que la volonté incarnée dans les démarches officielles ne saurait suffire s'il s'avère que par la suite le défunt a changé d'avis.

367 **Recours.** L'autorisation du président de la République prend la forme d'un décret. Dérogeant au principe de séparation des ordres juridictionnel, administratif et judiciaire, la Cour de cassation a décidé que le tribunal de grande instance est seul compétent pour apprécier la requête en nullité du décret[640]. Cependant, la haute juridiction a également affirmé que le contrôle du tribunal ne porte que sur la régularité formelle de la procédure. L'appréciation des motifs graves et de la réalité du consentement ressort du pouvoir discrétionnaire du chef de l'État[641]. La Cour de cassation a toutefois atténué cette position en décidant que le tribunal a le pouvoir d'apprécier la persistance du consentement, opérant ainsi une répartition quelque peu artificielle des pouvoirs entre le président et le juge.

635. F. Boulanger, *Droit civil de la famille*, t. 1, *Aspects comparatifs et internationaux*, 3e éd., Paris, Economica, 1997, p. 147.

636. Comme l'a écrit P. Guiho, in « Réflexions sur le mariage posthume », *op. cit.* : « une célébration de mariage qui s'apparente plutôt à une cérémonie funèbre n'apparaît pas seulement comme un défi au bon sens, mais aussi comme une grave erreur juridique ».

637. Nancy, 15 janvier 2016, *Dr. fam.*, 2016, comm. n° 43, note J.-R. Binet.

638. Cette exigence a cependant disparu. Voy. *infra*, n° 388.

639. Cass. 1re civ., 28 février 2006, *Dr. fam.*, 2006, comm. n° 79, note V. Larribau-Terneyre ; *D.*, 2006, pan., p. 1417, obs. J.-J. Lemouland et D. Vigneau.

640. Cass. 1re civ., 6 décembre 1989, *D.*, 1989, p. 225, note J. Hauser ; *JCP-G*, 1990, II, 21557, note F. Boulanger ; *Rép. Defrénois*, 1990, p. 290, obs. J. Massip.

641. Cass. 1re civ., 17 octobre 2007, *D.*, 2007, actu. jurispr., p. 2811 ; *AJ fam.*, 2007, p. 436, obs. F. Chénédé ; *Dr. fam.*, 2007, comm. n° 197, note V. Larribau-Terneyre ; *D.*, 2008, pan., p. 1789, obs. J.-J. Lemouland et D. Vigneau.

368 **Effets.** Ce mariage exclusivement tourné vers le passé produit des effets très limités. L'article 171, alinéa 2, précise d'abord que les effets du mariage remontent à la date du jour précédant celui du décès de l'époux. La fiction de la rétroactivité permet ainsi de rétablir l'ordre naturel des événements. Par ailleurs, ce mariage n'entraîne aucun droit successoral au profit du conjoint survivant et aucun régime matrimonial ne s'applique (art. 171, al. 3). Subsistent néanmoins des conséquences d'ordre social, comme l'attribution d'un capital-décès[642] ou l'obtention de dommages et intérêts contre l'auteur de l'accident subi par le défunt pour réparation du préjudice moral[643]. Par ailleurs, la disparition de la distinction des filiations légitime et naturelle n'ôte pas tout intérêt de l'union à l'égard de l'enfant : elle lui permet d'avoir une filiation paternelle par application de la présomption de paternité, s'il naît moins de trois cents jours après la dissolution du mariage.

2. Le consentement au moment de la cérémonie

369 **Existence et intégrité du consentement.** Le consentement au mariage est d'une importance primordiale, c'est lui et lui seul qui fait le mariage. Il doit donc exister et être intègre, c'est-à-dire donné en toute liberté et en toute connaissance de cause.

a. L'existence du consentement

370 **Caractère essentiel du consentement.** L'article 146 du Code civil atteste du caractère essentiel du consentement dans l'existence même du mariage : « il n'y a pas de mariage lorsqu'il n'y a point de consentement ». Cette importance accordée à la volonté des époux est héritée du droit romain qui avait rompu avec les modes de formation répandus dans le monde antique. Dans les systèmes grec, judaïque, babylonien et germanique, le mariage se formait en deux étapes : la première consistait généralement en un accord entre les familles et la seconde en la remise de la femme à son mari, voire en la consommation de l'union. En droit romain, au contraire, le seul échange des consentements suffisait. Le Code civil a conservé cette tradition : aucune autre démarche que la manifestation du consentement devant l'officier de l'état civil n'est exigée pour la formation du mariage. En particulier l'absence de consommation charnelle ne remet nullement en cause l'existence de l'union.

Seul le consentement est nécessaire, mais tout le consentement. Cette exigence a une double portée : le consentement doit être exprimé ; il doit correspondre à une intention réelle.

1) *L'expression du consentement*

371 **Présence de l'époux.** Le consentement doit être exprimé par l'époux lui-même et implique par conséquent sa présence au moment de la cérémonie. On ne peut se marier par représentation. L'article 146-1 du Code civil exprime cette règle : « le mariage d'un Français, même contracté à l'étranger, requiert sa

642. Cass. 1re civ., 22 mai 2007, *AJ fam.*, 2007, p. 398, obs. F. Chénédé ; *RTD civ.*, 2007, p. 756, obs. J. Hauser ; *D.*, 2008, pan., p. 1789, obs. J.-J. Lemouland et D. Vigneau.

643. Cass. 2e civ., 10 juillet 2008, n° 07-15390, *Dr. fam.*, 2008, comm. n° 137, note V. Larribau-Terneyre, et comm. n° 149, note A. Devers ; *Rép. Defrénois*, 2008, p. 2419, obs. J. Massip ; *AJ fam.*, 2008, p. 398, obs. F. C.

présence ». Le texte n'existe que depuis la loi du 24 août 1993 relative à la lutte contre l'immigration (loi Pasqua) et a été introduit dans la perspective d'une lutte contre les mariages fictifs[644]. Il n'en reste pas moins qu'elle correspond à un principe qui était déjà admis implicitement depuis longtemps.

372 **Déclaration du consentement.** Au moment de la cérémonie, l'officier de l'état civil reçoit « la déclaration » de chacune des parties qu'elles veulent se prendre pour époux. Cette déclaration ne peut être le fait que des époux eux-mêmes, même s'ils sont mineurs ou majeurs soumis à un régime de protection. Le refus d'un époux au dernier moment est toujours possible, comme il a été vu à propos des fiançailles. Aucune formalité sacramentelle n'est exigée. En principe, c'est un « oui » oral que l'on attend des époux, mais si l'un d'entre eux est muet ou mourant, un écrit ou tout autre signe exprimant avec certitude la volonté permet un consentement valable. Toutefois, si l'intéressé se trouvait sous l'empire d'un trouble physique lui interdisant toute manifestation de volonté, le mariage ne pourrait être célébré.

2) *L'intention réelle*

373 **Problématique.** Le consentement exprimé lors de la cérémonie, le « oui fatidique »[645], ne doit pas être réduit à un simple mot vide de sens. Il doit correspondre à une intention réelle et sérieuse. Autrement dit, l'absence de consentement ne recouvre pas seulement les hypothèses où l'un des époux n'est pas présent ou refuse de consentir, mais aussi celle où la conscience de l'un des époux est si fortement altérée que le consentement ne correspond à rien et celle où l'un des époux au moins recherche exclusivement un avantage accessoire que la loi attache au mariage, c'est-à-dire contracte un mariage fictif.

Il faut ajouter que pour lutter contre les mariages forcés, qui concernent souvent des couples mixtes, la loi du 4 août 2014 pour l'égalité réelle entre les femmes et les hommes[646] a ajouté un alinéa à l'article 202-1 relatif à la loi applicable au mariage. Le texte soumet les conditions du mariage à la loi personnelle (la loi nationale) de chacun des époux. Le second alinéa 2 précise désormais que « quelle que soit la loi personnelle applicable, le mariage requiert le consentement des époux au sens de l'article 146 et du premier alinéa de l'article 180 ». Autrement dit, le consentement au mariage doit correspondre à une véritable intention matrimoniale.

– a. L'altération des facultés mentales

374 **Altération des facultés mentales et absence de consentement.** En ce qui concerne le mariage, l'existence d'un trouble mental est assimilée à une absence de consentement, alors que pour les autres actes juridiques, le trouble mental apparaît plutôt comme un vice du consentement. La nuance n'est pas

---

644. Voy. *infra*, n°s 376 et s. L'art. 146-1 vise principalement les mariages conclus par les Français à l'étranger avec des étrangers, dont le législateur soupçonne qu'ils ont pour but exclusif de permettre à l'étranger d'obtenir un titre de séjour ou la nationalité française.

645. Selon la formule utilisée par Trib. civ. Bayonne, 9 avril 1936, *S.*, 1936, II, p. 124.

646. L. n° 2014-873 du 4 août 2014, *JORF*, 5 août 2014, p. 12949, *D.*, 2015, pan., p. 1411, obs. J.-J. Lemouland et D. Vigneau. Voy. V. Dervieux, « Loi du 4 août 2014 et droit de la famille », *AJ fam.*, 2014, p. 486 ; Regine, « Commentaire de la loi pour l'égalité réelle entre les femmes et les hommes n° 2014-du 4 août 2014 », *D.*, 2014, p. 1895. *Adde* Circ. n° JUSC01419203 C du 7 août 2014.

anodine : l'absence de consentement au mariage est sanctionnée par la nullité absolue, alors que les vices du consentement n'encourent que la nullité relative. Cette solution dérogatoire au droit commun atteste de l'importance accordée au consentement au mariage.

L'altération des facultés mentales peut trouver sa cause dans toute sorte de maladies mentales[647], mais aussi sans doute dans l'emprise de l'alcool ou de stupéfiants. Le mariage *in extremis* est autorisé, mais l'accident qui fait mourir l'époux peut lui avoir fait perdre sa lucidité. La volonté préalable serait alors insuffisante pour pallier l'absence de volonté au moment de la cérémonie. Dans tous les cas, ce qui invalide le consentement, c'est l'inaptitude dans laquelle se trouve l'époux de comprendre la signification et la portée de son acte.

375 **Trouble mental au moment de l'acte.** Conformément au droit commun, la lucidité est présumée et c'est à celui qui invoque l'existence d'un trouble mental d'en apporter la preuve[648]. Autrement dit, l'existence d'un état général d'altération des facultés mentales n'est suffisante ni pour interdire au malade de se marier, ni pour présumer le trouble au moment de l'acte. Le mariage conclu par une personne malade est valable s'il a été conclu dans un intervalle de lucidité[649].

– b. Les mariages fictifs

376 **Problématique.** Le mariage produit de nombreuses conséquences. Les principales concernent les devoirs que les époux s'engagent à respecter en donnant leur consentement. L'ensemble de ces devoirs constitue le statut matrimonial et concourt, avec les conditions de formation, à définir le mariage. D'autres sont plus accessoires et pourraient très bien ne pas exister sans que, pour autant, la notion de mariage en soit modifiée : les droits successoraux, l'acquisition de la nationalité française, l'obtention d'un titre de séjour, le rapprochement géographique des époux, etc. Ils ne sont pas obligatoires pour les époux et constituent des avantages dont ils peuvent bénéficier s'ils le souhaitent.

Ces avantages accessoires ne sont octroyés aux époux qu'en contrepartie du choix qu'ils ont fait de soumettre leur union à la reconnaissance de la société. Ils ont souvent pour objectif de faciliter la vie commune des époux (ainsi de l'acquisition de la nationalité française ou d'un titre de séjour). Il arrive cependant que des époux contractent mariage dans la seule intention d'obtenir l'un de ces avantages, tout en rejetant le statut matrimonial et les devoirs qui le composent[650]. Une fois l'avantage obtenu, ils entreprennent de divorcer. Les deux époux peuvent être complices, ou bien l'un peut être sincère, tandis que l'autre consent dans un esprit de fraude. Une telle instrumentalisation du mariage est jugée inacceptable.

---

647. Cass. 1re civ., 29 janvier 1975, *D.*, 1975, p. 668, note J. Hauser, à propos d'un cas de schizophrénie.

648. Cass. 1re civ., 2 décembre 1992, *Bull. civ.*, I, n° 299 ; *D.*, 1993, p. 409, note F. Boulanger.

649. Cass. 1re civ., 24 mars 1998, *D.*, 1999, p. 19, note J.-J. Lemouland ; *Rép. Defrénois*, 1998, p. 1938, obs. J. Massip ; *RTD civ.*, 1998, p. 658, obs. J. Hauser.

650. Voy. un cas particulier où une transsexuelle voulait épouser un homosexuel qui avait l'apparence d'une femme sans avoir cependant changé de sexe. Les juges ont estimé que le mariage poursuivait le but de défendre la cause homosexuelle et que les époux étaient donc dépourvus d'intention conjugale. Versailles, 8 juillet 2005, *D.*, 2006, p. 772, note V. Bonnet, pan., p. 1415, obs. J.-J. Lemouland ; *AJ fam.*, 2005, p. 322, obs. P. Guez ; *RTD civ.*, 2006, p. 93, obs. J. Hauser.

377 **Définition du mariage fictif.** On a parlé de mariage blanc[651], de mariage simulé[652], de mariage à effets limités[653], de mariage frauduleux, de mariage de complaisance. Ces qualifications ne correspondent généralement ni à l'état d'esprit des époux (mariage blanc, mariage de complaisance) ni à une analyse juridique tout à fait exacte (mariage simulé, frauduleux)[654]. La formule de mariage fictif présente le mérite de ne pas correspondre à une qualification juridique et de n'être qu'une image.

La question s'est posée de savoir quel est le critère du mariage fictif répréhensible et méritant d'être sanctionné. À vrai dire, les choses étaient assez claires : les tribunaux sanctionnaient les époux lorsqu'ils constataient, au cas par cas, que les époux ne s'étaient pas mariés afin de fonder un foyer et d'établir une véritable vie commune, mais pour obtenir un avantage accessoire au mariage[655]. La Cour de cassation, dans son célèbre arrêt *Appietto*[656], a jeté le trouble en décidant : « si le mariage est nul faute de consentement lorsque les époux ne se sont prêtés à la cérémonie qu'en vue d'atteindre un résultat étranger à l'union matrimoniale, il est au contraire valable lorsque les époux ont cru pouvoir limiter ses effets légaux... ». En l'occurrence, le mariage était valable, alors que les époux ne s'étaient mariés que pour conférer la légitimité à leur enfant à naître. Ce faisant, la Cour de cassation opérait une distinction entre deux sortes d'effets accessoires, ceux dont la recherche exclusive entache le mariage de nullité et ceux dont la poursuite laisse le mariage intact. C'était un critère difficile à mettre en œuvre et peu fondé, car la légitimité, par exemple, est tout aussi accessoire au mariage que la nationalité et sa seule recherche atteste tout autant de la volonté d'instrumentaliser le mariage[657].

Il y a en réalité mariage fictif dès lors que les époux recherchent un avantage tout en refusant le statut matrimonial, à savoir le respect des devoirs du mariage dont le principal est la communauté de vie. Et tout mariage fictif mérite sanction. La Cour de cassation semble l'avoir admis en ne reprenant, modifiée, que la première partie de la formule de l'arrêt *Appietto* et en n'opérant donc plus de distinction parmi les accessoires du mariage : « le mariage est nul lorsque les époux ne se sont prêtés à la cérémonie qu'en vue d'atteindre un but étranger à l'union matrimoniale »[658]. Toutefois, plus récemment, et sans doute plus judicieusement, à propos d'un mariage contracté par l'épouse pour accaparer la

---

651. Voy., p. ex., J. RUBELLIN-DEVICHI, « La justice et les mariages blancs », *RFDA*, 1993, p. 166.
652. C.-I. FOULON-PIGAGNOL, « Le mariage simulé », *RTD civ.*, 1960, p. 217.
653. C.-I. FOULON-PIGAGNOL, « Mariage simulé ou mariage à effets limités ? », *D.*, 1965, chron., p. 9.
654. V. BONNET, *Le mariage à l'épreuve de la volonté des époux*, thèse, *op. cit.*
655. Voy. ainsi Trib. civ. Melun, 20 janvier 1954, *Gaz. Pal.*, 1, p. 272, note anonyme ; Paris, 16 octobre 1958, *JCP-G*, 1958, II, 10897.
656. Cass. 1re civ., 20 novembre 1963, *D.*, 1964, p. 465, note P. RAYNAUD ; *JCP-G*, 1964, II, 13498, note J. MAZEAUD ; *RTD civ.*, 1964, p. 286, obs. H. DESBOIS.
657. La preuve en est de ce caractère accessoire que désormais le mariage n'entraîne plus la légitimité. Voy. *supra*, n° 16.
658. Cass. 1re civ., 28 octobre 2003, *Dr. fam.*, 2004, comm. n° 15, note V. LARRIBAU-TERNEYRE ; *D.*, 2004, p. 21, note J.-P. GRIDEL, somm., p. 2964, obs. J.-J. LEMOULAND ; *AJ fam.*, 2004, p. 27, obs. F. B. ; *Rép. Defrénois*, 2004, p. 143, obs. J. MASSIP ; *Petites Aff.*, 10 mars 2004, p. 19, note R. DESGORCES ; *RTD civ.*, 2004, p. 66, obs. J. HAUSER. Le but recherché résidait dans des droits patrimoniaux au profit de celle qui aurait survécu.

fortune du mari, la Cour de cassation a fait référence au but exclusif poursuivi par l'épouse (l'héritage), et non plus au but étranger[659]. Car il est vrai que la succession n'est pas un but étranger du mariage, puisque la loi le prévoit. En revanche, ce n'est pas la finalité principale du mariage qui réside dans l'accomplissement des devoirs du mariage.

Il reste une difficulté, celle de la preuve. La charge en incombe à celui qui prétend que le mariage est nul pour absence d'intention réelle. Elle peut être apportée par tout moyen. La difficulté tient à ce les juges peuvent difficilement appréhender une intention, élément purement psychologique. C'est dans le comportement des époux que la solution peut être trouvée, notamment dans l'existence d'une communauté de vie postérieure à la cérémonie. Mais ce critère, tout en étant précieux, n'est pas toujours suffisant, car les époux peuvent faire semblant de vivre ensemble pendant un certain temps ou partager une vie commune matérielle sans vie commune affective[660]. Inversement, l'absence de communauté de vie peut avoir une autre explication que l'absence d'intention matrimoniale[661].

E 26 **L'affaire *Taleb***

L'affaire Taleb est l'illustration d'une combinaison assez rare, celle où les époux souhaitent véritablement se marier tout en ne recherchant que l'obtention d'un avantage accessoire, l'acquisition de la nationalité française en l'occurrence. Si l'opération consistait peut-être en une fraude à la loi, leur mariage n'était pourtant pas fictif[662].

Les époux Taleb s'étaient mariés en 1970. Elle était française, lui algérien. À cette époque le droit français permettait à une étrangère mariée avec un Français d'acquérir la nationalité française (art. 37-1, CN), mais ne le permettait pas à un étranger marié avec une Française. Le Code de la nationalité (qui a disparu depuis pour être intégré dans le C. civ.) fut modifié par une loi du 9 janvier 1973. L'article 37-1 fut bilatéralisé. Toutefois, la loi de 1973 disposait que les époux mariés avant son entrée en vigueur ne pourraient pas profiter de la nouvelle disposition. M. Taleb ne pouvait donc toujours pas acquérir la nationalité française sur le fondement de son mariage. Cependant, est intervenue par la suite la loi du 11 juillet 1975, qui a introduit dans notre droit le divorce sur requête conjointe. Les époux Taleb imaginèrent alors un montage juridique permettant à M. Taleb de se placer sous l'empire du nouvel article 37-1, CN. Ils divorcèrent sur requête conjointe le 21 mai 1976 et se remarièrent le 19 juin suivant. M. Taleb souscrivit alors une déclaration en vue de l'acquisition de la nationalité française.

La Cour de cassation déclara que l'article 37-1 « ne peut être appliqué lorsque les époux ne se sont prêtés à la cérémonie du mariage qu'en vue d'atteindre un résultat étranger à l'union matrimoniale ». L'acquisition de la nationalité fut donc refusée à M. Taleb. On comprend que la Cour fasse référence à un « résultat étranger », même

---

659. Cass. 1re civ., 19 décembre 2012, n° 09-15.606, *Dr. fam.*, 2013, comm. n° 24, note V. Larribau-Terneyre ; *D.*, 2013, p. 1117, note E. Naudin.

660. Cass. 1re civ., 14 janvier 2015, n° 13-27.138, *Dr. fam.*, 2015, comm. n° 45, note J.-R. Binet ; *RTD civ.*, 2015, p. 361, obs. J. Hauser, où le mari avait entamé une relation adultérine de laquelle étaient issus trois enfants.

661. Cass. 1re civ., 12 octobre 2011, n° 10-21.914, *Dr. fam.*, 2011, comm. n° 176, note V. Larribau-Terneyre ; 12 février 2014, n° 13-13.873, *Dr. fam.*, 2014, comm. n° 72, note J.-R. Binet ; *RTD civ.*, 2014, p. 340, obs. J. Hauser où des époux vivaient séparés matériellement pour des raisons professionnelles.

662. Lyon, 16 janvier 1980, *D.*, 1981, p. 577, note P. Guiho. Cass. 1re civ., 17 novembre 1981 ; *JCP-G*, 1982, II, 19842, note M. Gobert ; *Gaz. Pal.*, 1982, 2, p. 567, note J. Massip ; *Clunet*, 1982, p. 448, note B. Audit ; *Rev. crit. DIP*, 1982, p. 669, obs. J. Foyer ; *RTD civ.*, 1983, p. 334, obs. J. Rubellin-Devichi.

si en réalité l'acquisition de nationalité n'est pas vraiment étrangère au mariage puisqu'il s'agit d'un avantage que la loi attache à cette union. En revanche, peut-on dire que les époux s'étaient « prêtés » à la cérémonie dans ce seul but ? Oui et non. Oui parce que le remariage avait pour but de permettre à M. Taleb de bénéficier de la loi de 1973. Sans cela il n'y aurait pas eu de divorce ni de remariage. Non, toutefois, parce que les époux Taleb souhaitaient réellement être mariés, comme l'attestait leur première union.

La sanction retenue par la Cour de cassation est celle de la fraude à la loi : le refus de l'avantage recherché. Mais la solution laisse une impression de malaise. Comment reprocher à un couple de se marier sincèrement pour obtenir un avantage ? Ce qui était ici en cause était sans doute moins le remariage que le divorce lui-même. Car en réalité, si les époux avaient la réelle intention de se marier et même de rester mariés, ils n'avaient jamais eu l'intention de se séparer : c'est leur divorce qui était frauduleux, voire fictif.

378 **Sanction du mariage fictif.** L'arrêt *Appietto* a eu le mérite de déterminer la sanction des mariages fictifs, de même que son fondement : le mariage ainsi contracté est nul pour absence de consentement sur le fondement de l'article 146 du Code civil[663]. Il mettait fin à diverses solutions jurisprudentielles[664] ainsi qu'à certaines propositions doctrinales[665] consistant à maintenir le mariage tout en refusant l'octroi de l'avantage recherché. La sanction semblait inappropriée en ce que, d'une part, on ne voit guère l'intérêt de maintenir un mariage qui n'a aucun contenu, d'autre part, depuis la loi du 11 juillet 1975, les époux peuvent divorcer librement par consentement mutuel.

Quant au fondement, l'absence de consentement, il reste discutable. Il est difficile de dire que les époux n'ont pas voulu le mariage, puisqu'au contraire ils se sont mariés dans le but d'en obtenir un avantage. Ce qu'ils refusent, ce sont les effets qui en découlent. Certaines juridictions sanctionnent parfois le mariage fictif sur le fondement de l'erreur sur les qualités essentielles du conjoint[666], parfois même sur les deux fondements[667]. Cette sanction n'est envisageable que dans la mesure où l'un des époux contracte mariage en toute sincérité, croyant que l'autre se trouve dans le même état d'esprit. Un auteur a estimé que le problème n'était pas celui du consentement, mais celui de la cause qui serait absente ou illicite[668]. Un autre a envisagé la notion de détournement d'institution[669]. Quant à la notion de fraude, souvent désignée pour qualifier ce genre de mariage, elle n'a jamais dispensé de s'interroger sur le fondement de la nullité du mariage : elle permet tout au plus de décrire l'état d'esprit des

663. Cette interprétation de l'article 146 par la jurisprudence n'est pas contraire à la liberté constitutionnelle du mariage. Cons. const., 22 juin 2012, n° 2012-261 QPC, *Dr. fam.*, 2012, comm. n° 132, note V. Larribau-Terneyre ; *AJ fam.*, 2012, p. 466, obs. F. Chénedé ; *D.*, 2013, pan., p. 1092, obs. J.-J. Lemouland et D. Vigneau.

664. Trib. civ. Bayonne, 9 avril 1936, préc.

665. C.-I. Foulon-Pigagnol, « Mariage simulé ou mariage à effets limités ? », *op. cit.*

666. Montpellier, 14 décembre 1992, *JCP*, 1993, IV, 2337. Toulouse, 2 mars 1993, *JCP-G*, 1993, IV, 1623 ; *RTD civ.*, 1993, p. 563, obs. J. Hauser.

667. Cass. 1re civ., 28 novembre 2006, *Dr. fam.*, 2007, comm. n° 28, obs. V. L-T.

668. J. Hauser et D. Huet-Weiller, *La famille*, *op. cit.*, nos 279 et s. ; J. Hauser, « Glossaire des mariages de l'an 2000 », *op. cit.*, p. 190.

669. F. Boulanger, « Fraude, simulation ou détournement d'institution en droit de la famille ? », *JCP-G*, 1993, I, 3665.

époux, mais ne fonde pas la nullité[670]. La loi du 24 août 1993 avait introduit un article 190-1 dans le Code civil[671], destiné à fonder la nullité du mariage conclu en fraude à la loi. Mais il n'a jamais servi à la lutte contre les mariages fictifs et la loi du 26 novembre 2003 l'a purement et simplement abrogé.

379 **Mariages conclus pour obtenir la nationalité française ou un titre de séjour.** La recherche de la nationalité française ou d'un titre de séjour constitue l'un des motifs les plus fréquents des mariages fictifs. Le mariage est donc parfois instrumentalisé par un étranger qui cherche à contourner ainsi les règles relatives à la naturalisation ou à l'entrée et au séjour des étrangers en France. L'instrumentalisation n'est cependant avérée que dans la mesure où l'époux, avec l'éventuelle complicité de son conjoint français, ne poursuit que cet avantage et refuse par conséquent de se conformer aux obligations du mariage. Dès l'avantage obtenu, il a la ferme intention de retrouver sa liberté et de demander le divorce, l'avantage lui étant conservé.

Il est bien sûr légitime de lutter tout à la fois contre de telles unions qui ne sont que des apparences de mariage et contre le contournement des règles concernant le statut des étrangers et l'acquisition de la nationalité française. Le risque est cependant grand de porter la suspicion à l'égard de tous les mariages mixtes, alors que la plupart sont sans doute contractés en toute sincérité. Les statistiques ne doivent pas effrayer. Les mariages mixtes représentaient, en 2009, 12,9 % de la totalité des mariages, selon les chiffres publiés par l'INED.

Mais combien étaient fictifs ? Cela paraît bien difficile à savoir.

C'est sans doute dans cet état d'esprit que le législateur français n'a cessé d'intervenir depuis plus de vingt ans pour tenter une lutte qui s'est toujours révélée jusqu'à présent inefficace, mais qui n'a pas encore pris fin.

380 **Prévention des mariages fictifs.** Depuis une loi du 7 mai 1984, le législateur a cru trouver une parade contre les mariages fictifs en exigeant une communauté de vie entre les époux comme condition préalable de la déclaration d'acquisition de nationalité ou de la demande de carte de résident. Et depuis cette date, le délai de communauté de vie exigé n'a cessé d'augmenter. Pour l'acquisition de la nationalité française, il n'était que de six mois en 1984. La loi du 22 janvier 1993 l'avait élevé à deux ans. Une loi du 16 mars 1998 l'avait réduit à un an, mais la loi du 26 novembre 2003 l'a de nouveau augmenté à deux ans (trois ans si l'étranger ne justifiait pas d'une résidence ininterrompue pendant un an en France), jusqu'à ce que la loi du 24 juillet 2006[672] le porte à quatre ans – et même à cinq si l'étranger ne justifie pas avoir résidé de manière ininterrompue en France pendant au moins trois ans (art. 21-2, C. civ.[673]) ! Une dispense de délai était prévue lorsqu'un enfant était né du mariage. La loi du

670. Sur la notion de fraude à la loi, voy. J. Vidal, *Essai d'une théorie générale de la fraude en droit français,* Paris, Dalloz, 1957.

671. « Le mariage qui a été célébré en fraude à la loi peut être annulé à la demande de l'époux de bonne foi ou du ministère public, formée dans l'année du mariage ». Voy. E. Ralser, « La maladie du mariage blanc », *Dr. fam.*, 2004, chron. n° 4 ; S. Lebreton, « Réflexions sur la sanction des mariages célébrés en fraude à la loi, à partir de la critique de l'article 190-1 du Code civil », *JCP-N*, 1999, p. 967.

672. L. n° 2006-911 relative à l'immigration et à l'intégration, dite « Sarkozy II », *JORF*, 25 juillet 2006, p. 11047 ; *RTD civ.*, 2006, p. 837, obs. A.-M. Leroyer.

673. Ce texte a déjà fait l'objet de 2 décisions du Cons. const., à la suite de 2 QPC, qui l'a déclaré conforme à la Constitution dans sa version de 1998 (Cons. const., 30 mars 2012,

26 novembre 2003 l'a supprimée. Quant à l'acquisition d'une carte de résident, elle est subordonnée à un délai de trois ans de communauté de vie depuis la loi du 24 juillet 2006 (art. L. 314-9-3°, Code de l'entrée et du séjour des étrangers et du droit d'asile).

381 **Perte de l'avantage recherché.** Si un mariage fictif, motivé par l'acquisition de la nationalité française, est néanmoins contracté, le législateur a prévu un dispositif qui permet de priver l'époux fraudeur de l'avantage qu'il a obtenu indûment. Ce dispositif n'a pas pour but de remettre en cause le mariage lui-même.

La déclaration d'acquisition de la nationalité française par un époux étranger fait l'objet d'un enregistrement par le ministre chargé des naturalisations (art. 26-1, C. civ.) dans le délai d'un an à compter de la délivrance au demandeur du récépissé constatant la remise de son dossier (art. 26-3, al. 4). L'enregistrement peut cependant être refusé avant l'écoulement de ce délai si les conditions légales n'en sont pas réunies (art. 26-2, C. civ.). Surtout, il peut être contesté par le ministère public, « en cas de mensonge ou de fraude dans le délai de deux ans à compter de leur découverte » (art. 26-4, al. 3, C. civ.). Et la cessation de la communauté de vie entre les époux dans les douze mois suivant l'enregistrement constitue une présomption de fraude. Les époux mixtes, dont l'un a demandé l'acquisition de la nationalité française par mariage, doivent donc vivre ensemble au moins six ans pour que l'avantage soit conservé : quatre ans de communauté de vie préalable à la déclaration, un an de délai pour l'enregistrement, un an pendant lequel la séparation fait présumer la fraude. C'est plus que la durée de vie de nombreux mariages. Les époux mixtes n'ont pas intérêt à connaître des difficultés conjugales pendant toute cette période.

Une solution similaire est retenue pour le cas où l'avantage recherché est l'obtention d'un titre de séjour : le préfet qui soupçonne de fraude le mariage envisagé peut refuser l'octroi de l'avantage recherché[674].

b. L'intégrité du consentement

382 **Vices du consentement.** Comme pour tout acte juridique, le consentement au mariage doit être exempt de vices. Les articles 1109 et suivants du Code civil déterminent trois sortes de vices du consentement pouvant affecter la validité d'un contrat : l'erreur, la violence et le dol. Pour le mariage, l'article 180 retient également la violence et l'erreur, mais ne fait aucune référence au dol. La raison en est d'abord que l'on admet depuis l'ancien droit que les tromperies, artifices et autres manœuvres participent d'une stratégie de séduction bien naturelle. Comme on aime à le rappeler, Loysel avait exprimé cette règle dans une formule humoristique : « en mariage, trompe qui peut ». Ensuite, on ne saurait admettre en mariage la fonction que le dol assure en droit des contrats : celle d'élargir le champ des erreurs justifiant la nullité. Le mariage ne peut être annulé qu'en raison de certaines erreurs portant sur l'identité ou les qualités de la personne, peu importe qu'elles aient été spontanées ou provoquées.

---

n° 2012-227 QPC) et dans celle de 2003 (Cons. const., 13 juillet 2012, n° 2012-264 QPC, *Dr. fam.*, 2012, comm. n° 139, note V. Larribau-Terneyre).

674. C.E., avis, 9 octobre 1992, *Abihilali*, *RFDA*, 1993, p. 175, concl. R. Abraham ; *AJDA*, 1992, p. 794, chron. C. Maugüe et R. Schwartz ; *D.*, 1993, p. 251, note D. Maillard Desgrées du Loû ; *JCP-G*, 1993, II, 22025, note F. Laroche-Gisserot ; *RTD civ.*, 1993, p. 328, obs. J. Hauser ; *Rev. crit. DIP*, 1993, p. 25, note P. L.

Il faut retenir que les vices du consentement n'entraînent la nullité du mariage que s'ils existaient au moment de la cérémonie. La contrainte exercée postérieurement ou l'erreur commise par la suite sont indifférentes. Les faits pourront à la rigueur être invoqués à l'appui d'une demande en divorce.

383 **Violence.** L'article 180 du Code civil exige que le mariage ait été contracté avec le consentement libre de chacun des époux. L'absence de liberté correspond à l'hypothèse de la violence. Celle-ci est rarement physique, elle est plutôt d'ordre moral : c'est la crainte d'être exposé à « un mal considérable et présent », selon les termes de l'article 1112. Elle consiste donc à exercer des pressions sur une personne pour l'amener à consentir au mariage. Traditionnellement, le droit considère que la crainte révérencielle, c'est-à-dire la crainte qu'inspire un ascendant, n'est pas une cause de nullité d'un contrat (art. 1113, C. civ.), à moins que les pressions émanant de la famille ne prennent le caractère de véritables menaces[675].

La jurisprudence a eu tendance, plus récemment, à prononcer l'annulation de mariages forcés, conclus sous la contrainte des parents, dans le cadre de familles issues de l'immigration[676]. Le législateur a souhaité lutter contre de telles unions en adoptant la loi n° 2006-399 du 4 avril 2006[677] renforçant la prévention et la répression des violences au sein du couple ou commises contre les mineurs. L'une des mesures participant de ce nouveau combat a consisté à préciser à l'article 180 que « l'exercice d'une contrainte sur les époux ou l'un d'eux, y compris par crainte révérencielle envers un ascendant, constitue un cas de nullité du mariage ».

384 **Erreur.** L'erreur est une fausse représentation de la réalité. Lorsqu'elle porte sur une qualité substantielle de la chose, elle est source de nullité du contrat. L'erreur apparaît également comme une cause de nullité du mariage (art. 180, al. 2, C. civ.) lorsqu'elle porte sur le conjoint. Toute erreur ne peut toutefois pas être invoquée. Il doit s'agir d'une erreur dans la personne ou sur les qualités essentielles de la personne.

385 **Erreur dans la personne.** À l'origine, l'article 180 n'envisageait que l'erreur dans la personne, c'est-à-dire l'erreur sur l'identité physique (hypothèse peu vraisemblable), mais aussi l'erreur sur l'identité civile du conjoint, lorsque, par exemple, le conjoint utilise de faux papiers d'identité pour se faire passer pour une autre personne ou pour se rattacher à une famille qui n'est pas la sienne[678].

386 **Erreur sur les qualités essentielles de la personne.** Le Code civil n'envisageait pas ce cas d'erreur et la Cour de cassation, dans son fameux arrêt *Berthon*,

675. Ainsi des menaces de mort proférées par le père de la jeune fille : Bastia, 27 juin 1949, *JCP-G*, 1949, II, 5083, note J. S.

676. Colmar, 28 avril 2005, *Dr. fam.*, 2006, comm. n° 1, note V. Larribeau-Terneyre.

677. *JORF*, 5 avril 2006, p. 5097, *D.*, 2006, pan., p. 1414, obs. J.-J. Lemouland et D. Vigneau. Lire M. Azavant, « Regard civiliste sur la loi du 4 avril 2006 renforçant la prévention et la répression des violences au sein du couple », *Dr. fam.*, 2006, étude n° 40 ; A.-M. Leroyer, « Regard civiliste sur la loi relative aux violences au sein du couple », *RTD civ.*, 2006, p. 402 ; M. Rebourg, « Prévention et répression des violences au sein du couple ou commises contre les mineurs, À propos de la loi n° 2006-399 du 4 avril 2006 », *JCP-G*, 2006, actu., p. 173.

678. Paris, 12 mars 1903, *DP*, 1903, 2, p. 191 ; *S.*, 1904, 2, p. 47.

avait refusé toute extension du texte au-delà de sa lettre[679]. Mais la jurisprudence postérieure s'était montrée moins scrupuleuse et avait élargi la notion de personne à ses qualités essentielles[680]. La loi du 11 juillet 1975 relative au divorce a modifié le texte, qui vise désormais expressément aussi bien l'erreur dans la personne que l'erreur sur ses qualités essentielles.

C'est la jurisprudence qui a eu la charge de définir ce que sont les qualités essentielles en procédant au cas par cas. Il en ressort deux critères cumulatifs, l'un objectif, l'autre subjectif. Pour que le mariage soit annulé, il faut d'abord que l'erreur ait porté sur une qualité qui, objectivement, peut être considérée comme essentielle au regard de l'union matrimoniale, une qualité qu'il est normal d'attendre de son conjoint et dont l'absence rend impossible la communauté de vie[681]. Les tribunaux ont ainsi retenu l'erreur sur la santé physique[682] ou mentale[683] du conjoint, sur son aptitude physique aux relations sexuelles[684], sur l'absence d'un mariage antérieur dissous par divorce[685], sur l'honorabilité[686], sur l'intention matrimoniale[687] et, provoquant une polémique démesurée, sur la virginité de l'épouse[688]. À l'inverse, ne sont pas considérées comme des qualités objectivement essentielles la fortune, la profession ou la nationalité[689].

Une seconde condition est cependant exigée : l'erreur doit avoir porté sur une qualité subjectivement essentielle. Autrement dit, il faut que l'erreur ait été déterminante du consentement de celui qui agit en nullité. Si cette qualité, pourtant objectivement essentielle, était indifférente au conjoint, la nullité n'est pas prononcée. À l'inverse, si une qualité non objectivement essentielle a été déterminante, la demande de nullité est rejetée, même si elle a été commise à la suite d'un dol, puisque celui-ci est indifférent en matière de mariage.

---

679. Cass. ch. réun., 24 avril 1862, *DP*, 1862, 1, p. 153 ; *S.*, 1862, 1, p. 341, concl. DUPIN ; *GA*, n° 28.

680. G. CORNU, « Centenaire », *D.*, 1959, chron., p. 215.

681. V. BONNET, *Le mariage à l'épreuve de la volonté des époux*, thèse, *op. cit.*, n°s 750 et s.

682. TGI Dinan, 4 avril 2006, *D.*, 2007, actu. jurispr., p. 1510 : ignorance par le mari de la séropositivité de sa femme.

683. TGI Vesoul, 28 novembre 1989, *D.*, 1990, p. 590, note C. PHILIPPE : ignorance d'une curatelle.

684. TGI Avranches, 10 juillet 1973, *D.*, 1974, p. 174, note P. GUIHO.

685. Cass. 1re civ., 2 décembre 1997, *Dr. fam.*, 1998, comm. n° 35, note H. LÉCUYER ; *RTD civ.*, 1998, p. 659, obs. J. HAUSER ; *Rép. Defrénois*, 1998, p. 1017, obs. J. MASSIP.

686. TGI Paris, 23 mars 1982, *Rép. Defrénois* 1983, p. 313, obs. J. MASSIP ; *RTD civ.*, 1983, p. 323, obs. R. NERSON et J. RUBELLIN-DEVICHI : erreur sur le passé pénal. Nîmes, 8 février 2012, *AJ fam.*, 2012, p. 151, obs. B. DE BOYSSON : ignorance de l'activité d'*escort girl* de l'épouse.

687. TGI Paris, 7 mai 1996, *Dr. fam.*, 1997, comm. n° 38, note H. LÉCUYER ; *JCP-G*, 1997, I, 3396, n° 6, obs. M. FARGE. Cass. 1re civ., 13 décembre 2005, *Bull. civ.*, I, n° 495 ; *D.*, 2006, pan., p. 1417, obs. J.-J. LEMOULAND et D. VIGNEAU, dans une hypothèse où l'épouse avait découvert le soir des noces que le mari entretenait une liaison et où il n'était pas établi que le mari avait l'intention de poursuivre la relation après le mariage : la nullité a été refusée en l'espèce.

688. TGI Lille, 1er avril 2008, *D.*, 2008, p. 1389, note P. LABBÉE, pan., p. 1789, obs. J.-J. LEMOULAND et D. VIGNEAU ; *Dr. fam.*, 2008, comm. n° 98, note V. LARRIBAU-TERNEYRE ; *RTD civ.*, 2008, p. 455, obs. J. HAUSER. Infirmé par Douai, 17 novembre 2008, *D.*, 2008, actu. jurispr., p. 2938, obs. V. EGÉA ; *JCP-G*, 2009, I, 102, obs. A. GOUTTENOIRE ; *Dr. fam.*, 2008, comm. n° 167, note V. LARRIBAU-TERNEYRE ; *JCP-G*, 2009, II, 10005, note P. MALAURIE ; *RTD civ.*, 2009, p. 98, obs. J. HAUSER, *RJPF*, 2009/1, p. 20, note A. LEBORGNE.

689. F. TERRÉ et D. FENOUILLET, *La famille*, *op. cit.*, n° 113.

B. Le formalisme du mariage

1. Les formalités préalables

387 **Utilités des formalités préalables.** La cérémonie du mariage est précédée d'un certain nombre de formalités obligatoires, dont le défaut empêche normalement la célébration, mais n'entraîne pas la nullité du mariage s'il est quand même contracté. Elles ont pour objectif de permettre à l'officier de l'état civil de contrôler que les futurs époux remplissent les conditions de fond du mariage, en particulier la réalité de leur consentement : il s'agit de la publication du projet de mariage, elle-même subordonnée à la remise de certaines pièces et à l'audition des époux.

388 **Remise des pièces nécessaires.** L'article 63 du Code civil, dans sa rédaction issue de la loi du 14 novembre 2006[690], impose la remise à l'officier de l'état civil d'un certain nombre d'indications et de pièces :

- jusqu'à présent l'expédition (copie intégrale) de l'acte de naissance de chacun des époux de moins de trois mois s'il a été délivré en France ou de moins de six mois s'il a été délivré outre-mer ou dans un consulat ; le nouvel article 70 issu du projet de loi définitif pour la modernisation de la justice du XXIe siècle ne réclamera plus qu'un extrait d'acte de naissance portant l'indication de la filiation, l'officier de l'état civil pourra cependant demander la vérification des données à caractère personnelle contenues dans l'acte de naissance auprès de son dépositaire ;
- la justification de l'identité au moyen d'une pièce délivrée par une autorité publique, telle qu'une carte nationale d'identité ;
- l'indication des prénoms, nom, date et lieu de naissance, profession et domicile des témoins, sauf lorsque le mariage doit être célébré par une autorité étrangère.

Jusqu'en 2007, l'article 63 exigeait également de la part de chaque futur époux la remise d'un certificat prénuptial, c'est-à-dire d'un certificat médical attestant qu'il avait été examiné par un médecin en vue du mariage. Ce document n'avait en réalité que peu d'utilité, dans la mesure où il ne contenait aucune indication sur l'état de santé du fiancé et où ce dernier n'était nullement tenu de révéler, ni à l'autre, ni à l'officier de l'état civil, aucune information sur ce point. La loi n° 2007-1 787 du 20 décembre 2007 relative à la simplification du droit[691] a purement et simplement supprimé cette exigence.

Des pièces peuvent être nécessaires en plus de celles énoncées : dispense d'âge ou de parenté, autorisation nécessaire d'un représentant légal, justification de la dissolution du premier mariage en cas de remariage, certificat du notaire qui a éventuellement reçu un contrat de mariage, etc.

389 **Audition des futurs époux.** L'audition des futurs époux par l'officier de l'état civil est une formalité instaurée par la loi du 26 novembre 2003 relative à la maîtrise de l'immigration, au séjour des étrangers en France et à la nationalité.

---

690. L. n° 2006-1376 du 14 novembre 2006 relative au contrôle de la validité des mariages, *JORF*, 15 novembre 2006, p. 17113 ; *Rev. crit. DIP*, 2007, p. 224, note S. Corneloup ; *RTD civ.*, 2007, p. 189, obs. A.-M. Leroyer ; M. Revillard, « Le contrôle de la validité des mariages : incidences de droit international privé », *Rép. Defrénois*, 2007, p. 847 ; *D.*, 2007, pan., p. 1563, obs. J.-J. Lemouland et D. Vigneau.

691. *JORF*, 21 décembre 2007, p. 20639.

Le législateur, souhaitant lutter tout à la fois contre les mariages fictifs et contre les mariages forcés, qui souvent se combinent, a estimé qu'une audition des futurs époux permettrait à l'officier de l'état civil de détecter l'absence d'intention réelle de la part de l'un ou de l'autre fiancé[692]. La loi du 14 novembre 2006 en a quelque peu modifié les modalités.

L'article 63 du Code civil prévoit que l'officier de l'état civil doit procéder à une audition commune des futurs époux. S'il l'estime nécessaire, il demande à s'entretenir séparément avec l'un ou l'autre des époux. Une telle audition permettra éventuellement à un fiancé qui subit une pression de la part de l'autre de s'exprimer plus librement. Dans le même sens, la loi du 14 novembre 2006 a précisé que l'audition du futur conjoint mineur se fait hors la présence de ses père et mère, de son représentant légal et de son futur conjoint. Les jeunes filles mineures subissent en effet parfois des pressions de la part de la famille pour contracter un mariage dont elles ne veulent pas.

Le principe d'une audition des futurs époux se comprend, mais ses modalités font craindre un traitement discriminatoire à l'égard des couples mixtes ou étrangers[693]. Il est en effet prévu que l'audition commune a lieu, sauf impossibilité[694] ou « s'il apparaît, au vu des pièces fournies, que cette audition n'est pas nécessaire au regard des articles 146 et 180 », c'est-à-dire, concrètement, s'il apparaît que le mariage ne risque pas d'être fictif ou forcé. Or il va de soi que le mariage d'un couple franco-français suscite beaucoup moins un tel risque.

390 **Publication du projet de mariage.** Lorsque les formalités précédentes sont accomplies, l'officier de l'état civil fait procéder à la publication du projet de mariage. Cette formalité a pour objectif d'informer les tiers qui pourront ainsi avertir l'officier de l'état civil de l'existence d'un éventuel empêchement à mariage.

Cette mesure de publicité est empruntée à la publication des bans du droit canonique. Elle prend la forme d'un affichage à la porte de la mairie du lieu du mariage et à celle du domicile ou, à défaut, de la résidence de chacun des époux (art. 63, al. 1er, et 166, C. civ.). La publication contient des informations sur l'identité des futurs époux et le lieu du mariage. Le mariage ne peut être célébré ni avant l'écoulement d'un délai de dix jours depuis la publication (art. 64) ni plus d'un an après cette date (art. 65). Si ce dernier délai n'est pas respecté, il faudra alors une nouvelle publication.

Le Code civil prévoit des dispenses dans certaines circonstances (art. 169). Le procureur de la République peut en effet dispenser les couples de la publication et de tout délai ou de l'affichage de la publication seulement. Implicitement, le texte vise l'hypothèse du mariage *in extremis* qui ne s'accommoderait guère de l'attente d'un délai de dix jours.

---

692. Pour une présentation critique de cette loi, voy. S. CORNELOUP, « Maîtrise de l'immigration et célébration du mariage », in *Mélanges Paul Lagarde*, Paris, Dalloz, 2005, p. 207.

693. En ce sens, *ibid.*

694. Jugé que l'impossibilité était caractérisée pour la future épouse algérienne qui n'avait pu quitter son pays en raison des refus opposés à ses différentes demandes de visa, Cass. 1re civ., 9 janvier 2007, *D.*, 2007, actu. jurispr., p. 449, note C. DELAPORTE-CARRÉ ; *Dr. fam.*, 2007, comm. n° 53, note V. LARRIBAU-TERNEYRE ; *JCP-G*, 2007, I, p. 170, n° 2, obs. Y. FAVIER.

2. La cérémonie du mariage

391 **Circonstances de la cérémonie.** Selon le nouvel article 165 du Code civil issu de la loi de 2013, « le mariage sera célébré publiquement lors d'une *cérémonie républicaine*[695] ». La cérémonie a lieu au moment fixé par les parties – et selon les disponibilités de l'officier de l'état civil – dix jours au moins après la publication et dans l'année qui suit cette dernière. Quoique la pratique concentre les célébrations en week-end, le samedi, il n'y a aucune limitation quant au jour ou à l'heure. Il résulte de l'article 75 du Code civil que la cérémonie doit se dérouler à la mairie. L'instruction générale de l'état civil permet à l'officier de l'état civil de l'organiser dans une annexe. Toutefois, cette autorisation n'a aucune base légale. C'est pourquoi une proposition votée le 25 mars 2015 par le Sénat vise à autoriser légalement une telle pratique[696].

Le lieu est la mairie de la commune où l'un des époux, ou l'un de leurs parents depuis la loi du 17 mai 2013, a son domicile ou sa résidence établie depuis au moins un mois (art. 74 et 165, C. civ.), ouverte au public. Une dispense est cependant possible en cas d'empêchement grave (art. 75, al. 2, C. civ.), soit à la demande du procureur de la République, soit sur la propre initiative de l'officier de l'état civil en cas de péril imminent de mort de l'un des époux. On reconnaît ici encore l'hypothèse du mariage *in extremis*. La cérémonie peut alors se dérouler au domicile ou à la résidence de l'une des parties.

Doivent être présents l'officier de l'état civil, les époux, y compris lorsque le mariage est célébré à l'étranger (art. 146-1, C. civ.), et au moins deux témoins, un par époux, au plus quatre (deux par époux).

392 **Déroulement de la cérémonie.** La cérémonie laïque du mariage civil est calquée sur la cérémonie religieuse. Il ne faut sans doute pas y voir la survivance d'un certain mysticisme, mais la volonté de rendre solennel un moment important non seulement pour les époux, mais aussi pour la société : la cérémonie, tout à la fois, symbolise la reconnaissance par la société de l'union d'un couple qui réunit les conditions exigées et marque la différence entre une simple union de fait et une union de droit.

Avant la cérémonie, il est prévu depuis la loi du 14 novembre 2006 que les époux confirment l'identité des témoins déclarés ou en désignent de nouveaux le cas échéant (art. 74-1, C. civ.).

L'officier de l'état civil commence par la lecture de certains textes du Code civil, ceux qui énoncent les devoirs principaux du mariage (art. 212, 213, 214, al. 1er, et 215, al. 1er)[697]. Depuis la loi du 4 mars 2002, il doit également lire l'article 371-1 qui définit l'autorité parentale, ce qui rétablit curieusement un lien privilégié entre mariage et autorité parentale au moment où cette même loi l'a supprimé par ailleurs.

L'officiant demande ensuite aux époux s'ils ont fait un contrat de mariage et, dans l'affirmative, la date du contrat ainsi que le nom et la résidence du notaire qui l'a constaté.

---

695. L'art de faire des textes inutiles : comme s'il pouvait en être autrement !

696. Prop. de loi TA n° 86 du Sénat du 1er avril 2015 et prop. de loi n° 2696 de l'AN du 3 avril 2015.

697. La lecture de l'art. 220, relatif aux dettes ménagères, introduite par une loi du 1er juillet 2010, a été supprimée par la loi du 17 mai 2013.

Il reçoit alors la déclaration des parties qu'elles veulent se prendre, non plus « pour mari et femme », mais « pour époux » depuis la loi du 17 mai 2013 relative au mariage homosexuel. En réalité, il interroge les époux qui se contentent de prononcer un « oui ». Cette réponse est suffisante, elle n'est même pas nécessaire : toute manifestation de volonté est recevable pourvu qu'elle soit sans équivoque. Un muet ou un moribond peuvent ainsi se marier.

L'officier de l'état civil prononce enfin, au nom de la loi, que les parties sont unies par le mariage et dresse « sur-le-champ » l'acte de mariage.

E 27 Le mariage contracté à l'étranger par des Français

La lutte contre les mariages fictifs a conduit le législateur à s'intéresser tout particulièrement aux mariages conclus à l'étranger par des Français, dont nombre sont des mariages mixtes. Il peut en effet paraître plus facile de conclure à l'étranger un mariage à fins d'acquisition de la nationalité française ou d'un titre de séjour. Pour autant, d'autres fraudes pourraient éventuellement être perpétrées, consistant à ne pas respecter les conditions de fond du mariage exigées par la loi française, telles que des conditions d'âge ou naguère de différence de sexe. C'est pourquoi les règles mises en place concernent les mariages conclus tant par un Français avec un étranger qu'entre Français. Outre la règle qui exige la présence de l'époux français (art. 146-1, C. civ.), la loi Sarkozy du 26 novembre 2003 a instauré un système de contrôle de la validité des mariages, alourdi encore par la loi du 14 novembre 2006[698]. Celle-ci a d'ailleurs créé un nouveau chapitre II *bis* au titre du mariage : « Du mariage des Français à l'étranger » (art. 171-1 à 171-6).

D'abord, un principe traditionnel est maintenu : le mariage conclu à l'étranger n'est valable que s'il a été célébré dans les formes locales et si le ou les Français ne contreviennent pas aux règles de fond du droit français (art. 171-2).

Ensuite, le Code civil établit un contrôle préventif, préalable à la cérémonie, et un contrôle postérieur, au stade de la transcription du mariage. Quant au stade préalable, le nouvel article 171-2 subordonne la célébration du mariage par l'autorité étrangère à la délivrance d'un certificat de capacité à mariage établi après l'accomplissement, auprès des autorités diplomatiques ou consulaires françaises, des formalités exigées par l'article 63 (voy. *supra*, n°s 388 et 389). Une procédure d'opposition calquée sur celle prévue pour les mariages contractés en France est également prévue (art. 171-4), avec certaines différences. D'abord, c'est l'autorité diplomatique ou consulaire qui saisit éventuellement le procureur de la République et non l'OEC. En outre, la saisine peut être justifiée par le risque de violation non seulement des articles 146 et 180 (conditions relatives au consentement), mais aussi des règles relatives à l'âge des époux, à leur présence, à la bigamie, à l'inceste et à la clandestinité.

Dans un second temps, une fois le mariage célébré par l'autorité étrangère, l'autorité diplomatique ou consulaire doit transcrire l'acte de mariage sur les registres de l'état civil français (art. 171-5). Sans cette formalité, le mariage ne produit effet qu'entre les époux et à l'égard des enfants – et non à l'égard des tiers. Les autorités peuvent alors exercer un nouveau contrôle. Deux hypothèses sont à distinguer (art. 171-7 et 171-8).

Si le mariage a été célébré sans délivrance du certificat de capacité à mariage prévu à l'article 171-2, la transcription est précédée d'une audition des époux par l'autorité diplomatique ou consulaire, à moins qu'aucun élément ne fasse douter de la validité de l'union au regard des articles 146 et 180. Si des indices laissent supposer le contraire ou que le mariage est nul au regard des autres règles de fond, l'autorité en informe le procureur de la République et sursoit à la transcription. Commence alors une procédure d'opposition à transcription rappelant celle de l'opposition à mariage. Le procureur peut également décider d'agir en nullité du mariage dans un délai de six mois.

Si le mariage a été célébré en conformité à l'article 171-2 et aux règles de forme locales, l'acte de mariage est transcrit à moins que « des éléments nouveaux fondés sur des indices sérieux laissent présumer que le mariage encourt la nullité au titre des articles 144, 146, 146-1, 147, 161, 162, 163, 180 ou 191 ». Là encore, une audition des époux doit avoir lieu, suivie d'une

698. Complétée par *D.*, 10 mai 2007, n° 2007-773 ; *JORF*, 11 mai 2007, p. 8487.

saisine du procureur de la République et d'un sursis à la transcription. Le procureur a alors six mois pour demander la nullité du mariage, sans quoi l'acte de mariage est transcrit. Il est tout de même précisé que la transcription ne fait pas obstacle à une action ultérieure éventuelle en nullité sur le fondement de l'article 146 ou de l'article 180.

3. L'acte de mariage

393 **Rôle probatoire de l'acte de mariage.** L'acte de mariage, dressé par l'officier de l'état civil immédiatement après qu'il a prononcé le mariage des époux, est un acte de l'état civil dont le contenu est déterminé par l'article 76 du Code civil[699] et qui doit faire l'objet d'une mention en marge de l'acte de naissance de chaque époux. Il a deux fonctions : une fonction de validité de l'acte juridique du mariage, qui est un acte solennel, et une fonction probatoire. Il faut souligner qu'il s'agit d'un acte authentique, puisqu'il est dressé par un officier public, l'officier de l'état civil, bénéficiant par conséquent d'une force probante très grande, puisqu'il fait foi de ce qu'il constate jusqu'à inscription de faux. Il faut également préciser que cette preuve préconstituée du mariage est la seule admise par le Code civil. L'article 194 énonce en effet : « nul ne peut réclamer le titre d'époux et les effets civils du mariage, s'il ne représente un acte de célébration inscrit sur les registres de l'état civil ». Le mariage ne peut donc être prouvé ni par témoignage ni par possession d'état (art. 195).

394 **Inexistence ou perte des registres de l'état civil.** Le principe de la preuve du mariage par l'acte de mariage reçoit exception lorsque les registres de l'état civil n'ont pas été tenus ou lorsqu'ils ont été perdus. L'article 46 prévoit que, dans un tel cas, les mariages, naissances et décès peuvent être prouvés par les registres et papiers émanés des père et mère décédés ainsi que par témoins. Il semble là encore que la possession d'état d'époux ne peut pas être utilisée.

395 **Irrégularité de l'acte de mariage.** Cependant, en cas d'irrégularité de forme de l'acte de mariage, l'action en nullité des époux n'est pas recevable s'il existe entre eux une possession d'état (art. 196). Celle-ci joue un rôle probatoire exceptionnel en complétant l'acte irrégulier. La jurisprudence a étendu la solution au cas d'irrégularité dans la célébration elle-même, faisant jouer à la possession d'état un rôle de validité du mariage[700].

396 **Preuve apportée par les enfants.** Enfin, l'article 197 du Code civil prévoit un cas très particulier où la possession d'état peut prouver le mariage au profit des enfants. Il s'agit de l'hypothèse où les deux parents sont décédés de telle sorte que les enfants ne peuvent savoir où leur union a été célébrée. La légitimité des enfants ne peut être contestée si les deux parents ont vécu publiquement comme mari et femme. Il faut en outre que les enfants eux-mêmes bénéficient d'une possession d'état d'enfant légitime qui ne soit pas contredite par leur acte de naissance. C'est ce que le doyen Carbonnier appelait « le mariage par les œuvres »[701] : ce sont les enfants qui font en quelque sorte le mariage de leurs

699. Voy. H. Bosse-Platière, « Actes de l'état civil », *op. cit.*, n° 157.

700. Cass. civ., 1er août 1930, *DP*, 1931, 1, p. 169, note P. Lalou et Cass. civ., 11 octobre 1960, *Bull. civ.*, n° 428.

701. J. Carbonnier, « Le mariage par les œuvres ou la légitimité remontante dans l'article 197 du Code civil », in *Mélanges Marty*, *op. cit.*, p. 255.

parents. Depuis l'ordonnance de 2005 relative à la filiation, on peut cependant estimer que la règle est non seulement sans intérêt, mais également sans objet : la légitimité n'existe plus et si les enfants ont une possession d'état à l'égard de leurs deux parents, la filiation s'en trouve suffisamment établie, sans que le mariage des parents y change quelque chose.

§ 2. – Les conditions de validité du mariage

397 **Diversités des conditions.** On ne peut concevoir de mariage sans consentement des époux et sans cérémonie, le premier fait le mariage, la seconde le qualifie. Toutes les autres conditions ont pour effet de restreindre une liberté qui se concevrait comme absolue. En réalité, elles traduisent la conception que la société se fait de l'union matrimoniale et aucune, en principe, ne se trouve sans correspondance avec cette conception. On peut les regrouper en trois catégories : elles sont fondées sur des considérations d'ordre physiologique, familial ou social.

A. Les conditions d'ordre physiologique

398 **Disparition du délai de viduité.** L'article 228 du Code civil prévoyait il y a peu que la femme ne pouvait se remarier qu'après un délai de trois cents jours révolus depuis la dissolution du mariage précédent. Ce délai de viduité, qui s'imposait à la veuve (comme l'indique son étymologie), mais aussi à la femme divorcée, se justifiait par des raisons d'ordre biologique. Il fallait éviter que la femme qui se remarierait trop rapidement mette au monde dès le début de son remariage un enfant qu'il aurait été possible, en application de la présomption de paternité, de rattacher aux deux maris successifs. Si la femme se mariait après trois cents jours, terme maximum de la période légale de conception, et donnait naissance à un enfant dès le premier jour de son second mariage, l'enfant ne pouvait être rattaché qu'à ce dernier ; on évitait ainsi tout risque de conflit de filiations paternelles. Cette interdiction supportait de nombreuses exceptions, notamment lorsque la femme avait accouché pendant le délai de trois cents jours, ou bien lorsqu'elle produisait un certificat médical attestant qu'elle n'était pas enceinte.

La loi du 26 mai 2004 relative au divorce, au nom d'un principe d'égalité mal compris, a supprimé l'obligation de respecter le délai de viduité. Le risque des conflits de paternité n'a pourtant pas disparu car, désormais, la femme peut se remarier immédiatement alors qu'elle se trouve enceinte, sans être tenue de produire un tel certificat. Comment résoudre le conflit qui risque de surgir ?

399 **Justification des conditions d'ordre physiologique.** Ni l'aptitude aux relations sexuelles[702], ni la procréation ne sont des conditions du mariage. Contrairement au droit canonique, le droit français ne fait pas de la consommation du mariage un élément de perfection du mariage. Il n'en reste pas moins que le mariage, d'une part, entraîne une obligation aux relations sexuelles, d'autre

702. Même si l'erreur sur l'aptitude commise par le conjoint est sanctionnée par la nullité. Voy. *supra*, n° 386. Mais dans ce cas, c'est l'intégrité du consentement qui justifie la sanction et non l'impuissance ou la frigidité.

part, avait pour finalité, dans une conception traditionnelle, la procréation. C'est pour cette raison que le droit exigeait une différence de sexe entre les époux et, dans une moindre mesure, qu'ils aient atteint un certain âge. La loi du 17 mai 2013 ouvrant le mariage aux couples de même sexe a parachevé l'évolution du droit vers une indifférence du mariage à l'égard de la procréation. Du coup, la première condition a disparu, et la seconde a changé de sens.

1. La différence de sexe

400 **Principe implicite, absolu, mais révolu.** Jusqu'à la loi du 17 mai 2013, aucun texte du Code civil ne prévoyait expressément que le mariage était l'union de l'homme et de la femme et qu'il ne pouvait être contracté entre deux personnes de même sexe. La solution ne s'en imposait pas moins avec évidence. On en trouvait des signes dans certaines dispositions, en particulier l'article 75, qui énonçait que lors de la cérémonie les parties déclaraient qu'elles voulaient se prendre pour mari et femme, et l'article 144 du Code civil qui posait une règle relative à l'âge des époux : « l'homme et la femme ne peuvent contracter mariage avant dix-huit ans révolus ». Le silence ou la discrétion des rédacteurs du Code civil s'explique facilement : en 1804, nul n'aurait jamais eu l'idée de prétendre que le mariage pût être conclu par des personnes de même sexe, tant la différence de sexe était considérée comme de l'essence du mariage[703].

401 **Question du mariage homosexuel.** Les revendications en faveur de l'ouverture du mariage aux couples homosexuels étaient devenues si fortes qu'un maire n'avait pas hésité à célébrer un mariage entre deux hommes, bravant ainsi l'opposition formée par le procureur de la République. Le mariage avait été annulé par les juridictions bordelaises[704]. La décision du tribunal de grande instance de Bordeaux était particulièrement bien motivée.

S'appuyant tant sur le discours préliminaire de Portalis que sur certaines dispositions du Code civil et les travaux préparatoires de la loi du 15 novembre 1999 qui avaient eu pour objectif de créer un statut juridique pour les couples homosexuels, la juridiction avait affirmé que la solution n'était pas douteuse en droit positif. Elle avait ajouté qu'elle n'était pas contraire à l'article 12 de la CEDH qui ne garantit que le droit au mariage traditionnel entre un homme et une femme[705]. La Cour de cassation avait rejeté le pourvoi formé contre l'arrêt

703. La jurisprudence avait eu l'occasion de l'affirmer dans des affaires où le sexe de l'un des époux était incertain en raison de malformations. Cass. civ., 6 avril 1904, *DP*, 19041, p. 395, concl. Baudouin, S., 1904, 1, p. 274, note A. Wahl.

704. TGI Bordeaux, 27 juillet 2004, *D.*, 2004, p. 2392, note E. Agostini ; *JCP-G*, 2004, II, 10169, note G. Kessler ; *Dr. fam.*, 2004, comm. n° 166, note V. Larribau-Terneyre ; *Gaz. Pal.*, 2004, 2, p. 3257, note G. de la Pradelle ; *RTD civ.*, 2005, p. 719, obs. J. Hauser. Bordeaux, 19 avril 2005, *D.*, 2005, p. 1687, note E. Agostini, et p. 1113, note J. Deleau ; *Dr. fam.*, 2005, comm. n° 124, note M. Azavant.

705. Cour eur. D.H., 24 juin 2010, *Schalk et Kopf c/ Autriche*, *Dr. fam.*, 2010, comm. n° 143, note E. Lagarde ; *JCP-G*, 2010, 1013, note H. Fulchiron ; *D.*, 2011, pan., p. 1042, obs. J.-J. Lemouland et D. Vigneau ; *RTD civ.*, 2010, 738, obs. J.-P. Marguénaud, et p. 765, obs. J. Hauser. *Adde* Cour eur. D.H., 16 juillet 2014, *Hämäläinen c/ Finlande*, *Dr. fam.*, 2014, comm. n° 1, note J.-R. Binet ; *AJ fam.*, 2014, p. 565, obs. B. de Boysson ; *D.*, 2015, pan., p. 1408, obs. J.-J. Lemouland et D. Vigneau.

de la Cour d'appel de Bordeaux[706] en affirmant que le principe selon lequel le mariage de droit français est l'union d'un homme et d'une femme n'est contredit par aucune des dispositions de la Cour européenne des droits de l'homme ni de la Charte des droits fondamentaux de l'Union européenne.

De la même manière, le Conseil constitutionnel[707], saisi d'une QPC, avait décidé que l'interdiction de mariage homosexuel n'était contraire ni au droit de mener une vie familiale normale (préamb. Const. 1946, 10e al.), ni au principe d'égalité (art. 6, DDHC), les couples homosexuels et hétérosexuels se trouvant dans des situations différentes.

La loi du 17 mai 2013[708], fruit d'une promesse électorale du candidat socialiste aux élections présidentielles de 2012, assez promptement adoptée malgré des oppositions très fortes, a introduit un nouvel article 143 dans le Code civil disposant que « le mariage est contracté par deux personnes de sexe différent ou de même sexe ». Il va de soi que, si les normes supranationales n'imposaient pas la reconnaissance du mariage homosexuel, elles ne l'interdisaient pas non plus, comme en attestent la reconnaissance de cette union dans d'autres États européens[709], ainsi que la décision du Conseil constitutionnel qui a validé la loi[710].

402 **Question du transsexualisme.** Le transsexualisme est une maladie qui consiste, pour une personne, à avoir la conviction d'appartenir au sexe opposé à celui que lui a donné la nature et que lui a reconnu la société. La reconnaissance sociale et juridique de ce phénomène a été progressive. Les transsexuels, afin de mettre en accord leur corps avec leur psychisme, recourent en général à des traitements médicaux et des interventions chirurgicales mutilantes qui sont justifiées, sur le plan pénal, par leur caractère thérapeutique. Ils cherchent ensuite à changer leur état civil : la jurisprudence leur a d'abord reconnu le droit de changer de prénom, puis sous la pression de la Cour européenne des droits de l'homme[711], celui de changer de sexe[712]. Enfin, la question se posait de leur statut sur le plan familial, en particulier en matière de mariage.

---

706. Cass. 1re civ., 13 mars 2007, *D.*, 2007, p. 1389, rapp. G. Pluyette, note E. Agostini ; actu. jurispr., p. 935, obs. I. Gallmeister ; pan., p. 1561, obs. J.-J. Lemouland et D. Vigneau ; *Dr. fam.*, 2007, comm. n° 76, note V. Larribau-Terneyre ; *Rép. Defrénois*, 2007, p. 781, obs. J. Massip ; *JCP-G*, 2007, I, 170, n° 1, obs. Y. Favier. *Adde* H. Fuchiron, « Un homme, une femme : la Cour de cassation rejette le mariage homosexuel », *D.*, 2007, p. 1375.

707. Cons. const., 28 janvier 2011, n° 2010-92 QPC.

708. L. n° 2013-404 du 17 mai 2013 ouvrant le mariage aux couples de personnes de même sexe, *JORF*, 18 mai 2013, p. 8253. *Adde D.*, 24 mai 2013, n° 2013-429, *JORF*, 28 mai 2013, p. 8733 ; *Dr. fam.*, 2013, comm. n° 99, note J.-R. Binet. Sur l'adaptation du droit positif à la consécration du mariage homosexuel, voy. C. Bidaud-Garon, « Le mariage sans sexe… », *Dr. fam.*, 2013, dossier n° 18. F. Granet-Lambrechts et P. Hilt, « Les incidences sur l'état civil des époux de la loi du 17 mai 2013 ouvrant le mariage aux personnes de même sexe », *AJ fam.*, 2013, p. 336.

709. S. Paricard, « Mariage homosexuel et filiation. Quelques éléments de droit comparé », *Dr. fam.*, 2013, dossier n° 8.

710. Cons. const., 17 mai 2013, n° 2013-669, *Dr. fam.*, 2013, comm. n° 98, note J.-R. Binet ; F. Chénedé, « La nouvelle leçon de démocratie du Conseil constitutionnel », *AJ fam.*, 2013, p. 332.

711. Cour eur. D.H., 25 mars 1992, *B. c/ France, JCP-G*, 1992, II, 21955, note T. Garé ; *D.*, 1993, p. 101, note J.-P. Marguénaud ; *D.*, 1992, somm., p. 325, obs. J.-F. Rénucci ; *RTD civ.*, 1992, p. 540, obs. J. Hauser.

712. Cass. Ass. plén., 11 décembre 1992, *JCP-G*, 1993, II, 21991, concl. M. Jéol, note G. Mémeteau ; *Gaz. Pal.*, 1993, 1, p. 180 ; *RTD civ.*, 1993, p. 325, obs. J. Hauser ; *GA*,

Certains auteurs estimaient que les transsexuels, qui parviennent à changer de sexe morphologique, mais pas de sexe génétique, n'appartiennent plus à leur sexe d'origine et pas encore au sexe revendiqué et ne peuvent donc pas se marier[713]. La Cour européenne des droits de l'homme, dans son arrêt *Goodwin* du 11 juillet 2002, a reconnu aux transsexuels qui ont obtenu un changement de sexe le droit de se marier avec une personne de leur sexe d'origine[714]. Elle a en effet estimé que le sexe génétique n'est pas l'élément décisif de la détermination du sexe. Ce débat est cependant devenu inutile depuis la loi du 17 mai 2013, puisque désormais le mariage peut être conclu par deux personnes de même sexe. Peu importe finalement de savoir si les transsexuels changent vraiment de sexe, s'il faut prendre en considération leur sexe physique ou juridique, ils peuvent se marier aussi bien avec une personne de leur sexe d'origine que de leur sexe actuel.

De même qu'est devenue sans intérêt la question posée par le cas de l'époux qui devient transsexuel en cours de mariage et obtient un changement juridique de sexe, de sorte que les deux époux sont désormais de même sexe : que devient le mariage ? La réponse ne pouvait résider dans la nullité, puisque, au moment du mariage, la condition d'altérité des sexes était respectée. La doctrine proposait généralement de sanctionner le mariage par la caducité qui consiste en l'anéantissement pour l'avenir d'un acte initialement valable, mais dont l'une des conditions de validité disparaît par la suite[715]. Certaines juridictions avaient prononcé un divorce pour faute[716], à tort dans la mesure où le transsexualisme est une maladie et qu'il n'y a pas de faute à être malade, ni à se soigner. Avec la loi du 17 mai 2013, le problème ne devrait plus se poser, puisque la différence de sexe n'est plus une condition de validité du mariage[717]. On peut cependant imaginer que l'époux ignorant l'état de conjoint atteint du syndrome pourra éventuellement demander la nullité du mariage pour erreur sur les qualités essentielles. Un divorce par consentement mutuel restera bien sûr possible.

---

n°s 25-26. Sur l'évolution de la jurisprudence, voy. A. Debet, *L'influence de la Convention européenne des droits de l'homme sur le droit civil*, Paris, Dalloz, 2002, n°s 287 et s.

713. M.-L. Rassat, « Sexe, médecine et droit », in *Mélanges P. Raynaud*, Paris, Dalloz, 1985, pp. 669 et s.

714. Cour eur. D.H., 11 juillet 2002, *Goodwin c/ Royaume-Uni*, *D.*, 2003, p. 2032, note A.-S. Chavent-Leclère et somm., p. 525, obs. C. Bîrsan ; *Dr. fam.*, 2002, comm. n° 133, note A. Gouttenoire-Cornut ; *RTDH*, 2003, p. 1157, note A. Marienburg-Wachsmann et P. Wachsmann ; *RTD civ.*, 2002, p. 862, obs. J.-P. Marguénaud ; *GACEDH*, n° 43. La C.J.C.E. lui a emboîté le pas : C.J.C.E., 7 janvier 2004, *D.*, 2004, note P. Icard ; *Dr. fam.*, 2004, comm. n° 62, note A. Gouttenoire ; *RTD civ.*, 2004, p. 266, obs. J. Hauser, et p. 373, obs. J. Raynard.

715. *Le droit de la famille, Rapport de l'Académie des sciences morales et politiques*, Paris, PUF, 2002, p. 9. *Contra* : TGI Besançon, 19 mars 2009, *Dr. fam.*, 2011, comm. n° 33, note P. Reigné, qui, à tort, a refusé la modification des actes de l'état civil, parce que l'intéressé était marié et que cela contreviendrait au principe de l'interdiction des mariages homosexuels.

716. Nîmes, 7 juin 2000, *Dr. fam.*, 2001, comm. n° 4, note H. Lécuyer ; *RTD civ.*, 2001, p. 335, obs. J. Hauser.

717. V. Larribau-Terneyre, « Transsexualisme et couple », *Dr. fam.*, 2013, dossier n° 14.

E 28 **Mariage et homosexualité**

Le mariage français n'est plus hétérosexuel. Rien n'obligeait le droit français à l'ouvrir aux couples homosexuels. Pourtant, l'évolution n'est pas surprenante et paraît conforme à l'évolution générale du droit de la famille.
La loi du 3 décembre 2001, qui a fait disparaître toute discrimination à l'égard de l'enfant adultérin, les lois du 4 mars 2002 relatives au nom et à l'autorité parentale, qui ont supprimé toute distinction entre enfants légitimes et naturels, et l'ordonnance du 4 juillet 2005 relative à la filiation, qui a complètement effacé ces notions, ont abouti à dissocier le statut de l'enfant des circonstances de sa conception et de sa naissance. Que les parents soient mariés ou non, les enfants bénéficient des mêmes droits et sont soumis aux mêmes règles. Autrement dit, le mariage des parents n'a plus pour effet de conférer à l'enfant un statut supérieur à celui de l'enfant né hors mariage, le mariage n'est plus le cadre privilégié de la procréation. Tout se passe comme si le droit avait coupé les liens entre mariage et procréation. Dans ce cas, pourquoi ne pouvait-on pas laisser des couples homosexuels se marier, en dépit de l'impossibilité pour eux de procréer ? On autorise bien le mariage avec un moribond et même avec un mort : ces unions contreviennent-elles beaucoup moins à l'essence du mariage que le ferait celle de deux personnes de même sexe ? On atténuera cependant l'argument en reconnaissant que certains liens subsistent entre nuptialité et filiation : la présomption de paternité n'existe que dans le cadre du mariage et l'adoption n'est ouverte qu'à des époux. Mais la présomption de paternité n'apparaît plus aujourd'hui que comme une règle technique qu'il convient de conserver parce qu'elle facilite l'établissement de la filiation. Quant à l'adoption, ne serait-il pas possible de la réserver aux couples hétérosexuels si l'on considérait qu'il est contraire à l'intérêt de l'enfant d'avoir deux parents du même sexe ?

Biblio

À lire : H. Fulchiron, « Existe-t-il un modèle familial européen ? », *Rép. Defrénois*, 2005, p. 1461 ; « Le mariage à l'heure espagnole », *Dr. fam.*, 2005, focus n° 51 ; F. Brulé-Gadioux et E. Lamothe, « Le mariage homosexuel en Europe », *Rép. Defrénois*, 2005, p. 647 ; V. Bonnet, « Réflexions sur la présomption de paternité du xxie siècle dans ses rapports avec le mariage », *D.*, 2013 p. 107.
Pour des études de droit international privé, voy. H. Fulchiron, « Le droit français et les mariages homosexuels étrangers », *D.*, 2006, p. 1253 ; F. Fongaro, « Le mariage homosexuel à l'épreuve du droit international privé », *JDI*, 2006, p. 477.

2. L'âge

403 **Existence et justifications d'un seuil d'âge.** L'article 144 du Code civil, dans sa rédaction issue de la loi du 17 mai 2013 qui a supprimé l'ancienne référence à l'homme et la femme, dispose que « le mariage ne peut être contracté avant dix-huit ans révolus ». Cette majorité nuptiale a longtemps été justifiée par l'exigence d'une maturité physiologique de la part des époux, leur permettant ainsi de poursuivre les fins du mariage, c'est-à-dire la procréation. On pouvait adhérer à cette explication lorsque dans l'ancien droit les seuils d'âge étaient de 12 ans pour la femme et de 14 ans pour l'homme. Depuis, cet âge minimum légal n'a fait que reculer, alors que l'aptitude physiologique des personnes n'a évidemment pas évolué dans le même sens ! Par ailleurs, la loi de 2013 a confirmé que la procréation n'est plus une fin du mariage, puisque deux personnes de même sexe ne peuvent évidemment pas procréer. Un seuil d'âge qui serait justifié par l'idée de procréation n'aurait pas de sens. Les raisons aujourd'hui ne peuvent être qu'autres, on peut les trouver dans l'idée que, pour se marier, il faut avoir une certaine maturité émotionnelle et psychologique, et être apte à bénéficier d'une indépendance économique : si l'on veut créer une famille, il ne

faut pas être soi-même dépendant de ses parents[718]. Quoi qu'il en soit, la Cour européenne des droits de l'homme estime légitime que les droits nationaux imposent une majorité nuptiale[719].

Deux précisions supplémentaires méritent d'être apportées. La première est que la loi ne prévoit pas d'âge maximum pour se marier, ce qui suscite là encore des doutes sur la finalité procréatrice du mariage. La seconde, qui heurtera sans doute la morale sociale actuelle, est que le Code civil est complètement indifférent à la différence d'âge entre les époux.

404 **Alignement de l'âge de la femme sur celui de l'homme.** Il y a peu, l'âge légal du mariage pour la femme était de 15 ans. C'est la loi du 4 avril 2006 qui a opéré l'alignement. On peut y voir bien sûr la volonté d'effacer l'une des dernières traces d'inégalité entre les sexes en droit de la famille. Mais il faut surtout comprendre cette mesure comme le moyen de lutter contre les mariages forcés que subissent encore parfois les jeunes filles[720]. Le législateur a estimé qu'interdire le mariage aux jeunes filles mineures constituerait un moyen pour elles d'échapper aux pressions de leurs familles – même si l'on peut douter de l'efficacité de la mesure.

405 **Dispense d'âge.** La loi du 4 avril 2006 n'a pas supprimé la possibilité pour le procureur de la République d'accorder des dispenses d'âge pour des motifs graves (art. 145, C. civ.). C'est la grossesse de la femme qui est uniquement invoquée en pratique. Il y a donc peu de chance de voir un jour un mariage célébré entre deux jeunes filles et encore moins entre deux garçons mineurs. Un mineur peut ainsi encore se marier et, dans ce cas, il doit obtenir l'autorisation de ses représentants légaux.

B. Conditions d'ordre familial

406 **Autorisations familiales.** Depuis l'origine du Code civil, la famille joue un rôle important dans le mariage des enfants, sous la forme d'autorisations familiales. La fonction de ces autorisations a cependant évolué. Alors qu'elles étaient prévues initialement pour permettre aux familles d'empêcher un mariage qu'elles n'approuvaient pas, elles ne jouent plus aujourd'hui qu'un rôle de protection des incapables. Ceux-ci ont en effet le droit de se marier, en donnant eux-mêmes leur consentement. Le mariage des mineurs n'est cependant valable que s'il a été contracté avec l'accord de leur famille (outre la dispense accordée par le procureur de la République). En revanche, pour les majeurs, le rôle de la famille a sensiblement évolué.

407 **Mariage des mineurs.** Depuis la loi du 4 avril 2006 qui a relevé la majorité nuptiale des jeunes filles à 18 ans, l'hypothèse d'un mariage contracté par un mineur paraît exceptionnelle. Des dispenses peuvent cependant être accordées par le procureur de la République. Le consentement de la famille ne s'en trouve pas moins nécessaire. Le droit de consentir au mariage d'un enfant mineur

718. La sociologie et le cinéma (*Tanguy*) montrent que cette indépendance économique est souvent illusoire à l'âge de 18 ans et au-delà. Mais pourrait-on imaginer une majorité nuptiale qui ne soit pas calée sur la majorité civile ?

719. Cour eur. D.H., 8 décembre 2015, *Z.H. et R.H. c. Suisse* ; M. Lamarche, « La mariée était une enfant (Afghane, mariée en Iran, résidant en Suisse) », *Fr. fam.*, 2016, focus n° 10.

720. Dans le même sens, voy. *supra*, n° 383 : la modification de l'article 180 du Code civil.

appartient en principe aux parents titulaires de l'autorité parentale, peu important qu'ils en aient ou non l'exercice. Le dissentiment entre le père et la mère vaut consentement : autrement dit, même si l'un des parents s'y oppose, le consentement de l'autre est suffisant (art. 148, C. civ.). De même, si un seul des parents se trouve dans la possibilité de donner l'autorisation, son consentement est suffisant (art. 149). Si les deux parents se trouvent dans cette situation, c'est aux aïeux (en pratique, les grands-parents) qu'il appartient de se prononcer. Là encore, le dissentiment vaut consentement (art. 150). Enfin, l'enfant qui n'a ni parent ni ascendant pouvant donner son accord ne peut se marier sans le consentement du conseil de famille (art. 159). Le mineur émancipé peut se marier dans les mêmes conditions (art. 413-6, C. civ.).

Les personnes compétentes donnent un consentement spécial, c'est-à-dire pour un mariage avec une personne déterminée, librement révocable jusqu'au moment de la cérémonie, et souverain, c'est-à-dire que ni le consentement ni son refus ne doivent être motivés.

408 **Mariage des majeurs protégés.** Lorsque le majeur a été placé sous tutelle, il peut se marier s'il se trouve dans un intervalle de lucidité. La loi du 5 mars 2007 relative à la protection juridique des majeurs, entrée en vigueur le 1er janvier 2009, a modifié les règles en la matière[721]. Selon le nouvel article 460 du Code civil, si le majeur est sous tutelle, le mariage n'est possible qu'avec l'autorisation du juge des tutelles ou du conseil de famille s'il a été constitué, après audition des futurs époux. Aucun avis du médecin traitant n'est désormais exigé et les père et mère du majeur ne peuvent plus, comme auparavant, prendre la décision, leur avis peut seulement être sollicité (ainsi que celui de l'entourage).

Si le majeur est placé sous curatelle, l'autorisation du curateur est requise, à défaut celle du juge des tutelles ; ces solutions n'ont pas changé (art. 460, nouv.)[722]. Enfin, le majeur sous sauvegarde de justice peut se marier librement, puisqu'il n'est pas soumis à un régime d'incapacité.

C. Conditions d'ordre social

409 **Morale sociale.** Les conditions d'ordre social qui subsistent dans notre droit sont liées à la culture et à l'histoire et apparaissent donc comme relatives ; en d'autres temps et en d'autres lieux, elles peuvent être plus ou moins rigoureuses. Bien que parfois présentées comme commandées par des raisons d'ordre biologique, et pour tout dire eugénique, pour ce qui concerne la prohibition de l'inceste, elles s'analysent avant tout comme des conditions de morale sociale et sont donc susceptibles d'évoluer dans le temps. On les présente généralement comme empêchant le mariage. Il s'agit des empêchements de parenté ou d'alliance et de l'empêchement de polygamie.

---

721. L. n° 2007-308 du 5 mars 2007 portant réforme de la protection juridique des majeurs, *JORF*, 7 mars 2007, p. 4325 ; T. Fossier, « La protection de la personne, un droit flexible », *Dr. fam.*, 2007, étude n° 17, nos 14 et s.

722. Ce texte n'est pas contraire au principe constitutionnel de la liberté du mariage. Cons. const., 29 juin 2012, n° 2012-260 QPC, *Dr. fam.*, 2012, comm. n° 136, note M. Brugeman, et n° 148, note I. Maria ; *D.*, 2013, pan., p. 1093, obs. J.-J. Lemouland et D. Vigneau ; *RTD civ.*, 2012, p. 510, obs. J. Hauser.

1. Les empêchements de parenté ou d'alliance

410 **Tabou de l'inceste.** L'inceste reste sans doute l'un des derniers tabous de notre société. Il fait horreur pour des raisons qui ne sont pas toujours rationnelles, même si on peut aussi avancer le risque de malformations chez l'enfant qui naîtrait d'une union consanguine, ou la nécessité pour la survie du groupe social de s'ouvrir, ou encore celle de l'intégration des groupes sociaux les uns aux autres. La prohibition de l'inceste et les empêchements à mariage qui en résultent relèvent surtout de considérations d'ordre moral, la crainte des désordres au sein des familles[723]. La preuve en est l'interdiction du mariage au sein des familles adoptives et surtout entre alliés. La preuve en est également le rétrécissement constant du champ de cet empêchement. La preuve en est enfin la distinction établie par la loi entre les empêchements absolus et les empêchements relatifs[724].

411 **Empêchements absolus.** L'empêchement est absolu, c'est-à-dire qu'il ne souffre aucune exception et n'est susceptible d'aucune dispense, entre ascendants et descendants, sans limitation de degré (art. 161, C. civ.). Le mariage est donc impossible entre un père et sa fille (ou son fils), ou entre une grand-mère et son petit-fils (ou sa petite-fille), etc. En ce qui concerne les frères et sœurs, la loi de 2013 a modifié l'article 162 pour tenir compte du mariage homosexuel : le mariage est prohibé entre le frère et la sœur, entre frères et entre sœurs. La question se pose de savoir si les empêchements s'appliquent lorsque le lien de filiation n'a pas été établi, lorsque la parenté n'est que de fait. Sur ce point, les auteurs sont partagés[725] et il n'existe pas de jurisprudence ferme. Les fondements multiples de ces prohibitions justifieraient qu'elles trouvent à s'appliquer. Le législateur a d'ailleurs prévu une telle solution, dans l'hypothèse de l'adoption plénière, entre l'enfant et sa famille d'origine, alors que la filiation à son égard a forcément été détruite si elle a jamais existé. De même, l'action à fins de subsides, lorsqu'elle aboutit, crée des empêchements à mariage entre le père possible et l'enfant[726].

412 **Empêchements relatifs.** Il existe également des empêchements relatifs, c'est-à-dire que la prohibition peut être levée sur décision du président de la République pour des causes graves qui résident en pratique dans la grossesse de la femme.

On trouve ces empêchements, en ligne collatérale, entre oncle et nièce et entre tante et neveu[727]. Là encore, le nouvel article 163 étend les prohibitions entre les collatéraux de même sexe. En revanche, les cousins, même germains, peuvent se marier entre eux librement.

---

723. Dans le même sens, J.-J. Lemouland, in *Droit de la famille*, *op. cit.*, n° 112.21.

724. Dans la famille adoptive, il faut distinguer. Si l'adoption est plénière, on applique les règles qui vont être exposées. Si l'adoption est simple, il existe des règles spéciales. Voy. *supra*, n° 213.

725. Pour l'application des empêchements, voy. F. Terré et D. Fenouillet, *La famille, op. cit.*, n° 119. Plus prudents, P. Courbe et A. Gouttenoire, *Droit de la famille*, *op. cit.*, n° 105. *Contra* : P. Malaurie et H. Fulchiron, *La famille*, *op. cit.*, n° 216.

726. Voy. *supra*, n° 133.

727. Selon Cass. req., 28 novembre 1877 (*D.*, 1879, 1, p. 209), cette prohibition s'étend au mariage entre grand-oncle et petite-nièce.

L'alliance crée également un empêchement relatif entre alliés en ligne directe (art. 161) : un beau-père ne peut épouser l'ex-femme (ou l'ex-mari) de son fils et une belle-mère ne peut se marier avec son ex-gendre (ou son ex-bru). Dispense peut être accordée lorsque la personne qui crée l'alliance est décédée (art. 164). Il semble cependant que cet empêchement ait aujourd'hui tendance à être remis en cause. Il faut en effet d'abord préciser que la Cour européenne des droits de l'homme a condamné le Royaume-Uni en raison de l'empêchement entre alliés en ligne directe comme portant atteinte à la liberté du mariage (art. 12, CEDH)[728]. Ensuite, la Cour de cassation elle-même a cassé un arrêt qui avait admis la nullité d'un mariage contracté après son divorce entre une femme et son ex-beau-père. Aucune opposition à mariage n'avait été à l'époque formulée et le mariage avait duré vingt ans[729]. Peut-être assiste-t-on à une nouvelle réduction du champ de la prohibition de l'inceste dans le mariage ?

2. L'empêchement de polygamie

413 **Empêchement absolu.** L'article 147 du Code civil énonce : « on ne peut contracter un second mariage avant la dissolution du premier ». Comme l'a écrit Carbonnier, cette interdiction est « une clef de voûte de la civilisation européenne »[730] qui nous vient directement du droit romain, en passant par le droit canonique. L'empêchement est bilatéral, il s'impose aussi bien à l'homme qu'à la femme. Il est absolu dans la mesure où il ne supporte ni exception ni dispense. Au contraire, il est sanctionné non seulement civilement par la nullité absolue du second mariage, mais aussi pénalement puisque la bigamie est constitutive d'un délit[731].

414 **Mariage bigame de droit étranger.** D'autres systèmes juridiques, les systèmes de droit musulman notamment, autorisent au contraire la bigamie, ce qui montre que la monogamie ne constitue pas une valeur universelle. Pour autant, des personnes de statut polygamique ne peuvent contracter en France valablement un second mariage avant la dissolution du premier, bien que leur loi nationale les y autorise : l'ordre public international français s'y oppose.

En revanche, le droit français, par l'effet atténué de l'ordre public international, permet qu'un mariage polygame conclu valablement à l'étranger par des personnes de statut polygamique produise certains effets en France, dès lors qu'ils ne heurtent pas l'ordre public français. Ainsi des effets successoraux ou

728. Cour eur. D.H., 13 septembre 2005, *B. et L. c/ Royaume-Uni, Dr. fam.*, 2005, comm. n° 234, note A. Gouttenoire et M. Lamarche ; *RTD civ.*, 2005, p. 735, obs. J.-P. Marguénaud, et p. 758, obs. J. Hauser ; *D.*, 2006, pan., p. 1418, obs. J.-J. Lemouland et D. Vigneau. La solution paraît critiquable lorsque des enfants sont issus de la précédente union. Dans le cas contraire, où est le trouble, alors que les intéressés peuvent vivre en concubinage ?

729. Cass. 1re civ., 4 décembre 2013, n° 12-26.066, *D.*, 2014, p. 179, note F. Chénedé ; *Dr. fam.*, 2014, comm. n° 1, note J.-R. Binet ; *AJ fam.*, 2014, p. 124, obs. S. Thouret ; *RTD civ.*, 2014, p. 88, obs. J. Hauser.

730. J. Carbonnier, *Droit civil*, *op. cit.*, n° 539.

731. Art. 433-20, C. pén. : le fait pour une personne engagée dans les liens du mariage d'en contracter un autre avant la dissolution du précédent est puni d'un an d'emprisonnement et de 45 000 euros d'amende.

alimentaires. En revanche, un étranger polygame ne pourra pas bénéficier du regroupement familial pour faire venir en France sa seconde épouse[732]

415 **Polygamie successive.** Le droit français a longtemps montré une certaine hostilité à l'égard de la polygamie successive, c'est-à-dire au remariage[733]. À l'origine, le Code civil interdisait notamment à deux ex-époux de se remarier ensemble, ainsi qu'à un ex-époux adultère de se remarier avec son complice. Ces empêchements ont disparu. Désormais, le remariage est totalement libre.

§ 3. – Les sanctions du mariage

416 **Présentation.** Lorsque l'une des conditions de formation du mariage fait défaut, qu'il s'agisse d'une condition d'existence ou de validité, le Code civil prévoit en principe la nullité de l'union. Le régime en apparaît toutefois original par rapport à celui de la nullité des contrats. C'est que le mariage est un acte juridique qui a pour effet particulier de créer une communauté de vie entre les époux et que la remise en cause de cet acte fondateur ne peut se faire sans précautions[734]. Mieux vaut d'ailleurs éviter qu'un mariage nul ne soit contracté. C'est pourquoi le Code civil prévoit une sanction préventive : l'opposition à mariage qui a précisément pour effet d'empêcher la conclusion d'un mariage qui pourrait faire par la suite l'objet d'une action en nullité. Mieux vaut prévenir que guérir.

A. L'opposition à mariage

417 **Définition.** L'opposition à mariage est l'acte par lequel certaines personnes désignées par la loi informent l'officier de l'état civil que le mariage projeté sera affecté d'une cause de nullité et lui font défense de procéder à la célébration. L'officier de l'état civil doit alors suspendre la cérémonie. Il ne faut pas confondre l'opposition avec l'« avis officieux », qui consiste en l'information de l'officier de l'état civil par toute personne, sans forme particulière, de l'existence d'une cause de nullité. Dans ce cas, l'officier de l'état civil n'est pas tenu de suspendre la cérémonie.

418 **Opposition familiale.** Un époux peut faire opposition pour empêcher un nouveau mariage de son conjoint (art. 172, C. civ.). La jurisprudence a d'ailleurs précisé que seul le conjoint encore marié peut former opposition dans ce cas[735]. C'est donc l'empêchement de bigamie qui peut justifier l'opposition.

Ce cas mis à part, le droit de faire opposition appartient en premier lieu aux père et mère, à défaut aux autres ascendants (art. 173, C. civ.). En l'absence de restriction contenue dans le texte, il faut admettre que les ascendants peuvent invoquer n'importe quel motif, pourvu qu'il corresponde à une cause de nullité du mariage. Leur droit est discrétionnaire, ils ne seront pas sanctionnés en cas d'abus. Cependant, si une opposition faite par un ascendant a été rejetée, aucune nouvelle opposition formée par un ascendant n'est recevable (art. 173, al. 2).

---

732. Sur la question, voy. P. Malaurie et H. Fulchiron, *La famille*, *op. cit.*, n°s 219 et 220.
733. M.-C. Rondeau-Rivier, *Le remariage*, thèse, Lyon, 1981.
734. G. Cornu, *La famille*, *op. cit.*, n° 184.
735. Cass. civ., 14 avril 1902, *DP*, 1903, 1, p. 380.

D'autres membres de la famille peuvent former opposition, mais uniquement à défaut d'ascendants et dans certains cas seulement (art. 174, C. civ.) : la sœur ou le frère, la tante ou l'oncle, la cousine ou le cousin germains. Leur opposition est possible dans deux cas : lorsque le consentement du conseil de famille n'a pas été obtenu alors que le futur époux est mineur ; en cas de démence du futur époux majeur, à charge pour l'opposant de requérir l'ouverture d'une tutelle. Le tuteur ou le curateur peuvent former opposition dans les mêmes cas, à condition d'y être autorisés par le conseil de famille (art. 175).

419 **Opposition du procureur de la République.** Depuis la loi du 24 août 1993, le procureur de la République peut former opposition dans les cas où il pourrait agir en nullité du mariage (art. 175-1). On pense tout particulièrement aux hypothèses de mariage fictif (absence de consentement), mais aussi, depuis la loi du 4 avril 2006, de mariage forcé (violence ou crainte révérencielle)[736]. Ce sont d'ailleurs ces oppositions qui ont redonné vie à cette institution.

L'article 175-2 du Code civil établit avec précision la procédure que doit suivre le procureur de la République pour former opposition à un mariage susceptible d'être annulé pour absence de consentement ou vice du consentement. L'officier de l'état civil qui a estimé, au vu du dossier des futurs époux ou à la suite de l'audience prévue à l'article 63, qu'il existe des indices sérieux laissant présumer l'absence ou le vice du consentement de l'un des futurs époux[737], peut saisir le procureur de la République « sans délai ». Dans les quinze jours, ce dernier doit prendre une décision : ou bien laisser procéder au mariage, ou bien faire opposition, ou bien surseoir à la cérémonie le temps de diligenter une enquête. Il doit motiver sa décision et la faire connaître à l'officier de l'état civil ainsi qu'aux intéressés. La durée du sursis ne peut excéder un mois, renouvelable une fois. À l'expiration de ce sursis, le procureur décide s'il laisse procéder à la cérémonie ou s'il forme opposition[738]. La décision de sursis est susceptible d'un recours exercé par l'un ou l'autre des époux devant le président du tribunal de grande instance qui doit statuer dans les dix jours.

420 **Forme de l'opposition.** L'opposition est formée par exploit d'huissier contenant, à peine de nullité, certaines indications précises : qualité de l'opposant, élection de domicile dans le lieu où le mariage doit être célébré, motif de l'opposition (art. 176). Elle doit être adressée aux deux futurs époux ainsi qu'à l'officier de l'état civil.

421 **Effets de l'opposition.** L'opposition régulièrement formée interdit à l'officier de l'état civil de célébrer le mariage, sous peine d'amende (4,50 euros jusqu'en 2006 ; 3 000 euros depuis la loi du 24 juillet 2006) et au risque d'être condamné à des dommages et intérêts (art. 68, C. civ.).

---

736. Ce texte ne porte pas une atteinte excessive à la liberté du mariage. Cons. const., 22 juin 2012, n° 2012-261 QPC, *op. cit.*

737. Il y a ici une incohérence entre les textes. Il résulte de l'art. 175-2 que l'officier de l'état civil avertit le procureur qu'il existe des indices faisant présumer que le mariage pourra être annulé sur le fondement de l'art. 146 ou de l'art. 180. Ce dernier texte vise la violence et l'erreur. Or, l'art. 180 n'autorise l'action en nullité du procureur qu'en cas de violence. Il semble donc que l'on soit dans une situation où le procureur peut faire opposition alors qu'il ne pourrait pas agir en nullité, ce qui est contraire à l'art. 175-1.

738. Illustration : Cass. 1re civ., 6 février 2007, *D.*, 2007, actu. jurispr., p. 660 ; *Dr. fam.*, 2007, comm. n° 53, note V. Larribau-Terneyre, où les autorités ont pris quelques libertés avec cette procédure.

L'opposition est temporaire, elle cesse de produire ses effets au bout d'un an, mais elle peut être renouvelée (art. 176, al. 2).

Elle cesse également ses effets en cas de mainlevée. La mainlevée peut être volontaire si elle procède de l'auteur de l'opposition. Elle peut surtout être judiciaire, prononcée par le tribunal de grande instance à la demande de l'un ou l'autre des fiancés, après qu'il a vérifié que la prétendue cause de nullité n'existe pas.

B. La nullité du mariage

422 **Empêchements prohibitifs et dirimants.** Tout défaut d'une condition de formation du mariage ne constitue pas forcément une cause de nullité. On distingue en effet les empêchements prohibitifs et les empêchements dirimants. Seuls ces derniers peuvent fonder l'annulation du mariage. Les empêchements prohibitifs font seulement obstacle à la célébration. Il s'agit du défaut de publication du mariage, de l'existence d'une opposition à mariage, du défaut d'autorisation hiérarchique pour les militaires[739]. S'il y est passé outre, le mariage ne pourra pas être remis en cause. Après avoir vu les causes de nullité, il faudra examiner les effets de la nullité.

1. Les causes de nullité

423 **Nullités absolues et relatives.** Comme en droit des contrats, il existe deux sortes de nullités, les nullités absolues qui protègent l'intérêt général, et les nullités relatives qui protègent un intérêt particulier. Mais le classement des nullités n'est pas toujours simple, car le législateur crée parfois des nullités hybrides, comme c'est le cas de la nullité pour violence qui peut désormais être demandée par le procureur de la République, alors qu'elle a pour but de protéger l'époux qui en est victime. Par tradition, on examinera la violence avec les nullités relatives, tout en sachant qu'elle est soumise à un régime particulier.

a. Les nullités absolues

1) *La détermination des causes de nullité absolues*

424 **Causes prévues par le Code civil.** Les causes de nullité absolue sont les plus nombreuses. La liste s'en trouve dressée dans le Code civil aux articles 184, pour les conditions de fond, et 191, pour les conditions de forme : le défaut d'âge, l'absence de consentement, l'absence de l'époux lors de la cérémonie, la bigamie, l'inceste, la clandestinité et l'incompétence de l'officiant.

En ce qui concerne l'absence de consentement, il faut rappeler qu'elle couvre le cas du mariage fictif, mais aussi celui du trouble mental, alors qu'en droit des contrats ce dernier s'analyse plutôt comme une cause de nullité relative[740].

La clandestinité consiste en la célébration du mariage en l'absence de toute forme de publicité : absence de publication du projet, absence de témoins,

---

739. G. Cornu, *La famille*, *op. cit.*, n° 185.

740. Sur l'évolution du droit concernant la nullité pour absence de consentement, voy. P. Malaurie et H. Fulchiron, *La famille*, *op. cit.*, n° 260.

fermeture des portes de la mairie. La jurisprudence a décidé qu'elle ne constitue une cause de nullité que dans l'hypothèse où les époux ont agi frauduleusement, en particulier pour échapper à une éventuelle opposition à mariage[741]. La nullité est facultative pour le juge.

L'incompétence, enfin, recouvre diverses hypothèses : les époux se sont mariés dans une commune autre que celle où l'un d'eux avait son domicile ou sa résidence depuis un mois ; l'officiant n'avait pas la qualité d'officier de l'état civil, c'était par exemple un simple conseiller municipal. Là encore, les juges apprécient l'opportunité de prononcer la nullité ; ils apprécient la gravité de l'incompétence[742].

425 **Cause non prévue par le Code civil.** Il existe un cas dans lequel le mariage ne répond pas aux exigences de formation et qui n'est pas envisagé par le Code civil, alors même que la validité du mariage ne saurait être retenue : l'absence de toute cérémonie. Jusqu'à la loi du 17 mai 2013, c'était également le cas de l'identité de sexe. Certains auteurs, s'appuyant sur le principe « pas de nullité sans texte », ont considéré que dans ces cas, le mariage était, non pas nul, mais inexistant en raison de la gravité du vice qui l'affecte. La théorie de l'inexistence ne présente en pratique guère d'intérêt, car elle ne dispense pas de recourir au juge pour la faire constater[743]. La doctrine contemporaine préfère recourir à la théorie des nullités virtuelles et considère que l'absence de cérémonie (tout comme naguère l'identité de sexe) est sanctionnée par la nullité absolue.

E 29 **La théorie de l'inexistence**

La théorie de l'inexistence est née au XIXe siècle, sous la plume d'Aubry et Rau, de la combinaison du constat selon lequel le Code civil ne prévoyait pas pour chaque condition du mariage un cas de nullité correspondant et de la maxime « pas de nullité sans texte ». La doctrine a considéré que certains vices affectant le mariage, l'identité de sexe, l'absence de consentement et l'absence totale de cérémonie étaient si graves qu'il paraissait impensable que le mariage puisse malgré tout subsister. S'il n'était pas nul, il était alors inexistant, vice encore plus grave que la nullité.

Cette théorie semble correspondre à une certaine réalité. On comprend que dans un système où le mariage se définit essentiellement comme l'union d'un homme et d'une femme, l'union de deux personnes de même sexe ne peut pas être qualifiée de mariage : celui-ci ne peut exister. De même, l'article 146 du Code civil dispose qu'« il n'y a pas de mariage lorsqu'il n'y a point de consentement ». Le texte semble considérer que le mariage est inexistant lorsque l'une des parties n'a pas donné de consentement du tout. Enfin, il est vrai qu'en l'absence de cérémonie, on voit mal ce qui distingue un couple marié d'un couple de concubins. Là encore, le mariage ne peut être qualifié. La jurisprudence semble d'ailleurs avoir parfois retenu cette sanction, à propos de la différence de sexe[744].

Aujourd'hui, cependant, depuis la loi du 19 février 1933, l'absence de consentement est expressément sanctionnée par la nullité absolue. Par ailleurs, même avant la loi du 17 mai 2013 ouvrant le mariage aux couples homosexuels, compte tenu de l'évolution des mentalités et de l'exemple des législations étrangères, il

741. Cass. civ., 15 juin 1887, *DP*, 1888, 1, p. 412.

742. Voy. l'affaire des *Mariages de Montrouge*, dans laquelle, pendant de nombreuses années, les mariages avaient été célébrés par un conseiller municipal de la commune de Montrouge qui n'avait pas reçu valablement délégation de pouvoir de l'officier de l'état civil. La Cour de cassation a estimé que la nullité ne s'imposait pas. Cass. civ., 7 août 1883, *DP*, 1884, 1, p. 5, concl. BARBIER ; *S.*, 1884, 1, p. 5, note J.E. LABBÉ.

743. F. TERRÉ et D. FENOUILLET, *La famille*, *op. cit.*, n° 144.

744. Cass. civ., 6 avril 1903, *S.*, 1904, 1, p. 273, note A. WAHL.

paraissait difficile de considérer que le mariage était inexistant entre deux personnes de même sexe. L'identité de sexe était une cause de nullité absolue, parce que le mariage célébré ne correspondait pas à la conception que l'on s'en faisait. Mais ce mariage existait. Aujourd'hui, le problème ne se pose évidemment plus.

Seule l'absence de cérémonie pourrait encore constituer un cas d'inexistence : qu'y a-t-il en effet à annuler lorsque les prétendus époux ne se sont prêtés à aucune cérémonie ni à aucun rite et se sont simplement échangés des promesses dans l'intimité ou devant quelques amis ou membres de la famille ? Il faudrait alors se demander ce qu'il advient de l'union s'il y a au moins une apparence de cérémonie, c'est-à-dire une union célébrée devant une personne qui n'a aucune compétence, tel un prêtre. Il y aurait là un problème à résoudre au cas par cas. On peut toutefois douter de la notion, même pour l'absence de cérémonie. Un mariage peut fort bien se concevoir sans échange solennel de consentements. C'est le cas du mariage de common law, qui a cours dans certains États des États-Unis, qui est un mariage *by cohabitation and reputation*, autrement dit par possession d'état.

Intuitivement, la notion d'inexistence a de quoi séduire. Elle correspond d'ailleurs à la distinction entre les conditions d'existence et les conditions de validité du mariage. Pour autant, il n'est pas certain que l'on puisse en déduire des conséquences techniques. La nullité peut trouver un fondement dans la théorie des nullités virtuelles, selon laquelle certaines causes de nullité n'ont pas été inscrites dans le Code civil, car elles allaient de soi pour les rédacteurs du Code civil. Par ailleurs, inexistence ou nullité, la sanction ne peut être prononcée que par un juge, il n'y a donc guère d'intérêt pratique à les distinguer. C'est sur le terrain du mariage putatif que le débat peut cependant rebondir[745].

Biblio

À lire : V. Peltier, « Contribution à l'étude de la notion d'inexistence en droit privé », *RRJ*, 2000, 3, pp. 917-989 ; G. Cohendy, « Des intérêts de la distinction entre l'inexistence et la nullité d'ordre public », *RTD civ.*, 1914, p. 33 ; C. Aubry et C. Rau, *Droit civil français*, t. 7 (par P. Esmein), Paris, Librairies techniques, 1962, § 450 ; R. Saleilles, « La distinction entre l'inexistence et la nullité du mariage », in *Bulletin de la société d'études législatives*, 1911-1912, p. 351.

2) *Les titulaires de l'action*

426 **Principe.** L'action en nullité absolue, puisqu'elle tend à protéger l'ordre public, est ouverte à tout intéressé. C'est ce qui ressort tant de l'article 184 que de l'article 191 du Code civil. Cependant, ce régime connaît une certaine adaptation par rapport au régime de droit commun, en raison de l'importance et de la particularité de l'acte en cause. Toute personne n'a pas le droit d'invoquer n'importe quel intérêt, ce qui ressort – assez peu clairement – de l'article 187 du Code civil.

427 **Personnes ayant le droit d'invoquer tout intérêt.** Certaines personnes, parce que le mariage les concerne directement, peuvent agir en vertu d'un intérêt aussi bien moral que pécuniaire, sans avoir même d'ailleurs à faire la démonstration de cet intérêt qui se trouve en quelque sorte présumé. Ce sont les époux eux-mêmes, les père et mère, les ascendants. On peut ajouter le premier conjoint qui invoque la bigamie (art. 188, C. civ.), ainsi que le conseil de famille s'il avait compétence pour autoriser le mariage d'un mineur (art. 186 *a contrario*). Pour les époux, la question s'est posée de savoir s'ils peuvent agir en nullité,

745. Voy. *infra*, n° 442.

alors que le mariage a été dissous par divorce. La réponse semble devoir être positive, à condition qu'ils justifient d'un intérêt à agir[746].

428 **Personnes ne pouvant invoquer qu'un intérêt pécuniaire.** Selon l'article 187 du Code civil, les collatéraux peuvent agir en nullité, mais seulement en invoquant un « intérêt né et actuel », ce qui semble viser un intérêt pécuniaire (successoral[747]) qui apparaîtra au décès de l'un des époux. Ils ne peuvent d'ailleurs agir du vivant des époux. Il en va de même des enfants d'un autre mariage. Enfin, bien qu'ils ne soient pas visés expressément, les créanciers peuvent certainement agir, comme tout intéressé, s'ils démontrent un intérêt pécuniaire à agir.

429 **Descendants du couple.** Il n'est rien précisé non plus en ce qui concerne les enfants du couple ou leurs descendants. Ils doivent pouvoir agir, comme tout intéressé, dans la limite sans doute d'un intérêt pécuniaire. Cet intérêt consistera à évincer de la succession[748] le conjoint survivant qui ne pourrait pas bénéficier du mariage putatif[749]. L'intérêt est d'autant plus grand depuis la loi du 3 décembre 2001 que les droits du conjoint survivant sont devenus très importants, y compris en présence de descendants du *de cujus*.

430 **Ministère public.** L'article 190 donne pouvoir, et fait même devoir, au procureur de la République d'agir pour faire prononcer l'annulation d'un mariage atteint d'une cause de nullité absolue – et faire condamner les époux à se séparer ! Il ne peut agir que du vivant de ces derniers. Son rôle de gardien de l'ordre public suffit à justifier son action.

3) *L'extinction de l'action*

431 **Prescription.** À l'origine, le Code civil était silencieux sur la question de la prescription des actions en nullité absolue du mariage. On enseignait traditionnellement que l'ancien article 2262, selon lequel toutes les actions se prescrivaient par trente ans, n'était pas applicable aux actions d'état : elles étaient imprescriptibles, car l'état des personnes est lui-même imprescriptible[750]. Cependant, depuis la loi du 3 janvier 1972, les actions relatives à la filiation se prescrivent[751], par conséquent l'argument tiré de la nature de l'action ne tient plus. L'action en nullité absolue du mariage est considérée comme prescriptible. Jusqu'en 2008, le délai de prescription était le délai de droit commun, trente ans. La loi du 17 juin 2008[752] a modifié le délai de droit commun de la prescription qui est désormais de cinq ans (art. 2224, nouv., C. civ.). Toutefois,

746. Cass. 1re civ., 12 avril 2012, n° 11-11.116, *Dr. fam.*, 2012, comm. n° 115, note V. Larribau-Terneyre ; *AJ fam.*, 2012, p. 412, obs. J. Antippas.

747. Cass. 1re civ., 4 mai 2011, n° 09-68.983, *Dr. fam.*, 2011, comm. n° 145, note V. Larribau-Terneyre.

748. Comp. J. Hauser et D. Huet-Weiller, *La famille*, *op. cit.*, n° 345.

749. Voy. *infra*, nos 442 et s.

750. Paris, 17 février 1961, *JCP-G*, 1961, II, 12020, concl. M. Nepveu.

751. Voy. *supra*, n° 84.

752. L. n° 2008-561 du 17 juin 2008 portant réforme de la prescription en matière civile, *JORF*, 18 juin 2008, p. 9856.

elle a maintenu le délai de trente ans pour les actions en nullité absolue du mariage, à compter de la cérémonie (art. 184)[753].

402 **Confirmation.** En droit des contrats, les actions en nullité absolue sont insusceptibles de confirmation : le vice qui affecte l'acte ne peut être réparé après coup. En droit du mariage, le principe demeure, mais il est accompagné d'une exception. Selon l'article 196, le vice de forme de l'acte de mariage est couvert si les époux apportent la preuve d'une possession d'état. La possession d'état joue ainsi, par exception, un rôle probatoire d'appoint.

L'ancien article 185 du Code civil prévoyait également que le vice d'impuberté (défaut d'âge) était couvert dans certaines hypothèses. La loi du 20 décembre 2007 relative à la simplification du droit a abrogé ce texte : le mariage atteint du vice d'impuberté ne peut donc plus être confirmé.

433 **Nullité du premier mariage.** L'article 189 du Code civil prévoit un moyen de défense particulier pour le cas de la bigamie. Les époux peuvent opposer à la demande la nullité du premier mariage. En effet, si le premier mariage est nul, le second ne l'est pas puisque, rétroactivement, on considérera qu'au moment de ce dernier, le premier n'existait pas et que par conséquent chacun des époux respectait le principe de monogamie[754]. En revanche, le divorce du premier mariage prononcé après la conclusion du second serait sans effet puisque cette cause de dissolution n'a pas d'effet rétroactif[755]. L'article 189 prévoit que la nullité du premier mariage doit être jugée préalablement à celle du second. Il semble par ailleurs admis en jurisprudence que la nullité du premier mariage peut être opposée par un seul des époux, en défense contre une demande de nullité du second par son conjoint actuel[756].

b. Les nullités relatives

1) *Les vices du consentement*

434 **Titulaires de l'action.** La nullité pour erreur ou pour violence a manifestement pour but de protéger le consentement de l'époux qui en est victime. C'est donc ce dernier qui est attributaire de l'action et en principe personne d'autre. En principe seulement, car la loi du 4 avril 2006 a donné compétence au procureur de la République pour agir en nullité sur le fondement de la violence. La raison en est simple à comprendre. On peut en effet penser que si les pressions sur un époux ont été suffisamment puissantes pour le contraindre à se marier, elles risquent de l'être également pour l'empêcher d'agir en nullité. Il paraît donc important qu'une tierce personne puisse également exercer l'action[757].

---

753. V. Larribau-Terneyre, « Du nouveau sur la prescription des actions en nullité du mariage », *Dr. fam.*, 2008, comm. n° 97.

754. Cass. 1re civ., 25 septembre 2013, n° 12-26.041, *Dr. fam.*, 2013, comm. n° 148, note J.-R. Binet ; *AJ fam.*, 2013, p. 643, obs. A. Boiché ; *RTD civ.*, 2014, p. 91, obs. J. Hauser. Le plus curieux dans cette affaire, c'est que les deux mariages avaient été célébrés entre les mêmes époux, ce qui n'empêche pas que soit caractérisée la bigamie !

755. Cass. 1re civ., 19 décembre 2012, n° 11-26.713, *D.*, 2013, pan., p. 1095, obs. J.-J. Lemouland et D. Vigneau.

756. Cass. 1re civ., 26 octobre 2011, n° 10-25.285, *Dr. fam.*, 2012, comm. n° 2, note V. Larribau-Terneyre ; *AJ fam.*, 2011, p. 613, obs. F. Chénedé.

757. Loin de considérer que cette règle porte atteinte à la liberté du mariage, le Conseil constitutionnel a estimé qu'elle la protège au contraire. Cons. const., 22 juin 2012, n° 2012-261 QPC, préc.

435 **Prescription.** L'action en nullité de droit commun s'éteint au bout d'un délai de cinq ans (art. 2224, nouv., C. civ.). Pour ce qui concerne les vices du consentement, la loi du 4 avril 2006 a consacré une solution qui était déjà retenue[758] : l'action est soumise au délai de droit commun, dont le point de départ est le jour du mariage. La loi du 17 juin 2008 portant réforme de la prescription en matière civile a supprimé un autre point de départ que prévoyait l'article 181. Il s'agissait du jour où l'époux avait acquis sa pleine liberté (en cas de violence) ou du jour où il avait connu son erreur – comme c'est normalement le cas en droit commun de la prescription (art. 2224, nouv., C. civ.). Cette modification, qui s'explique par la volonté du législateur de ne pas laisser la validité des mariages trop longtemps dans l'incertitude, marque un curieux recul de la protection du consentement en matière de mariage, deux ans après la loi du 4 avril 2006 qui avait au contraire œuvré dans le sens d'une plus grande protection[759].

436 **Confirmation.** Jusqu'à la loi du 4 avril 2006, l'article 181 du Code civil prévoyait un cas de confirmation tacite. En effet, l'action n'était plus recevable chaque fois qu'il y avait eu cohabitation continuée pendant six mois depuis que l'époux avait acquis sa liberté ou qu'il avait eu connaissance de l'erreur. La loi de 2006 a supprimé cette règle, sans doute pour éviter que l'action puisse s'éteindre trop rapidement. Reste peut-être la possibilité d'une confirmation, au moins expresse, conformément au droit commun des contrats.

2) *L'incapacité*

437 **Titulaires de l'action.** En principe, seul l'incapable peut agir en nullité. Mais l'article 182 du Code civil donne également compétence pour agir à ceux (père, mère, ascendants, conseil de famille) qui auraient dû donner leur consentement, ce qui constitue une légère entorse au principe qu'une nullité relative ne peut être invoquée que par la partie protégée.

438 **Prescription.** Naguère, le délai de prescription extinctive était très bref (un an). La loi du 4 avril 2006 l'a porté à cinq ans, toujours avec l'objectif de permettre une lutte plus efficace contre les mariages forcés. Le point de départ en est, pour ceux qui devaient donner leur consentement, le jour où ils ont eu connaissance du mariage. Pour le mineur, c'est le jour où il atteint l'âge légal de se marier, c'est-à-dire 18 ans.

439 **Confirmation.** L'article 183 envisage expressément la confirmation du mariage : l'action ne peut plus être intentée ni par les époux, ni par ceux qui auraient dû donner leur consentement, chaque fois que ces derniers ont approuvé expressément ou tacitement l'union.

2. Les effets de la nullité du mariage

440 **Dissolution pour l'avenir.** Dans tous les cas, l'annulation du mariage produit effet pour l'avenir, de la même manière que le divorce ou le décès. Pour l'avenir, les époux ne sont plus considérés comme mariés. Tous les devoirs conjugaux prennent fin, le régime matrimonial disparaît, les vocations successorales

758. Cass. 1re civ., 17 novembre 1958, *D.*, 1959, p. 18, note G. Holleaux ; *JCP-G*, 1959, II, 10949, note P. Esmein ; *RTD civ.*, 1970, p. 154, obs. R. Nerson.

759. Voy. *supra*, nos 383 et 404.

également, chaque époux perd l'usage du nom du conjoint et retrouve le droit de se remarier. L'annulation n'entraîne pas nécessairement, en revanche, la séparation de fait des époux. Il est possible en effet que l'action en nullité ait été exercée par un tiers, alors même que les époux souhaitaient rester mariés. Le prononcé de l'annulation ne change rien pour eux et on ne voit pas ce qui leur interdirait de poursuivre une communauté de vie en tant que concubins. Quant aux enfants mineurs, si les ex-époux se séparent, ils doivent faire l'objet d'une décision du juge quant aux modalités de l'exercice de l'autorité parentale (art. 202, al. 2, C. civ.). Ni l'annulation, ni même la séparation ne modifient en principe l'attribution de cet exercice, mais il faut au moins désigner le parent chez lequel l'enfant aura sa résidence habituelle, à moins que ne soit choisie la résidence alternée.

441 **Rétroactivité.** En droit commun des contrats, la nullité produit un effet rétroactif qui consiste à faire comme si l'acte n'avait jamais existé. Ainsi, si les contractants avaient déjà exécuté leurs obligations, il y a lieu à restitution de ce qui a été donné ou livré. En droit du mariage, la solution est en principe la même. La rétroactivité entraîne des conséquences supplémentaires par rapport à celles qui ont déjà été évoquées. De manière générale, les ex-époux sont considérés comme n'ayant été depuis l'origine que des concubins. Le régime matrimonial est censé n'avoir jamais existé. Les donations *propter nuptias* tombent. Les pensions alimentaires sont censées ne jamais avoir été dues, les arrérages doivent en être restitués. Si la nullité est prononcée après le décès de l'un des époux, le conjoint survivant qui a hérité doit rendre les biens qu'il a recueillis aux cohéritiers. La déclaration de nationalité à raison du mariage par l'époux étranger est caduque (art. 21-5, C. civ., *a contrario*)[760].

Il est toutefois difficile de faire comme si la communauté de vie et d'intérêts n'avait jamais eu lieu. C'est pour cette raison que le législateur a aménagé de sérieuses atténuations à cet anéantissement pour le passé, tant à l'égard des époux qu'à l'égard de leurs enfants.

a. L'atténuation à l'égard des époux

442 **Mariage putatif.** La notion de mariage putatif a été créée par le droit canonique ancien à une époque où il existait un grand nombre d'empêchements à mariage fondés sur un lien existant entre les époux avant leur mariage. Il s'agissait d'atténuer les rigueurs de la nullité pour des époux qui pouvaient ignorer l'existence d'un tel empêchement[761]. Un mariage putatif se définit en effet comme un mariage dont l'un des époux (ou les deux) ignorait qu'il était affecté d'une cause de nullité. Il a été contracté de bonne foi par au moins l'un des époux et c'est ce qui justifie que l'annulation ne produise pas d'effet rétroactif.

443 **Conditions du mariage putatif.** La condition principale, sinon unique, du mariage putatif réside dans la bonne foi d'au moins l'un des époux. Par application de l'article 2274 nouveau (art. 2268, anc.) du Code civil, la bonne foi est présumée. Peu importe que l'erreur de l'époux n'ait pas été invincible ou

760. Cass. 1re civ., 7 novembre 2012 (2 arrêts), nos 11-25.662 et 12-13.713, *Dr. fam.*, 2012, comm. n° 179, note V. Larribau-Terneyre. Cass. 1re civ., 13 février 2013, n° 12-17.645, *Dr. fam.*, 2013, comm. n° 49, note V. Larribau-Terneyre.

761. A. Esmein, *Le mariage en droit canonique*, t. 1 (par R. Génestal), 2e éd., Paris, Sirey, 1929, pp. 370 et s.

légitime. Peu importe son objet : une cause de nullité absolue ou relative. Elle peut consister en une erreur de fait (l'époux ignorait que son conjoint était déjà marié) ou de droit (l'époux ignorait que le droit français interdit la bigamie).

La question se pose de savoir s'il faut en outre que le mariage ne soit pas inexistant, en particulier si l'absence totale de cérémonie fait obstacle au mariage putatif. La Cour de cassation a décidé que la bonne foi constitue la seule condition exigée par la loi[762]. Cependant, cette décision a été rendue à l'occasion d'une affaire où un mariage avait été célébré entre une Française et un Anglais, en France, devant le Consul de Grande-Bretagne, mais où les époux étaient considérés comme de bonne foi. Or il semble bien que la bonne foi est nécessairement liée à un minimum de cérémonie : sans ce minimum on ne peut pas considérer que les époux sont de bonne foi ; on ne peut pas considérer qu'ils avaient une intention matrimoniale sérieuse et réelle[763].

Enfin, le bénéfice de la putativité est subordonné à une décision judiciaire.

444 **Effets du mariage putatif.** L'article 201 du Code civil dispose que « le mariage qui a été déclaré nul produit, néanmoins, ses effets à l'égard des époux, lorsqu'il a été contracté de bonne foi ». Cette formule est erronée ou pour le moins maladroite. Il est bien entendu que le mariage ne produit justement plus ses effets pour l'avenir ; en revanche, il conserve ses effets pour le passé. Autrement dit, la putativité évince la rétroactivité. Mais encore faut-il distinguer selon que les deux époux ou un seul d'entre eux sont de bonne foi.

Si les deux époux sont de bonne foi, la putativité exerce ses pleins effets. La rétroactivité est totalement écartée : les droits successoraux du conjoint survivant lui sont conservés, les donations *propter nuptias* ne sont pas anéanties, etc. Quant à l'avenir, les intérêts patrimoniaux sont réglés peu ou prou comme s'il y avait divorce. Le régime matrimonial est liquidé selon ses propres mécanismes, une prestation compensatoire peut être octroyée à l'un des ex-époux[764], le conjoint étranger conserve la nationalité française acquise par mariage (art. 21-5, C. civ.).

Si un seul des époux est de bonne foi, lui seul bénéficie de la putativité. Il en résulte d'abord que le mariage ne conserve ses effets passés que pour cet époux (art. 201, al. 2). À l'égard de l'époux de mauvaise foi, la nullité rétroagit. Pour la liquidation des intérêts patrimoniaux, l'époux de bonne foi a le droit de choisir entre deux méthodes : celle de son régime matrimonial ou celle que l'on applique parfois aux concubins, notamment la société créée de fait. Si l'époux de bonne foi survit à l'autre, il conserve sa part dans la succession ; dans l'hypothèse inverse, l'époux de mauvaise foi doit restituer la part de succession qu'il avait recueillie.

---

762. Cass. civ., 30 juillet 1900, *DP*, 1901, 1, p. 317 ; *S.*, 1902, 1, p. 225, note A. WAHL.

763. P. MALAURIE et H. FULCHIRON, *La famille*, *op. cit.*, n°s 273 et 274. *Adde* M. LAMARCHE, in P. MURAT (dir.), *Droit de la famille*, *op. cit.*, n° 115.222.

764. Cass. 1re civ., 23 octobre 1990, *Bull. civ.*, I, n° 221 ; *D.*, 1991, p. 214, note C. MASCALA ; *JCP-G*, 1991, II, 21774, note F. MONÉGER ; *Gaz. Pal.*, 1991, 1, p. 256, note J. MASSIP ; *RTD civ.*, 1991, p. 299, obs. J. HAUSER. *Adde* J. HAUSER, « Vers une théorie générale du droit familial ? », *D.*, 1991, chron., p. 56.

b. L'atténuation à l'égard des enfants

445 **Indifférence à l'égard de la bonne foi des parents.** À l'origine, les articles 201 et 202 du Code civil prévoyaient que les enfants du couple conservaient le bénéfice de la légitimité si le mariage avait été contracté de bonne foi par au moins l'un des parents. Cet avantage pour les enfants relevait de la théorie du mariage putatif. Depuis la loi du 3 janvier 1972, l'article 202 prévoyait que le mariage produisait ses effets à l'égard des enfants que les époux fussent de bonne ou mauvaise foi. Il ne s'agissait donc plus de la théorie du mariage putatif. La règle n'a pas changé depuis, mais sa portée en a été modifiée puisque la notion de légitimité a disparu[765] : elle signifie désormais simplement que, malgré l'annulation, même rétroactive, du mariage, les enfants conservent leur lien de filiation à l'égard des deux parents, alors que logiquement la rétroactivité de la nullité devrait empêcher la présomption de paternité de jouer. Quant à l'exercice de l'autorité parentale, il est fixé comme en matière de divorce (art. 202, al. 2, C. civ.).

SECTION II
Le statut du mariage

446 **Lien d'alliance.** Il faut d'abord rappeler que le mariage crée un lien de famille particulier, le lien d'alliance, entre chaque époux et les parents de son conjoint[766]. Ce lien d'alliance produit des effets assez peu nombreux qui ne sont toutefois pas négligeables. Il instaure d'abord des empêchements à mariage[767]. Il crée également une obligation alimentaire. Il s'agit d'une obligation alimentaire réciproque entre les brus ou les gendres d'une part et les belles-mères ou les beaux-pères d'autre part (art. 206 et 207). Cette obligation cesse lorsque le mariage qui a créé l'alliance prend fin[768]. C'est le cas si les époux divorcent, mais également si l'un d'entre eux décède. Malgré le décès, toutefois, l'obligation subsiste si le couple a eu des enfants non décédés[769]. Le régime de cette obligation est le même que celui de l'obligation alimentaire qui s'impose entre ascendants et descendants[770].

447 **État de mariage.** Le mariage n'est pas seulement un acte juridique, un échange de consentements à un moment donné ; c'est également un statut, un état, auquel les époux adhèrent en célébrant leur union. Ils ne peuvent pas, en effet, définir eux-mêmes le contenu de leur statut. L'état matrimonial est composé de règles assez diverses, dont la plupart sont impératives, qui touchent à tous les aspects de leur vie de couple, qu'il s'agisse de relations d'ordre personnel ou d'ordre patrimonial.

765. Voy. *supra,* n° 16.
766. Voy. *supra,* n° 3.
767. Voy. *supra,* n°s 410 et s.
768. M. Rebourg, *Les pensions alimentaires, op. cit.*, pp. 27 et s.
769. Lyon, 25 janvier 1967, *D.*, 1967, p. 443 ; *RTD civ.*, 1968, p. 349, obs. R. Nerson.
770. Voy. *supra,* n°s 322 et s.

§ 1. – Les relations d'ordre personnel

A. Les signes extérieurs de l'union des époux

448 **Lien de famille.** Le mariage crée un lien unique entre les époux qui diffère de celui qui résulte de la parenté, mais qui n'en constitue pas moins un lien de famille, que l'on ne retrouve pas dans les couples non mariés, par lequel chaque époux entre dans la famille de l'autre et dont l'un des effets principaux est d'ordre successoral. En effet, les époux sont héritiers l'un de l'autre, ce que ne sont ni les concubins ni les partenaires. La loi du 3 décembre 2001 a d'ailleurs assuré la promotion du conjoint survivant en le faisant hériter en concurrence avec les enfants du défunt. Le lien conjugal permet à chaque époux d'acquérir la nationalité de l'autre, du moins à l'époux étranger d'acquérir la nationalité du conjoint français (art. 21-1 et s., C. civ.).

Certains signes extérieurs permettent aux époux de faire connaître l'existence de ce lien particulier qui les unit : le nom avant tout, et dans une moindre mesure le domicile.

449 **Nom des époux.** L'usage du nom de son mari par la femme mariée est une coutume ancienne. Il n'existe en effet aucun texte de loi qui impose à l'épouse de porter le nom du mari. D'ailleurs, la portée de cette coutume a changé avec le temps. Au XIXe siècle, il était admis que la femme mariée perdait son nom patronymique et se trouvait donc obligée de porter le nom de son mari. Aujourd'hui, la femme mariée ne perd plus son nom de jeune fille[771]. La solution résulte très clairement de l'article 264 du Code civil dans sa rédaction issue de la loi du 26 mai 2004 : « À la suite du divorce, chacun des époux perd l'usage du nom de son conjoint ». La règle signifie que, pour la femme mariée, le nom de son conjoint n'est qu'un nom d'usage[772], un nom dont elle n'est pas titulaire et qu'elle ne pourrait transmettre à ses enfants. Implicitement, on comprend également que cet usage n'est plus un devoir, mais un droit auquel le mari ne peut s'opposer, et qui est opposable aux tiers. La femme mariée peut choisir de conserver l'usage exclusif de son nom, de porter le nom de son mari ou encore d'accoler celui-ci au sien.

Ce qui est souvent ignoré, c'est que le mari également peut porter à titre d'usage le nom de son épouse. Là encore, la solution résulte implicitement de l'article 264 du Code civil. Selon une circulaire du 26 juin 1986, le mari bénéficiait d'une moins grande liberté que la femme : il ne pouvait pas utiliser le nom de son épouse seul, il ne pouvait que l'adjoindre au sien.

Ces règles viennent d'être consacrées, pour la première fois expressément, par la loi du 17 mai 2013 relative au mariage homosexuel, avec quelques modifications. Un article 225-1 du Code civil a été créé, qui prévoit que « chacun des époux peut porter, à titre d'usage, le nom de l'autre époux, par substitution ou adjonction à son propre nom dans l'ordre qu'il choisit ». On voit ainsi que le

771. Depuis la Circulaire n° 5575/SG du 21 février 2012, la mention « nom de jeune fille », tout comme celle de « Mademoiselle », et quelques autres, sont supprimées des documents administratifs. De l'art encore de faire des textes qui n'ont guère d'utilité et peuvent même se révéler absurdes. Appellera-t-on un enfant « Madame » désormais ? En ce sens, voy. M. Lamarche, « Le nom de jeune fille n'existe (juridiquement) pas », *Dr. fam.*, 2012, focus n° 19.

772. Voy., dans le même sens, l'art. 300, C. civ.

texte nouveau est applicable à tous les couples mariés, hétérosexuels ou homosexuels, et qu'il offre à l'homme une liberté de choix nouvelle, puisqu'il peut tout comme la femme, porter le nom de l'autre, non seulement par adjonction, mais aussi par substitution à son propre nom.

450 **Domicile des époux.** Jusqu'en 1975, l'unité du couple se traduisait par une unité de domicile (le domicile conjugal). L'ancien article 108 du Code civil disposait que la femme n'avait pas d'autre domicile que celui de son mari. La communauté de domicile, au-delà de la communauté de vie, traduit l'union des époux, puisqu'elle signifie que la localisation juridique du mari et de la femme se fait au même lieu. La loi du 11 juillet 1975 a supprimé la prépondérance du mari et du même coup l'unité de domicile : « Le mari et la femme peuvent avoir un domicile distinct... » (art. 108)[773]. Mais le texte poursuit en énonçant que les époux ne doivent pas porter atteinte aux règles relatives à la communauté de vie, consacrant ainsi la dissociation entre la notion de domicile et celle de résidence (puisque la communauté de vie doit forcément se dérouler en un lieu de résidence).

B. Les missions conjointes

451 **Direction de la famille.** Selon l'article 213 du Code civil : « les époux assurent ensemble la direction morale et matérielle de la famille ». La rédaction du texte résulte de la loi du 4 juin 1970 qui a remplacé la puissance paternelle par l'autorité parentale[774]. À l'origine, l'article 213 instaurait la puissance maritale : la femme devait obéissance au mari et le mari lui devait protection. La puissance maritale a disparu avec la loi du 18 février 1938 qui avait cependant maintenu le mari dans sa qualité de chef de famille. Depuis la loi de 1970, la famille a deux chefs : toutes les décisions doivent en principe être prises d'un commun accord, qu'elles concernent les aspects matériels ou moraux de la famille, ou encore l'éducation des enfants. L'article 213 ajoute d'ailleurs qu'« ils pourvoient à l'éducation des enfants et préparent leur avenir »[775], tandis que l'article 203 précise qu'ils doivent les nourrir et les entretenir[776].

452 **Choix de la résidence de la famille.** Jusqu'à la loi de 1970, le choix de la résidence appartenait au mari. La loi de 1938 et une loi du 22 septembre 1942 avaient seulement accordé à l'épouse un droit de critique lorsque le choix du mari présentait des dangers d'ordre physique ou moral pour la famille. La loi de 1970 avait affirmé que les époux choisissaient ensemble la résidence de la famille, mais, en cas de désaccord, le dernier mot revenait encore au mari. La femme conservait son droit de critique lorsque le logement présentait des inconvénients graves pour la famille. C'est la loi du 11 juillet 1975 relative au divorce qui a placé les époux sur un strict pied d'égalité en la matière. Désormais, « la résidence est au lieu qu'ils choisissent d'un commun accord » (art. 215, al. 2, C. civ.). Une nouvelle difficulté apparaît cependant : en cas de désaccord entre les époux, le texte ne prévoit plus de solution, d'autant que la

773. F. LAROCHE-GISSEROT, « Le nouveau domicile de la femme mariée », *RTD civ.*, 1979, p. 724.
774. Voy. *supra*, n° 224.
775. Ils exercent conjointement, en principe, l'autorité parentale. Voy. *supra*, n°s 251 et s.
776. Voy. *supra*, n° 313.

possibilité offerte à la femme de recourir au juge a logiquement disparu. Malgré ce nouveau silence, on peut supposer que le juge peut tout de même être saisi par l'un ou l'autre époux – même si l'hypothèse reste théorique.

C. Les devoirs mutuels

453 **Énumération des devoirs mutuels.** L'article 212 du Code civil énonce que « les époux se doivent mutuellement respect, fidélité, [...], assistance » et l'article 215, alinéa 1er, dispose que « les époux s'obligent mutuellement à une communauté de vie ». On peut d'abord remarquer que les devoirs s'imposent aujourd'hui de manière égale au mari et à la femme, ce qui n'a pas toujours été le cas, notamment pour la fidélité et la communauté de vie. Ces devoirs sont mutuels. Par ailleurs, le mariage ne s'analyse pas en un contrat synallagmatique dans lequel les obligations de chaque époux auraient pour cause les obligations de l'autre. Un époux ne peut se prétendre libéré de ses obligations au prétexte que son conjoint n'exécuterait pas les siennes, même si, dans une procédure de divorce pour faute, les torts du demandeur peuvent jouer le rôle d'une excuse[777]. On peut enfin relever que le Code civil semble faire du devoir de communauté de vie le dernier des devoirs conjugaux, si l'on s'en tient à l'ordre de présentation. En réalité, la communauté de vie doit sans doute être conçue comme le premier des devoirs, car on voit mal ce que peut être un mariage sans vie commune des époux, et les autres devoirs, sans en dépendre totalement, lui sont intimement liés. Les différents devoirs seront donc examinés successivement en commençant par la communauté de vie.

1. La communauté de vie

a. Le contenu du devoir de communauté de vie

454 **Devoir essentiel du mariage.** La communauté de vie constitue sans doute l'élément le plus essentiel du mariage, celui sans lequel le mariage n'est qu'une « coquille vide », pour reprendre l'expression du doyen Carbonnier. La communauté de vie apparaît si bien comme ce qui fait vraiment le mariage que le législateur tire des conséquences directes de son existence ou de son absence. C'est ainsi que l'octroi de la nationalité française (art. 21-2, C. civ.) ou d'un titre de séjour (art. L. 313-11-4° et L. 314-9-3°, Code de l'entrée et du séjour des étrangers et du droit d'asile) au conjoint étranger est subordonné à l'existence d'une communauté de vie d'une certaine durée. C'est elle d'ailleurs qui constitue le meilleur indice de la volonté réelle des époux qu'on soupçonne d'avoir conclu un mariage fictif. Inversement, sa disparition met fin au projet de procréation médicalement assistée (art. 311-20, al. 3, C. civ.), interdit au conjoint d'un majeur protégé d'être son tuteur ou son curateur (art. 449), permet d'obtenir le divorce pour altération du lien conjugal sur un simple constat objectif[778], et le divorce pour faute n'est possible que si le manquement aux obligations du

777. Sur cette question, voy. J. Roche-Dahan, « Les devoirs nés du mariage, Obligations réciproques ou obligations mutuelles ? », *RTD civ.*, 2000, p. 735.

778. Avant la loi du 26 mai 2004, ce cas de divorce s'intitulait « divorce pour rupture de la vie commune ».

mariage rend le maintien de la vie commune intolérable[779]. De même, en cas de séparation de fait ou de séparation judiciaire, les autres devoirs du mariage changent dans leurs modalités d'exécutions, voire disparaissent.

455 **Cohabitation matérielle.** La communauté de vie comprend plusieurs aspects. Il s'agit en premier lieu pour les époux de vivre sous le même toit. À l'origine, le Code civil envisageait ce devoir de manière inégalitaire. L'ancien article 214 disposait : « la femme est obligée d'habiter avec le mari, et de le suivre partout où il juge à propos de résider : le mari est obligé de la recevoir ». La loi du 4 juin 1970 a changé de terminologie et a bilatéralisé le devoir : « les époux s'obligent mutuellement à une communauté de vie » (art. 215, al. 1er). La cohabitation matérielle, c'est aussi une communauté de ménage. Les époux doivent vivre « à même feu et pot » selon une expression médiévale. Les époux ne sont certes pas censés partager tous les repas, mais plutôt la vie dans son ensemble et aussi le budget.

456 **Communauté de lit.** Bien que le Code civil n'y fasse pas allusion, il est très généralement admis que les époux s'obligent mutuellement aux relations sexuelles[780] et la jurisprudence a déjà eu à se prononcer sur ce point. C'est à l'occasion d'une procédure de divorce pour faute que le problème se pose généralement. Il revêt trois aspects.

En premier lieu, c'est le refus injustifié de se soumettre à ce devoir qui peut être constitutif d'une faute[781]. La seule sanction envisageable réside dans le prononcé du divorce, toute sanction coercitive s'avérerait impossible. L'inaptitude physique ne saurait en revanche constituer une faute. Si, toutefois, le conjoint a été trompé sur ce point au moment du mariage, il pourrait en demander la nullité pour erreur sur les qualités essentielles[782]. De même, l'inaptitude à la procréation se trouve hors de cause.

En deuxième lieu, ce sont parfois les modalités d'exécution du devoir conjugal qui sont sanctionnées. Les circonstances de son accomplissement sont parfois considérées comme fautives, qu'il s'agisse de relations contre nature[783], compromettantes pour la santé du conjoint et pernicieuses pour la morale[784], ou excessives, trop fréquentes[785].

En troisième lieu, surtout, c'est la question des rapports sexuels imposés par la force par l'un des époux à l'autre qui a connu une évolution assez récente, tant en jurisprudence que dans la loi. L'idée a longtemps prévalu que, les époux étant présumés avoir donné leur consentement aux relations sexuelles en se mariant, ce devoir pouvait être exercé par la contrainte en cas de refus de l'un d'eux[786].

---

779. Voy. *infra*, n° 521.

780. Pour une proposition de supprimer ce devoir légal, voy. A.-M. Leroyer, *RTD civ.*, 2006, pp. 402 et s., spéc. pp. 406 et s.

781. J.-M. Bruguière, « Le devoir conjugal, Philosophie du code et morale du juge », *D.*, 2000, p. 10, et jurispr. citée.

782. Voy. *supra*, n° 386.

783. Cass. 2e civ., 3 janvier 1969, *Bull. civ.*, II, n° 1.

784. Nîmes, 5 juin 1894, note sous Caen, 26 décembre 1899, *DP*, 1900, 2, p. 206.

785. TGI Dieppe, 25 juin 1970, *JCP-G*, 1970, II, 16545*bis*.

786. Cass. crim., 21 novembre 1839, *S.*, 1839, 1, p. 817. Grenoble, 4 juin 1980, *D.*, 1981, IR, p. 134. V. J.-P. Branlard, *Le sexe et l'état des personnes – Aspects historique, sociologique et juridique*, Paris, LGDJ 1993, n° 944.

Il en résultait que le viol entre époux n'était pas sanctionné. La jurisprudence a opéré un revirement en deux étapes, d'abord dans un cas de viol accompagné d'actes de barbarie[787], ensuite dans un cas de viol simple[788]. Il résulte de cette nouvelle solution que la présomption de consentement aux relations sexuelles n'est qu'une présomption simple. Le refus de ces relations reste une faute, mais la contrainte pour les obtenir est illégitime. Le législateur a consacré cette jurisprudence dans la loi du 4 avril 2006. L'article 222-22, alinéa 2, du Code pénal énonce en effet que « le viol et les autres agressions sexuelles sont constitués [...] quelle que soit la nature des relations existant entre l'agresseur et sa victime, y compris s'ils sont unis par les liens du mariage ». Le texte ajoute : « dans ce cas, la présomption de consentement des époux à l'acte sexuel ne vaut que jusqu'à preuve contraire »[789]. Le lien matrimonial est d'ailleurs élevé au rang de circonstance aggravante du viol (art. 222-24, 11°, C. pén.).

457 **Communauté de vie affective.** La communauté de vie comprend un aspect qui n'est pas seulement matériel ou charnel, mais aussi affectif, difficile il est vrai à définir, mais dont l'existence n'est pas moins certaine. Il est en particulier admis que les époux peuvent vivre séparément, sans contrevenir à l'article 215 du Code civil, lorsque les nécessités de la vie le leur imposent, telles qu'une obligation de travail ou un emprisonnement[790]. La communauté de vie subsiste suffisamment au moins dans sa dimension affective.

Cet aspect affectif ne consiste certes pas en une obligation de s'aimer, mais dans une dimension morale ou spirituelle du mariage, qui se manifeste par une intention de partager la vie et qui impose aux époux au moins un certain respect réciproque, impliquant sincérité et confiance mutuelles notamment dans les relations sociales.

b. Les sanctions du devoir de communauté de vie

458 **Séparation unilatérale.** Un époux ne peut en principe décider unilatéralement de mettre fin à la communauté de vie. Une fois la solution affirmée, il reste à savoir quelle sanction encourt l'époux fautif. L'exécution forcée du devoir de communauté de vie doit être écartée. Si on pouvait envisager à une certaine époque de ramener l'épouse à son mari *manu militari*[791], la solution porterait aujourd'hui une atteinte intolérable à la liberté individuelle[792]. Elle s'avérerait en outre inopérante dans la mesure où, malgré la cohabitation forcée, il manquerait l'élément affectif indispensable pour la transformer en véritable communauté de vie. Une mesure de contrainte indirecte comme l'astreinte se heurterait aux mêmes objections.

---

787. Cass. crim., 5 septembre 1990, *D.*, 1991, p. 13, note H. Angevin ; *JCP-G*, 1991, II, 21629, note M.-L. Rassat.

788. Cass. crim., 11 juin 1992, *D.*, 1993, p. 117, note M.-L. Rassat ; *JCP-G*, 1993, I, 3639, obs. T. Garé.

789. Cette précision relève plus de l'ordre du symbolique que du technique : le viol se caractérise toujours par l'absence de consentement de la victime, condition préalable qu'il est toujours nécessaire de prouver.

790. Cass. 1re civ., 8 juin 1999, *Dr. fam.*, 1999, comm. n° 110, obs. H. Lécuyer ; *D.*, 2000, somm., p. 413, obs. J.-J. Lemouland ; *Rép. Defrénois*, 1999, p. 1256, obs. J. Massip.

791. Chambéry, 27 octobre 1931, *JCP*, 1932, 275, note H. M.

792. TGI Brest, 9 juillet 1974, *D.*, 1975, p. 418, note J. Prévault.

Les seules sanctions encore possibles résident soit dans la responsabilité civile et l'octroi de dommages et intérêts à l'époux abandonné, soit dans le refus d'une pension alimentaire à l'époux abandonnant, soit dans le divorce pour faute.

459 **Dispense de cohabitation.** L'époux qui décide de rompre la communauté de vie n'est pas forcément fautif. Il peut y être contraint par l'autre à cause de son attitude : violence, entretien d'une maîtresse au foyer, cohabitation avec la belle-famille[793]. Intimé par le conjoint abandonné de réintégrer la résidence commune, l'époux abandonnant peut se défendre en demandant une dispense de cohabitation que les juges acceptent d'accorder à titre provisoire[794], à condition qu'il fasse la démonstration d'un juste motif[795]. Il est vrai qu'aujourd'hui, l'époux victime de violence peut obtenir, de manière plus juste, une ordonnance de protection consistant au contraire à contraindre le conjoint violent à quitter le domicile[796], ce qui est finalement une autre forme de dispense de cohabitation.

460 **Pactes de séparation amiable.** Les pactes de séparation amiable, par lesquels les époux s'entendent sur le principe de la séparation, comme sur son organisation, contreviennent à un devoir qui reste d'ordre public. La jurisprudence décide par conséquent qu'ils sont nuls de nullité absolue. En réalité, tant que les époux sont d'accord pour rester dans une situation de fait, le pacte produit son effet. Sa nullité apparaît si l'un des époux souhaite reprendre la vie commune : l'autre ne peut lui opposer valablement leur convention de séparation. En revanche, les accords accessoires qui concernent la contribution aux charges du mariage ou encore les modalités de l'autorité parentale ne sont pas dépourvus de toute efficacité. Ayant pour but l'organisation d'une situation illicite, ils pourraient être annulés pour cause illicite, mais le législateur contemporain encourage les juges à avoir égard aux accords que les époux peuvent passer entre eux pour organiser leurs relations. C'est le cas pour l'exercice de l'autorité parentale (art. 373-2-7, C. civ.). De même, le juge peut être amené à se prononcer sur l'octroi d'une pension alimentaire à l'un des époux sur le fondement de la contribution aux charges du mariage[797]. Rien ne l'empêche de tenir compte des accords entre époux[798].

2. La fidélité

461 **Présentation.** L'article 212 du Code civil impose aux époux un devoir mutuel de fidélité qui constitue en quelque sorte un prolongement du devoir de communauté de vie. Il se présente comme un autre aspect du devoir conjugal : les époux, en se mariant, s'engagent à une exclusivité des relations sexuelles, et malgré un affaiblissement des sanctions de l'adultère, la fidélité n'a pas disparu en tant que devoir, quoi qu'en pensent ceux qui la trouvent peut-être ringarde et estiment que l'infidélité a quelque chose de

793. Cass. civ., 20 novembre 1860, *DP*, 1861, 1, p. 305.

794. Cass. 1re civ., 14 mars 1973, *JCP-G*, 1973, II, 17434, obs. R. Lindon ; *D.*, 1974, p. 452, note P. Rémy ; Cass. 1re civ., 24 octobre 1973, *D.*, 1975, p. 724, note A. Bénabent.

795. Cass. 1re civ., 19 novembre 1991, *Rép. Defrénois*, 1992, p. 720, obs. J. Massip.

796. Voy. *infra*, n° 489.

797. Voy. *infra*, n° 471.

798. F. Terré et D. Fenouillet, *La famille*, *op. cit.*, n° 162.

normal et peut-être de « cool »[799]. D'une certaine manière, on peut également y voir un prolongement du principe de monogamie. Le Code civil ne définit pas la fidélité, ce qui a laissé le loisir à la jurisprudence d'admettre à côté de la fidélité sexuelle une fidélité plus spirituelle ou morale.

462 **Fidélité, adultère et égalité des époux.** Le devoir de fidélité se définit par sa violation : il consiste en l'interdiction de commettre un adultère, c'est-à-dire d'avoir des relations sexuelles avec une autre personne que son conjoint. L'évolution du droit a été double. Elle a consisté d'abord à imposer ce devoir de manière égale à la femme et au mari. Dans le Code civil, à l'origine, l'adultère de la femme constituait une faute cause de divorce dès lors qu'elle avait des relations sexuelles avec un tiers. Pour le mari, l'adultère n'était une cause de divorce que s'il entretenait sa concubine au domicile conjugal (art. 230, anc., C. civ.). Lorsque le divorce fut rétabli par la loi Naquet de 1884, cette inégalité de traitement ne fut pas maintenue. En revanche, on la retrouvait sur le plan pénal : l'adultère n'était constitutif pour le mari d'un délit pénal que dans la mesure où il entretenait sa maîtresse au foyer conjugal. Cette inégalité de traitement entre le mari et la femme se justifiait par la crainte que la femme n'introduise un étranger dans la famille légitime, l'enfant conçu des œuvres de l'amant. Cette crainte ayant disparu grâce au développement de la contraception, toute discrimination a été supprimée par la loi du 11 juillet 1975 : l'adultère n'est plus un délit pénal[800].

E 30 **Les conséquences de l'adultère**

Présentée comme le pilier traditionnel du mariage, la fidélité semble avoir perdu de sa force contraignante et avoir été soustraite à l'ordre public familial pour devenir « un élément de la charte personnelle des époux »[801]. En effet, on peut relever, tout d'abord, que depuis la loi de 1975, l'adultère n'est plus qu'une cause facultative de divorce pour faute, alors qu'auparavant la jurisprudence avait décidé qu'elle en constituait une cause péremptoire. Autrement dit, désormais, le juge n'est plus tenu de prononcer le divorce s'il constate l'adultère de l'un des époux. En particulier, l'infidélité de l'un peut excuser l'infidélité de l'autre, ou bien encore les dispenses mutuelles de fidélité que s'accordent parfois les époux peuvent ôter à l'adultère son caractère de gravité. Une juridiction a même accepté de donner force exécutoire à une clause de dispense mutuelle de fidélité insérée dans une convention de divorce sur requête conjointe[802]. Traditionnellement, ensuite, le droit civil soumettait l'enfant adultérin à un statut juridique, notamment successoral, inférieur à celui des enfants légitimes ou naturels simples. Depuis la loi du 3 décembre 2001, il bénéficie exactement des mêmes droits que tous les autres enfants. Dans le même sens, la Cour de cassation, renversant une jurisprudence ancienne, a décidé que la libéralité faite par un mari à sa concubine n'était pas affectée d'une cause immorale et illicite[803]. La Cour de

---

799. Dans le même sens, H. Fulchiron, « La fidélité en option ? », *Dr. fam.*, 2016, repère n° 3.
800. Y. Mayaud, « L'adultère cause de divorce depuis la loi du 11 juillet 1975 », *RTD civ.*, 1980, p. 494.
801. Selon J. Hauser et D. Huet-Weiller, *La famille*, *op. cit.*, n° 1016.
802. TGI Lille, 26 novembre 1999, *D.*, 2000, p. 254, note X. Labbée.
803. Cass. 1re civ., 3 février 1999, *D.*, 1999, p. 267, rapp. X. Savatier, note J.-P. Langlade-O'Sughre ; *JCP-G*, 1999, II, 10083, note M. Billiau et G. Loiseau ; *Rép. Defrénois*, 1999, p. 680, obs. J. Massip, p. 738, obs. D. Mazeaud, p. 814, obs. G. Champenois ; *RTD civ.*, 1999, pp. 364 et 817, obs. J. Hauser. Solution confirmée par Cass. Ass. plén., 29 octobre 2004, *D.*, 2004, p. 3175, note D. Vigneau ; *Dr. fam.*, 2004, comm. n° 230, note B. Beignier ; *JCP-G*, 2005, II, 10011, note F. Chabas ; *RTD civ.*, 2005, p. 104, obs. J. Hauser.

cassation a refusé de sanctionner la complice de l'époux adultère, sur le fondement de la responsabilité délictuelle[804], alors qu'en principe il est admis que le tiers qui contribue à la violation d'une obligation contractuelle engage sa responsabilité. Dernier outrage fait à l'adultère, la Cour de cassation a estimé que, compte tenu de l'évolution des mœurs et des conceptions morales, on ne peut plus considérer que l'imputation à un homme marié d'une infidélité conjugale porte atteinte à elle seule à son honneur ou sa considération[805].

L'adultère n'en reste pas moins une faute, puisque le devoir de fidélité subsiste. Il constitue même la cause la plus importante du divorce pour faute. Par ailleurs, l'époux victime de l'adultère peut réclamer des dommages et intérêts à son auteur pour réparer le préjudice qu'il a subi, sur le fondement de la responsabilité civile délictuelle de droit commun. Il ne faut sans doute pas considérer que la fidélité n'est plus un devoir du mariage, mais plutôt qu'elle est devenue un devoir comme les autres, sanctionné autant ou aussi peu que les autres.

Biblio

À lire : A. Mignon-Colombet, « Que reste-t-il du devoir de fidélité entre époux ? », *Petites Aff.*, 31 janvier 2005, p. 6 ; C. Philippe, « Quel avenir pour la fidélité ? », *Dr. fam.*, 2003, chron. n° 16 ; J. Borricand, « L'adultère, cause péremptoire de divorce », *JCP-G*, 1955, I, 1237 ; L. Leveneur, « Une libéralité consentie pour maintenir une relation adultère peut être valable ! », *JCP-G*, 1999, I, 152 ; F. Dekeuwer-Défossez, « Aperçu sociologique des fautes cause de divorce », in *Sociologie judiciaire du divorce*, Paris, Economica, 1999, p. 45.

463 **Fidélité et infidélité morales.** La jurisprudence a élargi le champ d'application de l'obligation de fidélité qui ne se limite donc pas aux relations sexuelles. Peut ainsi constituer une violation du devoir de fidélité une relation platonique, mais ambiguë avec un tiers[806].

464 **Fidélité et absence de communauté de vie.** Le devoir de fidélité découle directement, comme tous les autres, du mariage (art. 226, C. civ.). Il n'en reste pas moins qu'en toute logique, le devoir de fidélité entretient un lien avec la communauté de vie dont elle est le prolongement. Par conséquent, l'absence de communauté de vie devrait avoir une incidence sur le maintien du devoir de fidélité. Ainsi, en cas de séparation de corps, comment admettre que les époux, qui ne sont plus astreints au devoir conjugal, puissent être interdits de toutes relations sexuelles avec une tierce personne ? Le Code civil ne donne pas de solution sur ce point. En revanche, le législateur, depuis la loi du 3 janvier 1972, reconnaît que l'adultère est possible, voire probable, en cas de séparation judiciaire des époux en instance de divorce ou de séparation de corps, puisqu'il écarte dans ce cas la présomption de paternité du mari[807]. Dans le même sens, les tribunaux considèrent que, sans disparaître, le devoir de fidélité est moins contraignant pour les époux séparés ou en instance de divorce[808]. L'adultère est moins facilement caractérisé dans ce cas. Pour qu'il y ait faute cause de divorce, il faut en effet que la violation grave ou renouvelée des obligations du mariage

804. Cass. 2e civ., 4 mai 2000, *JCP-G*, 2000, II, 10356, note T. Garé.

805. Cass. 1re civ., 17 décembre 2015, n° 14-29.549, *Dr. fam.*, 2016, comm. n° 42, note J.-R. Binet.

806. Paris, 13 février 1986, *Gaz. Pal.*, 1986, 1, p. 216, note J. G. M., dans un cas d'infidélité spirituelle de la femme avec un évêque.

807. C. Philippe, « Un droit de la famille résolument tourné vers la diversité », *op. cit.*, p. 18.

808. P. Malaurie et H. Fulchiron, *La famille*, *op. cit.*, n° 1476.

rende intolérable le maintien de la vie commune ; or les juges relèvent que la vie commune a justement déjà cessé[809].

3. L'assistance

465 **Devoir d'entraide.** Le devoir d'assistance est, avec le devoir de secours et celui de contribution aux charges du mariage, l'un des devoirs d'entraide que les époux se doivent mutuellement[810]. Il se présente comme une obligation de faire dont l'objet est le soutien moral et matériel du conjoint dans les situations de crises, telles que le chômage ou la maladie. L'époux doit ainsi apporter du réconfort, mais aussi les soins nécessaires à son conjoint – dans la limite de ses aptitudes personnelles, bien sûr. L'assistance peut également prendre la forme d'une aide ponctuelle à l'activité professionnelle du conjoint. Il en résulte que l'époux qui assiste l'autre ne peut réclamer à ce dernier une indemnité ou un salaire pour l'aide apportée. En cas de séparation des époux, le devoir d'assistance peut difficilement conserver sa nature propre. Il est alors relayé par le devoir de secours, devoir d'ordre pécuniaire. D'ailleurs, en cas d'inexécution, la seule sanction envisageable réside dans la responsabilité civile et l'octroi de dommages et intérêts pour réparer le préjudice subi en raison du manquement à ce devoir.

4. Le respect

466 **Nouveau venu.** La loi du 4 avril 2006 renforçant la prévention et la répression des violences au sein du couple ou commises contre les mineurs a introduit ce nouveau devoir en tête de l'article 212 du Code civil. En réalité, la loi n'a fait ici que consacrer un devoir que la jurisprudence avait peu à peu dégagé dans le contentieux du divorce pour faute. Il est en effet désormais bien connu que les fautes causes de divorce ne se réduisent pas à la violation des devoirs du mariage nommés par le Code civil[811]. Les époux doivent se respecter mutuellement, sur un plan physique aussi bien que moral[812], intellectuel ou religieux. Les juges n'ont pas attendu la loi de 2006 pour faire des violences conjugales ou des atteintes à la dignité une faute au sens de l'article 242 du Code civil[813]. La modification du texte ne s'en trouve cependant pas dénuée de toute utilité : la loi reste le mode d'affirmation solennelle de certaines valeurs, non seulement celle du respect du conjoint, mais aussi de l'égalité entre les époux face à ce devoir[814]. C'est sans doute encore au devoir de respect qu'il faut rattacher

---

809. Sur cette question, voy. C. Chabault, « De la relativité de l'adultère dans le divorce pour faute », *Dr. fam.*, 1998, chron. n° 11. *Adde* J. Hauser, *RTD civ.*, 1994, p. 571.

810. C. Philippe, *Le devoir de secours et d'assistance entre époux, Essai sur l'entraide conjugale*, Paris, LGDJ, 1981.

811. Voy. *infra*, n° 578.

812. Ainsi, sanctionnant l'intention de nuire d'une épouse à l'égard du mari, Angers, 23 mai 2011 (procédure d'exécution forcée pour paiement d'une pension alimentaire, alors que les époux avaient repris la vie commune) ; Lyon, 23 mai 2011 (épouse multipliant volontairement les *infractions* routières au volant d'un véhicule immatriculé aux noms des deux époux), *Dr. fam.*, 2011, comm. n° 165, note V. Larribau-Terneyre.

813. Dans le même sens, M. Lamarche, in P. Murat (dir.), *Droit de la famille, op. cit.*, n° 116.122.

814. Comp. G. Cornu, *La famille*, *op. cit.*, n° 30*bis*.

le « comportement injurieux » retenu par certaines juridictions comme faute – en l'espèce le fait pour l'épouse non séparée de s'inscrire sur un site de rencontre[815], ou le fait pour l'épouse d'avoir échangé des messages équivoques sur Internet avec des correspondants masculins, ainsi que des photographies intimes d'elles[816].

§ 2. – Les relations d'ordre patrimonial

467 **Régime matrimonial et régime primaire.** La communauté de vie implique une communauté d'intérêts patrimoniaux et pécuniaires. Le Code civil impose à chaque couple marié de se soumettre à un régime matrimonial, c'est-à-dire un ensemble de règles qui régissent les biens et les dettes des époux. Les époux ont en principe la liberté de choisir leur régime matrimonial dans un contrat de mariage. Il en existe deux sortes : les régimes de type séparatiste, comme la séparation de biens ou la participation aux acquêts ; les régimes de type communautaire, tels que la communauté universelle. S'ils ne procèdent pas expressément à un tel choix, un régime supplétif leur est applicable, le régime de la communauté réduite aux acquêts, qui est celui de la très grande majorité des couples[817]. Ils peuvent aussi choisir expressément ce régime tout en lui apportant des aménagements.

Outre un régime matrimonial, propre à chaque couple, le Code civil impose un régime applicable à tous les époux, quel que soit leur régime matrimonial, que l'on appelle régime primaire. C'est un régime impératif, auquel les époux ne peuvent donc pas déroger par une convention particulière. Issues de la loi du 13 juillet 1965, ces règles ont pour objectif d'imposer aux époux certaines valeurs, qui semblent aujourd'hui aller de soi, mais qui étaient nouvelles à l'époque : l'égalité entre les époux, mais également leur indépendance. Sans entrer dans le détail de ce régime primaire, il convient d'en exposer les grandes lignes.

A. Les devoirs mutuels

468 **Dualité légale des devoirs d'entraide.** L'article 212 du Code civil met à la charge mutuelle des époux un devoir de secours, tandis que l'article 214 leur impose de contribuer aux charges du mariage. Avec le devoir d'assistance, ces deux obligations d'ordre pécuniaire forment l'ensemble des devoirs d'entraide. Classiquement, on explique que le secours et la contribution aux charges du mariage constituent deux devoirs distincts. L'évolution de la jurisprudence conduit toutefois à un rapprochement sensible entre eux, sinon à une confusion[818].

---

815. Riom, 2 septembre 2014, *Dr. fam.*, 2014, comm. n° 179, obs. J.-R. B.

816. Cass. 1re civ., 30 avril 2014, n° 13-16.649, *Dr. fam.*, 2014, comm. n° 95, note J.-R. Binet ; *RTD civ.*, 2014, p. 627, obs. J. Hauser.

817. La matière relève d'un autre ouvrage. Voy. A.-S. Brun-Wauthier, *Régimes matrimoniaux*, 5e éd., coll. Paradigme, Bruxelles, Larcier, 2015.

818. Selon certains auteurs, la contribution aux charges du mariage ne fait que déterminer les modalités d'exécution du devoir de secours. Voy., en ce sens, C. Philippe, *Le devoir de secours et d'assistance entre époux – Essai sur l'entraide conjugale*, *op. cit.*, p. 56. Pour cet

1. La distinction des devoirs

469 **Le devoir de secours.** Le devoir de secours, prévu à l'article 212, est un devoir de nature alimentaire dont l'objet est de fournir à l'époux démuni de ressources ce dont il a besoin pour vivre décemment. C'est un devoir dont on enseigne traditionnellement, et à juste titre, qu'il ne nécessite pas l'existence d'une communauté de vie entre les époux pour pouvoir être exercé. Ainsi, en cas de séparation de fait ou de séparation judiciaire (séparation de corps[819] ou instance en divorce[820]), l'un des époux peut être amené à fournir des aliments, sous forme d'une pension alimentaire, à son conjoint s'il se trouve dans le besoin. En revanche, lorsque les époux vivent ensemble, on dit qu'il est masqué par le devoir de contribution aux charges du mariage dont l'objet est plus large.

470 **La contribution aux charges du mariage.** L'article 214 du Code civil prévoit l'obligation pour chaque époux de contribuer aux charges du mariage. L'objet du devoir de contribuer aux charges du mariage est plus large que celui du devoir de secours, puisqu'il comprend, outre les aliments, l'entretien des enfants et toutes les dépenses de pur agrément : au total, les frais de nourriture, de vêtements, de logement (eau, gaz, électricité, téléphone, ameublement, loyer), de scolarité, de transport, de loisir, mais aussi les dépenses en capital telles que l'acquisition de l'immeuble devant servir au logement de la famille[821]. L'article 214 précise que les époux doivent contribuer aux charges du mariage à proportion de leurs facultés respectives, à moins qu'ils en aient décidé autrement dans une convention matrimoniale[822]. Il semble toutefois que les époux ne pourraient pas convenir que l'un d'entre eux serait totalement déchargé de ce devoir[823]. Lorsque l'un des époux n'a pas de revenus, il peut remplir son obligation par une contribution en nature, par exemple, en réalisant des tâches ménagères[824], en collaborant à l'activité professionnelle de son conjoint, ou encore en apportant le logement de la famille s'il lui appartient.

2. Le rapprochement des devoirs

471 **Séparation des époux.** Un premier facteur de rapprochement tient à ce que la jurisprudence décide de manière constante que le devoir de contribution aux charges du mariage subsiste entre les époux même en cas de séparation[825]. Or, c'est la séparation qui fait apparaître le devoir de secours. Cette solution a

auteur, le devoir d'assistance n'est qu'un autre aspect de ce même devoir, qu'elle nomme devoir d'entraide conjugale. *Adde* A. Bénabent, « La liberté individuelle et le mariage », *op. cit.*, n° 201.

819. Art. 303, C. civ.

820. Art. 255, C. civ.

821. G. Champenois, *Les régimes matrimoniaux*, 2e éd., Paris, Armand Colin, 2001, n° 62. Cass. 1re civ., 12 juin 2013, n° 11-26.748, *AJ fam.*, 2013, p. 448, obs. B. de Boysson.

822. Un tel règlement peut figurer dans tout accord, même en dehors d'un contrat de mariage. Cass. 1re civ., 3 février 1987, *Bull. civ.*, I, n° 41 ; *Gaz. Pal.*, 1987, 2, p. 384, note J. M. ; *JCP-N*, 1988, II, p. 65, note P. Simler.

823. F. Terré et P. Simler, *Les régimes matrimoniaux*, 7e éd., Paris, Dalloz, 2015, n° 59.

824. Cass. 1re civ., 4 juillet 2007, *AJ fam.*, 2007, p. 399, obs. P. Hilt ; *D.*, 2008, pan., p. 1791, obs. J.-J. Lemouland et D. Vigneau.

825. Cass. 1re civ., 6 janvier 1981, *Bull. civ.*, I, n° 6.

un impact direct sur la modalité d'exécution du devoir de contribution : tout comme pour le devoir de secours, un seul époux en est débiteur à l'égard de l'autre. Ils prennent l'un et l'autre la forme d'une pension alimentaire.

Le maintien du devoir de contribution connaît cependant une limite. Les juges se prononcent en tenant compte des circonstances de la cause[826]. La formule signifie que les juges doivent examiner à qui incombent les torts de la rupture. Si l'époux abandonnant avait une raison légitime de rompre la communauté de vie, il peut bénéficier d'une pension alimentaire. Dans le cas contraire, elle lui est refusée. C'est au défendeur, celui qui prétend ne rien devoir, qu'incombe la charge de prouver l'existence d'une cause le dispensant de la contribution[827]. Cette solution semble s'étendre au devoir de secours[828].

472 **Évaluation de la pension alimentaire.** Un autre facteur de rapprochement réside dans le mode d'évaluation de la pension alimentaire fondée sur le devoir de secours : la Cour de cassation n'hésite pas à décider que, pour fixer le montant de la pension alimentaire, il doit être tenu compte du niveau d'existence auquel l'époux créancier peut prétendre en raison des facultés de son conjoint[829]. Il peut donc obtenir plus qu'un simple minimum vital.

473 **Sanctions des devoirs.** Les mêmes sanctions, enfin, frappent celui qui n'exécute pas le devoir de secours ou le devoir de contribution aux charges du mariage. L'exécution forcée peut en être assurée, après obtention d'un jugement de condamnation, par la procédure de paiement direct ou par la procédure de recouvrement public, offerte aux créanciers d'aliments[830]. Au pénal, le débiteur défaillant est passible des peines sanctionnant l'abandon de famille (art. 227-3, C. pén.).

B. La cogestion

474 **Protection du logement de la famille.** Le logement de la famille est un bien d'une importance primordiale. Il est souvent le seul bien dont les époux sont propriétaires et, même si ce n'est pas le cas, il reçoit une affectation particulière, celui de loger la famille[831]. Il s'agit de s'assurer qu'il existe un lieu où les époux puissent exercer leur devoir de communauté de vie et, au-delà, y abriter toute la famille. Afin de protéger ce bien contre les agissements inconsidérés d'un époux, le législateur a inscrit à l'article 215, alinéa 3, du Code civil (L. du 13 juillet 1965) une règle de cogestion du logement.

475 **Indisponibilité du logement de la famille.** L'article 215, alinéa 3, énonce que « les époux ne peuvent l'un sans l'autre disposer des droits par lesquels est assuré le logement de la famille, ni des meubles meublants dont il est garni ».

---

826. Cass. 1re civ., 8 mai 1979, *Bull. civ.*, I, n° 135. Cass. 1re civ., 16 février 1983, *Bull. civ.*, I, n° 67 ; *D.*, 1984, p. 39, note J. Revel.

827. Cass. 1re civ., 15 décembre 1985, *Bull. civ.* I, n° 230.

828. P. Malaurie et H. Fulchiron, *La famille*, *op. cit.*, n° 1826.

829. Cass. 2e civ., 7 mai 1980, *Bull. civ.*, II, n° 97. En ce sens, C. Philippe, Le *devoir de secours et d'assistance entre époux – Essai sur l'entraide conjugale*, *op. cit.*, p. 99.

830. Voy. *supra,* nos 337 et s.

831. À lire, M. Barré-Pépin et C. Coutant-Lapalus (dir.), *Logement et famille : des droits en question*, Paris, Dalloz, 2005 ; spéc. voy. V. Bonnet, « Indisponibilité ou insaisissabilité du logement de la famille », *op. cit.*, p. 175.

Le texte édicte une règle d'indisponibilité relative, en ce sens que les époux n'ont pas l'interdiction de disposer des droits, mais ils doivent le faire ensemble.

Est protégé le local qui sert de résidence principale aux époux. Il semble que le logement à usage mixte bénéficie également de la protection, le texte ne l'excluant pas. Mais les auteurs estiment en général que la liberté professionnelle doit l'emporter sur la protection si elles sont en conflit[832]. Sont également soumis à la cogestion les meubles meublants, c'est-à-dire les meubles qui garnissent le logement.

Les droits indisponibles sont tous ceux qui permettent aux époux de jouir du logement familial (ainsi que des meubles meublants), principalement le droit au bail ou le droit de propriété. Il peut s'agir également d'un usufruit, d'un droit d'usage et d'habitation, d'un prêt, etc.

Les actes qu'un époux ne peut accomplir seul sont tous ceux qui font perdre ou risquent de faire perdre la jouissance du logement. Ainsi, si le logement est assuré par un bail, l'époux titulaire du bail ne peut le résilier sans l'accord de l'autre. Si les époux sont propriétaires ensemble du logement, il va de soi qu'ils ne peuvent le vendre l'un sans l'autre. Cette solution est cependant la même si un époux en est propriétaire exclusif : il ne peut vendre l'immeuble, ni constituer une hypothèque dessus, ni en faire donation, ni le donner à bail à un tiers[833] sans l'accord du conjoint. En revanche, il peut le léguer seul dans la mesure où le testament ne prendra effet qu'au décès de son auteur, donc au moment où le mariage prend fin[834]. Si un époux contrevient à cette règle de cogestion, son conjoint peut demander l'annulation de l'acte pendant un an à partir du jour où il en a eu connaissance, sans jamais pouvoir agir plus d'un an après la dissolution du régime matrimonial[835].

476 **Saisissabilité du logement de la famille.** La jurisprudence constante de la Cour de cassation décide que l'article 215, alinéa 3, du Code civil ne rend pas le logement de la famille insaisissable. Autrement dit, un époux peut engager le logement de la famille, qu'il constitue l'un de ses biens personnels ou un bien commun, par une dette qu'il a contractée sans l'accord du conjoint. En particulier, le cautionnement consenti par un époux pour garantir la dette d'un tiers permet au créancier de saisir le logement[836].

---

832. En ce sens, A.-S. Brun, *Régimes matrimoniaux*, *op. cit.*, n° 92.

833. Cass. 1re civ., 16 mai 2000, *Dr. fam.*, 2001, comm. n° 2, note B. Beignier ; *Rép. Defrénois*, 2001, p. 460, obs. G. Champenois ; *RTD civ.*, 2001, pp. 416 et 418, obs. B. Vareille.

834. Cass. 1re civ., 22 octobre 1974, *D.*, 1975, p. 645, note I. Foulon-Pigagnol ; *JCP-G*, 1975, II, 18041, note Y. Chartier ; *RTD civ.*, 1975, p. 296, obs. R. Nerson. La loi du 3 décembre 2001 protège le conjoint survivant en lui accordant un droit temporaire sur le logement d'une durée d'un an (art. 763, C. civ.), ainsi qu'un droit d'usage viager (art. 764), qui vient s'imputer sur sa part dans la succession du défunt.

835. Cass. 1re civ., 12 janvier 2011, n° 09-15631, *Dr. fam.*, 2011, comm. n° 31, note V. Larribau-Terneyre ; *D.*, 2011, pan., p. 1046, obs. J.-J. Lemouland et D. Vigneau.

836. Cass. 1re civ., 4 juillet 1978, *D.*, 1979, p. 4797, note Y. Chartier ; *JCP-G*, 1980, II, 19368, note Labbouz ; *RTD civ.*, 1979, p. 585, obs. R. Nerson.

E 31 **Déclaration d'insaisissabilité de la résidence principale**

La loi du 1er août 2003 sur l'initiative économique (L. n° 2003-721, *JORF*, 5 août 2003, p. 13449), dite loi Dutreil, a introduit dans le Code de commerce la possibilité pour un entrepreneur individuel de déclarer l'insaisissabilité de sa résidence principale (art. L. 526-1 et s.). Cette disposition a pour but d'inciter des personnes physiques à se lancer dans une activité individuelle, sans craindre de perdre la résidence dont elles sont propriétaires. La loi n° 2008-776 de modernisation de l'économie (*JORF*, 5 août 2008, p. 12471) a étendu cette faculté à tout bien foncier non affecté à l'activité professionnelle. En effet, un entrepreneur individuel, c'est-à-dire un entrepreneur qui n'exerce pas son activité sous une forme sociale, engage tous ses biens par ses dettes professionnelles, y compris ses biens personnels, y compris son logement s'il en est propriétaire (art. 2284, C. civ.). Pour y remédier, l'article L. 526-1 permet à un entrepreneur individuel (commerçant, artisan, agriculteur) de déclarer unilatéralement, par acte notarié, l'insaisissabilité de sa résidence principale ou de tout bien foncier. Cette déclaration ne produit effet que pour l'avenir, c'est-à-dire pour les dettes nées postérieurement à la déclaration. Elle ne remet donc pas en cause les droits des créanciers antérieurs. Par ailleurs, elle n'exclut l'immeuble du gage des créanciers que pour les dettes nées à l'occasion de l'exercice de la profession. La loi n° 2015-990 du 6 août 2015, dite « loi Macron » est allée encore plus loin puisque l'article L. 526-1 prévoit désormais l'insaisissabilité de plein droit, sans déclaration, de la résidence principale de l'entrepreneur individuel Il est possible d'y renoncer sous forme d'une déclaration notariée. La déclaration d'insaisissabilité subsiste pour les autres immeubles.

Les textes ne font aucune distinction selon que l'entrepreneur est marié, célibataire, vit en concubinage ou a contracté un pacte civil de solidarité. De ce point de vue, le champ d'application de la règle est extrêmement étendu. Si l'entrepreneur est marié, il va de soi que sa résidence principale se confond avec le logement de la famille. Celui-ci bénéficie alors d'une protection très large : l'indisponibilité relative de l'article 215, alinéa 3, du Code civil et l'insaisissabilité des articles L. 526-1 et suivants du Code de commerce. S'il n'est pas marié, la famille qu'il forme éventuellement avec son concubin ou son partenaire se trouve également protégée, puisque leur résidence bénéficie de l'insaisissabilité. En revanche, aucune règle équivalente à celle de l'article 215, alinéa 3, du Code civil n'interdit au propriétaire de l'immeuble d'en disposer sans l'accord du concubin ou du partenaire. L'insaisissabilité de la résidence principale a été critiquée par de nombreux commentateurs : en privant les créanciers d'un bien d'une valeur importante, elle les dissuaderait d'accorder du crédit à l'entrepreneur et la règle se retournerait alors contre ceux qu'elle était censée protéger. Cet argument d'opportunité est fréquemment invoqué, chaque fois que le législateur prend une mesure de protection de personnes qui sont réputées faibles face aux créanciers. La pratique nous enseignera si les banques refusent vraiment d'accorder du crédit aux entrepreneurs qui usent de la déclaration d'insaisissabilité. Elle nous indiquait déjà en tout cas que de telles déclarations étaient volontiers souscrites auprès des notaires. Les entrepreneurs individuels ne ressentent pas les mêmes craintes que ceux qui, au nom de leur protection, regrettent l'adoption de cette mesure.

Biblio

Pour un commentaire de la loi Dutreil sur cette question, voy. C. Malécki, « La loi pour l'initiative économique et l'insaisissabilité de la résidence principale de l'entrepreneur individuel », *D.*, 2003, p. 2220 ; S. Piedelièvre, « L'insaisissabilité de la résidence principale de l'entrepreneur individuelle », *JCP-G*, 2003, I, 165 ; F. Vauvillé, « La déclaration notariée d'insaisissabilité », *Rép. Defrénois*, 2003, p. 1197 ; L. Grosclaude, « Voyage en centre de la terre, À propos de l'insaisissabilité des droits sur la résidence principale [art. L. 526-1 à L. 526-4, Code de commerce] », *Dr. fam.*, 2004, chron. n° 1. Pour une présentation de la loi Macron, voy. V. A.-R., « Les nouveautés de la loi Macron », *AJ fam.*, 2015, p. 430 ; A. Reygrobellet, « Aspects de droit des affaires de la loi Macron », *JCP-N*, 2015, n° 1157.

477 **Cotitularité du bail.** L'article 1751 du Code civil, qui fait partie du régime primaire en ce sens qu'il s'applique à tous les époux, prévoit que ces derniers sont cotitulaires du bail qui porte sur le local leur servant d'habitation, même si un seul des époux est partie au contrat. Cette cotitularité a pour conséquence

qu'un des époux ne peut résilier le bail sans l'accord de l'autre. Par ailleurs, en cas de décès de l'un d'entre eux, le bail continue au profit du conjoint survivant. Le texte est en partie redondant par rapport à l'article 215, alinéa 3. Son domaine d'application est cependant plus étroit : il s'applique seulement au local à usage exclusif d'habitation, et non au local à usage mixte, c'est-à-dire à usage à la fois d'habitation et professionnel.

C. L'indépendance

478 **Égalité dans l'indépendance.** C'est dans cet ensemble de règles que se manifestent le plus clairement les deux idées qui ont guidé le législateur en 1965 : l'égalité entre le mari et la femme ; l'indépendance de chaque époux par rapport à l'autre. Ces deux principes se combinent : chaque époux reçoit à égalité le pouvoir de faire un certain nombre d'actes seul, sans avoir à faire la démonstration auprès des tiers qu'il a reçu autorisation d'agir de la part de son conjoint. Cette égalité dans l'indépendance correspond à une conception nouvelle du mariage et plus largement de la famille.

1. L'indépendance ménagère

479 **Pouvoir de contracter des dettes ménagères.** Selon l'article 220, alinéa 1er, du Code civil, « chaque époux a pouvoir pour passer seul les contrats qui ont pour objet l'entretien du ménage ou l'éducation des enfants ». Ce pouvoir légal de chaque époux de contracter des dettes ménagères remplace l'ancien mandat domestique que la femme était censée avoir reçu de son mari, à une époque où, étant considérée comme une incapable, elle devait néanmoins s'acquitter des dépenses ménagères. Les dettes ménagères correspondent aux dépenses courantes qui concernent la vie du ménage : en sont exclues les dettes professionnelles, ainsi que les dépenses d'investissement. Elles comprennent les dépenses de nourriture, d'habillement, de santé, de fonctionnement de la maison (eau, électricité, gaz, ameublement, etc.), de loyer, de voiture, les cotisations sociales, mais encore les dépenses de loisir, de vacances. Il faut y ajouter les dépenses d'éducation de l'enfant. La jurisprudence a eu par ailleurs l'occasion de préciser que les dettes ménagères, quoi qu'en dise l'article 220, n'ont pas forcément pour source un contrat (cotisation de retraite, d'assurance maladie).

480 **Solidarité des dettes ménagères.** L'article 220, alinéa 1er, ajoute que les dettes ménagères sont solidaires. La règle signifie que le créancier d'une dette ménagère peut demander paiement intégral non seulement à l'époux qui a fait naître la dette, mais également à son conjoint, même si celui-ci n'a pas participé à sa naissance. Si les époux ne paient pas spontanément, le créancier peut poursuivre tous les biens des époux. Il s'agit d'une solidarité légale, il n'est donc pas nécessaire qu'elle soit stipulée dans un contrat. Cette règle, qui a pour effet de renforcer le crédit des ménages auprès des créanciers, traduit sur un plan pécuniaire la solidarité morale et sociale qui existe entre les époux pour des dépenses qui concernent la vie commune et quotidienne. C'est pourquoi certains auteurs voient dans cette règle un pouvoir d'esprit communautaire[837].

837. P. Malaurie et H. Fulchiron, *La famille*, *op. cit.*, n° 1830.

Le texte établit des exceptions à la solidarité : toutes les dettes ménagères ne sont pas solidaires. Il en va ainsi pour « des dépenses manifestement excessives, eu égard au train de vie du ménage, à l'utilité ou l'inutilité de l'opération, à la bonne ou mauvaise foi du tiers contractant » (art. 220, al. 2). Il en va de même pour les achats à tempérament ou pour les emprunts (art. 220, al. 3). La solidarité s'applique toutefois aux emprunts qui portent sur des sommes modestes et nécessaires aux besoins de la vie courante, et à condition que le montant cumulé de ces emprunts ne soit pas manifestement excessif eu égard au train de vie du ménage[838]. Elle s'applique également aux achats à tempérament et aux emprunts s'ils ont été conclus par les deux époux.

E 32 **Charges du mariage et dettes ménagères**

Les charges du mariage et les dettes ménagères semblent correspondre à une même réalité : elles concernent les unes et les autres les dépenses des époux pour la vie du ménage. On peut alors se demander d'abord pourquoi le Code civil emploie deux expressions différentes. C'est que les deux notions ne coïncident pas complètement. La notion de dettes ménagères est plus étroite que celle de charges du mariage : toutes les dettes ménagères sont des charges du mariage, l'inverse n'est pas vrai. Ainsi, certaines dépenses d'investissement, lorsqu'elles répondent à un besoin de la vie du ménage peuvent constituer une charge du mariage (acquisition du logement de la famille, par exemple), alors qu'elles n'entrent pas dans la catégorie des dettes ménagères qui englobe seulement les dépenses de la vie courante.

On peut alors se demander quel est l'intérêt de rapprocher ces deux notions. C'est que l'article 220 et l'article 214 déterminent le régime général de ces dettes. L'article 220 règle le problème de ce qu'on appelle l'obligation à la dette. Il s'agit de savoir à qui le créancier peut demander paiement de sa créance. En principe, à son débiteur. L'article 220 déroge à ce principe en affirmant que les dettes ménagères sont solidaires. D'abord, cela signifie qu'une dette ménagère engage non seulement l'époux qui en est à l'origine, mais également son conjoint. Surtout, la solidarité signifie que le créancier peut demander l'intégralité du paiement à l'un ou l'autre époux. Cette solution procure au créancier une sécurité particulière, car la solidarité augmente ses chances d'être payé : si l'un des époux est insolvable, l'autre ne l'est pas forcément.

L'article 214 règle le problème de la contribution à la dette, c'est-à-dire la question de la répartition du poids de la dette entre les époux. Si le créancier a pu obtenir paiement intégral de la part de l'un des époux, celui-ci n'est pas pour autant tenu de supporter seul la charge de cette dette. Chaque époux doit y contribuer à proportion de ses facultés respectives. L'époux qui a tout payé doit pouvoir obtenir, sous une forme ou une autre, une compensation, voire un remboursement partiel, de la part de son conjoint.

À ce schéma assez simple, il faut apporter deux précisions qui sont autant d'éléments de complication. En premier lieu, l'article 220 lui-même prévoit des exceptions à la solidarité des dettes ménagères (dépenses excessives, emprunts, achats à tempérament). Il s'en déduit qu'il faut distinguer deux sortes de dettes ménagères : celles qui sont solidaires et celles qui ne le sont pas. Lorsqu'une dette ménagère n'est pas solidaire, le créancier ne peut en réclamer paiement qu'à l'époux qui en est à l'origine. En second lieu, certaines charges du mariage ne sont pas des dettes ménagères et ne sont donc pas solidaires à l'égard du créancier. Celui-ci ne peut donc en demander paiement qu'à l'époux qui est à l'origine de la dette.

---

838. Condition qui a été ajoutée par la loi n° 2014-344 du 17 mars 2014 relative au droit de la consommation, dite loi « Hamon ». Voy. B. Beignier, « Nouvelles protection des époux et des partenaires envers la solidarité en cas d'emprunts », *Dr. fam.*, 2014, focus n° 56.

2. L'indépendance patrimoniale

a. Les pouvoirs réels

481 **Gestion exclusive.** L'article 225 du Code civil dispose que « chacun des époux administre, oblige et aliène seul ses biens personnels ». Il s'agit d'une règle de gestion exclusive qui interdit à tout époux de s'immiscer dans la gestion des biens personnels du conjoint. Cette règle conforte celle que prévoit l'article 1428 pour les biens propres dans le régime de communauté légale et celle de l'article 1536, alinéa 1er, pour le régime de séparation de biens. Toute clause contraire insérée dans un contrat de mariage serait nulle.

b. Les présomptions de pouvoir

482 **Rôle des présomptions.** La loi du 13 juillet 1965 a édicté des présomptions de pouvoir qui permettent à chaque époux d'agir auprès des tiers sans avoir à justifier de la réalité de son pouvoir. Il faut comprendre qu'en 1965, la règle profitait principalement à la femme mariée, puisque le mari avait toujours bénéficié de tous les pouvoirs pour agir. Ces présomptions ont parfois pour effet d'étendre le pouvoir des époux à l'égard des tiers, car la présomption ne correspond pas toujours à la réalité (ex. : un époux vend un meuble appartenant à son conjoint). Elles permettent toutefois de rassurer les tiers contractants, car l'acte passé par un époux seul, quand bien même il n'en avait pas en réalité le pouvoir, ne peut être remis en cause. Les présomptions sont au nombre de deux.

483 **Présomption mobilière.** L'article 222 du Code civil établit une présomption de pouvoir relative aux meubles : si un époux se présente auprès d'un tiers pour accomplir un acte d'administration, de jouissance ou de disposition sur un meuble qu'il détient individuellement, il est réputé avoir le pouvoir de faire seul cet acte, c'est-à-dire sans l'accord du conjoint. Le texte écarte toutefois la présomption à l'égard des tiers de mauvaise foi, c'est-à-dire qui savent que l'époux contractant n'a pas ce pouvoir. Elle est également écartée pour les meubles meublants qui garnissent le logement de la famille, ainsi que pour les meubles dont la nature fait présumer la propriété du conjoint (comme les instruments de travail ou les vêtements).

484 **Présomption bancaire.** L'article 221 contient deux règles. La première est une règle de fond : chaque époux peut se faire ouvrir, sans le consentement de l'autre, tout compte de dépôt ou de titres en son nom personnel.

La seconde édicte une présomption, sorte d'application spéciale de la présomption mobilière : l'époux qui dépose des fonds ou des titres sur son compte est présumé en avoir la libre disposition à l'égard du dépositaire (le plus souvent la banque). Il peut donc non seulement déposer les fonds, mais aussi les retirer, tirer un chèque sur son compte, sans qu'aucune justification ne puisse être demandée par le dépositaire. Le texte précise que la présomption joue même après la dissolution du mariage, règle qui a pour but de protéger le conjoint survivant lorsque le mariage est dissous par décès : les comptes ne peuvent être bloqués par des héritiers qui prétendraient qu'ils sont alimentés par des fonds ou des titres appartenant au défunt.

La présomption bancaire s'avère un outil précieux pour l'indépendance des époux et constitue un préalable indispensable à l'indépendance professionnelle.

3. L'indépendance professionnelle

485 **Liberté d'exercer une profession.** L'indépendance des époux l'un par rapport à l'autre ne peut vraiment exister sans l'indépendance professionnelle, source principale de revenus. Le premier aspect en est la liberté pour les deux époux d'exercer une profession. Jusqu'en 1938, la femme mariée devait demander l'autorisation au mari. À partir de la loi du 18 février 1938, l'autorisation ne fut plus nécessaire, mais le mari conserva la possibilité de s'opposer à l'exercice d'une profession par sa femme. La loi de 1965 a affirmé la liberté totale pour la femme mariée d'exercer une profession et la loi du 23 décembre 1985 a bilatéralisé la règle : « chaque époux peut librement exercer une profession » (art. 223). La liberté réside bien sûr dans le choix de la profession, mais également dans le choix d'exercer ou de ne pas exercer une profession. Il est vrai que chaque époux doit contribuer aux charges du mariage[839], mais cette contribution peut prendre une forme autre qu'une participation pécuniaire.

486 **Liberté de perception et gestion des gains et salaires.** Le second aspect de l'indépendance professionnelle concerne les revenus de cette activité : l'article 223 affirme que chaque époux est libre de percevoir ses gains et salaires, mais aussi d'en disposer. Cette solution est particulière dans la mesure où les revenus des époux sont qualifiés de biens communs dans le régime de la communauté légale. L'article 223 les soumet pourtant à un régime de gestion exclusive, indispensable pour assurer l'autonomie des époux. Une limite s'impose cependant : ce n'est qu'après avoir contribué aux charges du mariage que l'époux se trouve investi de sa liberté de gestion.

4. Les mesures de crise

487 **Modifications des pouvoirs.** La vie d'un couple marié n'est pas sans connaître des vicissitudes plus ou moins dramatiques, et plus ou moins durables : maladie, désaccord profond, emprisonnement, absence, etc. La gestion des biens des époux risque de s'en trouver affectée. C'est pourquoi le législateur a prévu la possibilité pour l'un ou l'autre époux de saisir le juge afin d'obtenir des mesures qui modifient les règles de pouvoir issues du régime primaire ou du régime matrimonial. Il convient seulement de les signaler, leur pleine compréhension impliquant une connaissance précise des régimes matrimoniaux. Elles sont de deux ordres : tantôt elles restreignent les pouvoirs d'un époux, tantôt elles les accroissent.

488 **Restrictions de pouvoir.** L'article 220-1 du Code civil prévoit l'hypothèse où l'un des époux « manque gravement à ses devoirs et met ainsi en péril les intérêts de la famille ». Le juge aux affaires familiales peut, à la demande du conjoint, prendre toutes les mesures urgentes – et provisoires – que requièrent ces intérêts. Il peut notamment interdire à l'époux fautif de faire des actes sans l'accord de l'autre, non seulement sur les biens communs, mais également sur ses biens propres (al. 2). Il peut également lui interdire de déplacer des meubles. Il s'agit donc de faire obstacle aux abus de pouvoir ou à la dilapidation des biens commis par un époux.

---

839. Voy. *supra*, n° 470.

489 **Violences conjugales.** La loi du 26 mai 2004 avait introduit à l'article 220-1 un alinéa qui permettait au JAF d'organiser la séparation des époux lorsque les violences conjugales exercées par l'un mettaient en danger son conjoint ou un enfant. La loi du 9 juillet 2010[840] a supprimé cette disposition qui était malencontreusement réservée aux couples mariés. À la place, elle a créé aux articles 515-9 et suivants du Code civil, modifiés par la loi du 4 août 2014 pour l'égalité réelle entre les femmes et les hommes[841], un nouveau titre intitulé « Des mesures de protection des victimes de violences ». La protection est élargie à plusieurs égards. D'une part, elle est étendue à tous les couples, mariage, PACS et concubinage, mais aussi aux couples séparés, car les violences faites aux femmes (ou aux enfants) sont souvent commises après la séparation. Elle peut même être délivrée à la personne menacée de mariage forcé (art. 515-13). D'autre part, les mesures qui peuvent être prises sont plus nombreuses. Le JAF, qui trouve là une nouvelle compétence, peut, notamment, délivrer en urgence une ordonnance de protection interdisant à la partie défenderesse de fréquenter certaines personnes, de détenir ou de porter une arme, se prononcer sur la résidence séparée des époux et désigner lequel des époux continuera à résider dans le logement de la famille, attribuer la jouissance du logement ou de la résidence du couple au partenaire ou au concubin qui n'est pas l'auteur des violences, se prononcer sur les modalités de l'autorité parentale. Les mesures sont prises pour une période de six mois, depuis la loi de 2014, et peuvent être prolongées si dans ce délai une requête en divorce ou en séparation de corps a été déposée. Le JAF peut modifier les mesures à tout moment à la demande du ministère public ou de l'une des parties. Enfin, l'article 515-13 énonce qu'une ordonnance de protection peut également être délivrée à la personne majeure menacée de mariage forcé.

490 **Accroissement de pouvoirs.** L'article 219 envisage l'hypothèse où l'un des époux se trouve hors d'état de manifester sa volonté, à cause de l'éloignement, de l'absence ou encore de la maladie. Son conjoint peut se faire habiliter par le juge des tutelles (art. 1286, al. 2, CPC) à le représenter pour accomplir des actes d'administration ou de disposition sur ses biens propres ou même sur les biens communs soumis à sa gestion exclusive (comme ses revenus ou ses instruments de travail). L'acte accompli par le conjoint n'engage que l'époux défaillant.

L'article 217 du Code civil concerne deux situations de crise différentes : celle où un conjoint est hors d'état de manifester sa volonté et celle où un

840. L. n° 2010-769 du 9 juillet 2010 relative aux violences faites spécifiquement aux femmes, aux violences au sein des couples et aux incidences de ces dernières sur les enfants, *JORF*, 10 juillet 2010, p. 12762. V. Larribau-Terneyre, « La protection civile contre les violences étendues aux couples non mariés et séparés », *Dr. fam.*, 2010, comm. n° 142 ; *D.*, 2011, pan., p. 1050, obs. J.-J. Lemouland et D. Vigneau. *Adde* D. n° 2010-1134 du 29 septembre 2010 relatif à la procédure civile de protection des victimes de violences au sein des couples, *JORF*, 30 septembre 2010, p. 17738. Sur lequel, N. Fricero, « Protection des victimes de violences au sein des couples : le cadre procédural », *RJPF*, 2010-11/11 ; E. Bazin, « Violences dans les couples : procédure aux fins de protection des victimes », *JCP-G*, 2010, 1874.

841. L. n° 2014-873 du 4 août 2014, *JORF*, 5 août 2014, p. 12949. Voy. V. Dervieux, « Loi du 4 août 2014 et droit de la famille », *AJ fam.*, 2014, p. 486 ; *D.*, 2015, pan., p. 652, obs. M. Douchy-Oudot.

conjoint oppose à la conclusion d'un acte un refus qui n'est pas justifié par l'intérêt de la famille. Dans les deux cas, un époux souhaiterait consentir un acte qui nécessite l'accord du conjoint défaillant, par exemple, la vente du logement de la famille, acte de disposition soumis à cogestion selon l'article 215, alinéa 3[842]. L'absence de consentement du conjoint peut être suppléée par une autorisation judiciaire. Il faut cependant préciser que l'époux ne peut demander l'autorisation de faire un acte dont l'initiative n'appartiendrait qu'à l'autre. Ainsi, s'il est propriétaire du logement de la famille, il peut demander l'autorisation. En revanche, si c'est son conjoint le propriétaire, alors l'époux ne peut agir.

Le juge compétent est le juge des tutelles si le conjoint est hors d'état de manifester sa volonté, le JAF s'il oppose son refus (art. 1286, CPC). Si le juge donne l'autorisation à l'époux demandeur, celui-ci peut accomplir l'acte en son nom, sans engager son conjoint auquel l'acte sera seulement opposable.

SECTION III
Le démariage

491 **Démariage et dissolution du mariage.** L'idée que le mariage puisse se défaire au bout d'un certain temps semble tomber sous le sens : le mariage est fondé sur un acte de volonté et rien ne peut garantir que cette volonté perdure éternellement. Les sources du démariage, terme ancien remis au goût du jour par le doyen Carbonnier[843], sont très diverses : le divorce, la séparation de corps, la séparation de fait, l'annulation. Cette nomenclature ne correspond pas à la liste qui figure à l'article 227 du Code civil, qui énonce les causes de dissolution du mariage : la mort d'un époux ; le divorce légalement prononcé. C'est que les deux notions ne coïncident pas. Le texte légal désigne les causes d'extinction du lien conjugal (en oubliant la déclaration d'absence et la disparition qui produisent, il est vrai, les mêmes effets qu'un décès). La notion de démariage désigne les différentes manières de sortir plus ou moins du mariage par la volonté[844]. On ne doit pas être surpris d'y voir figurer l'annulation, qui produit effet en principe pour l'avenir et pour le passé, ou même la séparation de fait qui ne met pas fin au lien conjugal. L'annulation et la séparation de fait ont déjà été examinées[845]. Il ne reste plus qu'à étudier le divorce et la séparation de corps[846].

842. Voy. *supra*, n°s 474 et s.

843. Selon le doyen Carbonnier, cette expression désigne « toutes les manières dont on peut sortir peu ou prou du mariage » (*op. cit.*, p. 1271). Elle a été reprise dans un ouvrage de sociologie juridique par I. Théry, *Le démariage, Justice et vie privée*, 3e éd., Paris, Odile Jacob, 2001.

844. *Ibid.*

845. Voy. *supra*, n°s 422 et s., et n°s 458 et s.

846. Le décès constitue bien sûr une cause très importante de dissolution du lien conjugal. Mais il produit des effets spécifiques d'ordre essentiellement successoral. Il convient dès lors de renvoyer aux ouvrages de droit des successions.

§ 1. – Le divorce

492 **Conceptions du divorce.** Le divorce peut se définir comme la dissolution volontaire du mariage pour l'avenir, dont les causes se situent pendant le mariage. Le divorce se distingue ainsi du décès en ce qu'il est volontaire, de la séparation de corps ou de fait en ce qu'il emporte dissolution du lien conjugal et de l'annulation en ce que ses effets ne sont pas rétroactifs et en ce que ses causes ne résident pas dans un vice affectant l'acte juridique initial. Au-delà de cette définition très générale, plusieurs conceptions du divorce sont possibles, qui rejaillissent inévitablement sur la conception que l'on a du mariage[847] :

- le divorce-sanction : c'est la conception sans doute la plus répandue et la plus traditionnelle. Le divorce est envisagé comme la sanction d'une faute commise par l'un des époux ; seul l'époux victime de la faute peut en faire la demande. Le mariage est considéré comme un lien très fort, que seul le comportement grave d'un époux peut anéantir ; il engage les époux à respecter des devoirs dont la méconnaissance mérite d'être sanctionnée non seulement par le divorce lui-même, mais aussi par les conséquences qui y sont attachées ;
- le divorce-faillite ou divorce-remède : ces deux notions se rejoignent sans se confondre tout à fait. La première prend en compte la situation objective du mariage qui n'a pas réussi, qui a fait faillite, pour en tirer des conséquences juridiques, sans considération des torts de l'un ou l'autre époux. Le mariage est plutôt conçu comme le cadre d'épanouissement des époux et de leur bonheur. Si cet objectif n'est pas atteint, il ne sert à rien de maintenir l'union. Le divorce-remède est un divorce qui apporte un remède à une situation devenue intolérable pour l'un des époux, tel que l'altération complète des facultés mentales du conjoint ;
- le divorce-résiliation : il s'agit d'un divorce par volonté pure et simple des époux. Le mariage est envisagé avant tout comme un contrat à durée indéterminée. Il peut donc y être mis fin à tout moment. On peut toutefois encore distinguer le divorce par consentement mutuel et le divorce par volonté unilatérale. Le premier renvoie à l'idée que la volonté mutuelle peut défaire ce qu'elle a fait. Le second est une forme de résiliation imposée à l'un des époux par l'autre. Il s'agit d'une sorte de répudiation, acceptable lorsque le mari et la femme peuvent l'un et l'autre y recourir.

493 **De la Révolution à la loi de 1975.** Sous l'influence du christianisme, l'ancien droit français n'avait pas admis le divorce. Le mariage étant considéré comme un sacrement, il n'était pas possible de défaire ce que Dieu avait uni. Le mariage, à condition toutefois d'être consommé, était indissoluble. La rigueur d'une telle solution était cependant atténuée par la possibilité pour les époux de demander la séparation de corps ou la nullité du mariage.

À la Révolution, s'appuyant sur une analyse contractuelle et laïque du mariage[848], le Corps législatif introduisit le divorce dans la loi du 20 septembre 1792. Le divorce était très largement admis, pour des causes déterminées (ex. : émigration de l'un des époux), mais aussi par consentement mutuel et même pour incompatibilité d'humeur.

847. J. Hauser et D. Huet-Weiller, *La famille*, t. 2, *Dissolution de la famille*, Paris, LGDJ, 1991, n°s 82 et s.

848. Cons. const., 3 septembre 1971, titre II, art. 7 : « la loi ne considère le mariage que comme un contrat civil ».

Le divorce connut un immense succès, encore accentué par quelques retouches législatives allant dans un sens toujours plus libéral, auquel les rédacteurs du Code civil entendirent réagir. Il fut maintenu dans le Code civil, sous l'impulsion notamment de Napoléon, qui envisageait d'en faire un usage personnel et souhaitait faire œuvre de transaction entre l'ancien droit et les acquis de la Révolution. Cependant, il ne pouvait être prononcé que pour certaines fautes déterminées, telles que l'adultère, ou en cas de consentement mutuel à des conditions très strictes. Ce sont des considérations mêlées de politique et d'idéologie religieuse qui aboutirent à la suppression du divorce, sous la seconde Restauration, par la loi de Bonald du 8 mai 1816, votée par la Chambre introuvable (Chambre ultra-royaliste)[849].

Ce n'est que sous la IIIe République, à la faveur d'élections remportées en 1881 par les Républicains, et grâce à la persévérance d'un député utopiste et féministe, Alfred Naquet, que le divorce fut restauré définitivement dans notre droit par la loi du 27 juillet 1884[850]. Toutefois, seul le divorce pour faute était rétabli, trois causes de divorce étant prédéfinies : l'adultère, la condamnation à une peine afflictive ou infamante, les excès, sévices et injures graves.

Cette dernière catégorie un peu fourre-tout permit à la jurisprudence, au cours des décennies suivantes, d'élargir le champ du divorce. Pour autant, après la Seconde Guerre mondiale, l'état du droit est rapidement apparu inadapté à l'évolution des mœurs. En effet, les époux qui étaient d'accord pour divorcer devaient se prêter à une comédie devant le juge, faite de fausses lettres d'injures et d'accusations fantaisistes. Pour les autres, le divorce pour faute avait pour effet d'envenimer les conflits et de susciter un contentieux d'après divorce lancinant.

494 **Loi du 11 juillet 1975.** Afin d'adapter le droit à l'état des mœurs, et peut-être également de rattraper son retard par rapport à d'autres législations européennes, la loi du 11 juillet 1975 fut précédée d'une enquête sociologique et d'une étude de droit comparé. La rédaction du projet fut confiée au doyen Carbonnier[851]. La loi était profondément novatrice. Deux objectifs étaient poursuivis : la libéralisation et la dédramatisation du divorce. Ces objectifs furent atteints d'abord grâce à la multiplication des cas de divorce : à côté du divorce pour faute furent introduits un divorce sur requête conjointe, deux divorces pour rupture de la vie commune (l'un pour séparation de fait prolongée, l'autre pour altération des facultés mentales du conjoint), enfin un cas un peu curieux, le divorce sur demande acceptée, sorte d'hybride entre divorce d'accord, divorce-faillite et divorce-sanction. La pluralité des cas a fait du divorce français une institution qui réunit à peu près toutes les conceptions possibles du divorce, avec l'idée qu'il faut laisser aux époux le choix dans la manière de mettre fin à leur mariage, car la situation de chaque couple est différente. L'objectif de dédramatisation a été également atteint par une modification profonde des effets du divorce : ceux-ci ont été en grande partie dissociés de la considération des torts.

---

849. Louis XVIII promulgua la loi pour « rendre au mariage toute sa dignité dans l'intérêt de la religion, des mœurs, de la monarchie et des familles ». Voy. F. Ronsin, « Indissolubilité du mariage ou divorce, Essai d'une chronologie des principaux arguments mis en avant par les partisans et les adversaires de l'institution du divorce au cours de la période révolutionnaire », in *La famille, la loi et l'État de la Révolution au Code civil* (textes réunis et présentés par I. Théry et C. Binet), Paris, Imprimerie nationale, 1989, p. 322.

850. J.-L. Halpérin, *Histoire du droit privé français depuis 1804*, *op. cit.*, n° 141.

851. J. Carbonnier, « La question du divorce, Mémoire à consulter », *op. cit.*, p. 115.

Surtout, la loi de 1975 a créé une institution originale remplaçant la pension alimentaire pour tous les cas de divorce, sauf les divorces pour rupture de la vie commune, la prestation compensatoire. Son caractère forfaitaire était censé tarir le contentieux d'après divorce, puisqu'elle est fixée normalement une fois pour toutes au moment du prononcé du divorce, contrairement à l'ancienne pension alimentaire constamment révisable.

495 **Loi du 26 mai 2004.** La loi de 1975 était certainement excellente, mais, d'une part, elle comportait quelques défauts et, d'autre part, l'évolution des mœurs s'étant accélérée, elle s'est avérée assez rapidement sinon dépassée, du moins vieillie. Les défauts concernaient principalement le régime de la prestation compensatoire. Une loi du 30 juin 2000 tenta vainement de remédier à ces imperfections. Quant au vieillissement, il est apparu avec le fort développement du divorce : les procédures étaient souvent complexes, longues et coûteuses. Par ailleurs, le vent de liberté qui souffle de plus en plus fort sur la famille poussait certains à souhaiter une libéralisation encore plus grande du divorce. La loi du 26 mai 2004 n'a pas retenu les propositions les plus radicales, telles que l'abandon du divorce pour faute. Le législateur a souhaité conserver le pluralisme des cas[852]. Les cas de divorce instaurés en 1975 ont été maintenus, mais modernisés et simplifiés, et, pour certains, si profondément remaniés (le divorce pour rupture de la vie commune devenu divorce pour altération définitive du lien conjugal) que le divorce en a sans doute changé de nature[853]. Le législateur a par ailleurs poursuivi l'œuvre de dédramatisation (on parle cette fois de « pacification ») du divorce en dissociant complètement les conséquences du divorce de ses causes et en favorisant le divorce par consentement mutuel au détriment, en particulier, du divorce pour faute[854]. Enfin, la prestation compensatoire a, une fois de plus, été modifiée afin d'en améliorer le fonctionnement.

L'évolution du droit est toujours en cours et la dernière – mais sans doute pas ultime – étape a consisté en la déjudiciarisation partielle du divorce. En effet, le projet de loi adopté définitivement par l'Assemblée nationale le 12 octobre 2016 prévoit la possibilité pour les époux de divorcer par consentement mutuel sans juge[855]. Cette déjudiciarisation du divorce surprend par sa soudaineté et ses justifications. Elle résulte d'un amendement apporté par le gouvernement au projet de loi sur la justice du XXIe siècle (art. 17*ter*), sans qu'elle ait été précédée d'aucun véritable débat, avec une réserve sinon une hostilité de la part des praticiens. La justification officielle d'une telle déjudiciarisation réside dans l'idée, pour le moins inattendue et très discutable, selon laquelle il faudrait « recentrer les juridictions sur leurs missions essentielles ». Bien malin celui qui sera capable de définir quelle est aujourd'hui la mission véritable du juge – sans doute trancher des litiges dans l'esprit du législateur à l'exclusion

852. Qui constitue moins une spécificité française que le Garde des Sceaux l'a affirmé. Voy. F. Granet-Lambrechts, « L'accès au divorce : droit comparé », *AJ fam.*, 2003, p. 225.

853. Voy. *infra*, encadré E31.

854. Sur les objectifs de la loi de 2004, voy. V. Larribau-Terneyre, « La réforme du divorce atteindra-t-elle ses objectifs ? », *Dr. fam.*, 2004, étude n°s 13, 16 et 19. *Adde* F. Bellivier, *RTD civ.*, 2004, pp. 565 et s.

855. « Le divorce par consentement mutuel sans juge », *Dr. fam.*, 2016, dossier n° 23 à 32. Pour d'autres tentatives ou propositions avortées, B. Beignier, « Le divorce : le juge, l'avocat et le notaire », *Dr. fam.*, 2008, étude n° 12 ; S. Guinchard, *L'ambition raisonnée d'une justice apaisée*, Rapport au Garde des Sceaux, Paris, La Documentation française, 2008, pp. 87 et s.

de tout ce qui relève du gracieux[856]. Imagerie d'Epinal, vision régressive de la justice contemporaine (dans une loi consacrée à la justice du XXIe siècle), l'argument ne tient pas. Qui ne voir qu'en réalité, ce sont des considérations d'intendance qui poussent le législateur à décharger les tribunaux, donc des considérations d'économie ? La déjudiciarisation du divorce, s'il faut vraiment s'y résoudre, mérite mieux que ça.

On peut ajouter que la loi du 17 mai 2013 relative au mariage homosexuel n'a apporté aucune modification au droit du divorce. Il faut en déduire que, naturellement, le divorce des époux de même sexe ne manifestera aucune spécificité[857].

Dans un autre registre, le décret du 11 mars 2015, entré en vigueur le 1er avril 2015, qui introduit dans la procédure civile l'obligation pour les parties de préciser dans tout acte introductif d'instance les diligences entreprises en vue de parvenir à une résolution amiable du litige n'aura pas non plus d'incidence en matière de divorce[858]. En effet, les procédures de divorces ou bien reposent entièrement sur l'accord des époux (divorce par consentement mutuel) ou bien intègrent une phase de conciliation (divorces contentieux)[859].

496 **Données statistiques.** Il reste à souligner à quel point un droit du divorce moderne et adapté aux réalités sociales était nécessaire, tant le divorce est devenu une pratique courante, presque un événement normal dans la vie d'un couple, ou dans la vie d'une personne. On peut illustrer ce propos par quelques chiffres. Au lendemain de l'adoption de la loi Naquet, on comptait environ 4 000 divorces en 1885, environ 6 500 en 1890, chiffres qui sont assez faibles. Ils n'ont pas cessé d'augmenter au cours du XXe siècle. Ainsi, en 1970, on relève plus de 70 000 divorces[860]. En 1985, on en comptait plus de 100 000, en 2004 plus de 134 000 et en 2005 155 253[861]. On relève toutefois qu'à partir de 2006, le nombre de divorces prononcés n'a cessé de baisser. Il était de 139 147 en 2006 et de 130 601 en 2009, avec toutefois une recrudescence en 2010 (133 909)[862].

Il faut mettre ces nombres en rapport avec le nombre des mariages. Le taux de divortialité n'a cessé, lui non plus, d'augmenter : il était de 30,5 divorces pour 100 mariages en 1985 ; de 44,8 divorces pour 100 mariages en 2004[863]. Après avoir culminé à 52,3 % en 2005 (le raccourcissement des procédures par la loi de 2004 a, semble-t-il, produit un effet d'aubaine), il a cependant baissé à 44,7 % en 2009[864], pour remonter à 46,2 % en 2010 et 2011[865].

---

856. Sur cette question, voy. A. Fautré-Robin, « Les fonctions prioritaires du juges aux affaires familiales. Retour sur un argument de réforme récurrent », *Gaz. pal.*, 20 sept. 2016, pp. 9-13.

857. Sur la question, voy. S. Thouret, « Le divorce pour tous », *Dr. fam.*, 2013, dossier n° 22.

858. D. n° 2015-282 du 11 mars 2015 relatif à la simplification de la procédure civile, à la communication électronique et à la résolution amiable des différends, art. 18 et 19, *JORF*, 14 mars 2015, p. 4851.

859. S. Thouret, « Résolution amiable des différends : entrée dans une nouvelle ère ! », *AJ fam.*, 2015, p. 212.

860. G. Cornu, *La famille*, *op. cit.*, p. 502.

861. *Annuaire statistique de la justice*, 2007.

862. *Annuaire statistique de la justice*, 2011-2012.

863. F. Prioux, « Données statistiques », www.Ined.fr.

864. F. Prioux, M. Mazuy et M. Barbiéri, « L'évolution démographique récente en France : les adultes vivent moins souvent en couple », *Population-F*, 2010, 65 (3), p. 438 (à trouver sur le site de l'INED).

865. Site de l'INED : www.ined.fr/fr/pop_chiffres/france/mariages_divorces_pacs/divorces.

Avec de tels chiffres, la France n'apparaît pourtant pas comme le pays européen où les mariages sont les plus fragiles. En 2003, la Finlande, la Suède et la Belgique connaissaient déjà un taux de divortialité qui dépassait les 50 pour cent[866]. Il faut seulement préciser que, contrairement à ce que l'on dit souvent pour défendre les droits des concubins, la fragilité des unions hors mariage est plus grande encore. Mieux, les couples qui ont vécu en concubinage avant de se marier sont plus enclins à se séparer que ceux qui se sont mariés sans cohabitation préalable[867].

E 33 La question du droit au divorce

La question se pose de savoir s'il existe un droit au divorce. Pour y répondre, il faut encore savoir ce que l'on désigne par cette expression. Dans l'esprit de ceux qui considèrent que le divorce, tout comme le mariage d'ailleurs, relève de la vie privée des époux et non des pouvoirs publics, nul doute que la reconnaissance d'un véritable droit au divorce doit aboutir à un divorce sans recours au juge (ce qui sera bientôt le cas), voire un divorce purement administratif, qui serait simplement déclaré, puisque l'État doit en être informé, sans l'intervention ni d'une autorité pour le prononcer ni d'un quelconque professionnel du droit pour en vérifier la validité. Une telle solution présenterait le mérite de mettre fin à une union beaucoup plus rapidement et à moindre coût. Les époux divorceraient aussi facilement que les partenaires mettent fin à leur contrat. Dans une version aussi dépouillée, un tel droit au divorce n'existe pas (ou pas encore) en droit français. Le législateur, cependant, a choisi de conserver le recours au juge pour tous les cas de divorce contentieux, à tout le moins à des professionnels du droit, avocats et notaires, pour le divorce par consentement mutuel, cas le plus apte à s'incarner dans des formalités aussi légères pour ne pas dire inexistantes[868].

Pour autant, il ne faut pas en déduire que le droit au divorce est inconnu du droit français. Il faut se souvenir qu'il n'y a pas si longtemps, le divorce était totalement interdit en France. L'admission du divorce dans notre droit a constitué une première étape vers la reconnaissance du droit au divorce. Pour mieux dire les choses, on peut distinguer le droit de demander le divorce et le droit d'obtenir le divorce. Il ne fait guère de doute que le droit de demander le divorce existe : le mariage n'est plus indissoluble. La loi de 1975, d'ailleurs, n'a fait qu'élargir ce droit en multipliant les cas de divorce et en ne le limitant plus au cas où l'un des époux a commis une faute, mais en l'étendant à l'accord des époux et à leur séparation prolongée.

Quant au droit d'obtenir le divorce, la réponse mérite d'être nuancée. L'intervention obligatoire d'un juge ou d'un autre professionnel du droit dans la procédure de divorce ne signifie pas que les époux n'ont pas le droit d'obtenir le divorce. Sa fonction est bien souvent avant tout de vérifier que les conditions objectives en sont réunies et de veiller à ce que soient respectés les intérêts de chacun des époux. Reste à savoir si la demande peut être rejetée en raison d'une appréciation en opportunité. De ce point de vue, la loi de 1975, dans un premier temps, la loi de 2004, dans un second temps, ont opéré chacune un pas décisif vers la reconnaissance du droit d'obtenir le divorce. La loi de 1975, en effet, a introduit le divorce sur requête conjointe, c'est-à-dire un cas de divorce reposant sur un accord des époux. Depuis 1975, le juge, après vérification de la réalité des consentements et de l'équilibre des conséquences choisies par les époux, devait (et doit encore dans des cas exceptionnels) prononcer le divorce et homologuer la convention. Son refus ne pouvait être qu'exceptionnel, s'il estimait que le consentement de l'un des époux n'était pas certain ou que la convention lésait les intérêts de l'un d'entre eux. Dans la nouvelle version du divorce par consentement mutuel, les praticiens, notamment le notaire, ne semblent pas avoir le pouvoir de refuser l'enregistrement du divorce qu'ils n'ont de toute façon pas à prononcer. Les époux ont donc le droit, lorsqu'ils en sont d'accord, d'obtenir le divorce.

La loi de 2004 est allée plus loin, puisqu'elle a consacré le droit pour un époux d'obtenir le

866. F. Prioux, « Vivre en couple, se marier, se séparer : contrastes européens », *Population et sociétés*, avril 2006, n° 422, p. 3.

867. *Ibid.*

868. Voy. *infra*, n° 524.

divorce par sa seule volonté. C'est la transformation du divorce pour rupture de la vie commune en divorce pour altération définitive du lien conjugal qui aboutit à ce résultat. En effet, contrairement à son prédécesseur, le nouveau cas de divorce, d'une part, n'est plus prononcé contre le demandeur, ce qui produisait auparavant un effet dissuasif très fort et semblait signifier qu'il y avait faute de la part de l'époux qui recourait au divorce pour rupture de la vie commune. Surtout, d'autre part, la loi a supprimé l'ancienne « clause d'exceptionnelle dureté » qui permettait au juge de rejeter la demande dans le cas où le divorce entraînerait des conséquences d'une exceptionnelle dureté pour le conjoint défendeur. En pratique, ce moyen de défense était très peu retenu par les juges, mais il traduisait l'esprit de la loi : le divorce pour rupture de la vie commune n'était pas automatique. Désormais, il suffit d'un peu de patience à l'époux séparé de fait (mais deux ans c'est peut-être déjà trop long) pour obtenir le divorce. Qu'il puisse ainsi être imposé par un époux à l'autre, malgré les convictions profondes de ce dernier, n'est pas contraire au droit à la vie privée et familiale garanti par l'article 8 CEDH[869].

Terminons en précisant que la Cour européenne des droits de l'homme a refusé de reconnaître que le divorce est un droit garanti par la CEDH[870]. Des requérants l'avait pourtant plaidé en se fondant, astucieusement, sur le droit au mariage – et plus précisément au remariage. Mais l'argument n'a pas prospéré.

Biblio

À lire : H. Fulchiron, « Les métamorphoses des cas de divorce », *Rép. Defrénois*, 2004, p. 1103, spéc. pp. 1109 et s. ; J.-J. Lemouland, « La loi du 26 mai 2004 relative au divorce », *D.*, 2004, p. 1825.

497 **Physionomie du divorce.** Selon l'article 229 du Code civil, il existe quatre cas de divorce : par consentement mutuel, sur acceptation du principe de la rupture du mariage, pour altération définitive de lien conjugal, pour faute. La loi de 2004 a opéré certaines modifications dans cette nomenclature. Sous l'empire de la loi de 1975, il y avait deux divorces par consentement mutuel : le divorce sur requête conjointe et le divorce sur demande acceptée. Avec la nouvelle loi, l'ancien divorce sur requête conjointe est devenu l'unique divorce par consentement mutuel. Quant à l'ancien divorce sur demande acceptée, il est devenu le divorce sur acceptation du principe de la rupture du mariage (ou divorce accepté). Ce changement de terminologie l'a fait sortir de la catégorie des divorces par consentement mutuel et entrer, sur le plan procédural, dans celle des « autres cas de divorce », autrement dit des divorces contentieux. Le divorce pour altération définitive du lien conjugal remplace l'ancien divorce pour séparation de fait prolongée ; l'autre divorce pour rupture de la vie commune, le divorce pour altération des facultés mentales, a été purement et simplement aboli. Enfin, seul le divorce pour faute a conservé son nom sans grande modification sur le fond. Le droit français offre ainsi un véritable assortiment de toutes les conceptions du divorce : divorce-résiliation avec le divorce par consentement mutuel et le divorce accepté ; divorce-faillite avec le divorce pour altération du lien conjugal (mais l'idée de faillite n'est pas absente du divorce pour faute) ; divorce-sanction avec le divorce pour faute. Seul le divorce-remède a donc disparu.

Il convient d'examiner les cas de divorce ainsi que les effets du divorce.

869. Cass. 1re civ., 15 avril 2015, n° 13-27.898, *Dr. fam.*, 2015, comm. n° 114, note J.-R. Binet. V. Egéa, « Un semestre de droit procédural de la famille (janvier 2015/juin 2015) », *Dr. fam.*, 2015, chron. n° 3, n° 16.

870. 18 décembre 1986, *Johnston c/ Irlande*, *JDI*, 1987, p. 812, obs. P. Rolland ; *GACEDH*, n° 48.

A. Les cas de divorce

1. Le divorce par consentement mutuel

498 **Présentation générale.** L'introduction du divorce sur requête conjointe par la loi du 11 juillet 1975 constituait sans doute la mesure la plus importante de la réforme. Elle répondait à un véritable besoin, comme l'avait révélé la pratique des faux divorces pour faute. En 2001, près d'un divorce sur deux était un divorce sur requête conjointe. La loi de 2004 en a simplifié et raccourci la procédure, afin de le rendre encore plus attractif[871], en attendant l'entrée en vigueur prochaine du divorce sans juge, qui ne supprime toutefois pas complètement la procédure judiciaire. Il y aura donc, à partir du 1er janvier 2017 (art. 114 L. 12 octobre 2016), deux divorces par consentement mutuel, l'un purement conventionnel, l'autre judiciaire.

a. Le divorce par consentement mutuel sans juge

499 **Nouveau divorce par consentement mutuel.** Le projet de loi définitivement adopté par l'Assemble nationale le 12 octobre 2016[872], prévoit en son article 50 que « les époux peuvent consentir mutuellement à leur divorce par acte sous signature privée contresigné par avocats, déposé au rang des minutes d'un notaire » (futur art. 229, al. 1er). On pourrait croire de prime abord que la procédure non judiciaire n'est qu'une possibilité pour les époux. En réalité, il ressort de la nouvelle version de l'article 229 que le divorce par consentement mutuel judiciaire ne sera ouverte que dans un seul cas, celui où un enfant mineur demande à être entendu.

En effet, le nouvel article 229-2 interdit aux époux de recourir au divorce par consentement conventionnel dans deux cas :

- celui où l'un de leurs enfants mineurs demande son audition par le juge dans les conditions prévues à l'article 388-1 du Code civil ; dans ce cas, les époux devront donc recourir à la procédure judiciaire du divorce par consentement mutuel ; quand on connaît toutes les difficultés liées à l'information de l'enfant par ses parents (preuve) et à la mise en œuvre de ce droit, on reste sceptique à l'égard de cette pseudo protection du mineur. On se demande pourquoi la proposition du Sénat d'obliger systématiquement les époux de recourir à la procédure judiciaire en présence d'un enfant mineur n'a pas été conservée – sans doute parce que le désencombrement des juridictions n'aurait pas été suffisant ?
- celui où l'un des époux est placé sous un régime de protection. Le divorce par consentement mutuel était de toute façon déjà impossible dans ce cas.

Si le recours au juge est supprimé, un recours à des professionnels du droit est maintenu. Dans un premier temps, les époux qui s'entendent sur la rupture du mariage et ses effets, devront constater leur accord dans une convention prenant la forme d'un acte sous signature privée contresigné par leurs avocats et établi dans les conditions prévues à l'article 1374. Ils devront être assistés chacun d'un avocat ; pour des raisons que l'on comprend bien de protection

---

871. Sur cette idée, V. Larribau-Terneyre, « La réforme du divorce atteindra-t-elle ses objectifs ?, II - Les moyens du changement », *Dr. fam.*, 2004, étude n° 13, nos 8 et 13.

872. Voy. les diverses analyses de ce projet in « Le divorce par consentement mutuel sans juge », *Dr. fam.*, 2016, dossier n° 23 à 32.

des intérêts de chacun, il n'est pas offert aux époux de choisir un avocat unique. La convention devra contenir à peine de nullité un certain nombre de renseignements (concernant l'identité des époux, des enfants et des avocats). Surtout, elle devra contenir la mention de l'accord des époux sur la rupture du mariage et sur ses effets dans les termes énoncés par la convention, car « le consentement au divorce et à ses effets ne se présume pas ». La convention devra régler intégralement les effets du divorce, notamment l'éventuelle prestation compensatoire. Elle devra également comporter une liquidation de leur régime matrimonial, l'état liquidatif devant prendre la forme d'un acte notarié si la liquidation porte sur des immeubles. Enfin, la convention devra indiquer que l'enfant mineur a été informé de son droit de demander à être entendu par un juge et qu'il ne souhaite pas user de ce droit (art. 229-3).

Le futur article 229-4 prévoit que l'avocat adresse à l'époux qu'il assiste, par lettre recommandée avec demande d'avis de réception, un projet de convention. Un délai de réflexion est imposé aux époux (tout comme en droit de la consommation on dirait) : ils ne peuvent signer la convention, à peine de nullité, avant l'expiration d'un délai de réflexion d'une durée de quinze jours à compter de sa réception.

La convention devra ensuite être déposée au rang des minutes d'un notaire, et c'est ce dépôt qui donne certaine à la convention. Le notaire devra vérifier que les exigences formelles de l'article 229-3 sont bien respectées et que le respect du délai de quinze jours entre la réception de la convention et sa signature. Belle tentative du législateur de mettre en relief la nécessité pour les notaires et les avocats de collaborer en mariant l'acte d'avocat avec l'authenticité !

Néanmoins, le rôle de ces professionnels, notamment du notaire, reste à préciser : sont-ils censés vérifier le contenu de la convention, contrôler la réalité du consentement des époux, veiller au respect des intérêts des époux, mais aussi des enfants mineurs ? En particulier, l'enregistrement au rang des minutes sera-t-il suffisant pour donner force exécutoire à l'acte sans un contrôle de fond du notaire ? On suppose par ailleurs que c'est lui qui assurera la publicité auprès des services d'état civil, puisque le nouvel article 262 prévoit évidemment une telle publicité.

Ajoutons que la nouvelle mouture de l'artice 247 qui autorise actuellement les époux de passer à tout moment d'une procédure contentieuse au divorce par consentement mutuel énoncera désormais que les époux peuvent également à tout moment divorcer par consentement mutuel par acte sous signature privée contresigné par avocats, déposé au rang des minutes d'un notaire. Dans le cas où un mineur souhaite être entendu par le juge, les époux pourront passer à tout moment à la procédure de divorce par consentement mutuel judiciaire en lui soumettant une convention.

Aucune disposition ne prévoit l'éventualité d'un recours, et pour cause : aucun recours au sens strict n'est envisageable puisque le divorce ne résulte plus d'une décision judiciaire. Mais on peut supposer que cette convention obéira au droit général des contrats et que l'un des époux pourra agir en nullité, notamment pour vice du consentement, ce qui n'est actuellement pas possible. Un complément de part pourra-t-il être demandé en cas de partage lésionnaire ? Rien ne semble y faire obstacle, d'ailleurs la jurisprudence actuelle admettant un partage complémentaire en cas d'omission d'un bien ou d'une récompense pourrait être étendue à cette nouvelle procédure du divorce par consentement mutuel. Celui-ci nous réservera sans doute bien des surprises.

b. Le divorce par consentement mutuel judiciaire

500 **Maintien résiduel de la procédure judiciaire.** Ce n'est que dans l'hypothèse où un enfant mineur demande à être entendu par le juge que la procédure judiciaire du divorce par consentement mutuel est maintenue, donc de manière tout à fait résiduelle, car il y a fort à parier que cette possibilité, même si on admet qu'ils reçoivent bien l'information, ne sera que très rarement utilisée par les enfants.

La procédure judiciaire du divorce par consentement mutuel ne sera pas modifiée. Selon l'article 230 du Code civil, « le divorce peut être demandé conjointement par les époux lorsqu'ils s'entendent sur la rupture du mariage et ses effets en soumettant à l'approbation du juge une convention réglant les conséquences du divorce ». On peut se demander néanmoins si le fait que la procédure judicaire soit déclenchée à la demande de l'enfant ne va pas modifier les contrôles exercés par le juge. L'idée n'est-elle pas de protéger avant tout l'enfant ? Du coup, on pourrait penser que le juge ne s'intéresse que de loin au consentement des époux, ainsi qu'à la protection de leurs intérêts. A moins d'imaginer que l'enfant voudrait être entendu en vue de protéger l'un de ses parents qu'il penserait soumis à la pression sinon à l'emprise de l'autre.

Dans le doute, il convient d'examiner les conditions puis la procédure de ce divorce, d'autant que c'est toujours la procédure unique en attendant l'entrée en vigueur des textes nouveaux le 1er janvier 2017.

1) *Les conditions du divorce par consentement mutuel judiciaire*

501 **Accord sur le principe du divorce.** Le seul fondement de ce cas réside dans l'accord des époux sur le principe du divorce[873]. L'ancien article 230 du Code civil énonçait clairement que « les époux n'ont pas à en faire connaître la cause ». Le texte signifiait que le divorce par consentement mutuel trouvait sa cause dans des motifs que les époux n'avaient pas à révéler au juge. Il semble résulter de son abrogation que désormais la cause de ce divorce réside dans la seule volonté des époux – ce qui, concrètement, ne change rien.

L'importance de la place de la volonté dans ce divorce justifie que la loi prête une attention particulière à sa qualité. C'est au juge que revient le rôle de procéder à cette vérification : il doit s'assurer que la volonté de chacun des époux est réelle et que leur consentement est libre et éclairé (art. 232, al. 1er). Cette exigence ne revient pas à un contrôle des motivations des époux dont certaines seraient considérées comme moins « sérieuses » que d'autres. Le juge exerce ici son pouvoir dans le but de protéger chacun des époux contre l'autre ou contre lui-même : il faut que chacun manifeste la volonté ferme de divorcer ; le doute pourrait justifier un rejet de la demande. Il en irait de même s'il apparaissait que l'un des époux agit sous la contrainte de l'autre, sous l'influence d'un dol ou d'une erreur, ou sous l'empire d'un trouble mental.

502 **Capacité des époux.** Ce cas de divorce exige la pleine capacité des époux. Tout d'abord, l'article 249-1 du Code civil interdit d'y recourir lorsque l'un des époux se trouve placé sous tutelle ou sous curatelle. Il s'agit ici d'une véritable incapacité de jouissance. En outre, l'article 249-3 prévoit que si l'un des époux se trouve placé sous sauvegarde de justice, il convient d'organiser une tutelle ou une curatelle avant l'examen de la demande. Cette exigence peut sembler

873. Comp. H. Fulchiron, « La métamorphose des cas de divorce », *Rép. Defrénois*, 2004, p. 1103.

excessive dans la mesure où, sous ce régime, le majeur conserve sa pleine capacité. La loi du 5 mars 2007 portant réforme de la protection juridique des majeurs n'a pas modifié ces solutions.

503 **Accord sur les conséquences du divorce.** Dans le divorce par consentement mutuel, l'accord des époux doit être total : ils doivent eux-mêmes décider des conséquences de leur divorce, tant en ce qui concerne les modalités de l'exercice de l'autorité parentale, l'usage du nom du conjoint, la garde de l'animal[874], que la prestation compensatoire ou la date des effets patrimoniaux du divorce. Ils doivent également organiser la liquidation de leur régime matrimonial. Cet accord prend la forme d'une convention que les époux doivent soumettre à l'homologation du juge.

2) *La procédure du divorce par consentement mutuel judiciaire*

504 **Particularisme de la procédure.** La procédure du divorce par consentement mutuel reste particulière par rapport à celle des divorces contentieux. La raison en tient sans doute à ce que, ici, « la procédure est la forme que revêt l'échange des consentements »[875]. Le divorce par consentement mutuel n'est pas un divorce purement contractuel ; l'accord des époux s'insère dans une procédure qui a pour objet de contrôler les qualités de la volonté des époux. C'est pour cette raison qu'à l'origine, la procédure connaissait deux étapes : les époux devaient déposer une requête initiale et, après une première audition puis l'écoulement d'un délai de trois mois minimum, réitérer leur demande par une nouvelle requête. La durée était censée attester de la détermination des époux. La loi du 26 mai 2004, en réduisant la procédure à une seule phase, en a atténué la spécificité.

La loi de 2004 a supprimé le délai de six mois à compter du mariage pendant lequel la requête initiale était irrecevable : les époux qui prennent conscience rapidement de leur mésentente n'ont plus à attendre pour entamer la procédure. Ils peuvent le faire dès le lendemain du mariage.

505 **Requête conjointe et convention.** La procédure du divorce par consentement mutuel est gracieuse[876]. Elle débute donc par une requête conjointe (art. 1089, CPC) adressée au juge aux affaires familiales, juge normalement compétent en matière de divorce[877], du lieu de la résidence de la famille ou de celle de l'époux avec lequel résident habituellement les enfants (art. 1070, CPC). L'article 250 du Code civil précise que la demande est présentée par voie d'avocat. Les époux ont la possibilité de choisir un avocat commun ou un avocat chacun. La requête doit contenir un certain nombre d'indications relatives notamment à l'identité des époux, à la date et au lieu de leur mariage, à l'identité des enfants (art. 1090, CPC). Surtout, elle doit être accompagnée, à peine d'irrecevabilité, de la convention portant règlement des conséquences du divorce et incluant un état liquidatif

874. Mais juridiquement, l'animal est un bien, propre ou commun, et donc traité comme tel dans un divorce. P. Hilt, « L'animal de compagnie lors de la séparation du couple », *AJ fam.*, 2012, p. 74. *Adde* C. Lienhard, « Clause "canine" à insérer dans les conventions de séparation ou de divorce », *AJ fam.*, 2012, p. 90.

875. G. Cornu, *La famille*, *op. cit.*, n° 332.

876. Sur cette procédure, voy. V. Bonnet et A. Gouttenoire, « Divorce », *Rép. proc. Dalloz*, 2010, n° 470.

877. Voy. *infra*, n° 525.

du régime matrimonial ou une déclaration qu'il n'y a pas lieu à liquidation[878]. Si la liquidation porte sur des immeubles, elle doit être passée en la forme notariée (art. 1091, CPC). La convention doit être aboutie ; il ne s'agit pas d'un simple projet qui pourrait susciter encore des discussions entre les époux.

506 **Audience devant le juge aux affaires familiales.** Le juge convoque les parties, au moins quinze jours à l'avance, en avisant le ou les avocats. Au jour de l'audience, il entend chaque époux séparément. Il vérifie la recevabilité de la requête, la persistance du consentement, ainsi que le contenu de la convention. Il réunit ensuite les époux et enfin appelle le ou les avocats. S'il estime que la convention ne garantit pas suffisamment les intérêts de l'une des parties ou des enfants, avec leur accord et en présence des avocats, il peut faire supprimer ou modifier certaines clauses (art. 1099, al. 2, CPC). S'il estime que la volonté des époux est sérieuse, libre et éclairée et que les intérêts de chacun sont suffisamment préservés, il rend sur-le-champ un jugement par lequel il homologue la convention *et* prononce le divorce (art. 250-1, C. civ. ; art. 1099, al. 3, CPC). L'homologation et le prononcé du divorce sont indivisibles. Autrement dit, le juge ne peut pas prononcer le divorce sans homologuer la convention, et vice versa.

507 **Décision de refus.** S'il constate que la convention ne préserve pas suffisamment les intérêts des enfants ou de l'un des époux, le juge peut refuser d'homologuer la convention et par conséquent de prononcer le divorce (art. 232, al. 2, C. civ.). Il ajourne alors sa décision jusqu'à ce que les époux lui présentent une nouvelle convention. Il peut dans ce cas homologuer les mesures provisoires au sens des articles 254 et 255 du Code civil (art. 250-2)[879]. Les époux bénéficient d'un délai de six mois pour préparer une nouvelle convention. S'ils laissent passer ce délai, la requête initiale est caduque (art. 250-3, C. civ.). Les époux devront alors recommencer une nouvelle procédure depuis le début s'ils persistent dans leur volonté de divorcer.

S'ils présentent la nouvelle convention dans le délai imparti, une nouvelle audience est organisée ; elle se déroule comme la première. Si le juge estime une fois encore que les intérêts des époux ou des enfants ne sont pas suffisamment préservés, il rend à nouveau une ordonnance de refus. Mais, dans ce cas, la requête est caduque (art. 250-3, C. civ.). Les époux ne peuvent pas présenter une nouvelle convention.

508 **Recours contre la décision du juge.** Si le juge homologue et prononce le divorce, il fait droit à la demande. Les époux n'ont donc pas de raison d'en demander un réexamen. C'est pourquoi l'appel n'est pas admis (art. 1102, CPC). La seule voie de recours possible est le pourvoi en cassation (dans un délai de quinze jours à compter de la décision). Si le juge a refusé d'homologuer et de prononcer le divorce, sa décision est alors susceptible d'appel, dans un délai de quinze jours à compter de la date de la décision. La décision d'appel pourra faire l'objet d'un pourvoi en cassation. Les créanciers de l'un ou l'autre époux peuvent former tierce opposition contre la décision d'homologation dans l'année qui suit l'accomplissement des mesures de publicité (art. 1104, CPC).

La question s'est posée de savoir si les époux ou les tiers peuvent attaquer la convention homologuée, indépendamment du prononcé du divorce, par la voie d'une action en nullité ou en rescision, en cas de vice du consentement,

878. Voy. *infra*, n°s 563 et s.

879. Voy. *infra*, n°s 540 et s.

de fraude, de lésion, etc. La Cour de cassation a fermement répondu négativement, en se fondant sur l'indivisibilité de l'homologation et du prononcé du divorce[880]. La convention ne peut être attaquée qu'en même temps que le prononcé du divorce par les voies de recours ordinaires, ce qui rend irrecevable, par exemple, une action paulienne[881] ou une action en rescision[882]. Il en va de même pour un recours en révision[883]. En revanche, si un bien a été oublié dans le partage, il est possible pour les époux de faire une demande de partage complémentaire sans soumettre une nouvelle convention au juge du divorce[884]. La même solution vaut pour l'omission d'une dette[885] ou d'une récompense[886].

509 **Révision de la convention.** La loi de 1975 a voulu tarir le contentieux de l'après divorce. L'article 279, alinéa 1er, du Code civil énonce ainsi que la convention homologuée a la même force exécutoire qu'une décision de justice. L'alinéa 2 précise qu'elle ne peut être modifiée que par une nouvelle convention soumise à homologation. Ce principe apparaît toutefois fortement atténué pour ce qui concerne les enfants[887] et la prestation compensatoire[888].

2. Les autres cas de divorce

510 **Unité et diversité.** Les autres cas de divorce, le divorce accepté, le divorce pour altération définitive du lien conjugal et le divorce pour faute, ont été réunis par la loi de 2004 par le biais de la procédure : un tronc commun a en effet été créé, dans le but de pacifier le divorce. Il n'en reste pas moins qu'ils sont très différents les uns des autres par leurs causes et qu'au-delà du tronc commun procédural, des règles spécifiques de procédure leur restent applicables. Ces divorces sont dits contentieux en ce sens que leur procédure est soumise aux

---

880. Cass. 2e civ., 6 mai 1987, *D.*, 1987, p. 358, note J.-C. Groslière ; *Rép. Defrénois*, 1987, p. 1069, obs. J. Massip. Contre la solution, A. Tisserand, « L'indésirable indivisibilité dans le divorce sur requête conjointe », in *Mélanges Huet-Weiller*, *op. cit.*, p. 497. *Adde* P. Malaurie et H. Fulchiron, *La famille*, *op. cit.*, n° 617. D'autres décisions se sont par la suite fondées sur l'article 279 du Code civil qui dispose que la convention homologuée a la même force exécutoire qu'une décision de justice.

881. Cass. 1re civ., 25 novembre 1999, *JCP-G*, 2000, II, 10338, note V. Guedj ; *Dr. fam.*, 2000, comm. n° 22, note H. Lécuyer ; *Rép. Defrénois*, 2000, p. 1051, obs. J. Massip ; *RTD civ.*, 2000, p. 89, obs. J. Hauser. Cass. 1re civ., 23 novembre 2011, n° 10-26.802, *AJ fam.*, 2012, obs. S. David.

882. Cass. 1re civ., 3 mars 2010 (2 arrêts), nos 08-70.214 et 08-12.395, *Dr. fam.*, 2010, comm. n° 100, note V. Larribau-Terneyre

883. Cass. 1re civ., 5 novembre 2008, n° 07-14439, *Bull. civ.*, I, n° 247 ; *AJ fam.*, 2008, p. 476, obs. S. David ; *Dr. fam.*, 2008, comm. n° 170, note V. Larribau-Terneyre ; *Rép. Defrénois*, 2009, p. 547, obs. J. Massip.

884. Cass. 1re civ., 6 mars 2001, *JCP-G*, 2001, II, p. 10582, note J. Massip ; *Dr. fam.*, 2001, comm. n° 72, note H. Lécuyer ; *RTD civ.*, 2001, p. 342, obs. J. Hauser ; *JCP-G*, 2002, I, p. 103, n° 20, obs. A. Tisserand. Cette solution est conservée après la réforme de 2004.

885. Cass. 1re civ., 30 septembre 2009, n° 07-12592, *Bull. civ.*, I, n° 195 ; *D.*, 2009, p. 132, note J. Théron ; *Dr. fam.*, 2009, comm. n° 137, note V. Larribau-Terneyre ; *D.*, 2010, pan., p. 1250, obs. L. Williatte-Pellitteri ; *RTD civ.*, 2009, p. 707, obs. J. Hauser ; *AJ fam.*, 2009, p. 492, obs. S. David ; *Rép. Defrénois*, 2010, p. 862, obs. J. Massip.

886. Cass. 1re civ., 13 décembre 2012, n° 11-19.098, *Dr. fam.*, 2013, comm. n° 27, note V. Larribau-Terneyre.

887. Voy. *supra*, n° 271.

888. Voy. *infra*, nos 585 et s.

règles relatives à la procédure contentieuse (art. 1114, CPC). En particulier, pour chacun des cas la seconde phase de la procédure, l'instance, débute par une assignation. Pour autant, il n'y a pas toujours un conflit à trancher (sauf pour le divorce pour faute où les époux débattent de l'existence des torts). Il est vrai que c'est le juge qui décide des conséquences. Mais le recours des époux à la technique des conventions homologuées est fortement encouragé par la loi[889], ce qui a pour vertu de supprimer tout litige sur ce point.

a. Les différents cas

1) *Le divorce accepté*

511 **Ancien divorce sur demande acceptée.** Le divorce sur demande acceptée ou sur double aveu était sans doute l'innovation la plus originale de la loi de 1975. Ce cas de divorce réunissait en lui des aspects de tous les autres : divorce prononcé aux torts partagés, il était pourtant fondé à la fois sur la volonté mutuelle des époux et sur leur reconnaissance de la faillite de leur union. Divorce par consentement mutuel, il ne reposait pas sur une convention entre les époux, mais plutôt sur l'initiative de l'un et la résignation de l'autre ; les conséquences en étaient fixées par le juge. La procédure en était très originale. L'époux qui prenait l'initiative de la demande devait produire un mémoire dans lequel il devait exposer les faits (et non les fautes) qui, selon lui, rendaient intolérable le maintien de la vie commune. L'autre pouvait rejeter le mémoire et donc la procédure, ou bien, au contraire, l'accepter ou encore en rédiger un à son tour. Dans ces deux dernières hypothèses, une première phase devant le juge aux affaires familiales devait permettre aux époux de se réconcilier, grâce à une sorte de catharsis, de purification, que constituait l'échange non des griefs, mais de la vision de chaque époux sur leur union[890]. En l'absence de réconciliation, le juge ne pouvait que constater le double aveu. Une seconde phase s'ouvrait alors, destinée à la détermination des conséquences de la dissolution. Ce cas de divorce a connu un certain succès (environ 14 %, avant la réforme de 2004), mais de manière détournée : les avocats avaient pris l'habitude de pré rédiger des mémoires types que les époux pouvaient se contenter de signer. Le succès était lié en réalité à la plus grande célérité de cette procédure.

512 **Nouveau divorce accepté.** La loi de 2004 a profondément modifié le divorce sur demande acceptée en le simplifiant et, pour tout dire, en le dénaturant. Selon l'article 233 du Code civil, « le divorce peut être demandé par l'un ou l'autre époux ou par les deux lorsqu'ils acceptent le principe de la rupture du mariage sans considération des faits à l'origine de celle-ci ». Deux grandes différences apparaissent avec l'ancien cas. Tout d'abord, ce divorce peut être demandé par un époux ou par les deux. Ensuite, et surtout, l'exigence de la rédaction d'un mémoire a totalement disparu, ce qui le rapproche un peu plus du divorce par consentement mutuel[891], puisqu'il n'est plus question que les

---

889. A. Gouttenoire, « Les nouvelles procédures de divorce », *Rép. Defrénois*, 2005, p. 547, n°s 68 et s.

890. Pour bien comprendre ce cas de divorce, il faut lire ce qu'en disait son inventeur lui-même : J. Carbonnier, *Droit civil*, *op. cit.*, n° 595.

891. En ce sens, J. Massip, « Le nouveau droit du divorce », *Rép. Defrénois*, 2005, n° 19. *Contra* : H. Fulchiron, « La métamorphose des cas de divorce », *op. cit.*, p. 1108, qui considère que ce cas a perdu sa dimension psychologique et s'est donc objectivé.

époux révèlent au grand jour les faits qui sont la cause de leur désunion ; ces faits au contraire doivent rester secrets. Là encore, le juge reçoit la mission de vérifier que chaque époux a donné librement son accord (art. 234).

2) *Le divorce pour altération définitive du lien conjugal*

513 **Anciens divorces pour rupture de la vie commune.** L'innovation la plus controversée de la loi de 1975 résidait dans les deux cas de divorce pour rupture de la vie commune. L'un était fondé sur une séparation de fait ayant duré au moins six ans, l'autre sur une altération des facultés mentales du conjoint ayant duré au moins six ans également. On reprochait à ces cas de constituer une véritable répudiation, étrangère à notre tradition et injuste en ce qu'ils imposaient un divorce à un époux qui n'en voulait pas et qui n'avait commis aucune faute. En outre, le divorce pour altération des facultés mentales ajoutait à l'injustice une immoralité, puisqu'il permettait à un époux d'abandonner son conjoint au mépris de son devoir d'assistance. C'est pourquoi le législateur avait accompagné ces divorces de garde-fous. Tout d'abord, un moyen de défense était offert au défendeur, la clause d'exceptionnelle dureté, qui permettait au juge de rejeter la demande et ôtait au divorce son aspect arbitraire. Ensuite, le divorce était prononcé contre le demandeur qui avait la charge des frais de la procédure et devait verser au défendeur un devoir de secours. De cette rigueur de traitement à l'égard de l'époux demandeur, il s'ensuivit un usage très faible de cette procédure (environ 1,5 % des divorces à la veille de la réforme de 2004).

514 **Nouveau divorce pour altération définitive du lien conjugal.** La modification apportée par le législateur aux anciens divorces-faillite va au-delà d'un simple aménagement. Il a d'abord supprimé le cas spécifique du divorce pour altération des facultés mentales. Il a ensuite transformé profondément la physionomie du divorce pour séparation de fait au point de consacrer un véritable droit au divorce[892]. D'une part en effet, le divorce n'est plus prononcé contre le demandeur, d'autre part le défendeur ne peut plus soulever la clause d'exceptionnelle dureté. Enfin, le juge est tenu de prononcer le divorce dès lors que la preuve de la séparation de plus de deux ans est apportée[893]. La Cour de cassation a précisé que malgré son automaticité apparente, ce cas de divorce, qui implique une séparation de fait de 2 ans, ne peut pas être contraire à l'article 8 CEDH[894].

Désormais, le divorce peut être prononcé pour altération définitive du lien conjugal (art. 237, C. civ.). L'article 238 précise que « l'altération définitive du lien conjugal résulte de la cessation de la communauté de vie entre les époux, lorsqu'ils vivent séparés depuis deux ans lors de l'assignation en divorce ».

Il faut que la séparation ait duré au moins deux ans, ce qui apparaît comme une diminution considérable et bienvenue du délai par rapport à celui de l'ancien divorce pour séparation de fait prolongée. À quoi servait-il de maintenir pendant six ans un mariage qui ne correspondait plus à aucun contenu ? Il suffit que le délai soit écoulé au moment de l'assignation, c'est-à-dire de la

892. Voy. *supra*, encadré E31.

893. Cass. 1re civ., 25 novembre 2009, n° 08-17.117, *Bull. civ.*, I, n° 235 ; *Rép. Defrénois*, 2010, p. 863, obs. J. Massip.

894. Cass. 1re civ., 15 avril 2015, n° 13-27.898, *Dr. fam.*, 2015, comm. n° 114, note J.-R. Binet.

seconde phase de la procédure. Autrement dit, l'époux demandeur peut entamer la première phase de la procédure (requête initiale) alors même que le délai n'est pas entièrement écoulé.

Comme pour l'ancien divorce pour séparation de fait prolongée, il semble que la vie commune doit avoir cessé non seulement dans son aspect matériel, mais également dans son aspect affectif[895]. Cette solution affirmée par la jurisprudence sous l'empire de la loi de 1975 devrait empêcher la dissolution du mariage de deux époux séparés matériellement par les circonstances de la vie (emprisonnement, affectation professionnelle, exil, etc.). On peut toutefois se demander si l'exigence d'une séparation affective est véritablement opérante : celui qui prend l'initiative de la procédure ne démontre-t-il pas que la vie commune affective a cessé dans son esprit au moins (ce qui est suffisant) ?

515 **Atténuation de l'exigence du délai de deux ans.** L'exigence du délai de deux ans est atténuée à deux égards. En premier lieu, le juge ne peut soulever d'office le moyen tiré du défaut d'expiration du délai (art. 1126, CPC). C'est à l'époux défendeur de s'en prévaloir. En second lieu, l'article 238 du Code civil envisage l'hypothèse où une demande en divorce pour faute et une demande en divorce pour altération du lien conjugal seraient présentées concurremment par chaque époux. L'article 246 prévoit que le juge statue d'abord sur la demande en divorce pour faute et seulement en cas de rejet sur la demande en divorce pour altération du lien conjugal. Dans ce cas, selon l'article 238, il n'est pas nécessaire que soit démontrée une séparation de fait ayant duré deux ans. La Cour de cassation a même décidé que le rejet du divorce pour faute emporte le prononcé du divorce pour altération du lien conjugal. Autrement dit, le juge est tenu de prononcer ce divorce sans même avoir à constater la rupture de la communauté de vie[896].

3) *Le divorce pour faute*

516 **Rescapé de la réforme de 2004.** Le divorce pour faute est le plus ancien cas de divorce ; depuis la loi de 1884, il était même le seul admissible. Jusqu'en 1975, le Code civil énumérait trois sortes de fautes susceptibles de justifier le prononcé du divorce : l'adultère, la condamnation à une peine afflictive et infamante, les excès, sévices et injures graves. La jurisprudence avait décidé que les deux premières étaient des causes péremptoires du divorce, c'est-à-dire que le juge devait prononcer le divorce dès lors que la faute était démontrée. Les excès, sévices et injures graves ne constituaient qu'une cause facultative, mais ils permirent d'étendre très largement le champ du divorce. La loi de 1975 a profondément réformé ce cas de divorce. Plutôt que d'établir une liste de fautes, elle a énoncé une définition générale de la faute, tout en maintenant à part la condamnation à une peine afflictive et infamante qui semblait rester ainsi une cause péremptoire.

---

895. En ce sens, J. Hauser, « Le divorce pour altération définitive du lien conjugal et la société de la réalité », *Dr. fam.*, 2005, étude n° 3, n° 11. *Contra* : H. Fulchiron, « Les métamorphoses des cas de divorce », *op. cit.*, p. 1112.

896. Cass. 1re civ., 5 janvier 2012, n° 10-16.359, *Dr. fam.*, 2012, comm. n° 41, note V. Larribau-Terneyre ; *AJ fam.*, 2012, 104, obs. S. David ; *RTD civ.*, 2012, p. 99, obs. J. Hauser ; *D.*, 2012, chron., p. 635, obs. B. Vassallo et C. Creton.

Il fut beaucoup question de supprimer le divorce pour faute lors de la réforme de 2004. On lui reprochait notamment d'exacerber les conflits et de correspondre à une conception dépassée du mariage[897]. Diverses considérations favorables à son maintien l'ont emporté. À la veille de la réforme, d'abord, près d'un divorce sur deux était fondé sur la faute, c'est donc qu'il répondait à un besoin. La suppression du divorce aurait, ensuite, entraîné une mutation de notre droit vers une conception privative du mariage ; celui-ci serait apparu sans devoirs véritables à la charge des époux. Il est juste, enfin, qu'un époux auteur de fautes graves puisse être sanctionné par voie judiciaire et il est salutaire qu'un époux victime puisse se faire reconnaître comme telle par la société. La loi de 2004 n'a retouché ce cas que pour la forme. La modification la plus importante réside dans la suppression de la condamnation à une peine criminelle comme faute spéciale (art. 243, anc.). Il convient d'examiner d'abord la notion de faute puis le rôle du comportement du demandeur.

– a. La notion de faute

517 **Définition générale.** L'article 242 du Code civil dispose que « le divorce peut être demandé par l'un des époux lorsque des faits constitutifs d'une violation grave ou renouvelée des devoirs et obligations du mariage sont imputables à son conjoint et rendent intolérable le maintien de la vie commune ». La faute cause de divorce consiste en une violation des devoirs et obligations du mariage ; pour que le divorce soit prononcé, certaines conditions supplémentaires doivent être réunies.

518 **Violation des devoirs et obligations du mariage.** Le Code civil impose un certain nombre de devoirs aux époux[898]. Leur violation est constitutive d'une faute cause de divorce. Ainsi, si l'adultère a disparu comme cause péremptoire, il n'en constitue pas moins toujours une faute, contrairement à ce que certains croient, ou espèrent peut-être, car la fidélité est toujours un devoir du mariage[899]. La violation du devoir de communauté peut prendre la forme d'un abandon du domicile conjugal, du refus de suivre le conjoint dans son changement de résidence[900] ou encore du refus des relations sexuelles. Le manquement au devoir de contribuer aux charges du mariage, au devoir de secours ou au devoir d'assistance (défaut de soin, le fait pour un mari de ne pas soutenir son épouse dans un conflit avec leur fille commune[901]) peut constituer une cause de divorce pour faute. Cependant, le panel des fautes retenues par la jurisprudence est beaucoup plus large que la seule violation directe d'un devoir du mariage. Les juges ont sanctionné les violences physiques, les attitudes moralement offensantes (atteinte à l'honneur, insultes, dénigrement public, infidélité morale, intellectuelle ou sentimentale, même sans adultère), l'absence de respect à l'égard des convictions religieuses ou politiques, une activité extérieure (syndicale, religieuse, professionnelle) trop prenante. Le refus

897. H. Fulchiron, « Les métamorphoses des cas de divorce », *op. cit.*, p. 1115.

898. Voy. *supra*, n°s 453 et s.

899. Même quand on n'aime plus son conjoint. Versailles, 17 mars 2016, *Dr. fam.*, 2016, comm. n° 118, note J.-R. Binet. Voy *supra*, n°s 461 et s.

900. Cass. 2e civ., 12 septembre 2002, *D.*, 2002, IR, p. 2654, pour un refus de la femme de suivre son mari à l'étranger.

901. Metz, 17 avril 2007, *Dr. fam.*, 2007, comm. n° 187, note V. Larribau-Terneyre.

de soin, notamment à l'égard de l'infertilité, ou encore le transsexualisme[902] ont également été retenus. La condamnation à une peine criminelle reste une violation des devoirs du mariage. Tous ces faits admis comme fautifs par les juges permettent de dégager un ensemble de « devoirs non prévus par la loi ». Comme l'avait écrit Carbonnier, « les fautes qui font le divorce dessinent en creux les devoirs qui font le mariage »[903]. Aujourd'hui, tous ces manquements pourront être rattachés au « devoir de respect », bien vague, ajouté par la loi du 4 avril 2006 à la liste de l'article 212 du Code civil[904].

519 **Violation grave ou renouvelée.** Le législateur n'a pas souhaité que la moindre faute puisse entraîner la dissolution du mariage : la violation doit être grave ou renouvelée. La formule, conservée par la loi de 2004[905], paraît cependant maladroite, car si une violation renouvelée est une cause de divorce, c'est parce que sa répétition la rend grave. Selon les circonstances, ainsi, un adultère commis une fois pourra ou non être retenu. Inversement, des faits qui en eux-mêmes paraissent bénins peuvent être qualifiés de faute s'ils sont réitérés. Quoi qu'il en soit, le juge du divorce ne peut exiger que la violation soit à la fois grave *et* renouvelée[906].

520 **Faits imputables à l'époux.** L'imputabilité est le rattachement d'un comportement à la libre conscience de son auteur. Il faut donc que la violation ait été librement voulue par l'époux. Constituent des causes de non-imputabilité le trouble mental et la force majeure. Ainsi, l'attitude injurieuse d'un époux à l'égard d'un conjoint ne donne pas lieu à divorce lorsqu'elle a pour cause une maladie mentale[907]. De même, la violation de l'obligation de fidélité ne peut être qualifiée de faute si l'époux a été victime d'un viol[908].

521 **Faits rendant intolérable le maintien de la vie commune.** Cette condition est issue de la loi du 2 avril 1941. Les excès, sévices et injures graves devaient « rendre intolérable le maintien du lien conjugal ». La loi de 1975 a modifié la formule sans en changer la signification. Il faut en effet que la faute rende la vie commune intolérable à l'époux qui s'en trouve la victime. Il s'agit d'une condition qui ne se confond pas avec la condition de gravité. Une faute qui peut apparaître grave au regard du droit peut fort bien être supportée par le conjoint. Cette condition s'avère d'une mise en œuvre délicate lorsque les faits ont été perpétrés pendant une période de séparation de fait, notamment une période où les époux sont autorisés à résider séparément (instance en divorce) : comment la faute pourrait-elle rendre intolérable une vie commune qui n'existe plus ? Si les juges du fond ont tendance à tenir compte de cet argument pour rejeter la qualification de faute, la Cour de cassation rappelle régulièrement que

---

902. Nîmes, 7 juin 2000, *Dr. fam.*, 2001, comm. n° 4, note H. Lécuyer ; *RTD civ.*, 2001, p. 335, obs. J. Hauser. Voy. *supra,* n° 402.

903. J. Carbonnier, « La question du divorce, Mémoire à consulter », *op. cit.*, p. 118.

904. Dans le même sens, G. Serra et L. Williatte-Pellitteri, *D.*, 2008, pan., p. 807. Ces auteurs soulignent également l'apparition d'un devoir de loyauté en jurisprudence. Voy. aussi Cass. 1re civ., 17 octobre 2007, *Dr. fam.*, 2007, comm. n° 208, note V. Larribau-Terneyre.

905. J. Massip, « Le nouveau droit du divorce », *op. cit.*, n° 32.

906. Cass. 1re civ., 18 mai 2011, n° 10-12.912, *Dr. fam.*, 2011, comm. n° 165, note V. Larribau-Terneyre.

907. Pau, 30 avril 2001, *Dr. fam.*, 2002, comm. n° 86, note H. L. *Adde* Toulouse, 29 octobre 1997, *Dr. fam.*, 1998, comm. n° 51, note H. Lécuyer.

908. TGI Niort, 21 novembre 1960, *D.*, 1961, p. 247. Pour un époux en curatelle, voy. Cass. 1re civ., 12 novembre 2009, n° 08-20710, *D.*, 2010, pan., p. 1244, obs. L. Williatte-Pellitteri.

l'introduction de la demande en divorce ne confère pas aux époux une immunité[909]. Une décision avait contourné l'obstacle en décidant que la faute rendait impossible la reprise de la vie commune, dénaturant ainsi la définition de la faute au sens de l'article 242 du Code civil[910].

– b. Le comportement du demandeur

522 **Rejet de la demande.** Le demandeur peut avoir eu un comportement qui ôte aux faits commis par le conjoint leur caractère de gravité. Il est possible qu'il ait lui-même commis une faute qui justifie ou qui excuse celle du défendeur. Les violences de l'un des époux peuvent justifier l'abandon du domicile conjugal de l'autre[911] ; l'adultère de l'un peut excuser l'adultère de l'autre[912] ; la bigamie du mari peut excuser les injures de la femme[913]. Le comportement du demandeur peut prendre un aspect particulier. Il peut en effet avoir été de connivence avec son conjoint, l'avoir encouragé, ou même avoir participé avec lui à une faute commune, comme un adultère commis par les deux époux ensemble avec une ou plusieurs personnes[914]. La provocation également semble pouvoir excuser l'adultère[915].

L'article 245, alinéa 1er, du Code civil issu de la loi de 1975 a consacré cette jurisprudence : « les fautes de l'époux qui a pris l'initiative du divorce n'empêchent pas d'examiner sa demande ; elles peuvent, cependant, enlever aux faits qu'il reproche à son conjoint le caractère de gravité qui en aurait fait une cause de divorce ».

523 **Divorce aux torts partagés.** L'article 245 prévoit que les fautes du demandeur, plutôt que d'aboutir au rejet de la demande, peuvent au contraire motiver un divorce aux torts partagés. Cette solution est possible si l'époux défendeur a répondu à la demande par une demande reconventionnelle en divorce pour faute (al. 2). Cependant, même en l'absence d'une demande reconventionnelle, le juge peut décider, de sa propre initiative, de prononcer le divorce aux torts partagés (al. 3). La solution est parfois critiquée comme contraire à la liberté du défendeur de ne pas demander le divorce[916], mais si le juge se rend compte que, compte tenu de la gravité des faits, de la volonté de divorcer du demandeur, le mariage n'a guère d'avenir, à quoi servirait-il de refuser la dissolution ? À condition bien sûr que les faits allégués à l'encontre du défendeur à la demande principale constituent bien une faute cause de divorce[917].

909. Cass. 2e civ., 27 octobre 1993, *JCP-G*, 1994, II, 22260, note P. Lemasson-Bernard.
910. Dijon, 10 décembre 1991, *JCP-G*, 1993, IV, 132.
911. Voy. *supra*, n° 459, à propos de la dispense de cohabitation.
912. Paris, 10 octobre 1990, *D.*, 1990, IR, p. 265.
913. Paris, 11 octobre 2006, *Dr. fam.*, 2007, comm. n° 41, obs. V. L.-T., mais pas l'expulsion du mari du domicile conjugal.
914. TGI Laval, 29 septembre 1969, *JCP-G*, 1970, II, 16384, note J. L.-D ; Pau, 6 février 2006, *Dr. fam.*, 2006, comm. n° 165, obs. V. L.-T., à propos de pratiques de libertinage et d'échangisme relevant d'un choix de vie commun.
915. TGI Albertville, 27 novembre 1979, *D.*, 1981, p. 16, note A. B. ; *JCP-G*, 1981, II, 19609, note R. L. et P. B.
916. F. Terré et D. Fenouillet, *La famille*, *op. cit.*, n° 322.
917. Cass. 1re civ., 20 novembre 2013, n° 12-24.852, *Dr. fam.*, 2014, comm. n° 21, note J.-R. Binet.

E 34 Le contrôle des motifs par la Cour de cassation

La faute est une qualification juridique et, à ce titre, semble pouvoir faire l'objet d'un contrôle par la Cour de cassation : celle-ci se réserve en effet le droit de vérifier que les juges du fond qualifient correctement les faits et donc que les faits constatés constituent une faute susceptible d'entraîner le prononcé du divorce. Pourtant, le contrôle de motivation des décisions du fond portant sur les caractères de la faute a connu une évolution dans le sens d'un allégement constant. La deuxième chambre civile, initialement compétente en matière de divorce, avait d'abord opéré un simple contrôle formel : il suffisait que les juges du fond précisent que les faits constituent une violation grave ou renouvelée des devoirs du mariage et qu'ils rendent intolérable le maintien de la vie commune. Autrement dit, la reproduction dans les motifs de la formule de l'article 242 était suffisante pour sauver les décisions de la cassation[918]. Par la suite, elle semblait avoir encore allégé son contrôle purement formel en admettant qu'une référence à l'article 242 du Code civil était suffisante pour caractériser la double condition exigée par ce texte, à savoir le caractère grave ou renouvelé et le caractère intolérable de la vie commune[919]. Désormais, le divorce relève de la compétence de la première chambre civile. Celle-ci s'est également prononcée sur la question dans une salve d'arrêts rendus le même jour[920]. Elle semble encore moins exigeante que ne l'était la deuxième chambre : elle refuse la cassation d'arrêts qui n'avaient fait nulle référence formelle au caractère grave ou renouvelé de la violation ou au caractère intolérable de la vie commune. On peut même deviner que, dans certaines décisions, la référence à la faute de l'article 242 n'était pas non plus exprimée.

Cette nouvelle jurisprudence mérite d'être approuvée. On ne voit pas ce qu'apporte l'emploi de formule quasi sacramentelle à la motivation des décisions du fond. Il n'en résulte pas pour autant que la Cour de cassation entend exercer un contrôle atténué. Il semble au contraire qu'elle abandonne un contrôle devenu très formel au profit d'un contrôle substantiel de la qualification. L'un des arrêts du 11 janvier 2005 semble aller dans ce sens (4e esp.), ce qui a par la suite été confirmé[921].

b. La procédure du divorce

524 **Présentation.** Plus que dans toute autre matière, la procédure du divorce est intimement liée au fond[922]. C'est vrai pour le divorce par consentement mutuel[923], ça l'est également pour les divorces contentieux. Certains considèrent même qu'elle constitue une fin en soi[924]. La raison de cette importance tient à ce que le divorce ne peut pas être obtenu autrement que par voie judiciaire : le divorce est forcément prononcé par un juge. Il est vrai que la loi du 22 décembre 2010[925], qui a créé la convention de procédure participative (art. 2062

918. Par ex., Cass. 2e civ., 22 janvier, 12 mars et 29 avril 1997, *Bull. civ.*, II, n° 72 ; *JCP-G*, 1997, I, 4045, n° 2, obs. H. Bosse-Platière.
919. Cass. 2e civ., 30 novembre 2000, *Bull. civ.*, II, n° 157 ; *Dr. fam.*, 2001, comm. n° 16, note H. Lécuyer ; *RTD civ.*, 2001, p. 114, obs. J. Hauser.
920. Cass. 1re civ., 11 janvier 2005, *Dr. fam.*, 2005, comm. n° 53, note V. Larribau-Terneyre ; *D.*, 2006, pan., p. 337, obs. L. Williatte-Pellitteri.
921. Cass. 1re civ., 25 avril 2006, *Rép. Defrénois*, 2006, p. 1320, obs. J. Massip. Cass. 1re civ., 12 novembre 2009, n° 08-20.710, *Dr. fam.*, 2010, comm. n° 38, note V. Larribau-Terneyre.
922. Sur l'ensemble de la procédure contentieuse, voy. V. Bonnet et A. Gouttenoire, « Divorce », *op. cit.*, nos 76 et s.
923. Voy. *supra*, n° 503.
924. En ce sens, A. Gouttenoire, « Les nouvelles procédures de divorce », *op. cit.*, n° 1.
925. L. n° 2010-1609 du 22 décembre 2010 relative à l'exécution des décisions de justice, aux conditions d'exercice de certaines professions réglementées et aux experts judiciaires, *JORF*, 23 décembre 2010, p. 22552 ; *D.*, 2011, pan., p. 1109, obs. M. Douchy-Oudot. V. Larribau-Terneyre, « Nouvel essor pour les modes alternatifs et collaboratifs de règlement des litiges en matière familiale ? », *Dr. fam.*, 2012, étude n° 12.

et s., C. civ. ; art. 1542 et s., CPC) par laquelle les parties à un différend qui n'a pas encore donné lieu à la saisine d'un juge ou d'un arbitre s'engagent à œuvrer conjointement et de bonne foi à la résolution amiable de leur différend, et qui rend la saisine d'un juge irrecevable, a étendu cette technique au divorce. Néanmoins, les époux ne sont pas dispensés de saisir le JAF pour faire prononcer le divorce (art. 2067, al. 2). Il ne s'agit donc pas d'une mesure de déjudiciarisation du divorce, mais seulement d'une technique permettant aux époux de trouver un accord. La façon dont la procédure est organisée par la loi exerce donc nécessairement une influence considérable sur la manière dont les époux vont vivre leur divorce, sur leur état d'esprit. La procédure peut ainsi favoriser ou au contraire atténuer les conflits. La loi de 2004, continuant l'œuvre de la loi de 1975, a poursuivi le double objectif de simplifier et de pacifier la procédure du divorce. On retrouve ces idées tant dans les règles générales de la procédure que dans le déroulement du tronc commun, de celui de l'instance ou dans les règles spéciales à chaque cas de divorce[926].

1) *Les règles générales*

– a. Les juridictions compétentes

525 **Du JAM au JAF.** Depuis la loi de 1975, un juge délégué spécialement aux affaires matrimoniales (JAM) avait la charge de statuer en matière de divorce[927]. La loi du 8 janvier 1993 a transformé le JAM en juge aux affaires familiales (JAF), doté désormais d'une compétence plus large en matière familiale : en particulier, il ne partage plus, comme avant, sa compétence avec le TGI en formation collégiale[928].

E 35 **La généralisation des compétences du JAF**

Au fil des réformes législatives, le juge aux affaires familiales tend à devenir la juridiction familiale de droit commun. En effet, la loi n° 2009-526 du 12 mai 2009 de simplification et de clarification du droit et d'allégement des procédures[929] a élargi sensiblement sa compétence matérielle. L'article L. 213-3 du Code de l'organisation judiciaire prévoit désormais que ce magistrat est compétent non seulement en matière d'autorité parentale ou de divorce, mais aussi pour l'homologation du changement de régime matrimonial, pour les demandes relatives au fonctionnement des régimes matrimoniaux et les indivisions entre partenaires d'un pacte civil de solidarité ou entre concubins, et pour la séparation de biens judiciaire.

Il est également compétent pour la liquidation du régime matrimonial dissous par divorce ou séparation de corps, ainsi que pour la liquidation et le partage des intérêts des partenaires d'un pacte civil de solidarité et des concubins. On peut relever à ce propos que le législateur a ainsi répondu – peut-être sans le vouloir – à la question que l'on pouvait se poser de savoir

926. Sur le divorce par consentement mutuel, voy. *supra*, n°s 503 et s.

927. J.-C. Groslière, « Le juge aux affaires matrimoniales (ou l'homme-orchestre du divorce) », *D.*, 1976, chron., p. 73.

928. L. Cadiet, « Les métamorphoses de la juridiction familiale », in *Mélanges Blaise*, Paris, Economica, 1995, p. 33.

929. *JORF*, 13 mai 2009. Voy., sur cette loi, J. Massip, « Les incidences en matière familiale de la loi de "simplification du droit" », *Rép. Defrénois*, 2009, p. 1897 ; V. Larribau-Terneyre, « Les apports de la loi du 12 mai 2009 de simplification du droit sur le contentieux familial et le droit des personnes et de la famille », *Dr. fam.*, 2009, étude n° 29 ; X. Labbée, « La judiciarisation du PACS et du concubinage », *D.*, 2009, p. 2053.

si les concubins et les partenaires forment une famille en l'absence d'enfants. En tous les cas, ils relèvent de la juridiction familiale. Le juge aux affaires familiales acquiert également les fonctions de juge des tutelles des mineurs (art. L. 213-3-1, COJ), la protection des majeurs relevant toujours du juge des tutelles du tribunal d'instance. Enfin, la loi du 9 juillet 2010 lui a confié la compétence des ordonnances de protection en cas de violences conjugales (voy. *supra*, n° 488).

L'article 228 du Code civil, qui prévoyait la compétence du JAF en matière de divorce, a été abrogé : c'est désormais l'article L. 213-3 du Code de l'organisation judiciaire qui énonce que « dans chaque tribunal de grande instance, un ou plusieurs magistrats du siège sont délégués dans les fonctions de juge aux affaires familiales ». En outre, désormais, c'est l'article L. 213-4 du même Code qui prévoit que le juge aux affaires familiales peut renvoyer l'affaire devant le tribunal de grande instance en formation collégiale, ce renvoi étant de droit à la demande des parties pour le divorce et la séparation de corps.

Biblio

À lire : M. Bruggeman, « Adaptation de la procédure aux nouvelles règles de compétence en matière de régimes matrimoniaux et d'indivision », *Dr. fam.*, 2010, focus n° 9 ; J. Massip, « L'extension des compétences du juge aux affaires familiales (Décrets n°s 2009-1591 du 17 décembre 2009 et 2009-1628 du 23 décembre 2009) », *Rép. Defrénois*, 2010, p. 692.

526 **Compétence résiduelle du TGI.** Le TGI en formation collégiale n'intervient dans le prononcé du divorce que si le JAF renvoie l'affaire devant lui, ce renvoi étant de droit si un époux le demande (art. L. 213-4, CPC). La formation collégiale comprend alors le juge qui a ordonné le renvoi.

527 **Compétence territoriale.** Le juge compétent est celui du lieu où se trouve la résidence de la famille. Si les époux sont séparés, la compétence revient au juge du lieu de résidence de l'époux avec lequel les enfants résident habituellement ou qui exerce seul l'autorité parentale. Dans les autres cas, c'est le juge du lieu où réside l'époux qui n'a pas pris l'initiative du divorce qui est compétent (art. 1070, CPC).

– b. Les rapports entre les différents cas de divorce

528 **Demande principale.** La loi de 1975, tout en multipliant les cas de divorce et les procédures afférentes, avait établi un principe d'indépendance des procédures les unes par rapport aux autres[930]. La réforme de 2004[931] ne l'a pas remis en cause. Le nouvel article 1077 du Code de procédure civile dispose qu'un époux ne peut fonder sa demande que sur un seul cas de divorce et qu'une demande formée à titre subsidiaire est irrecevable. En outre, en cours d'instance, il ne peut être substitué à la demande initiale une demande fondée sur un autre cas. Le Code civil assortit néanmoins ce principe d'exceptions plus nombreuses qu'en 1975.

529 **Passerelles.** L'article 247 du Code civil prévoit la possibilité pour les époux de passer à tout moment d'une procédure contentieuse à une procédure de divorce par consentement mutuel. En 1975, une telle passerelle était possible,

930. J. Massip, « Les incidences en matière familiale de la loi de "simplification du droit" », *op. cit.*, n° 39.

931. D. n° 2004-1158 du 29 octobre 2004 portant réforme de la procédure en matière familiale, *JORF*, 31 octobre 2004. Voy., sur l'ensemble de la réforme procédurale, L. Miniato, « La réforme des procédures de divorce par la loi du 26 mai 2004 et le décret du 29 octobre 2004 : le changement dans la continuité », *Dr. fam.*, 2004, étude n° 29.

mais les époux devaient pratiquement recommencer la procédure (longue à l'époque) depuis le début. Désormais, il leur suffit de soumettre à l'homologation du JAF une convention constatant leur accord et réglant les conséquences du divorce, même après qu'une décision a déjà été rendue au fond. Autrement dit, la passerelle peut être empruntée même en instance d'appel. En revanche, il n'est jamais possible de passer d'un divorce par consentement mutuel à un divorce contentieux.

De la même manière, l'article 247-1 offre la possibilité aux époux de passer à tout moment d'un divorce pour altération définitive du lien conjugal ou pour faute à un divorce pour acceptation de la rupture du mariage en faisant constater leur accord par le juge. Cette passerelle montre que, malgré son exclusion des divorces par consentement mutuel, le divorce accepté se situe à mi-chemin entre le divorce d'accord et le divorce contentieux.

Si la demande principale est fondée sur l'altération du lien conjugal, le conjoint peut en réponse former une demande reconventionnelle fondée sur la faute. L'article 247-2 précise alors que le demandeur peut invoquer les fautes du conjoint pour modifier le fondement de sa demande et se placer à son tour sur le terrain du divorce pour faute.

530 **Demandes reconventionnelles.** Dans le cadre d'une procédure contentieuse, le défendeur peut ne pas se contenter de conclure au rejet de la demande. Il peut former à son tour une demande contre le demandeur, appelée demande reconventionnelle. Une telle demande reconventionnelle est possible pour passer d'un divorce pour faute à un divorce pour altération du lien conjugal ou vice versa. L'article 246 du Code civil prévoit que, si une demande pour altération du lien conjugal et une demande pour faute sont présentées concurremment, le juge statue d'abord sur la demande pour faute. Ce n'est qu'en cas de rejet de celle-ci qu'il examine l'autre demande[932].

L'un des époux peut former une demande principale en divorce, l'autre une demande reconventionnelle en séparation de corps, ou vice versa. Dans tous les cas, le juge examine en premier lieu la demande en divorce et, seulement en cas de rejet, en second lieu la demande en séparation de corps. Toutefois, si la demande principale en divorce est fondée sur l'altération définitive du lien conjugal, la demande reconventionnelle ne peut tendre qu'au divorce, et non à la séparation de corps (art. 297, C. civ.). Par ailleurs, l'article 297-1 du Code civil prévoit que si les demandes en divorce et en séparation de corps sont fondées chacune sur la faute, le juge les examine en même temps et prononce le divorce aux torts partagés s'il les estime fondées toutes les deux.

– c. La capacité

531 **Époux demandeur.** Les règles de capacité en la matière ont été modifiées par la loi de 2004. On peut s'étonner que la loi du 5 mars 2007 relative à la protection des majeurs, qui a pourtant voulu replacer la personne au centre des systèmes de protection, ne les ait pas réformées dans le sens d'une plus grande prise en

932. Même si la demande reconventionnelle en divorce pour faute est présentée à titre subsidiaire. Cass. 1re civ., 16 décembre 2015, n° 14-29.322, *Dr. fam.*, 2016, comm. n° 19, note J.-R. Binet. Voy. *supra*, n° 515.

compte de la volonté de la personne protégée[933]. Ainsi, l'époux en tutelle ne peut agir lui-même, il doit être représenté par son tuteur. Le tuteur doit avoir obtenu l'autorisation du conseil de famille, s'il a été institué, ou du juge des tutelles (art. 249, C. civ.). La demande peut être introduite même si une tutelle complète n'a pas été organisée. Elle ne peut être formée qu'après avis médical[934] et après audition de l'intéressé dans la mesure du possible. Toutefois, le plus surprenant tient à ce que la demande peut être formée même si l'époux est totalement inconscient. Il ne s'agit donc pas d'un acte purement personnel que seul le majeur peut accomplir. Si la tutelle a été confiée à son conjoint, un tuteur *ad hoc* est nommé (art. 249-2). L'époux en curatelle exerce lui-même l'action, assisté par son curateur (art. 249, al. 2). Un curateur *ad hoc* doit être nommé si la curatelle a été confiée au conjoint. Lorsque l'époux a été placé sous sauvegarde de justice, une tutelle ou une curatelle doit être organisée (art. 249-3), à la date de l'introduction de l'instance au plus tard[935]. En attendant, le JAF peut prononcer des mesures provisoires ou des mesures urgentes. Si l'époux se trouve placé sous tutelle, curatelle ou sauvegarde de justice, aucune demande en divorce pour acceptation du principe de la rupture du mariage ne peut être présentée (art. 249-4).

532 **Époux défendeur.** Lorsque c'est l'époux défendeur qui est placé sous un régime de protection, la demande est dirigée contre le tuteur si le majeur est sous tutelle ; s'il est sous curatelle, le majeur se défend lui-même assisté du curateur (art. 249-1). Si le majeur se trouve sous sauvegarde de justice, là encore il faut organiser la tutelle ou la curatelle. Enfin, le divorce accepté est impossible.

– d. La publicité

533 **Débats et décision.** Les débats ne sont pas publics (art. 248, C. civ.). La décision de divorce, en revanche, doit faire l'objet d'une mesure de publicité car, comme tout ce qui touche à l'état des personnes, les tiers (en particulier les créanciers) ont un intérêt à savoir si les époux sont toujours mariés ou non. La publicité s'opère normalement par les actes de l'état civil : le divorce fait l'objet d'une mention en marge de l'acte de mariage ainsi que de l'acte de naissance de chacun des époux (art. 1082, CPC). Si les époux sont commerçants, il doit également être mentionné au registre du commerce et des sociétés.

2) *Le tronc commun*

534 **Pacification par l'unification des procédures.** Le principe d'indépendance des différents cas de divorce avait conduit les auteurs de la loi de 1975 à instaurer une procédure différente pour chacun. Sur proposition du rapport Dekeuwer-Défossez[936], le législateur a au contraire opéré en 2004 un rapprochement des procédures contentieuses. La première phase est en effet commune à tous les

933. F. MOUREAU, « Le divorce des majeurs protégés ou la désunion sous haute protection », *AJ fam.*, 2012, p. 259. Dans le même sens, voy. *supra*, n° 501, l'interdiction du divorce par consentement mutuel pour le majeur protégé.

934. Depuis la loi du 5 mars 2007 portant réforme de la protection juridique des majeurs. Auparavant le texte exigeait l'avis du médecin traitant.

935. J. MASSIP, « Les incidences en matière familiale de la loi de "simplification du droit" », *op. cit.*, n° 50.

936. *Rapport Dekeuwer-Défossez*, *op. cit.*, p. 135.

divorces contentieux et ne permet pas à l'époux demandeur de choisir immédiatement le fondement de sa demande ; ce choix est reporté au début de la seconde étape, l'instance. Ce tronc commun se trouve ainsi dénué d'enjeu ; on peut donc supposer que les époux seront plus ouverts pour une tentative de conciliation et la détermination des mesures provisoires.

– a. La requête initiale

535 **Contenu de la requête.** Le premier acte de procédure consiste en une requête adressée au juge par l'intermédiaire d'un avocat. La nouveauté très importante tient à ce que la requête ne doit contenir aucune indication relative ni aux faits qui justifient la procédure ni même au cas de divorce choisi par l'époux (art. 251, C. civ. ; art. 1106, CPC). Ce silence imposé par la loi présente deux sortes d'avantage. Le premier, d'ordre juridique, réside dans la possibilité pour l'époux requérant de choisir jusqu'au dernier moment (c'est-à-dire l'assignation) le fondement de sa demande. Le second est d'ordre psychologique : les époux, ne formulant pour l'instant aucun grief l'un à l'égard de l'autre, devraient pouvoir s'entendre suffisamment pour parvenir au moins à un accord sur le principe du divorce ainsi que sur ses conséquences. La requête doit en revanche contenir, autre nouveauté, les demandes formées au titre des mesures provisoires et un exposé sommaire de leurs motifs, ce qui permettra au juge de mieux préparer l'audience de conciliation[937].

Cette requête initiale est unilatérale, c'est-à-dire présentée par un seul époux. Il est vrai que le divorce accepté peut être demandé par les deux époux[938]. Ce n'est toutefois qu'au stade de l'instance qu'il leur est possible d'agir ensemble en déterminant le cas de divorce choisi[939].

536 **Mesures urgentes.** L'article 257 du Code civil prévoit que le juge peut prendre des mesures urgentes dès la requête initiale, sans attendre l'audience de conciliation, dans une ordonnance qui n'est susceptible d'aucun recours. Il peut ainsi autoriser l'époux demandeur à résider séparément, s'il y a lieu avec les enfants mineurs (art. 257, al. 2). Il peut également prendre toute mesure permettant de sauvegarder les droits de l'époux, notamment l'apposition de scellés sur les biens communs (art. 257, al. 3). Les mesures de sauvegarde du régime primaire[940] ou du régime matrimonial sont applicables. Depuis la loi du 9 juillet 2010, le texte énonce également que les mesures prévues au titre XIV du livre premier du Code civil, autrement dit la possibilité pour le JAF de prononcer une ordonnance de protection en cas de violences conjugales[941], restent applicables. La demande est portée devant le juge saisi de la requête en divorce, qui statue toutefois par décision séparée (art. 1136-13, al. 2, CPC).

---

937. M.-P. Murat-Sempietro et V. Trambouze, *Le divorce après la loi du 26 mai 2004*, Paris, Litec, 2006, n° 102.
938. Voy. *supra,* n° 512.
939. J. Massip, « Les incidences en matière familiale de la loi de "simplification du droit" », *op. cit.*, n° 68.
940. Voy. *supra,* n°s 487 et s.
941. Voy. *supra,* n° 489.

– b. L'audience de conciliation

537 **Objet de l'audience de conciliation.** L'audience de conciliation est obligatoire. Le juge doit tenter de concilier les époux tant sur le principe du divorce que sur ses conséquences (art. 252, C. civ.)[942]. Cette procédure n'est pas nouvelle. La plupart des commentateurs soulignent cependant que, sous la loi de 1975, la tentative de conciliation avait pour objet la réconciliation des époux (art. 252-2, anc.), et qu'elle a désormais pour objet de leur faire admettre le principe du divorce. À vrai dire, les textes n'interdisent pas au juge de tenter de réconcilier les époux : tenter de les « concilier » sur le principe du divorce peut signifier tenter de les faire renoncer au divorce[943]. S'il n'y parvient pas, la mission du juge consiste alors à les orienter vers un divorce accepté. De plus, si l'époux demandeur persiste dans sa volonté de divorcer, la tentative de conciliation doit alors porter sur les conséquences du divorce (art. 252-3). Le juge demande aux époux de présenter à l'audience un projet de règlement de ces conséquences.

538 **Déroulement de l'audience de conciliation.** Le conjoint du demandeur est convoqué par lettre recommandée avec demande d'avis de réception au moins quinze jours avant la date de l'audience (art. 1108, CPC). La présence d'un avocat n'est pas obligatoire, sauf pour accepter le principe de la rupture du mariage. Il est précisé que la tentative de conciliation peut être renouvelée pendant l'instance (art. 252, al. 1er, C. civ.).

À la date de l'audience, le juge entend d'abord séparément chacun des époux, sans la présence des avocats, puis ensemble avec les avocats éventuels. C'est lors de la réunion commune que les mesures provisoires et les conséquences du divorce font l'objet d'une discussion. Le juge peut suspendre la tentative de conciliation et la reprendre sans formalité pour laisser un temps de réflexion aux époux dans un délai maximum de huit jours (art. 252-2, al. 2).

539 **Issues de l'audience de conciliation.** Trois issues sont possibles. D'abord, même si c'est rare, il peut se trouver qu'au cours de l'audience les époux se réconcilient. Les nouveaux textes n'envisagent plus cette hypothèse. Mais il faut considérer que la procédure s'en trouverait caduque et le juge devrait en dresser procès-verbal[944]. Ensuite, si l'époux demandeur maintient sa demande, le juge peut estimer que les époux ont besoin d'un plus long délai de réflexion ; il peut rendre une ordonnance de renvoi à une nouvelle tentative de conciliation (art. 252-2, al. 2, C. civ. ; art. 1111, CPC). Dans le cas contraire, enfin, il rend une ordonnance par laquelle il autorise les époux à introduire l'instance en divorce. C'est ce qu'on appelle une ordonnance de non-conciliation[945].

---

942. Cass. 1re civ., 16 décembre 2015, n° 14-28.296, *Dr. fam.*, 2016, comm. n° 20, note J.-R. Binet.

943. En ce sens, J. Massip, « Les incidences en matière familiale de la loi de “simplification du droit” », *op. cit.*, n° 71.

944. J. Massip, « Les incidences en matière familiale de la loi de “simplification du droit” », *op. cit.*, n° 75.

945. Cette décision est parfois appelée, depuis la loi de 2004, ordonnance sur tentative de conciliation (voy. ainsi O. Matocq et Y. Favier, in P. Murat (dir.), *Droit de la famille*, *op. cit.*, n° 132.131). Mais les textes ne font nulle mention de cette formule ; il semble que ce soit une pratique locale de certaines juridictions.

– c. Les mesures provisoires

540 **Généralités.** L'article 254 du Code civil donne mission au juge de fixer les mesures nécessaires pour assurer l'existence des époux ainsi que des enfants jusqu'à la date où le divorce devient définitif[946]. Conformément à l'objectif de pacification poursuivi par la loi, les époux peuvent être associés à la détermination des mesures, puisque le juge statue « en considération des accords éventuels des époux ». En ce qui concerne les enfants, l'article 256 renvoie simplement aux règles relatives à l'autorité parentale. On sait en effet qu'il n'existe plus de règles particulières sur ce point en cas de divorce[947]. Quant aux époux, l'article 255 édicte une liste non limitative de mesures provisoires. Le juge peut ainsi statuer sur les modalités de la résidence séparée des époux en en fixant la date (étant entendu qu'en pratique ils sont le plus souvent déjà séparés), attribuer à l'un d'eux la jouissance du logement et du mobilier en précisant son caractère gratuit ou non[948], ordonner la remise des vêtements et objets personnels, fixer la pension alimentaire, désigner celui ou ceux des époux qui devront régler les dettes, accorder à l'un des époux des provisions à valoir sur ses droits dans la liquidation du régime matrimonial, statuer sur l'attribution de la jouissance ou de la gestion des biens communs ou indivis autres que le logement et le mobilier. Deux mesures méritent de retenir l'attention.

541 **Incitation à la médiation.** Comme il l'avait fait auparavant pour l'autorité parentale, le législateur a entendu favoriser le recours à la médiation, censée faciliter l'entente des époux[949]. À vrai dire, l'article 254 contient deux mesures relatives à la médiation, tout comme en matière d'autorité parentale. Le juge peut d'abord proposer une mesure de médiation. Si les époux en sont d'accord, il désigne un médiateur pour y procéder. Le juge peut également imposer aux époux non pas de recourir à la médiation, mais de rencontrer un médiateur dont la mission sera d'informer les époux sur l'objet et le déroulement de la médiation. L'avantage que l'on peut retirer éventuellement d'une médiation consiste bien sûr en la reprise du dialogue entre des époux qui ne parvenaient plus à s'entendre. Un autre avantage attendu résiderait dans l'accélération de

---

946. Sur l'ensemble des mesures provisoires et leur régime, voy. V. Bonnet et A. Gouttenoire, « Divorce », *op. cit.*, n°s 108 et s.

947. Voy. *supra*, n° 224.

948. Sur les problèmes posés par l'indemnité d'occupation que doit éventuellement l'époux attributaire du logement, voy. M.-P. Sempietro-Murat et V. Trambouze, *Le divorce après la loi du 26 mai 2004*, *op. cit.*, pp. 51 et s. La Cour de cassation a par ailleurs précisé que le logement attribué à titre provisoire à l'un des époux reste soumis à la cogestion de l'art. 215, al. 3, C. civ. (voy. *supra*, n°s 474 et s.) : Cass. 1re civ., 26 janvier 2011, n° 09-13138, *Dr. fam.*, 2011, comm. n° 52, note V. Larribau-Terneyre. Ainsi qu'à la cotitularité du bail prévue à l'art. 1751, C. civ. (voy. *supra*, n° 477) : Cass. 3e civ., 1er avril 2009, n° 08-15929, *Bull. civ.*, III, n° 72 ; *Dr. fam.*, 2009, comm. n° 70, note V. Larribau-Terneyre ; *RTD civ.*, 2009, p. 510, obs. J. Hauser ; *D.*, 2010, pan., p. 1249, obs. L. Williatte-Pellitteri ; *RJPF*, 2009-6/30, obs. T. Garé. À l'inverse, l'époux non attributaire peut demander l'autorisation judiciaire de le vendre, sur le fondement de l'art. 217, C. civ. (voy. *supra*, n° 490) : Cass. 1re civ., 30 septembre 2009, n° 08-13220, *Bull. civ.*, I, n° 196 ; *D.*, 2009, actu. jurispr., p. 2489, obs. V. Egéa ; *AJ fam.*, 2009, p. 451, obs. S. David ; *RTD civ.*, 2009, p. 703, obs. J. Hauser ; *RLDC*, 2009/65, n° 3613, obs. E. Puoliquen ; *D.*, 2010, pan., p. 1250, obs. L. Williatte-Pellitteri ; *Rép. Defrénois*, 2010, p. 865, obs. J. Massip.

949. V. Leclercq, « La médiation familiale dans la loi du 26 mai 2004 », *Dr. fam.*, 2004, étude n° 23. *Adde* M. Nicoletti, « La médiation et le juge », *Petites Aff.*, 30 juin 2009, p. 129.

la procédure. Quoi qu'il en soit, pas plus qu'en matière d'autorité parentale, le recours à la médiation ne dispense pas les époux qui trouveraient un accord de le soumettre au juge pour homologation.

542 **Préparation des intérêts patrimoniaux des époux.** Deux mesures sont envisagées à fin de préparer le règlement pécuniaire du divorce et la liquidation du régime matrimonial, le législateur ayant souhaité que cette opération se déroule le plus rapidement possible après la dissolution du mariage[950]. Le juge peut désigner tout professionnel qualifié (notaire, avocat, expert-comptable, commissaire-priseur) en vue de dresser un inventaire estimatif ou de faire des propositions quant au règlement des intérêts pécuniaires des époux. Il peut également désigner un notaire en vue d'élaborer un projet de liquidation du régime matrimonial et de formation des lots à partager.

543 **Recours.** Les époux peuvent interjeter appel des ordonnances rendues par le JAF à l'issue de l'audience de conciliation, mais seulement quant à la compétence et surtout aux mesures provisoires (art. 1112, CPC). Le délai est de quinze jours à compter de la notification de l'ordonnance. L'arrêt d'appel n'est pas susceptible d'un pourvoi en cassation, s'agissant d'une décision ne prononçant pas au fond (art. 606 et 608, CPC).

544 **Durée des mesures.** Les mesures ordonnées par le juge sont provisoires à deux égards. D'abord, elles sont forcément limitées dans le temps, puisqu'elles règlent la vie des époux jusqu'à ce que le divorce soit devenu définitif. Elles prennent donc fin à cette date. Leur caractère provisoire tient également à ce qu'elles peuvent être révisées ou rapportées à tout moment à la demande de l'un ou l'autre époux.

3) *L'instance*

– a. L'introduction de l'instance

545 **Introduction de l'instance.** Lorsque le juge a prononcé une ordonnance de non-conciliation, l'un des époux peut ensuite introduire l'instance (art. 257-1, C. civ.). D'abord, celui qui avait saisi le juge d'une requête en divorce peut assigner ensuite le conjoint en séparation de corps (art. 1076, CPC) ; mais l'inverse est également possible[951]. Ensuite et surtout, c'est à ce stade qu'il doit choisir le cas par lequel il entend divorcer. Il peut choisir entre le divorce accepté, le divorce pour altération définitive du lien conjugal ou le divorce pour faute. Le choix est libre en principe. Toutefois, si les époux ont accepté, lors de l'audience de conciliation, le principe de la rupture du mariage et le prononcé du divorce sur le fondement de l'article 233, l'instance ne peut être engagée que sur ce fondement (art. 257-1, al. 2) : la cause du divorce est en effet définitivement acquise dès l'audience de conciliation. Enfin, le conjoint peut former une demande reconventionnelle (sauf dans le cas précédent).

546 **Délai pour agir.** Dans les trois mois qui suivent le prononcé de l'ordonnance de non-conciliation, seul l'époux qui avait pris l'initiative de la procédure peut introduire l'instance (art. 1113, CPC). Au-delà, c'est à l'époux le plus diligent d'agir. Le décret du 29 octobre 2004 a considérablement augmenté le délai

950. Voy. *infra*, n° 563.

951. Cass., avis, 10 avril 2014, n° 13-70.007, *D.*, 2014, p. 689, obs. M. Douchy-Oudot ; *AJ fam.*, 2014, p. 239, obs. S. Thouret ; *RTD civ.*, 2014, p. 869, obs. J. Hauser

maximum dans lequel les époux peuvent poursuivre la procédure. Alors qu'auparavant il était de six mois, il est désormais passé à trente mois à compter de l'ordonnance de non-conciliation (art. 1113, al. 2, CPC), ce qui permet de laisser s'écouler le délai de deux ans nécessaire à un éventuel divorce pour altération du lien conjugal entre l'ordonnance et l'assignation. À l'expiration du délai de trente mois, toutes les mesures contenues dans l'ordonnance sont caduques, y compris l'autorisation d'introduire l'instance.

547 **Forme de la demande.** Les trois cas de divorce sont qualifiés de contentieux. En effet, l'article 1114 du Code de procédure civile énonce que « l'instance est formée, instruite et jugée selon la procédure en matière contentieuse applicable devant le tribunal de grande instance ». Autrement dit, l'instance est introduite par assignation. Il y est fait exception lorsque les époux ont accepté le principe de la rupture du mariage : ils introduisent alors l'instance par requête conjointe. Si, toutefois, l'un des époux refuse, l'autre peut alors l'assigner[952].

548 **Contenu de la demande.** L'article 257-2 du Code civil subordonne la recevabilité de la demande à la production d'une proposition de règlement des intérêts pécuniaires et patrimoniaux des époux. Il s'agit là encore d'une mesure destinée à accélérer le règlement de ces intérêts : la proposition constitue un document de base dont le juge peut tenir compte pour fixer notamment la prestation compensatoire. Elle permet également aux époux de réunir les premiers éléments en vue de liquider le régime matrimonial. Il faut rappeler que le JAF a pu ordonner au titre des mesures provisoires un inventaire et la désignation d'un notaire[953].

– b. La preuve

549 **Liberté de la preuve.** Les époux doivent apporter la preuve de la cause du divorce. La question ne se pose pas pour le divorce par consentement mutuel, puisque leur démarche et leur convention attestent de leur consentement. Elle ne se pose pas non plus d'ailleurs pour le divorce pour acceptation du principe de la rupture du mariage. En revanche, le divorce pour altération définitive du lien conjugal suppose que soit prouvée la séparation de fait de deux ans. Et le divorce pour faute implique la preuve de la faute de l'un ou des époux. L'article 259 du Code civil établit le principe de la liberté de la preuve. Il peut s'agir de témoignages, de présomptions, de lettres, de constats, et de l'aveu. Une expertise biologique peut constituer un mode de preuve de l'adultère s'il est démontré que l'enfant n'est pas celui du mari, révélation sans incidence sur la filiation de l'enfant[954].

550 **Exceptions et limites.** Certains témoignages ne sont cependant pas admissibles. L'article 259 interdit le témoignage des descendants concernant les griefs invoqués par les époux. On ne peut imposer à des enfants ou petits-enfants du couple de témoigner en faveur de l'un contre l'autre et donc de prendre partie dans le conflit qui oppose leurs parents ou grands-parents. La jurisprudence a

952. M.-P. Sempietro-Murat et V. Trambouze, *Le divorce après la loi du 26 mai 2004*, *op. cit.*, n° 144.

953. Voy. *supra*, n° 542.

954. Cass. 1re civ., 28 février 2006, *D.*, 2006, p. 2379, note S. Mirabail ; *D.*, 2007, pan., p. 610, obs. L. Williatte-Pellitteri ; *JCP-G*, 2006, II, 10098, note S. Lambert ; *Dr. fam.*, 2006, comm. n° 91, note V. Larribau-Terneyre ; *RTD civ.*, 2006, p. 287, obs. J. Hauser.

étendu cette prohibition au conjoint du descendant[955] même divorcé[956], puis à son concubin[957]. La prohibition porte sur les témoignages directs ou indirects, ou encore sur les lettres émanant d'un époux ou reçu par lui[958].

Par ailleurs, « un époux ne peut verser aux débats un élément de preuve qu'il aurait obtenu par violence ou fraude » (art. 259-1, C. civ.). L'ancien texte ne visait que les lettres échangées entre un conjoint et un tiers. La loi de 2004 a étendu l'interdiction à tous les modes de preuve. Seule la preuve de la fraude ou de la violence justifie leur exclusion. En dehors de ces cas, la production en est possible, qu'il s'agisse de courrier[959], de courriels[960], de SMS[961], d'un journal intime[962], ou même des pages *Facebook* de l'époux adultère[963], même sans le consentement de l'époux intéressé, quand bien même une atteinte à la vie privée serait caractérisée.

Les constats dressés à la demande d'un époux, par huissier notamment, sont possibles, sauf s'il y a eu violation de domicile ou atteinte illicite à la vie privée (art. 259-2). Ce sont évidemment les constats d'adultère qui suscitent ce genre de mesure. Afin de garantir la licéité de son intervention, l'huissier peut se prémunir d'une autorisation judiciaire. Le rapport d'un détective privé peut aussi servir de preuve, pourvu qu'il ait été obtenu conformément aux exigences de l'article 259-2 du Code civil[964].

– c. La décision

551 **Contenu de la décision.** C'est le JAF qui rend la décision, à moins que, par exception, l'affaire ait été renvoyée devant le TGI en formation collégiale (art. L. 213-4, COJ). Lorsque les époux se sont entendus lors de la tentative de conciliation, ou après, sur le principe de la rupture du mariage, le juge est tenu de prononcer le divorce. Dans les autres cas, il a le choix. Il peut prononcer le divorce. Il doit fixer les mesures accessoires : prestation compensatoire,

955. Cass. 2e civ., 30 septembre 1998, *Bull. civ.*, II, n° 250 ; *Dr. fam.*, 1999, comm. n° 6, note H. Lécuyer.

956. Cass. 1re civ., 14 février 2006, *Dr. fam.*, 2006, comm. n° 90, note V. Larribau-Terneyre.

957. Cass. 2e civ., 10 mai 2001, *Dr. fam.*, 2001, comm. n° 108, note H. Lécuyer ; *Dr. fam.*, 2002, comm. n° 21, note L. Griffon ; *Rép. Defrénois*, 2001, p. 1349, obs. J. Massip ; *RTD civ.*, 2001, p. 861, obs. J. Hauser ; *RJPF*, 2001, 6/27, obs. P. Guerder ; *D.*, 2002, somm., p. 611, obs. J.-J. Lemouland.

958. V. Bonnet et A. Gouttenoire, « Divorce », *op. cit.*, nos 190 et s.

959. Cass. 2e civ., 29 janvier 1997, *D.*, 1997, p. 296, note A. Bénabent ; *JCP-N*, 1997, II, p. 774 ; *Dr. fam.*, 1997, comm. n° 85, note H. Lécuyer.

960. Cass. 1re civ., 18 mai 2005, *Dr. fam.*, 2005, comm. n° 185, note V. Larribau-Terneyre ; *AJ fam.*, 2005, p. 403, obs. S. David ; *Rép. Defrénois*, 2005, p. 1342, obs. J. Massip.

961. Cass. 1re civ., 17 juin 2009, n° 07-21796, *Bull. civ.*, I, n° 132 ; *Dr. fam.*, 2009, comm. n° 124, note V. Larribau-Terneyre ; *Petites Aff.*, 7 octobre 2009, n° 200, p. 9, note A. Colin ; et 24 septembre 2009, n° 191, p. 3, note N. Dissaux ; *D.*, 2009, actu. jurispr., p. 1758, obs. V. Egéa ; *D.*, 2010, pan., p. 1245, obs. L. Williatte-Pellitteri ; *Rép. Defrénois*, 2010, p. 864, obs. J. Massip.

962. Cass. 2e civ., 6 mai 1999, *JCP-G*, 1999, II, 10201, note T. Garé ; *Dr. fam.*, 1999, comm. n° 79, note H. Lécuyer ; *D.*, 2000, p. 557, note C. Caron ; *RTD civ.*, 1999, p. 608, obs. J. Hauser.

963. Douai, 28 février 2013 et 14 mars 2013 (3 arrêts), *Dr. fam.*, 2013, comm. n° 83, note J.-R. Binet.

964. Cass. 1re civ., 18 mai 2005, *Bull. civ.*, I, n° 213, *AJ fam.*, 2005, n° 11.

exercice de l'autorité parentale, contribution à l'entretien de l'enfant, attribution éventuelle du logement de la famille, etc. Si la preuve de ses conditions ne lui semble pas rapportée, il peut refuser le divorce. L'article 258 du Code civil lui offre alors la possibilité d'organiser la vie séparée des époux, en statuant sur la résidence de la famille, en fixant la contribution aux charges du mariage ainsi que les modalités d'exercice de l'autorité parentale – même si on peut s'interroger sur l'intérêt de maintenir un mariage qui ne correspond plus à rien.

552 **Recours.** Les voies de recours contre la décision qui refuse ou prononce le divorce sont celles de droit commun : appel, opposition contre les arrêts d'appel s'ils ont été rendus par défaut, pourvoi en cassation. Les délais sont également ceux de droit commun : un mois pour l'appel et l'opposition et deux mois pour le pourvoi. Il faut préciser que ces recours peuvent être exercés soit contre l'ensemble de la décision (prononcé du divorce et mesures accessoires), soit uniquement contre les mesures accessoires. Dans le premier cas, les mesures provisoires continuent de s'appliquer[965]. Dans le second cas, le prononcé du divorce devient définitif, et les mesures provisoires prennent fin. L'exercice des voies de recours ainsi que les délais pour les exercer sont suspensifs d'exécution, y compris le pourvoi en cassation : si le prononcé du divorce prenait effet immédiatement, l'un des ex-époux pourrait s'être remarié au moment où la juridiction se prononcerait sur le recours. Toutefois, les mesures accessoires, sauf la prestation compensatoire[966], reçoivent application à titre provisoire (art. 1074-1 et 1087, CPC). La jurisprudence admet par ailleurs le recours en révision en cas de fraude de l'un des époux[967]. La tierce opposition contre le prononcé du divorce, en revanche, est irrecevable en raison de son caractère éminemment personnel. La Cour de cassation a toutefois décidé que cette voie de recours peut être exercée contre les conséquences patrimoniales du divorce[968].

4) *Les règles spéciales à chaque cas de divorce*

553 **Divorce accepté.** Par rapport à l'ancien divorce sur demande acceptée, le nouveau divorce accepté présente une spécificité très atténuée : les époux ne sont plus tenus de présenter un mémoire avouant les faits rendant intolérable le maintien de la vie commune.

Il n'en reste pas moins que la faveur du législateur à l'égard du divorce accepté l'a conduit à maintenir un certain particularisme tendant à inciter les époux à se tourner vers ce cas. À tout moment de la procédure, les époux peuvent accepter le principe de la rupture du mariage (art. 1123, CPC). Ils peuvent accepter dès l'audience de conciliation et, dans ce cas, la cause du divorce se trouve définitivement acquise. Les époux devront introduire l'instance

965. Voy., p. ex., pour la pension alimentaire, Cass. 1re civ., 15 mai 2013, n° 12-11.516, *Dr. fam.*, 2013, comm. n° 115, note J.-R. Binet ; *AJ fam.*, 2013, p. 440, obs. C. Elkouby-Salomon.

966. Le juge peut toutefois accorder une prestation compensatoire à titre provisionnel. Cass. 1re civ. 28 mai 2008, *Dr. fam.*, 2008, comm. n° 128, note V. Larribau-Terneyre ; *Rép. Defrénois*, 2008, art. 38829, obs. J. Massip. De plus, à titre exceptionnel, la prestation compensatoire peut recevoir exécution provisoire lorsque l'absence d'exécution aurait des conséquences manifestement excessives pour le créancier (art. 1079, al. 2, CPC).

967. Cass. 2e civ., 4 mars 1992, n° 90-20.339, *D.*, 1993, 215, note J.-M. Piotraut ; *RTD civ.*, 1993, 568, obs. J. Hause ; *JCP*, 1993, II, 22092, note R. Martin.

968. Cass. 1re civ., 5 novembre 2008, n° 06-21256, *Bull. civ.*, I, n° 252 ; *Dr. fam.*, 2009, comm. n° 2, note V. Larribau-Terneyre.

sur ce fondement. Ils peuvent également accepter entre l'audience de conciliation et l'introduction de l'instance. Ils doivent alors en faire chacun une déclaration écrite signée de leur main qui doit être annexée à l'acte introductif d'instance. Selon l'article 1123, alinéa 4, du Code de procédure civile, la demande semble devoir prendre la forme d'une requête conjointe. Dans l'un et l'autre cas, les époux doivent être assistés chacun d'un avocat (art. 253, C. civ.). Enfin, l'acceptation peut intervenir au cours de l'instance (art. 247-1, C. civ.)[969]. C'est à leurs conclusions que les époux doivent alors annexer la déclaration écrite et signée de leur acceptation (art. 1123, al. 5, CPC). L'acceptation est toujours irrévocable : « cette acceptation n'est pas susceptible de rétractation, même par la voie de l'appel » (art. 233, al. 2, C. civ.)[970].

Le juge prononce le divorce sans autre motif que l'acceptation des époux, qui en est la seule cause (art. 1124, CPC). Il statue également sur ses conséquences (art. 234, C. civ.).

554 **Divorce pour altération définitive du lien conjugal.** Plus encore que pour le divorce accepté, la réforme de 2004 a pratiquement supprimé toutes les règles particulières qui affectaient la procédure du divorce pour rupture de la vie commune et qui étaient justifiées par l'idée que les frais du divorce étaient toujours à la charge du demandeur.

Quelques précisions doivent seulement être rappelées. D'abord, le juge ne peut pas relever d'office le moyen tiré du défaut d'expiration du délai de séparation de deux ans – sauf si l'un des époux ne comparaît pas. Ensuite, le défendeur peut se contenter de conclure au rejet de la demande en essayant de démontrer qu'il n'y a pas séparation de fait depuis deux ans. Il peut également répliquer par une demande reconventionnelle en divorce pour faute, qui sera alors examinée en premier lieu par le juge[971]. Les époux peuvent bien sûr passer à un divorce par consentement mutuel ou à un divorce accepté à tout moment.

555 **Divorce pour faute.** Outre la faute du demandeur[972], le défendeur bénéficie d'un moyen de défense particulier : la réconciliation des époux qui constitue une fin de non-recevoir à l'action. L'article 244 du Code civil énonce en effet : « la réconciliation des époux intervenue depuis les faits allégués empêche de les invoquer comme cause de divorce ». La réconciliation doit se manifester par une reprise de la vie commune avec la volonté, de la part de l'époux victime, de pardonner en parfaite connaissance de cause les fautes commises par l'autre. La reprise de la vie commune n'est pas constitutive d'une réconciliation si les époux ont seulement voulu sauver les apparences ou s'ils l'ont tentée pour les enfants. Si ces conditions sont réunies, les faits pardonnés ne peuvent plus fonder la demande en divorce pour faute. Si toutefois l'époux pardonné a commis de nouvelles fautes, le conjoint bafoué peut introduire une nouvelle demande en s'appuyant sur ces faits et sur les faits antérieurement pardonnés (art. 244, al. 3, C. civ.) : la récidive rend caduc le pardon.

---

969. Voy. *supra*, n° 529, les passerelles.

970. Dans un avis important, la Cour de cassation a cependant admis que l'appel général d'une telle décision est recevable. Par voie d'appel, les époux ne peuvent certes pas se rétracter, mais l'un d'entre eux peut prétendre que son consentement était vicié à l'origine. Cass. 1re civ., 9 juin 2008, *Dr. fam.*, 2008, comm. n° 119, note M. Azanant ; *Rev. proc.*, 2008, comm. n° 237, obs. M. Douchy-Oudot.

971. Voy. *supra*, n° 530.

972. Voy. *supra*, nos 522 et 523.

Le juge doit motiver la décision qu'il prononce. L'article 245-1 du Code civil lui permet cependant de ne pas énoncer les torts et griefs des parties et de se contenter de constater qu'il existe des faits constituant une cause de divorce. Les époux doivent en faire la demande expresse et concordante (art. 1128, CPC).

B. Les effets du divorce

556 **Généralités.** L'effet essentiel du divorce consiste en la dissolution du mariage, c'est-à-dire la disparition des liens qui liaient les époux depuis la cérémonie. Tout ce que le mariage avait créé, le divorce l'anéantit : il s'agit bien d'un démariage. Néanmoins, il ne s'agit pas d'un retour en arrière. Contrairement à la nullité, le divorce ne fait pas comme si le mariage n'avait jamais eu lieu : la dissolution ne produit effet que pour l'avenir, elle n'est pas rétroactive. Tous les effets passés du mariage sont en principe conservés. Par ailleurs, les époux ne deviennent pas subitement des étrangers l'un par rapport à l'autre. Ils se trouvent sans doute libérés l'un de l'autre, ils ne se doivent plus aucune obligation personnelle, les intérêts patrimoniaux qui existaient entre eux sont liquidés. Certaines traces du mariage n'en subsistent pas moins : l'un des époux peut continuer à porter le nom de l'autre ; surtout, une prestation compensatoire peut être due par l'un à l'égard de l'autre. Enfin, il faut rappeler que le divorce n'a plus d'incidence en principe à l'égard de l'exercice de l'autorité parentale ; il n'en faut pas moins déterminer ses modalités, ne serait-ce que désigner le parent qui aura la résidence de l'enfant. Ici, ne seront évoqués que les effets du divorce pour les époux : les effets d'ordre personnel et d'ordre patrimonial. Au préalable, il faut donner quelques précisions sur la date des effets du divorce.

1. La date des effets du divorce

557 **Date de la dissolution du mariage.** L'article 260 réécrit par le projet de loi de modernisation de la justice du XXIe siècle, adopté définitivement par l'Assemblée nationale le 12 octobre 2016, distingue deux cas. D'abord celui où les époux ont emprunté la voie du divorce par consentement mutuel conventionnel: le mariage est dissous à la date à laquelle la convention acquiert force exécutoire, c'est-à-dire dès lors qu'elle a été déposée au rang des minutes d'un notaire. Dans les autres cas, il n'y a pas de changement, le mariage est dissous à la date à laquelle la décision qui prononce le divorce prend force de chose jugée. Cette date est celle à laquelle les délais pour exercer les voies de recours sont épuisés ou bien, les voies de recours ayant été exercées, celle à laquelle l'arrêt de la Cour de cassation a été rendu. Ce n'est donc qu'à partir de là que les époux se trouvent libérés des liens du mariage, que tous les devoirs conjugaux prennent fin et que chacun peut se remarier.

558 **Date des effets patrimoniaux entre les époux.** Quant aux biens, le Code civil établit une date différente. Le problème concerne essentiellement la date de la dissolution du régime matrimonial. L'article 262-1, remanié par le projet de loi relatif à la justice du XXIe siècle, distingue ici aussi plusieurs hypothèses. Dans le cas du divorce par consentement mutuel conventionnel, le régime matrimonial est dissous à la date à laquelle la convention acquiert force exécutoire. Mais les époux peuvent stipuler une date différente, forcément antérieure à la date légale, peut-on supposer. Dans le cas du divorce par consentement mutuel judiciaire, la solution issue de la réforme de 2004 est reconduite : la date de dissolution est

celle de l'homologation de la convention par le juge. Mais là encore, les époux peuvent choisir une date différente, antérieure, dans leur convention.

Lorsqu'il est prononcé sur un autre fondement, le divorce produit un certain effet rétroactif. En principe, les effets quant aux biens remontent à l'ordonnance de non-conciliation (art. 262-1, al. 3). Avant la réforme, le point de départ était la date d'assignation. La loi de 2004 a fait preuve de réalisme en considérant que la communauté de vie et d'intérêts a cessé entre les époux au moins depuis l'audience de conciliation. Il est toutefois possible de donner au jugement un effet rétroactif encore plus important. « À la demande d'un époux, le juge peut fixer les effets du jugement à la date à laquelle ils ont cessé de cohabiter et de collaborer » (art. 262-1, al. 4)[973]. Avant la réforme de 2004, le texte privait de cette possibilité l'époux à qui incombaient, à titre principal, les torts de la séparation. La loi de 2004 a supprimé cette restriction[974]. La demande doit être formée à l'occasion de l'action en divorce. Il est par ailleurs précisé que la jouissance du logement de la famille par l'un des époux est gratuite jusqu'à l'ordonnance de non-conciliation, sauf décision contraire.

Il semble enfin que les époux, dans le cadre d'une procédure contentieuse, pourraient convenir ensemble d'une date différente de celle prévue par l'article 262-1, alinéa 3, en soumettant leur convention sur ce point à homologation. L'article 268 les autorise en effet à soumettre à homologation toute convention réglant les conséquences du divorce.

E 36 La demande de report des effets du divorce

Selon l'article 262-1, alinéa 4, du Code civil, à la demande de l'un des époux, le juge peut fixer les effets du jugement à la date où ils ont cessé de cohabiter et de collaborer. Avant la loi de 2004, cette demande était interdite à l'époux auquel incombaient à titre principal les torts de la séparation. La loi de 2004 a supprimé cette restriction. La mesure repose donc sur un fondement purement économique et pratique.

Le nouveau texte n'en suscite pas moins quelques interrogations. La première consiste à se demander si le juge peut refuser le report des effets du divorce, alors même que les conditions objectives en sont réunies. Il est en effet prévu que « le juge peut fixer les effets du divorce... », ce dont on peut déduire qu'il peut refuser la demande. C'est ce qu'a admis la Cour de cassation dans un arrêt du 31 mars 2010 en décidant que « si les conditions du report sont remplies, le juge ne peut le refuser que par une décision motivée »[975]. Malheureusement, la haute juridiction ne précise pas quels motifs peuvent justifier un tel refus. Certainement pas les torts du demandeur, en tout cas[976], sinon la suppression de cette restriction par la loi de 2004 n'aurait pas de sens.

Une autre interrogation porte sur les conditions objectives du report. Les effets patrimoniaux du divorce peuvent être reportés à la date où les époux ont cessé de cohabiter et de collaborer. L'époux demandeur doit donc apporter la preuve de la cessation de la cohabitation et de la collaboration. La première condition ne pose guère de problème : la preuve de la cessation de la cohabitation peut être apportée par tout moyen,

973. Le juge ne peut pas fixer une date postérieure à l'ONC, même si elle correspond à la date où les époux ont effectivement cessé de cohabiter et de collaborer. Cass. 1re civ., 18 mai 2011, n° 10-17.445, *D.*, 2011, p. 2019, note E. Buat-Ménard ; *Dr. fam.*, 2011, comm. n° 108, note V. Larribau-Terneyre ; *AJ fam.*, 2011, p. 429, obs. S. David ; *RTD civ.*, 2011, p. 520, obs. J. Hauser ; *Rép. Defrénois*, 2012, p. 349, obs. G. Champenois.

974. En ce sens, V. Brémond, « Loi du 26 mai 2004 : le nouveau droit du report judiciaire des effets du divorce », *Dr. et patrimoine*, octobre 2004, p. 44, spéc. p. 48.

975. Cass. 1re civ., 31 mars 2010, n° 08-20729, *Bull. civ.*, I, n° 80 ; *Dr. fam.*, 2010, comm. n° 74, note V. Larribau-Terneyre ; *Rép. Defrénois*, 2010, p. 1365, obs. J. Massip.

976. Cass. 1re civ., 12 mai 2010, n° 08-70274, *Dr. fam.*, 2010, comm. n° 111, note V. Larribau-Terneyre.

notamment par un bail contracté par l'époux demandeur ou des factures de téléphones, d'électricité, etc. La cessation de la collaboration a suscité plus de difficultés. Pour les résoudre en partie, la Cour de cassation décide depuis longtemps que la cessation de la cohabitation fait présumer la cessation de la collaboration[977]. C'est donc à l'époux défendeur de démontrer le maintien de la collaboration après la cessation de la cohabitation. La difficulté consiste à savoir en quoi consiste la collaboration au sens du texte. La Cour de cassation en a donné pour la première fois une définition dans un arrêt du 17 novembre 2010[978]. Il s'agit de « relations patrimoniales entre les époux, résultant d'une volonté commune, allant au-delà des obligations du mariage ou du régime matrimonial ». En l'espèce, après leur séparation, les deux époux avaient contracté ensemble un prêt pour l'acquisition d'un immeuble par le mari. On peut apprécier cet effort de la Cour de cassation, mais on imagine que la mise en œuvre de cette définition posera elle-même des problèmes. On sait de la même manière que l'acquisition par les deux époux de biens immobiliers[979] ou l'acquisition d'un usufruit immobilier, les enfants se portant acquéreurs de la nue-propriété[980], constituent des actes de collaboration. On se demande pourquoi, en revanche, le fait pour un époux de se porter caution des dettes de loyer de l'autre n'a pas été considéré comme un fait de collaboration, alors qu'elle semble bien répondre à la définition posée par la Cour[981].

Biblio

À lire : J. Massip, « Les incidences en matière familiale de la loi de "simplification du droit" », *op. cit.*, n° 125, p. 126.

559 **Date des effets patrimoniaux à l'égard des tiers.** À l'égard des tiers, fortement intéressés par la dissolution du mariage et du régime matrimonial, le point de départ ne pouvait pas être le même : la dissolution de l'un et de l'autre ne peut leur être opposable tant qu'ils n'ont pas pu en avoir connaissance. C'est pourquoi l'article 262 du Code civil fixe l'opposabilité à la date à laquelle les formalités de publicité du divorce ont été accomplies, c'est-à-dire la mention de la convention signée par les époux et contresignée par les avocats ou le jugement qui prononce le divorce en marge de l'acte de naissance et de l'acte de mariage des époux.

2. Les effets d'ordre personnel

560 **Dissolution du mariage.** Dès que le divorce est devenu définitif, il ne subsiste plus rien – ou presque – du lien de famille que le mariage avait créé entre les époux. Il en résulte des conséquences très nettes au plan personnel. La première est que les ex-époux ne se doivent plus aucun devoir l'un envers l'autre, notamment ni communauté de vie, ni fidélité. Il est vrai d'ailleurs que certains de ces devoirs ont cessé d'être dus bien avant ce moment : la plupart du temps, les époux ont été autorisés à résider séparément depuis au moins l'ordonnance de non-conciliation. En revanche, en principe, le devoir de fidélité subsiste jusqu'à la dissolution du mariage[982].

977. Voy., p. ex., Cass. 1re civ., 31 mars 2010, n° 08-20729, *Bull. civ.*, I, n° 80 ; *Dr. fam.*, 2010, comm. n° 74, note V. Larribau-Terneyre.

978. Cass. 1re civ., 17 novembre 2010, n° 09-68.292, *Bull. civ.*, I, n° 235 ; *D.*, 2011, p. 351, note V. Bonnet ; *Dr. fam.*, 2011, comm. n° 6, note V. Larribau-Terneyre ; *AJ fam.*, 2011, p. 55, obs. P. Hilt.

979. Cass. 1re civ., 24 octobre 2012, n° 11-30.522, *Dr. fam.*, 2013, comm. n° 4, note V. Larribau-Terneyre ; *AJ fam.*, 2012, p. 615, obs. G. Raoul-Cormeil ; *D.*, 2012, pan., p. 802, obs. M. Douchy-Oudot.

980. Cass. 1re civ., 29 janvier 2014, n° 12-29.819, *RTD civ.*, 2014, p. 352, obs. J. Hauser.

981. Cass. 1re civ., 14 novembre 2006, n° 05-21.013, *Bull. civ.*, I, n° 475.

982. Voy. *supra*, n° 464.

La seconde conséquence très importante est la possibilité pour les époux de se remarier, sans délai et avec qui ils le souhaitent[983]. Il a été vu en effet que le délai de viduité a été supprimé par la loi de 2004[984]. Par ailleurs, il n'existe aucune restriction quant au choix du second époux[985] : les époux peuvent se remarier entre eux (art. 263, C. civ.) ; l'auteur de l'adultère peut épouser son ou sa complice.

561 **Nom des époux.** L'article 264, alinéa 1er, du Code civil énonce : « à la suite du divorce, chacun des époux perd l'usage du nom de son conjoint ». L'ancien texte utilisait une formule maladroite et même fausse en décidant que chaque époux reprenait l'usage de son nom. Or, le mariage ne fait pas perdre aux époux l'usage de leur nom. L'article 264, alinéa 2, prévoit cependant des exceptions.

L'un des époux peut en effet conserver l'usage du nom de son conjoint. Ce droit peut lui être accordé par ce dernier ou, en cas de refus, par le juge. Dans tous les cas, l'époux doit justifier d'un intérêt particulier pour lui ou pour les enfants. Un tel intérêt peut résider dans l'exercice de sa profession par l'époux sous le nom de son conjoint[986]. Il peut être également de l'intérêt des enfants que le parent avec lequel ils vivent porte le même nom qu'eux[987]. Ce droit reste fragile. Il est supprimé si l'époux fait un usage abusif du nom de son conjoint[988] ou s'il se remarie[989].

3. Les effets d'ordre patrimonial

562 **Principes généraux.** Deux effets d'ordre patrimonial se produisent sans que cela entraîne de difficultés particulières de mise en œuvre. Le divorce met fin au devoir de secours, solution qui peut paraître évidente s'agissant d'un devoir du mariage, mais qui subissait une exception assez curieuse sous l'empire de la loi de 1975 : en cas de divorce pour rupture de la vie commune, l'époux demandeur restait tenu au devoir de secours. Le divorce également fait perdre à chaque époux tout droit successoral dans la succession de son ex-conjoint, ce qui se justifie pleinement dans la mesure où la dévolution successorale repose sur les liens de famille et que le divorce fait disparaître ce lien.

D'autres conséquences suscitent des difficultés plus grandes : liquidation du régime matrimonial, sort des donations et avantages matrimoniaux, sort du logement de la famille, dommages et intérêts, prestation compensatoire. Dès 1975, le législateur a souhaité dédramatiser le divorce, non seulement au stade de la demande et des cas, mais aussi au stade des conséquences. La loi de 2000 sur la prestation compensatoire et celle de 2004 ont renforcé cet objectif. Trois lignes directrices ont guidé le législateur. D'abord, dissocier les causes et les effets du divorce : il s'agissait de faire en sorte que les effets du

---

983. L'ancien droit réprouvait le remariage du veuf ou de la veuve. Le Code civil en 1804 l'avait autorisé, mais avec l'interdiction du remariage entre les époux et de l'époux adultère avec son complice.

984. Voy. *supra,* n° 398.

985. Hormis, bien sûr, les conditions générales de formation du mariage.

986. *Contra* : Dijon, 1er septembre 2005, *Dr. fam.*, 2006, comm. n° 3, note V. Larribau-Terneyre, dans une affaire où la femme exerçait son activité professionnelle sous le nom de son mari depuis trop peu de temps.

987. Paris, 10 novembre 2004, *AJ fam.*, 2005, p. 22, obs. S. David.

988. Paris, 9 mars 1979, *D.*, 1979, p. 471, note J. Massip.

989. TGI Paris, 10 février 1981, *D.*, 1981, p. 443, note Lindon ; *JCP-G*, 1981, II, 19624, note D. Huet-Weiller.

divorce ne constituent plus l'enjeu d'un combat entre les époux et donc qu'ils ne dépendent plus de la répartition des torts entre les époux. Ensuite, réduire les litiges de l'après divorce et donc concentrer le règlement de ces effets au jour de la décision. Enfin, favoriser les accords entre époux, même dans le cadre des divorces contentieux où les époux peuvent toujours soumettre à homologation une convention réglant tout ou partie des conséquences du divorce.

C'est à la lumière de ces objectifs que vont être étudiés rapidement les effets d'ordre patrimonial du divorce.

a. La liquidation du régime matrimonial

563 **Présentation.** Le divorce entraîne la dissolution du mariage, mais aussi du régime matrimonial des époux, c'est-à-dire du régime de leurs biens. La communauté de vie avait entraîné une certaine forme de confusion entre leurs intérêts, notamment s'ils étaient mariés sous un régime de communauté de biens. La dissolution met fin à cette confusion. Les biens et les dettes doivent faire l'objet d'une répartition entre les ex-époux. À cette fin, des opérations de liquidation doivent être effectuées : elles consistent à fixer le contenu de chaque masse de biens (biens propres ou personnels de chaque époux, biens communs ou biens indivis, selon le régime choisi par les époux), procéder au règlement du passif et enfin partager les biens[990]. Ces opérations prennent souvent du temps, d'autant plus si les époux avaient quelque fortune ou des dettes liées à une activité professionnelle. Or, selon les cas de divorce, les exigences légales en la matière ne sont pas les mêmes.

En cas de divorce par consentement mutuel, la convention de divorce doit comporter, à peine d'irrecevabilité, un état liquidatif complet, et notarié en présence d'immeubles, des biens des époux (art. 1091, CPC)[991]. Autrement dit, au jour de l'homologation de la convention, donc du prononcé du divorce, le régime des époux est déjà liquidé et les biens sont prêts à être partagés. De même, la convention de divorce par consentement mutuel signée par les époux et contresignée par les avocats est nulle si elle ne comporte pas un état liquidatif du régime.

564 **Divorces contentieux.** En cas de divorce contentieux, la solution est très différente : au jour du jugement, les époux ne sont pas tenus d'avoir liquidé leur régime et le juge ne peut qu'ordonner la liquidation et le partage (art. 267, C. civ.). Ces opérations n'interviennent qu'après le divorce et, si des difficultés apparaissent, c'est depuis la loi du 12 mai 2009 le JAF qui est compétent pour statuer, mais pas forcément celui qui a prononcé le divorce. En pratique, il est apparu depuis longtemps que les ex-époux, souvent par mauvaise volonté, ne parviennent pas à se mettre d'accord et que des litiges naissent entre eux. En outre, l'absence de liquidation au moment du divorce présente un grave inconvénient pour la détermination de l'éventuelle prestation compensatoire, dont le montant et même le principe dépendent de la fortune de chacun des époux. C'est pourquoi la loi de 2004 a introduit un certain nombre de mesures qui permettent d'accélérer le processus de liquidation.

565 **Avant le divorce.** Il a déjà été vu que le JAF peut, au titre des mesures provisoires, désigner un professionnel en vue de dresser un inventaire estimatif

990. Les règles qui gouvernent ces opérations relèvent de l'étude des régimes matrimoniaux. Voy. A.-S. Brun-Wauthier, *Régimes matrimoniaux*, *op. cit.*, n°s 432 et s.

991. M.-P. Sempietro-Murat et V. Trambouze, *Le divorce après la loi du 26 mai 2004*, *op. cit.*, n°s 200 et s.

ou de faire des propositions quant au règlement des intérêts pécuniaires des époux. Il peut également désigner un notaire en vue d'élaborer un projet de liquidation du régime[992]. Par ailleurs, la demande introductive d'instance doit à peine d'irrecevabilité comporter une proposition de règlement des intérêts pécuniaires et patrimoniaux des époux[993]. Ces mesures permettent de préparer la liquidation, voire d'inciter les époux à procéder à une liquidation anticipée.

En effet, l'article 265-2 du Code civil donne la possibilité aux époux, pendant l'instance en divorce, donc à partir seulement de la demande introductive d'instance, de passer toute convention pour la liquidation et le partage de leur régime matrimonial. Le texte précise que l'accord ne prend la forme d'un acte notarié que si la liquidation comporte des biens immeubles. Il faut relever par ailleurs que la convention n'est pas soumise à homologation judiciaire. Enfin, l'article 1451 du Code civil, spécifique au régime de communauté légale, prévoit que la convention est suspendue jusqu'à ce que le jugement soit devenu définitif : il s'agit d'une condition suspensive de l'application de la convention. Si le divorce n'est finalement pas prononcé, la convention est caduque.

Rien n'empêche par ailleurs les époux de soumettre leur convention à l'homologation du JAF (art. 268, C. civ.). Cela leur permet de procéder à un règlement global de leurs intérêts patrimoniaux en y intégrant la prestation compensatoire, et d'élaborer ainsi une convention plus équilibrée.

566 **Au moment du divorce.** La liquidation du régime ne relève pas en principe de la compétence du juge du divorce. Autrement dit, un divorce contentieux peut être prononcé, même si les époux n'ont pas liquidé leur régime au jour de l'audience de jugement. L'article 267 du Code civil énonce seulement que le juge ordonne la liquidation et le partage des intérêts patrimoniaux.

La loi du 26 mai 2004 a cependant octroyé des pouvoirs supplémentaires au JAF : il statue sur les demandes de maintien dans l'indivision ou d'attribution préférentielle ; il peut accorder à un époux une avance sur sa part de communauté ou de biens indivis ; en cas de désaccord entre les époux relatifs à la liquidation, il peut statuer si le projet de liquidation établi par le notaire désigné par le juge au titre des mesures provisoires contient des informations suffisantes.

567 **Après le divorce.** Sauf convention anticipée ou décisions prises par le juge dans les limites de ses nouveaux pouvoirs, la liquidation et le partage n'interviennent que postérieurement au divorce. Dans le but d'accélérer les choses, pour forcer les époux à ne pas laisser traîner ces opérations, la loi de 2004 avait introduit à l'article 267-1 du Code civil une sorte de calendrier de leur déroulement. La loi du 12 mai 2009 de simplification du droit a supprimé ce calendrier[994]. Désormais, l'article 267-1 énonce seulement que « les opérations de liquidation et de partage des intérêts patrimoniaux des époux se déroulent suivant les règles fixées par le Code de procédure civile ». Il en résulte que la procédure de divorce est achevée et le JAF qui l'a prononcé est dessaisi du dossier. Les ex-époux peuvent, s'ils le souhaitent, rester dans l'indivision sans procéder aux opérations de liquidation et de partage. Ils peuvent également

992. Voy. *supra*, n° 542.

993. Voy. *supra*, n° 548.

994. V. Larribau-Terneyre, « Infortune et regrets (à propos de la loi du 12 mai 2009 de simplification et de clarification du droit et d'allégement des procédures : suite...) », *Dr. fam.*, 2009, étude n° 33.

vouloir liquider. Depuis le décret du 17 décembre 2009 pris en application de la loi du 12 mai 2009, le nouvel article 1136-1 du Code de procédure civile précise que le partage des intérêts patrimoniaux des époux obéit aux règles de la procédure contentieuse applicable devant le tribunal de grande instance. De plus, le nouvel article 1136-2 ajoute que les règles du partage amiable et du partage judiciaire, édictées aux articles 1358 et suivants du Code de procédure civile, sont applicables aux époux.

E 37

Les incertitudes relatives à la procédure de partage postérieure au divorce

La longueur des opérations de liquidation-partage avant la loi de 2004 pouvait prendre des proportions inouïes, parfois jusqu'à 20 ans. C'est dans un tel cas de figure que la France a d'ailleurs été condamnée par la Cour européenne des droits de l'homme dans un arrêt du 3 octobre 2000[995] sur le fondement de l'article 6, § 1er, de la CEDH, qui consacre le droit à un procès équitable et plus particulièrement le droit de faire entendre sa cause dans un délai raisonnable. La réforme de 2004 devait mettre la France à l'abri d'une nouvelle condamnation. Mais la suppression du calendrier par la loi du 12 mai 2009 fait naître à nouveau ce risque, car la procédure de liquidation et de partage postérieure au prononcé du divorce n'est plus soumise à un rythme et des délais imposés par la loi. Le risque est d'autant plus grand qu'il existe une incertitude sur la procédure relative à la liquidation-partage postérieure au prononcé du divorce.

En principe, tout partage doit suivre une procédure en deux phases, une phase amiable et, en cas d'échec, une phase judiciaire. Depuis le décret du 12 mai 2009, ces règles sont applicables au partage des intérêts patrimoniaux des époux. Cependant, la combinaison de ces règles avec celles concernant le divorce était incertaine. Les textes semblaient dire que le juge qui avait prononcé le divorce avait épuisé sa compétence et que les parties devaient, dans un premier temps, se saisir d'un notaire pour une tentative de partage amiable. En cas d'échec, ils devaient saisir à nouveau le JAF pour la phase judiciaire du partage. Mais la Cour de cassation, dans des arrêts ayant suscité des débats passionnés, avait décidé qu'au moment du prononcé du divorce[996], le juge saisi pouvait désigner lui-même un notaire, ce qui semblait signifier que la phase judiciaire commençait immédiatement et que le juge du divorce restait compétent, prenant ainsi le contre-pied non seulement de la pratique, d'une partie de la doctrine, mais aussi de la circulaire n° CIV/10/10 du ministère de la Justice du 16 juin 2010, prévoyant que le juge du divorce avait l'interdiction de désigner un notaire et précisait qu'en prononçant le divorce, le JAF vidait sa saisine et ne pouvait statuer sans une nouvelle assignation sur le partage des biens des époux. Une intervention du législateur s'avérait nécessaire pour résoudre ces difficultés procédurales.

C'est chose faite avec l'ordonnance n° 2015-1288 du 15 octobre 2015 portant simplification et modernisation du droit de la famille. Le nouvel article 267 du Code civil prévoit désormais que le juge du divorce pourra statuer non seulement sur les demandes de maintien dans l'indivision, d'attribution préférentielle ou d'avance dans le partage, mais aussi sur les demandes de liquidation et de partage des intérêts patrimoniaux en l'absence de règlement conventionnel préalable. Autrement dit, ou bien les époux n'ont pas trouvé d'accord total et le juge sera compétent pour statuer sur les désaccords subsistant quant à la liquidation et au partage du régime matrimonial, selon les règles du partage judiciaire ; ou bien ils ont trouvé un accord total et dans ce cas la liquidation et le partage pourront être mis en œuvre dès que le divorce deviendra définitif. Il faut supposer une troisième hypothèse, celle où les époux n'ont pas trouvé d'accord du tout : dans ce cas c'est sans doute la procédure de droit commun du partage qui devrait être utilisée.

995. Cour eur. D.H., 3 octobre 2000, *Kanoun c/ France, RTD civ.*, 2000, p. 891, obs. B. Vareille.

996. Cass. 1re civ., 7 novembre 2012, n° 12-17.394, *Dr. fam.*, 2012, comm. n° 179, note V. Larribau-Terneyre ; *Gaz. Pal.*, 23-24 novembre 2012, p. 17, obs. J. Casey ; *D.*, 2013 p. 593, obs. C. Capitaine, p. 800, obs. M. Douchy-Oudot ; 4 mars 2015, n° 13-19.847, *Dr. fam.*, 2015, obs. A.-R.

Biblio

Sur l'arrêt *Kanoun*, J.-P. MARGUÉNAUD, « Liquidation des régimes matrimoniaux et des successions : notion de délai raisonnable », *Rép. Defrénois*, 2001, p. 1238.
Sur les difficultés procédurales, lire E. BUAT-MÉNARD, « Pouvoirs liquidatifs du juge du divorce : suite ou fin d'un imbroglio procédural ? », *AJ fam.*, 2012, p. 607 ; J. COMBRET et N. BAILLON-WIRTZ, « Liquidation et partage après divorce : une réforme urgente s'impose », *Dr. fam.*, 2013, étude n° 6 ; H. POIVEY-LECLERCQ, « Observations d'un praticien à propos de la réforme du partage », *Rép. Defrénois*, 2012, p. 1123 ; V. BONNET et A. GOUTTENOIRE, « Divorce », *op. cit.*, n°s 211 et s.
Sur l'ordonnance du 15 octobre 2015, lire N. BAILLON-WIRTZ et J. COMBRET, « Liquidation et partage après divorce : l'appel à une clarification a-t-il été entendu ? », *Dr. fam.*, 2016, dossier n° 1 ; Y. PUYO, « Le nouvel article 267 du Code civil : un compromis entre tradition et innovation », *Dr. fam.*, 2016, dossier n° 2.

b. Le sort des donations et des avantages matrimoniaux

568 **Évolution.** Il n'est pas rare que les époux se consentent des donations ou des avantages matrimoniaux. Ceux-ci se définissent comme les avantages qui résultent pour l'un ou l'autre époux d'un aménagement du régime matrimonial. Le régime légal fondé sur l'égalité des époux n'est pas source en lui-même de tels avantages. Ils peuvent apparaître lorsque les époux ont introduit une clause modificative du régime légal ou ont choisi un autre régime matrimonial par contrat de mariage. Jusqu'à la réforme de 2004, le Code civil faisait dépendre le sort de ces donations et avantages des torts de chaque époux dans le divorce. En cas de divorce sur requête conjointe, les époux décidaient ensemble de les maintenir ou non. En cas de divorce pour faute prononcé aux torts partagés ou de divorce sur demande acceptée, chaque époux était libre de les maintenir au profit de son conjoint. Enfin, l'époux aux torts exclusifs duquel le divorce pour faute était prononcé ou l'époux demandeur au divorce pour rupture de la vie commune perdait automatiquement les donations que lui avait consenties son conjoint ainsi que les avantages qui résultaient du régime matrimonial. La loi de 2004, poursuivant son objectif de pacification du divorce, a complètement modifié ces règles en les simplifiant[997]. Distinguons les donations et les avantages matrimoniaux.

569 **Sort des donations.** L'article 265 du Code civil opère une distinction entre les donations de biens présents et les dispositions à cause de mort. Pour les premières, le texte énonce que le divorce est sans incidence. La Cour de cassation a décidé que cette règle est d'ordre public[998]. Il faut relever que parallèlement la loi de 2004 a modifié le régime des donations entre époux. En effet, en principe, les donations sont irrévocables (art. 894, C. civ.). Cependant, ce principe supportait une exception importante : les donations entre époux étaient librement révocables. Cette exception a donc été abolie (art. 1096, al. 2, C. civ.). En cas de divorce, un époux qui regrette son geste de générosité n'a donc aucun moyen de revenir en arrière.

---

997. F. SAUVAGE, « Des conséquences du divorce sur les libéralités entre époux et les avantages matrimoniaux », *Rép. Defrénois*, 2004, p. 1425 ; S. PIEDELIÈVRE, « L'aménagement de libéralités entre époux par la loi du 26 mai 2004 », *D.*, 2004, p. 2512 ; S. VALORY, « Les mesures postérieures à la réforme de 2004 sur les donations entre époux et les avantages matrimoniaux », *Dr. et patrimoine*, 2007, n° 164, p. 62.

998. Cass. 1re civ., 14 mars 2012, *D.*, 2012, p. 812, obs. J. MARROCHELLA ; *AJ fam.*, 2012, p. 223, obs. S. DAVID ; *RTD civ.*, 2012, p. 357, obs. M. GRIMALDI ; *JCP-G*, 2012, 561, § 1, obs. MEKKI ; 607, obs. C. BRENNER.

À l'inverse, l'article 265, alinéa 2, décide que le divorce emporte de plein droit révocation des dispositions à cause de mort. Cette formule désigne les donations de biens à venir (ou institutions contractuelles), c'est-à-dire les donations portant sur les biens qui composeront le patrimoine de donateur lors de son décès. L'époux qui les a consenties peut cependant manifester une volonté contraire, c'est-à-dire les maintenir au profit de son conjoint[999]. Ces donations sont par ailleurs restées librement révocables à tout moment (art. 1096, al. 1er, C. civ.). Toutefois, si, au moment du divorce, l'époux donateur a manifesté sa volonté de maintenir la donation de bien à venir consentie à son conjoint, celle-ci devient irrévocable. Il ne pourra donc plus changer d'avis par la suite.

570 **Sort des avantages matrimoniaux.** L'article 265 établit une distinction entre les avantages matrimoniaux qui prennent effet au cours du mariage et ceux qui ne prennent effet qu'à la dissolution du mariage ou au décès d'un époux. Les premiers sont maintenus de plein droit. Il s'agit généralement de clauses qui affectent la composition des patrimoines. Ainsi, la communauté universelle constitue un avantage au profit de l'époux qui a le moins de biens propres. Les avantages prenant effet à la dissolution du mariage ou au décès d'un époux sont au contraire révoqués de plein droit. Il s'agit notamment de stipulations qui prévoient un partage inégal de la communauté ou l'attribution intégrale de la communauté à l'époux survivant. Cependant, l'époux qui les a consentis peut là encore manifester une volonté contraire, ce qui rend alors l'avantage irrévocable.

c. Le sort du logement de la famille

571 **Problématique.** À l'issue du divorce, il peut s'avérer extrêmement difficile pour l'un des époux de se reloger, pour des raisons pécuniaires. C'est pourquoi le législateur a prévu des dispositions qui permettent au juge de maintenir l'époux en difficulté dans le logement de la famille. Plusieurs cas de figure sont envisagés.

D'abord, le logement de la famille peut avoir été assuré par un bail. Les deux époux en sont alors cotitulaires (art. 1751, C. civ.) et le juge peut décider de l'attribuer à l'un ou à l'autre « en considération des intérêts sociaux et familiaux en cause ».

Ensuite, le logement de la famille peut avoir été un bien commun ou un bien indivis des époux. Dans ce cas, en vertu de l'article 831-2 du Code civil, applicable par renvoi de l'article 1476 (régime de communauté) et de l'article 1542, alinéa 2 (régime de séparation), l'un des époux peut en demander l'attribution préférentielle lors du partage des biens. Si le bien attribué a une valeur supérieure à sa part, il devra verser une soulte à son conjoint.

Enfin, le logement peut appartenir en propre à l'un des époux. Selon l'article 285-1, le juge peut le concéder à bail à son conjoint. Pour en bénéficier, le conjoint doit avoir l'exercice de l'autorité parentale et les enfants doivent résider habituellement dans ce logement. Enfin, il faut que leur intérêt commande cette décision. Il s'agit donc d'un bail forcé, qui ne résulte pas d'une

999. J. Hauser et P. Delmas-Saint-Hilaire, « Volonté et ordre public dans le nouveau divorce : un divorce entré dans le champ contractuel ? », *Rép. Defrénois*, 2005, p. 357, nos 7 et s.

convention, dont le juge fixe la durée et qu'il peut résilier si des circonstances nouvelles le justifient.

d. Les dommages et intérêts

572 **Dommages et intérêts de l'article 266 du Code civil.** Depuis une loi du 2 avril 1941, le Code civil prévoit la possibilité pour un époux d'obtenir des dommages et intérêts en réparation du préjudice que lui cause la dissolution du mariage. L'article 266 envisage uniquement deux cas dans lesquels la responsabilité du conjoint peut être mise en jeu : lorsque le divorce a été prononcé à ses torts exclusifs ou s'il était demandeur à un divorce pour altération définitive du lien conjugal. Dans ce dernier cas, l'époux qui réclame des dommages-intérêts ne peut obtenir satisfaction que dans la mesure où il n'avait lui-même formulé aucune demande en divorce. Il faut surtout que le préjudice dont il demande réparation soit causé par la dissolution du mariage – et non par la rupture des époux ou des mauvais traitements – et qu'il apparaisse d'une particulière gravité. Le texte ne peut trouver à s'appliquer que dans des situations particulières. En effet, les préjudices patrimoniaux résultant du divorce sont en principe suffisamment réparés par la prestation compensatoire. On a du mal par ailleurs à imaginer en quoi la dissolution pourrait en elle-même causer un préjudice moral distinct de celui déjà causé par la rupture ou tout autre comportement du conjoint[1000]. Afin d'éviter des procédures plusieurs années après le divorce, le texte exige enfin que la demande soit formée à l'occasion de l'action en divorce.

573 **Dommages et intérêts de l'article 1382 du Code civil.** Il est admis depuis longtemps que tout préjudice qui ne découle pas de la dissolution du mariage peut être réparé sur le fondement de l'article 1382 du Code civil[1001]. Il peut en être ainsi pour le comportement injurieux ou violent d'un époux pendant le mariage. Le régime de cette action est plus avantageux, puisque tout préjudice, quelle qu'en soit la gravité, peut être sanctionné. Il faut cependant que l'époux victime démontre la faute de son conjoint[1002]. Il n'est pas nécessaire qu'il formule sa demande à l'occasion d'une action en divorce : il peut le faire aussi bien

---

1000. Sur la question, voy. J. Hauser, « Le divorce nouveau et la responsabilité », *Dr. et patrimoine*, 2005, n° 136, p. 78. Voy. toutefois, Cass. 2e civ., 27 janvier 2000, *Bull. civ.*, II, n° 17 ; *RTD civ.*, 2000, p. 303, obs. J. Hauser, dans une affaire où la dissolution intervenait après une longue période de vie commune. *Contra* : Cass. 1re civ., 1er juillet 2009, n° 08-17825, *Bull. civ.*, I, n° 145 ; *Dr. fam.*, 2009, comm. n° 103, note V. Larribau-Terneyre ; *D.*, 2009, actu. jurispr., p. 1897, obs. C. Le Souaron ; *AJ fam.*, 2009, p. 347, obs. S. David ; *RTD civ.*, 2009, p. 705, obs. J. Hauser ; *RJPF*, 2009, 11/25, obs. T. Garé ; *RLDC*, 2009, 64, n° 3583, obs. E. Pouliquen ; *D.*, 2010, pan., p. 1253, obs. G. Serra. *Adde* Paris, 20 février 2008, *Dr. fam.*, 2008, comm. n° 55, note V. Larribau-Terneyre, qui retient que le divorce était intervenu dans un pays dont l'épouse n'était pas native et où elle n'avait pas sa famille.

1001. Pour une comparaison entre les domaines et conditions d'application des articles 266 et 1382 du Code civil, voy. « Les dommages et intérêts entre époux », *Dr. fam.*, 2015, dossier nos 33 et s.

1002. Par ex., Cass. 1re civ., 17 février 2004, *RJPF*, 2004, 5/18, obs. T. Garé, dans une affaire où le mari avait abandonné sa femme au profit d'une maîtresse en lui laissant la charge de leur enfant handicapé. Cass. 1re civ., 11 février 2009, n° 08-12032, *Dr. fam.*, 2009, comm. n° 25, note V. Larribau-Terneyre ; *AJ fam.*, 2009, p. 130, obs. I. Gallmeister ; *D.*, 2010, pan., p. 1253, obs. G. Serra, dans une affaire où une femme avait fait interner son mari abusivement et entretenait une relation adultère.

avant qu'après, dans les délais de droit commun (en principe cinq ans depuis la loi du 17 juin 2008[1003], sauf en matière de dommages corporels où le délai est de dix ans).

e. La prestation compensatoire

574 **Présentation**[1004]. Les époux sont tenus à un devoir de secours et de contribution aux charges du mariage. Ce dernier, en particulier, leur permet de partager un train de vie qui masque en réalité la disparité entre leurs revenus. L'un d'eux, la femme le plus souvent, peut avoir renoncé à exercer une profession indépendante pour se consacrer au foyer et à l'éducation des enfants, et participer aux charges du mariage par son activité domestique ou l'aide qu'il apporte à la profession du conjoint. Lors d'un divorce, la disparité entre les revenus des époux reparaît, laissant le plus démuni dans une situation financière très grave. La dépendance économique qui s'était instaurée à son égard se fait cruellement ressentir, d'autant plus que, si le mariage a duré longtemps, il n'a guère de chance de retrouver un emploi, en tout cas pas immédiatement. C'est pourquoi le Code civil prévoyait que l'époux à cause duquel son conjoint se retrouvait dans une telle situation devait verser à ce dernier une pension alimentaire. De nature à la fois indemnitaire en ce qu'elle réparait un préjudice causé par l'époux fautif et alimentaire en ce qu'elle avait pour objet d'assurer la subsistance de l'époux nécessiteux, la pension alimentaire ne pouvait profiter qu'à celui qui n'avait aucun tort et était fixée en fonction des moyens du débiteur et des besoins du créancier. Ce système présentait cependant de graves inconvénients : la pension était l'enjeu d'un débat judiciaire accentué, chaque époux cherchant à établir les fautes de l'autre ; constamment révisable, elle suscitait un contentieux de l'après divorce incessant.

La loi du 11 juillet 1975 l'a remplacée par la prestation compensatoire, « pièce maîtresse de la réforme du divorce »[1005]. L'article 270, alinéa 2, du Code civil, modifié par la loi du 26 mai 2004, énonce en effet : « l'un des époux peut être tenu de verser à l'autre une prestation destinée à compenser, autant qu'il est possible, la disparité que la rupture du mariage crée dans les conditions de vie respectives. Cette prestation a un caractère forfaitaire ». La prestation compensatoire n'est pas le nouveau nom de l'ancienne pension alimentaire. Sa finalité et sa philosophie sont différentes. Il s'agit d'atténuer (non de supprimer) la différence de train de vie que le divorce fait naître entre les époux. La prestation compensatoire n'a donc pas seulement pour objet de fournir des aliments à un époux dans le besoin. En outre, elle est forfaitaire. Le législateur l'avait conçue comme devant prendre la forme d'un capital déterminé une fois pour toutes, et il n'était pas possible d'en demander par la suite la révision, ni à la baisse, ni à la hausse. Ce n'est que par exception que le juge pouvait la fixer sous forme d'une rente – mais toujours forfaitaire et non révisable. On comprend l'intérêt d'une telle solution : régler les conséquences financières du divorce une fois pour

1003. L. n° 2008-561 du 17 juin 2008 portant réforme de la prescription en matière civile, *JORF*, 18 juin 2008, p. 9856.

1004. Pour une étude complète, voy. H. Bosse-Platière, in P. Murat (dir.), *Droit de la famille*, *op. cit.*, chap. 134 et 135. *Adde* P. Malaurie, « La prestation compensatoire », *Rép. Defrénois*, 2009, p. 2385.

1005. G. Cornu, *La famille*, *op. cit.*, n° 409.

toutes, supprimer les contentieux de l'après divorce. Pourtant, en pratique, c'est la rente qui était utilisée le plus souvent, peut-être par l'habitude des anciennes pensions alimentaires, peut-être aussi parce qu'elle répondait mieux aux besoins des créanciers[1006]. Il en résultait des inconvénients importants : non révisable, la rente s'avérait souvent au fil du temps injuste, soit trop élevée vis-à-vis du débiteur, soit trop faible à l'égard du créancier, dont la situation avait changé. Elle était de plus en plus mal payée et lorsque le débiteur avait refait sa vie, la nouvelle famille, y compris ses héritiers, acceptait mal d'avoir à continuer à verser une prestation à la première épouse du débiteur. Bien qu'une prestation compensatoire ne soit prononcée que dans 13 % des divorces[1007], elle avait donc suscité un contentieux important et des débats passionnés.

La loi du 30 juin 2000 a opéré une réforme importante de la prestation compensatoire en réaffirmant son caractère forfaitaire et le caractère exceptionnel de la rente, ce qui n'était pas forcément la meilleure réponse aux problèmes posés. La loi du 26 mai 2004 a apporté quelques améliorations techniques sans bouleverser l'économie de la loi de 2000. Elle en a modifié le régime fiscal[1008].

575 **Nature de la prestation compensatoire.** La prestation compensatoire, comme son nom l'indique, a pour objet de compenser la baisse du train de vie résultant du divorce. En 1975, elle présentait aussi un caractère indemnitaire, en ce sens qu'elle était refusée à l'époux qui avait les torts exclusifs dans le divorce. Ce caractère a pratiquement disparu. Elle présente surtout encore un caractère alimentaire. La preuve en est son mode d'évaluation qui prend en compte tout à la fois les ressources du débiteur et les besoins du créancier. Il en découle certaines solutions pratiques. Ainsi, les mécanismes de recouvrement direct des pensions alimentaires[1009] ont été étendus à la rente. Un époux ne peut pas y renoncer tant que la procédure de divorce n'est pas engagée. Elle est insaisissable par les créanciers. Le débiteur ne peut pas obtenir de délai de paiement sur le fondement de l'article 1244-1 du Code civil[1010]. Et elle n'a pas à être déclarée à la procédure collective de l'époux débiteur[1011]. Il n'en reste pas moins qu'il s'agit d'une conception large des aliments et que la prestation compensatoire n'est pas révisable.

1) *Le domaine*

576 **Principe.** La prestation compensatoire peut être due dans tous les cas de divorce sans exception et tout époux peut en bénéficier indépendamment de ses torts. L'affirmation du principe n'est pas expresse, mais elle résulte de la suppression par la loi de 2004 des exceptions que la loi de 1975 avait aménagées. D'une part, en effet, en cas de divorce pour rupture de la vie commune, il n'y

1006. En faveur de ce choix s'ajoutaient des raisons fiscales : le CGI traitait le versement du capital comme une libéralité et le soumettait donc à un droit de mutation très élevé.

1007. *Rapport Dekeuwer-Défossez*, *op. cit.*, p. 140.

1008. F. Douet, « Les aspects fiscaux de la loi du 26 mai 2004 relative au divorce », *D.*, 2004, p. 2318.

1009. Voy. *supra*, n°s 337 et s.

1010. Cass. 1re civ., 29 juin 2011, n° 10-16.096, *Dr. fam.*, 2011, comm. n° 124, note V. Larribau-Terneyre ; *AJ fam.*, 2011, p. 427, obs. S. David.

1011. Cass. com., 8 octobre 2003, *JCP-G*, 2004, II, 10012, note S. Becqué-Ickowicz ; *Dr. fam.*, 2003, comm. n° 132, obs. H. Lécuyer ; *Rép. Defrénois*, 2004, p. 151, obs. J. Massip.

avait pas de prestation compensatoire, mais le maintien du devoir de secours, toujours à la charge de l'époux demandeur. D'autre part, l'époux aux torts exclusifs duquel le divorce était prononcé ne pouvait pas en bénéficier (art. 280-1, anc., C. civ.). Par exception, s'il avait participé à l'activité professionnelle du conjoint au-delà de ce qu'exigeait la contribution aux charges du mariage, il avait droit à une indemnité (art. 280-1, anc., C. civ.). Désormais le domaine de la prestation compensatoire est des plus larges[1012].

577 **Exception.** Le législateur a prévu cependant une nouvelle exception, celle où l'équité commande de refuser la prestation compensatoire (art. 270, al. 3, C. civ.). Cela peut être le cas d'abord « en considération des critères prévus à l'article 271 ». On a du mal à comprendre ce renvoi. L'article 271 contient en effet la liste des critères objectifs d'évaluation de la prestation compensatoire. On peut se demander comment l'utilisation des critères objectifs peut servir de refus sur le fondement de l'équité : si les critères (par exemple, un mariage ayant duré trop peu de temps) conduisent objectivement au refus de la prestation, l'équité n'a aucun rôle à jouer dans ce refus[1013].

L'équité peut aboutir au refus également en cas de divorce pour faute aux torts exclusifs d'un époux, « au regard des circonstances particulières de la rupture ». À la différence de ce que prévoyait l'ancien article 280-1, la déchéance du droit de demander la prestation n'est pas automatique. On peut imaginer que seules des fautes graves, telles que des violences, peuvent justifier cette sanction. Cette solution, pour nécessaire qu'elle apparaisse, montre qu'il est difficile dans un système où la faute reste une cause de divorce de prévoir un règlement totalement neutre de ses effets.

2) *La fixation*

578 **Droit à prestation compensatoire.** La prestation compensatoire ne peut être demandée que dans le cadre d'une procédure de divorce. Il en résulte qu'elle ne peut être demandée avant l'assignation dans le cadre d'un divorce contentieux, ni après le prononcé du divorce. Elle peut être introduite pour la première fois en appel, tant que la décision de divorce n'a pas acquis force de chose jugée. Il en résulte que le juge doit se prononcer par une même décision sur le divorce et sur la prestation compensatoire[1014]. D'ailleurs, le juge doit inviter les parties à s'expliquer sur le versement d'une prestation compensatoire avant de prononcer le divorce[1015].

1012. Même lorsque les fautes de l'époux créancier sont durement ressenties par le débiteur. Cass. 1re civ., 12 septembre 2012, n° 11-12.140, *D.*, 2013, pan., p. 802, obs. M. Douchy-Oudot.

1013. Pour un ex., Cass. 1re civ., 8 juillet 2010, n° 09-66186, *Dr. fam.*, 2010, comm. n° 161, note M. Douris, et comm. n° 162, obs. V. Larribau-Terneyre ; *D.*, 2010, p. 2952, note L. Mauger-Vielpeau.

1014. Cass. 1re civ., 23 juin 2010, n° 09-13812, *Bull. civ.*, I, n° 142 ; *JCP-G*, 2010, 1027, note V. Bonnet et H. Bosse-Platière ; *Dr. fam.*, 2010, comm. n° 123, note V. Larribau-Terneyre.

1015. Par ex., Cass. 1re civ., 3 février 2010, n° 08-19708, *Dr. fam.*, 2010, comm. n° 98, obs. V. L.-T.

Les époux peuvent élaborer une convention relative à la prestation compensatoire, que ce soit dans le cadre du divorce par consentement mutuel ou d'un divorce contentieux[1016].

En l'absence d'un tel accord dans le cadre d'un divorce contentieux, c'est le JAF qui décide d'attribuer ou non une prestation compensatoire et en fixe le montant. Le juge doit logiquement raisonner en deux étapes[1017]. Dans un premier temps, il doit déterminer si l'un des époux a droit à une prestation compensatoire. Il doit donc apprécier l'existence d'une disparité dans les conditions de vie respectives des époux. Le Code civil ne précise pas selon quels éléments l'existence de la disparité doit être appréciée, les critères de l'article 271 étant édictés pour l'évaluation de la prestation, même si les juges (et les praticiens) ont parfois tendance à les utiliser pour apprécier la disparité. Ne permettent pas d'apprécier la disparité selon la jurisprudence les loyers perçus par un époux pendant l'instance au titre du devoir de secours, ou provenant d'un bien commun, pas plus que les allocations familiales[1018], ni la liquidation et le partage de la communauté[1019], ni même l'origine des biens communs[1020]. Ce qui est sûr, c'est que la disparité doit être créée par le divorce, les choix de vie opérés en commun par les époux pendant le mariage pouvant donc exclure que la disparité résulte du divorce[1021]. En l'absence d'une telle disparité[1022], il n'y a aucune raison d'accorder une prestation compensatoire.

579 **Évaluation de la prestation compensatoire.** Dans un second temps, il doit évaluer la prestation compensatoire. Il ressort de l'article 271, alinéa 1er, du Code civil une double directive pour le juge : il doit prendre en compte les ressources de l'époux débiteur et les besoins de l'époux créancier ; elle doit être évaluée en tenant compte de la situation actuelle des époux (c'est-à-dire au jour du jugement) et « de l'évolution de celle-ci dans un avenir prévisible ». C'est le cœur de la prestation compensatoire : forfaitaire, elle ne doit pas faire en

---

1016. Voy. *infra*, n° 589.

1017. Sur ce raisonnement en deux étapes, S. David, « Calcul de la prestation compensatoire : propositions d'un expert », *AJ fam.*, 2010, p. 350. Sur les difficultés d'évaluation, D. Piwnica, « Évaluation de la prestation compensatoire : un exercice divinatoire ? », *AJ fam.*, 2013, p. 11.

1018. Cass. 1re civ., 15 février 2012 (3 arrêts), nos 11-14.187, 11-11.000, 10-20.018, *Dr. fam.*, 2012, comm. n° 63, note V. Larribau-Terneyre ; *AJ fam.*, 2012, p. 225, obs. S. David.

1019. Cass. 1re civ., 1er juillet 2009, n° 08-18486, *Bull. civ.*, I, n° 146 ; *Dr. fam.*, 2009, comm. n° 125, note V. Larribau-Terneyre ; *AJ fam.*, 2009, p. 400, obs. S. David. Cass. 1re civ., 31 mars 2016, n° 15-18.065, *Dr. fam.*, 2016, comm. n° 117, note J.-R. Binet. En revanche, cet élément semble pouvoir être pris en compte pour l'évaluation du montant de la prestation compensatoire.

1020. Le fait par exemple que la communauté a été exclusivement alimentée par le mari. Cass. 1re civ., 21 octobre 2015, n° 14-25.316, *Dr. fam.*, 2016, comm. n° 1, note J.-R. Binet.

1021. Cass. 1re civ., 24 septembre 2014, n° 13-20.695, *Dr. fam.*, 2014, comm. n° 154, note J.-R. Binet ; *AJ fam.*, 2014, p. 630, obs. S. David. En l'espèce les époux vivaient depuis 20 ans séparément, avaient changé de régime matrimonial au profit de la séparation de biens et avaient liquidé leur communauté, exerçaient séparément une activité professionnelle, et la femme n'avait jamais demandé de pension alimentaire.

1022. Cass. 1re civ., 9 décembre 2009, n° 08-16180, *Dr. fam.*, 2010, comm. n° 17, note V. Larribau-Terneyre, dans une affaire où la disparité existait avant le mariage et avait subsisté pendant l'union qui n'avait duré que deux ans. Le divorce n'avait donc pas modifié la situation de l'épouse. *Contra* : Cass. 1re civ., 12 janvier 2011, n° 09-72248, *Dr. fam.*, 2011, comm. n° 34, note V. Larribau-Terneyre.

principe l'objet d'une révision, il faut donc la déterminer en prenant en considération la situation financière future de celui à qui elle est attribuée.

Une liste non limitative de critères que le juge peut prendre en considération est dressée à l'article 271. Ils sont liés aux ressources présentes et futures des époux[1023], mais aussi à leur choix de vie patrimoniale pendant le mariage[1024]. Certains, cependant, sont de nature purement patrimoniale, d'autres relèvent de leurs personnes. D'ordre patrimonial, on peut citer : le patrimoine estimé ou prévisible des époux, tant en capital qu'en revenu[1025], après la liquidation du régime matrimonial (d'où l'importance pour le juge d'avoir connaissance d'une éventuelle liquidation anticipée) ; leurs droits existants et prévisibles[1026] ; leur situation prévisible en matière de pension de retraite[1027]. D'ordre personnel : la durée du mariage[1028] ; l'âge et l'état de santé des époux ; leur qualification et leur situation professionnelle ; le sacrifice fait par un époux au plan professionnel tant pour l'éducation des enfants que pour la carrière du conjoint. Selon la jurisprudence, il faut également tenir compte de la situation de concubinage[1029].

En revanche, la jurisprudence a eu l'occasion de préciser que les allocations familiales versées à l'époux créancier ne constituent pas des revenus, pas plus que la pension versée par le débiteur sur le fondement de son obligation d'entretien[1030] ; il en est cependant tenu compte pour évaluer les charges de celui-ci[1031]. Depuis une loi du 11 février 2005, il était précisé que le juge ne prend pas en considération les sommes versées au titre de la réparation d'un accident du travail ou du droit à compensation d'un handicap (art. 272, al. 2). Ce texte a été invalidé par le Conseil constitutionnel à la suite d'une QPC comme portant atteinte au principe d'égalité puisque toutes les autres indemnités peuvent être prises en compte[1032]. La Cour de cassation a, par la suite, précisé que cette

1023. Ou passés. Cass. 1re civ., 26 septembre 2012, n° 10-10.781, *Dr. fam.*, 2012, comm. n° 165, note V. Larribau-Terneyre.

1024. Sur la méthode d'évaluation, S. David, « La fixation de la prestation compensatoire », *AJ fam.*, 2007, p. 108.

1025. Y compris certaines prestations sociales (RMI, RSA, etc.). Cass. 1re civ., 9 mars 2011, n° 10-11053, *Dr. fam.*, 2011, comm. n° 70, note V. Larribau-Terneyre. Y compris une pension militaire d'invalidité. Cass. 1re civ., 9 novembre 2011, n° 10-15.381, *Dr. fam.*, 2012, comm. n° 7, note V. Larribau-Terneyre ; *AJ fam.*, 2011, p. 606, obs. S. David.

1026. Mais pas la vocation successorale du conjoint, ni les prestations destinées aux enfants. Cass. 1re civ., 6 octobre 2010, nos 09-12718 et 09-10989, *Dr. fam.*, 2010, comm. n° 178, note V. Larribau-Terneyre ; *D.*, 2010, actu. jurispr., p. 2431, obs. I. Gallmeister.

1027. Cass. 1re civ., 10 septembre 2015, n° 13-15.456, *Dr. fam.*, 2015, comm. n° 197, note J.-R. Binet.

1028. Mais les juges ne sont pas obligés de prendre en compte la durée de la vie commune postérieure à la célébration, encore moins celle qui a précédé la cérémonie. Cass. 1re civ., 16 avril 2008 (2 arrêts), *Dr. fam.*, 2008, comm. n° 83, note V. Larribau-Terneyre. Sur ce dernier point, Cass. 1re civ., 6 octobre 2010, n° 09-12718, préc.

1029. Cass. 1re civ., 25 avril 2006 (2 arrêts), *Dr. fam.*, 2006, comm. n° 130, obs. V. L.-T.

1030. Cass. 1re civ., 12 mai 2004 et 25 mai 2004, *Bull. civ.*, I, nos 133 et 148 ; *Rép. Defrénois*, 2004, p. 1677, obs. J. Massip ; 6 février 2008, *Dr. fam.*, 2008, comm. n° 99, note M. Burgard.

1031. Cass. 2e civ., 10 mai 2001, *JCP-G*, 2002, II, 10031, note B. Gaboriau ; *RTD civ.*, 2001, p. 571, obs. J. Hauser.

1032. Cons. const., 2 juin 2014, n° 2014-398 QPC, *Dr. fam.*, 2014, comm. n° 108, note J.-R. Binet ; *Dr. fam.*, 2015, chron n° 1, obs. V. Egéa ; *AJ fam.*, 2014, p. 427, obs. S. Thouret ; *RTD civ.*, 2014, p. 629, obs. J. Hauser.

décision s'appliquait immédiatement à compter de sa publication aux affaires non jugées définitivement[1033].

580 **Déclaration sur l'honneur.** La loi du 30 juin 2000 a instauré l'obligation pour les parties de fournir « une déclaration certifiant sur l'honneur l'exactitude de leurs ressources, revenus, patrimoine et conditions de vie » (art. 272, réd. L. 26 mai 2004)[1034]. La question s'est posée de savoir quelle était la portée de cette exigence : le défaut de déclaration sur l'honneur interdit-il au juge de statuer sur la demande ? Dans un premier temps, la deuxième chambre civile de la Cour de cassation l'avait affirmé[1035]. Dans un second temps, la première chambre civile, devenue compétente en matière de divorce, a décidé le contraire[1036]. Les juges ne sont donc pas tenus d'exiger des époux défaillants la production de la déclaration ; en son absence, au vu d'autres éléments, le juge peut statuer sur la prestation compensatoire ; et inversement, il n'est pas non plus lié par son contenu. La déclaration n'est ainsi qu'un élément de preuve parmi d'autres des ressources et des biens des époux.

E 38 Les incidences de l'appel sur la prestation compensatoire

Généralement, la prestation compensatoire fait suite à la pension alimentaire prononcée au titre des mesures provisoires par le juge pendant la procédure de divorce contentieux. Un problème se pose cependant lorsque la décision qui prononce le divorce et la prestation compensatoire fait l'objet d'un appel. En principe, celle-ci ne peut être assortie de l'exécution provisoire en cas de recours contre le jugement de divorce (art. 1079, al. 1er, CPC). Dès lors, de deux choses l'une. Ou bien l'appel est général, c'est-à-dire qu'il porte à la fois sur le principe du divorce et sur les mesures accessoires, et la prestation compensatoire ne peut évidemment pas être exécutée. Mais, ici, la solution n'est pas dommageable pour le créancier car, tant que le divorce n'acquiert pas force de chose jugée, c'est-à-dire tant qu'il reste susceptible de recours, il bénéficie de la pension alimentaire. Toutefois, la Cour d'appel devra se placer à la date à laquelle elle rend son arrêt pour apprécier le droit à prestation compensatoire et son évaluation[1037].

Ou bien l'appel est limité aux mesures accessoires, en particulier à la prestation compensatoire. Dans ce cas, le principe du divorce est acquis à la date où le jugement de première instance a été rendu, puisqu'aucun recours n'est plus possible sur ce point. Il y a alors un hiatus au détriment du créancier car la pension alimentaire n'est plus due puisque le principe du divorce est acquis définitivement, mais la prestation compensatoire ne l'est pas encore car elle fait l'objet d'un recours suspensif. Le créancier se retrouve donc dans une situation très délicate. Pour résoudre ce problème, le décret du 29 octobre 2004 est intervenu pour permettre, à titre exceptionnel, l'exécution provisoire de la prestation compensatoire, lorsque le prononcé du divorce a acquis force de chose jugée et que

---

1033. Cass. 1re civ., 22 octobre 2014, n° 13-24.802, *Dr. fam.*, 2014, comm. n° 175, note J.-R. Binet ; *AJ fam.*, 2014, p. 698, obs. S. David ; *RTD civ.*, 2015, p. 109, obs. J. Hauser.

1034. H. Lécuyer, « La déclaration sur l'honneur », *Dr. fam.*, 2003, chron. n° 6 ; « De la prestation compensatoire en général et de la déclaration sur l'honneur en particulier », *Dr. fam.*, 2003, chron. n° 11.

1035. Cass. 2e civ., 28 mars 2002, *Dr. fam.*, 2002, comm. n° 71, note H. L. ; *JCP-G*, 2003, II, 10044, note T. Garé ; *Gaz. Pal.*, 2002, 2, somm., p. 1600, note J. Massip ; *RTD civ.*, 2002, p. 491, obs. J. Hauser ; 11 juillet 2002, cité par H. Lécuyer, « La déclaration sur l'honneur », *op. cit.*

1036. Par ex., Cass. 1re civ., 22 mars 2005, *Bull. civ.*, I, n° 146 ; *Dr. fam.*, 2005, comm. n° 55, note V. Larribau-Terneyre.

1037. Cass. 1re civ., 20 novembre 2013, n° 12-27.726, *Dr. fam.*, 2014, comm. n° 54, obs. J.-R. B.

l'absence d'exécution aurait des conséquences manifestement excessives pour le créancier (art. 1079, al. 2 CPC), que la Cour d'appel doit caractériser[1038].

Dans ce cas, la Cour d'appel doit se prononcer au jour où le prononcé du divorce a acquis force de chose jugée, c'est-à-dire au jour du jugement de première instance, pour se prononcer sur la prestation compensatoire.

Biblio

À lire : P. Gerbay, « Prestation compensatoire et exécution provisoire », *Gaz. Pal.*, 26-27 novembre 2004, p. 6 ; P. Gerbay et D. Jacotot, « L'articulation difficile du devoir de secours et de la prestation compensatoire », *Bull. ch. avoués Paris*, n°s 157-158, p. 3.

3) *Les modalités*

– a. Le versement sous forme de capital

581 **Principe.** Depuis la loi de 1975, le législateur a marqué sa préférence pour le versement de la prestation compensatoire sous forme de capital, modalité la mieux à même d'éviter les contentieux de l'après divorce. La rente ne devait être qu'exceptionnelle. Face à une pratique contraire, la loi du 30 juin 2000 a réaffirmé le principe du capital en ne permettant l'octroi d'une rente que dans des cas limités, mais aussi en assouplissant les modalités et l'exécution du versement en capital.

582 **Modalités du capital.** L'article 274 du Code civil permet au juge de choisir, en fonction de la consistance des biens du débiteur, la forme que prend le capital :

- soit le versement d'une somme d'argent, ce qui peut obliger le débiteur à vendre certains de ses biens ou à contracter un emprunt ; le divorce peut être subordonné à la constitution d'une garantie, disposition qui a été considérée comme conforme à la Constitution par le Conseil constitutionnel[1039] à la suite d'une QPC, estimant qu'elle ne porte atteinte ni à la liberté du mariage ni au droit de mener une vie familiale normale ;
- soit l'attribution de biens en propriété, d'un droit temporaire ou viager d'usage, d'habitation ou d'usufruit, le jugement opérant cession forcée en faveur du créancier. Pour la cession de biens que le débiteur avait reçus par succession ou par donation, c'est-à-dire souvent de biens de famille, son accord est exigé. Il faut préciser que les biens peuvent être communs, indivis ou propres au débiteur. Cette disposition ayant fait l'objet d'une QPC, le Conseil constitutionnel a décidé que l'attribution forcée de biens appartenant au débiteur porte une atteinte proportionnée au droit de propriété, à condition d'être subsidiaire[1040].

1038. Cass. 1re civ., 19 mars 2014, n° 12-29.653, *AJ fam.*, 2014, p. 308, obs. S. Thouret ; *RTD civ.*, 2014, p. 350, obs. J. Hauser.

1039. Cons. const., 29 juillet 2016, n° 2016-557 QPC.

1040. Cons. const., 13 juillet 2011, n° 2011-151 QPC, *Dr. fam.*, 2011, comm. n° 148, note V. Larribau-Terneyre ; *AJ fam.*, 2011, p. 426, obs. N. Régis. Pour la première application de cette réserve d'interprétation par la Cour de cassation, Cass. 1re civ., 28 mai 2014, n° 13-15.760, *Dr. fam.*, 2014, comm. n° 107, note J.-R. Binet ; *AJ fam.*, 2014, p. 558, obs. S. Thouret. Quant à la Cour européenne des droits de l'homme, elle a estimé qu'une telle mesure était contraire à l'article 1er du premier protocole additionnel protégeant la propriété, mais en se prononçant sur le droit antérieur à la loi du 26 mai 2004,

583 **Exécution par versements périodiques.** La loi de 2000 a innové en autorisant l'exécution de la prestation compensatoire sous forme de capital par versements étalés dans le temps dès lors que le débiteur n'est pas en mesure de le verser en une seule fois. L'article 275 est précis : les versements peuvent s'échelonner sur une durée maximale de huit années, par versements mensuels ou annuels. Les versements sont indexés, comme pour une rente. Même si ce mode de paiement du capital ressemble beaucoup à une prestation compensatoire sous forme de rente, il ne lui est pas assimilable. D'abord, les possibilités de révision de l'un et de l'autre sont différentes[1041]. Ensuite, le débiteur peut toujours se libérer du solde du capital indexé (art. 275, al. 3). De même, le créancier peut saisir le juge d'une demande en paiement du solde après la liquidation du régime matrimonial (art. 275, al. 4).

– b. Le versement sous forme d'une rente viagère

584 **Exception.** À titre exceptionnel, l'article 276 du Code civil autorise le juge à prononcer la prestation compensatoire sous forme de rente, c'est-à-dire du versement mensuel d'une certaine somme. Ce caractère exceptionnel a été renforcé par la loi du 30 juin 2000. D'abord, la rente n'est possible que « lorsque l'âge ou la santé du créancier ne lui permet pas de subvenir à ses besoins ». Seule la situation du créancier, empêché à l'avenir de subvenir à ses besoins à cause de son âge ou de sa santé, peut justifier le choix de la rente. La consistance du patrimoine du débiteur n'a pas à être prise en considération. Ensuite, le juge doit motiver spécialement sa décision, ce qui permet à la Cour de cassation d'exercer un contrôle renforcé du respect des conditions restrictives[1042]. Enfin, seule une rente viagère peut être prononcée. La loi de 2004 a introduit un facteur de souplesse : une prestation mixte peut être fixée, c'est-à-dire combinant une partie en capital une autre en rente viagère (art. 276, al. 2). Il s'agit d'un assouplissement de la prestation sous forme de rente, non de celle sous forme de capital, autrement dit la prestation ne peut être mixte que si les conditions de la rente sont réunies. Cette mesure présente l'avantage de permettre une meilleure adaptation de la prestation aux différentes situations[1043]. La rente enfin est indexée.

4) *La révision*

585 **Révision des modalités de la prestation compensatoire.** La prestation compensatoire fixée sous forme de capital ne peut faire l'objet d'une révision de son montant, contrairement à la rente. En revanche, l'article 275, alinéa 2, du Code civil admet la possibilité pour le débiteur de demander au juge la révision des modalités du versement échelonné du capital, en cas de « changement

---

une cession forcée de bien n'étant plus envisageable depuis. Cour eur. D.H., 10 juillet 2014, *Milhau c/ France*, *AJ fam.*, 2014, p. 497, obs. N. Régis ; *RTD civ.*, 2014, p. 869, obs. J. Hauser.

1041. Voy. *infra*, n°s 585 et 586.

1042. Cass. 1re civ., 23 septembre 2015, n° 14-19.949, *Dr. fam.*, 2015, comm. n° 198, note J.-R. Binet.

1043. La 2e ch. civ. avait refusé la mixité (Cass. 2e civ., 10 mai 2001, *Bull. civ.*, II, n° 95 ; *RTD civ.*, 2001, p. 569, obs. J. Hauser). La 1re ch. l'avait par la suite admise (Cass. 1re civ., 16 mars 2004, *Bull. civ.*, I, n° 87 ; *Rép. Defrénois*, 2004, p. 1233, obs. J. Massip).

important de sa situation ». Le juge peut alors autoriser un versement du capital sur une durée supérieure à huit ans. L'assouplissement se traduit ainsi par une diminution du montant des versements, ce qui peut faciliter l'exécution du paiement par le débiteur.

La prestation sous forme de rente peut également être modifiée dans ses modalités. Selon l'article 276-4, le débiteur peut demander à tout moment la substitution d'un capital à tout ou partie de la rente. Le créancier peut faire la même demande « s'il établit qu'une modification de la situation du débiteur permet cette substitution »[1044]. Le paiement du capital peut alors être échelonné selon les règles des articles 274 à 275-1.

586 **Révision du montant de la rente.** Assez curieusement, si l'on en croit l'esprit de la prestation compensatoire en général et celui de la loi de 2000 en particulier, le législateur a introduit un assouplissement dans le régime de la rente par rapport au droit antérieur. Selon l'article 276-3 du Code civil, en effet, la prestation compensatoire sous forme de rente peut être révisée, suspendue ou même supprimée, étant précisé que la révision ne peut avoir pour effet de porter le montant de la rente à un montant supérieur à celui fixé initialement par le juge (al. 2). C'est « le changement important dans les ressources ou les besoins » de l'un des ex-époux qui peut justifier une telle modification. Selon l'ancien article 273, la prestation ne pouvait pas être révisée « même en cas de changement imprévu dans les ressources et les besoins des parties, sauf si l'absence de révision devait avoir pour l'un des conjoints des conséquences d'une exceptionnelle gravité ». Le nouveau régime de la rente se rapproche ainsi un peu plus de celui de l'ancienne pension alimentaire, avec ses avantages (l'adaptation à l'évolution des situations des parties), mais aussi ses inconvénients (le risque d'un contentieux abondant).

E 39 Révision de la prestation compensatoire et remariage des époux

La question du sort de la prestation compensatoire sous forme de rente se pose tout particulièrement lorsque le créancier se remarie, s'installe en concubinage ou conclut un pacte civil de solidarité. Il ne fait pas de doute que la nouvelle situation conjugale du créancier peut être prise en considération comme élément d'appréciation du changement dans ses ressources. Mais le remariage, le concubinage ou le pacte civil de solidarité ne constituent pas en eux-mêmes une cause automatique de suppression de la prestation compensatoire.

La Cour de cassation a eu à se prononcer sur une variante inattendue de cette question : qu'advient-il de la prestation compensatoire lorsque les ex-époux se remarient entre eux et divorcent à nouveau ? Dans cette affaire, à la suite de la conversion d'une séparation de corps en divorce aux torts du mari, celui-ci avait été condamné à verser à son ex-épouse une prestation compensatoire sous forme de rente viagère d'un montant de 9 000 F. Quelques années plus tard, les ex-époux s'étaient remariés entre eux, puis avaient divorcé de nouveau, encore une fois aux torts du mari. Le jugement le condamna une fois de plus à verser une prestation compensatoire à son ex-femme. Cependant, sur appel interjeté par l'ex-mari, un arrêt avait infirmé le jugement de divorce sur ce point, au motif que celui-ci était toujours tenu au versement de la prestation compensatoire prononcée lors du premier divorce. Par conséquent, le second divorce ne créait pas au détriment de la femme une disparité dans les conditions de vie respectives des époux.

L'ex-mari, agissant devant le juge de l'exécution (c'est-à-dire le président du TGI), a alors demandé la caducité des décisions qui avaient prononcé la prestation compensatoire lors du premier divorce, mais a été débouté tant en première

1044. Cass. 1re civ., 12 décembre 2006, *Dr. fam.*, 2007, comm. n° 62, note V. Larribau-Terneyre.

instance qu'en appel. L'ex-mari a formé un pourvoi en cassation et la Cour de cassation, dans un arrêt du 17 octobre 2007[1045], casse l'arrêt de la Cour d'appel au motif que la prestation compensatoire prononcée lors du premier divorce était caduque depuis le remariage des époux. Le remariage des ex-époux entre eux fait donc tomber automatiquement la prestation compensatoire.

La solution mérite d'être approuvée dans son principe. En effet, la prestation compensatoire est destinée à compenser la disparité que la rupture du mariage crée dans les conditions de vie respectives des ex-époux (art. 270, C. civ., visé par Cass.). Pour qu'il y ait prestation compensatoire, il faut qu'il y ait disparité. Or, si les ex-époux se remarient ensemble, cette disparité disparaît en principe puisqu'ils se trouvent alors astreints à des obligations qui ont précisément pour effet d'assurer aux époux un train de vie équivalent : le devoir de secours (ce qui explique le visa par la Cour de cassation de l'article 212) et le devoir de contribution aux charges du mariage. Il va alors de soi que la prestation compensatoire, n'ayant plus d'objet, n'est plus due. Elle devient caduque, car la condition qui présidait à son existence a disparu. Lorsque les ex-époux remariés divorcent de nouveau, c'est au regard de cette nouvelle situation que le juge du divorce doit prononcer ou non la prestation compensatoire. C'est donc une nouvelle prestation qui est éventuellement prononcée et non l'ancienne qui renaîtrait. La situation des époux lors de la dissolution du second mariage peut fort bien avoir évolué, ainsi que leur train de vie. C'est donc bien en fonction de ce second mariage qu'il faut apprécier l'opportunité et l'évaluation de la prestation compensatoire.

La décision laisse cependant un goût amer en l'espèce, car l'épouse se retrouve sans prestation compensatoire. En effet, d'une part, la première prestation est caduque en raison du remariage. D'autre part, les juges du second divorce ont refusé de prononcer une nouvelle prestation. Or, cette décision a acquis force de chose jugée. Il faut bien comprendre que, dans cet arrêt, la Cour de cassation, qui a été saisie à la suite d'une procédure d'exécution du premier divorce, casse un arrêt de Cour d'appel qui ne s'était prononcée que sur ce problème. La Cour de cassation n'a donc pas été saisie dans la procédure du second divorce.

5) *La transmission aux héritiers*

587 **Décès du débiteur.** Lorsque l'époux débiteur décède, son ex-conjoint survivant n'en conserve pas moins le droit de percevoir la prestation qui lui est due. Si le capital a été versé en une seule fois ou intégralement avant le décès, le conjoint n'a évidemment plus droit à rien. Mais qu'en est-il dans le cas contraire ? La loi de 1975 faisait supporter purement et simplement le poids de cette dette sur les héritiers, ce qui présentait peu d'inconvénients s'il s'agissait d'enfants des deux époux. La situation devenait difficile à supporter lorsque, parmi les héritiers, figuraient un second conjoint non divorcé ou des enfants issus de cette seconde union. Il a fallu attendre la loi de 2004 pour que ces solutions soient modifiées.

Il résulte de l'article 280 du Code civil que le paiement de la prestation, quelle qu'en soit la forme, est supporté par tous les héritiers dans les limites de l'actif successoral. Ils n'y sont donc pas tenus personnellement, ce qui signifie qu'en cas d'insuffisance d'actif, ils ne doivent pas assurer le paiement sur leurs biens personnels. On dit qu'ils sont tenus au paiement *intra vires successionis*. Dans ce cas, ce sont les légataires qui doivent supporter le poids de cette dette, en proportion de ce qui leur est légué. Si l'actif de la succession est insuffisant et s'il n'y a pas de légataire, le créancier ne peut pas recevoir l'intégralité de sa prestation compensatoire.

Pour appliquer cette solution, il faut tenir compte de ses modalités. S'il s'agissait d'un capital échelonné, le solde du capital indexé devient immédiatement exigible (art. 280, al. 2). S'il s'agissait d'une rente, il lui est substitué un

1045. Cass. 1re civ., 17 octobre 2007, *D.*, 2008, p. 200, note G. Raoul-Cormeil, pan., p. 814, obs. G. Serra ; *JCP-G*, 2008, I, 102, n° 1, obs. H. Bosse-Platière.

capital immédiatement exigible. Un décret du 29 octobre 2004 détermine les modalités de calcul de cette substitution[1046].

588 **Volonté des héritiers.** Les héritiers peuvent décider, à l'unanimité, de maintenir les modalités de versement de la prestation compensatoire, telles qu'elles incombaient au défunt (art. 280-1). Dans ce cas, ils y sont tenus *ultra vires successionis*, c'est-à-dire non seulement sur l'actif successoral, mais aussi sur leurs biens personnels. Compte tenu de la gravité de cette décision, leur accord doit être constaté par acte notarié, à peine de nullité.

6) *La volonté des parties*

589 **Conventions homologuées.** En cas de divorce par consentement mutuel, ce sont les époux qui fixent le règlement des conséquences pécuniaires, y compris bien sûr la prestation compensatoire (art. 279, C. civ.). La loi de 2004 a cependant innové en offrant aux époux qui ont choisi une voie contentieuse de s'entendre sur la prestation compensatoire (comme sur le reste) au moyen d'une convention qu'ils soumettent à l'homologation du juge (art. 268 et 279-1). De cette manière, quelle que soit la cause du divorce, les époux peuvent, non seulement s'accorder sur le montant ou les modalités de la prestation compensatoire, mais aussi intégrer dans un même règlement la liquidation du régime matrimonial et la prestation compensatoire. Il convient de préciser que, dans le cadre d'un divorce contentieux, l'homologation de la convention et le prononcé du divorce ne sont pas liés et que la convention homologuée et le jugement de divorce ne sont pas indivisibles. La convention pourra donc être attaquée par l'un des époux en dehors des voies de recours contre le jugement de divorce[1047].

590 **Liberté des époux.** L'avantage de recourir à une convention homologuée ou contresignée par les avocats (L. de modernisation de la justice du XXIe siècle) tient à ce que les époux bénéficient alors d'une plus grande liberté pour déterminer le régime de leur prestation compensatoire. Ce libéralisme s'explique par l'idée que dans ce cas, les deux époux étant d'accord, les règles un peu rigides et protectrices, tantôt du créancier, tantôt du débiteur, du régime commun n'ont plus lieu de s'appliquer[1048]. Le juge peut cependant refuser d'homologuer la convention si elle lui paraît inéquitable à l'égard de l'un des époux (art. 278, al. 2).

Ainsi, les époux peuvent décider qu'aucune prestation ne sera due ni par l'un ni par l'autre, malgré une disparité dans les conditions de vie respectives. De même, les époux ont toute liberté pour convenir des modalités de la prestation compensatoire : une rente malgré l'absence des conditions de l'article 276, une rente temporaire ou qui prendra fin en cas de réalisation d'un événement déterminé (art. 278, al. 1er), certain terme ou hypothétique condition, par exemple, le remariage du créancier ou la perte de son emploi par le débiteur, un capital dont le versement s'échelonnerait sur une durée supérieure à huit

1046. D. n° 2004-1157 du 29 octobre 2004, *JORF*, 31 octobre 2004, p. 18486. Voy. J. Massip, « Les incidences en matière familiale de la loi de "simplification du droit" », *op. cit.*, p. 194.

1047. Solution contraire à celle qui prévaut dans le cadre du divorce par consentement mutuel. Voy. *supra*, n° 508.

1048. Voy. J. Hauser et P. Delmas-Saint-Hilaire, « Volonté et ordre public dans le nouveau divorce : un divorce entré dans le champ contractuel ? », *op. cit.*, n°s 15 et s.

années. En revanche, il ne semble pas possible pour les époux de prévoir une prestation compensatoire si le divorce n'entraîne pas une disparité dans les conditions de vie respectives, car compenser une telle disparité constitue la fonction essentielle de la prestation compensatoire.

Les modalités de la révision de la prestation compensatoire peuvent également être assouplies, dans une certaine mesure. En principe, la convention homologuée ne peut être modifiée que par une nouvelle convention homologuée. Les époux peuvent cependant introduire dans la convention une clause prévoyant que la prestation pourra être révisée selon les règles des articles 275, alinéas 2 et 3, 276-3 et 276-4 du Code civil. Certains auteurs pensent même que des clauses de révision seraient valables, notamment une clause qui permettrait de réviser le montant de la rente à la hausse[1049]. De telles clauses seraient *a fortiori* valables dans le cadre du divorce par consentement mutuel conventionnel, puisqu'il n'y a pas de contrôle initial du juge.

§ 2. – La séparation de corps

591 **Notion.** La séparation de corps s'analyse comme un relâchement du lien conjugal qui met fin au devoir de cohabitation des époux, tout en laissant subsister le mariage. Cette institution a été créée par le droit canonique ancien afin de concilier le principe d'indissolubilité du mariage et la nécessité, parfois, pour les époux de se séparer. Son origine historique a conduit à qualifier la séparation de corps de « divorce des catholiques ». Abolie pendant la Révolution[1050], elle fut pourtant reprise par les rédacteurs du Code civil et d'ailleurs conservée pendant toute la période du XIXe siècle où le divorce fut aboli par la loi de Bonald de 1816. La loi Naquet n'a pas remis en cause son existence. La physionomie de la séparation de corps a cependant subi une profonde modification à partir d'une loi de 1908 qui a introduit sa conversion de droit (auparavant elle était facultative pour le juge) en divorce au bout d'un certain temps (trois ans à l'origine) à la demande d'un seul des époux. De la sorte, elle ne constitue plus un refuge pour l'époux auquel les convictions religieuses interdisent le divorce. Elle devient plutôt une période de divorce à l'essai à laquelle il peut être mis fin soit par reprise de la vie commune, soit par la dissolution définitive du mariage[1051].

La séparation de corps connaît toujours un certain succès d'estime, en constante diminution toutefois. Ainsi, en 2005, les tribunaux de grande instance ont été saisis de 3 966 demandes nouvelles en séparation de corps[1052] et de 3 387 en 2010[1053], alors que le nombre était de 7 800 environ en 2000.

592 **Cas de séparation de corps.** Le principe est ici très simple : la séparation de corps peut être prononcée dans les mêmes cas que le divorce et selon les mêmes conditions (art. 296, C. civ.). Mais il semble que le projet de loi définitif de modernisation de la justice du XXIe siècle ne permette par une séparation de

1049. *Ibid.*, n° 22.

1050. L. du 20-25 septembre 1792.

1051. G. CORNU, *La famille*, *op. cit.*, n°s 420 et s.

1052. *Annuaire statistique de la justice*, 2007, www.justice.gouv.fr.

1053. *Annuaire statistique de la justice*, 2011-2012, www.justice.gouv.fr.

corps par consentement mutuel purement conventionnelle. Seule une séparation de corps par consentement mutuel judiciaire serait donc possible, mais alors sans doute sans être limitée au cas où le mineur demande à être entendu. Il peut donc y avoir séparation de corps par consentement mutuel, pour acceptation du principe de la séparation de corps, pour altération définitive du lien conjugal et pour faute. La procédure est également identique. Le Code civil prévoit cependant quelques règles particulières : lorsqu'une demande en divorce et une demande en séparation de corps sont présentées de manière concurrente, le juge examine d'abord la demande en divorce[1054]. Ce n'est qu'en cas de rejet qu'il examine alors la demande en séparation de corps (art. 297-1). Dans l'hypothèse où les deux demandes sont fondées sur la faute, si elles sont toutes deux bien fondées, le juge prononce le divorce aux torts partagés (al. 2). Par ailleurs, il n'est pas possible de substituer une demande en divorce à une demande principale en séparation de corps (art. 1076, CPC)[1055].

593 **Effets personnels.** La séparation de corps crée une situation intermédiaire entre le mariage plein et le divorce qui rejaillit sur les effets personnels du mariage. « La séparation de corps ne dissout pas le mariage, mais elle met fin au devoir de cohabitation » (art. 299).

L'effet principal, celui qui est recherché par les époux qui y recourent, est de mettre fin au devoir de cohabitation : les époux peuvent résider séparément. La résidence séparée des époux entraîne de plein droit domicile distinct (art. 108-1). Surtout, il faut comprendre que le devoir aux relations sexuelles disparaît également.

En revanche, comme le lien conjugal n'est pas dissous, il en résulte semble-t-il que les autres devoirs personnels des époux subsistent – même si le Code civil reste silencieux. Mais comment le devoir d'assistance peut-il perdurer alors que son support nécessaire, la cohabitation, n'existe plus[1056] ? La question se pose avec encore plus d'acuité pour le devoir de fidélité : peut-on imposer aux époux un devoir de fidélité lorsqu'ils ne sont plus tenus aux relations sexuelles, peut-on considérer que l'adultère commis par l'un des époux rend intolérable le maintien d'une vie commune qui n'existe plus[1057] ? En revanche, rien n'empêche les époux de se conformer au devoir de respect.

Par ailleurs, chaque époux peut continuer à faire usage du nom de son conjoint – sauf si le juge le leur interdit en raison des intérêts respectifs des époux.

594 **Effets patrimoniaux et pécuniaires.** La même ambiguïté apparaît sur ce plan : la séparation des époux ne peut rester sans conséquence sur un plan patrimonial. Pour autant, ils n'en restent pas moins mariés, tout ne peut disparaître.

1054. Y compris si la demande en séparation de corps est fondée sur la faute et la demande en divorce sur l'altération définitive du lien conjugal : Cass., avis, 3 avril 2006, *Dr. fam.*, 2006, comm. n° 109, note V. LARRIBAU-TERNEYRE. L'article 246 donne la solution inverse en cas de deux demandes en divorce simultanées.

1055. Cass. 1re civ., 16 avril 2008, *Dr. fam.*, 2008, comm. n° 82, note V. LARRIBAU-TERNEYRE.

1056. En ce sens, F. TERRÉ et D. FENOUILLET, *La famille, op. cit.*, n° 328.

1057. La Cour de cassation a transformé le critère dans ce cas : il s'agit de savoir si l'adultère empêche la reprise de la vie commune. Voy. TGI Nantes, 9 novembre 1982, *D.*, 1983, IR, p. 190, obs. J.-C. GROSLIÈRE, dans une affaire où les juges ont pu estimer que l'infidélité commise neuf ans après le jugement de séparation de corps n'était pas fautive.

La séparation de corps entraîne toujours séparation de biens des époux. Par conséquent, s'ils étaient mariés sous un régime de communauté, ils doivent procéder à la liquidation de la communauté.

En revanche, les époux étant toujours mariés, ils conservent chacun leurs droits dans la succession de l'autre. Ainsi, au décès de l'un d'entre eux, le survivant hérite, même si la séparation de corps avait été prononcée à ses torts exclusifs. Toutefois, si elle est prononcée par consentement mutuel, les époux peuvent inclure dans leur convention une renonciation à leurs droits successoraux réciproques (art. 301).

Enfin, l'article 303 du Code civil prévoit expressément que le devoir de secours subsiste entre les époux. Il prend la forme d'une pension alimentaire, attribuée sans considération des torts, sauf pour l'époux débiteur à invoquer un manquement grave du créancier à ses obligations à son égard. Le législateur a marqué là encore sa préférence pour un versement en capital, si la consistance du patrimoine du débiteur le permet. Les règles vues pour la prestation compensatoire sont alors applicables, avec cette différence que, par la suite, le créancier pourra demander un complément sous forme de pension alimentaire.

595 **Fin de la séparation de corps.** La séparation de corps est conçue par le législateur comme une situation anormale, donc provisoire. Elle peut prendre fin de deux manières différentes. Une fin heureuse d'abord : la reprise volontaire de la vie commune par les époux (art. 305, C. civ.). Aucune formalité n'est prévue, notamment aucune décision judiciaire. Il faut tout de même en avertir les tiers (le jugement de séparation de corps ayant lui-même fait l'objet d'une mesure de publicité tout comme le divorce), soit par un acte notarié, soit par une déclaration devant l'officier de l'état civil[1058]. Le mariage reprend tous ses effets entre époux comme à l'égard des tiers. Toutefois, les époux restent soumis au régime de séparation de biens. S'ils veulent revenir à un régime de communauté, ils devront procéder à un changement de régime matrimonial selon les règles de l'article 1397 du Code civil.

Une fin malheureuse est également à prévoir : un divorce peut succéder à la séparation de corps. Tout d'abord, rien n'interdit un époux de former une demande en divorce, fondée sur des faits nouveaux, soit la faute du conjoint (mais laquelle ?), soit plus probablement la séparation de fait prolongée. La période de séparation de corps peut en effet compter pour l'accomplissement du délai de deux ans nécessaire au divorce pour altération définitive du lien conjugal. Cette procédure peut s'avérer particulièrement utile si la séparation de corps a été prononcée par consentement mutuel et si l'un des deux époux n'est pas d'accord pour la convertir en divorce.

La conversion en divorce se présente en effet comme une autre manière de mettre fin à la séparation de corps, de plein droit à la demande de l'un des époux, peu importe lequel, celui qui avait pris l'initiative de la procédure ou l'autre. Cette conversion n'est toutefois pas automatique, il faut en faire la demande au JAF qui vérifie que la condition unique, mais essentielle, est réalisée : la séparation de corps doit avoir duré, depuis la loi du 26 mai 2004, deux ans (trois ans auparavant). La Cour de cassation a précisé que la loi du 26 mai 2004 ne s'appliquait pas aux actions en conversion, lorsque le jugement

1058. Cass. 3e civ., 4 juillet 2001, *Bull. civ.*, III, n° 88 ; *JCP-N*, 2002, 1308, note V. Brémond ; *Rép. Defrénois*, 2002, p. 186, obs. J. Massip ; *RTD civ.*, 2002, p. 275, obs. J. Hauser.

de conversion a été prononcé avant le 1er janvier 2005, date de l'entrée en vigueur de la loi ; la loi applicable est celle qui était en vigueur au moment de la requête en séparation de corps[1059]. La conversion peut également être obtenue par consentement mutuel (art. 307, al. 1er). Le consentement mutuel est même nécessaire si la séparation de corps avait elle-même été prononcée sur ce fondement (al. 2).

Un acte de naissance, si les personnes avec qui ils traitaient avaient conclu un PACS ou non. Dès lors, ils leur demandaient de fournir un certificat de non-PACS délivré par les greffes.

C'est pourquoi la loi de 2006 a simplifié le système de publicité. Désormais, la déclaration fait l'objet d'une mention en marge de l'acte de naissance de chacun des partenaires (art. 515-3-1). Cette solution donnée à un problème pratique (l'encombrement des greffes) a une incidence sur la nature même du PACS : il relève désormais de l'état des personnes et ressemble ainsi un peu plus au mariage. L'article 515-3-1 précise que la mention en marge indique le nom de l'autre partenaire. Contrairement à ce qui avait été voulu en 1999, on pourra ainsi savoir que la personne a conclu un pacte homosexuel. Mais les craintes de la constitution d'un fichier des homosexuels et de l'atteinte à la vie privée des personnes sont effacées par une considération toute simple : si les couples homosexuels recherchent une reconnaissance sociale, pourquoi faudrait-il dans le même temps cacher leur situation[1060] ?

1059. Cass. 1re civ., 17 décembre 2008, n° 06-19125.

1060. En ce sens, P. Malaurie et H. Fulchiron, *La famille*, *op. cit.*, n° 377.

CHAPITRE 2

Le couple non marié

596 **Couples de fait et couples de droit.** Le mariage est le statut juridique que la société attribue à certains couples qui remplissent certaines conditions correspondant à certaines valeurs. Sauf dans un système juridique qui, non seulement manifesterait de l'indifférence à l'égard de tels couples, mais irait jusqu'à les réprimer, on peut logiquement supposer que des couples de fait existeront toujours à côté les couples de droit que constituent les époux, soit qu'ils ne puissent pas se marier, soit qu'ils ne le veuillent pas.

Les couples de fait correspondent à des situations très diverses, allant du couple éphémère, résultant d'une rencontre d'un soir, ou du couple d'adolescents qui n'a qu'un temps, jusqu'au couple qui partage une vie commune stable, cohabite, se comporte de la même manière qu'un couple marié, c'est-à-dire réalise spontanément les obligations qui s'imposent aux époux et s'inscrit donc dans la durée. C'est à propos de ces couples, qui vivent en concubinage, encore appelé union libre, que la question de leur prise en compte par le droit s'est posée, pour deux raisons. La première qu'ils ressemblent justement à s'y méprendre aux couples mariés, la seconde qu'ils sont devenus très nombreux à la fin du XXe siècle : près de 2,4 millions de couples vivaient hors mariage[1061]. Il ne s'agit donc plus d'une situation marginale comme c'était le cas en 1804 et l'on ne peut plus affirmer aujourd'hui comme Napoléon l'avait fait : « les concubins se passent de la loi, la loi se désintéresse d'eux ». À ces données s'est ajouté un autre phénomène, celui des couples homosexuels revendiquant, au nom du principe d'égalité, une reconnaissance sociale qu'ils ne pouvaient obtenir par le mariage, réservé aux couples hétérosexuels. D'ailleurs, les quelques droits concédés par la loi aux concubins avaient été refusés aux homosexuels par la Cour de cassation en raison d'une définition du concubinage faisant référence à la vie maritale[1062].

597 **Statut du couple non marié.** Ces différents éléments ont conduit le législateur à envisager la création d'un statut du couple, concurrent de celui du mariage. L'idée peut sembler paradoxale : pourquoi créer un statut pour des couples qui, faisant le choix de ne pas se marier, manifestent par là leur rejet d'un statut ? Pourquoi créer des règles pour des personnes qui veulent une union libre ? C'est que, d'abord, les couples non mariés adoptent eux-mêmes une posture paradoxale : ils ne veulent pas le statut du mariage, qu'ils trouvent

1061. P. Malaurie et H. Fulchiron, *La famille*, *op. cit.*, n° 290.

1062. Voy. *infra*, n° 599.

trop contraignant, mais désirent tout de même bénéficier des avantages que la loi attache au mariage. Ensuite, le concubinage est une réalité et suscite des difficultés très sérieuses, en particulier à la fin de l'union. Pourquoi ces situations de fait seraient-elles plus ignorées que d'autres, comment les juges pourraient-ils rester sourds aux problèmes qui leur sont soumis et se rendre ainsi coupables de déni de justice ? Or, les solutions qui ont été apportées à ces problèmes sont souvent insuffisantes. Enfin, il faut reconnaître que le choix du concubinage n'est pas toujours libre : nombre de concubins ne se marient pas parce qu'ils ne le peuvent pas, ils ne remplissent pas les conditions du mariage. C'était le cas, jusqu'à la loi du 17 mai 2013, des couples homosexuels[1063]. C'est probablement cette dernière raison qui a convaincu le législateur de créer par la loi du 15 novembre 1999 le pacte civil de solidarité, ouvert aux couples hétérosexuels ou homosexuels. La même loi a également introduit pour la première fois dans le Code civil une définition du concubinage incluant les couples homosexuels. En définitive, le Code civil reconnaît désormais trois formes de modèles conjugaux : le mariage, le concubinage (section 1) et le pacte civil de solidarité (section 2).

SECTION I
Le concubinage

598 **Présentation.** Le concubinage est le terme généralement employé pour désigner une situation de couple hors mariage, une situation de fait. La loi de 1999 a modifié quelque peu les choses de ce point de vue. D'abord, le concubinage s'oppose à la fois au mariage et au pacte civil de solidarité ; les couples ayant contracté un PACS ne sont pas des concubins. Ensuite, en donnant une définition assez précise du concubinage[1064], la loi a rejeté tous les couples qui ne correspondent pas à cette définition hors de la catégorie des concubinages. Il existe donc désormais des couples de fait qui ne peuvent pas être qualifiés de concubins. Le doyen Carbonnier désignait ces situations sous l'appellation de « concubinage sauvage »[1065] ; ce ne sont pourtant pas des concubinages. La précision est importante, car les textes qui visent expressément les concubins ne peuvent leur être appliqués. La loi de 1999 a donc mis fin à l'idée qui avait été avancée par certains auteurs qu'il existait non pas *un* concubinage, mais *des* concubinages[1066]. En proposant une définition, le législateur est cependant loin d'avoir résolu tous les problèmes. On sait désormais ce qu'est un concubinage, mais il demeure une situation de fait, c'est-à-dire qui n'est pas organisée par la loi. Il reste ainsi à résoudre les difficultés liées à la vie du couple et à la fin du couple.

1063. Voy. *supra*, n°s 400 et s.

1064. Voy. *infra*, n° 599.

1065. J. Carbonnier, *Droit civil*, *op. cit.*, n° 648, p. 1455.

1066. Voy. la série d'ouvrages publiés de J. Rubellin-Devichi (dir.), *Les concubinages, Approche sociojuridique*, t. I et II, Paris, CNRS, 1986. *Adde* J. Rubellin-Devichi (dir.), *Les concubinages en Europe, Aspects sociojuridiques*, Paris, CNRS, 1989.

§ 1. – L'existence du concubinage

599 **Définition.** L'article 515-8 du Code civil, issu de la loi du 15 novembre 1999, définit le concubinage comme « une union de fait, caractérisée par une vie commune présentant un caractère de stabilité et de continuité, entre deux personnes, de sexe différent ou de même sexe, qui vivent en couple ». Cette définition comprend plusieurs éléments qui méritent tous une attention particulière.

D'abord, le texte réaffirme que le concubinage est une union de fait et non de droit. Même s'il peut produire certains effets juridiques, il ne bénéficie pas d'un statut organisé par la loi.

Cette union est caractérisée par une vie commune. La doctrine avait souligné auparavant que la vie commune n'était pas nécessaire, ce qui était la marque de la diversité des concubinages. Aujourd'hui, ce serait la diversité des formes de vie commune qui ferait la diversité des concubinages[1067] : il pourrait ainsi y avoir vie commune sans cohabitation. Pourtant, on voit mal pourquoi la notion de vie commune, synonyme de communauté de vie, serait ici différente de celle du mariage, qui comprend la communauté de toit[1068]. Il est précisé que la vie commune doit être stable et continue, ce qui n'est pas nouveau.

Il s'agit d'une union entre deux personnes qui vivent en couple. Cette précision a le mérite d'indiquer que les concubins ne sont pas de simples cohabitants. Il s'agit de personnes qui ont des relations sexuelles et entre lesquelles existe un lien particulier.

Enfin, les concubins peuvent être de même sexe ou de sexe différent. Cette indifférence à l'égard de l'altérité sexuelle prend le contre-pied de la jurisprudence antérieure qui avait affirmé que le concubinage désignait la situation de personnes ayant décidé de vivre ensemble comme des époux, mais sans se marier, ce qui ne pouvait concerner qu'un couple constitué d'un homme et d'une femme[1069]. Il en résulte que les couples homosexuels qui peuvent être qualifiés de concubins bénéficient des textes qui s'appliquent à ces derniers.

600 **Preuve du concubinage.** Le concubinage produisant un certain nombre d'effets, les concubins ou les tiers peuvent avoir intérêt à prouver son existence. Le concubinage est un fait et non un acte juridique. Il ne fait par ailleurs l'objet d'aucune mesure de publicité auprès des services de l'état civil. Il en résulte qu'il n'existe aucune preuve préconstituée de cette union. La preuve ne s'en trouve pas pour autant impossible à faire : au contraire, elle peut être apportée par tout moyen. La pratique a développé la technique des certificats de concubinage délivrés par des mairies sur la foi des déclarations des intéressés ou de tiers. C'est à la faveur de ces certificats que les administrations octroient aux concubins les avantages auxquels ils ont droit. En réalité, ils n'ont aucune valeur probante[1070]. Certaines administrations ou entreprises se contentent de

---

1067. En ce sens, P. MALAURIE et H. FULCHIRON, *La famille*, *op. cit.*, n° 313.

1068. Voy. *supra*, n° 455.

1069. Cass. soc., 11 juillet 1989 (2 arrêts), *Bull. civ.*, V, n°s 514 et 515 ; *D.*, 1990, p. 582, note P. MALAURIE ; *JCP-G*, 1990, II, 21553, note M. MEUNIER ; *Gaz. Pal.*, 1990, 1, p. 216, concl. M. DORWLING-CARTER. Cass. 3e civ., 17 décembre 1997, *D.*, 1998, p. 111, concl. J.-F. WEBER, note J.-L. AUBERT ; *JCP-G*, 1998, II, 10093, note A. DJIGO.

1070. Y. FAVIER, in P. MURAT (dir.), *Droit de la famille*, *op. cit.*, n° 141.42.

simples déclarations sur l'honneur ou demandent la production de documents de la vie quotidienne (facture EDF, téléphonique qui indique une adresse commune des intéressés).

§ 2. – Les effets du concubinage

601 **Absence de statut.** Constituant une simple union de fait, le concubinage n'est pas organisé par la loi. Il n'existe notamment aucune obligation entre les concubins ni l'équivalent d'un régime matrimonial, c'est-à-dire un régime de leurs biens. Par ailleurs, la jurisprudence a eu l'occasion à maintes reprises d'affirmer que les règles du mariage ne sont pas applicables aux concubins, en particulier certaines règles du régime primaire, telles que la contribution aux charges du mariage[1071] (art. 214, C. civ.) ou la solidarité des dettes ménagères[1072] (art. 220). Cette absence de statut du concubinage (la notion même serait antinomique) ne signifie pas que la loi ignore totalement le concubinage. Ce sont principalement des législations non civiles – ou en tout cas hors Code civil – qui prennent en considération les unions de fait, le plus souvent pour des raisons d'ordre humanitaire.

E 40 **Les contrats de concubinage**

Les concubins, sous l'incitation des notaires et l'inspiration de pratiques étrangères (Canada), concluent parfois entre eux des contrats de concubinage par lesquels ils tentent de réglementer l'ensemble de leurs relations et pour tout dire d'établir un régime matrimonial de substitution. La validité de ces conventions est sujette à discussion.

Il va de soi d'abord que les concubins ne sauraient s'imposer des devoirs personnels équivalents à ceux que le Code civil impose aux époux, tel le devoir de fidélité ou de communauté de vie. Ces clauses seraient nulles pour objet illicite : la liberté personnelle des individus est indisponible et seule la loi peut y déroger.

Les contrats de concubinage ne pourraient donc avoir pour objet que les relations pécuniaires des partenaires. Il faut encore nuancer. Ces conventions, ne pouvant faire l'objet d'une mesure de publicité (puisque la loi ne l'organise pas et qu'il n'est pas envisageable de l'indiquer, par exemple, en marge des actes de naissance des concubins, le concubinage ne relevant pas de l'état des personnes), ne sauraient être opposables aux tiers.

A priori, leur contenu patrimonial semblerait licite. Les contrats de concubinage réuniraient en une seule convention les différents contrats que les concubins sont en droit de conclure séparément, par exemple, des ventes ou des donations, la constitution d'une société, une convention d'indivision, etc. Il paraît plus douteux qu'ils puissent créer un régime identique à celui de la communauté de biens entre époux qui déroge au droit commun de la propriété. Même si les concubins se contentent de prévoir des stipulations que le droit commun leur autorise, on peut se demander si, réunie en une sorte de régime global, leur convention ne serait pas illicite comme portant atteinte au monopole de l'État d'organiser la vie de couple[1073]. Enfin, d'ailleurs, l'opportunité de ces conventions paraît douteuse depuis que la loi de 1999 a introduit dans le Code civil le pacte civil de solidarité dont le régime a d'ailleurs été largement amélioré et assoupli par la loi du 23 juin 2006.

1071. Voy. *infra*, n° 603.

1072. Voy. *infra*, n° 609.

1073. Cass. 1re civ., 20 juin 2006, *Bull. civ.*, n° 312, annulant une telle convention, en raison d'une clause d'indemnité en cas de rupture portant atteinte à la liberté individuelle.

Biblio

À lire : D. Fenouillet, « Couple hors mariage et contrat », in D. Fenouillet et P. de Vareilles-Sommières (dir.), *La contractualisation du droit de la famille*, Paris, Economica, 2001, p. 81 ; J. Charlin, « Contrat type de concubinage », *JCP-N*, 1991, I, 459 ; P. Simler, « Le "régime matrimonial" des concubins », in *Mélanges J. Rubellin-Devichi*, Paris, Litec, 2002, p. 75.

A. Les relations des concubins entre eux

1. Les relations d'ordre personnel

602 **Absence d'effet d'ordre personnel.** Les concubins ne se doivent ni fidélité, ni assistance, ni communauté de vie. Ce comportement qui s'impose aux époux en raison de l'engagement qu'ils ont pris de le respecter lors du mariage, les concubins l'adoptent spontanément sans y être obligés. Le fait de ne pas s'y conformer n'est toutefois pas totalement anodin. La cessation de la communauté de vie produit un effet radical (plus radical même que dans le mariage) : elle met fin au concubinage qui n'existe que par la vie commune. En revanche, il semble aller de soi que le devoir de respect qui s'impose aux époux s'impose également aux concubins, tout simplement parce qu'il n'est pas spécifique au mariage : un concubin ne doit pas en particulier exercer de violences contre l'autre. La loi du 9 juillet 2010, qui a créé l'ordonnance de protection aux articles 515-9 et suivants du Code civil, a d'ailleurs rendu celle-ci applicable aux concubins[1074].

Plus généralement, le concubinage ne crée aucun lien juridique entre les intéressés, il ne crée pas de lien d'alliance, il n'a aucune incidence sur leur état civil et les concubins n'ont aucun droit d'usage du nom de l'autre.

2. Les relations d'ordre patrimonial

603 **Absence d'effet patrimonial.** Il s'agit sans doute de la plus grande difficulté concernant le concubinage : les concubins ne bénéficient d'aucun régime matrimonial. Les biens dont ils étaient chacun propriétaires à l'entrée en concubinage leur restent personnels, de même que ceux qu'ils acquièrent par la suite. Les dettes auxquelles ils sont tenus leur restent également personnelles. Ils ne sont pas obligés de participer aux charges du ménage et l'article 214 du Code civil ne leur est pas applicable[1075].

604 **Actes juridiques entre concubins.** Les concubins peuvent cependant passer valablement des conventions entre eux. Il en va ainsi des conventions à titre onéreux, telles qu'une vente, une constitution de société ou un contrat de travail[1076]. Il en va de même des libéralités (donation, legs), mais la solution a suscité plus de difficultés.

1074. Voy. *supra*, n° 488.

1075. Cass. 1re civ., 28 novembre 2006, *AJ fam.*, 2007, p. 33, obs. F. Chénedé ; *D.*, 2007, pan., p. 1569, obs. J.-J. Lemouland et D. Vigneau ; *JCP-G*, 2007, I, 170, n° 10, obs. C. Coutant-Lapalus ; *Rép. Defrénois*, 2007, p. 297, obs. J. Massip ; *RTD civ.*, 2007, p. 94, obs. J. Hauser.

1076. Y. Favier, in P. Murat (dir.), *Droit de la famille, op. cit.*, nos 142.41 et s.

Pour apprécier la validité des libéralités entre concubins, la jurisprudence a longtemps fait une distinction selon la cause impulsive et déterminante qui les animait, c'est-à-dire le but poursuivi par l'auteur de la libéralité : s'agissait-il d'établir ou de maintenir des relations hors mariage, la libéralité était considérée comme nulle pour cause immorale et illicite ; s'agissait-il au contraire de faciliter la rupture, elle était valable[1077]. La Cour de cassation a mis fin à cette jurisprudence incertaine et, par bien des aspects, dépassée dans une décision controversée. Elle a en effet décidé que « n'est pas contraire aux bonnes mœurs la cause de la libéralité dont l'auteur entend maintenir une relation adultère qu'il entretient avec le bénéficiaire »[1078]. Si une libéralité consentie par un mari adultère à sa concubine est valable, elle l'est *a fortiori* dans le cadre d'un concubinage simple.

Il faut toutefois préciser que, d'un point de vue fiscal, les concubins sont considérés comme des étrangers et que le donataire doit payer au fisc un droit de mutation égal à 60 % de la valeur de la libéralité, ce qui rend cette opération bien peu attractive.

605 **Acquisition de biens.** Les concubins peuvent faire ensemble l'acquisition d'un bien, notamment de leur logement. Le bien est alors indivis. La quote-part de chacun est normalement proportionnelle à sa participation au financement de l'acquisition ; dans le silence de la convention, le bien est présumé indivis par moitié. Ce sont alors les règles de l'indivision qui s'appliquent. Il convient cependant de bien préciser que, contrairement à ce qui est parfois cru, il n'existe pas de présomption d'indivision entre les concubins. Une exception semble pouvoir être admise, celle du compte joint entre les concubins. Cependant, ici comme partout, la titularité d'un compte n'a pas d'incidence sur la propriété des deniers qui y sont déposés. Dès lors, malgré la cotitularité du compte, il peut fort bien être démontré que l'argent déposé n'appartient qu'à un seul des concubins[1079].

B. Les relations des concubins avec les tiers

606 **Concubinage et enfants.** Le concubinage n'a aucune incidence sur le sort des enfants. Il n'entre pas en ligne de compte pour l'établissement de la filiation, puisque la présomption de paternité ne s'applique qu'entre époux. L'exercice de l'autorité parentale est conjoint dès lors que les deux parents ont établi leur filiation avant le premier anniversaire de l'enfant. En revanche, le concubinage (hétérosexuel) permet au couple de recourir aux techniques de

1077. *Ibid.*, n° 142.33.

1078. Cass. 1re civ., 3 février 1999, *D.*, 1999, p. 267, rapp. X. Savatier, note J.-P. Langlade-O'Sughrue ; *JCP-G*, 1999, II, 10083, note M. Billiau et G. Loiseau. Solution confirmée par Cass. Ass. plén., 29 octobre 2004, *D.*, 2004, p. 3175, note D. Vigneau ; *JCP-G*, 2005, II, 10011, note F. Chabas ; *Dr. fam.*, 2004, comm. n° 230, note B. Beignier. *Adde* P. Malaurie, « Libéralités, bonnes mœurs et relations adultères », *Rép. Defrénois*, 2006, p. 38.

1079. Sur cette question, S. Ben Hadj Yahia, « Le concubin survivant, privé de droits patrimoniaux », *Dr. fam.*, 2016, étude n° 6, spéc. nos 8 et s. Une présomption d'indivision sur les sommes ne pourrait s'expliquer que par la fongibilité de la monnaie qui empêche en général de distinguer entre les deniers de l'un et ceux de l'autre.

PMA, la loi du 7 juillet 2011 ayant supprimé la condition du délai de deux ans exigée auparavant[1080].

Par ailleurs, les concubins établissent nécessairement des relations d'ordre patrimonial avec des tiers : bailleur du logement, banquier, administrations, etc. Dans ces relations, la prise en compte du concubinage est tantôt favorable, tantôt défavorable aux concubins.

1. La prise en compte favorable

607 **Législation sociale.** C'est la législation sociale qui a sans doute poussé le plus loin l'assimilation du concubinage au mariage, non par la volonté de promouvoir l'union de fait, mais pour des considérations d'humanité[1081]. Ainsi, depuis une loi du 2 janvier 1978, tout comme un époux, le concubin qui ne travaille pas, qui n'est donc pas affilié à la sécurité sociale, est ayant droit de son compagnon assuré social (art. L. 161-14, C. sécu. soc.) : le texte désigne « la personne qui vit maritalement avec un assuré social ». Depuis une loi du 27 janvier 1993, l'article L. 161-14 désigne également « toute personne qui vit depuis une durée fixée par décret en conseil d'État avec un assuré social, et se trouve à sa charge effective, totale et permanente »[1082] – ce qui inclut le concubin homosexuel. De même, le concubin, tout comme le conjoint, de la victime d'un accident du travail a droit au versement d'une rente viagère (art. L. 434-8, C. sécu. soc.). Il bénéficie également du capital décès s'il était à la charge de l'assuré (art. 361-4, C. sécu. soc.).

L'assimilation n'est toutefois pas totale. Ainsi, la pension de réversion, c'est-à-dire la pension que reçoit, sous condition de ressources, le conjoint survivant d'un assuré vieillesse défunt, ne peut bénéficier qu'à un époux, non à un concubin (art. R. 353-1, C. sécu. soc.). Il en va de même de la pension de veuvage (art. L. 356-1, C. sécu. soc.) qui n'est ouverte qu'au « conjoint survivant », ce que n'est pas le concubin survivant[1083].

608 **Baux d'habitation.** La loi du 6 juillet 1989 relative aux baux d'habitation assimile également le concubin à l'époux. Ainsi, selon l'article 14, en cas d'abandon du domicile par le locataire, le contrat de location continue au profit notamment du concubin notoire qui vivait avec lui depuis au moins un an à la date de l'abandon. En cas de décès du preneur, le bail est transféré à son concubin, s'il vivait avec lui depuis au moins un an à la date du décès. Le caractère notoire signifie que le concubinage est public. De même, l'article 15 prévoit que le bailleur peut donner congé au locataire pour reprendre le logement, au bénéfice notamment de son concubin notoire depuis un an. En revanche, l'article 1751 du Code civil, qui crée une cotitularité du bail entre les époux, est inapplicable aux concubins.

1080. Voy. *supra*, n° 143.

1081. Sur la question, A. Benoît, « Protection sociale et concubinage », *Dr. fam.*, 1997, étude n° 8 ; Y. Favier, « Les concubins et leurs droits sociaux », in *Mélanges J. Rubellin-Devichi*, Paris, Litec, 2002, p. 241.

1082. La durée est actuellement de 12 mois consécutifs, art. R. 161-8-1, C. sécu. soc.

1083. Il ne s'agit pas d'une discrimination, selon le Conseil d'État. C.E., 18 juin 2010, n° 315076, *Dr. fam.*, 2010, comm. n° 123, note V. Larribau-Terneyre.

2. La prise en compte défavorable

609 **Droits des créanciers.** En principe, chaque concubin reste seul tenu de ses dettes : les créanciers ne peuvent en exiger le paiement à l'autre – à moins, bien sûr, que les concubins ne se soient engagés ensemble. La jurisprudence a en particulier affirmé que la solidarité ménagère de l'article 220 du Code civil ne s'applique pas aux concubins[1084]. Ce principe supporte cependant deux exceptions.

D'abord, si le concubin du propriétaire d'un fonds de commerce en assure la coexploitation, il répond des dettes commerciales solidairement[1085].

Ensuite, si des concubins se sont fait passer pour des époux aux yeux des tiers, par application de la théorie de l'apparence, ils peuvent être traités comme des époux et l'article 220 peut leur être appliqué[1086]. Il s'agit d'une forme de sanction.

610 **Législation fiscale.** En ce qui concerne l'impôt sur le revenu, le concubinage est neutre. Les concubins sont traités comme des célibataires et doivent donc souscrire chacun une déclaration séparée. Par conséquent, le concubin ne compte pas pour la détermination du quotient familial. En revanche, le concubinage notoire est pris en considération par le Code général des impôts pour calculer l'assiette de l'impôt de solidarité sur la fortune (art. 885 E) : elle est constituée de l'ensemble des biens, droits et valeurs imposables appartenant à l'un et l'autre concubin, comme pour les époux.

611 **Législation sociale.** Certaines prestations sont versées en considération de la situation d'isolement de leurs bénéficiaires. C'est le cas de l'allocation de soutien familial offerte à la personne qui assume la charge effective et permanente d'un enfant orphelin (art. L. 523-2, C. sécu. soc.). Elle cesse d'être due lorsque son bénéficiaire se marie ou vit en concubinage (al. 2).

§ 3. – La fin du concubinage

612 **Généralités.** La fin du concubinage ne produit *a priori* aucun effet juridique particulier : la rupture de concubinage n'est pas réglementée par la loi. Pourtant, c'est souvent à ce moment que les concubins souffrent de l'absence de statut. S'ils parviennent à s'entendre, il n'y aura pas de difficultés. Mais les ruptures de concubinage peuvent se révéler source de nombreux conflits. Or seules les règles de droit commun peuvent les résoudre. On peut distinguer selon que la rupture est volontaire ou due au décès de l'un des concubins.

1084. Cass. 1re civ., 11 janvier 1984, *Gaz. Pal.*, 1985, 1, p. 133, note J. M. ; *Rép. Defrénois*, 1984, p. 933, obs. G. Champenois ; *RTD civ.*, 1985, p. 171, obs. J. Mestre. La solution est constante. Voy., p. ex., Cass. 1re civ., 7 novembre 2012, n° 11-25.430, *AJ fam.*, 2012, p. 614, obs. F. Chénedé. *Adde* A. Prothais, « Dettes ménagères des concubins : solidaires, *in solidum*, indivisibles ou conjointes », *D.*, 1987, chron., p. 228.

1085. Cass. com., 27 mars 1984, *JCP-G*, 1986, II, 20530, note M. Défossez.

1086. P. Malaurie et H. Fulchiron, *La famille*, *op. cit.*, n° 324.

A. La rupture volontaire

1. L'indemnisation du concubin délaissé

613 **Principe de la liberté de rupture.** Il va de soi que les concubins peuvent décider de rompre amiablement. Mais il est fréquent qu'un concubin décide de cette rupture unilatéralement. Il n'existe aucune obligation entre les concubins, notamment pas d'obligation de communauté de vie et pas d'obligation de rester dans le concubinage : la rupture du concubinage est donc libre, elle n'est pas constitutive d'une faute. Il en ressort que le concubin ne doit pas de dommages et intérêts au concubin délaissé, pas plus qu'il ne lui doit une pension alimentaire ou une quelconque prestation compensatoire.

614 **Responsabilité du concubin abandonnant.** La jurisprudence accepte parfois d'accorder des dommages et intérêts à un concubin (une concubine) abandonné(e) sur le fondement de la responsabilité délictuelle (art. 1382, C. civ.). Il faut alors que les conditions en soient réunies : faute, préjudice et lien de causalité. Le préjudice retenu consiste souvent en l'absence de ressources du concubin délaissé, en particulier lorsqu'il n'a pas exercé d'activité professionnelle depuis de nombreuses années et qu'il a atteint un certain âge au moment de la rupture. Le problème tient à l'existence de la faute qui, seule, peut en principe obliger le concubin abandonnant à réparation. Elle réside, non dans la rupture elle-même, mais soit dans l'établissement du concubinage, soit dans les circonstances de la rupture, soit encore dans le comportement du concubin abandonnant pendant la vie commune. Ont été retenus comme fautifs la séduction dolosive consistant à promettre le mariage à la concubine[1087] ; le fait d'avoir empêché la concubine de travailler pendant la vie commune et de l'abandonner de nombreuses années plus tard sans ressources[1088] ; l'abandon de la concubine dans les premiers mois de sa grossesse[1089] ou encore l'abandon accompagné de brutalité[1090] ; la rupture brutale après quarante années de vie commune[1091].

2. La liquidation des intérêts patrimoniaux

615 **Problématique.** Les concubins, du point de vue de l'organisation de leurs patrimoines, sont considérés comme des célibataires. Ils vivent en quelque sorte en état naturel de séparation de biens, contrairement aux époux pour lesquels un tel régime doit être expressément choisi. Des intérêts pécuniaires et patrimoniaux communs se sont pourtant vraisemblablement créés et même confondus pendant la vie commune : les concubins ont mis en commun leurs ressources et leurs biens, ils ont payé sans distinction d'origine les dettes de leur ménage, etc. Au moment de la séparation, ils doivent liquider ces intérêts communs, autrement dit déterminer ce qui revient à chacun d'eux, tant en actif qu'en

---

1087. Cass. 1re civ., 7 octobre 1957, *D.*, 1958, p. 493, note R. Savatier.

1088. Cass. 1re civ., 7 avril 1998, *Dr. fam.*, 1998, comm. n° 81, note H. Lécuyer ; *RTD civ.*, 1998, p. 884, obs. J. Hauser ; *Petites Aff.*, 17 février 1999, p. 10, note J. Massip.

1089. Cass. 1re civ., 6 juillet 1976, *Bull. civ.*, I, n° 248.

1090. Cass. 1re civ., 27 octobre 1964, *JCP-G*, 1965, II, 14149.

1091. Cass. 1re civ., 3 janvier 2006, *AJ fam.*, 2006, p. 111, obs. F. Chénedé.

passif. Comme ils ne sont pas soumis à un régime matrimonial, aucune règle spécifique n'organise cette liquidation. Ce sont des techniques tirées du droit commun des biens et des obligations qui apportent certaines solutions[1092].

616 **Biens indivis.** Si les concubins ont fait pendant la vie commune l'acquisition de biens indivis, ceux-ci sont soumis au régime de l'indivision. Il faut comprendre que la rupture du concubinage ne met pas fin à l'indivision. Les ex-concubins restent donc copropriétaires de ces biens. La difficulté tient à ce que la gestion des biens indivis est soumise au principe de l'unanimité[1093], situation bien inconfortable lorsqu'on est séparé. Les concubins devront donc mettre fin à l'indivision par un partage de leurs biens. Il suffit que l'un d'eux le souhaite, puisque nul n'est tenu de rester dans l'indivision (art. 815, C. civ.). Surgit alors une autre difficulté : la proportion dans laquelle se fait le partage. En principe, il se fait par moitié, même si les concubins n'ont pas financé de manière égale l'acquisition, même si un seul a financé l'acquisition ! Donc, à défaut d'avoir indiqué dans l'acte d'achat la répartition des quotes-parts en fonction éventuellement de l'investissement de chacun, celui qui a financé le plus ou le tout n'aura pourtant que la moitié du bien[1094].

617 **Société créée de fait.** Pour qu'une société existe, il faut qu'un certain nombre de conditions soient remplies, notamment l'expression dans un contrat d'une volonté de s'associer. La société créée de fait est la situation dans laquelle des personnes se sont comportées en fait comme des associés, sans n'avoir jamais exprimé leur intention de former une société[1095] : ils réunissent les conditions indispensables à toute société, à savoir un apport en bien ou en industrie à une activité commune, la participation aux bénéfices et aux pertes, l'*affectio societatis* (intention de collaborer à l'œuvre commune sur un pied d'égalité). Si l'on retrouve ces trois éléments entre les concubins, rien n'empêche de reconnaître entre eux une société créée de fait. En principe, la seule communauté de vie est insuffisante[1096]. Les juges ont cependant parfois tendance à apprécier de manière très souple l'existence de la société créée de fait, dans des hypothèses notamment où il n'existe en réalité aucune exploitation commune, mais seulement une cohabitation, un immeuble acheté au nom de l'un et financé par l'autre[1097]. La Cour de cassation semble toutefois être revenue plus récemment à plus de rigueur[1098]. La liquidation de la société créée de fait consiste alors pour

---

1092. Sur ces questions, lire A. COUSIN et E. BUAT-MÉNARD, « Les créances entre concubins », *AJ fam.*, 2013, p. 47.

1093. Du moins pour les actes de dispositions. Pour les autres, la règle est aujourd'hui celle de la majorité des deux tiers des parts. Mais si les concubins sont co-indivisaires par moitié, la règle des deux tiers est inapplicable ; on en revient donc à l'unanimité.

1094. Pour un rappel, Cass. 1re civ., 19 mars 2014, n° 13-14.989, *RTD civ.*, 2014, p. 626, obs. J. HAUSER ; *AJ fam.*, 2014, p. 312, obs. N. LEVILLAIN.

1095. À ne pas confondre avec la société de fait, qui est une société dont le contrat constitutif a été annulé.

1096. Cass. com., 30 juin 1970, *Bull. civ.*, IV, n° 222. *Adde* Cass. 1re civ., 4 juin 2007, *Dr. fam.*, 2007, comm. n° 185, note V. LARRIBAU-TERNEYRE ; *D.*, 2008, pan., p. 1793, obs. J.-J. LEMOULAND et D. VIGNEAU ; *JCP-G*, 2009, I, 102, n° 2, obs. C. COUTANT-LAPALUS.

1097. Cass. 1re civ., 11 février 1997, *Bull. civ.*, I, n° 46 ; *JCP-G*, 1997, I, 4045, obs. M. FARGE ; *RTD civ.*, 1997, p. 636, obs. J. HAUSER.

1098. Cass. com., 23 juin 2004, *D.*, 2004, somm., p. 2969, obs. D. VIGNEAU ; *Dr. fam.*, 2004, comm. n° 168, note V. LARRIBAU-TERNEYRE ; *AJ fam.*, 2004, p. 324, obs. F. BICHERON :

chacun des associés à reprendre ses apports, à payer les dettes et à se partager les bénéfices éventuels.

618 **Enrichissement sans cause.** L'enrichissement sans cause est une technique subsidiaire qui permet à une personne qui s'est appauvrie sans raison au profit d'une autre d'obtenir une indemnisation. Si, par exemple, un concubin a collaboré à l'entreprise de l'autre[1099] ou a financé des travaux sur un bien appartenant à l'autre[1100], il peut exercer une action particulière, l'action *de in rem verso*. Encore faut-il qu'il y ait appauvrissement de l'un et enrichissement de l'autre, et que le transfert de valeur soit dépourvu de cause[1101]. Si elle aboutit, le concubin appauvri pourra obtenir de l'autre une indemnisation égale à la plus faible des deux sommes représentant la valeur de son appauvrissement et celle de l'enrichissement de l'autre[1102].

Cependant, l'action *de in rem verso* est subsidiaire, c'est-à-dire qu'elle n'est recevable que s'il n'existe pas une autre action au profit de l'appauvri lui permettant d'obtenir une indemnité. Dans l'hypothèse où l'un des concubins participe au financement de la construction d'un immeuble sur un terrain appartenant à l'autre, la Cour de cassation l'écarte pour soumettre le problème aux règles de droit commun de l'accession et à l'article 555 du Code civil, si les conditions d'application en sont réunies[1103]. En vertu du mécanisme de l'accession, la construction faite par une personne sur un terrain appartenant à autrui appartient à ce dernier. L'article 555 du Code civil détermine les règles d'indemnisation du constructeur, en précisant que, si celui-ci était de mauvaise foi, le propriétaire peut choisir de lui imposer d'enlever les constructions à ses frais ou de conserver la construction et de l'indemniser.

619 **Obligation naturelle.** La jurisprudence reconnaît parfois à la charge d'un concubin l'existence d'une obligation naturelle de ne pas laisser dans le besoin celui qu'il abandonne. Cette obligation naturelle se transforme en obligation civile lorsque le concubin s'est engagé à l'exécuter ou a commencé à l'exécuter spontanément. Il peut alors être condamné à verser des aliments au concubin abandonné.

---

l'intention de s'associer ne peut se déduire de la participation financière à la réalisation d'un projet immobilier. Cass. 1re civ., 20 janvier 2010, n° 08-13200, *Dr. fam.*, 2010, comm. n° 35, note V. Larribau-Terneyre ; *D.*, 2011, pan., p. 1048, obs. J.-J. Lemouland et D. Vigneau ; *Rép. Defrénois*, 2010, p. 1361, obs. J. Massip.

1099. Par ex., Aix-en-Provence, 30 mai 2006, *Dr. fam.*, 2006, comm. n° 201, obs. V. L.-T. Mais l'enrichissement sans cause ne peut servir de substitut à une contribution aux charges du mariage. Cass. 1re civ., 28 novembre 2006, préc.

1100. Cass. 1re civ., 24 septembre 2008, *Dr. fam.*, 2008, comm. n° 152, note J.-L. Gracia ; *D.*, 2008, actu. jurispr., p. 2430, obs. I. Gallmeister ; *JCP-G*, 2008, actu. 597, obs. H. Bosse-Platière ; *D.*, 2009, p. 140, note J.-J. Lemouland. Il faut cependant que les dépenses aient excédé la participation normale du concubin aux dépenses de la vie commune.

1101. Ainsi, n'est pas dépourvu de cause le versement d'une somme à une concubine transsexuelle pour qu'elle achève sa féminisation. Aix-en-Provence, 20 octobre 2011, *Dr. fam.*, 2012, comm. n° 39, note V. Larribau-Terneyere.

1102. Voy. A. Gouttenoire-Cornut, « Collaboration familiale et enrichissement sans cause », *Dr. fam.*, 1999, chron. n° 19.

1103. Cass. 3e civ., 29 avril 2009, n° 08-11.431, *Bull. civ.*, III, n° 97 ; *D.*, 2009, p. 2595, note V. Bonnet. *Adde* M. Farge, « De l'application des règles relatives à la construction sur le terrain d'autrui de l'article 555 du Code civil aux concubins », *Dr. fam.*, 2002, chron. n° 23.

B. La rupture par décès

620 **Transmission des biens au concubin survivant.** Les concubins ne sont pas héritiers l'un de l'autre. En cas de décès de l'un, le survivant n'a donc aucun droit sur la succession : tous les biens du défunt sont transmis à ses héritiers, ses enfants, voire son conjoint s'il était encore marié. Une telle solution peut s'avérer dramatique pour le concubin survivant qui est peut-être âgé, n'a peut-être aucune ressource et vivait dans un logement qui appartenait au défunt. Il n'y a malheureusement pas de solutions pour remédier à cette situation : la seule résiderait dans le mariage que les concubins n'ont justement pas voulu ou qu'ils n'ont pas pu contracter.

Pour les biens indivis, le décès ne met pas fin à l'indivision ; au contraire, les héritiers deviennent co-indivisaires à la place du défunt, ce qui peut s'avérer une situation très inconfortable, surtout si l'un des héritiers est le conjoint survivant.

Le défunt a pu consentir une libéralité au survivant, notamment par testament. Toutefois, elle est soumise à la condition de ne pas dépasser la quotité disponible en présence d'héritiers réservataires. En outre, elle est soumise au paiement des droits de mutation les plus élevés : 60 % de la valeur de la libéralité à la charge de son bénéficiaire.

Une solution peut résider dans la clause d'accroissement, encore appelée tontine : lors de l'acquisition d'un bien, les concubins peuvent insérer dans le contrat une clause selon laquelle en cas de décès de l'un d'entre eux, le concubin survivant est réputé être propriétaire pour le tout depuis l'origine. L'avantage en est double. La clause fait échapper le bien à la succession du défunt : puisque le survivant est censé en avoir toujours été intégralement propriétaire, le défunt est censé n'en avoir jamais eu la propriété, même indivise ; le bien ne peut donc pas être transmis à ses héritiers. Par ailleurs, l'opération est avantageuse sur un plan fiscal, puisque le concubin survivant est censé être propriétaire non par une libéralité consentie par le défunt, mais par l'acte d'achat d'origine[1104].

621 **Responsabilité de l'auteur du décès.** Le décès de l'un des concubins peut avoir été causé par la faute d'un tiers. Lorsque le décès touche un époux, son conjoint est en droit de demander réparation à l'auteur de l'accident du préjudice propre qu'il subit du fait de ce décès (préjudice moral ou pécuniaire). C'est ce qu'on appelle un préjudice par ricochet. La question s'est posée en jurisprudence de savoir si le concubin survivant pouvait lui aussi utiliser dans les mêmes circonstances la responsabilité civile. Pendant un temps, la Cour de cassation l'a refusé[1105], faisant valoir que la concubine ne pouvait se prévaloir d'un intérêt légitime juridiquement protégé. Après une divergence entre différentes chambres de la Cour de cassation, une chambre mixte a décidé qu'il n'était pas nécessaire pour obtenir réparation qu'il existe un lien de droit entre

---

1104. Cet avantage est aujourd'hui plafonné. Au-delà du plafond, une taxe de 60 % est due par le bénéficiaire de la clause au titre des libéralités. P. Malaurie et H. Fulchiron, *La famille*, *op. cit.*, n° 323.

1105. Cass. civ., 27 juillet 1937, *DP*, 1938, 1, p. 5.

la victime directe et la victime indirecte[1106]. Depuis, la jurisprudence a admis que la concubine pouvait obtenir réparation, même en cas de concubinage adultérin[1107], en l'absence de cohabitation[1108], ou en cas de concubinage homosexuel[1109]. Il faut sans doute voir dans cette jurisprudence très souple moins la consécration de la famille de fait que la libéralisation des conditions de la responsabilité civile : c'est moins une prétendue dissolution des mœurs qui est gagnante ici que l'idéologie de la réparation[1110].

SECTION II
Le pacte civil de solidarité

622 **Origines du pacte civil de solidarité.** L'examen du sort des concubins le montre : le concubinage par son essence est voué à l'absence d'un régime global et cohérent organisé par la loi, avec toutes les difficultés que cette vacuité peut susciter. Ce n'est pourtant peut-être pas cette considération qui a été décisive dans la volonté législative de créer un statut du couple hors mariage. L'impulsion semble plutôt être venue des couples homosexuels dont les aspirations sont souvent très différentes de celles des couples hétérosexuels. Alors que ces derniers choisissent le plus souvent de vivre en dehors d'un statut qui existe déjà (le mariage) et ne réclament que les avantages accessoires dont bénéficient les époux et désirent un traitement indifférencié des enfants issus de leur union (vœu aujourd'hui totalement exaucé), les couples homosexuels – ou une partie d'entre eux – aspirent au contraire à une reconnaissance complète par la société : ils veulent le mariage et l'accès à la procréation (assistée pour les femmes) et à l'adoption. Autant, pour les couples hétérosexuels, la création d'un statut du couple hors mariage s'est présentée comme une alternative au mariage, autant pour les couples homosexuels elle n'a constitué qu'un pis-aller peu attractif, avant que le mariage homosexuel ne soit finalement admis par la loi du 17 mai 2013[1111].

De nombreuses propositions de statut avaient précédé la loi du 15 novembre 1999 (le CUC, le CUS, le CUCS)[1112] dont la plus récente et la plus

1106. Cass. ch. mixte, 27 février 1970, *Dangereux, D.*, 1970, p. 201, note J. Combaldieu ; *JCP-G*, 1970, II, 16305, concl. R. Lindon, note P. Parlange ; *RTD civ.*, 1970, p. 353, obs. G. Durry.

1107. Riom, 9 novembre 1978, *JCP-G*, 1979, II, 19107, note G. Almairac, accordant réparation à l'épouse et à la concubine de la victime.

1108. Cass. crim., 2 mars 1982, *JCP-G*, 1983, II, 19972, note P. Le Tourneau ; *RTD civ.*, 1983, p. 341, obs. G. Durry.

1109. TGI Belfort, 25 juillet 1995, *JCP-G*, 1996, II, 22724, obs. C. Paulin.

1110. D. Mazeaud, « Famille et responsabilité », in *Mélanges P. Catala*, Paris, Litec, 2001, p. 569, spéc. n°s 25 et s.

1111. Voy. *supra*, n°s 400 et s.

1112. Sur cette évolution, voy., p. ex., R. Libchaber, « Les forces créatrices du droit... à propos des contrats d'union entre concubins », *RTD civ.*, 1998, p. 224 ; B. Beignier, « Une nouvelle proposition de loi relative au contrat d'union sociale. Copie à revoir », *Dr. fam.*, 1997, chron. n° 4 ; L. Leveneur, « Les dangers du contrat d'union sociale », *JCP-G*, 1997, I, 4069.

aboutie était celle du Pacte d'intérêt commun (PIC) du professeur Hauser[1113]. Celui-ci n'impliquait pas nécessairement une vie conjugale entre les partenaires, pouvait être conclu entre frères et sœurs et s'analysait comme un vrai contrat patrimonial. C'est finalement le pacte civil de solidarité (PACS) qui a été adopté par la loi du 15 novembre 1999[1114], bientôt suivie par trois décrets d'application du 21 décembre 1999.

Avant sa promulgation, la loi avait fait l'objet d'une saisine du Conseil constitutionnel sur le reproche, notamment, que le texte était lacunaire et que le Parlement n'avait pas rempli son rôle qui consiste à faire des lois complètes. Le Conseil constitutionnel déclara la loi intégralement conforme à la Constitution[1115]. Ce faisant, le conseil avouait pourtant implicitement la mauvaise qualité du texte ; il accompagna en effet sa décision de nombreuses réserves d'interprétation, c'est-à-dire qu'il déclara la loi conforme, à condition de lui donner les interprétations qu'il avait formulées, ces interprétations s'imposant en principe à toutes les autorités juridictionnelles et administratives (art. 62, al. 2, Const.). Il a ainsi été affirmé que le Conseil constitutionnel avait réécrit la loi de 1999[1116]. Et il est vrai que l'étude du PACS ne peut se faire sans l'appoint de la décision.

623 **Réforme du PACS.** Malgré l'apport de la décision du Conseil constitutionnel (et même parfois à cause d'elle), la loi de 1999 a subi de très nombreuses critiques. Au-delà du principe même de l'adoption d'un contrat de couple hors mariage, au-delà de la reconnaissance du couple homosexuel qu'il impliquait, c'est sur un plan technique que les critiques ont été les plus vives. On pouvait lui reprocher « ses présomptions d'indivision mal maîtrisées, ses règles de fonctionnement lacunaires, sa publicité tronquée et sa liquidation aléatoire »[1117]. Pourtant, le PACS a connu un franc succès : plus de 200 000 PACS conclus entre 1999 et le 31 décembre 2005, 60 000 rien qu'en 2005[1118], et ce nombre n'a fait qu'augmenter jusqu'à culminer à plus de 200 000 en 2010[1119]. Après une légère diminution en 2011, il a à nouveau progressé en 2012 (plus de 160 000 contre 241 000 mariages). Au total, plus de 2,6 millions de personnes se sont pacsées depuis 1999, 520 000 ont rompu, de sorte que 2 millions de personnes sont pacsées début 2013. Et l'on sait que la grande majorité sont des couples hétérosexuels[1120]. Par ailleurs, il n'existe pratiquement pas de contentieux. C'est sans doute que les personnes y ont trouvé leur compte. À moins que des considérations moins flatteuses ne l'expliquent : le succès pourrait

1113. J. Hauser, « Du PIC au PACS : expertise génétique d'une loi », in *Le PACS*, n° spécial, *Dr. fam.*, 1999, p. 15.

1114. Parmi les très nombreux comm. de cette loi, lire *Le PACS*, n° spécial, *ibid.*

1115. DC n° 99-419 du 9 novembre 1999, *JORF*, 16 novembre 1999, p. 1692.

1116. N. Molfessis, « Pacte civil de solidarité, La réécriture de la loi relative au PACS par le Conseil constitutionnel », *JCP-G*, 2000, I, 210.

1117. H. Fulchiron, « Le nouveau PACS est arrivé ! », *Rép. Defrénois*, 2006, pp. 1621 et s., spéc. p. 1622.

1118. Rép. min. Justice, n° 93284, 2 mai 2006, *JO Ass. nat.*, Q. 20 juin 2006, p. 6638.

1119. F. Büsch et O. Timbart, « Le profil des pacsés », *Infostat Justice*, février 2014, n° 126.

1120. A. Pla et C. Beaumel, « Deux PACS pour trois mariages - Bilan démographique 2009, », INSEE, janvier 2010, n° 1276, www.insee.fr. En 2010, sur 205 596, les PACS hétérosexuels étaient au nombre de 196 415 : www.justice.gouv.fr/justice-civile-11861/evolution-statistique-des-mariages-et-des-divorces-23682.html.

être dû à une instrumentalisation du PACS par des fonctionnaires pour gagner des points utiles en vue d'une demande de mutation (PACS fictifs ?) ; quant à l'absence de contentieux, elle pourrait s'expliquer par l'ignorance par les partenaires de la possibilité d'avoir recours au droit. Quoi qu'il en soit, c'est sans doute moins pour remédier aux défauts techniques de la loi de 1999 que pour répondre à de nouvelles pressions en faveur du mariage homosexuel qu'une réforme du PACS a été entreprise[1121].

Cette réforme a été glissée au dernier moment, afin d'éviter des débats passionnés, dans la loi relative à la réforme des successions du 23 juin 2006[1122]. Cette loi a incontestablement amélioré le régime de ce contrat si particulier, notamment en redéfinissant le statut des biens des partenaires, mais aussi en modifiant son mode de publicité et en enrichissant son contenu personnel[1123]. Le législateur a clairement opéré un rapprochement du PACS vers le mariage. Ces modifications ont conduit certains commentateurs à affirmer que le PACS en avait changé de nature[1124] et serait devenu ainsi – enfin – un véritable partenariat enregistré.

624 **Définition du PACS.** Selon l'article 515-1 du Code civil, « un pacte civil de solidarité est un contrat conclu par deux personnes physiques majeures, de sexe différent ou de même sexe, pour organiser leur vie commune ». Il s'agit donc tout d'abord d'un contrat. Il serait illusoire d'y voir une différence fondamentale avec le mariage qui est aussi un contrat, puisqu'il nécessite un accord de volonté. Le PACS, tout comme le mariage, n'est cependant pas un contrat comme les autres : il a pour objet d'organiser la vie commune entre deux personnes. Ce qui laisse entendre qu'il n'est pas un contrat purement patrimonial. Ce qui laisserait croire également que, contrairement aux époux, les partenaires ont toute liberté pour déterminer le contenu de ce contrat. À vrai dire, la liberté contractuelle des partenaires n'est pas totale : nombre d'effets en sont déterminés par la loi directement. Enfin, ce qui a constitué longtemps la grande différence du PACS par rapport au mariage, sa raison d'être : il est ouvert tant aux couples homosexuels qu'aux couples hétérosexuels. Toutefois, l'article 515-1 n'épuise pas la définition de ce nouveau contrat. D'autres conditions de formation, d'opposabilité sont édictées par les textes suivants ; le contenu que la loi lui donne participe également à sa définition ; ainsi que les manières dont il peut prendre fin[1125].

1121. H. Fulchiron, « Le nouveau PACS est arrivé ! », *op. cit.*, p. 1623.

1122. L. n° 2006-728 du 23 juin 2006 portant réforme des successions et des libéralités, *JORF*, 24 juin 2006, p. 9513. Sur les décrets d'application, *D.*, 23 décembre 2006, n°s 2006-1806 et 2006-1807, *JORF*, 31 décembre 2006, pp. 20375 et 20377 ; *Dr. fam.*, 2007, comm. n° 31, note S. de Benalcazar.

1123. S. de Benalcazar, « Éloge de la raison juridique, ou la remontée des enfers », *Dr. fam.*, 2007, étude n° 2.

1124. V. Larribau-Terneyre, « L'amélioration du PACS : un vrai contrat d'union civile », *Dr. fam.*, 2007, étude n° 1 ; P. Simler et P. Hilt, « Le nouveau visage du Pacs : un quasi-mariage », *JCP-G*, 2006, I, 161.

1125. Sur le régime du PACS, voy. l'étude très complète de H. Bosse-Platière, in P. Murat (dir.), *Droit de la famille*, *op. cit.*, chap. 150 à 153.

La nature juridique du PACS

La nature juridique du PACS suscite de nombreux débats qui ne présentent pas toujours un véritable intérêt pratique. Il est vrai cependant que d'un point de vue politique, voire idéologique, il peut s'avérer important de comprendre quelle vision la société se fait du couple et plus généralement de la famille. Trois questions, intimement liées, peuvent être posées.

Une question classique d'abord : le PACS s'analyse-t-il en un contrat ou en une institution ? Plus exactement, parce que la loi dit expressément qu'il s'agit d'un contrat, le PACS n'est-il qu'un contrat ? L'idée qu'il puisse s'agir à la fois d'un contrat et d'une institution n'est pas saugrenue ; c'est la conclusion à laquelle on aboutit généralement pour le mariage. Il semble bien que, quoi qu'en dise le Conseil constitutionnel[1126], le PACS n'est pas qu'un contrat ; il présente également des aspects institutionnels. C'est un contrat, non seulement parce que le Code civil l'affirme, mais aussi et surtout parce que c'est un acte juridique qui nécessite la rencontre des volontés de deux personnes et que cette rencontre produit des effets de droit. C'est un contrat également parce que les partenaires peuvent en définir au moins en partie le contenu. Mais c'est également une institution dans la mesure où certains effets s'imposent aux partenaires. Depuis la loi de 2006, l'accent est porté sur les effets personnels du PACS : les partenaires sont tenus à un devoir de communauté de vie et à un devoir d'assistance auxquels ils ne peuvent déroger. En outre, pour produire effet, le PACS doit être mentionné en marge de l'acte de naissance, ce qui le rattache à l'état des personnes.

La deuxième question qui se pose est de savoir si le PACS est un contrat purement patrimonial ou s'il s'agit aussi d'un contrat de couple. Quoi qu'on en ait dit, il paraît indéniable que, depuis l'origine, le PACS est un contrat de couple, c'est-à-dire un contrat que seules des personnes qui forment un couple peuvent contracter. C'est-à-dire également un contrat dans lequel la dimension personnelle des relations entre partenaires est prise en compte. D'abord, les textes relatifs au PACS sont situés dans le Livre I du Code civil, « Des personnes » et non dans le livre III relatif aux manières d'acquérir la propriété où se trouvent également tous les textes concernant les contrats. Le Conseil constitutionnel, ensuite, l'a affirmé : « la notion de vie commune ne couvre pas seulement une communauté d'intérêts et ne se limite pas à l'exigence d'une simple cohabitation entre deux personnes » ; « la vie commune mentionnée par la loi déférée suppose, outre une résidence commune, une vie de couple » (§ 26). Cette dimension apparaît avec évidence au regard des empêchements à PACS, calqués sur les empêchements à mariage, liés à l'existence d'un lien de parenté, à l'existence antérieure d'un mariage ou d'un PACS non dissous. La loi de 2006 en introduisant expressément des devoirs d'ordre purement personnel n'a fait que confirmer ce caractère.

La troisième question enfin est de savoir si le PACS est un contrat de famille. Les partenaires forment-ils une famille ? L'interrogation peut sembler vaine car, d'une part, le Code civil ne définit pas la famille, il ne la prend que rarement en compte en tant que telle, il ne fait qu'organiser des rapports interpersonnels. D'autre part, il n'y a guère d'intérêt pratique à y répondre : l'appartenance d'une personne à la famille d'une autre n'est en tant que telle que rarement la condition générale d'application d'un texte du Code civil. On peut quand même tenter une réponse. Le PACS ne crée pas entre les partenaires un lien de famille, ni évidemment un lien de filiation, ni un lien d'alliance : les partenaires n'entrent pas dans la famille l'un de l'autre, contrairement aux époux. Ainsi, ils ne peuvent porter le nom l'un de l'autre et ils ne sont pas héritiers l'un de l'autre. Ensuite, le PACS n'a aucune incidence sur la constitution d'une famille par les partenaires : la possibilité pour eux d'être parents est totalement indifférente à l'existence du PACS. Les modes d'établissement de la filiation à l'égard de leurs enfants sont ceux de la filiation hors

1126. Cons. constit., 21 octobre 2015, *J.O.*, 23 octobre 2015, p. 19738 ; *Dr. fam.*, 2015, comm. n° 213, note J.-R. Binet. Il faut remarquer que le conseil s'est prononcé à propos d'une question relative à la répartition des pouvoirs entre le Parlement national et l'Assemblée de la Polynésie française, ce qui semble relativiser la portée de l'analyse. Par ailleurs, il ne fait que dire que l'article 515-3-1 qui instaure une publicité du PACS dans les actes d'état civil n'a pas fait perdre au PACS sa nature contractuelle. Mais il n'en résulte pas pour autant que l'on ne puisse pas lui reconnaître aussi une nature institutionnelle et pour tout dire conjugale.

mariage, il n'y a pas de présomption de paternité ; le PACS ne permet pas au couple de recourir à l'adoption. Il est vrai, en revanche, que les partenaires peuvent recourir en tant que tels aux techniques de PMA, tout comme peuvent le faire les époux et les concubins. Mais cette égalité de traitement signifie seulement que l'existence du PACS n'est pas un obstacle au recours à ces méthodes de procréation, il est indifférent. Tout cela est sans doute vrai. Faut-il en déduire que les partenaires ne constituent pas une famille ? La réponse à cette question ultime dépend de savoir ce qu'est une famille et surtout de savoir si c'est la loi qui fait la famille ou si la famille préexiste à la loi, celle-ci ne lui donnant qu'un habillage juridique. Une réponse définitive paraît difficile, car elle implique finalement de se demander si un couple hors mariage, un couple de fait, constitue une famille. Quand l'enfant paraît, la réponse n'est pas douteuse : l'enfant fait avec ses parents la famille. Mais qu'en est-il d'un couple sans enfant ou d'un couple qui ne peut pas avoir d'enfant ? Certains répondent négativement : la famille se définit par la procréation. Dans ce cas, il faudrait considérer que des époux sans enfants, des époux stériles ne forment pas une famille. Pourtant, le Code civil dit l'inverse. Le législateur semble de toute façon avoir répondu indirectement à la question. En donnant compétence au JAF pour la liquidation et le partage des intérêts des partenaires (mais aussi des concubins d'ailleurs)[1127], il a estimé que les affaires des partenaires sont des affaires familiales. Le réalisme sociologique l'emporte sur les raffinements juridiques.

Biblio

À lire sur la question : M. Douchy-Oudot, *Droit civil 1re année, Introduction, Personnes, Familles*, 8e éd., Paris, Dalloz, 2015, n° 431 ; F. Dekeuwer-Défossez, « PACS et famille. Retour sur l'analyse d'un contrat controversé », *RTD civ.*, 2001, p. 529 ; V. Larribau-Terneyre, « L'amélioration du PACS : un vrai contrat d'union civile », *op. cit.*

§ 1. – La formation du PACS

625 **Généralités.** Le législateur a édicté des conditions de fond et des conditions de forme, mais de manière incomplète. Dans le silence de la loi, il convient sans doute d'appliquer le droit commun des contrats tout en l'adaptant à son objet spécifique et en s'inspirant alors du droit du mariage.

A. Les conditions de fond

626 **Consentement.** Le PACS étant un contrat, le consentement des partenaires s'avère évidemment nécessaire. Ce n'est pas l'article 146 du Code civil relatif au mariage qui s'applique, mais l'article 1108. Cela étant dit, nombre de questions se posent.

D'abord, le problème des vices du consentement. Dans le silence de la loi de 1999, le Conseil constitutionnel a décidé que les articles 1109 et suivants du Code civil sont applicables[1128]. Il en résulte que le PACS peut être annulé sur le fondement de l'erreur[1129], de la violence ou du dol.

Si l'un des partenaires a agi sous l'empire d'un trouble mental, le PACS doit être sanctionné sur le fondement de l'article 414-1 du Code civil (« pour faire un acte valable, il faut être sain d'esprit »), qui en fait un cas de nullité relative,

1127. Voy. *supra*, encadré E33, sur la généralisation des compétences du JAF.

1128. DC du 9 novembre 1999, préc., § 28.

1129. Paris, 9 novembre 2006, *Dr. fam.*, 2007, comm. n° 30, note V. Larribau-Terneyre ; *JCP-G*, 2007, I, 170, n° 7, obs. H. Bosse-Platière.

et non sur celui de l'article 146, réservé au mariage, et qui en fait un cas de nullité absolue.

On peut enfin se demander sur quel fondement les PACS fictifs peuvent être sanctionnés. De tels PACS existent, ils sont contractés notamment par des fonctionnaires dans le but de gagner des points pour obtenir une mutation. La loi du 23 juin 2006 a d'ailleurs soumis l'octroi de cet avantage à une déclaration d'imposition commune[1130]. Un PACS qui ne serait conclu que dans ce but, sans volonté pour l'un ou l'autre des partenaires de former un couple, ne saurait être valable. Dans le mariage, la jurisprudence fonde la nullité sur l'absence de consentement au sens de l'article 146. Faut-il transposer cette solution en la fondant sur l'article 1108 du Code civil ou bien rechercher un fondement différent, tel que l'absence de cause, comme M. Hauser le suggérait à propos du mariage, ou encore l'absence d'objet ?

E 42

Erreur et PACS

L'arrêt de la Cour d'appel de Paris rendu le 9 novembre 2006[1131] conduit à s'interroger sur ce que pourrait être la nullité pour erreur d'un PACS. En l'espèce, l'un des partenaires avait demandé la nullité en soutenant que son consentement avait été vicié par une erreur déterminante sur les mobiles de son partenaire. Celui-ci en effet n'avait, selon le demandeur, recherché que son intérêt financier. La Cour d'appel rejette sa demande en affirmant que cette allégation n'était étayée par aucune preuve. Il est difficile de savoir si l'on peut interpréter la décision *a contrario* pour en déduire qu'en présence d'une telle preuve, la Cour d'appel aurait accueilli la demande.

On peut se demander plus généralement quelles erreurs peuvent être retenues pour justifier la nullité du PACS. L'article 1110 du Code civil, applicable au PACS selon le Conseil constitutionnel, exige que l'erreur ait porté sur une qualité substantielle de la chose objet du contrat. Le premier alinéa du texte semble inadapté à un contrat dont l'objet réside dans la communauté de vie entre deux personnes ainsi qu'à des erreurs portant sur la personne du partenaire ou sur ses qualités essentielles. Il vaut sans doute mieux avoir recours à l'article 1110, alinéa 2, selon lequel « elle [l'erreur] n'est point une cause de nullité lorsqu'elle ne tombe que sur la personne avec laquelle on a l'intention de contracter, *à moins que la considération de cette personne ne soit la cause principale de la convention* ». Il va de soi que c'est le cas en ce qui concerne le PACS qui peut être qualifié de contrat *intuitu personae*.

Le PACS n'est cependant pas un contrat comme les autres, ce n'est ni un contrat de travail ni un contrat de service. Les solutions habituellement retenues doivent être adaptées à son objet qui est la vie commune des partenaires, tout comme on le fait pour l'erreur sur les qualités essentielles du conjoint dans le mariage. Il semble ainsi que seules les erreurs portant sur les qualités qui ont une incidence sur le déroulement, l'organisation de la vie commune devraient pouvoir justifier la nullité. On pourrait fort bien retrouver ici l'erreur sur la santé, physique ou mentale, sur les aptitudes aux relations sexuelle, etc. Plutôt que de se cantonner à une stricte analyse contractuelle qui rendrait stérile tout examen de l'intégrité du consentement, il sera plus constructif d'opérer ici une synthèse entre le droit des contrats et des considérations d'ordre conjugal (sinon matrimonial).

De ce point de vue, l'erreur sur les mobiles du partenaire peut-elle constituer une cause de nullité ? Sans doute, si les mobiles révèlent l'absence d'une intention réelle et sérieuse de constituer une vie de couple. Certaines juridictions l'ont admis pour le mariage. La solution est pourtant contestable lorsque l'un des époux a conclu un mariage fictif : c'est ici l'absence de consentement de l'époux fraudeur qui est caractérisée, non le vice du consentement de l'époux innocent, car il faut placer le problème sur le terrain du détournement d'institution et de l'atteinte au mariage. Le raisonnement doit être le même pour le PACS fictif. On ne manquera pas de rapprocher l'affaire jugée par la Cour d'appel

1130. L. n° 84-16 du 11 janvier 1984 sur la fonction publique, art. 60, nouv.

1131. *Dr. fam.*, 2007, comm. n° 30, note V. Larribau-Terneyre.

de celle soumise à la Cour de cassation qui avait reconnu un mariage fictif dans une union contractée par l'un des époux à des fins exclusivement successorales[1132]. Serait-on près de transposer le raisonnement au PACS ou bien n'est-il pas un contrat encore suffisamment institutionnalisé, suffisamment sacralisé ?

---

627 **Capacité.** Seules des personnes physiques majeures ont le droit de conclure un PACS (art. 515-1, C. civ.), ce qui exclut les personnes morales (!), mais aussi et surtout les mineurs. Aucune dispense ne peut être accordée. Depuis la loi de 1999, la solution est justifiée par l'idée que le PACS est un acte dangereux. Est-il cependant plus dangereux que le mariage, surtout depuis la loi de 2006 qui fait du régime de séparation de biens le régime légal des partenaires ? La fermeté des termes de l'article 515-1 semble indiquer par ailleurs que même le mineur émancipé ne pourrait conclure un PACS, alors qu'il peut se marier[1133].

Quant aux majeurs protégés, la loi du 5 mars 2007 relative à la protection juridique des majeurs a institué de nouvelles règles[1134]. La loi de 1999 interdisait purement et simplement au majeur sous tutelle de contracter un PACS. Désormais, la conclusion du PACS est possible dans les mêmes conditions que le mariage (art. 462, nouv.) : autorisation du juge des tutelles ou du conseil de famille s'il a été constitué ; audition des futurs partenaires et recueil de l'avis des parents et de l'entourage. En outre, l'intéressé est assisté de son tuteur lors de la signature du contrat, mais pas lors de la déclaration conjointe au greffe du tribunal d'instance ou au notaire instrumentaire.

Par oubli, la loi de 1999 n'avait prévu aucune règle particulière pour le majeur sous curatelle. La loi de 2007 a comblé cette lacune : le majeur sous curatelle a le droit de conclure un PACS avec l'assistance (mais pas l'autorisation) du curateur (art. 461, nouv.). La déclaration au greffe du tribunal d'instance ou au notaire instrumentaire ne nécessite aucune assistance.

Puisqu'aucun texte spécifique ne prévoit de sanction des règles de capacité, il faut se référer au droit commun qui les soumet au régime de la nullité relative.

628 **Empêchements de parenté.** Dès 1999, ces règles, ainsi que celles relatives à l'empêchement de bigamie, ont révélé avec la plus grande évidence que le PACS n'est pas un contrat purement patrimonial, mais aussi un contrat de couple qui repose sur la sexualité des partenaires et doit, tout comme le mariage, respecter certains tabous bien ancrés dans notre société.

Il résulte ainsi de l'article 515-2 que, « à peine de nullité, il ne peut y avoir de pacte civil de solidarité, 1° entre ascendants et descendants en ligne directe, entre alliés en ligne directe et entre collatéraux jusqu'au troisième degré inclus ». La nullité est absolue comme pour le mariage[1135].

629 **Empêchement de bigamie.** La monogamie est l'un des fondements de notre droit matrimonial reposant sur l'exclusivité des relations sexuelles entre membres d'un couple. L'article 515-2 prévoit qu'un PACS ne peut pas être

---

1132. Cass. 1re civ., 28 octobre 2003, *Dr. fam.*, 2004, comm. n° 15, note V. Larribau-Terneyre ; *D.*, 2004, p. 21, note J.-P. Gridel, somm., p. 2964, obs. J.-J. Lemouland ; *AJ fam.*, 2004, p. 27, obs. F. B. ; *Rép. Defrénois*, 2004, p. 143, obs. J. Massip ; *Petites Aff.*, 10 mars 2004, note R. Desgorces ; *RTD civ.*, 2004, p. 66, obs. J. Hauser.

1133. Voy. *supra*, n° 407.

1134. T. Fossier, « La protection de la personne, un droit flexible », *op. cit.*, n° 17.

1135. DC du 9 novembre 1999, préc., § 55.

contracté par une personne déjà mariée ou déjà engagée dans un autre PACS. Là encore, la sanction en est la nullité, sans doute là encore absolue. En revanche, le PACS conclu par une personne ne l'empêche pas de se marier. Mais le mariage entraîne la résiliation de plein droit du PACS et non la nullité du mariage (art. 515-7) : le principe de l'interdiction de la bigamie est respecté, mais la conséquence en est différente, ce qui traduit dans l'esprit du législateur la supériorité du mariage sur le PACS.

B. Les conditions de forme

630 **Déclaration.** Les personnes qui concluent un PACS devaient jusqu'à présent en faire la déclaration conjointe au greffe du tribunal d'instance du lieu de leur résidence (art. 515-3, C. civ.) ou, depuis une loi du 24 novembre 2009, en cas d'empêchement grave à la fixation d'une résidence commune, du lieu de la résidence de l'une des parties. Il était également prévu qu'en cas d'empêchement grave, le greffier du tribunal d'instance se transportait au domicile ou à la résidence de l'une des parties pour enregistrer le pacte. À peine d'irrecevabilité, elles produisaient au greffier la convention. Depuis 1999, le législateur avait ainsi choisi de ne pas impliquer l'officier de l'état civil afin de bien marquer la différence du PACS avec le mariage. Dans le projet de loi définitif de modernisation de la justice du XXIe siècle, le législateur a renversé cette perspective puisqu'à partir de l'entrée en vigueur de la loi le 1er janvier 2017, les parties devront déclarer leur convention de PACS, non plus au greffe du tribunal d'instance, mais à l'officier de l'état civil de la commune dans laquelle elles fixent leur résidence commune ou, en cas d'empêchement grave à la fixation de celle-ci, devant l'officier de l'état civil de la commune où se trouve la résidence de l'une des parties. Et en cas d'empêchement, c'est donc l'officier de l'état civil qui peut se déplacer. Le PACS ressemble décidément toujours plus au mariage ! C'est en outre désormais à l'officier de l'état civil, qui la vise et la leur restitue, que les parties produisent la convention.

De ces dispositions, il découle d'abord que le pacte doit être passé par écrit. La loi du 23 juin 2006 a apporté une modification bienvenue au texte d'origine. Celui-ci prévoyait en effet que les partenaires devaient remettre le pacte en double original, ce qui interdisait pratiquement de conclure un PACS par acte notarié. La solution avait suscité la critique, car le PACS est un contrat patrimonial qui peut se révéler difficile à élaborer et dangereux, et les conseils d'un notaire sont les bienvenus[1136]. Désormais, le texte indique expressément la possibilité de passer le PACS par acte notarié ou par acte sous seing privé et n'exige plus de double original. La loi du 28 mars 2011 a apporté une modification importante à ce système[1137]. En effet, désormais, lorsque la convention est passée par acte notarié, c'est le notaire qui recueille la déclaration conjointe, procède à l'enregistrement du PACS et fait procéder aux formalités de publicité.

1136. Sur ce problème et les manières de le résoudre, B. Beignier, « À propos du PACS : problème quant à l'acte authentique », *Rép. Defrénois*, 2000, p. 211.

1137. L. n° 2011-331 du 28 mars 2011 de modernisation des professions judiciaires ou juridiques et certaines professions réglementées, *JORF*, 29 mars 2011, p. 5447. Cette loi est entrée en vigueur le 30 mars 2011. Voy. M. Lamarche, « Le greffier, l'officier de l'état civil ou le notaire ? L'enregistrement du PACS partiellement dévolu au notaire », *Dr. fam.*, 2011, focus n° 36.

C'est lui qui reste compétent pour recevoir et enregistrer toute modification de la convention initiale[1138].

La question peut se poser de la portée de l'exigence d'un écrit : l'écrit est-il nécessaire pour la validité du PACS, autrement dit le PACS est-il un contrat solennel[1139] ? L'article 515-3, alinéa 3, paraît donner une réponse négative, puisque l'écrit ne doit être produit qu'à peine d'irrecevabilité. Ainsi, le PACS non écrit ne pourrait être déclaré et serait inopposable aux tiers, mais il n'en produirait pas moins ses effets entre les parties. La loi de 2006 a cependant apporté une précision : le PACS ne prend effet entre les parties qu'à compter de son enregistrement par le greffier ou désormais par le notaire, donc à condition que l'écrit leur ait été présenté (art. 515-3-1, al. 2). Il semble en ressortir que le PACS est devenu un acte solennel.

Enfin, la présence des deux partenaires paraît nécessaire, puisque la déclaration est conjointe ; l'un d'eux ne pourrait agir ni par représentation, y compris s'il est sous tutelle ou sous curatelle[1140], ni par déclaration écrite.

631 **Enregistrement et publicité.** L'officier de l'état civil ou le notaire procède à l'enregistrement de la déclaration sur un registre spécial tenu jusqu'à présent (le nouveau texte ne donne pas de précision) au tribunal d'instance ou à l'étude. L'enregistrement confère date certaine au PACS et c'est à partir de ce moment qu'il produit effet entre les parties. En revanche, il n'est opposable à l'égard des tiers qu'à compter du jour où les formalités de publicité ont été accomplies.

Sous l'empire de la loi de 1999, toujours dans le but d'éviter toute confusion entre PACS et mariage, la publicité était assurée au moyen d'une mention de la déclaration sur un second registre tenu au greffe du lieu de naissance de chacun des partenaires. Chaque greffe devait donc tenir deux registres, l'un pour les déclarations faites devant lui, l'autre pour la publicité des PACS des partenaires nés dans son ressort. Les registres de l'état civil ne pouvaient servir de support à la publicité des PACS. Les tiers ne pouvaient donc savoir, au vu d'un acte de naissance, si les personnes avec qui ils traitaient avaient conclu un PACS ou non. Dès lors, ils leur demandaient de fournir un certificat de non-PACS délivré par les greffes.

C'est pourquoi la loi de 2006 a simplifié le système de publicité. Désormais, la déclaration fait l'objet d'une mention en marge de l'acte de naissance de chacun des partenaires (art. 515-3-1). Cette solution donnée à un problème pratique (l'encombrement des greffes) a une incidence sur la nature même du PACS : il relève désormais de l'état des personnes et ressemble ainsi un peu plus au mariage. L'article 515-3-1 précise que la mention en marge indique le nom de l'autre partenaire. Contrairement à ce qui avait été voulu en 1999, on pourra ainsi savoir que la personne a conclu un pacte homosexuel. Mais les craintes de la constitution d'un fichier des homosexuels et de l'atteinte à la vie privée des personnes sont effacées par une considération toute simple : si les couples homosexuels recherchent une reconnaissance sociale, pourquoi faudrait-il dans le même temps cacher leur situation[1141] ?

1138. DC n° 2012-966 du 20 août 2012, *JORF*, 22 août 2012, p. 13675.

1139. J. Hauser, « Le pacte civil de solidarité est-il un contrat consensuel ou un contrat solennel ? », *Rép. Defrénois*, 2001, p. 673.

1140. Voy. *supra*, n° 627.

1141. En ce sens, P. Malaurie et H. Fulchiron, *La famille*, *op. cit.*, n° 377.

§ 2. – Les effets du PACS

632 **Diversité des effets.** Le pacte civil de solidarité laisse une certaine liberté aux partenaires d'organiser leur vie commune. Mais il produit également un certain nombre d'effets qui découlent directement de la loi et qui échappent à leur volonté. Le Code civil organise ainsi un statut du PACS que les stipulations particulières viennent compléter. Le PACS produit par ailleurs des effets accessoires, relevant pour la plupart de législations non civiles, le plus souvent sous la forme d'avantages, mais parfois aussi d'inconvénients.

A. Le statut du PACS

633 **Statut d'ordre public.** Le statut des partenaires est composé d'effets à la fois d'ordre personnel et d'ordre patrimonial, ce qui interdit de prétendre qu'il n'est qu'un contrat patrimonial. Le Conseil constitutionnel a cependant précisé que les règles élaborées par le législateur – sauf l'ancien article 515-5 du Code civil relatif au statut des biens – revêtent un caractère obligatoire et que les parties ne peuvent pas y déroger[1142].

1. Les effets d'ordre personnel

634 **Communauté de vie.** Le PACS est un contrat conclu par les partenaires pour organiser leur vie commune. La vie commune – ou du moins son organisation – constitue l'objet du PACS. Coupant court à toute ambiguïté, le Conseil constitutionnel avait décidé qu'il s'agit d'une vie commune de couple et non pas de celle qui peut exister entre de simples cohabitants[1143]. En revanche, on ne savait pas quelle en était la nature : véritable obligation imposée aux partenaires, condition de validité ou simple présupposé ? En cas d'absence de communauté de vie entre les partenaires au moment du PACS, celui-ci était-il nul ? Que se passait-il en cas de séparation de fait des partenaires ?

La loi de 2006 a apporté un peu de lumière sur ces questions. L'article 515-4 du Code civil énonce que « les partenaires liés par un pacte civil de solidarité s'engagent à une vie commune ». Comme les époux, les partenaires sont donc tenus à un devoir de communauté de vie. La rupture de la vie commune par l'un des partenaires constitue donc une faute dont la sanction doit sans doute être recherchée dans la responsabilité contractuelle de droit commun.

635 **Assistance.** La loi du 23 juin 2006 a ajouté un nouveau devoir à la charge des partenaires (art. 515-4), renforçant par là le contenu personnel de leur statut ainsi que le rapprochement du PACS vers le mariage. Il s'agit du devoir d'assistance qui consiste à apporter une aide morale, un soutien à l'autre dans les moments difficiles de la vie, en particulier en cas de maladie ou de problèmes professionnels. La loi du 5 mars 2007 relative à la protection juridique des majeurs tire des conséquences logiques de ce nouveau devoir en imposant au juge des tutelles, en l'absence de choix par l'intéressé, de désigner le partenaire de ce dernier comme tuteur ou curateur (art. 449, nouv., C. civ.).

1142. DC du 9 novembre 1999, préc., § 28.
1143. *Ibid.*, § 26.

636 **Fidélité ?** Ni la loi de 1999 ni celle de 2006 n'ont prévu que les partenaires se doivent fidélité. La majorité de la doctrine est hostile à cette idée, tant en raison de la lettre de la loi et de l'intention du législateur, qu'en raison de l'esprit du PACS qui est un contrat de liberté[1144], et la jurisprudence ne l'admet généralement pas[1145].

637 **Respect ?** La loi du 4 avril 2006 a introduit un nouveau devoir du mariage à l'article 212 du Code civil, le devoir de respect, qui permettra sans doute de mieux justifier – si besoin était – des solutions que la jurisprudence avait déjà retenues. Aucun texte n'impose en revanche un tel devoir aux partenaires. Sont-ils pour autant dispensés de tout devoir de respect l'un à l'égard de l'autre ? Sans doute, comme pour les concubins, les ressources du droit commun, principalement la responsabilité civile, permettront de sanctionner les atteintes les plus criantes qu'un partenaire peut porter au respect de l'autre, notamment les violences physiques ou verbales et les insultes. Reste à savoir s'il s'agit de responsabilité délictuelle ou contractuelle. La loi du 9 juillet 2010, qui a créé l'ordonnance de protection aux articles 515-9 et suivants du Code civil, a d'ailleurs étendu cette technique aux partenaires[1146].

2. Les effets d'ordre patrimonial

638 **Dualité des effets patrimoniaux.** Plus encore que la loi du 15 novembre 1999 ne l'avait fait, la loi du 23 juin 2006 a introduit dans le régime des biens des partenaires une dualité qui n'est pas sans rappeler celle qui existe dans le mariage entre le régime primaire et le régime matrimonial proprement dit. On y retrouve en effet d'une part des règles obligatoires qui s'imposent à tous les partenaires, quel que soit le régime des biens qu'ils choisissent, d'autre part un régime légal auquel les partenaires ont le droit de substituer un régime conventionnel.

a. Le régime primaire

639 **Aide matérielle.** L'article 515-4 du Code civil d'origine prévoyait que les partenaires s'apportaient « une aide mutuelle et matérielle ». Cette formule ambiguë a été modifiée par la loi de 2006 : les partenaires s'engagent à une aide matérielle réciproque. La loi a également ajouté une précision : l'aide matérielle est proportionnelle à leurs facultés respectives, sauf clause contraire. Ce devoir rappelle évidemment la contribution aux charges du mariage qui s'impose aux époux (art. 214).

640 **Solidarité.** Comme les époux, les partenaires sont tenus solidairement aux dettes ménagères. L'article 515-4, alinéa 2, dispose : « les partenaires sont tenus solidairement à l'égard des tiers des dettes contractées par l'un d'eux pour les besoins de la vie courante ». Malgré les apparences, cette règle de solidarité n'est

---

1144. *Contra* :toutefois, P. Simler et P. Hilt, « Le nouveau visage du Pacs : un quasi-mariage », *op. cit.*, n° 13, qui estiment que l'obligation de vie commune implique celle de fidélité.

1145. Rennes, 5 mai 2015, *Dr. fam.*, 2015, comm. n° 140, note J.-R. Binet. *Contra* : dans une décision très critiquée, TGI Lille, ord. du 5 juin 2002, *D.*, 2003, p. 515, note X. Labbée ; *Dr. fam.*, 2003, comm. n° 57, note B. Beignier ; *RTD civ.*, 2003, p. 270, obs. J. Hauser se fondant sur l'obligation qui s'impose à tout contractant d'exécuter ses obligations de bonne foi (art. 1134, al. 3, C. civ.), en l'occurrence l'obligation de vie commune.

1146. Voy. *supra*, n° 488.

pas tout à fait identique à celle de l'article 220 du Code civil pour les époux. En effet, tout d'abord, le domaine de la solidarité ne concerne sans doute pas les dépenses relatives à l'éducation ou l'entretien des enfants, dans la mesure où il a toujours été admis que le PACS n'a aucune incidence à l'égard des enfants. Par ailleurs, la notion de dettes contractées pour les besoins de la vie courante est plus étroite que celles de dettes ménagères que l'on utilise pour les époux. Il ne semble pas par exemple que les dépenses pour des vacances devraient y être soumises. Néanmoins, le législateur, là encore pour rapprocher le PACS du mariage, a apporté deux modifications au texte depuis sa création. D'abord, la loi de 2006 a exclu de la solidarité les dépenses manifestement excessives, ce qui n'était sans doute pas nécessaire pour des dépenses de la vie courante par nature de faible montant. Ensuite, une loi du 1er juillet 2010 a également écarté les achats à tempérament et les emprunts. La solidarité subsiste néanmoins si ces actes ont été conclus du consentement des deux partenaires. De plus, la solidarité est maintenue également pour les emprunts s'ils portent sur des sommes modestes nécessaires aux besoins de la vie courante, et, depuis la loi Hamon du 17 mars 2014, tout comme pour les époux, à condition que le montant cumulé de ces emprunts ne soit pas manifestement excessif eu égard au train de vie du ménage.

641 **Présomption mobilière.** La loi de 2006 a introduit à l'article 515-5, alinéa 3, une technique éprouvée en matière de mariage : une présomption de pouvoir relative aux meubles : « le partenaire qui détient individuellement un bien meuble est réputé, à l'égard des tiers de bonne foi, avoir le pouvoir de faire seul sur ce bien tout acte d'administration, de jouissance ou de disposition ». La question se pose cependant de savoir si la disposition appartient vraiment au régime primaire des partenaires ou bien seulement à leur régime légal. Contre le régime primaire, on peut faire valoir la présence de la disposition dans le texte qui définit justement le régime légal. Pour, on peut relever la similitude de la règle avec celle de l'article 222, qui appartient au régime primaire des époux. Il n'y a guère de raison pour qu'il en soit autrement de l'article 515-5, alinéa 3[1147].

b. Le régime des biens

642 **Régime antérieur à la loi de 2006.** La loi de 1999 avait instauré un régime de type communautaire par le jeu de présomptions d'indivision[1148]. Selon l'ancien article 515-5 du Code civil, en effet, les meubles meublants acquis par les partenaires à titre onéreux après la conclusion du PACS étaient présumés indivis par moitié. Les partenaires avaient cependant la possibilité d'écarter cette double présomption dans leur convention. Quant aux autres biens acquis à titre onéreux après la conclusion du PACS, ils étaient également présumés indivis par moitié, si l'acte d'acquisition n'en disposait autrement. Le Conseil constitutionnel avait décidé que les seuls moyens d'écarter les présomptions d'indivision résidaient dans ceux prévus par le texte. En dehors du PACS pour les meubles

1147. P. Simler et P. Hilt, « Le nouveau visage du Pacs : un quasi-mariage », *op. cit.*, n° 23, qui l'admettent sans même discuter.

1148. La loi de 2006 ne s'appliquant qu'aux pactes conclus après son entrée en vigueur, le 1er janvier 2007, les partenaires ayant contracté avant restent en principe soumis au régime de la loi de 1999, à moins que les partenaires ne concluent une convention modificative (art. 47-V-2°, de la L. du 23 juin 2006).

meublants, en dehors de l'acte d'acquisition pour les autres biens, il n'y avait pas de possibilité de prouver qu'ils avaient été acquis à titre personnel par l'un des partenaires[1149]. Ces solutions et leur interprétation conduisaient à faire du PACS un contrat plus communautaire et plus contraignant que le mariage[1150].

La loi de 2006 a refondu ce régime : elle a instauré un régime légal de séparation de biens, qui correspond sans doute mieux à l'esprit de ceux qui choisissent le PACS, avec la possibilité de choisir un régime communautaire[1151].

643 **Régime légal.** Le nouvel article 515-5 du Code civil transpose presque mot pour mot les règles du régime de la séparation de biens proposé aux époux (art. 1536 et s.). Dans ce régime, chaque partenaire reste propriétaire des biens qu'il acquiert soit avant l'enregistrement du PACS, soit après, soit à titre gratuit, soit à titre onéreux. Il peut apporter la preuve de sa propriété exclusive par tout moyen. En cas d'impossibilité, le bien est présumé indivis par moitié. Par ailleurs, les partenaires peuvent acquérir ensemble un bien expressément indivis. Sur ses biens personnels, chaque partenaire « conserve l'administration, la jouissance et la disposition », sauf dispositions contraires dans le pacte. La loi de 2006 a donc conféré au régime une certaine souplesse et sauvegardé l'indépendance des partenaires. En revanche, pour la gestion des biens indivis, les partenaires se trouvent dans l'obligation de collaborer selon le droit commun de l'indivision.

644 **Régime conventionnel.** L'article 515-5-1 du Code civil propose aux partenaires un régime différent, un régime d'indivision, donc d'esprit communautaire. Les partenaires peuvent en effet, dans leur convention initiale ou dans une convention modificative, choisir de soumettre les biens qu'ils acquièrent ensemble ou séparément au régime de l'indivision. Hormis certains biens dont la liste est dressée à l'article 515-5-2 (les revenus, les biens acquis avec les revenus, les biens créés comme un fonds de commerce), entrent dans le champ de l'indivision tous les biens acquis à titre onéreux depuis l'enregistrement du pacte par l'un des partenaires ou les deux. Les biens sont alors réputés indivis par moitié. La gestion des biens est cette fois soumise aux règles de l'indivision conventionnelle (art. 1873-6 à 1873-8, C. civ.).

645 **Possibilités d'aménagement.** La question se pose de savoir si ce régime conventionnel doit être adopté d'un bloc par les partenaires ou si ces derniers peuvent l'aménager. Les auteurs sont d'accord pour estimer qu'il serait paradoxal que les partenaires soient moins libres pour organiser le régime de leurs biens que les époux[1152]. Par conséquent rien ne devrait empêcher les partenaires d'étendre ou de restreindre le domaine de l'indivision, ou de prévoir une répartition des parts différentes. D'ailleurs, l'article 515-5-3, alinéa 2, prévoit lui-même la possibilité pour les partenaires de conclure une convention relative à l'administration des biens indivis.

1149. DC du 9 novembre 1999, préc., § 32.

1150. H. Fulchiron, « Les présomptions d'indivision et de communauté dans le couple », *Rép. Defrénois*, 2001, p. 949. *Adde* sur ces difficultés, G. Champenois, « Les présomptions d'indivision dans le PACS », in *Mélanges J. Rubellin-Devichi*, *op. cit.*, p. 83.

1151. Sur l'ensemble de ce nouveau système, voy. A.-S. Brun-Wauthier, *Régimes matrimoniaux*, *op. cit.*, n°s 663 et s.

1152. Voy., p. ex., V. Larribau-Terneyre, « L'amélioration du PACS : un vrai contrat d'union civile », *op. cit.*, n° 26.

En revanche, il ne semble pas que les partenaires puissent adopter un tout autre régime que ceux prévus par la loi.

B. Les effets accessoires

646 **Principe d'égalité.** Le mariage produit un certain nombre d'effets accessoires, distincts du statut que le Code civil définit à travers les devoirs personnels et le régime des biens des époux. Certains de ces effets ont été étendus aux concubins. Il n'y avait pas de raison qu'ils ne le soient pas aux partenaires. La question se posait toutefois de savoir si les partenaires devaient, au nom du principe d'égalité, être traités exactement de la même manière que les époux. Le Conseil d'État a été saisi de la question et a donné une réponse mesurée[1153]. La loi de 1999 a organisé les liens qui unissent les partenaires de manière différente de ceux qui existent entre époux ; les partenaires et les époux se trouvent donc dans deux situations juridiques différentes ; le principe d'égalité n'impose alors pas qu'ils soient traités de manière identique. Toutefois, la haute juridiction ajoute que lorsque la loi crée une situation juridique nouvelle, il appartient au pouvoir réglementaire d'apporter les modifications rendues nécessaires par le respect du principe d'égalité. Autrement dit, les partenaires doivent bénéficier des mêmes droits que les époux chaque fois que la différence de traitement n'est pas justifiée par la différence des situations[1154].

La Cour de justice des communautés européennes a rendu, le 1er avril 2008, une décision allant dans le même sens[1155]. La question se posait à propos d'un partenariat de droit allemand (mais elle pourrait aussi bien se poser à propos d'un PACS français) conclu entre deux hommes. Il s'agissait de savoir si le partenaire survivant d'un assuré-vieillesse décédé peut bénéficier d'une pension de réversion, comme le peut un époux survivant. La demande formulée par l'intéressé avait été rejetée par les autorités allemandes. La Cour de justice des communautés européennes estime qu'une pension de réversion est assimilable à une rémunération et bénéficie donc de l'application des règles communautaires interdisant la discrimination en matière d'emploi et

---

1153. C.E., 28 juin 2002, *RFDA*, juillet-août 2002, p. 723, concl. S. Boissard ; *RTD civ.*, 2002, p. 785, note J. Hauser ; *JCP-G*, 2003, I, 101, n° 3, obs. H. Bosse-Platière.

1154. Que la pension de réversion soit réservée au conjoint survivant n'est discriminatoire à l'égard ni des partenaires ni des concubins pour la raison que les époux sont soumis pendant leur union à un ensemble d'obligations qui ne s'imposent pas aux partenaires ou aux concubins. C.E., 6 décembre 2006, *Dr. fam.*, 2007, comm. n° 27, note V. Larribau-Terneyre ; *JCP-G*, 2007, I, 170, n° 12, obs. C. Coutant-Lapalus. Cass. 1re civ., 12 avril 2005, cité par V. Larribau-Terneyre, note préc. *Adde* dans le même sens, Cons. const., 29 juillet 2011, n° 2011-155, *Dr. fam.*, 2011, comm. n° 143, note V. Larribau-Terneyre. De même que l'art. L. 313-11 du CESEDA ne permettant l'octroi d'un titre de séjour qu'au conjoint d'un époux français, et non au partenaire ou au concubin, ne porte pas atteinte au droit de mener une vie familiale normale ni au principe d'égalité. Cons. const., 22 mai 2013, n° 2013-312 QPC, *Dr. fam.*, 2013, comm. n° 101, note J.-R. Binet ; *AJ fam.*, 2013, p. 387, note I. Gallmeister. De même, à propos de l'article L. 313-12 relatif au renouvellement de la carte de séjour délivrée sur le fondement de l'article L. 313-11, 4°, Cons. const., 29 novembre 2013, n° 2013-358 QPC, *Dr. fam.*, 2014, comm. n° 94, note C. Petit ; *AJ fam.*, 2014, p. 60, obs. P. Hilt ; *RTD civ.*, 2014, p. 625, obs. J. Hauser.

1155. C.J.C.E., 1er avril 2008, *AJ fam.*, 2008, p. 215, obs. F. C. ; *AJDA*, 2008, p. 871, obs. E. Broussy, F. Donnat et C. Lambert ; *D.*, 2008, pan., p. 1795, obs. J.-J. Lemouland et D. Vigneau.

de travail. La Cour affirme que « le refus de faire bénéficier les partenaires de vie de la pension de survie constitue une discrimination directe fondée sur l'orientation sexuelle », à supposer, ajoute-t-elle, que « les époux survivants et les partenaires de vie survivants se trouvent dans une situation comparable pour ce qui concerne cette pension ». Il faut sans doute comprendre que le refus d'accorder une pension de réversion au partenaire survivant n'est pas forcément discriminatoire. Il appartient aux autorités internes de vérifier si les partenaires se trouvent ou non dans une situation identique à celle des époux. Quoi qu'il en soit, le fait qu'ils aient conclu un partenariat et qu'ils forment un couple homosexuel n'est pas suffisant pour estimer *a priori* que leur situation est différente de celle des époux.

La Cour de cassation a affirmé vigoureusement que le mot « conjoint » employé dans les textes ne désigne que des époux[1156]. En l'espèce, il s'agissait d'un contentieux électoral, mais il résulte plus généralement de cette décision qu'aucune disposition visant seulement les conjoints ne peut être étendue aux partenaires ou aux concubins.

E 43 — PACS, mariage, homosexualité et égalité

Si certaines inégalités de traitement pouvaient se justifier par la différence de situation entre époux et partenaires, une autre forme d'inégalité pouvait apparaître entre partenaires de même sexe et ceux de sexe différent, les premiers pouvant éventuellement se marier pour bénéficier des avantages réservés aux époux, et non les seconds[1157]. La Cour de cassation a d'abord admis que la protection du mariage pouvait justifier que les pensions de réversion soient réservées aux époux, dans une affaire où par ailleurs les partenaires hétérosexuels auraient pu se marier[1158], combinant ainsi un critère objectif et un critère subjectif de la discrimination. L'appréciation de l'existence d'une discrimination est subjective, en ce sens que si ceux qui s'en plaignent (couples hétérosexuels) auraient pu se marier pour bénéficier des avantages recherchés, il n'y a lors pas de discrimination. Il s'en déduit *a contrario* que les couples homosexuels, qui ne pouvaient pas se marier, pouvaient au contraire se prévaloir d'une discrimination. Dans une décision ultérieure, mais relative à des faits antérieurs à la loi du 17 mai 2013, la cour décida ainsi que les partenaires homosexuels se trouvaient dans une situation identique aux époux et que le refus des avantages accordés à ces derniers constituait une discrimination fondée sur l'orientation sexuelle[1159]. Dans cet arrêt, la cour n'admet pas que la protection du mariage puisse justifier des différences de traitement ; en outre elle estime qu'il y a bien discrimination à l'égard d'un couple homosexuel qui ne pouvait pas se marier. Le critère subjectif de la discrimination était en lui-même critiquable car il créait une distinction au sein même des PACS, entre ceux unissant des couples de même sexe et ceux conclus entre personnes de sexe différent. Entre temps, la loi du 17 mai 2013 est intervenue pour ouvrir le mariage aux couples de même sexe. Par conséquent, le critère subjectif ne devrait plus être applicable puisque dans tous les cas, qu'ils soient de même sexe ou de sexe différents, les partenaires ont désormais le choix

1156. Cass. 2e civ., 5 mars 2008, *Dr. fam.*, 2008, comm. n° 51, note V. Larribau-Terneyre ; *D.*, 2008, pan., p. 1794, obs. J.-J. Lemouland et D. Vigneau.

1157. Voy. ainsi Cass. soc., 23 mai 2012, n° 10-18.341, *Dr. fam.*, 2012, comm. n° 114, note V. Larribau-Terneyre, où la cour renvoie à la C.J.U.E. une question préjudicielle à propos d'une disposition du travail accordant un avantage aux seuls époux.

1158. Cass. 2e civ., 23 janvier 2014, n° 13-11.362, *D.*, 2014, p. 968, note L. Andreu ; *AJ fam.*, 2014, p. 197, obs. H. Robergé ; *RLDC*, 2014, p. 113, obs. K. D.-P. ; *RDSS*, 2014, p. 392, obs. T. Tauran ; *D.*, 2015, pan. p. 652, obs. M. Douchy-Oudot.

1159. Cass. soc., 9 juillet 2014, n° 10-18.341, *Dr. fam.*, 2014, comm. n° 142, note J.-R. Binet ; *D.*, 2015, pan., p. 1418, obs. J.-J. Lemouland et D. Vigneau.

de se marier pour bénéficier éventuellement des avantages accordés aux époux et pas aux partenaires. Il restera alors à savoir dans quels cas telle différence de traitement sera considérée comme objectivement discriminatoire ou non discriminatoire.

---

647 **Droit des baux.** La loi du 6 juillet 1989 relative aux baux d'habitation octroie aux partenaires les mêmes droits qu'aux époux et aux concubins[1160]. L'article 14 permet, en cas d'abandon du domicile par le locataire, la continuation du bail au profit du partenaire. Il prévoit également le transfert du bail au partenaire survivant en cas de décès du preneur. En outre, l'article 15 autorise le bailleur à reprendre son logement au profit de son partenaire.

648 **Droit social.** La loi du 15 novembre 1999 fait du partenaire d'un assuré social son ayant droit, tout comme le conjoint ou la personne qui vit maritalement avec lui et se trouve à sa charge effective et permanente (art. L. 161-14, C. sécu. soc.). De manière générale, le décret n° 2000-97 du 3 février 2000 a étendu aux partenaires de multiples dispositions relatives aux concubins[1161]. La prise en compte du PACS peut également jouer en défaveur des partenaires. Ainsi, le bénéficiaire de l'allocation de soutien familial n'y a plus droit s'il conclut un PACS.

En revanche, les partenaires bénéficient de certains droits dont les concubins sont exclus. Le partenaire a ainsi droit, comme un époux, au capital-décès, en cas de décès de l'autre (art. L. 361-4, C. sécu. soc.). Mais il ne bénéficie pas plus que le concubin de la pension de réversion[1162]. Et la partenaire de la mère ne bénéficie pas du congé de paternité prévu par l'article L. 331-8 du Code de la sécurité sociale[1163].

649 **Droit fiscal.** C'est sur le plan fiscal que les concubins sont le plus désavantagés par rapport aux époux, en particulier pour ce qui concerne les droits de mutation à titre gratuit[1164].

À l'origine, le législateur avait réservé aux partenaires un sort plus favorable, mais pas identique à celui des époux, en particulier dans le domaine des libéralités. La loi n° 2007-1223 du 21 août 2007 en faveur du travail, de l'emploi et du pouvoir d'achat[1165] a aligné le sort des partenaires sur celui des époux, tout particulièrement en matière de libéralités à cause de mort[1166]. Désormais, les libéralités à cause de mort entre partenaires sont dispensées de

---

1160. C. Coutant-Lapalus, « PACS et logement : dix ans après », *Dr. fam.*, 2010, étude n° 9.

1161. F. Monéger, « Pacte civil de solidarité, aspects sociaux », *JCP-N*, 2000, 452.

1162. L'art. L. 39 C. pens. mil., qui soumet la pension de réversion à une condition de mariage, ne méconnaît pas le principe d'égalité. Cons. const., 29 juillet 2011, n° 2011-155 QPC, *AJ fam.*, 2011, p. 436, obs. W. Jean-Baptiste ; *JCP-G*, 2011, 1458, note A. Devers. *Adde* A. Devers, « Extension du droit à pension de réversion au partenaire survivant », *AJ fam.*, 2012, p. 131.

1163. Cass. 2e civ., 11 mars 2010, n° 09-65853, *Bull. civ.*, II, n° 57 ; *D.*, 2010, p. 1394, note A. Mirkovic ; *D.*, 2010, p. 770, obs. S. Lavric ; *AJ fam.*, 2010, p. 184, obs. F. Chénedé ; *RTD civ.*, 2010, p. 315, obs. J. Hauser.

1164. F. Douet, « Couples non mariés et droits de mutation à titre gratuit », *Rép. Defrénois*, 2007, p. 409.

1165. Dite loi « TEPA », *JORF*, 22 août 2007, p. 13945.

1166. F. Douet, « Aperçu des dispositions relatives aux droits de mutation à titre gratuit contenues dans la loi du 21 août 2007 en faveur du travail, de l'emploi et du pouvoir d'achat », *Dr. fam.*, 2007, comm. n° 183.

droits de mutation. Le statut des partenaires est ainsi assimilé par la loi TEPA à celui des époux, ceux-ci étant également dispensés de droits de mutation tant pour les successions *ab intestat* que pour les libéralités à cause de mort. Par ailleurs, la loi TEPA a aligné quasi intégralement le régime fiscal des donations entre partenaires sur celui des époux : l'abattement est désormais le même et les tarifs des droits de mutation sont identiques.

Quant à l'impôt sur le revenu, la loi de 1999 ne donnait la possibilité aux partenaires de faire une déclaration commune qu'au bout de trois ans. Désormais, ils font une déclaration commune sans délai (art. 6, CGI).

Enfin, en ce qui concerne l'impôt de solidarité sur la fortune, depuis un décret du 7 avril 2009, l'article 885 A du Code général des impôts prévoit que les partenaires liés par un pacte civil de solidarité font l'objet d'une imposition commune.

§ 3. – La dissolution du PACS

650 **Liberté de rupture.** Tout comme le concubinage, et contrairement au mariage, le PACS peut être rompu librement par volonté mutuelle ou unilatérale. Le Code civil se montre très précis sur les causes de dissolution. Aucune n'implique l'intervention d'un juge. Le prix de cette liberté réside dans une faible organisation de ses conséquences.

A. Les causes de dissolution

651 **Liste limitative.** Depuis la loi de 1999, l'article 515-7 du Code civil énumère quatre causes de dissolution du PACS : le consentement mutuel, la résiliation unilatérale, le mariage, le décès. La loi de 2006 n'a pas modifié cette liste, mais en a changé l'ordre de présentation, plaçant en tête le décès et le mariage. Cette mutation a été interprétée comme un indice supplémentaire du rapprochement du PACS vers le mariage et de son appartenance à l'état des personnes[1167]. Quoi qu'il en soit, la liste est limitative et il ne saurait être question de lui ajouter des causes spécifiquement contractuelles, telles que la résolution judiciaire[1168].

652 **Décès.** Très naturellement, le décès de l'un des partenaires (ou des deux) met fin au PACS qui ne saurait continuer entre le survivant et les héritiers du défunt. La dissolution prend effet à la date du décès (art. 515-7, al. 1er). Avant la loi de 2006, la publicité de la dissolution était laissée à l'initiative du survivant, ce qui représentait un risque d'inaction de sa part. Désormais, l'officier de l'état civil compétent pour mentionner le décès en marge de l'acte de naissance du défunt (c'est-à-dire celui qui détient l'acte de naissance) en informe le greffe du tribunal ou le notaire qui avait reçu la déclaration du PACS. Celui-ci procède alors aux mesures de publicité.

653 **Mariage.** Le mariage d'une personne lui interdit de conclure un pacte. Au contraire, le pacte est dissous automatiquement par le mariage d'un partenaire.

1167. P. Malaurie et H. Fulchiron, *La famille*, *op. cit.*, n° 430.

1168. Sur la question, H. Lécuyer, « Les dissolutions du pacte civil de solidarité », in *Regards civilistes sur la loi du 15 novembre 1999 relative au concubinage et au pacte civil de solidarité*, Colloque du LERADP, Paris, LGDJ, 2002, p. 101.

La dissolution prend effet à la date du mariage. Là encore, la loi de 2006 a modifié le système de publicité. Ce n'est plus au nouvel époux d'en prendre l'initiative (en avertissant l'ex-partenaire par voie d'huissier !). La tâche en est confiée à l'officier de l'état civil compétent pour mentionner l'acte de mariage en marge de l'acte de naissance de chaque époux qui doit avertir le greffe du tribunal (l'officier de l'état civil à partir de l'entrée en vigueur de la loi pour la modernisation de la justice du XXIe siècle) ou le notaire ayant enregistré la déclaration du PACS. Bien que le Code civil ne le précise pas, il faut évidemment admettre que le mariage conclu entre les partenaires met également fin au PACS.

654 **Consentement mutuel.** L'article 515-7, alinéa 3, du Code civil envisage la dissolution du PACS par « déclaration conjointe ». Il est normal que les partenaires puissent mettre fin librement au PACS, lui-même conçu comme un contrat de liberté. Les formalités en sont très simples : les partenaires doivent remettre ou adresser une déclaration conjointe au greffe du tribunal (à l'officier de l'état civil à partir de l'entrée en vigueur de la loi pour la modernisation de la justice du XXIe siècle) ou au notaire qui avait enregistré la déclaration de PACS. Aucune forme particulière n'est exigée pour cette manifestation de volonté. Il suffit qu'elle soit écrite. « Le greffier (bientôt l'officier de l'état civil) ou le notaire enregistre la dissolution et fait procéder aux formalités de publicité », c'est-à-dire qu'il en informe l'officier de l'état civil du lieu où l'acte de naissance de chacun des partenaires est dressé.

La loi de 2006 a modifié la date des effets de la dissolution du PACS. Dans les rapports entre les partenaires, elle prend effet à la date d'enregistrement de la dissolution. À l'égard des tiers, la dissolution est opposable à partir du jour où les formalités de publicité ont été accomplies.

655 **Volonté unilatérale.** Le PACS peut également être dissous par volonté unilatérale, c'est-à-dire à l'initiative d'un seul des partenaires. Bien que le Conseil constitutionnel ait affirmé le contraire[1169], dans la mesure où la rupture unilatérale s'opère sans contrôle d'un juge, sans que le partenaire n'ait à justifier d'un quelconque motif, et sans délai, on peut considérer qu'il s'agit d'une véritable répudiation[1170]. Les formalités en sont là encore extrêmement simples : il suffit pour le partenaire qui décide de mettre fin au pacte de le signifier (toujours par voie d'huissier) à l'autre et d'en adresser copie au greffe du tribunal (curieusement cette disposition n'a pas été modifiée par le projet de loi pour la modernisation de la justice du XXIe siècle, sans doute par oubli) ou au notaire qui avait enregistré la déclaration de PACS (art. 515-7, al. 5). Il est fort possible que le partenaire omette d'accomplir ces formalités, soit par ignorance soit par négligence. Toutefois, tant que la dissolution n'est pas enregistrée, elle ne peut produire effet entre les partenaires. De même qu'elle ne produit pas effet à l'égard des tiers avant la mention en marge de l'acte de naissance.

656 **Partenaire protégé.** La loi de 1999 prévoyait que lorsqu'un partenaire était placé sous tutelle, le tuteur autorisé par le conseil de famille ou par le juge des tutelles pouvait mettre fin au PACS (art. 506-1, anc.). La loi du 5 mars 2007 relative à la protection juridique des majeurs a affiné et complété les règles en

---

1169. DC du 9 novembre 1999, préc., § 67, qui réserve le mot répudiation au mariage.

1170. F. Terré et D. Fenouillet, *La famille, op. cit.*, n° 358.

la matière. Si le majeur est sous curatelle, il peut rompre le PACS aussi bien par consentement mutuel que par volonté unilatérale sans l'assistance du curateur – si ce n'est pour procéder à la signification indiquée au paragraphe précédent (art. 461, al. 3, C. civ.). Si le majeur est sous tutelle, la solution est la même (art. 462, al. 4). Il est cependant précisé que, si c'est l'autre partenaire qui rompt le PACS, la signification doit en être adressée au tuteur. Le tuteur peut lui-même prendre l'initiative de la rupture, sur autorisation du juge des tutelles ou du conseil de famille, après audition de l'intéressé et, le cas échéant, avis des parents et de l'entourage. Enfin, si le tuteur (art. 462, *in fine*) ou le curateur (art. 461, *in fine*) était le partenaire du majeur, un tuteur ou un curateur *ad hoc* doit lui être substitué.

B. Les conséquences de la dissolution

657 **Généralité.** La dissolution du PACS, quelle qu'en soit la cause, produit des effets qui ne sont pas sans rappeler ceux du mariage. Ainsi, tous les effets légaux du PACS prennent fin. Les partenaires ne sont plus tenus aux obligations d'ordre personnel ou d'ordre patrimonial. La solidarité des dettes de la vie courante cesse également. Et le régime des biens ne s'applique plus. Il va de soi que toutes ces conséquences ne se produisent que pour l'avenir. La dissolution n'est pas rétroactive. En revanche, le Code civil ne contient pas de mesure équivalente à la prestation compensatoire ou au sort du logement des partenaires. Seule est envisagée une éventuelle réparation du préjudice subi par le partenaire à qui la rupture est imposée. Quant à la liquidation des intérêts patrimoniaux, elle est laissée à l'entente entre les partenaires. Enfin, le décès ne donne aucun droit au partenaire survivant.

1. La réparation du préjudice

658 **Faute dans la rupture.** La rupture du PACS est libre. Toutefois, l'article 515-7, alinéa 10, réserve la possibilité pour le partenaire abandonné d'obtenir réparation du préjudice subi. La possibilité de mettre en jeu la responsabilité civile de l'auteur d'une faute a été consacrée par le Conseil constitutionnel comme étant de valeur constitutionnelle[1171]. Il en résulte que toute clause contraire devrait être réputée non écrite[1172]. Ce sont les circonstances de la rupture qui devraient justifier la condamnation du partenaire abandonnant et le préjudice réparable peut aussi bien être matériel que moral. Il semble que l'on puisse ici transposer la jurisprudence établie pour la rupture du concubinage[1173].

1171. B. Blacher et J.-B. Seube, « Le PACS à l'épreuve de la Constitution. Commentaire de la décision du Conseil constitutionnel du 9 novembre 1999 portant sur la loi relative au pacte civil de solidarité », *RDP*, 2001, p. 203 ; TI Lille, 7 septembre 2009, *D.*, 2010, p. 69, note A. Koumdadji et X. Labbée, où le juge n'a pas retenu l'abus alors que la femme avait quitté son partenaire du jour au lendemain.

1172. A. Gouttenoire-Cornut, « Responsabilité civile et rupture unilatérale du concubinage », in *Mélanges J. Rubellin-Devichi*, *op. cit.*, p. 262.

1173. Voy. *supra*, n° 614.

2. La liquidation des intérêts pécuniaires

659 **Liquidation amiable.** L'article 515-7, alinéa 10, prévoit que « les partenaires procèdent eux-mêmes à la liquidation des droits et obligations résultant pour eux du pacte civil de solidarité ». En particulier, ils devront reprendre chacun leurs biens personnels, en prouvant le cas échéant par tout moyen qu'ils en sont propriétaires exclusifs. Quant aux biens indivis, ils doivent s'entendre pour en opérer le partage, étant rappelé que les biens sont présumés indivis par moitié, à moins que les partenaires ne choisissent de rester dans l'indivision comme l'article 515-5-3, alinéa 3, le leur permet[1174]. Si les intérêts de l'un des partenaires se trouvaient lésés, il pourrait agir en nullité de la convention de partage pour vice du consentement (dol, violence, erreur) ou en rescision pour lésion (art. 889, C. civ.).

660 **Intervention du juge.** Si les partenaires ne parviennent pas à s'entendre, c'est le JAF qui est compétent pour statuer. L'un des partenaires pourrait alors demander l'attribution préférentielle de l'un des biens (art. 515-6, qui opère renvoi aux art. 831, 831-2, 832-3 et 832-4) : logement, exploitation agricole, fonds de commerce, etc., quitte à ce que l'autre reçoive une soulte ou une part plus grande sur les autres biens.

661 **Créances entre partenaires.** La loi de 2006 a ajouté une disposition qui ne figurait pas dans l'article 515-7 d'origine concernant les créances entre partenaires. De telles créances ne sont en effet sans doute pas rares : il est fort possible, par exemple, que pendant la vie commune l'un des partenaires paie une dette de l'autre. Le dernier alinéa du texte prévoit que, sauf convention contraire, ces créances sont évaluées comme en matière de liquidation de la communauté légale des époux, selon les règles de l'article 1469 du Code civil. Il n'est pas question d'entrer dans le détail de ce texte qui relève de l'étude des régimes matrimoniaux[1175]. Il suffit de souligner une fois de plus le rapprochement du PACS vers le mariage.

3. Les droits du partenaire survivant

662 **Absence de droits successoraux.** Le PACS ne crée pas entre les partenaires de lien de famille équivalent à celui qui unit les époux. Ils ne sont donc pas héritiers l'un de l'autre. Le partenaire survivant ne bénéficie d'aucun droit dans la succession du défunt. Toutefois, la réforme du droit fiscal de la famille opérée par la loi TEPA[1176] permet aux partenaires d'organiser une succession testamentaire sans coût fiscal. En effet, rien ne les empêche de se consentir des libéralités par testament pour pallier l'absence de droits successoraux *ab intestat*. Avant la loi du 21 août 2007, cette possibilité existait déjà, mais elle emportait des droits de mutation importants pour le légataire. Désormais, les libéralités à cause de mort entre partenaires en sont totalement dispensées. Il est vrai toutefois que la liberté des partenaires de se consentir des legs est limitée par la réserve successorale et qu'elle ne peut remplacer des droits légaux. La Cour de cassation a estimé qu'il n'y avait pas d'inégalité injustifiée entre les époux dont

1174. Dans l'hypothèse où les partenaires avaient passé une convention d'indivision.
1175. Voy. A.-S. Brun-Wauthier, *Régimes matrimoniaux*, *op. cit.*, n°s 439 et s.
1176. Voy. *supra*, n° 649.

les frères et sœurs bénéficient d'un droit de retour légal (art. 757-3, C. civ.), et les partenaires dont les frères et sœurs n'en bénéficient pas lorsque le défunt a consenti un legs universel à son partenaire survivant[1177].

663 **Droits sur le logement.** La loi du 23 juin 2006 a étendu au partenaire des droits qui sont accordés au conjoint survivant. L'article 515-6, alinéa 2, fait bénéficier le partenaire survivant de l'attribution préférentielle du logement et des meubles le garnissant prévue à l'article 831-3 du Code civil. Mais la règle ne peut s'appliquer que si les partenaires étaient propriétaires indivis du local ; elle est exclue si le défunt en était propriétaire exclusif.

L'article 515-6, alinéa 3, surtout, étend au partenaire survivant le bénéfice de l'article 763, alinéas 1 et 2, du Code civil édicté pour le conjoint survivant. Si, à l'époque du décès, le partenaire occupe effectivement, à titre d'habitation principale, le logement appartenant au défunt ou aux deux partenaires, il a de plein droit la jouissance gratuite de ce logement pendant un an. Si le logement des partenaires était assuré par un bail, les loyers lui sont remboursés pendant un an par la succession. Malgré ses dispositions, le partenaire n'est toujours pas un héritier, mais seulement un créancier de la succession. Et le défunt peut avoir privé le survivant de ce droit par testament, l'article 515-6, al. 3 ne renvoyant pas à l'alinéa 3 de l'article 763.

1177. Cass. 1re civ., 28 janvier 2015, n° 14-20.587, *RTD civ.*, 2015, p. 363, obs. J. Hauser ; *AJ fam.*, 2015, p. 178, obs. N. Levillain.

BIBLIOGRAPHIE

Ouvrages généraux

BEIGNIER, B. et BINET, J.-R., *Droit des personnes et de la famille*, 2e éd., coll. Cours, Paris, LGDJ, 2015.

BÉNABENT, A., *Droit civil La famille*, 3e éd., Paris, Montchrestien, 2014.

BERNARD-XÉMARD, C., *Droit civil, Les personnes, La famille*, 2e éd., Paris, Gualino, 2014-2015.

BONFILS, P. et GOUTTENOIRE, A., *Droit des mineurs*, 2e éd., Paris, Dalloz, 2014.

BONNET, V., *Le droit de la filiation*, Paris, L'Harmattan, 2006.

BRUN-WAUTHIER, A.-S., *Régimes matrimoniaux*, 5e éd., coll. Paradigme, Bruxelles, Larcier, 2015-2016.

BRUSORIO-AILLAUD, M., *Droit des personnes et de la famille*, 6e éd., coll. Paradigme, Bruxelles, Larcier, 2015-2016.

CARBONNIER, J., *Droit civil*, t. 1, *La famille, L'enfant, Le couple*, coll. Quadrige, Paris, PUF, 2004.

CHAMPENOIS, G., *Les régimes matrimoniaux*, 2e éd., Paris, Armand Colin, 2001.

CORNU, G., *La famille*, 9e éd., Paris, Montchrestien, 2006.

COURBE, P. et GOUTTENOIRE, A., *Droit de la famille*, 6e éd., Paris, Sirey, 2013.

DOUCHY-OUDOT, M., *Droit civil 1re année, Introduction, Personnes, Famille*, 8e éd., Paris, Dalloz, 2015.

FENOUILLET, D., *Droit de la famille*, 3e éd., Paris, Dalloz, 2013.

GARRIGUE, J., *Droit de la famille*, coll. Hypercours, Paris, Dalloz, 2015.

GRANET, F. et HILT, P., *Droit de la famille*, 5e éd., Grenoble, PUG, 2015.

GRIMALDI, M., *Successions*, 6e éd., Paris, Litec, 2001.

HAUSER, J. et HUET-WEILLER, D., *La famille*, t. 1, *Fondation et vie de la famille*, 2e éd., Paris, LGDJ, 1993 ; t. 2, *Dissolution de la famille*, Paris, LGDJ, 1991.

MALAURIE, P. et FULCHIRON, H., *La famille*, 5e éd., Paris, Defrénois, 2016.

MASSIP, J., *Le nouveau droit de la filiation*, Paris, Defrénois, 2006.

MASSIP, J., *Le nouveau droit du divorce*, 2e éd., Paris, Defrénois, 2005.

MAZEAUD, H., L. et J., *Leçons de droit civil*, t. I, vol. 2, *Famille, Incapacités*, 4e éd. (par M. de Juglart), Paris, Montchrestien, 1967.

MIRKOVIC, A., *Droit civil : Personnes, Famille*, 4e éd., Paris, Studyrama, 2014.

MURAT-SEMPIETRO, M.-P. et TRAMBOUZE, V., *Le divorce après la loi du 26 mai 2004*, Paris, Litec, 2006.

REBOURG, M., *Les pensions alimentaires*, Paris, L'Harmattan, 2004.

TERRÉ, F. et FENOUILLET, D., *La famille*, 8e éd., Paris, Dalloz, 2011.

TERRÉ, F. et LEQUETTE, Y., *Les grands arrêts de la jurisprudence civile*, t. 1, 13e éd., Paris, Dalloz, 2015.

TERRÉ, F. et SIMLER, P., *Les régimes matrimoniaux*, 7e éd., Paris, Dalloz, 2015.

THÉRY, I., *Le démariage, Justice et vie privée,* 3e éd., Paris, Odile Jacob, 2001.

VERDIER, P. et DUBOC, M., *Retrouver ses origines*, Paris, Dunod, 2002.

Ouvrages collectifs, Mélanges et Rapports

BARRÉ-PÉPIN, M. et COUTANT-LAPALUS, C. (dir.), *Logement et famille : des droits en question,* Paris, Dalloz, 2005.

BRUNETTI-PONS, C. (dir.), *La notion juridique de couple*, Colloque de Reims, Paris, Economica, 1998.

DEKEUWER-DÉFOSSEZ, F. (dir.), *Rénover le droit de la famille, Rapport au Garde des Sceaux, ministre de la Justice,* Paris, La Documentation française, 1999.

FULCHIRON, H. (dir.), *Mariage Conjugalité Parenté Parentalité,* coll. Thèmes et commentaires, Paris, Dalloz, 2009.

GOUTTENOIRE, A., *Quarante propositions pour adapter la protection de l'enfance et de l'adoption aux réalités d'aujourd'hui*, Paris, La Documentation française, 2014.

MURAT, P. (dir.), *Droit de la famille,* 6e éd., Paris, Dalloz Action, 2014-2015.

RUBELLIN-DEVICHI, J. (dir.), *Les concubinages en Europe, Aspects sociojuridiques,* Paris, CNRS, 1989.

RUBELLIN-DEVICHI, J. (dir.), *Les concubinages, Approche sociojuridique,* t. I et II, Paris, CNRS, 1986.

SUDRE, F. (dir.), *Les grands arrêts de la Cour européenne des Droits de l'Homme,* 7e éd., Paris, PUF, 2015.

THÉRY, I. et BINET, C., *La famille, la loi et l'État de la Révolution au Code civil,* Paris, Imprimerie nationale, 1989.

THÉRY, I. et LEROYER, A.-M., *Filiation, origines, parentalité, Le droit face aux nouvelles valeurs de responsabilité générationnelle*, Paris, Odile Jacob, 2014.

Mélanges Huet-Weiller, Droit des personnes et de la famille, Strasbourg-Paris, PUS-LGDJ, 1994.

Mélanges J. Rubellin-Devichi, Des concubinages, Droit interne, Droit international privé, Droit comparé, Paris, Litec, 2002.

Thèses et monographies

BERNARD, C., *La paternité en droit français,* thèse, Paris II, 2000.

BERTHET, P., *Les obligations alimentaires et les transformations de la famille,* Paris, L'Harmattan, 2000.

BONNET, V., *Le mariage à l'épreuve de la volonté des époux,* thèse, Lyon 3, 1995.

BRANLARD, J.-P., *Le sexe et l'état des personnes, Aspects historique, sociologique et juridique,* Paris, LGDJ, 1993.

BRUN, A.-S., *Contribution à la découverte d'un droit commun patrimonial du couple,* thèse, Grenoble II, 2003.

DEBET, A., *L'influence de la Convention européenne des droits de l'homme sur le droit civil,* Paris, Dalloz, 2002.

DERRIDA, F., *L'obligation d'entretien, obligation pour les parents d'élever leurs enfants,* thèse, Paris, 1952.

FAUTRÉ-ROBIN, A., *Le juge et l'évolution contemporaine du droit de la famille*, thèse, Dijon, 2012.

GENDREL, M., *Les mariages* in extremis, thèse, Paris, LGDJ, 1958.

GRATALOUP, S., *L'enfant et sa famille dans les normes européennes*, Paris, LGDJ, 1998.

LAMARCHE, M., *Les degrés du mariage,* thèse, Bordeaux, 1997.

PHILIPPE, C., *Le devoir de secours et d'assistance entre époux, Essai sur l'entraide conjugale*, Paris, LGDJ, 1981.

RONDEAU-RIVIER, M.-C., *Le remariage*, thèse, Lyon, 1981.

THURILLET-BERSOLLE, A., *Droits européens et droit de la famille : contribution à l'étude de la dynamique des rapprochements*, thèse, Dijon, 2012.

VASSEUR-LAMBRY, F., *La famille et la Convention européenne des droits de l'homme,* Paris, L'Harmattan, 2000.

INDEX

Les numéros indiqués sont ceux des paragraphes

TABLE DES ENCADRÉS

TABLE DES MATIÈRES